NCS 기반 개편된 출제기준에 따른

조리기능사 총정리문제 필기

한식·양식 필기 통합교재

국가자격시험연구회 저

도서출판 **책과 상상**
www.SangSangbooks.co.kr

머리말 preface...

이 책은

최근 개편된 한국산업인력공단의 출제기준에 맞춰
한식조리기능사 필기 및 양식조리기능사 필기시험을 준비하는 독자들을 위한
통합 교재로 다음과 같은 내용으로 구성되어 있습니다.

1. 국가직무능력표준(NCS)을 활용하여 현장직무 중심으로 개편된 새로운 출제기준에 따라 본문을 구성함으로써 한식 및 양식 필기시험 기본 학습서로써의 역할을 충실히 하고자 하였습니다.
2. 총 5장으로 구성된 제1부는 조리기능사 필기시험의 공통이론을 풍부한 출제예상문제와 함께 정리하였습니다.
3. 제2부는 한식 조리실무와 양식 조리실무로 구성되어 있으며, 응시하는 종목에 해당하는 부분만을 학습할 수 있도록 구분하였습니다.
4. 제3부는 종목별 평가로 구분되기 이전의 한국산업인력공단 시행 조리기능사 기출문제를 수록함으로써 시험의 난이도와 유형 등을 점검하고 확인할 수 있도록 하였습니다.

응시 종목에 따라 학습해야 할 내용은 다음과 같습니다.

- 한식조리기능사 응시 : 제1부 조리공통이론, 제2부 조리실무 중 제1장 한식조리실무, 제3부 조리기능사 기출문제
- 양식조리기능사 응시 : 제1부 조리공통이론, 제2부 조리실무 중 제2장 양식조리실무, 제3부 조리기능사 기출문제

책을 쓰는 동안 내용의 오류가 없도록 나름 최선의 노력을 다했지만, 여전히 부족함이 있을 수 있을 것입니다. 이는 이후 독자들의 의견과 개정 과정을 통해 꾸준히 개선해 나가도록 하겠습니다.
끝으로, 이 교재의 발간을 위해 도움을 주신 많은 교육 현장의 선생님들과
㈜도서출판 책과 상상의 임직원 여러분들에게
감사의 말씀을 드립니다.

기술검정안내

▷▷▷ **개요**

한식, 중식, 일식, 양식, 복어조리부문에 배속되어 제공될 음식에 대한 계획을 세우 고 조리할 재료를 선정, 구입, 검수하고 선정된 재료를 적정한 조리기구를 사용하여 조리 업무를 수행하며 음식을 제공하는 장소에서 조리시설 및 기구를 위생적으로 관리·유지하고 필요한 각종 재료를 구입, 위생학적, 영양학적으로 저장 관리하면서 제공될 음식을 조리·제공하기 위한 전문인력을 양성하기 위하여 자격제도 제정.

▷▷▷ **직무내용**

한식, 중식, 일식, 양식, 복어조리부문에 배속되어 제공될 음식에 대한 계획을 세우고 조리할 재료를 선정, 구입, 검수하고 선정된 재료를 적정한 조리기구를 사용하여 조리업무를 수행함. 또한, 음식을 제공하는 장소에서 조리시설 및 기구를 위생적으로 관리, 유지하고, 필요한 각종 재료를 구입, 위생학적, 영양학적으로 저장 관리하면서 제공될 음식을 조리하여 제공하는 직종임

▷▷▷ **진로 및 전망**

식품접객업 및 집단 급식소 등에서 조리사로 근무하거나 운영이 가능함. 업체간, 지역간의 이동이 많은 편이고 고용과 임금에 있어서 안정적이지는 못한 편이지만, 조리에 대한 전문가로 인정받게 되면 높은 수익과 직업적 안정성을 보장받게 된다.
- 식품위생법상 대통령령이 정하는 식품접객영업자(복어조리, 판매영업 등)와 집단급식소의 운영자는 조리사 자격을 취득하고, 시장·군수·구청장의 면허를 받은 조리사를 두어야 한다.
* 관련법 : 식품위생법 제34조, 제36조, 같은법 시행령 제18조, 같은법 시행규칙 제46조

▷▷▷ **취득방법**

1. 실시기관 : 한국산업인력공단
2. 실시기관 홈페이지 : http://q-net.or.kr
3. 시험과목 • 필기 : 재료관리, 음식조리 및 위생관리
   • 실기 : 조리작업
4. 검정방법 • 필기 : 객관식 4지 택일형, 60문항(1시간)
   • 실기 : 작업형(70분 정도)
5. 합격기준 : 100점 만점에 60점 이상
6. 응시자격 : 제한없음

▷▷▷ **양식 필기시험 출제기준**

시험 과목	주요 항목	세부 항목
양식 재료관리, 음식조리 및 위생관리	1. 음식 위생관리	1. 개인 위생관리 2. 식품 위생관리 3. 주방 위생관리 4. 식중독 관리 5. 식품위생 관계 법규 6. 공중 보건
	2. 음식 안전관리	1. 개인안전 관리 2. 장비·도구 안전작업 3. 작업환경 안전관리
	3. 음식 재료관리	1. 식품재료의 성분 2. 효소 3. 식품과 영양
	4. 음식 구매관리	1. 시장조사 및 구매관리 2. 검수 관리 3. 원가
	5. 양식 기초 조리실무	1. 조리 준비 2. 식품의 조리원리 3. 식생활 문화
	6. 양식 스톡조리	1. 스톡조리
	7. 양식 전채·샐러드조리	1. 전채·샐러드조리
	8. 양식 샌드위치 조리	1. 샌드위치조리
	9. 양식 조식조리	1. 조식조리
	10. 양식 수프조리	1. 수프조리
	11. 양식 육류조리	1. 육류조리
	12. 양식 파스타 조리	1. 파스타 조리
	13. 양식 소스조리	1. 소스조리

▷▷▷ **한식 필기시험 출제기준**

시험 과목	주요 항목	세부 항목
한식 재료관리, 음식조리 및 위생관리	1. 음식 위생관리	1. 개인 위생관리 2. 식품 위생관리 3. 주방 위생관리 4. 식중독 관리 5. 식품위생 관계 법규 6. 공중 보건
	2. 음식 안전관리	1. 개인안전 관리 2. 장비·도구 안전작업 3. 작업환경 안전관리
	3. 음식 재료관리	1. 식품재료의 성분 2. 효소 3. 식품과 영양
	4. 음식 구매관리	1. 시장조사 및 구매관리 2. 검수 관리 3. 원가
	5. 한식 기초 조리실무	1. 조리 준비 2. 식품의 조리원리 3. 식생활 문화
	6. 한식 밥 조리	1. 밥 조리
	7. 한식 죽조리	1. 죽 조리
	8. 한식 국·탕 조리	1. 국·탕 조리
	9. 한식 찌개조리	1. 찌개 조리
	10. 한식 전·적 조리	1. 전·적 조리
	11. 한식 생채·회 조리	1. 생채·회 조리
	12. 한식 조림·초조리	1. 조림·초 조리
	13. 한식 구이조리	1. 구이 조리
	14. 한식 숙채조리	1. 숙채 조리
	15. 한식 볶음조리	1. 볶음조리
	16. 김치조리	1. 김치 조리

NCS(국가직무능력표준) 안내

▶▶▶ NCS(국가직무능력표준)와 NCS 학습모듈

- 국가직무능력표준(NCS, National Competency Standards)이란 산업현장에서 직무를 수행하기 위해 요구되는 지식·기술·소양 등의 내용을 국가가 산업부문별·수준별로 체계화한 것으로 국가적 차원에서 표준화한 것을 의미합니다.

- NCS 학습모듈은 NCS 능력단위를 교육 및 직업훈련 시 활용할 수 있도록 구성한 교수·학습자료입니다. 즉, NCS 학습모듈은 학습자의 직무능력 제고를 위해 요구되는 학습 요소(학습 내용)를 NCS에서 규정한 업무 프로세스나 세부 지식, 기술을 토대로 재구성한 것입니다.

▶▶▶ NCS 학습모듈의 특징

- NCS 학습모듈은 산업계에서 요구하는 직무능력을 교육훈련 현장에 활용할 수 있도록 성취목표와 학습의 방향을 명확히 제시하는 가이드라인의 역할을 합니다.

- NCS 학습모듈은 특성화고, 마이스터고, 전문대학, 4년제 대학교의 교육기관 및 훈련기관, 직장교육기관 등에서 표준교재로 활용할 수 있으며 교육과정 개편 시에도 유용하게 참고할 수 있습니다.

▶▶▶ NCS 개념도

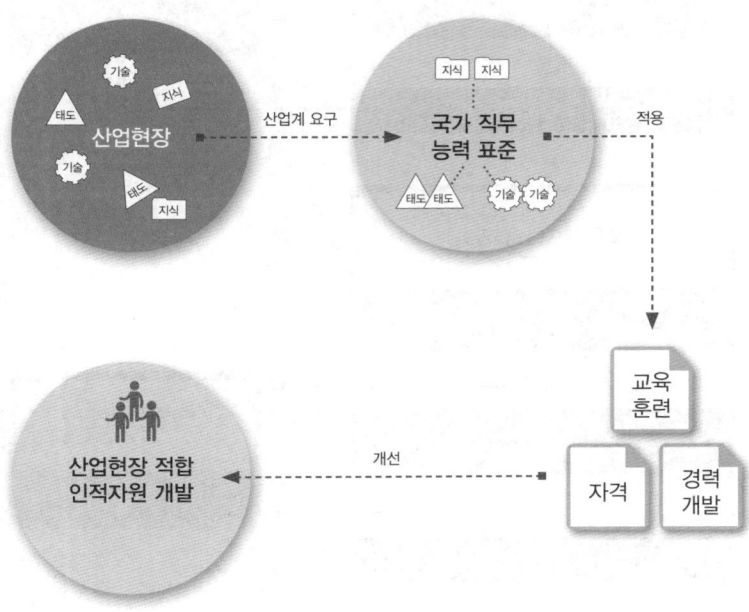

▶▶▶ NCS와 NCS 학습모듈의 연결 체제

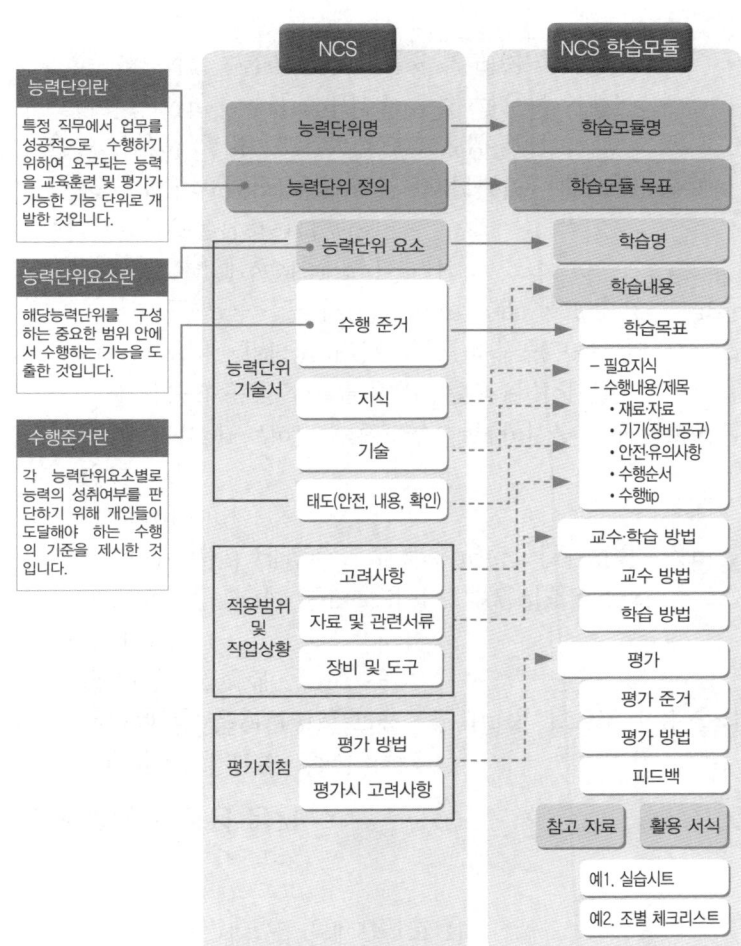

▶▶▶ NCS의 활용영역

구분		활용 콘텐츠
산업현장	근로자	평생경력개발경로, 자가진단도구
	기업	현장수요 기반의 인력채용 및 인사관리기준, 직무기술서
교육훈련기관		직업교육 훈련과정 개발, 교수계획 및 매체·교재개발, 훈련기준 개발
자격시험기관		자격종목설계, 출제기준, 시험문항, 시험방법

과정평가형 자격취득 안내

▷▷▷ NCS(국가직무능력표준)와 NCS 학습모듈

과정평가형 자격은 국가기술자격법에 근거하여 국가직무능력
표준(NCS)에 따라 설계된 교육 · 훈련과정을 체계적으로 이수
한 교육 · 훈련생에게 내 · 외부 평가를 통해 국가기술자격증을
부여하는 새로운 개념의 국가기술자격 취득 제도로서 2015년
부터 시행되고 있다.

▷▷▷ 과정평가형 자격 운영 절차

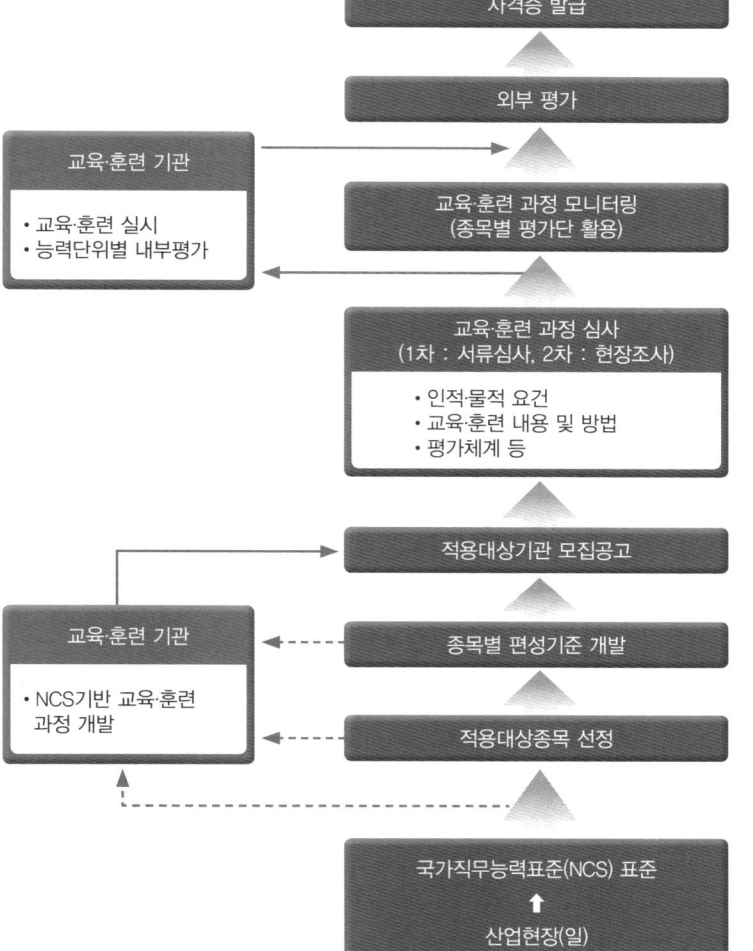

▷▷▷ 시행 대상

국가기술자격법의 과정평가형 자격 신청자격에 충족한 기관 중
공모를 통하여 지정된 교육 · 훈련기관의 단위과정별 교육 ·
훈련을 이수하고 내부평가에 합격한 자

▷▷▷ 교육·훈련생 평가

① 내부평가(지정 교육 · 훈련기관)
　㉮ 평가대상 : 능력단위별 교육 · 훈련과정의 75% 이상 출석
　　한 교육 · 훈련생
　㉯ 평가방법
　　㉠ 지정받은 교육 · 훈련과정의 능력단위별로 평가
　　㉡ 능력단위별 내부평가 계획에 따라 자체 시설 · 장비를
　　활용하여 실시
　㉰ 평가시기
　　㉠ 해당 능력단위에 대한 교육 · 훈련이 종료된 시점에서
　　실시하고 공정성과 투명성이 확보되어야 함
　　㉡ 내부평가 결과 평가점수가 일정수준(40%) 미만인 경
　　우에는 교육 · 훈련기관 자체적으로 재교육 후 능력단
　　위별 1회에 한해 재평가 실시
② 외부평가(한국산업인력공단)
　㉮ 평가대상 : 단위과정별 모든 능력단위의 내부평가 합격자
　㉯ 평가방법 : 1차 · 2차 시험으로 구분 실시
　　㉠ 1차 시험 : 지필평가(주관식 및 객관식 시험)
　　㉡ 2차 시험 : 실무평가(작업형 및 면접 등)

▷▷▷ 합격자 결정 및 자격증 교부

① 합격자 결정 기준
　내부평가 및 외부평가 결과를 각각 100점을 만점으로 하여
　평균 80점 이상 득점한 자
② 자격증 교부
　기업 등 산업현장에서 필요로 하는 능력보유 여부를 판단할
　수 있도록 교육 · 훈련 기관명 · 기간 · 시간 및 NCS 능력단
　위 등을 기재하여 발급

NCS 및 과정평가형 자격에 대한 내용은 NCS국가직무능력표준 홈페이지
(www.ncs.go.kr)에서 보다 자세하게 살펴볼 수 있습니다.

CBT 필기시험제도 안내

▶▶▶ 변경된 제도 개요

기능사 CBT(컴퓨터 기반 시험) 필기시험제도는 한국산업인력공단 상설시험장과 외부기관의 시설 및 장비를 임차하여 시행하기 때문에 시험장 사정에 따라 시험일자가 달라질 수 있으며, 수험생들이 선호하는 시험장은 조기 마감될 수 있으므로 주의하여야 합니다.

▶▶▶ 원서접수 기간 및 접수처

- 한국산업인력공단이 주관 및 시행하는 기능사 정기 CBT 필기시험 및 상시 CBT 필기시험과 관련한 정보는 큐넷 홈페이지(http://www.q-net.or.kr)를 방문하여 확인합니다.
- 기능사 필기시험의 원서접수는 인터넷으로만 가능하며 정기 및 상시시험 모두 큐넷 홈페이지(http://www.q-net.or.kr)에서 접수할 수 있습니다.
- 기능사 상시시험 종목 : 한식조리기능사, 양식조리기능사, 일식조리기능사, 중식조리기능사, 제과기능사, 제빵기능사, 미용사(일반), 미용사(피부), 미용사(네일), 미용사(메이크업), 굴착기운전기능사, 지게차운전기능사, 건축도장기능사, 방수기능사 [14종목]
  - 건축도장기능사, 방수기능사 2종목은 정기검정과 병행 시행

▶▶▶ CBT 부별 시험시간 안내

구분	입실시간	시험시간	비고
1부	09:30	09:50 ~ 10:50	
2부	10:00	10:20 ~ 11:20	
3부	11:00	11:20 ~ 12:20	
4부	11:30	11:50 ~ 12:50	
5부	13:00	13:20 ~ 14:20	시험실 입실 시간은
6부	13:30	13:50 ~ 14:50	시험 시작 20분 전
7부	14:30	14:50 ~ 15:50	
8부	15:00	15:20 ~ 16:20	
9부	16:00	16:20 ~ 17:20	
10부	16:30	16:50 ~ 17:50	

※ 시행지역별 접수인원에 따라 일일 시행횟수는 변동될 수 있으며, 지역에 따라 원거리 시험장으로 이동할 수 있습니다.

▶▶▶ 합격자 발표

종이 시험과 달리 CBT 필기시험은 시험이 종료된 후 시험점수와 함께 합격 여부를 확인할 수 있으며, 이 결과는 시험일정 상의 합격자 발표일에 최종 확인할 수 있습니다.

CBT 필기시험 체험하기

 CBT 필기시험 응시를 위해 지정된 좌석에 앉으면 해당 컴퓨터 단말기가 시험감독관 서버에 연결되었음을 알리는 연결 성공 메시지가 나타납니다.

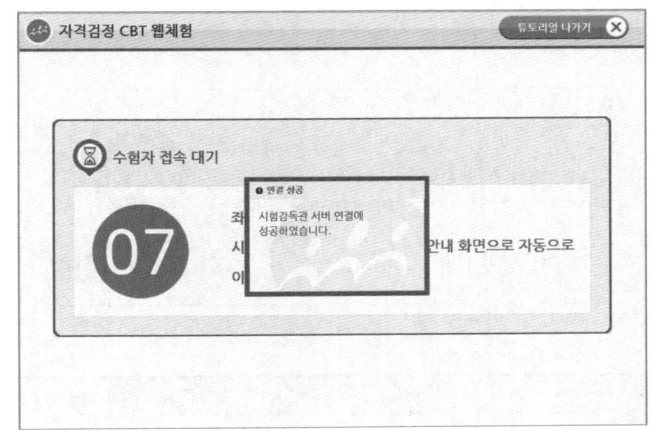

02 수험자 접속 대기 화면에서 좌석번호를 확인합니다. 좌석번호 확인이 끝나면 시험감독관의 지시에 따라 시험 안내 화면으로 자동으로 이동합니다.

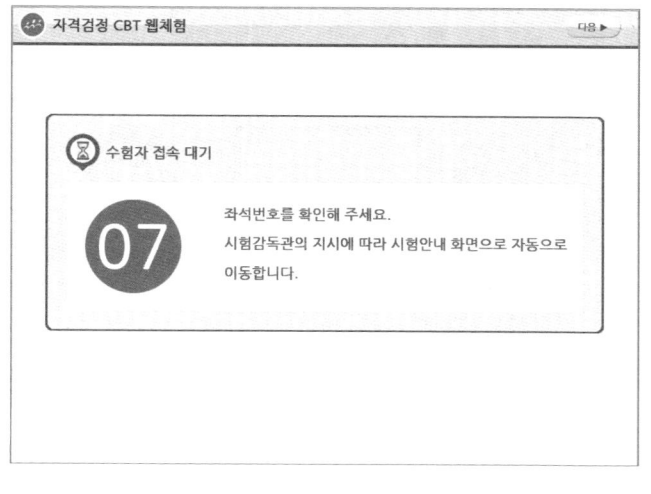

03 수험자 정보를 확인합니다. 감독관의 신분 확인 절차가 진행됩니다. 신분 확인이 모두 끝나면 시험을 시작할 수 있습니다.

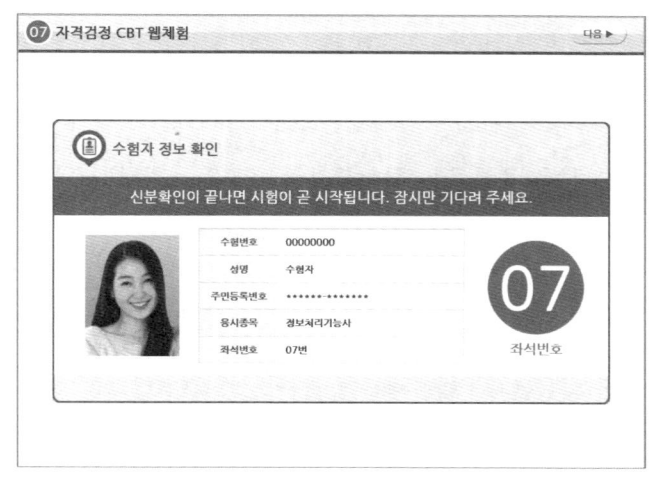

04 CBT 필기시험에 대한 안내사항이 나타납니다. 화면은 예제이며, 실제 기능사 필기시험은 총 60문제로 구성되며, 60분간 진행됩니다.

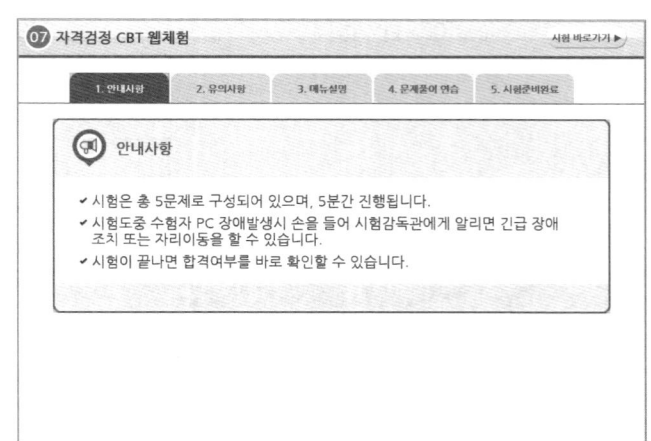

05 다음 항목에서 시험과 관련된 유의사항을 확인합니다. 특히, 시험과 관련한 부정행위 적발 시 퇴실과 함께 해당 시험은 무효처리되어 불합격 될 뿐만 아니라, 이후 3년간 국가기술자격검정에 응시할 수 있는 자격이 정지되므로 부정행위로 인정되는 내용을 꼼꼼히 확인하도록 합니다.

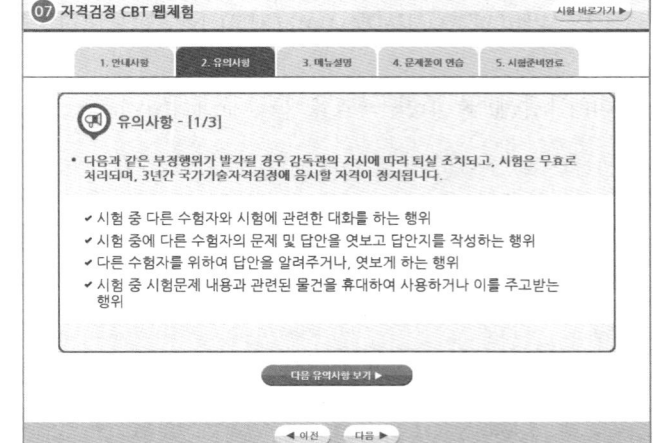
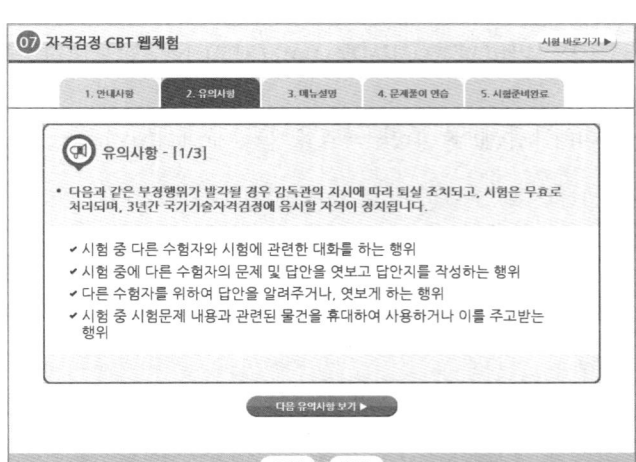

조리기능사 필기 총정리문제   8   INTRO CBT 필기시험 체험하기

06 메뉴설명 항목에서는 문제풀이와 관련된 메뉴에 대한 설명을 확인할 수 있습니다. CBT 화면에서는 글자 크기를 크게 하거나 작게 할 수 있을 뿐 아니라, 화면 배치를 1단 또는 2단 화면 보기 혹은 한 문제씩 보기로 선택할 수 있습니다.

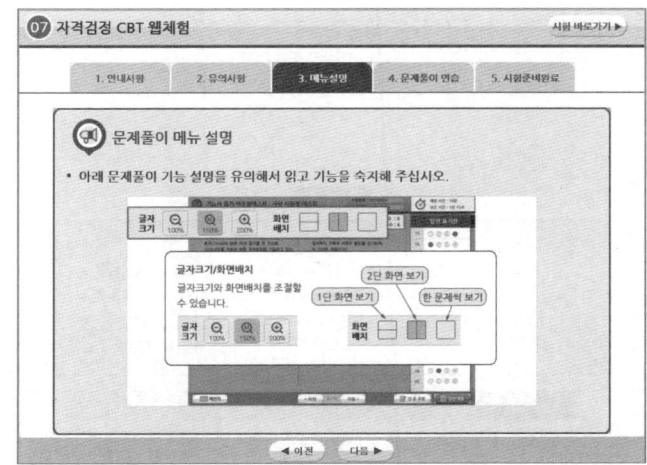

07 문제풀이 연습 항목에서는 실제 문제를 풀어보는 과정을 연습할 수 있습니다. 실제 시험에서 실수하지 않도록 하기 위해 [자격검정 CBT 문제풀이 연습] 버튼을 클릭합니다.

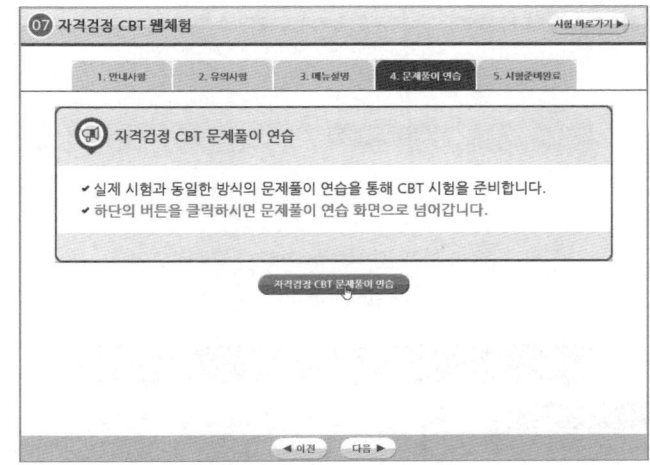

08 보기의 연습 문제는 국가기술자격시험의 정부 위탁기관인 한국산업인력공단의 본부 청사 소재지를 묻는 것입니다. 현재 한국산업인력공단 본부는 울산광역시에 소재하고 있습니다. 문제 아래의 보기에서 번호 항목을 클릭하거나 답안 표기란의 번호 항목에서 해당 답안을 클릭하여 답안을 체크합니다.

09 문제 아래의 보기를 클릭하거나 오른쪽 답안 표기란의 답안 항목을 클릭하면 화면과 같이 선택한 답안이 OMR 카드에 색칠한 것과 같이 색이 채워집니다.

> 답안을 수정할 때는 마찬가지 방법으로 수정하고자 하는 문제의 보기 항목이나 답안 표기란의 보기 항목에서 수정하고자 하는 답안을 클릭합니다.

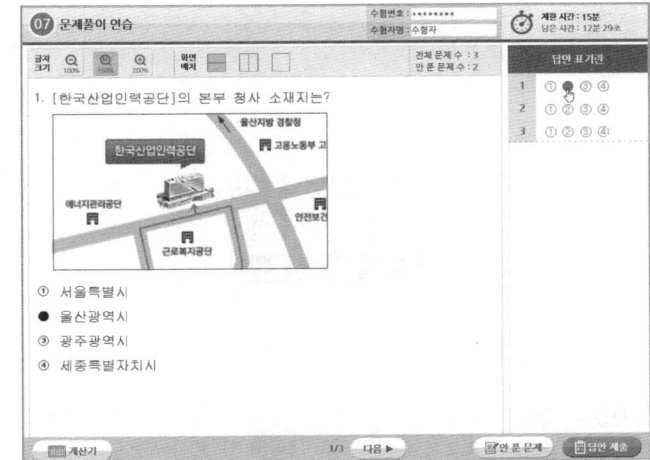

10 문제를 풀고 나면 다음 문제를 풀기 위해 화면 하단의 [다음] 버튼을 클릭하여 문제를 계속 풀어나가면 됩니다. 참고로 하단 버튼 중 [계산기]를 클릭하면 간단한 공학용 계산기를 사용하여 계산 문제를 푸는 데 도움을 받을 수 있습니다.

> 계산이 끝나고 계산기를 화면에서 사라지게 하려면 계산기 창의 오른쪽 상단에 있는 닫기 ☒ 버튼을 클릭합니다.

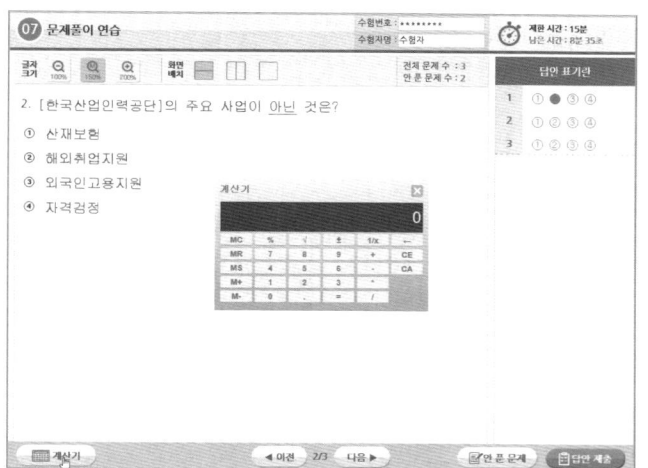

11 문제 풀이 연습이 끝나면 하단의 [답안 제출] 버튼을 클릭하여 답안을 제출합니다.

> 어려운 문제의 경우 하단의 [다음] 버튼을 클릭하여 다음 문제를 풀 수도 있습니다. 단, 이러한 경우 답안을 제출하기 전에 하단의 [안 푼 문제] 버튼을 클릭하여 혹시 풀지 않은 문제가 있는지 최종적으로 확인하도록 합니다.

12 답안 제출을 클릭하면 나타나는 화면입니다. 수험생들이 실수로 답안을 모두 체크하지 않고 제출할 수 있는 실수를 방지하기 위해 2회에 걸쳐 주의 화면이 나타납니다. 답안을 제출하려면 [예] 버튼을 누릅니다.

13 문제풀이 연습을 모두 마치면 나타나는 화면에서 [시험 준비 완료] 버튼을 클릭합니다. 이후 시험 시간이 되면 시험감독관의 지시에 따라 시험이 자동으로 시작됩니다.

14 본 시험이 시작되면 첫 번째 문제가 화면에 나타납니다. 앞서 문제풀이 연습 때와 마찬가지 방법으로 문제의 보기에서 정답을 클릭하거나 답안 표기란에 해당 문제의 정답 항목을 클릭하여 답을 선택합니다.

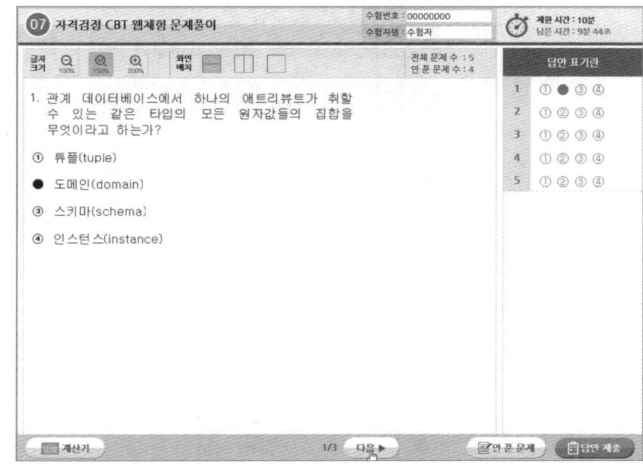

15 화면 하단의 [다음] 버튼을 클릭하면 다음 문제를 풀 수 있습니다. 앞서와 마찬가지 방법으로 답안에 체크하고 모든 문제를 풀었다면 [답안 제출] 버튼을 클릭합니다.

> 화면의 상단 오른쪽에 제한 시간과 남은 시간이 표시됩니다. 본 예제는 체험을 위한 것으로 실제 시험시간은 60분이며, 이에 따라 남은 시간도 표시됩니다.

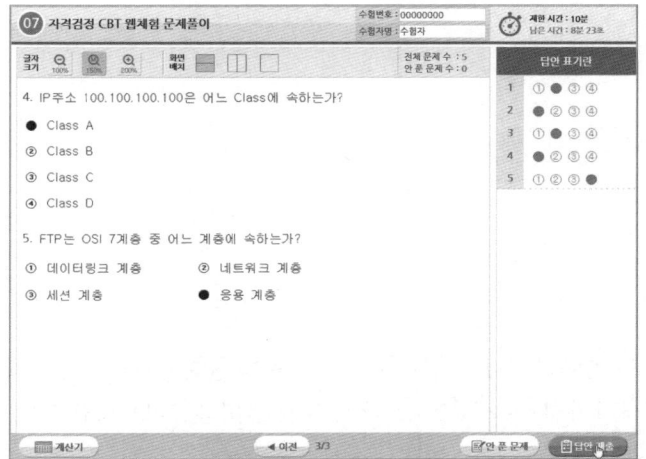

16 수험생의 실수를 방지하기 위해 2회에 걸쳐 주의 문구가 출력됩니다. 모든 문제를 이상없이 풀고 답안에 체크했다면 [예] 버튼을 클릭하여 답안을 제출하고 시험을 마무리합니다.

> 문제 화면으로 다시 돌아가고자 한다면 [아니오] 버튼을 클릭하여 이미 푼 문제들을 다시 확인하고 필요한 경우 답안을 수정할 수 있습니다.

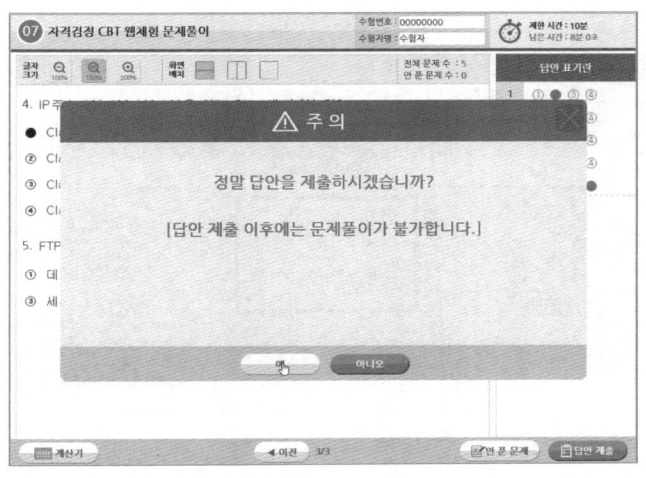

17 답안 제출 화면이 나타납니다. 잠시 기다립니다.

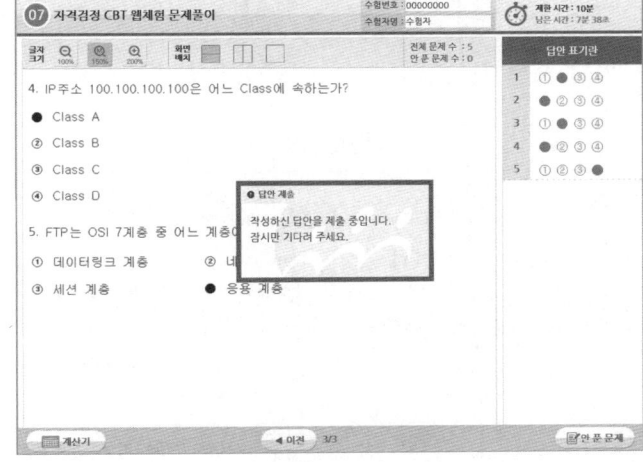

18 CBT 필기시험을 모두 끝내고 답안을 제출하면 곧바로 합격, 불합격 여부를 화면과 같이 확인할 수 있습니다. 독자분들은 꼭 화면과 같은 합격 축하 문구를 볼 수 있기를 기원합니다.

19 앞서의 합격 여부 화면에서 [확인 완료] 버튼을 클릭하면 CBT 필기시험이 종료됩니다. 고생하셨습니다.

본 도서에 수록된 CBT 필기시험 체험하기 내용은 한국산업인력공단의 CBT 체험하기 과정을 인용하여 구성 및 정리한 것입니다. 직접 한국산업인력공단에서 제공하는 CBT 필기시험을 체험하고자 하는 독자께서는 한국산업인력공단이 운영하는 큐넷 홈페이지 (www.q-net.or.kr)를 방문하시기 바랍니다.

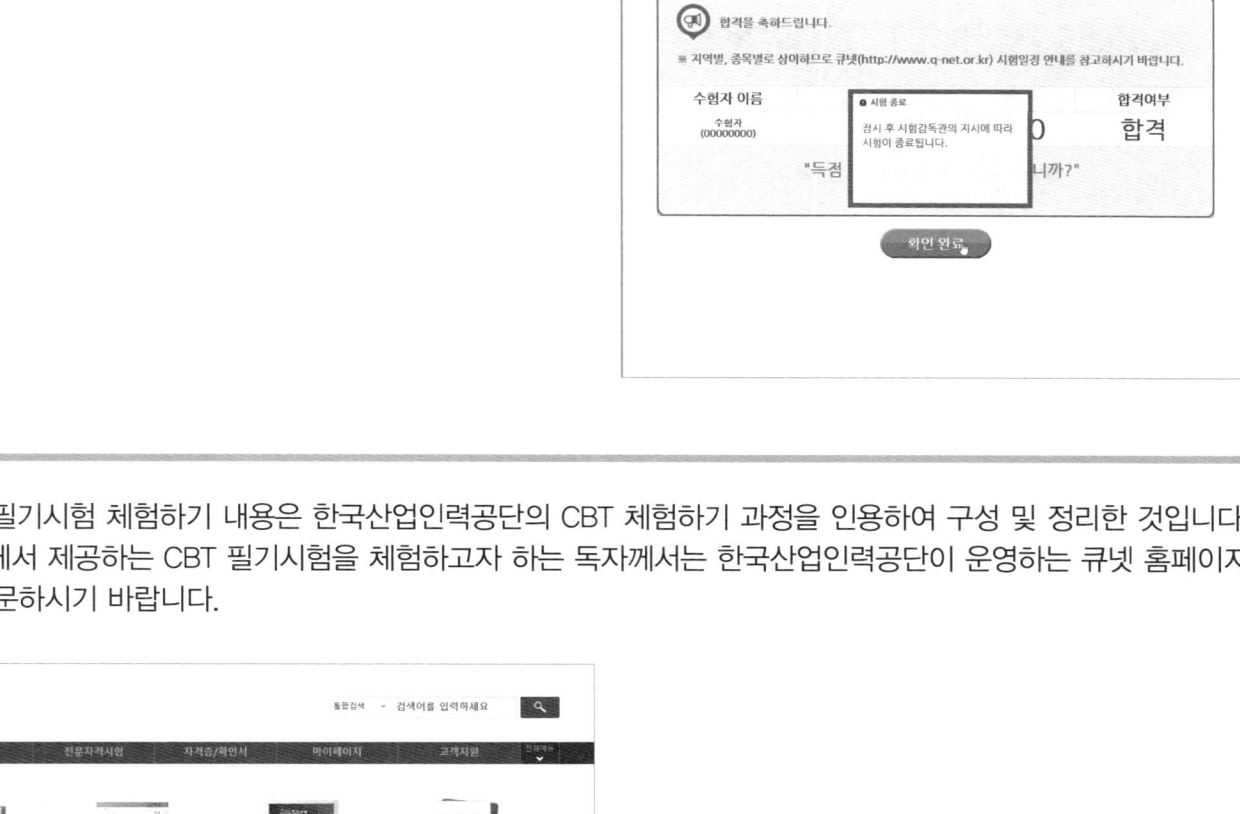

Contents _ 차례

INTRO 00

머리말
기술검정안내
NCS(국가직무능력표준) 안내
CBT 필기시험제도 안내

PART 01 조리 공통 이론

CHAPTER 01 위생관리
01 개인 위생관리 ·· 16
02 식품 위생관리 ·· 17
03 주방 위생관리 ·· 22
04 식중독 관리 ·· 24
05 식품위생 관계 법규 ································ 27
06 공중보건 ·· 31
★ 적중예상문제 ·· 34

CHAPTER 02 안전관리
01 개인안전 관리 ·· 55
02 장비・도구 안전작업 ······························ 56
03 작업환경 안전관리 ································ 57
★ 적중예상문제 ·· 60

CHAPTER 03 재료관리
01 식품재료의 성분 ···································· 64
02 효소 ·· 69
03 식품과 영양 ·· 71
★ 적중예상문제 ·· 73

CHAPTER 04 구매관리
01 시장조사 및 구매관리 ··························· 87
02 검수관리 ·· 89
03 원가 ·· 92
★ 적중예상문제 ·· 94

CHAPTER 05 기초 조리실무
01 조리 준비 ·· 105
02 식품의 조리원리 ·································· 108
★ 적중예상문제 ··· 115

PART 02
조리 실무

CHAPTER 01 한식 조리실무
01 한식의 기초 및 식생활 문화 ················ 132
02 한식 밥 조리 ································ 136
03 한식 죽 조리 ································ 137
04 한식 국 · 탕 조리 ·························· 138
05 한식 찌개 조리 ····························· 139
06 한식 전 · 적 조리 ·························· 140
07 한식 생채 · 회 조리 ······················· 141
08 한식 조림 · 초 조리 ······················· 142
09 한식 구이 조리 ····························· 143
10 한식 숙채 조리 ····························· 144
11 한식 볶음 조리 ····························· 145
12 김치 조리 ································· 146
★ 적중예상문제 ······························· 148

CHAPTER 02 양식 조리실무
01 양식의 기초 및 식생활 문화 ················ 155
02 양식 스톡 조리 ····························· 157
03 양식 전채 조리 ····························· 159
04 양식 샌드위치 조리 ························· 160
05 양식 샐러드 조리 ··························· 160
06 양식 조식 조리 ····························· 161
07 양식 수프 조리 ····························· 163
08 양식 육류 조리 ····························· 164
09 양식 파스타 조리 ··························· 165
10 양식 소스 조리 ····························· 166
★ 적중예상문제 ······························· 169

PART 03
조리 기능사 기출문제

01회 최근 기출문제 ··························· 178
02회 최근 기출문제 ··························· 184
03회 최근 기출문제 ··························· 190
04회 최근 기출문제 ··························· 196
05회 최근 기출문제 ··························· 202
06회 최근 기출문제 ··························· 208
07회 최근 기출문제 ··························· 214

PART 01
조리 공통이론

CHAPTER

01. 위생관리
02. 안전관리
03. 재료관리
04. 구매관리
05. 기초 조리실무

위생관리

CHAPTER 01

Lesson 01 개인 위생관리

1 위생관리기준

(1) 위생관리의 필요성

① 식중독 위생사고 예방
② 식품위생법 및 행정처분 강화
③ 상품의 가치가 상승함(안전한 먹거리)
④ 점포의 이미지 개선(청결한 이미지)
⑤ 고객 만족(매출 증진)
⑥ 대외적 브랜드 이미지 관리

(2) 식품 취급 시의 위생관리

① 식품은 항상 청결하고 위생적으로 취급하여 병원미생물, 먼지, 유해 물질 등에 의하여 오염되지 않도록 하여야 한다.
② 식품종사자의 손에 의하여 식품이 오염 또는 부주의로 병원균을 식품에 부착시키거나, 유독물질을 혼입시키는 일이 없도록 최선의 주의를 기울여야 한다.
③ 조리된 식품은 조리 후 사람의 손, 파리, 바퀴벌레, 쥐, 먼지 등에 의하여 오염되는 일이 없도록 적절히 보관하여야 한다.
④ 살충제, 살균제, 기타 유독약품류는 보관을 철저히 하여 식품첨 가물로 오용하는 일이 없도록 주의하여야 한다.

(3) 개인 위생관리 방법

① 작업자는 음식조리 및 기타 관련 업무 수행을 위해 질병이 있어서는 안 된다. 감염성 질환을 보유하고 있는 작업자와 보균자 및 노출 부위에 염증 및 피부질환을 앓고 있는 작업자는 모든 조리 공정에 투입되어서는 안 된다.
② 작업자는 정기적인 진단 이외에도 수시로 감염병 예방접종을 받아 야 하고 작업 중 발생하는 건강 이상에 대해서는 즉시 진료를 받아 야 한다.
③ 작업자는 주기적으로 위생교육을 받아야 하며 교육에 대한 효과를 확인받아야 한다.
④ 음식에 혼입될 가능성이 있는 반지, 목걸이, 귀걸이 등의 장신구는 착용을 금지한다.
⑤ 머리, 손톱 등의 용모는 단정해야 하며 항상 청결을 유지한다.
⑥ 조리장 내에는 지갑, 핸드백 등 개인 휴대품을 반입해서는 안 된다.
⑦ 작업 전에 규정된 위생복, 위생모, 위생화, 위생장갑 및 위생마스크 를 착용한다.
⑧ 위생모 착용 시에는 머리가 외부로 노출이 되어서는 안 된다.
⑨ 상의 착용 시에는 소매 끝이 외부로 노출되지 않도록 한다.

⑩ 위생장갑 착용 시에는 소매 끝에서 피부가 노출되어서는 안 된다.

(4) 복장 위생관리

① 조리실(주방) 내에서 근무하는 모든 종업원은 위생모를 착용한다. 위생모는 외부에 모발이 노출되지 않도록 정확히 착용한다.
② 조리 시에는 항상 청결한 위생복을 착용한다.
③ 앞치마는 조리용, 서빙용, 세척용으로 용도에 따라 색상을 달리 하거나 구분하여 사용한다.
④ 조리실(주방) 종사자는 시계, 반지, 목걸이, 귀걸이, 팔찌 등 장신구 를 착용해서는 안 되며, 손톱은 짧게 깎고 청결을 유지해야 한다.
⑤ 손톱에 매니큐어나 광택제를 칠해서는 안 되며, 인조손톱을 부착 해서는 안 된다.
⑥ 종업원은 매장 내에서 슬리퍼를 신고 다녀서는 안 되며 조리실(주방) 내에서는 전용 위생화(작업화)를 신는다.
⑦ 외부 출입 시에는 반드시 소독발판에 작업화를 소독하고 들어 온다.
⑧ 조리사의 손이 직접 음식이나 식재료에 접촉되지 않도록 장갑을 위생장갑을 착용한다. 위생장갑은 용도에 전처리용, 조리용, 설거 지용, 청소용 등으로 용도에 따라 색상별로 구분 관리할 수 있다.

2 식품위생에 관련된 질병

(1) 영업에 종사하지 못하는 질병의 종류

① **감염병** : 콜레라, 장티푸스, 파라티푸스, 세균성이질, 장출혈성 대장균감염증, A형간염
② **결핵** : 비감염성인 경우 제외
③ **피부병 또는 그 밖의 화농성질환**
④ **후천성면역결핍증** : 성병에 관한 건강진단을 받아야 하는 영업에 종사하는 자에 한함

(2) 건강진단

① **대상자** : 식품 또는 식품첨가물(화학적 합성품 또는 기구등의 살균 ·소독제는 제외)을 채취·제조·가공·조리·저장·운반 또는 판매하는 일에 직접 종사하는 영업자 및 종업원. 다만, 완전포장된 식품 또는 식품첨가물을 운반하거나 판매하는 일에 종사하는 사람 은 제외
② **받아야 하는 시기** : 영업 시작 전 또는 영업에 종사하기 전에 미리
③ **기타 사항**
㉮ 건강진단을 받은 결과 타인에게 위해를 끼칠 우려가 있는 질병이 있다고 인정된 자는 그 영업에 종사하지 못한다.
㉯ 영업자는 건강진단을 받지 아니한 자나 건강진단 결과 타인에 게 위해를 끼칠 우려가 있는 질병이 있는 자를 그 영업에 종사 시키지 못한다.

Lesson 02 식품 위생관리

1 미생물의 종류와 특성

(1) 식품과 미생물
① **미생물** : 일반적으로 광학현미경을 통해서 확인할 수 있는 생물체이다.
② **미생물의 구분**
　㉮ 병원성 미생물 : 인간에게 질병을 유발하는 미생물
　㉯ 비병원성 미생물 : 인간에게 질병을 유발하지 않는 미생물로 식품의 부패나 변패의 원인이 되는 유해한 것과 발효 또는 양조, 숙성 등 식품에 유익하게 이용되는 미생물을 포함

(2) 미생물의 종류
① **곰팡이(Filamentous fungi)**
　㉮ 발효식품이나 항생물질에 유익하게 이용(생육최적온도 0~25℃)
　㉯ 곰팡이의 종류와 식품
　　㉠ 누룩곰팡이 : 약주, 탁주, 간장, 된장 등의 제조에 이용
　　㉡ 푸른곰팡이 : 과실이나 치즈를 변패시키고 황변미를 만듦
　　㉢ 털곰팡이 : 식품의 변질에 관여하며, 식품제조에 이용
　　㉣ 거미줄곰팡이 : 빵에 잘 번식하여 빵곰팡이라고 불림
② **효모(Yeast)**
　㉮ 구형, 타원형의 형태로 존재하는 단세포 생물(생육최적온도 25~30℃)
　㉯ 포도주, 메주 등의 발효식품과 제빵에 이용
　㉰ 세균과 공존하여 식품을 변패시킴
③ **리케차(Rickettsia)**
　㉮ 세균과 바이러스의 중간에 속하는 미생물
　㉯ 운동성이 없으며, 감염병(발진티푸스, 발진열) 등의 원인
　㉰ 원형 또는 타원형, 2분법으로 증식하며 세균과 바이러스의 중간에 속함
④ **바이러스(Virus)**
　㉮ 미생물 중에서 가장 작아 세균여과기로도 분리할 수 없으며, 생체 세포에서만 증식
　㉯ 생존에 필요한 물질로 핵산과 소수의 단백질만을 가지고 있어 숙주에 전적으로 의존
⑤ **균류(Bacteria)**
　㉮ 구균, 간균, 나선균, 대장균 등이 있으며 2분법으로 증식
　㉯ 대장균은 식품의 위생 지표균 및 분변오염의 지표균으로 사용
⑥ **원생동물(원충류, Protozoa)**
　㉮ 가장 간단한 단세포 동물로 1개의 세포로 구성(이질, 아메바, 말라리아의 병원충)되어 있으며, 운동성이 있음
　㉯ 분열 또는 출아에 의한 무성생식, 접합(接合)이나 배우자에 의한 유성 생식을 통해 증식

(3) 미생물 발육에 필요한 조건
① **수분**
　㉮ 미생물의 몸체를 구성하고 생리기능을 조절하는 성분으로 필요량은 종류에 따라 다르나 보통 40% 이상
　㉯ 미생물 증식에 필요한 수분활성도(미생물 생육에 필요한 수분량, Aw)
　　㉠ 세균 : Aw 0.94
　　㉡ 효모 : Aw 0.88
　　㉢ 곰팡이 : Aw 0.80
② **온도**

종류	미생물	발육가능 온도	최적온도
저온균	부패균의 일부, 곰팡이의 일부, 수생균	0~25℃	15~20℃
중온균	곰팡이, 효모, 일반세균, 대부분의 병원균	15~55℃	25~37℃
고온균	바실러스(Bacillus)속, 클로스트리디움(Clostridium)속 일부	40~70℃	50~60℃

③ **영양소**
　㉮ 미생물의 발육·증식에 필요
　㉯ 탄소원, 질소원(무기질소 및 아미노산), 무기염류, 생육소(발육소) 등이 필요
④ **수소이온농도(pH)**
　㉮ 곰팡이, 효모 : 주로 약산성에서 잘 자라며 최적 pH는 4.0~6.0
　㉯ 세균 : 주로 중성 또는 약알칼리성에서 잘 자라며 최적 pH는 6.5~7.5
⑤ **산소**
　㉮ 호기성균 : 산소를 필요로 하는 균(곰팡이, 효모, 식초산균)
　㉯ 혐기성균 : 산소를 필요로 하지 않는 균
　　㉠ 통성혐기성균 : 산소가 있더라도 이용되지 않는 균(젖산균)
　　㉡ 편성혐기성균 : 산소가 있으면 생육에 지장을 받는 균(보툴리누스균, 파상풍균)

■ 미생물의 크기
곰팡이 > 효모 > 스피로헤타 > 세균 > 리케차 > 바이러스

■ 식품의 위생 지표
식품위생상의 식품 또는 음용수가 병원성 미생물에 오염된 여부와 그 정도를 판정할 때 대장균의 수를 측정하며, 식품의 초기 부패는 식품 1g당 세균수가 10^7~10^8 마리일 때 식품의 오염으로 판정한다.

2 식품과 기생충병

(1) 채소류 매개 기생충 및 질환
① **회충**
　㉮ 감염경로 : 분변으로 오염된 야채, 불결한 손, 파리의 매개에 의한 음식물의 오염으로 인하여 회충의 수정란이 침입, 경구감염되며 회충란은 소장에서 약 75일이면 성충이 되어 산란
　㉯ 감염증상 : 복통, 간담 증세가 있고 구토, 소화장애, 발열 등의 전신증상
　㉰ 예방대책
　　㉠ 생분뇨를 완전 부숙 후 처리, 분뇨처리장 증설
　　㉡ 청정채소의 장려
　　㉢ 파리구제 및 환경개선
　　㉣ 환자의 정기적인 구충 실시
　　㉤ 위생적인 식생활 : 생야채의 완전 세척, 가열 조리

② **구충(십이지장충)**
㉮ 감염경로 : 분변으로부터 외계에 나온 구충란이 부화, 탈피한 후 유충이 경피침입 또는 경구침입하여 소장 상부에 기생
㉯ 감염증상 : 경피감염 시 침입 부위에 가려움증, 빈혈, 소화장애, 토식증, 다식증
㉰ 예방대책 : 회충의 경우와 같으나 경피침입하므로 인분을 사용한 밭에 맨발로 들어가지 말 것

③ **요충**
㉮ 감염경로 : 성숙한 충란이 손이나 음식물을 통하여 경구침입, 맹장 내에 이르러 성충이 될 때까지 발육하여 직장 내에서 기생하다가 45일 전후로 항문주위로 나와 산란
㉯ 감염증상 : 항문 주변의 가려움증, 수면장애, 두통, 현기증, 긁으면 세균의 2차 감염에 의한 염증 유발
㉰ 예방대책 : 집단적 구충 실시 및 침구류와 내의류 청결상태 유지

④ **편충**
㉮ 감염경로 : 생야채 등을 통하여 경구감염, 맹장 부위에 기생하며 감염률이 높음
㉯ 예방대책 : 집단적 구충 실시 및 침구류와 내의류 청결상태 유지

⑤ **동양모양선충**
㉮ 감염 경로 : 구충과의 기생충으로 경구감염 또는 경피감염
㉯ 감염증상 : 십이지장충과 비슷하나 더 미약함
㉰ 예방대책 : 회충의 경우와 같으나 경피침입하므로 인분을 사용한 밭에 맨발로 들어가지 말 것

(2) 어패류 매개 기생충 및 질환

① **간디스토마(간흡충)**
㉮ 감염경로 : 왜우렁이 → 민물고기(담수어) → 사람
㉯ 예방대책 : 피라미, 붕어, 잉어 등의 민물고기 생식을 금지

② **폐디스토마(폐흡충)**
㉮ 감염경로 : 다슬기 → 민물 게, 가재 → 사람
㉯ 예방대책 : 게, 가재, 다슬기의 가열섭취, 조리기구 소독

③ **요꼬가와흡충(횡천흡충)**
㉮ 감염경로 : 다슬기류 → 민물고기(담수어) → 사람
㉯ 예방대책 : 붕어, 은어, 잉어 등 민물고기 생식 금지

④ **유극악구충**
㉮ 감염경로 : 물벼룩 → 민물고기(담수어) → 사람
㉯ 예방대책 : 메기, 가물치, 뱀장어, 미꾸라지 등 생식 금지

⑤ **광절열두조충(긴촌충)**
㉮ 감염경로 : 물벼룩 → 반민물고기(반담수어) → 사람
㉯ 예방대책 : 농어, 연어 등 생식 금지

⑥ **아니사키스**
㉮ 감염경로 : 바다 갑각류 → 해산어류 → 사람
㉯ 예방대책 : 해산어류(오징어, 갈치, 고등어, 대구 등) 섭취 시 주의, 조리 시 내장(복강) 제거

(3) 육류 매개 기생충 및 질환

① **무구조충(민촌충)**
㉮ 감염경로 : 소 → 사람
㉯ 예방대책 : 쇠고기 생식 금지, 오염방지

② **유구조충(갈고리촌충)**
㉮ 감염경로 : 돼지 → 사람
㉯ 예방대책 : 돼지고기 생식 또는 불완전 가열한 것의 섭취 금지, 분변에 의한 오염 방지

③ **선모충**
㉮ 감염경로 : 돼지, 개 → 사람
㉯ 예방대책 : 돼지고기 생식 금지

④ **톡소 플라스마**
㉮ 감염경로 : 돼지, 개, 고양이, 사람(낭충을 보유한 돼지고기 섭취로 경구감염)에 감염
㉯ 예방대책 : 돼지고기 생식 또는 불완전 가열한 것의 섭취 금지, 고양이의 배설물에 의한 식품오염 방지

▣ 중간숙주와 기생충
• 중간숙주가 없는 기생충 : 회충, 구충, 요충, 편충 등(매개식품은 주로 채소)
• 중간숙주가 하나인 기생충 : 무구조충(소), 유구조충(돼지), 선모충(돼지), 만소니열두조충(닭)
• 중간숙주가 둘인 기생충

기생충	제1중간숙주	제2중간숙주
간흡충(간디스토마)	왜우렁이	민물고기
폐흡충(폐디스토마)	다슬기류	가재, 게
요꼬가와흡충(횡천흡충)	다슬기류	민물고기
유극악구충	물벼룩	민물고기
긴촌충(광절열두조충)	물벼룩	반민물고기
아니사키스(고래회충)	크릴새우 등 바다갑각류	해산어류

• 사람이 중간숙주 구실을 하는 기생충 : 말라리아병원충

---

3 살균 및 소독의 종류와 방법

(1) 용어의 정의

① **소독** : 병원미생물을 죽이거나 병원성을 약화시켜 감염 및 증식력을 없애는 조작
② **멸균** : 강한 살균력을 작용시켜 병원균, 비병원균, 아포 등 모든 미생물을 완전 사멸시키는 것
③ **방부** : 미생물의 발육을 저지 또는 정지시켜 부패나 발효를 방지하는 방법

(2) 대상물에 따른 소독법

① **음료수 소독법**
㉮ 물리적 소독법 : 자비소독(100℃에서 10~5분, 중조를 넣으면 절반의 시간 단축), 자외선 소독
㉯ 화학적 소독법
  ㉠ 염소 : 상수도 소독에 이용(급수전의 잔류염소는 0.2ppm 유지)
  ㉡ 표백분(클로르석회) : 우물물 소독에 이용
  ㉢ 오존소독

② **조리기구 소독법**
㉮ 물리적 소독법 : 자비소독(100℃에서 30분), 증기소독, 일광소독
㉯ 화학적 소독법 : 차아염소산나트륨(4~6% 용액), 역성비누소독

③ 야채, 과일 소독법
  ㉮ 물리적 소독법 : 자외선 소독
  ㉯ 화학적 소독법 : 클로르석회(5% 수용액), 차아염소산나트륨 소독
④ 수건, 행주, 식기소독
  ㉮ 물리적 소독법 : 자비소독, 고압증기소독(15파운드 121℃에서 20분), 일광소독법
  ㉯ 화학적 소독법 : 역성비누, 염소계 소독약품 소독
⑤ 감염병 환자가 사용한 것의 소독법
  ㉮ 물리적 소독법 : 일광소독(결핵환자 침구는 3시간 이상), 증기소독(의류, 침구, 식기류), 소각(수건, 휴지, 식품잔여물)
  ㉯ 화학적 소독법
    ㉠ 의류·침구 : 석탄산, 크레졸, 포르말린수(35%) 등에 2시간 이상
    ㉡ 비단·모직물·면직물·털침구 : 포름알데히드가스 소독
    ㉢ 초자기·철제·목재 : 석탄산수, 크레졸수, 석회수, 포르말린수에 침전시켜 소독(단, 철제소독에 승홍수 사용 금지)
⑥ 조리장, 식품창고 소독법
  ㉮ 물리적 소독법 : 자외선 소독, 증기발생 장치를 이용한 증기소독, 오존소독
  ㉯ 화학적 소독법 : 역성비누액, 차아염소산나트륨 소독, 표백분 분무 소독
⑦ 기타 소독법
  ㉮ 손 소독 : 알코올, 승홍수, 역성비누액, 크레졸수(1~2% 용액) 소독
  ㉯ 상처소독 : 과산화수소 소독
  ㉰ 변소, 하수구 소독법 : 석탄산수, 크레졸수, 포르말린액 등을 분무 살포하거나 표백분, 생석회 분말을 가하여 소독

(3) 물리적 소독법
① 무가열 멸균법
  ㉮ 자외선 멸균법 : 살균력이 가장 큰 2600Å 부근
  ㉯ 초음파 멸균법
  ㉰ 방사선 살균법
  ㉱ 세균 여과법
② 가열 멸균법
  ㉮ 건열 멸균법
    ㉠ 화염 및 소각 : 재생가치가 없는 물건을 태워버리는 방법 (가장 강력한 멸균법)
    ㉡ 건열 멸균법 : 150~160℃에서 30분 이상 가열. 유리기구, 사기그릇 및 금속제품 등의 소독
  ㉯ 습열 멸균법
    ㉠ 유통증기 소독법 : 100℃의 유통하는 증기 중에서 30~60분 가열
    ㉡ 고압증기 멸균법 : 고압증기 멸균솥을 이용하여 121℃에서 15~29분간 살균(아포를 포함한 모든 균을 사멸)
    ㉢ 간헐멸균법 : 100℃의 유통증기 중에서 24시간마다 15~20분씩 3회 계속하는 방법(아포까지 사멸)
    ㉣ 화염 멸균법 : 분젠, 천연가스, 알코올램프 등을 이용하여 금속류, 유리병, 백금, 도자기류 등의 소독을 위하여 불꽃 속에 20초 이상 접속시키는 방법
    ㉤ 자비소독법 : 100℃의 끓는 물에서 30분간 처리

㉰ 우유의 살균법
  ㉠ 저온(장시간)살균법 : 61~65℃에서 30분간 살균
  ㉡ 초고온 순간살균법 : 130~150℃에서 0.5~5초간 살균
  ㉢ 초고온 단시간 살균법 : 70~75℃에서 15~20초간 살균

(4) 화학적 소독법
① 소독약의 구비조건
  ㉮ 살균력이 강할 것
  ㉯ 부식성·표백성이 없고 용해성이 높으며 안정성이 있을 것
  ㉰ 불쾌한 냄새가 나지 않은 것
  ㉱ 경제적이고 사용방법이 간편할 것
② 종류 및 용도
  ㉮ 염소(Cl_2)
    ㉠ 채소, 식기, 과일, 음료수 등의 소독에 사용
    ㉡ 수돗물 소독 시 잔류염소 0.2ppm
    ㉢ 채소·식기·과일 소독 시 농도 50~100ppm
  ㉯ 석탄산(Phenol, 페놀)
    ㉠ 3~5%의 수용액을 사용
    ㉡ 냄새가 독하며, 금속 부식성
    ㉢ 기구, 용기, 의류 및 오물 등의 소독에 사용
    ㉣ 석탄산 계수(Phenol Coefficient, 소독약의 살균력 지표)
      $$= \frac{소독약의\ 희석배수}{석탄산의\ 희석배수}$$
  ㉰ 크레졸(Cresol) 비누액
    ㉠ 3~5%의 수용액 사용(손 소독은 10% 수용액 사용)
    ㉡ 석탄산의 약 2배의 소독력
    ㉢ 변소(분뇨), 하수도, 진개 등의 오물 소독, 손 소독에 사용
  ㉱ 역성비누(양성비누)
    ㉠ 0.01~0.1%액 사용
    ㉡ 무미, 무해하며 식품소독, 피부소독에 사용
  ㉲ 승홍
    ㉠ 자극성과 금속부식성이 강하고 맹독성이다.
    ㉡ 수은용액, 비금속기구에 사용
    ㉢ 피부소독에는 0.1% 수용액 사용
  ㉳ 과산화수소
    ㉠ 3% 수용액 사용
    ㉡ 무아포균에 유효, 구내염, 상처에 사용
  ㉴ 알코올(Alcohol)
    ㉠ 70%의 에탄올(에틸알코올) 사용
    ㉡ 피부 및 기구소독에 사용
  ㉵ 기타 소독약
    ㉠ 표백분(클로르칼키, 클로르석회) : 우물, 수영장 소독 및 야채, 식기 소독에 사용
    ㉡ 오존 : 발생기 산소에 의해서 살균되며, 수중에서 살균력을 갖는다.
    ㉢ 생석회 : 하수도·진개 등의 오물 소독에 가장 우선적으로 사용
    ㉣ 포름알데히드(기체) : 병원, 도서관, 거실, 영안실 등의 소독에 사용
    ㉤ 포르말린 : 포름알데히드를 물에 녹여서 35~37.5%의 수용액으로 만든 것으로 변소(분뇨), 하수도, 진개 등의 오물 소독에 사용

■ **소독방법 선택 시 고려할 점**
• 질병의 인체 침입 방법에 따라 달리 실시
• 질병의 전염 방법에 따라 달리 실시
• 병원체의 저항력에 따라 달리 실시
• 소독대상물의 성질에 따라 달리 실시

4 식품의 위생적 취급기준

(1) 식품위생의 의의
① **식품위생의 정의**
  ㉮ 세계보건기구(WHO)의 정의 : 식품원료의 재배, 생산, 제조로부터 유통과정을 거쳐 최종적으로 사람에게 섭취되기까지의 모든 수단에 대한 위생
  ㉯ 우리나라 식품위생법상의 정의 : 식품, 식품첨가물, 기구 또는 용기·포장을 대상으로 하는 음식에 관한 위생
② **식품위생의 목적**
  ㉮ 식품으로 인한 위생상의 위해를 방지
  ㉯ 식품 영양의 질적 향상도모
  ㉰ 식품에 관한 올바른 정보를 제공함으로써 국민보건의 증진에 기여

(2) 식품의 표시
① **식품 유통기한 표시**
  ㉮ 유통기한의 표시는 '○○○년 ○○월 ○○일까지', '○○○○.○○.○○까지' 또는 '○○○○년 ○○월 ○○일까지'로 표시한다.
  ㉯ 유통기한을 일괄표시 장소에 표시하기가 곤란한 경우에는 당해 위치에 유통기한의 표시 위치를 명시한다.
  ㉰ 수입되는 식품 등에 있어서 단순히 수출국의 연, 월, 일의 표시순서가 전단의 표시순서와 다를 경우 소비자가 알아보기 쉽도록 연, 월, 일의 표시순서를 예시하여야 한다.
② **식품 제조일 표시** : '제조일로부터 ○○일까지', '제조일로부터 ○○월까지' 또는 '제조일로부터 ○○년까지'로 표시할 수 있다.
③ **도시락 유통기한 표시** : '○○월 ○○일 ○○시까지' 또는 '○○일 ○○시까지'로 표시하여야 한다.
④ **특별한 조건의 경우 표시**
  ㉮ 자동화 설비 사용 시 : 제품의 제조·가공과 포장과정이 자동화 설비로 일괄 처리되어 제조시간까지 자동표시할 수 있는 경우에는 '○○월 ○○일 ○○시까지'로 표시
  ㉯ 사용 및 보관에 특별한 조건이 필요한 경우 : 유통기한의 표시는 사용 또는 보존에 특별한 조건이 필요한 경우 이를 함께 표시하여야 한다. 이 경우 냉동 또는 냉장보관·유통하여야 하는 제품은 '냉동보관' 또는 '냉장보관'을 표시하여야 하고, 제품의 품질유지에 필요한 냉동 또는 냉장온도를 표시
  ㉰ 유통기한이 서로 다른 여러 가지 제품을 함께 포장하는 경우 : 그 중 가장 짧은 유통기한을 표시

(3) 위생적인 식품보관
① **야채류** : 선입선출(먼저 들어온 물건을 먼저 사용)이 기본이며, 사용하고 남은 경우 랩이나 위생팩으로 포장하거나 신문지를 사용하여 신선도를 유지한다.

② **냉동식품류(냉동육류, 냉동해물류)** : 냉동보관이 원칙이고, 녹인 것은 다시 얼리지 않도록 한다. 냉동식품도 유통기한을 확인하여 잘 지키도록 한다.
③ **냉장식품류** : 냉동식품에 비해 유통기한이 짧으므로 주의하고, 온도의 변화가 심하지 않도록 일정온도를 유지한다. 개봉한 제품은 당일 소비하는 것이 좋으며, 보관을 해야 할 경우 랩이나 위생팩으로 포장, 보관한다.
④ **과일류** : 바구니 등을 이용하여 따로 보관하는 것이 좋다. 사과같이 색이 잘 변하는 과일은 껍질을 벗기거나 남은 경우 레몬을 설탕물에 담가 방지하도록 한다. 바나나는 상온에 보관하고 수박이나 멜론 등은 랩을 사용하여 표면이 마르지 않도록 하며, 딸기 등은 쉽게 뭉그러지고 상하기 쉬우므로 눌리지 않게 보관한다.
⑤ **건어물류** : 냉동보관을 원칙으로 하고 메뉴별 사용량에 따라 위생팩으로 개별 포장, 사용하는 것이 편리하고 위생상으로도 좋다.
⑥ **양념류** : 플라스틱 용기에 보관, 사용하고 습기로 인해 딱딱하게 굳거나 이물질이 섞이지 않도록 뚜껑을 잘 덮어서 보관하도록 한다. 물이 묻은 용기의 사용은 피하도록 한다.
⑦ **소스류** : 적정 재고량을 보유하고 유통기한을 수시로 체크하도록 한다. 사용하기에 편리하도록 물기를 제거한 플라스틱 용기에 적정량의 소스를 담는 것이 좋다.
⑧ **캔류** : 개봉한 캔은 바로 사용하는 것이 원칙이며, 밀폐용기 보관 시 유통기한을 표시하도록 한다.

■ **세척제의 종별 용도**
• 1종 : 야채용 또는 과실용 세척제
• 2종 : 식기류용 세척제
• 3종 : 식품의 가공기구용, 조리기구용 세척제

5 식품첨가물과 유해물질

(1) 식품첨가물의 정의 등
① **식품위생법상 식품첨가물의 정의** : 식품을 제조·가공 또는 보존하는 과정에서 식품에 넣거나 섞는 물질 또는 식품을 적시는 등에 사용되는 물질을 말한다. 이 경우 기구(器具)·용기·포장을 살균·소독하는 데에 사용되어 간접적으로 식품으로 옮아갈 수 있는 물질을 포함한다.
② **식품첨가물의 규격과 기준** : 식품의약품안전처장이 지정한 식품첨가물의 종류와 기준, 규격 등이 수록된 식품첨가물공전에 준한다.
③ **식품첨가물의 분류**

종류	설명
천연첨가물	천연의 물질, 원료에서 추출한 것. 단, 유독·유해한 물질이 함유되거나 이물질이 혼입된 것은 판매 및 사용 금지
화학적합성품	화학적 수단에 의하여 원소 또는 화합물에 분해반응 외의 화학반응(산화, 환원, 축합, 중합, 조염 등)을 일으켜 얻은 물질

(3) 식품첨가물의 구비조건
① 인체에 유해한 영향이 없어야 한다.
② 소량만으로도 사용목적에 따른 효과를 충분히 발휘할 수 있어야 한다.

③ 식품의 제조 및 가공에 필수 불가결한 것이어야 한다.
④ 식품 고유의 영양가를 유지할 수 있어야 한다.
⑤ 식품에 유해한 이화학적 변화를 초래하지 말아야 한다.
⑥ 식품의 화학분석 등에 의해 그 첨가물을 확인할 수 있는 것이어야 한다.
⑦ 식품의 외관을 좋게 하여야 한다.
⑧ 식품을 소비자에게 이롭게 할 수 있는 것이어야 한다.

(4) 식품첨가물의 종류

① **보존성을 높이는 것**
- ㉮ 보존료(방부제) : 식품 중의 미생물 발육을 억제하여 부패를 방지하고 식품의 선도 유지를 위해 사용
- ㉯ 살균료(소독제) : 식품의 부패원인균이나 병원균을 사멸시키기 위해 사용
- ㉰ 산화방지제(항산화제) : 공기 중의 산소에 의해 일어나는 식품의 변질을 방지하기 위해 사용

② **관능을 만족시키는 것**
- ㉮ 착색료 : 식품의 가공공정에서 상실되는 색을 복원하거나 외관을 보기 좋도록 착색하는 데 사용
- ㉯ 착향료 : 식욕증대와 상품가치를 높이기 위해 향을 보강, 변형 혹은 억제하기 위해 사용
- ㉰ 표백제 : 식품 본래의 색을 제거하거나 퇴색을 방지하기 위해 사용
- ㉱ 발색제 : 식품 중의 색소 성분과 반응하여 색을 고정하거나 선명하게 하는데 사용
- ㉲ 감미료 : 식품에 감미(맛난 맛)를 부여하기 위해 사용
- ㉳ 조미료 : 식품 본래의 맛을 강화하거나 각 개인의 기호에 맞게 조절하여 첨가하는 데 사용
- ㉴ 산미료 : 식품에 산미(신맛)를 부여하기 위해 사용

③ **품질유지 또는 품질개량에 사용되는 것**
- ㉮ 피막제 : 과실, 채소 등의 표면에 피막을 형성시킴으로써 호흡작용을 억제하고 수분 증발을 막아 저장 중에 외관을 좋게 하고 신선도를 유지시킬 목적으로 사용
- ㉯ 밀가루 개량제 : 제분된 밀가루의 표백과 숙성기간을 단축시키고 제빵효과 저해물질을 파괴시켜 살균 등을 하기위해 사용 (소맥분 개량제)
- ㉰ 품질개량제 : 식품의 결착력 증대, 변색 및 변질 방지, 식품의 탄력성·보수성·팽창성을 증대시켜 조직을 개량하여 맛의 조화와 풍미를 향상시키기 위해 사용
- ㉱ 유화제(계면활성제) : 서로 혼합이 잘되지 않는 두 종류의 액체를 분리되지 않도록 하고 안정화하기 위해 사용
- ㉲ 호료(점증제) 식품에 결착성(점착성), 유화안전성을 좋게 하여 교질상 미각을 증진시키기 위해 사용
- ㉳ 이형제 : 빵 제조 시 형태를 손상시키지 않고 빵 틀로부터 빵의 형태를 유지하면서 쉽게 분리하기 위해 사용
- ㉴ 품질유지제(습윤제) : 식품에 습윤성과 신선성을 갖게 하여 품질의 특성을 유지하기 위해 사용
- ㉵ 추출제 : 식용유지를 제조할 때 유지추출을 쉽도록 하기 위해 사용
- ㉶ 용제(솔벤트) : 천연물의 유효성분이나 식품첨가물 등을 식품에 균일하게 혼합되도록 하기 위해 사용
- ㉷ 소포제 : 식품제조 공정에서 농축, 발효 시 생기는 거품을 소멸 또는 억제하기 위해 사용

④ **영양강화제 및 기타 첨가물**
- ㉮ 영양강화제 : 식품의 빛깔이나 풍미를 변화시키지 않고, 부족한 영양소를 보완하기 위해 사용(강화제)
- ㉯ 팽창제 : 빵이나 카스테라 등을 만들기 위해 밀가루를 부풀게 하여 조직을 향상시키고 적당한 형체를 갖추게 하기 위하여 사용

(5) 유해물질

① **공장폐수에 의한 오염**
- ㉮ 수은화합물
  - ㉠ 특징 : 유기수은의 축적성(플랑크톤 → 어패류 → 사람) 중독으로 미나마타병을 유발한다.
  - ㉡ 증상 : 말초신경의 마비, 보행곤란, 시력감퇴, 손의 감각 마비 등을 나타내며 심하면 중추신경 마비와 함께 호흡 마비로 사망할 수 있다.
- ㉯ 카드뮴중독
  - ㉠ 특징 : 광산에서 배출된 카드뮴이 하천수에 유입되고 농작물(특히 쌀)에 흡수됨으로써 사람이 이를 장기간 섭취하였을 때 만성중독을 일으키게 되는데 이를 이타이이타이병이라 한다.
  - ㉡ 증상 : 심한 요통, 복통, 보행곤란, 사지골과 늑골의 병적 골절, 신장장애 등을 유발한다.
- ㉰ PCB중독(미강유중독, 가내미유증)
  - ㉠ 특징 : 미강유는 쌀겨로부터 착유하여 정제한 기름으로, 정제과정에서 PCB가 유입되어 오염, 중독된다.
  - ㉡ 증상 : 손발 및 손톱이 변색하고 피부의 모공이 흑색으로 착색되며 관절통, 구기, 마비감 등을 유발한다.

② **농약에 의한 식품오염**
- ㉮ 농작물에 사용하는 농약이 환경을 오염시킴으로써 그 환경 속에서 재배된 식품을 사람이 섭취하였을 때 건강장해를 유발한다.
- ㉯ 유기인제 농약의 경우 분해가 빠르지만, 유기염소제와 유기수은제 농약은 토양에 오랫동안 잔류하여 농작물이나 어패류에 흡수되고 고등동물에 잔류 축적됨으로써 암이나 기형 등을 유발한다.

③ **방사능에 의한 식품오염**
- ㉮ 핵폭발 실험, 원자로, 핵연료 공장 등에서 배출되는 방사선 물질을 함유한 폐기물로부터 농작물 등에 흡수되어 축적된다.
- ㉯ 증상으로는 탈모, 눈의 자극, 궤양의 암변, 생식불능, 유전자의 변이 등이 있다.

(6) 유해물질 대책

① **공장폐수** : 적절한 폐수처리시설을 하여 배출허용기준에 맞게 방류 처리하여야 한다.
② **농약** : 수확 전 일정기간 내에 농약의 사용을 금지하거나 최종 수확물에 잔존하는 농약의 양을 제한하여야 한다.
③ **합성세제** : 분해가 잘되지 않는 경성세제(ABS) 사용을 금하고 분해가 되기 쉬운 연성세제(LAS)를 사용하도록 한다.
④ **방사능** : 오염원을 격리시키고 오염의 감시를 철저히 한다.
⑤ **기타** : 유해물질의 사용을 가급적 억제하고 방류되는 폐수의 유해물질 함량에 대한 허용기준을 정하여 철저히 감시하도록 한다.

| Lesson 03 | 주방 위생관리 |

1 주방위생 위해요소

(1) 식품조리기구의 위생관리

① **칼**
  ㉮ 업무 종료 후 매일 갈고 클린저나 전용 행주로 물기를 닦아 건조하여 보관한다.
  ㉯ 조리 중 또는 일하는 중에는 칼을 갈지 않는다.

② **도마**
  ㉮ 매일 사용 후 중성세제로 씻고, 살균 소독하여 보관한다.
  ㉯ 영업 중에는 조리할 때마다 물로 씻어 사용한다.
  ㉰ 환절기에는 열탕소독을 필수적으로 시행한다.

③ **식기**
  ㉮ 세정은 중성세제로 한다.
  ㉯ 용기의 모퉁이는 주의 깊게 닦고, 세정 후 쓰레기, 먼지, 곤충으로부터 오염을 막기 위해 지정장소에 수납하도록 한다.

④ **행주와 쓰레기통**
  ㉮ 행주는 사용 후 세제 세척을 하고, 삶은 후 건조하여 사용한다.
  ㉯ 오염이 심한 쓰레기통은 가성소다로 씻어 건조시키고, 일반적으로는 세제 청소 후 락스로 헹군 뒤 건조한다.

⑤ **가스레인지와 주변**
  ㉮ 버너 출구가 막혀 있으면 철사로 찌르거나 막혀 있는 버너의 가스를 잠그고 막혀 있는 버너를 뺀 다음 큰 버너에 거꾸로 올려 가열하고, 막힌 버너가 붉은색으로 변하면 집게로 들어 찬물에 식힌다.
  ㉯ 가스레인지 위는 항상 청결을 유지하고, 쓰레받기는 폐점 후에 청결하게 청소한다.
  ㉰ 가스레인지 표면은 매일 전문세제 등을 사용하여 금속수세미로 세척한다.

⑥ **식기 선반**
  ㉮ 월 2회 식기를 놓는 선반을 세제로 세정하고 행주로 닦은 뒤 건조하여 사용한다.
  ㉯ 선반에 깔려있는 행주 등도 꺼내서 주 1회 정도 새것으로 교환한다.

⑦ **닥트와 환기팬**
  ㉮ 월 2회 가성소다를 이용하여 기름때를 청소한다.
  ㉯ 닥트에서 기름 등이 떨어져 요리에 들어가는 것을 예방하도록 한다.
  ㉰ 필터는 싱크대에 따뜻한 물을 담고 180cc 정도의 가성소다를 넣고 1일 담근 뒤 중성세제로 세정한다.

(2) 주방시설 및 설비 위생

① **바닥**
  ㉮ 바닥재는 흡수성과 미끄러짐이 없어야 한다.
  ㉯ 바닥에는 이은 자국, 틈, 깨진 곳이 없어야 한다.
  ㉰ 바닥과 벽 사이의 각진 코너 부분이나 틈은 굴곡지게 하고 틈새를 막아 청소하기 쉽게 한다.

② **벽과 천장**
  ㉮ 청소하기 쉬워야 한다.

  ㉯ 소음을 줄일 수 있어야 한다.
  ㉰ 색상이 밝아야 한다.
  ㉱ 열을 받는 구역은 내열성이 있어야 한다.
  ㉲ 습기나 충격으로 벽이 헐거나 금이 가기 쉬운 곳은 스테인리스 스틸을 부분적으로 사용한다.

③ **출입구**
  ㉮ 조리 종사자와 식재료 반입을 위한 출입구는 별도로 구분 설치한다.
  ㉯ 위생해충의 진입을 방지하기 위한 방충·방서 시설 또는 에어커튼 등이 설치되어야 한다.
  ㉰ 조리장 전용 신발로 갈아 신기 위한 신발장 및 발판 소독조와 수세시설을 갖추어야 한다

④ **하수**
  ㉮ 배수량이 충분하고 배수관이 천장 위로 지나가지 않아야 한다.
  ㉯ 바닥 청소용 물과 장비에서 나오는 오수가 주방 바닥으로 쏟아지지 않도록 한다.
  ㉰ 배수로의 거름망은 크게 설계하고 자주 이물질을 제거한다.

⑤ **조명**
  ㉮ 조리실 220 lux 이상, 검수 구역 540 lux 이상, 식품 수납장 및 창고는 200 lux 이상의 조도가 권장된다.
  ㉯ 작업대에 그림자가 생기지 않도록 한다.
  ㉰ 전구를 보호할 수 있는 커버를 씌운다.

⑥ **환기**
  ㉮ 조리장 내에서 발생하는 가스, 매연, 증기, 습기, 먼지 등을 바깥으로 배출할 수 있는 충분한 시설을 갖추어야 한다.
  ㉯ 팬을 이용하여 환기시키며, 공기의 흐름은 청결작업구역에서 일반작업구역 방향으로 흘러가도록 한다.
  ㉰ 기름을 많이 사용하는 구역에는 후드 필터를 설치한다.

2 식품 및 축산물 안전관리인증기준(HACCP)

(1) 용어의 정의

① **식품 및 축산물 안전관리인증기준(HACCP)** : 식품(건강기능식품을 포함)·축산물의 원료 관리, 제조·가공·조리·선별·처리·포장·소분·보관·유통·판매의 모든 과정에서 위해한 물질이 식품 또는 축산물에 섞이거나 식품 또는 축산물이 오염되는 것을 방지하기 위하여 각 과정의 위해요소를 확인·평가하여 중점적으로 관리하는 기준을 말한다.

② **위해요소(Hazard)** : 인체의 건강을 해할 우려가 있는 생물학적, 화학적 또는 물리적 인자나 조건을 말한다.

③ **위해요소분석(Hazard Analysis)** : 식품·축산물 안전에 영향을 줄 수 있는 위해요소와 이를 유발할 수 있는 조건이 존재하는지 여부를 판별하기 위하여 필요한 정보를 수집하고 평가하는 일련의 과정을 말한다.

④ **중요관리점(Critical Control Point, CCP)** : 안전관리인증기준(HACCP)을 적용하여 식품·축산물의 위해요소를 예방·제어하거나 허용 수준 이하로 감소시켜 당해 식품·축산물의 안전성을 확보할 수 있는 중요한 단계·과정 또는 공정을 말한다.

⑤ **한계기준(Critical Limit)** : 중요관리점에서의 위해요소 관리가 허용범위 이내로 충분히 이루어지고 있는지 여부를 판단할 수 있는 기준이나 기준치를 말한다.

⑥ **모니터링(Monitoring)** : 중요관리점에 설정된 한계기준을 적절히

관리하고 있는지 여부를 확인하기 위하여 수행하는 일련의 계획된 관찰이나 측정하는 행위 등을 말한다.

⑦ **개선조치(Corrective Action)** : 모니터링 결과 중요관리점의 한계기준을 이탈할 경우에 취하는 일련의 조치를 말한다.

⑧ **선행요건(Pre-requisite Program)** : 안전관리인증기준(HACCP)을 적용하기 위한 위생관리프로그램을 말한다.

⑨ **안전관리인증기준 관리계획(HACCP Plan)** : 식품·축산물의 원료 구입에서부터 최종 판매에 이르는 전 과정에서 위해가 발생할 우려가 있는 요소를 사전에 확인하여 허용 수준 이하로 감소시키거나 제어 또는 예방할 목적으로 안전관리인증기준(HACCP)에 따라 작성한 제조·가공·조리·선별·처리·포장·소분·보관·유통·판매 공정 관리문서나 도표 또는 계획을 말한다.

⑩ **검증(Verification)** : 안전관리인증기준 관리계획의 유효성과 실행 여부를 정기적으로 평가하는 일련의 활동(적용 방법과 절차, 확인 및 기타 평가 등을 수행하는 행위를 포함)을 말한다.

(2) HACCP 제도의 필요성

① 최근 세계적으로 대규모화되고 있는 식중독 사고 발생에 대한 위해미생물과 화학물질 등의 제어에 대한 중요성 대두
② 새로운 위해미생물의 출현
③ 환경오염에 의한 원료의 이화학적·미생물학적 오염 증대
④ 새로운 기술에 의해 제조되는 식품의 안전성 미확보
⑤ 국제화에 대응한 식품의 안전대책 강화요구(규제기준 조화)
⑥ 규제완화에 의한 사후관리 강화
⑦ 정부의 효율적 식품위생 감시 및 자율관리체제 구축에 의한 안전 식품 공급
⑧ 식품의 회수제도, 제조물배상제도 등 소비자 보호정책에 적극적인 대처
⑨ 제조공정에서 위해예방과 관련되는 중요 관리점을 실시간 감시하는 시스템으로 발전

(3) HACCP의 도입 효과

① 안전한 식품을 생산하기 위해 논리적이고 명확하며 체계적인 과학성을 바탕으로 제품을 생산함으로써 식품의 안전성에 높은 신뢰성을 줄 수 있다.
② 위해를 사전에 예방할 수 있다.
③ 문제의 근본원인을 정확하고 신속하게 밝힘으로써 책임소재를 분명히 할 수 있다.
④ 원료에서 제조, 가공 등의 식품공정별로 모두 적용되므로 종합인 위생대책 시스템이다.
⑤ 일단 설정된 이후에도 계속 수정, 보완이 가능하므로 안전하고 더 좋은 품질의 식품개발에도 이용할 수 있다.

(4) 식품안전관리인증기준 대상 식품

① 수산가공식품류의 어육가공품류 중 어묵·어육소시지
② 기타수산물가공품 중 냉동 어류·연체류·조미가공품
③ 냉동식품 중 피자류·만두류·면류
④ 과자류, 빵류 또는 떡류 중 과자·캔디류·빵류·떡류
⑤ 빙과류 중 빙과
⑥ 음료류(다류 및 커피류는 제외)
⑦ 레토르트식품
⑧ 절임류 또는 조림류의 김치류 중 김치(배추를 주원료로 하여 절임, 양념혼합과정 등을 거쳐 이를 발효시킨 것이거나 발효시키지 아니한 것 또는 이를 가공한 것에 한함)
⑨ 코코아가공품 또는 초콜릿류 중 초콜릿류
⑩ 면류 중 유탕면 또는 곡분, 전분, 전분질원료 등을 주원료로 반죽하여 손이나 기계 따위로 면을 뽑아내거나 자른 국수로서 생면·숙면·건면
⑪ 특수용도식품
⑫ 즉석섭취·편의식품류 중 즉석섭취식품
⑬ 즉석섭취·편의식품류의 즉석조리식품 중 순대
⑭ 식품제조·가공업의 영업소 중 전년도 총 매출액이 100억원 이상인 영업소에서 제조·가공하는 식품

(5) HACCP 12절차(예비 5단계 및 7원칙)

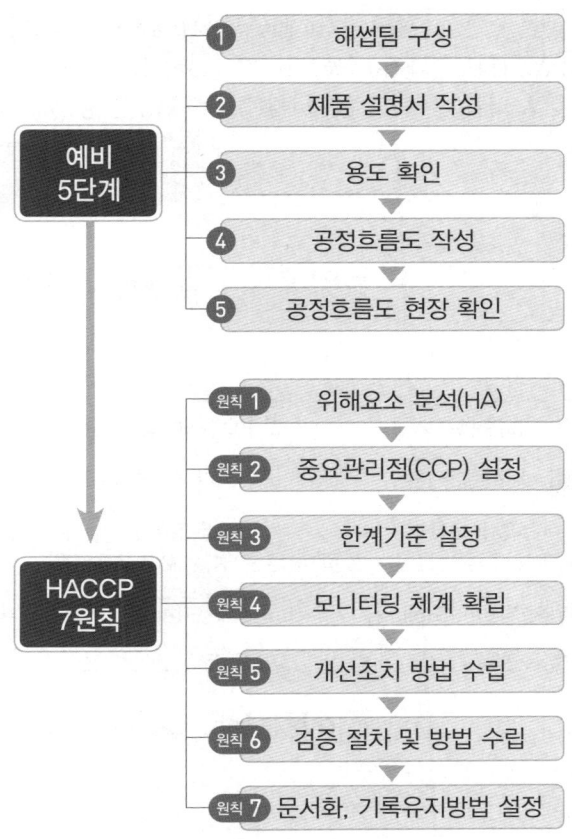

3 작업장 교차오염 발생요소

(1) 교차오염의 개요

① 교차오염이란 오염되지 않은 식재료나 음식이 오염된 식재료 및 기구, 종사자와의 접촉으로 인해 미생물이 혼입되어 오염된 것을 말한다.
② 식품을 다루는 종사자의 위생이 좋지 못하고 건강하지 않을 경우 이들에 의해 질병의 원인이 되는 미생물이 교차오염될 수 있다.
③ 식품과 직접적으로 접촉하게 되는 조리 종사자와 영양사는 물론이고 간접적인 접촉이 빈번히 일어나는 식품 납품업자에게도 중요한 사안이다. 따라서 급식의 안전성 확보를 위해서는 식품을 취급하는 종사원들의 개인위생 관리가 철저히 이루어져야 한다.

(2) 교차오염 방지요령

① 일반작업구역과 청결작업구역으로 구역을 설정하여 전처리, 조리, 기구세척 등을 별도의 구역에서 한다.

② 칼, 도마 등의 기구나 용기는 용도별(조리 전·후)로 구분하여 각각 전용으로 준비하여 사용한다.

③ 세척용기(또는 세정대)는 어·육류, 채소류로 구분 사용하고 사용 전후에는 충분히 세척·소독한 후 사용한다

④ 식품 취급 등의 작업은 바닥으로부터 60cm 이상에서 실시하여 바닥의 오염된 물이 튀어 들어가지 않게 한다.

⑤ 식품 취급 작업은 반드시 손을 세척·소독한 후에 하며, 고무장갑을 착용하고 작업을 하는 경우는 장갑을 손에 준하여 관리한다.

⑥ 전처리하지 않은 식품과 전처리된 식품은 분리·보관한다.

⑦ 전처리에 사용하는 용수는 반드시 먹는 물을 사용한다.

▐ 작업구역과 작업내용
- 일반작업구역 : 검수구역, 전처리구역, 식재료 저장구역, 세정구역, 식품절단구역(가열·소독 전)
- 청결작업구역 : 식품절단구역(가열·소독 후), 조리 구역(가열·비가열 처리), 정량 및 배선구역, 식기 보관 구역

Lesson 04 식중독 관리

1 식중독 개요

(1) 식중독

① **식중독** : 식품의 섭취로 인하여 인체에 유해한 미생물 또는 유독물질에 의하여 발생하였거나 발생한 것으로 판단되는 감염성 또는 독소형 질환을 말한다.

② **집단식중독** : 식품 섭취로 인하여 2인 이상의 사람이 감염성 또는 독소형 질환을 일으킨 경우를 말한다.

③ **식중독의 발생** : 식중독은 주로 5월을 기점으로 9월에 이르면 급격히 증가하며, 90% 이상이 고온다습한 6월~9월 사이에 발생한다.

(2) 식중독의 분류

분류	종류		원인균 및 물질
미생물 식중독	세균성	감염형	살모넬라, 장염비브리오, 콜레라, 비브리오 불니피쿠스, 리스테리아 모노사이토제네스, 병원성대장균(EPEC, EHEC, EIEC, ETEC, EAEC), 바실러스 세레우스, 쉬겔라, 여시니아 엔테로콜리티카, 캠필로박터 제주니, 캠필로박터 콜리
		독소형	황색포도상구균, 클로스트리디움 퍼프린젠스, 클로스트리디움 보툴리눔
	바이러스성	–	노로, 로타, 아스트로, 장관아데노, A형간염, E형간염, 사포 바이러스
	원충성	–	이질아메바, 람블편모충, 작은와포자충, 원포자충, 쿠도아

분류	종류		원인균 및 물질
자연독 식중독		동물성	복어독, 시가테라독
		식물성	감자독, 원추리, 여로 등
		곰팡이	황변미독, 맥각독, 아플라톡신 등
화학적 식중독	고의 또는 오용으로 첨가되는 유해물질		식품첨가물
	본의 아니게 잔류, 혼입되는 오염물질		잔류농약, 유해성 금속화합물
	제조·가공·저장 중에 생성되는 유해물질		지질의 산화생성물, 니트로아민
	기타 물질에 의한 중독		메탄올 등
	조리기구·포장에 의한 중독		녹청(구리), 납, 비소 등

(3) 경구 감염병과 세균성 식중독의 비교

구분	경구 감염병	세균성 식중독
필요한 균수	소량의 균이라도 발병된다.	대량의 균에 의해서 발병된다.
감염	원인병원균에 의해 오염된 물질에 의한 2차 감염이다.	원인식품에 의해서만 감염되며, 2차감염이 없다.
잠복기	일반적으로 길다.	경구 감염병에 비해 짧다.
면역	면역이 성립되는 것이 많다.	면역성이 없다.

2 세균성 식중독

(1) 감염형 식중독

① **살모넬라균 식중독**
  - ㉮ 병원소 및 감염원 : 쥐, 파리, 바퀴, 가축, 닭, 오리
  - ㉯ 원인식품 : 식육류나 그 가공품, 어패류, 달걀, 우유 및 유제품
  - ㉰ 잠복기 : 8~48시간(균종에 따라 다양)
  - ㉱ 증상 : 구토, 복통, 설사, 두통, 급격한 발열(38~40℃)
  - ㉲ 예방대책
    - ㉠ 조리 후 식품을 가능한 신속히 섭취하며 남은 음식은 5℃ 이하 저온 보관
    - ㉡ 식품을 75℃에서 1분 이상 가열 조리 후 섭취
    - ㉢ 원료 및 칼, 도마 등 조리기구의 철저한 위생관리(2차 오염 방지)

② **장염비브리오균 식중독**
  - ㉮ 원인세균 : 해수세균으로 2~4%의 식염농도에서 잘 생육하며, 해수온도가 15℃ 이상에서 급격하게 증식
  - ㉯ 원인식품 : 어패류, 생선회, 수산식품(게장, 오징어무침, 꼬막무침 등)
  - ㉰ 잠복기 : 평균 12시간
  - ㉱ 증상 : 복통, 설사, 발열, 구토
  - ㉲ 예방대책
    - ㉠ 어패류는 수돗물로 잘 씻고, 횟감용 칼과 도마는 구분하여 사용
    - ㉡ 오염된 조리기구는 세정, 열탕 처리하여 2차 오염 예방
    - ㉢ 가능한 생식을 피하고, 60℃에서 5분, 55℃에서 10분의 가열로 쉽게 사멸하므로 반드시 식품을 가열하여 섭취

③ 캠필로박터균 식중독
  ㉮ 원인세균 : 대기 중의 산소농도 21%보다 낮은 3~15%이나, 5% 정도가 최적 농도이며, 최저 발육온도는 약 30℃~46℃
  ㉯ 원인식품 : 육류의 생식이나 불충분한 가열, 동물(조류 등)의 분변에 의한 오염
  ㉰ 잠복기 : 평균 2~3일
  ㉱ 증상 : 복통, 설사, 발열, 구토, 근육통
  ㉲ 예방대책
    ㉠ 생육을 만진 경우 손을 깨끗하게 씻고 소독하여 2차 오염 방지
    ㉡ 생균에 의한 감염형이므로 식품을 충분히 가열하여 균을 사멸시키도록 하며, 마시는 물도 끓여 먹음
    ㉢ 식육(특히 닭고기)의 생식을 피하고, 조리기구는 열탕 소독 후 건조

④ 바실러스 세레우스균 식중독
  ㉮ 원인균 : 토양세균의 일종으로 발생빈도는 낮으나, 자연계에서 대부분 135℃에서 4시간의 가열에도 견디는 내열성아포를 형성
  ㉯ 원인식품 : 곡류(구토형), 식육제품이나 스프(설사형)
  ㉰ 잠복기 : 1~5시간(구토형), 8~15시간(설사형)
  ㉱ 증상
    ㉠ 구토형 : 메스꺼움, 구토, 복통, 설사
    ㉡ 설사형 : 설사 및 복통
  ㉲ 예방대책
    ㉠ 곡류, 채소류는 세척하여 사용
    ㉡ 조리된 음식은 장시간 실온방치를 금하고, 5℃ 이하에 냉장 보관
    ㉢ 저온보존이 적당하지 않은 김밥 등의 식품은 조리 후 바로 섭취

⑤ 병원성 대장균 식중독
  ㉮ 원인균 : 유당을 분해하여 산과 가스를 생산하는 통성혐기성균으로 대표적인 균은 O157:H7
  ㉯ 원인식품 : 우유 및 환자, 보균자, 동물의 분변에 의해 직접, 간접으로 오염된 조리식품
  ㉰ 잠복기 : 12~72시간(균종에 따라 다양)
  ㉱ 증상 : 설사, 복통, 발열, 구토이며 심한 경우 출혈성 대장염 등을 유발
  ㉲ 예방대책
    ㉠ 조리기구(칼, 도마 등) 구분 사용으로 2차 오염 방지
    ㉡ 생육과 조리된 음식을 구분하여 보관
    ㉢ 다진 고기는 중심부 온도가 75℃ 1분 이상 가열

(2) 독소형 식중독
  ① 황색포도상구균 식중독
    ㉮ 원인세균 : 동물, 사람, 환경 등 주위에 널리 분포하고 있으며, 건강한 피부에도 존재. 균이 생성하는 장독소는 엔테로톡신(enterotoxin)에 의한 식중독이며, 황색포도상구균은 열에 약하나 독소인 엔테로톡신은 120℃에서 20분간 처리해도 파괴되지 않음
    ㉯ 원인식품 : 우유, 유제품, 어육, 곡류 및 가공품, 김밥, 도시락
    ㉰ 잠복기 : 1~5시간(평균 3시간)으로 가장 짧음
    ㉱ 증상 : 구토, 설사, 복통, 오심
    ㉲ 예방대책
      ㉠ 식품취급자의 청결 유지, 상처 발생 시 직접 조리 금지
      ㉡ 조리기구 살균 및 가열 조리 및 저온 보관

  ② 보툴리누스균 식중독
    ㉮ 원인균 : 식중독을 일으키는 것은 A, B, E, F 형이 있고 그 중 A형이 가장 치명적이다. 독소는 뉴로톡신(80℃에서 30분 안에 파괴, 신경독소)
    ㉯ 원인식품 : 통조림 식품, 진공포장된 식품(소시지, 햄 등)
    ㉰ 잠복기 : 8~36시간
    ㉱ 증상 : 현기증, 두통, 신경장애 등이며 심한 경우 호흡곤란으로 사망(치사율 30~70%)
    ㉲ 예방대책
      ㉠ 통조림 등은 가열 조리하여 섭취하고 4℃ 이하에서 저온 보관
      ㉡ 식품 원재료에 포자가 있을 가능성이 높으므로 채소와 곡물은 반드시 세척하고 생선 등 어류는 신선한 것으로 조리

  ③ 클로스트리디움 퍼프린젠스 식중독
    ㉮ 원인균 : 사람의 식중독은 A형과 C형이 유발
    ㉯ 원인식품 : 돼지고기, 닭고기, 칠면조고기 등으로 조리한 식품 및 그 가공품인 동물성 단백질 식품
    ㉰ 잠복기 : 8~12시간
    ㉱ 증상 : 설사, 복통, 통상적으로 가벼운 증상 후 회복
    ㉲ 예방대책
      ㉠ 혐기성균이므로 식품을 대량으로 큰 용기에 보관하면 혐기 조건이 될 수 있으므로 소량씩 용기에 보관
      ㉡ 따뜻하게 배식하는 음식은 조리 후 배식까지 60℃ 이상 유지, 차갑게 배식하는 음식은 조리 후 식혀 5℃ 이하에 보관

3 자연독 식중독

(1) 동물성 자연독 식중독
  ① 복어 중독
    ㉮ 독소 : 테트로도톡신(복어의 난소, 간, 내장, 피부 순으로 존재하며 독성이 강하여 끓여도 파괴되지 않음, 특히 산란기에 독성이 강함)
    ㉯ 잠복기 : 30분~5시간
    ㉰ 증상 : 구토, 근육마비, 호흡곤란, 의식불명, 지각마비 등이며 치사율은 50~60%
  ② 모시조개, 바지락 중독
    ㉮ 독소 : 베네루핀(끓여도 파괴되지 않음)
    ㉯ 증상 : 구토, 변비
  ③ 검은조개, 섭조개(홍합) 중독
    ㉮ 독소 : 삭시톡신(끓여도 파괴되지 않음)
    ㉯ 증상 : 신체마비, 호흡곤란

(2) 식물성 자연독 식중독
  ① 독버섯 중독
    ㉮ 독소 : 무스카리딘, 팔린, 아마니타톡신, 무스카린, 필지오린
    ㉯ 증상 : 위장증상
  ② 감자의 싹 : 독소는 솔라닌
  ③ 청매 : 독소는 아미그달린
  ④ 독미나리 : 독소는 시큐톡신
  ⑤ 맥각 : 독소는 에르고톡신
  ⑥ 면실유 : 독소는 고시폴
  ⑦ 피마자 : 독소는 리신
  ⑧ 독보리 : 독소는 테무린
  ⑨ 미치광이풀 : 독소는 아트로핀

4 **화학적 식중독**

(1) 유해성 중금속에 의한 식중독

① 수은(Hg)

㉮ 중독 경로 : 콩나물 배양 시 소독제로 오용, 공장폐수에 오염된 어패류

㉯ 증상 : 미나마타병을 유발

㉠ 급성 중독 : 구내염, 폐렴(열과 호흡곤란 동반)

㉡ 만성 중독 : 식욕감소, 체중감소, 수면장애, 흥분, 기억력 감소, 경련, 기억상실, 언어장애

② 비소(Arsenic)

㉮ 중독 경로 : 살충제, 농약제 등에 널리 사용, 비산, 아비산, 비산납 등의 비소화합물

㉯ 증상

㉠ 급성 중독 : 구토, 식도위축, 설사, 구갈, 심장마비, 흑피증

㉡ 만성 중독 : 운동마비, 신경장애, 간 장애

③ 납(Pb)

㉮ 중독 경로 : 통조림의 땜납, 도기 및 법랑 제품의 유약, 농약·페인트·완구류와 화장품의 안료 등

㉯ 증상

㉠ 급성 중독 : 구토, 구역질, 복통, 사지마비 등

㉡ 만성 중독 : 잇몸에 납 무늬가 나타남. 피로, 소화기 장애, 지각상실, 시력장애, 체중감소 등

④ 카드뮴(Cd)

㉮ 중독 경로 : 식기, 용기, 공장폐수, 광산폐수, 매연, 농작물이 오염이 된 것을 식품으로 섭취

㉯ 증상 : 이타이이타이병의 원인 물질

㉠ 초기 : 구토, 설사, 복통, 허탈감, 의식불명

㉡ 만성 중독 : 폐기종, 신장장애, 단백뇨, 골연화증, 골다공증, 치아가 누렇게 변하기도 함

⑤ 주석(Sn)

㉮ 중독 경로 : 통조림 관(깡통)에 도금된 주석의 산성이 강한 내용물(과일, 채소 등), 식품에 의해 용출되어 중독

㉯ 증상 : 구역질, 구토, 설사, 복통

⑥ 안티몬(Sb)

㉮ 중독 경로 : 식기, 법랑, 도자기, 고무관 염료 등

㉯ 증상 : 구토, 복통, 구갈, 전신쇠약, 허탈, 경련, 심장마비에 의한 사망

⑦ 아연(Zn)

㉮ 중독 경로 : 식기, 용기, 산성식품, 합금(양은, 놋쇠)

㉯ 증상 : 구역질, 구토, 설사, 복통, 두통, 경련, 권태감 등

(2) 농약에 의한 식중독

① 유기인제

㉮ 종류 : 파라티온, 말라티온, 다이아지논, 테프 등

㉯ 중독 증상 : 식욕부진, 구토, 경련, 신경독 증상, 근력감퇴, 혈압 상승

㉰ 지속기간 : 1~12주

② 유기염소제

㉮ 종류 : DDT, BHC, 알드린(Aldrin) 등

㉯ 중독 증상 : 복통, 설사, 두통, 구토, 전신권태, 시력감퇴, 신경계에 독성 등

㉰ 잔류 기간 : 2~5년, 환경 중에 오래 잔류, 동물 지방조직에 농축되어 존재

③ 유기수은제

㉮ 종류 : 메틸염화수은, 메틸요오드화수은, EMP, PMA 등

㉯ 중독 증상 : 시야 축소, 언어장애, 보행 곤란, 정신착란 등

④ 비소화합물

㉮ 종류 : 비산, 칼슘 등

㉯ 중독 증상 : 목구멍과 식도의 수축 현상, 위통, 설사, 구토, 혈변, 소변량 감소

(3) 기타 화학적 식중독

① 메탄올(Methanol, Methyl alcohol ; CH_3OH)에 의한 식중독

㉮ 주류 허용량 : 0.5mg/mL 이하(포도주 예외), 과실주 1.0mg/mL 이하

㉯ 중독량 : 5~10mL

㉰ 치사량 : 30~100mL

㉱ 증상 : 두통, 구토, 설사, 실명, 심하면 호흡곤란으로 사망

② 방사성물질에 의한 식중독

㉮ 핵폭발, 원자력 발전소 등에서 방사능 물질이 누출되어 물, 식품을 오염

㉯ Sr-90(뼈, 백혈병), Cs-137(전신, 생식세포 장해), I-131(갑상선, 갑상선장해), Co-60(소화관)

③ 유해성 식품첨가물에 의한 식중독

㉮ 식품첨가물에 의한 식중독 원인

㉠ 허용되지 않은 첨가물의 사용

㉡ 잘못된 사용

㉢ 허용된 첨가물의 과다 사용

㉣ 불순한 첨가물의 사용

㉯ 유해성 식품첨가물의 종류

㉠ 착색제 : 아우라민(황색), 로다민 B(핑크색), 파라니트로아닐린, 말라카이트그린(녹색), 수단3호(가짜 고추가루색)

㉡ 감미료 : 에틸렌글리콜, 둘신, 글루신, 페릴라틴, 싸이클라메이트, 파라니트로 오르토톨루이딘(원폭당)

㉢ 표백제 : 롱가리트, 형광표백제, 삼염화질소(니트로겐 트리클로라이드)

㉣ 보존료 : 붕산, 포름알데히드, 불소화합물, 승홍

㉤ 착향료 : 메틸알코올, 클로로포름, 아미부틸레이트, 니트로벤젠 등의 혼합물 등

㉥ 증량제 : 산성백토, 탄산칼슘, 탄산마그네슘, 벤토네이트, 규산마그네슘, 규조토 등

5 **곰팡이 독소 등**

(1) 곰팡이 식중독

① 아플라톡신 중독

㉮ 원인곰팡이 : 아스퍼질러스 플라브스

㉯ 원인식품 : 변질된 옥수수와 땅콩, 곶감

㉰ 독소 : 아플라톡신(간장독)

② 맥각 중독

㉮ 원인균 : 맥각균

㉯ 원인식품 : 보리, 밀, 호밀

㉰ 독소 : 에르고톡신(간장독)

③ 황변미
  ㉮ 원인곰팡이 : 푸른곰팡이
  ㉯ 원인식품 : 저장미
  ㉰ 독소 : 시트리닌, 시트리오비리딘, 아이슬랜디톡신(신장독, 신경독, 간장독)

(2) 알레르기성 식중독
  ① 특징 : 꽁치, 고등어와 같은 붉은살 어류의 가공품을 섭취한 후 몸에 두드러기가 발생하거나 열이 나는 증상을 보이며 심한 경우 생명을 위협하는 과민반응을 유발
  ② 원인물질과 원인균
    ㉮ 원인물질 : 히스타민(histamine)
    ㉯ 원인균 : 프로테우스 모르가니(proteus morganii)
  ③ 예방 : 원인이 되는 식품 취식을 금함
  ④ 치료 : 히스타민에 의한 경우 항히스타민제를 복용

Lesson 05 식품위생 관계 법규

1 식품위생법 및 관계법규

(1) 식품위생법의 목적 및 정의
  ① **식품위생법의 목적** : 식품으로 인하여 생기는 위생상의 위해(危害)를 방지하고 식품영양의 질적 향상을 도모하며 식품에 관한 올바른 정보를 제공하여 국민보건의 증진에 이바지함을 목적으로 한다.
  ② 용어의 정의

용어	정의
식품	의약으로 섭취하는 것을 제외한 모든 음식물을 말한다.
식품첨가물	식품을 제조·가공·조리 또는 보존하는 과정에서 감미(甘味), 착색(着色), 표백(漂白) 또는 산화방지 등을 목적으로 식품에 사용되는 물질을 말한다. 이 경우 기구(器具)·용기·포장을 살균·소독하는 데에 사용되어 간접적으로 식품으로 옮겨갈 수 있는 물질을 포함한다.
화학적 합성품	화학적 수단으로 원소(元素) 또는 화합물에 분해 반응 외의 화학반응을 일으켜서 얻은 물질을 말한다.
위해	식품첨가물, 기구 또는 용기·포장에 존재하는 위험요소로서 인체의 건강을 해치거나 해칠 우려가 있는 것을 말한다.
영업	식품 또는 식품첨가물을 채취·제조·가공·조리·저장·소분·운반 또는 판매하거나 기구 또는 용기·포장을 제조·운반·판매하는 업(농업과 수산업에 속하는 식품 채취업은 제외)을 말한다.
식품위생	식품, 식품첨가물, 기구 또는 용기·포장을 대상으로 하는 음식에 관한 위생을 말한다.
집단급식소	영리를 목적으로 하지 아니하면서 1회 50명 이상에게 계속하여 음식물을 공급하는 기숙사, 학교, 병원, 사회복지시설, 산업체, 국가, 지방자치단체 및 공공기관, 그 밖의 후생기관 중 어느 하나에 해당하는 곳의 급식시설을 말한다.
식품이력 추적관리	식품을 제조·가공단계부터 판매단계까지 각 단계별로 정보를 기록·관리하여 그 식품의 안전성 등에 문제가 발생할 경우 그 식품을 추적하여 원인을 규명하고 필요한 조치를 할 수 있도록 관리하는 것을 말한다.

(2) 식품과 식품첨가물
  ① 판매가 금지되는 위해식품
    ㉮ 썩거나 상하거나 설익어서 인체의 건강을 해칠 우려가 있는 것
    ㉯ 유독·유해물질이 들어 있거나 묻어 있는 것 또는 그러할 염려가 있는 것. 다만, 식품의약품안전처장이 인체의 건강을 해칠 우려가 없다고 인정하는 것은 제외
    ㉰ 병(病)을 일으키는 미생물에 오염되었거나 그러할 염려가 있어 인체의 건강을 해칠 우려가 있는 것
    ㉱ 불결하거나 다른 물질이 섞이거나 첨가(添加)된 것 또는 그 밖의 사유로 인체의 건강을 해칠 우려가 있는 것
    ㉲ 농·축·수산물 등 가운데 안전성 심사를 받지 아니하였거나 안전성 심사에서 식용(食用)으로 부적합하다고 인정된 것
    ㉳ 수입이 금지된 것 또는 수입신고를 하지 아니하고 수입한 것
    ㉴ 영업자가 아닌 자가 제조·가공·소분한 것
  ② 판매가 금지되는 동물의 질병
    ㉮ 도축이 금지되는 가축전염병
    ㉯ 리스테리아병, 살모넬라병, 파스튜렐라병 및 선모충증

(3) 식품위생감시원의 직무
  ① 식품등의 위생적인 취급에 관한 기준의 이행 지도
  ② 수입·판매 또는 사용 등이 금지된 식품등의 취급 여부에 관한 단속
  ③ 표시 또는 광고기준의 위반 여부에 관한 단속
  ④ 출입·검사 및 검사에 필요한 식품등의 수거
  ⑤ 시설기준의 적합 여부의 확인·검사
  ⑥ 영업자 및 종업원의 건강진단 및 위생교육의 이행 여부의 확인·지도
  ⑦ 조리사 및 영양사의 법령 준수사항 이행 여부의 확인·지도
  ⑧ 행정처분의 이행 여부 확인
  ⑨ 식품등의 압류·폐기 등
  ⑩ 영업소의 폐쇄를 위한 간판 제거 등의 조치
  ⑪ 그 밖에 영업자의 법령 이행 여부에 관한 확인·지도

(4) 영업의 허가·신고·등록
  ① 허가를 받아야 하는 업종
    ㉮ 식품의약품안전처장의 허가 : 식품조사처리업
    ㉯ 특별자치시장·특별자치도지사 또는 시장·군수·구청장의 허가 : 단란주점영업, 유흥주점영업
  ② **영업신고를 하여야 하는 업종(특별자치시장·특별자치도지사 또는 시장·군수·구청장에게 신고)**
    ㉮ 즉석판매제조·가공업
    ㉯ 식품운반업
    ㉰ 식품소분·판매업
    ㉱ 식품냉동·냉장업
    ㉲ 용기·포장류제조업(자신 제품 포장을 위해 용기·포장류를 제조하는 경우는 제외)
    ㉳ 휴게음식점영업, 일반음식점영업, 위탁급식영업, 제과점영업
  ③ **등록하여야 하는 영업(특별자치시장·특별자치도지사 또는 시장·군수·구청장에게 등록)**
    ㉮ 식품제조·가공업
    ㉯ 식품첨가물 제조업
    ㉰ 공유주방 운영업

(5) 식품접객업의 종류

① **휴게음식점영업** : 주로 다류(茶類), 아이스크림류 등을 조리·판매하거나 패스트푸드점, 분식점 형태의 영업 등 음식류를 조리·판매하는 영업으로서 음주행위가 허용되지 아니하는 영업. 다만, 편의점, 슈퍼마켓, 휴게소, 그 밖에 음식류를 판매하는 장소에서 컵라면, 일회용 다류 또는 그 밖의 음식류에 물을 부어 주는 경우는 제외

② **일반음식점영업** : 음식류를 조리·판매하는 영업으로서 식사와 함께 부수적으로 음주행위가 허용되는 영업

③ **단란주점영업** : 주로 주류를 조리·판매하는 영업으로서 손님이 노래를 부르는 행위가 허용되는 영업

④ **유흥주점영업** : 주로 주류를 조리·판매하는 영업으로서 유흥종사자를 두거나 유흥시설을 설치할 수 있고 손님이 노래를 부르거나 춤을 추는 행위가 허용되는 영업

⑤ **위탁급식영업** : 집단급식소를 설치·운영하는 자와의 계약에 따라 그 집단급식소에서 음식류를 조리하여 제공하는 영업

⑥ **제과점영업** : 주로 빵, 떡, 과자 등을 제조·판매하는 영업으로서 음주행위가 허용되지 아니하는 영업

(6) 식품위생교육

① **교육대상** : 영업자 및 유흥종사자를 둘 수 있는 식품접객업 영업자의 종업원

② **교육시기** : 매년

③ **교육기관** : 식품위생교육전문기관, 동업자조합, 한국식품산업협회

④ **교육내용** : 식품위생, 개인위생, 식품위생시책, 식품의 품질관리 등

⑤ **영업자와 종업원이 받아야 하는 식품위생교육 시간**
　㉮ 식품위생영업의 영업자(단, 식용얼음판매업자 및 식품자동판매기영업자는 제외) : 3시간
　㉯ 유흥주점영업의 유흥종사자 : 2시간
　㉰ 집단급식소를 설치·운영하는 자 : 3시간

⑥ **영업을 하려는 자가 받아야 하는 식품위생교육 시간**
　㉮ 식품제조·가공업, 식품첨가물제조업, 공유주방 운영업을 하려는 자 : 8시간
　㉯ 식품운반업, 식품소분·판매업, 식품보존업, 용기·포장류제조업을 하려는 자 : 4시간
　㉰ 즉석판매제조·가공업, 식품접객업을 하려는 자 : 6시간
　㉱ 집단급식소를 설치·운영하려는 자 : 6시간

(7) 우수업소 및 모범업소의 지정

① **식품제조·가공업 및 식품첨가물제조업** : 우수업소와 일반업소로 구분

② **집단급식소 및 일반음식점영업** : 모범업소와 일반업소로 구분

③ **우수업소 및 모범업소의 지정권자**
　㉮ 우수업소의 지정 : 식품의약품안전처장 또는 특별자치시장·특별자치도지사·시장·군수·구청장
　㉯ 모범업소의 지정 : 특별자치시장·특별자치도지사·시장·군수·구청장

(8) 조리사

① **조리사를 두어야 하는 자**
　㉮ 집단급식소 운영자
　㉯ 식품접객업 중 복어를 조리·판매하는 영업을 하는자

② **조리사를 두지 않아도 되는 경우**
　㉮ 집단급식소 운영자 또는 식품접객영업자 자신이 조리사로서 직접 음식물을 조리하는 경우
　㉯ 1회 급식인원 100명 미만의 산업체인 경우
　㉰ 영양사가 조리사의 면허를 받은 경우

③ **조리사 면허**
　㉮ 조리사가 되려는 자는 해당 기능분야의 자격을 얻은 후 특별자치시장·특별자치도지사·시장·군수·구청장의 면허를 받아야 한다.
　㉯ 조리사 면허의 결격사유
　　㉠ 정신질환자(다만, 전문의가 조리사로서 적합하다고 인정하는 자는 그러하지 아니하다.)
　　㉡ 감염병환자(B형간염환자는 제외)
　　㉢ 마약이나 그 밖의 약물 중독자
　　㉣ 조리사 면허의 취소처분을 받고 그 취소된 날부터 1년이 지나지 아니한 자

④ **조리사 교육**
　㉮ 명령권자 : 식품의약품안전처장
　㉯ 교육시기
　　㉠ 식품위생 수준 및 자질의 향상을 위하여 필요한 경우(보수교육 포함)
　　㉡ 집단급식소에 종사하는 조리사는 2년마다
　㉰ 교육시간 : 6시간

(9) 집단급식소

① **집단급식소의 설치·운영** : 특별자치시장·특별자치도지사·시장·군수·구청장에게 신고

② **집단급식소 설치·운영자의 준수사항**
　㉮ 식중독 환자가 발생하지 아니하도록 위생관리를 철저히 할 것
　㉯ 조리·제공한 식품의 매회 1인분 분량을 섭씨 영하 18℃ 이하로 144시간 이상 보관할 것
　㉰ 영양사를 두고 있는 경우 그 업무를 방해하지 아니할 것
　㉱ 영양사를 두고 있는 경우 영양사가 집단급식소의 위생관리를 위하여 요청하는 사항에 대하여는 정당한 사유가 없으면 따를 것
　㉲ 그 밖에 식품등의 위생적 관리를 위하여 필요하다고 총리령으로 정하는 사항을 지킬 것

(9) 행정처분

① **영업소의 폐쇄를 위한 관계공무원의 조치**
　㉮ 해당 영업소의 간판 등 영업 표지물의 제거나 삭제
　㉯ 해당 영업소가 적법한 영업소가 아님을 알리는 게시문 등의 부착
　㉰ 해당 영업소의 시설물과 영업에 사용하는 기구 등을 사용할 수 없게 하는 봉인(封印)

② **조리사 면허에 대한 행정처분**

위반사항	1차위반	2차위반	3차위반
면허의 결격사유에 해당하게 된 경우	면허취소	–	–
조리사의 교육을 받지 아니한 경우	시정명령	업무정지 15일	업무정지 1개월
식중독이나 그 밖에 위생과 관련한 중대한 사고 발생에 직무상의 책임이 있는 경우	업무정지 1개월	업무정지 2개월	면허취소

위반사항	1차위반	2차위반	3차위반
면허를 타인에게 대여하여 사용하게 한 경우	업무정지 2개월	업무정지 3개월	면허취소
업무정지기간 중에 조리사의 업무를 한 경우	면허취소		

(10) 우수업소의 지정기준
① 건물의 주변 환경은 식품위생환경에 나쁜 영향을 주지 아니하여야 하며, 항상 청결하게 관리되어야 한다.
② 건물은 작업에 필요한 공간을 확보하여야 하며, 환기가 잘 되어야 한다.
③ 원료처리실·제조가공실·포장실 등 작업장은 분리·구획되어야 한다.
④ 작업장의 바닥·내벽 및 천장은 내수처리를 하여야 하며, 항상 청결하게 관리되어야 한다.
⑤ 작업장의 바닥은 적절한 경사를 유지하도록 하여 배수가 잘 되도록 하여야 한다.
⑥ 작업장의 출입구와 창은 완전히 꼭 닫힐 수 있어야 하며, 방충시설과 쥐막이 시설이 설치되어야 한다.
⑦ 제조하려는 식품 등의 특성에 맞는 기계·기구류를 갖추어야 하며, 기계·기구류는 세척이 용이하고 부식되지 아니하는 재질이어야 한다.
⑧ 원료 및 제품은 항상 위생적으로 보관·관리되어야 한다.
⑨ 작업장·냉장시설·냉동시설 등에는 온도를 측정할 수 있는 계기가 알아보기 쉬운 곳에 설치되어야 한다.
⑩ 오염되기 쉬운 작업장의 출입구에는 탈의실·작업화 또는 손 등을 세척·살균할 수 있는 시설을 갖추어야 한다.
⑪ 급수시설은 식품의 특성별로 설치하여야 하며, 지하수 등을 사용하는 경우 취수원은 오염지역으로 부터 20m 이상 떨어진 곳에 위치하여야 한다.
⑫ 하수나 폐수를 적절하게 처리할 수 있는 하수·폐수이동 및 처리시설을 갖추어야 한다.
⑬ 화장실은 정화조를 갖춘 수세식 화장실로서 내수 처리되어야 한다.
⑭ 식품 등을 직접 취급하는 종사자는 위생적인 작업복·신발 등을 착용하여야 하며, 손은 항상 청결히 유지하여야 한다.
⑮ 기타 우수업소의 지정기준 등과 관련한 세부사항은 식품의약품안전처장이 정하는 바에 의한다

(11) 모범업소의 지정기준
① **집단급식소**
  ㉮ 식품안전관리인증기준(HACCP) 적용 업소로 인증받아야 한다.
  ㉯ 최근 3년간 식중독이 발생하지 아니하여야 한다.
  ㉰ 조리사 및 영양사를 두어야 한다.
  ㉱ 그 밖에 일반음식점이 갖추어야 하는 기준을 모두 갖추어야 한다
② **일반음식점**
  ㉮ 건물의 구조 및 환경
    ㉠ 청결을 유지할 수 있는 환경을 갖추고 내구력이 있는 건물이어야 한다.
    ㉡ 마시기에 적합한 물이 공급되며, 배수가 잘 되어야 한다.
    ㉢ 업소 내에는 방충시설·쥐막이시설 및 환기시설을 갖추고 있어야 한다.
  ㉯ 주방
    ㉠ 주방은 공개되어야 한다.
    ㉡ 입식조리대가 설치되어 있어야 한다.
    ㉢ 냉장시설·냉동시설이 정상적으로 가동되어야 한다.
    ㉣ 항상 청결을 유지하여야 하며, 식품의 원료 등을 보관할 수 있는 창고가 있어야 한다.
    ㉤ 식기 등을 소독할 수 있는 설비가 있어야 한다.
  ㉰ 객실 및 객석
    ㉠ 손님이 이용하기에 불편하지 아니한 구조 및 넓이여야 한다.
    ㉡ 항상 청결을 유지하여야 한다.
  ㉱ 화장실
    ㉠ 정화조를 갖춘 수세식이어야 한다.
    ㉡ 손 씻는 시설이 설치되어야 한다.
    ㉢ 벽 및 바닥은 타일 등으로 내수 처리되어 있어야 한다.
    ㉣ 1회용 위생종이 또는 에어타월이 비치되어 있어야 한다.
  ㉲ 종업원 및 기타
    ㉠ 청결한 위생복을 입고 있어야 한다.
    ㉡ 개인위생을 지키고 있어야 한다.
    ㉢ 친절하고 예의바른 태도를 가져야 한다.
  ㉳ 그 밖의 사항
    ㉠ 1회용 물컵, 1회용 숟가락, 1회용 젓가락 등을 사용하지 아니하여야 한다.
    ㉡ 그 밖에 모범업소의 지정기준 등과 관련한 세부사항은 식품의약품안전처장이 정하는 바에 따른다.

(12) 식품의 기준 및 규격
① **총칙**
  ㉮ 도량형 : 미터법
  ㉯ 중량 백분율 : %(중량백분율 : ppm)
  ㉰ 표준온도 : 20℃(상온은 15~25℃, 실온은 1~35℃, 미온은 30~40℃)
  ㉱ 시험에 쓰는 물 : 따로 규정이 없는 한 증류수 또는 정제수 사용
  ㉲ 검체를 취하는 양에 "약"의 표시 : 따로 규정이 없는 한 기재량의 90~110%의 범위 내에서 취하는 것
② **주요 식품의 표시기준상 분류(식품공전의 식품별 기준 및 규격에 따른 분류)**
  ㉮ 과자류 : 과자, 캔디류, 추잉껌, 빙과류
  ㉯ 빵 또는 떡류 : 빵류, 떡류, 만두류
  ㉰ 잼류 : 잼, 마멜레이드, 기타 잼류
  ㉱ 식육 또는 알가공품 : 식육 또는 알제품, 식육가공품, 알가공품 등
  ㉲ 어육가공품 : 어묵, 어육소시지, 어육반제품, 어육살, 연육 등
  ㉳ 두부류 또는 묵류 : 두부, 전두부, 유바, 가공두부, 묵류(전분질이나 다당류를 주원료로 하여 제조한 것)
  ㉴ 면류 : 국수, 냉면, 당면, 유탕면류, 파스타류
  ㉵ 다류 : 침출차, 액상차, 고형차
  ㉶ 음료류 : 과일 채소류음료, 탄산음료류, 두유류, 발효음료류, 인삼 홍삼음료, 기타음료 등
  ㉷ 특수용도식품 : 영아용 조제식, 성장기용 조제식, 영·유아용 곡류조제식, 기타 영·유아식, 특수의료용도등식품, 체중조절용 조제식품
  ㉮ 장류 : 메주, 한식간장, 양조간장, 산분해간장, 효소분해간장, 혼합간장, 한식된장, 된장, 조미된장, 고추장, 조미고추장, 춘장, 청국장, 혼합장 등

ⓔ 조미식품 : 식초, 소스류, 토마토케첩, 카레, 고춧가루 또는 실고추, 향신료가공품, 복합조미식품 등
ⓕ 드레싱 : 드레싱, 마요네즈
ⓖ 김치류 : 김칫속, 배추김치 등

③ 장기보존식품
ⓐ 통·병조림식품 : 식품을 통 또는 병에 넣어 탈기와 밀봉 및 살균 또는 멸균한 것
ⓑ 레토르트(retort)식품 : 단층 플라스틱필름이나 금속박 또는 이를 여러 층으로 접착하여, 파우치와 기타 모양으로 성형한 용기에 제조·가공 또는 조리한 식품을 충전하고 밀봉하여 가열살균 또는 멸균한 것
ⓒ 냉동식품 : 제조·가공 또는 조리한 식품을 장기보존할 목적으로 냉동처리, 냉동보관하는 것으로서 용기·포장에 넣은 식품

(13) 먹는 물의 수질 기준

① 미생물에 관한 기준
ⓐ 일반세균 : 1mL 중 100CFU(Colony Forming Unit)를 넘지 아니할 것
ⓑ 총 대장균군 : 100mL(샘물·먹는 샘물 및 먹는 해양심층수의 경우에는 250mL)에서 검출되지 아니할 것
ⓒ 대장균·분원성 대장균군 : 100mL에서 검출되지 아니할 것 (단, 샘물·먹는 샘물 및 먹는 해양심층수의 경우에는 적용하지 아니한다)

② 심미적 영향물질에 관한 기준
ⓐ 경도 : 300mg/L(먹는 샘물의 경우 500mg/L, 먹는 해양심층수의 경우 1,200mg/L)를 넘지 아니할 것
ⓑ 색도 : 5도를 넘지 아니할 것
ⓒ 탁도 : 1NTU(Nephelometric Turbidity Unit)를 넘지 아니할 것 (단, 수돗물의 경우에는 0.5NTU를 넘지 아니하여야 한다)
ⓓ 냄새와 맛 : 소독으로 인한 냄새와 맛 이외의 냄새와 맛이 있어서는 아니될 것
ⓔ 수소이온 농도 : pH 5.8 이상 pH 8.5 이하이어야 할 것
ⓕ 세제(음이온 계면활성제) : 0.5mg/L를 넘지 아니할 것(단, 샘물·먹는 샘물 및 먹는 해양심층수의 경우에는 검출되지 아니하여야 한다)

2 제조물책임법

(1) 제조물책임법의 목적 및 정의

① 제조물책임법의 목적 : 제조물의 결함으로 발생한 손해에 대한 제조업자 등의 손해배상책임을 규정함으로써 피해자 보호를 도모하고 국민생활의 안전 향상과 국민경제의 건전한 발전에 이바지함을 목적으로 한다.

② 용어의 정의

용어	정의
제조물	제조되거나 가공된 동산(다른 동산이나 부동산의 일부를 구성하는 경우를 포함)을 말한다.
결함	제조물에 다음 각 목의 어느 하나에 해당하는 제조상·설계상 또는 표시상의 결함이 있거나 그 밖에 통상적으로 기대할 수 있는 안전성이 결여되어 있는 것을 말한다.

용어	정의
결함	– 제조상의 결함 : 제조업자가 제조물에 대하여 제조상·가공상의 주의의무를 이행하였는지에 관계없이 제조물이 원래 의도한 설계와 다르게 제조·가공됨으로써 안전하지 못하게 된 경우 – 설계상의 결함 : 제조업자가 합리적인 대체설계(代替設計)를 채용하였더라면 피해나 위험을 줄이거나 피할 수 있었음에도 대체설계를 채용하지 아니하여 해당 제조물이 안전하지 못하게 된 경우 – 표시상의 결함 : 제조업자가 합리적인 설명·지시·경고 또는 그 밖의 표시를 하였더라면 해당 제조물에 의하여 발생할 수 있는 피해나 위험을 줄이거나 피할 수 있었음에도 이를 하지 아니한 경우
제조업자	제조물의 제조·가공 또는 수입을 업(業)으로 하는 자와 제조물에 성명·상호·상표 또는 그 밖에 식별(識別) 가능한 기호 등을 사용하여 자신을 가목의 자로 표시한 자 또는 제조물의 제조·가공 또는 수입을 업(業)으로 하는 자로 오인(誤認)하게 할 수 있는 표시를 한 자

(2) 제조물 책임

① 제조업자는 제조물의 결함으로 생명·신체 또는 재산에 손해(그 제조물에 대하여만 발생한 손해는 제외)를 입은 자에게 그 손해를 배상하여야 한다.

② 위 ①항에도 불구하고 제조업자가 제조물의 결함을 알면서도 그 결함에 대하여 필요한 조치를 취하지 아니한 결과로 생명 또는 신체에 중대한 손해를 입은 자가 있는 경우에는 그 자에게 발생한 손해의 3배를 넘지 아니하는 범위에서 배상책임을 진다. 이 경우 법원은 배상액을 정할 때 다음의 사항을 고려하여야 한다.
ⓐ 고의성의 정도
ⓑ 해당 제조물의 결함으로 인하여 발생한 손해의 정도
ⓒ 해당 제조물의 공급으로 인하여 제조업자가 취득한 경제적 이익
ⓓ 해당 제조물의 결함으로 인하여 제조업자가 형사처벌 또는 행정처분을 받은 경우 그 형사처벌 또는 행정처분의 정도
ⓔ 해당 제조물의 공급이 지속된 기간 및 공급 규모
ⓕ 제조업자의 재산상태
ⓖ 제조업자가 피해구제를 위하여 노력한 정도

(3) 손해배상책임의 면책사유

① 손해배상책임을 지는 자가 다음의 어느 하나에 해당하는 사실을 입증한 경우에는 손해배상책임을 면(免)한다.
ⓐ 제조업자가 해당 제조물을 공급하지 아니하였다는 사실
ⓑ 제조업자가 해당 제조물을 공급한 당시의 과학·기술 수준으로는 결함의 존재를 발견할 수 없었다는 사실
ⓒ 제조물의 결함이 제조업자가 해당 제조물을 공급한 당시의 법령에서 정하는 기준을 준수함으로써 발생하였다는 사실
ⓓ 원재료나 부품의 경우에는 그 원재료나 부품을 사용한 제조물 제조업자의 설계 또는 제작에 관한 지시로 인하여 결함이 발생하였다는 사실

② 손해배상책임을 지는 자가 제조물을 공급한 후에 그 제조물에 결함이 존재한다는 사실을 알거나 알 수 있었음에도 그 결함으로 인한 손해의 발생을 방지하기 위한 적절한 조치를 하지 아니한 경우에는 위의 ①항 중 ⓑ부터 ⓓ까지의 규정에 따른 면책을 주장할 수 없다.

> **손해배상의 청구권**
> 손해배상의 청구권은 제조업자가 손해를 발생시킨 제조물을 공급한 날부터 10년 이내에 행사하여야 한다. 다만, 신체에 누적되어 사람의 건강을 해치는 물질에 의하여 발생한 손해 또는 일정한 잠복기간(潛伏期間)이 지난 후에 증상이 나타나는 손해에 대하여는 그 손해가 발생한 날부터 기산(起算)한다.

Lesson 06 공중보건

1 공중보건의 개념

(1) 공중보건의 정의와 개념

① 공중보건의 일반적 정의
- ㉮ 세계보건기구(WHO)의 정의 : 공중보건이란 질병을 예방하고 건강을 유지·증진시킴으로써 육체적, 정신적인 능력을 발휘할 수 있게 하기 위한 과학적 지식을 사회의 조직적 노력으로 사람들에게 적용하는 기술이다.
- ㉯ 윈슬로우(C.E.A Winslow)의 정의 : 공중보건이란 조직적인 지역사회의 공동 노력을 통하여 질병을 예방하고 생명을 연장시키며 신체적, 정신적 효율을 증진시키는 기술이요 과학이다.

② 건강의 정의와 수준
- ㉮ 건강의 정의(WHO의 정의) : 건강이란 단순히 질병이나 허약의 부재 상태만이 아니라 신체적·정신적 및 사회적 안녕의 완전한 상태
- ㉯ 건강의 수준
  - ㉠ 종합건강지표 : 비례사망지수, 평균수명, 보통사망률
  - ㉡ 특수건강지표 : 영아사망률, 감염병사망률

(2) 공중보건의 범위와 대상, 목적

① 공중보건의 대상과 범위
- ㉮ 공중보건의 대상 : 개인이 아닌 지역사회의 인간집단, 더 나아가 국민전체를 대상으로 함
- ㉯ 공중보건의 범위 : 감염병예방학, 환경위생학, 식품위생학, 산업보건학, 모자보건학, 정신보건학, 학교보건학, 보건통계학 등

② 공중보건의 목적
- ㉮ 질병예방
- ㉯ 건강증진
- ㉰ 수명(생명)연장

2 환경위생 및 환경오염 관리

(1) 일광

① 자외선
- ㉮ 파장이 가장 짧으며, 파장이 200~400nm(2,000~4,000Å) 범위이다.
- ㉯ 260nm(2,600Å) 부근의 파장인 경우 살균작용이 가장 강하다.
- ㉰ 비타민 D 형성을 촉진시켜 구루병 예방, 신진대사 촉진, 적혈구생성 촉진, 혈압강하 작용을 돕는다.
- ㉱ 장시간 노출 시에는 피부의 홍반, 색소침착 및 피부암을 유발할 수 있다.

② 가시광선
- ㉮ 망막을 자극하여 인간에게 색채와 명암을 부여하는 파장이다.
- ㉯ 파장이 400~700nm(4,000~7,000Å) 범위이다.

③ 적외선
- ㉮ 3부분 중 파장이 가장 길며, 파장 범위는 780nm(7,800Å) 이상이다.
- ㉯ 지상에 복사열을 주어 온실효과와 백내장, 일사병 등을 유발한다.

(2) 온열요인

① 기온(온도)
- ㉮ 기온은 100m 상승 시 약 1℃씩 낮아지며, 지상 1.5m에서의 건구 온도를 측정한다.
- ㉯ 쾌감온도는 18±℃ 정도이다.

② 기습(습도)
- ㉮ 인체에 쾌적한 습도는 40~70%로 습도가 높으면 피부질환, 낮을 때는 호흡기질환에 잘 걸린다.
- ㉯ 상대습도(비교습도, 일반적인 습도)
$$= \frac{\text{절대습도(공기중에 함유된 수증기량)}}{\text{포화습도(기온하에서 함유된 수증기량)}} \times 100$$

③ 기류(공기의 흐름)
- ㉮ 무풍 : 0.1m/sec
- ㉯ 불감기류 : 0.2~0.5m/sec로 실내나 의복 내에 항상 존재하며 인체 신진대사 촉진(생식선의 발육 촉진)
- ㉰ 쾌감기류 : 1m/sec

④ 복사열
- ㉮ 대류를 통해서 열이 전달되지 않고, 열이 직접 이동하는 것을 말한다.
- ㉯ 복사열은 흑구온도계로 15~20분간 측정한다.

(2) 공기

① 공기의 주요성분
- ㉮ 산소(O_2)
  - ㉠ 공기 중 21%를 차지하고 있으며, 호흡에 가장 중요하며 성인 1일 산소 소비량은 500~700L이다.
  - ㉡ 산소의 양이 10% 이하가 되면 호흡곤란, 7% 이하가 되면 질식사할 수 있다.
- ㉯ 질소(N_2)
  - ㉠ 공기 중 가장 많은 양을 차지(78%)하는 성분이다.
  - ㉡ 정상기압 하에서 인체에 피해는 없지만, 고압환경에서 감압 시 잠함병(잠수병)을 유발한다.
- ㉰ 이산화탄소(CO_2)
  - ㉠ 실내공기 오염의 지표로 위생학적 허용한계는 0.1% (=1,000ppm)이다.
  - ㉡ 실내에 사람의 밀집도가 높아질수록 CO_2는 증가한다.
  - ㉢ CO_2가 7% 이상이면 호흡곤란 유발, 10% 이상이면 질식할 수 있다.

② 공기의 유해성분
- ㉮ 군집독
  - ㉠ 많은 사람이 집합된 실내 공기는 물리적·화학적 변화(CO_2의 증가)를 초래

ⓒ 불쾌감, 권태감, 현기증 등이 발생
㉯ 일산화탄소(CO)
　㉠ 물체의 불완전 연소 시 발생하는 무색, 무취. 무미, 무자극
　　성 가스
　ⓒ 헤모글로빈(Hb)과의 친화성이 산소에 비하여 250~300배로
　　조직 내 산소결핍증 초래
　ⓒ 일산화탄소의 최고 허용한도는 8시간을 기준으로
　　0.01%(100ppm)이며, 0.1%(1,000ppm) 이상이면 생명이 위험
㉰ 아황산가스(SO_2)
　㉠ 중유의 연소 시 다량 발생하며 도시 공해의 주범(자동차 배기가스)
　ⓒ 실외 공기오염(대기오염)의 지표로 사용
　ⓒ 식물의 고사(농작물 피해), 호흡기계 점막의 염증, 호흡곤란
　　등을 유발시키고 금속을 부식시킴

(3) 물(H_2O)

① 물의 중요성
　㉮ 물은 인체의 주요 구성성분으로 체중의 약 2/3(체중의 60~70%)
　　를 차지한다.
　㉯ 성인 하루 필요량은 2.0~2.5L로 체내 물의 10%를 상실하면
　　신체기능에 이상이 오고, 20%를 상실하면 생명이 위험해진다.

② 물에 의한 질병
　㉮ 수인성 감염병 : 장티푸스, 파라티푸스, 세균성 이질, 콜레라,
　　아메바성이질 등
　㉯ 우치와 반상치 : 불소가 없거나 적게 함유된 물(우치) 또는 과다
　　하게 함유된 물을 장기 음용시(반상치) 발생
　㉰ 청색증 : 질산염(가축의 분뇨 함유)이 다량 함유된 물의 장기
　　음용시 소아가 청색증에 걸려 사망에 이를 수 있음
　㉱ 설사 : 황산마그네슘($MgSO_4$)이 다량 함유된 물(250mg/L)을
　　음용하면 설사를 유발

③ 물의 자정작용
　㉮ 물리적 작용 : 희석작용, 침전작용
　㉯ 화학적 작용 : 폭기에 의한 산화작용, 자외선에 의한 살균작용
　㉰ 생물학적 작용 : 미생물에 의한 유기물 분해, 수중생물에 의한
　　식균작용

■ 수인성 감염병의 특징
• 환자 발생이 폭발적이다.
• 음료수 사용지역과 유행지역이 일치한다.
• 계절과 관계없이 발생 가능하다.
• 성별·연령·직업·생활 수준에 따른 발생빈도의 차이가 없다.

(4) 상하수도 및 오물처리

① 상수도
　㉮ 상수 처리과정 : 취수 → 침사 → 침전 → 여과 → 소독 → 급수
　㉯ 물의 정수작용 : 희석작용, 침전작용, 살균작용, 자정작용
　㉰ 소독 : 염소(Cl_2), 오존(O_3), 자외선, 브롬(Br_2), 요오드(I_2), 표백
　　분 등을 사용

② 하수도
　㉮ 하수 처리방법 : 예비처리 → 본처리 → 오니처리
　㉯ 하수 처리방식
　　㉠ 합류식 : 생활하수와 천수(눈, 비)를 같이 처리(시설비가
　　　적고, 하수관이 자연청소, 수리청소가 용이)

　　ⓒ 분류식 : 생활하수와 천수를 따로 처리
　　ⓒ 혼합식 : 생활하수와 천수의 일부를 같이 처리
　㉰ 하수 처리의 위생 검사
　　㉠ BOD(생화학적 산소요구량) : 20ppm 이하
　　ⓒ DO(용존 산소량) : 4~5ppm 이상

③ 진개(쓰레기)의 처리
　㉮ 2분법 : 주개와 잡개를 나누어 처리하는 방법으로 가정에서
　　처리하는 방법이다.
　㉯ 매립법 : 땅에 묻는 방법으로 진개의 두께가 2m를 초과하지
　　않고, 복토의 두께는 60cm~1m가 적당하다.
　㉰ 소각법 : 가장 위생적이나 대기오염의 원인이 되며 비용이
　　비싸다.
　㉱ 비료화법(고속 퇴비화) : 음식물 처리에 가장 효과적인 방법으
　　로 화학 분해하여 퇴비로 다시 사용하는 방법이다.

④ 생화학적 산소요구량(BOD)과 용존 산소량(DO)
　㉮ BOD가 높고 DO가 낮을 경우 : 오염된 물
　㉯ BOD가 낮고 DO가 높을 경우 : 깨끗한 물
　㉰ BOD 측정온도와 기간 : 20℃에서 5일간

3 　역학 및 감염병 관리

(1) 감염병 발생의 3대 요인

① 감염원
　㉮ 병원체 : 세균, 바이러스, 리케차, 진균, 기생충 등
　㉯ 병원소 : 병원체가 생활·증식하면서 질병이 전파될 수 있는
　　상태로 저장되는 장소(인간, 동물, 토양 등)

② 감염경로(환경)
　㉮ 감염경로는 질병의 양상에 따라 각기 다르다.
　㉯ 음식물 감염, 공기전파(비말감염), 접촉감염(직접 및 간접접촉),
　　매개전파(동물, 곤충), 개달물전파(의복, 완구, 식기), 토양에
　　의한 전파 등

③ 숙주의 감수성과 면역성
　㉮ 숙주가 병원체에 대하여 감수성이 있다는 것은 면역성이 없는
　　상태를 의미한다.
　㉯ 병원체가 새로운 숙주에 침입되면 반드시 발병되는 것이 아니
　　고 저항성이나 면역성이 없을 경우 발병한다.

(2) 면역과 질병

① 감수성 지수
　㉮ 감염되지 않은 사람에게 병원체가 침입했을 때 발병하는 비율
　㉯ 천연두·홍역(95%), 백일해(60~0%), 성홍열(40%), 디프테리아
　　(10%), 소아마비(0.1%)
　㉰ 감수성이 높으면 면역성이 낮으므로 질병이 발병되기 쉽다.

② 선천성 면역(자연면역)
　㉮ 정의 : 인체가 어떠한 면역에도 일체접촉이 없었음에도 체내에
　　자연적으로 형성된 면역
　㉯ 종류 : 인종면역, 종속면역, 개인저항성(개인특이면역)

③ 후천성 면역
　㉮ 능동면역 : 병원체 자체 또는 병원체로부터 분비되는 독소에
　　의해 체내의 조직세포에서 항체가 만들어진 면역
　㉯ 수동면역(피동면역) : 이미 형성된 면역원을 체내에 주입하는
　　것

■ 보균자
- 건강 보균자 : 병균은 있으나 증상이 없어 관리에 있어 가장 위험하다.
- 병후 보균자, 잠복기 보균자 : 증상과 병균이 있다.

(3) 병원체에 따른 감염병의 분류
  ① 바이러스(Virus) : 인플루엔자, 천연두, 뇌염, 홍역, 급성회백수염(소아마비, 폴리오), 전염성간염, 트라콤, 전염성설사병, 풍진, 광견병(공수병), 유행성이하선염
  ② 리케차(Rickettsia) : 발진열, 발진티푸스, 양충병
  ③ 세균(Bacteria) : 콜레라, 성홍열, 디프테리아, 백일해, 페스트, 이질, 파라티푸스, 유행성 뇌척수막염, 장티푸스, 파상풍, 결핵, 폐렴, 나병, 수막구균성 수막염
  ④ 스피로헤타(Spirochaetales) : 매독, 서교증, 와일씨병, 재귀열
  ⑤ 원충(Protozoa) : 말라리아, 아메바성이질, 트리파노조마(수면병)

(4) 법정 감염병
  ① 제1급 감염병
    ㉮ 정의 : 생물테러감염병 또는 치명률이 높거나 집단 발생의 우려가 커서 발생 또는 유행 즉시 신고하여야 하고, 음압격리와 같은 높은 수준의 격리가 필요한 감염병
    ㉯ 종류 : 에볼라바이러스병, 마버그열, 라싸열, 크리미안콩고출혈열, 남아메리카출혈열, 리프트밸리열, 두창, 페스트, 탄저, 보툴리눔독소증, 야토병, 신종감염병증후군, 중증급성호흡기증후군(SARS), 중동호흡기증후군(MERS), 동물인플루엔자 인체감염증, 신종인플루엔자, 디프테리아
  ② 제2급 감염병
    ㉮ 정의 : 전파가능성을 고려하여 발생 또는 유행 시 24시간 이내에 신고하여야 하고, 격리가 필요한 감염병
    ㉯ 종류 : 결핵, 수두, 홍역, 콜레라, 장티푸스, 파라티푸스, 세균성이질, 장출혈성대장균감염증, A형간염, 백일해, 유행성이하선염, 풍진, 폴리오, 수막구균 감염증, b형헤모필루스인플루엔자, 폐렴구균 감염증, 한센병, 성홍열, 반코마이신내성황색포도알균(VRSA) 감염증, 카바페넴내성장내세균속균종(CRE) 감염증, E형간염
  ③ 제3급 감염병
    ㉮ 정의 : 그 발생을 계속 감시할 필요가 있어 발생 또는 유행 시 24시간 이내에 신고하여야 하는 감염병
    ㉯ 종류 : 파상풍, B형간염, 일본뇌염, C형간염, 말라리아, 레지오넬라증, 비브리오패혈증, 발진티푸스, 발진열, 쯔쯔가무시증, 렙토스피라증, 브루셀라증, 공수병, 신증후군출혈열, 후천성면역결핍증(AIDS), 크로이츠펠트-야콥병(CJD) 및 변종크로이츠펠트-야콥병(vCJD), 황열, 뎅기열, 큐열(Q열), 웨스트나일열, 라임병, 진드기매개뇌염, 유비저, 치쿤구니야열, 중증열성혈소판감소증후군(SFTS), 지카바이러스 감염증, 매독
  ④ 제4급 감염병
    ㉮ 정의 : 제1급 감염병부터 제3급 감염병까지의 감염병 외에 유행 여부를 조사하기 위하여 표본감시 활동이 필요한 감염병
    ㉯ 종류 : 인플루엔자, 회충증, 편충증, 요충증, 간흡충증, 폐흡충증, 장흡충증, 수족구병, 임질, 클라미디아감염증, 연성하감, 성기단순포진, 첨규콘딜롬, 반코마이신내성장알균(VRE) 감염증, 메티실린내성황색포도알균(MRSA) 감염증, 다제내성녹농균(MRPA) 감염증, 다제내성아시네토박터바우마니균(MRAB) 감염증, 장관감염증, 급성호흡기감염증, 해외유입기생충감염증, 엔테로바이러스감염증, 사람유두종바이러스 감염증

(5) 검역 감염병
  ① 종류
    ㉮ 콜레라
    ㉯ 페스트
    ㉰ 황열
    ㉱ 중증 급성호흡기 증후군(SARS)
    ㉲ 동물인플루엔자 인체감염증
    ㉳ 신종인플루엔자
    ㉴ 중동 호흡기 증후군(MERS)
    ㉵ 위 ㉮항에서 ㉴항까지의 것 외의 감염병으로서 외국에서 발생하여 국내로 들어올 우려가 있거나 우리나라에서 발생하여 외국으로 번질 우려가 있어 보건복지부장관이 긴급 검역조치가 필요하다고 인정하여 고시하는 감염병
  ② 검사기간 : 다음의 시간을 초과할 수 없다.
    ㉮ 콜레라 : 120시간
    ㉯ 페스트 : 144시간
    ㉰ 황열 : 144시간

(6) 인수공통감염병
  ① 정의 : 감염병 가운데 사람과 사람 이외의 동물 사이에서 동일한 병원체에 의해서 발생하는 질병이나 감염상태
  ② 종류
    ㉮ 결핵 : 소
    ㉯ 광견병 : 개
    ㉰ 페스트 : 쥐
    ㉱ 탄저 : 양, 소, 말, 돼지
    ㉲ 살모넬라 : 고양이, 돼지, 쥐
    ㉳ 돈단독, 선모충, 일본뇌염, 유구조충 : 돼지
    ㉴ 페스트, 발진열, 와일씨병, 양충병, 서교증 : 쥐
    ㉵ 야토병 : 산토끼
    ㉶ 파상열(브루셀라) : 돼지, 양, 개, 사람(열병), 동물(유산)
    ㉷ 황열 : 원숭이

적중 예상문제 ● CHECK POINT QUESTION

CHAPTER 01 ㅣ 위생관리

LESSON 01 개인 위생관리

001 식품 취급 및 조리 업무 등에 관여하는 사람의 복장 위생으로 옳지 않은 것은?

① 조리 시에는 항상 청결한 위생복을 착용한다.
② 외부 출입 시에는 반드시 소독발판에 작업화를 소독하고 들어온다.
③ 앞치마는 모든 조리 업무에서 같은 것을 착용하도록 한다.
④ 조리실(주방) 내에서 근무하는 모든 종업원은 위생모를 착용한다.

🔍 앞치마는 조리용, 서빙용, 세척용으로 용도에 따라 색상을 달리하거나 구분하여 사용한다.

002 식품위생법상 영업에 종사하지 못하는 질병의 종류가 아닌 것은?

① 비감염성 결핵
② 세균성이질
③ 장티푸스
④ 화농성질환

🔍 영업에 종사하지 못하는 질병의 종류
• 제1군 감염병(콜레라, 장티푸스, 파라티푸스, 세균성이질, 장출혈성대장균감염증, A형간염)
• 제3군 감염병 중 결핵(비감염성인 경우 제외)
• 피부병 또는 그 밖의 화농성질환
• 후천성면역결핍증(성병에 관한 건강진단을 받아야 하는 영업에 종사하는 자에 한함)

003 다음 중 건강진단을 받지 않아도 되는 사람은?

① 식품을 가공하는 자
② 완전 포장식품의 판매자
③ 식품첨가물의 제조자
④ 식품 및 식품첨가물의 채취자

🔍 식품 또는 식품첨가물(화학적 합성품 또는 기구등의 살균·소독제는 제외)을 채취·제조·가공·조리·저장·운반 또는 판매하는 일에 직접 종사하는 영업자 및 종업원은 건강진단을 받아야 한다. 다만, 완전포장된 식품 또는 식품첨가물을 운반하거나 판매하는 일에 종사하는 사람은 제외한다.

004 다음 중 감염병의 전파 방지와 예방을 위해 조리사가 일반적으로 지켜야 할 것은?

① 식품가격의 조절
② 섭외활동
③ 취사기구 구입
④ 정기적인 건강진단

🔍 감염병의 전파를 방지하고 예방을 위해 정기적인 건강진단이 필요하다

LESSON 02 식품 위생관리

005 다음 중 약주, 탁주, 간장, 된장 등의 제조에 이용되는 유용한 곰팡이는?

① 누룩곰팡이
② 푸른곰팡이
③ 털곰팡이
④ 거미줄곰팡이

🔍 • 누룩곰팡이 : 약주, 탁주, 간장, 된장 등의 제조에 이용
• 푸른곰팡이 : 과실이나 치즈를 변패시키고 황변미를 만듦
• 털곰팡이 : 식품의 변질에 관여하며, 식품제조에 이용
• 거미줄곰팡이 : 빵에 잘 번식하여 빵곰팡이라고 불림

006 다음 중 세균과 바이러스의 중간에 속하는 미생물로 운동성이 없는 미생물은?

① 효모(Yeast)
② 원충류(Protozoa)
③ 리케차(Rickettsia)
④ 바이러스(Virus)

🔍 리케차는 원형 또는 타원형의 미생물로 2분법으로 증식하며 세균과 바이러스의 중간에 속한다.

007 다음 보기 중 크기가 가장 작아 세균여과기로도 분리할 수 없는 미생물은?

① 바이러스(Virus)
② 리케차(Rickettsia)
③ 균류(Bacteria)
④ 곰팡이(Filamentous fungi)

🔍 미생물의 크기 : 곰팡이 〉 효모 〉 스피로헤타 〉 세균 〉 리케차 〉 바이러스

008 보기의 미생물 중 식품의 위생 지표균으로 이용되는 것은?

① 스피로헤타
② 효모
③ 바이러스
④ 대장균

🔍 식품위생상의 식품 또는 음용수가 병원성 미생물에 오염된 여부와 그 정도를 판정할 때 대장균의 수를 측정하며, 식품의 초기 부패는 식품 1g당 세균수가 107~108마리일 때 식품의 오염으로 판정한다.

009 다음 중 미생물의 발육에 필요한 조건에 해당하지 않는 것은?

① 수분
② 영양소
③ 탄소
④ 수소이온농도(pH)

🔍 미생물의 발육에 필요한 조건 : 수분, 온도, 영양소, 수소이온농도, 산소

010 식품 중 형성된 미생물층의 특징이 잘못 설명된 것은?

① 가열처리된 식품에는 내열성균과 2차 오염균에 따른 미생물층이 형성된다.
② 신선한 식품엔 그 식품이 유래된 환경과 유사한 미생물층이 형성된다.
③ 원료의 가공, 저장이 저온환경에서 이루어질 경우 호냉세균이 형성된다.
④ 수분함량이 많은 식품에는 곰팡이류가 우선적으로 증식한다.

🔍 미생물 증식에 필요한 Aw(수분활성도)는 세균 0.94, 효모 0.88, 곰팡이 0.80로 수분함량이 많은 식품에는 수분활성도가 큰 세균이 우선적으로 증식한다.

011 다음 중 대장균에 대한 설명으로 맞는 것은?

① 감염병을 일으킨다.
② 발효식품 제조에 유용한 세균이다.
③ 분변 세균의 오염지표가 된다.
④ 독소형 식중독을 일으킨다.

🔍 대장균은 식품이나 물이 분변에 오염되었는지의 여부를 알 수 있는 지표가 되며, 아포를 형성하지 않는 막대형균(간균)이다.

정답 001 ③ 002 ① 003 ② 004 ④ 005 ①

정답 006 ③ 007 ① 008 ④ 009 ③ 010 ④ 011 ③

012 다음 중 건조식품의 변질과 가장 관계가 깊은 것은?

① 곰팡이 ② 세균
③ 리케차 ④ 효모

🔍 곰팡이의 수분활성도(Aw)는 0.80으로 미생물 중 가장 적다.

013 다음 중 대부분의 일반 세균이 번식하기 쉬운 온도로 맞는 것은?

① 37℃ 이상 ② 25~37℃
③ 0~25℃ ④ 10~25℃

🔍 곰팡이, 효모, 일반세균 및 대부분의 병원균은 중온균으로 번식하기 좋은 최적온도는 25~37℃이다.

014 다음 중 세균이 번식하기 어려운 식품은?

① 식염의 양이 많은 식품
② 영양분이 많은 식품
③ 습기가 많은 식품
④ 온도가 적당한 식품

🔍 미생물의 생육에 필요한 환경요인은 영양소, 수분, 온도, pH, 산소 등이며, 식염 및 설탕은 미생물의 생육을 억제한다.

015 다음 중 중간숙주가 사람인 기생충은?

① 만소니열두조충 ② 유구조충
③ 편충 ④ 말라리아

🔍 말라리아는 동물들 중에서 주로 조류, 영장류 그리고 인간을 숙주로 하며, 인간에게 질병을 일으키는 원충은 모기에 의해 매개된다.

016 다음 중 중간숙주가 필요한 기생충은?

① 선모충 ② 회충
③ 요충 ④ 편충

🔍 회충, 구충, 요충, 편충은 중간숙주가 없는 기생충으로 주로 채소에 의해 매개된다. 참고로 선모충은 돼지가 중간숙주이다.

017 다음 중 기생충과 중간숙주가 잘못 연결된 것은?

구분	제1중간숙주	제2중간숙주
① 간흡충	왜우렁이	붕어, 잉어
② 폐흡충	다슬기류	가재, 게
③ 긴촌충	다슬기류	해산어류
④ 횡촌흡충	다슬기류	민물고기

🔍 긴촌충(광절열두조충)의 제1중간숙주는 물벼룩, 제2중간숙주는 반민물고기(농어, 연어 등)이다.

018 다음 중 간디스토마의 중간숙주는?

① 새고기 ② 쇠고기
③ 닭고기 ④ 민물고기

🔍 간디스토마(간흡충)는 왜우렁이를 제1중간숙주로, 담수어(민물고기)를 제2중간숙주로 하여 감염된다.

019 우리나라 낙동강, 금강, 영산강, 한강 등의 강 유역 주민들에게 많이 감염되고 있으며 민물고기를 생식할 경우에 발생할 우려가 있는 질병은?

① 아니사키스증 ② 폐디스토마
③ 만소니열두조충 ④ 간디스토마

🔍 우리나라 낙동강, 영산강, 금강, 한강 등의 강 유역 주민들에게 많이 감염되고 있는 것은 간디스토마이다.

020 다음 중 채소류로부터 감염되는 기생충으로만 묶인 것은?

① 십이지장충, 선모충 ② 요충, 유구조충
③ 동양모양선충, 편충 ④ 회충, 무구조충

🔍 채소류로부터 감염되는 기생충류는 회충, 구충(십이지장충), 요충, 편충, 동양모양선충 등이다.

021 민물고기를 생식할 일이 없는데도 간디스토마에 감염될 수 있는 경우는?

① 해삼·멍게를 생식했을 때
② 돼지고기를 생식했을 때
③ 오염된 야채를 생식했을 때
④ 민물고기를 요리한 도마를 통해서

🔍 간디스토마는 제1중간숙주가 왜우렁이, 제2중간숙주는 붕어·잉어(민물고기)에 의해 생기므로 중간매개 과정인 조리기구나 칼·도마에 의해 오염될 수 있다.

022 다음 중 기생충과 중간숙주가 잘못 연결된 것은?

① 무구조충 - 소 ② 유구조충 - 오리
③ 선모충 - 돼지 ④ 만소니열두조충 - 닭

🔍 보기는 모두 중간숙주가 하나인 기생충으로 유구조충은 돼지가 중간숙주이다.

023 돼지고기에 의한 선모충의 감염을 예방하기 위해서 최저 섭씨 몇 ℃로 열처리 해야 사멸되는가?

① 35℃ ② 40℃
③ 50℃ ④ 65℃

🔍 선모충은 익지 않은 날 돼지고기나 불충분하게 익힌 돼지고기에 의해서 감염된다. 65℃에서 1시간 가열하거나 -27℃에서 36시간 보존하면 사멸한다.

024 다음 중 회충란이 사멸하기 가장 좋은 조건은?

① 저온 ② 고습
③ 건조 ④ 일광

🔍 회충란(회충알)은 내습성, 내한성, 내약품성, 내건성이 비교적 강한 반면에 열과 햇빛에 견디는 힘이 약하다.

025 다음 중 병원미생물을 죽이거나 병원성을 약화시켜 감염 및 증식력을 없애는 조작을 무엇이라 하는가?

① 소독 ② 멸균
③ 방부 ④ 위생

🔍 용어 설명
- 소독: 병원미생물을 죽이거나 병원성을 약화시켜 감염 및 증식력을 없애는 것
- 멸균: 강한 살균력을 작용시켜 병원균, 비병원균, 아포 등 모든 미생물을 완전 사멸시키는 것
- 방부: 미생물의 발육을 저지 또는 정지시켜 부패나 발효를 방지하는 방법

026 다음 작용들은 미생물에 작용하는 강도의 순으로 표시한 것이다. 맞는 것은?

① 소독 〉 멸균 〉 방부
② 멸균 〉 소독 〉 방부
③ 소독 〉 방부 〉 멸균
④ 방부 〉 멸균 〉 소독

🔍 멸균은 미생물의 완전 사멸, 소독은 병원미생물을 사멸시키거나 약화시켜 감염의 위험을 제거하는 것이며 방부란 미생물의 발육을 저지 또는 정지시켜 부패를 방지하는 것을 말한다.

027 다음 설명 중 연결이 적합하지 않은 것은?

① 살균 – 모든 세균을 죽이는 것을 말한다.
② 소독 – 병원세균을 죽이거나 감염력을 없애는 것을 말한다.
③ 방부 – 병원세균을 완전히 죽여서 부패를 억제하는 것을 말한다.
④ 자외선 – 투과력은 약하나 살균력이 강하므로 실내공기를 살균한다.

🔍 방부는 미생물의 발육과 생활작용을 저지 또는 정지시켜 부패나 발효를 방지하는 것을 말한다. 따라서 병원세균의 발육과 생활작용을 저지 또는 정지시켜 부패를 억제하는 것으로 기술되어야만 옳은 방부의 표현이다.

028 분뇨의 위생적 처리로서 질병 발생을 가장 많이 감소시킬 수 있는 것은?

① 발진열
② 장티푸스
③ 두창
④ 발진티푸스

🔍 장티푸스는 분뇨의 위생적 처리로 질병 발생을 가장 많이 감소시킬 수 있으며 발진티푸스는 이, 발진열은 벼룩이 감염시키는 감염병이다.

029 다음 중 자외선멸균법 사용 시 효과적인 자외선의 파장은?

① 1,800Å~2,000Å
② 2,200Å~2,400Å
③ 2,600Å~2,800Å
④ 3,000Å~3,200Å

🔍 자외선은 빛의 3부분 중 파장이 가장 짧으며, 파장이 200~400nm(2,000~4,000Å) 범위로 살균작용이 가장 강한 파장 범위는 260nm(2,600Å) 부근이다.

030 다음 중 화학적 소독에 사용되는 소독약의 구비조건으로 보기 어려운 것은?

① 살균력이 높을 것
② 용해성이 높을 것
③ 표백성이 높을 것
④ 침투력이 강할 것

🔍 소독약의 이상적인 구비조건
• 인체·가축에 대한 해가 없을 것
• 용해성이 높을 것
• 안전성이 높을 것
• 부식성과 표백성이 없을 것
• 사용이 용이할 것
• 높은 석탄산계수를 가질 것
• 침투력이 강할 것
• 가격이 저렴할 것
• 방취력이 있을 것

031 다음 소독제 중 소독의 지표가 되는 것은?

① 석탄산
② 크레졸
③ 과산화수소
④ 포르말린

🔍 석탄산은 각종 소독약의 소독력을 나타내는 기준이 된다.

032 다음 중 피부소독에 사용되는 승홍의 농도는 얼마인가?

① 0.8%
② 0.4%
③ 0.3%
④ 0.1%

🔍 승홍은 자극성과 금속부식성이 강할 뿐 아니라 맹독성이므로 피부소독에는 0.1%의 수용액을 사용한다.

033 다음은 미생물 소독에 대한 설명이다. 틀린 것은?

① 알코올은 50% 수용액이 가장 소독력이 강하다.
② 승홍수는 사용 시 0.1%가 알맞다.
③ 석탄산 수용액은 3~5%로 사용한다.
④ 포르말린은 0.1~0.2%가 적당하다.

🔍 에틸알코올(에탄올)은 70% 수용액이 살균력이 가장 강하다.

034 다음 중 손의 소독에 사용될 수 있는 살균제는?

① 승홍 수용액
② 역성비누 수용액
③ 포르말린 수용액
④ 과산화수소 수용액

🔍 손의 소독에 사용되는 소독제(살균제)는 역성비누(양성비누)이다.

035 다음은 역성비누에 대한 설명이다. 틀린 것은?

① 보통비누에 비해 세척력이 약하나 살균력이 강하다.
② 단백질이 있으면 효력이 저하되기 때문에 세제로 씻고 사용한다.
③ 냄새가 없고 부식성이 없으므로 손, 식기, 도마에 사용한다.
④ 보통비누와 함께 사용하면 효력이 상승한다.

🔍 역성비누(양성비누)는 보통비누와 함께 사용하면 효력이 약화된다.

036 다음 중 손, 식기, 조리기구, 조리장 소독에 모두 효과적으로 사용되는 소독약은?

① 크레졸
② 역성비누
③ 과산화수소
④ 표백분

🔍 역성비누는 무미, 무해하기 때문에 식품소독, 피부소독에 좋으며, 0.01~0.1%의 수용액을 사용한다.

037 다음 중 식기소독에 가장 적당한 가열방법은 무엇인가?

① 40℃의 물에서 30분
② 60℃의 물에서 30분
③ 80℃의 물에서 30분
④ 100℃에서 물에서 30분

🔍 식기소독에 많이 사용되는 가열소독법은 자비소독과 유통증기 소독이다. 자비소독은 100℃의 끓는 물에서, 유통증기소독은 100℃의 유통증기에서 행하며, 처리시간은 두 방법 모두 30분이 표준이다.

038 다음 중 포자형성균의 멸균에 가장 적절한 것은?

① 알코올소독
② 염소소독
③ 역성비누액소독
④ 고압증기소독

🔍 포자(아포)형성균이 형성하는 포자는 열과 화학적소독제에 대한 내성이 강하여, 보통의 살균방법으로는 균은 사멸하지만 그 균이 형성하는 포자는 잘 사멸하지 않는다. 확실히 사멸시킬 수 있는 가장 좋은 방법은 고압증기멸균법(고압증기살균법, 고압증기소독법)이다.

039 피부 및 기구소독에 사용되는 알코올의 종류와 농도는?

① 70%의 에탄올
② 100%의 에탄올
③ 70%의 메탄올
④ 100%의 메탄올

🔍 소독에 사용되는 알코올은 에탄올(에틸알코올)이며, 70%의 에탄올이 소독력이 가장 크다.

정답 026 ② 027 ③ 028 ② 029 ③ 030 ③ 031 ① 032 ④

정답 033 ① 034 ② 035 ④ 036 ② 037 ④ 038 ④ 039 ①

040 역성비누를 식품소독에 사용하는 이유라고 할 수 없는 것은?

① 무독
② 무해
③ 무자극성
④ 무살균력

🔍 역성비누는 침투력과 살균력이 강하며, 무미·무취·무해하고 자극성이 없다.

041 석탄산의 90배 희석액과 어느 소독약의 180배 희석액이 동일 조건에서 같은 소독효과가 있다면 이 소독약의 석탄산 계수는 얼마인가?

① 0.2
② 0.5
③ 2.0
④ 5.0

🔍 석탄산계수 = $\frac{\text{소독약의 희석배수}}{\text{석탄산의 희석배수}} = \frac{180}{90} = 2.0$

042 다음 중 금속제품의 소독에 적당하지 않은 소독약품은?

① 승홍
② 알코올
③ 역성비누
④ 과산화수소

🔍 승홍은 금속을 부식시키기 때문에 철제품 등의 금속제품 소독에 사용해서는 안 된다.

043 화장실과 쓰레기통, 하수구를 소독할 때 가장 효과적인 방법은?

① 산과 알칼리, 포르말린으로 소독한다.
② 머큐롬, 승홍수, 알코올로 소독한다.
③ 과산화수소, 역성비누, BHC로 소독한다.
④ 생석회, 석탄산수, 크레졸로 소독한다.

🔍 화장실, 쓰레기통, 하수구 등의 소독에 사용하는 소독제는 유기물에 대하여 소독력이 약화되지 않고 저렴한 가격으로 대량 구입이 가능한 것이 좋다. 이러한 이유로 석탄산수, 크레졸수, 생석회 등이 효과적인 소독제로 사용된다.

044 가장 경제적인 변소 소독제인 것은?

① 크레졸
② 승홍수
③ 석탄산
④ 생석회

🔍 승홍은 점막에 대한 자극과 독성이 아주 강하며, 석탄산(페놀)은 기구·손·발·의류·배설물 소독에 적합하며, 크레졸은 손·발·축사·배설물 소독에 사용한다. 생석회는 분변이나 화장실·구토물의 소독에 적합하며 가격이 싸서 경제적이다.

045 다음 중 음료수나 채소, 과일 등의 소독에 이용되는 소독제는?

① 표백분, 차아염소산나트륨
② 과산화수소, 알코올
③ 석탄산, 크레졸
④ 역성비누, 포르말린

🔍 음료수나 채소, 과일 등의 소독에 이용되는 것은 액체염소, 표백분, 차아염소산나트륨 등의 염소계 소독제이다.

046 우유의 살균방법으로 130~150℃에서 0.5~5초간 가열하는 것은?

① 저온살균법
② 고압증기멸균법
③ 고온단시간살균법
④ 초고온순간살균법

🔍 우유 살균법
• 저온장시간살균법 : 62~65℃에서 30분간 살균하는 방법
• 고온단시간살균법 : 72~75℃에서 15~20초간 살균하는 방법
• 초고온순간살균법 : 130~150℃에서 0.5~5초간 살균하는 방법

047 다음 중 식품위생의 대상을 가장 적절하게 나타낸 것은 무엇인가?

① 식품 및 기구
② 식품첨가물
③ 식품
④ 식품, 식품첨가물, 기구 및 용기·포장

🔍 식품위생이란 식품, 식품첨가물, 기구 또는 용기·포장을 대상으로 하는 음식에 관한 위생을 말한다.

048 세척제의 종별 용도 분류에 따른 야채용 또는 과실용 세척제는?

① 1종
② 2종
③ 3종
④ 0종

🔍 세척제의 종별 용도
• 1종 : 야채용 또는 과실용 세척제
• 2종 : 식기류용 세척제
• 3종 : 식품의 가공기구용, 조리기구용 세척제

049 다음 중 식품위생법상의 식품첨가물 정의를 설명한 것은?

① 식품을 제조·가공 또는 보존 시 식품에 넣거나 섞는 물질 또는 식품을 적시는 등에 사용되는 물질
② 화학적 수단에 의하여 원소 또는 화합물의 분해반응 외의 화학반응으로 얻는 물질
③ 식품에 직접 접촉되는 기계, 기구 등의 물건
④ 의학으로 섭취하는 것을 제외한 모든 음식물

🔍 식품첨가물이란 식품을 제조·가공 또는 보존하는 과정에서 식품에 넣거나 섞는 물질 또는 식품을 적시는 등에 사용되는 물질을 말한다. 이 경우 기구(器具)·용기·포장을 살균·소독하는 데에 사용되어 간접적으로 식품으로 옮아갈 수 있는 물질을 포함한다.

050 다음 중 식품위생법상의 식품첨가물에 해당하는 것은?

① 고춧가루
② 베이킹파우더
③ 케첩
④ 간장

🔍 식품첨가물이란 식품을 제조·가공 또는 보존하는 과정에서 식품에 넣거나 섞는 물질 또는 식품을 적시는 등에 사용되는 물질을 말하는 것으로 보기 중 베이킹파우더가 해당된다.

051 다음 중 화학적 합성품을 식품첨가물로 지정할 때 가장 중점을 두는 것으로 맞는 것은?

① 식품첨가물의 각 기준을 정하는 것
② 인체에 대한 안전성을 검토하는 것
③ 식품첨가물로서의 효과를 확인하는 것
④ 식품첨가물의 생산 경쟁을 억제하는 것

🔍 식품첨가물의 구비조건 중 첫 번째는 인체에 유해한 영향이 없어야 한다는 점이다.

052 다음 중 식품첨가물에 대한 설명으로 맞지 않는 것은?

① 천연첨가물은 법적규제를 받지 않는다.
② 화학적 합성품보다 천연물이 안정하다.
③ 화학적 합성품은 허가를 받은 후 사용하여야 한다.
④ 천연물은 화학적 합성품보다 일반적으로 순도가 떨어진다.

🔍 화학적 합성품을 식품첨가물로 사용하려면 지정이 필요하고, 천연품도 법적 규제를 받는다.

053 식품첨가물 중 그 용도가 다른 하나는?

① 데히드로초산(DHA)
② 소르빈산(Sorbic Acid)
③ 고도표백분(Calcium Hypochlorite)
④ 이초산나트륨(Sodium Diacetate)

🔍 보기 중 ①, ②, ④는 보존료(방부제)로 사용되며, 고도표백분(Calcium Hypochlorite)은 살균료 (소독제)로 사용되는 식품첨가물이다.

054 다음 중 식품첨가물의 공전에 대한 설명으로 알맞은 것은?

① 식품첨가물의 규격과 기준을 기재한 것
② 식품첨가물의 안전성을 기술한 것
③ 식품첨가물의 사용법을 기재한 것
④ 식품첨가물의 제조법을 기술한 것

🔍 식품의약품안전처장이 지정한 식품첨가물의 종류와 기준, 규격 등을 수록한 것은 식품첨가물공전이다.

055 다음 중 식품에 방부제를 사용하는 방법에 대한 설명으로 맞는 것은?

① 보존 연한을 늘리기 위해 모든 식품에 방부제를 써야 한다.
② 허용된 것이 아니더라도 인체에 해가 없으면 사용한다.
③ 제품검사에 합격한 것을 사용 기준에 맞게 사용한다.
④ 제품검사에 합격한 것은 임의적인 사용이 가능하다.

🔍 방부제는 식품의 변질 및 부패를 방지하고 신선도를 보존하여 영양가의 손실을 막는 첨가물로 제품 검사에 합격한 것을 사용기준에 맞게 사용한다.

056 다음 중 보존료의 이상적인 조건으로 맞지 않는 것은?

① 무미, 무취로 독성이 아주 적을 것
② 식품에 변화를 받지 않을 것
③ 미량으로 효력이 있고 사용이 용이할 것
④ 식품 해충을 멸살시켜야 할 것

🔍 보존료(방부제)의 조건
• 변패를 일으키는 각종 미생물의 증식을 일정하게 저지할 것
• 공기 · 빛 · 열에 안정하고 pH에 영향을 받지 않을 것
• 식품의 성분에 따라 효능의 변화를 받지 않을 것
• 장기간 효력을 나타낼 것 등

057 다음 중 식품보존상 공기 중의 산소에 의해 일어나는 변질, 유지 또는 유지 함유식품의 산패를 막기 위해 사용되는 식품첨가물은?

① 산화방지제　　　　② 소독제
③ 방부제　　　　　　④ 표백제

🔍 산화방지제는 지용성과 수용성의 두 가지로 구분되며, 천연산화방지제로는 비타민 E(토코페롤), 비타민 C, 참기름(세사몰)이 있다.

058 다음 중 수용성 산화방지제로 사용되는 식품첨가물로 맞는 것은?

① 에리소르빈산(erythorbic acid)
② BHA
③ DL－α－tocopherol
④ BHT

🔍 수용성 산화방지제는 색소의 산화방지에 사용하는 것으로 에리소르빈산, 아스코르브산 등이 있으며, 지용성 산화방지제는 유지 또는 유지를 함유하는 식품의 산화방지에 사용되는 것으로 몰식자산 프로필, BHA(ButylHydroxy Anisol), BHT(diButylHydroxy Toluene) 등이 있다.

059 식품 자체의 냄새를 없애거나 변화시키거나 강화하기 위해 사용되는 첨가물인 착향료의 분류 중 청량음료나 냉과류에 사용되는 것은?

① 분말 향료
② 유화 향료
③ 수용성 향료
④ 유성 향료

🔍 수용성 향료는 유상의 방향성분을 알코올, 글리세롤 등의 용액에 녹여 수용성으로 한 것으로 휘발성이 강하며, 청량음료나 냉과류에 사용한다.

060 다음 중 타르색소의 사용이 금지되어 있는 식품이 아닌 것은?

① 젓갈류 · 장류
② 면류 · 겨자류
③ 과자류 · 엿류
④ 생과일주스 · 묵류

🔍 타르색소는 면류 · 김치류 · 다류 · 묵류 · 젓갈류 · 생과일주스 · 천연식품 등에는 사용할 수 없다. 단, 황색 4호는 단무지에 사용할 수 있다.

061 다음 식품첨가물 중 착색 효과와 영양 강화 효과를 함께 나타내는 것은?

① 비타민 E
② 스테비오사이드
③ 소르빈산
④ β－카로틴

🔍 β－카로틴은 비타민 A 강화 효과가 있는 천연 착색료이다.

062 다음 중 팽창제로 사용되는 식품첨가물로 맞는 것은?

① BHA · BHT
② 중탄산나트륨 · 탄산암모늄
③ 사카린 · 솔비톨
④ 안식향산 · 솔빈산칼륨

🔍 팽창제는 빵이나 카스테라를 부풀게 하여 적당한 형태를 갖추게 하기 위해 사용되는 식품첨가물을 말한다.

063 다음 중 조미료에 대한 설명으로 맞는 것은?

① 식품 중의 유지를 변질 · 변색시키는 것을 방지하는 물질
② 음식의 맛 · 향기 · 빛깔을 좋게 하며, 식욕을 일으키고 소화를 돕는 물질
③ 음식의 변질 및 부패를 방지하고, 영양가와 신선도를 유지하는 물질
④ 식품 중의 부패 세균이나 감염병의 원인균을 사멸시키는 물질

🔍 조미료는 식품 본래의 맛을 더욱 강화하거나 각 개인의 기호에 맞게 조절하여 첨가되는 물질로 핵산계, 아미노산계, 유기산계로 구분된다.

064 다음 중 식품의 품질 유지 또는 품질개량에 사용되는 식품첨가물로 거리가 먼 것은?

① 피막제　　　　　② 유화제
③ 호료　　　　　　④ 표백제

🔍 표백제는 착색료, 착향료, 발색제, 감미료, 조미료, 산미료와 함께 관능을 만족시키는 식품첨가물에 속한다.

정답　053 ③　054 ①　055 ③　056 ④　057 ①　058 ①

정답　059 ③　060 ③　061 ④　062 ②　063 ②　064 ④

065 다음 중 서로 혼합되지 않는 두 종류의 액체를 혼합, 분산시켜 분리되지 않도록 하고 안정화시키는 역할을 하는 식품첨가물은 무엇인가?

① 점증제　　② 이형제
③ 유화제　　④ 산미료

> • 점증제 : 식품에 결착성(점착성)을 증가시켜 교질상 미각을 증진시키는 식품첨가물로 호료라고도 한다.
> • 이형제 : 빵 제조 시 형태를 손상시키지 않고 빵틀로부터 빵의 형태를 유지하면서 쉽게 분리하기 위해 사용한다.
> • 산미료 : 식품에 신맛(산미)을 부여하기 위해 사용되는 첨가물이다.

066 다음 보기는 살균제에 대한 설명이다. 틀린 내용은?

① 식품의 부패원인균이나 병원균을 사멸시키기 위해 사용되는 첨가물을 말한다.
② pH가 높을수록 살균력이 높아진다.
③ 살균력은 차아염소산 농도에 영향을 받는다.
④ 참깨에는 차아염소산나트륨을 사용할 수 없다.

> pH가 낮을수록 살균력이 높아진다

067 다음 중 사용이 허가된 인공 감미료가 아닌 것은?

① 사카린　　② 아스파탐
③ 롱가리트　　④ 소르비톨

> 롱가리트는 유해성 식품첨가물로 형광표백제, 삼염화질소와 함께 표백제로 사용된다.

068 식품 또는 식품첨가물에 관한 기준 및 규격은 누가 고시하는가?

① 보건복지부장관　　② 식품의약품안전처장
③ 한국식품산업협회장　　④ 한국영양학회장

> 식품의약품안전처장은 국민보건을 위하여 필요하면 판매를 목적으로 하는 식품 또는 식품첨가물 관한 사항을 정하여 고시한다.

069 다음 중 이타이이타이병의 원인물질로 알려진 유해성 중금속은 무엇인가?

① 카드뮴(Cd)　　② 구리(Cu)
③ 수은(Hg)　　④ 비소(As)

> • 카드뮴(Cd) : 이타이이타이병
> • 수은(Hg) : 미나마타병

070 다음 중 수은(Hg)에 의한 식중독 증상으로 맞는 것은?

① 두통　　② 설사
③ 언어장애　　④ 구토

> 수은(Hg)에 의한 중독 사례는 일본 큐슈 미나마타시에서 공장폐수에 의해 중독된 것으로 지각마비 증상을 나타낸다.

071 소량씩 장시간 섭취할 경우에는 피로, 소화기 장애, 체중감소 등과 같은 만성 중독 증상을 보이며, 옹기류, 수도관 등을 통하여 식품에 혼입되는 것은?

① 주석(Sn)　　② 비소(As)
③ 구리(Cu)　　④ 납(Pb)

> 납(Pb)의 중독 경로는 통조림의 땜납, 법랑제품의 유약성분, 농약, 페인트, 도기의 유약성분, 완구류와 화장품의 안료 등이다.

072 다음 중 식품을 오염시키는데 가장 문제가 되는 방사성물질로 맞는 것은?

① Sr-90, Fe-55　　② Sr-90, Cs-137
③ Sr-89, C-12　　④ Sr-89, I-131

> 방사성 물질과 인체 영향
> • Sr-90 : 뼈, 백혈병
> • Cs-137 : 전신, 생식세포 장해
> • I-131 : 갑상선, 갑상선장해
> • Co-60 : 소화관

073 다음 보기 중 백혈병을 유발하는 것으로 알려진 방사성물질은 무엇인가?

① Sr-90　　② Cs-137
③ I-131　　④ Co-60

> Sr-90 : 뼈, 백혈병

074 다음 중 오염 물질과 병명과의 연결이 맞지 않는 것은?

① As - 흑피증　　② 수은 - 미나마타병
③ DDT - 백혈병　　④ PCB - 미강유 중독

> DDT : 경련, 평형장애, 의식장애

075 다음 중 대부분 안정한 화합물로서 체내에서 거의 분해되지 않고 동물의 지방층이나 뇌신경 등에 축적되어 만성중독을 일으키는 물질로 맞는 것은?

① 유기인제　　② 유기염소제
③ 유기수은제　　④ 유기비소제

> DDT, BHC, Aldrin 등의 유기염소제는 잔류 기간이 2~5년으로 동물 지방조직에 농축되어 존재한다.

076 다음 중 시신경과 관계 있는 중독성분으로 맞는 것은?

① 메틸알코올　　② 비소
③ 청산　　④ 파라티온

> 메틸알코올은 5~10mL 섭취 시 시신경마비로 실명할 수 있으며, 30~100mL 섭취 시 사망에 이를 수 있다.

077 환경호르몬에 대한 다음의 설명 중 잘못된 것은?

① 화학물질이 환경으로 방출되어 호르몬처럼 작용한다고 해서 붙여진 명칭이다.
② 건강을 위협하고, 성호르몬의 기능에도 영향을 주어 생식능력을 감소시킨다.
③ 다른 독성물질에 비해 매우 높은 농도에서만 영향을 준다.
④ 환경호르몬은 주로 생체 내의 지방조직에 축적된다.

> 환경호르몬은 다른 독성물질에 비해 매우 낮은 농도에서 인체에 영향을 준다.

078 다음 중 쓰레기 소각물질 또는 고엽제 등을 통해 발생하는 환경호르몬은?

① 비스페놀A　　② 폴리염화비닐(PCB)
③ 폴리카보네이트　　④ 다이옥신

> • 비스페놀A : 합성수지의 원료나 캔의 내부 코팅제
> • 폴리염화비닐(PCB) : 전기절연체
> • 폴리카보네이트 : 플라스틱 용기

정답 065 ③　066 ②　067 ③　068 ②　069 ①　070 ③　071 ④
정답 072 ②　073 ①　074 ③　075 ②　076 ①　077 ③　078 ④

c r a f t s m a n   c o o k

LESSON 03 주방 위생관리

079 주방에서 후드(hood)의 가장 중요한 기능은?

① 실내의 습도를 유지시킨다.
② 증기, 냄새 등을 배출시킨다.
③ 실내의 온도를 유지시킨다.
④ 바람을 들어오게 한다.

🔍 창에 설치하는 팬과 후드(hood)는 주방을 환기시켜주는 역할을 한다.

080 조리장의 설비에 대한 설명 중 부적합한 것은?

① 조리장의 내벽은 바닥으로부터 5cm 까지 수성 자재로 한다.
② 충분한 내구력이 있는 구조이어야 한다.
③ 조리장에는 식품 및 식기류의 세척을 위한 위생 적인 세척시설을 갖춘다.
④ 조리원 전용의 위생적 수세시설을 갖춘다.

🔍 조리장 바닥과 바닥으로부터의 1m까지는 내벽은 타일, 콘크리트 등 의 내수성 자재를 사용해야 한다.

081 대규모의 주방에서 조리설비의 배치로 가장 이상적인 것은?

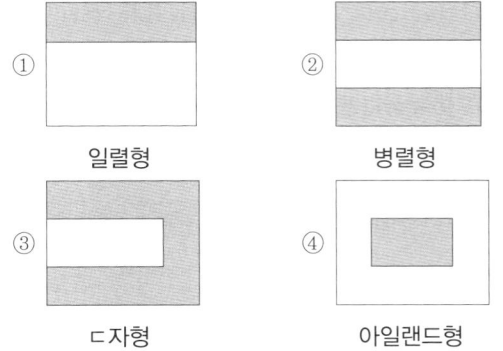

🔍 대규모의 주방에서 조리설비의 배치로 ㄷ자형이 가장 이상적이다.

082 주방시설을 계획할 때 고려해야 할 요소 중 주방설비 형태에 영향을 미치는 요소가 아닌 것은?

① 작업동선　　　　② 급식형태
③ 식단의 종류　　　④ 식품구매 형태

🔍 주방설비 형태에 영향을 미치는 요소는 작업동선, 급식형태, 식단의 종류 등이며, 식품구매 형태는 주방설비 형태를 결정하는 것과 관계가 없다.

083 조리실의 설비에 관한 설명으로 맞는 것은?

① 조리실 바닥의 물매는 청소시 물이 빠지도록 1/10정도로 해야한다.
② 조리실의 바닥면적은 창면적의 1/2 ~ 1/5로 한다.
③ 배수관의 트랩의 형태 중 찌꺼기가 많은 오수의 경우 곡선형이 효과적이다.
④ 환기설비인 후드(hood)의 경사각은 30도로, 후드의 형태는 4방개방형이 가장 효율적이다.

🔍 조리실의 설비
• 일반급식소에서 급식수 1식당의 주방면적 : 0.1m²
• 일반급식소에서 조리장의 급수설비 용량 환산시 1식당 물의 사용량: 6.0~10.0L
• 식당 넓이에 대한 조리장의 크기 : 1/3 이상
• 급식실의 창의 면적 : 급식실 바닥 면적의 1/5 이상, 벽면적의 70%
• 주방의 후드 : 4방개방형으로 증기, 냄새, 습기를 뽑아준다

084 주방 설비 구역 중 특히 다음과 같은 점에 유의하여 설비해야 하는 곳은?

– 물을 많이 사용하므로 급/배수 시설이 중요하다.
– 흙이나 오물, 쓰레기 등의 처리가 용이해야 한다
– 냉장 보관시설이 잘되어야 한다.

① 가열조리 구역
② 식기세척 구역
③ 육류처리 구역
④ 채소/과일처리 구역

085 주방의 바닥조건으로 맞는 것은?

① 산이나 알칼리에 약하고 습기, 열에 강해야 한다.
② 바닥전체의 물매는 1/20이 적당하다.
③ 조리작업을 드라이시스템화 할 경우의 물매는 1/100 정도가 적당하다.
④ 고무타일, 합성수지타일 등이 잘 미끄러지지 않으므로 적합하다.

🔍 주방 또는 조리실의 바닥조건
• 산, 알칼리, 열에 강해야 한다.
• 습기와 기름이 스며들지 않아야 한다.
• 공사비와 유지비가 저렴하여야 한다.
• 바닥 전체의 물매는 1/100이 적당하다.
• 조리작업을 드라이시스템화 할 경우의 물매는 1/200 정도가 적당하다.
• 조리실 바닥과 바닥으로부터 1m 까지의 내벽은 타일 등 내수성 자재를 사용한 구조여야 한다.

086 시설위생을 위한 사항으로 적합하지 않은 것은?

① 주방냄비는 세척 후 열처리를 해둔다.
② 주방의 천정, 바닥, 벽면도 주기적으로 청소한다.
③ 나무 도마는 사용 후 깨끗이 하고 일광소독을 하도록 한다.
④ deep fryer의 경우 기름은 매주 뽑아내어 걸러 찌꺼기가 남아있는 일이 없도록 한다.

🔍 deep fryer는 각종 튀김요리를 하는데 이용되는 기기로 사용한 기름은 고열에 빨리 산화하므로 자주 갈아 주어야 한다.

087 급식 시설에서 주방면적을 산출할 때 고려해야 할 사항으로 가장 거리가 먼 것은?

① 피급식자의 기호
② 조리 기기의 선택
③ 조리 인원
④ 식단

🔍 주방면적은 식단, 배식 수, 조리기기의 종류, 조리인원 등을 고려하여 설정하여야 한다.

088 음식점의 주방 설계 시 고려해야 할 사항으로 가장 거리가 먼 것은?

① 위생
② 저비용
③ 효율성
④ 안전

🔍 주방은 위생, 안전, 효율성의 원칙에 근거하여 설계해야 한다.

정답 79 ② 80 ① 81 ③ 82 ④ 83 ④

정답 84 ④ 85 ④ 86 ④ 87 ① 88 ②

089 식품 및 축산물 안전관리인증기준(HACCP)의 도입 효과로 거리가 먼 것은?

① 일단 설정된 이후에도 계속 수정, 보완이 가능하므로 안전하고 더 좋은 품질의 식품개발에도 이용할 수 있다.
② 문제의 근본원인을 정확하고 신속하게 밝힘으로써 책임소재를 분명히 할 수 있다.
③ 원료에서 제조, 가공 등의 식품공정별로 모두 적용되므로 종합인 위생대책 시스템이다.
④ 제조물의 결함으로 발생한 손해로부터 피해자를 보호할 수 있다.

🔍 HACCP의 도입 효과
- 안전한 식품을 생산하기 위해 논리적이고 명확하며 체계적인 과학성을 바탕으로 제품을 생산함으로써 식품의 안전성에 높은 신뢰성을 줄 수 있다.
- 위해를 사전에 예방할 수 있다.
- 문제의 근본원인을 정확하고 신속하게 밝힘으로써 책임소재를 분명히 할 수 있다.
- 원료에서 제조, 가공 등의 식품공정별로 모두 적용되므로 종합인 위생대책 시스템이다.
- 일단 설정된 이후에도 계속 수정, 보완이 가능하므로 안전하고 더 좋은 품질의 식품개발에도 이용할 수 있다.

090 식품위생법상에서 의미하는 식품의 원료, 제조, 가공 및 유통의 각 단계에서 발생할 수 있는 위해요소를 분석 관리하여 식품의 안정성을 확보하는 제도란?

① 회수제도(Recall) ② HACCP
③ 공표제도 ④ ISO인증

🔍 식품 및 축산물 안전관리인증기준(HACCP)이란 식품(건강기능식품을 포함)·축산물의 원료 관리, 제조·가공·조리·선별·처리·포장·소분·보관·유통·판매의 모든 과정에서 위해한 물질이 식품 또는 축산물에 섞이거나 식품 또는 축산물이 오염되는 것을 방지하기 위하여 각 과정의 위해요소를 확인·평가하여 중점적으로 관리하는 기준을 말한다.

091 HACCP의 의무적용 대상 식품에 해당하지 않는 것은?

① 빙과류
② 비가열음료
③ 껌류
④ 레토르트식품

🔍 HACCP 대상 식품
- 수산가공식품류의 어육가공품류 중 어묵·어육소시지
- 기타수산물가공품 중 냉동 어류·연체류·조미가공품
- 냉동식품 중 피자류·만두류·면류
- 과자류, 빵류 또는 떡류 중 과자·캔디류·빵류·떡류
- 빙과류 중 빙과
- 음료류(다류 및 커피류는 제외)
- 레토르트식품
- 절임류 또는 조림류의 김치류 중 김치(배추를 주원료로 하여 절임, 양념혼합과정 등을 거쳐 이를 발효시킨 것이거나 발효시키지 아니한 것 또는 이를 가공한 것에 한함)
- 코코아가공품 또는 초콜릿류 중 초콜릿류
- 면류 중 유탕면 또는 곡분, 전분, 전분질원료 등을 주원료로 반죽하여 기계 따위로 면을 뽑아내거나 자른 국수로서 생면·숙면·건면
- 특수용도식품
- 즉석섭취·편의식품류 중 즉석섭취식품
- 즉석섭취·편의식품류의 즉석조리식품 중 순대
- 식품제조·가공업의 영업 중 전년도 총 매출액이 100억원 이상인 영업소에서 제조·가공하는 식품

092 다음 중 식품 및 축산물 안전관리인증기준(HACCP)을 수행하는 단계에 있어서 가장 먼저 실시하는 것은?

① 중점관리점 규명
② 관리기준의 설정
③ 기록유지방법의 설정
④ 식품의 위해요소를 분석

🔍 HACCP 적용 순서(7원칙)
1. 위해요소 분석(HA) → 2. 중요관리점(CCP) 결정 → 3. 한계기준 설정 → 4. 모니터링 체계 확립 → 5. 개선조치 방법 수립 → 6. 검증 절차 및 방법 수립 → 7. 문서화 및 기록 유지

093 기존 위생관리방법과 비교하여 HACCP의 특징에 대한 설명으로 옳은 것은?

① 주로 완제품 위주의 관리이다.
② 위생상의 문제 발생 후 조치하는 사후적 관리이다.
③ 시험분석방법에 장시간이 소요된다.
④ 가능성 있는 모든 위해요소를 예측하고 대응할 수 있다.

🔍 식품위해요소중점관리기준(HACCP)은 최종 제품을 검사하여 안전성을 확보하는 개념이 아니라 식품의 생산 유통 소비의 전 과정을 통하여 지속적으로 관리함으로써 제품 또는 식품의 안전성을 확보하고 보증하는 예방차원의 개념이다. 따라서 HACCP은 식중독을 예방하기 위한 감시활동으로 식품의 안전성, 건전성 및 품질을 확보하기 위한 계획적 관리시스템이라 할 수 있다.

094 급식산업에 있어서 식품 및 축산물 안전관리인증기준(HACCP)에 의한 중요관리점(CCP)에 해당하지 않는 것은?

① 교차오염 방지
② 권장된 온도에서의 냉각
③ 생물학적 위해요소 분석
④ 권장된 온도에서의 조리와 재가열

🔍 위해요소분석(HA)는 원료와 공정에서 발생가능한 병원성 미생물 등 생물학적, 화학적, 물리적 위해요소를 분석·평가하는 것이고, 중요관리점(CCP)는 위해요소를 예방, 제거 또는 허용수준으로 감소시킬 수 있는 공정이나 단계를 중점적으로 다루는 것을 의미한다.

095 HACCP 인증 단체급식업소(집단급식소, 식품접객업소, 도시락류 포함)에서 조리한 식품은 소독된 보존식 전용 용기 또는 멸균 비닐봉지에 매회 1인분 분량을 담아 몇 ℃ 이하에서 얼마 이상의 시간동안 보관하여야 하는가?

① 4℃ 이하, 48시간 이상
② 0℃ 이하, 100시간 이상
③ -10℃ 이하, 200시간 이상
④ -18℃ 이하, 144시간 이상

🔍 집단급식소를 설치·운영하고자 하는 자는 조리·제공한 식품의 매회 1인분 분량을 섭씨 영하 18℃ 이하로 144시간 이상 보관해야 하며, 보관기간 중 휴무일이 있는 경우에는 해당 기간을 보관시간의 산정에서 제외하여야 한다.

096 HACCP에 대한 설명으로 틀린 것은?

① 어떤 위해를 미리 예측하여 그 위해요인을 사전에 파악하는 것이다.
② 위해 방지를 위한 사전 예방적 식품안전관리체계를 말한다.
③ 미국, 일본, 유럽연합, 국제기구(Codex, WHO) 등에서도 모든 식품에 HACCP을 적용할 것을 권장하고 있다.
④ HACCP 12절차의 첫 번째 단계는 위해요소 분석이다.

🔍 HACCP는 위해분석(HA)과 중요관리점(CCP)로 나뉘어지며, HA는 위해가능성 요소를 찾아 분석·평가하고 CCP는 해당 위해요소를 방지·제거하고 안전성을 확보하기 위해 중점적으로 다루어야 할 관리점을 말한다.

097 다음의 정의에 해당하는 것은?

> 식품의 원료관리, 제조·가공·조리·유통의 모든 과정에서 위해한 물질이 식품에 섞이거나 식품이 오염되는 것을 방지하기 위하여 각 과정을 중점적으로 관리하는 기준

① HACCP ② 식품 Recall 제도
③ 식품 CODEX기준 ④ ISO 인증제도

🔍 식품 및 축산물 안전관리인증기준(HACCP)이란 식품(건강기능식품을 포함)·축산물의 원료 관리, 제조·가공·조리·선별·처리·포장·소분·보관·유통·판매의 모든 과정에서 위해한 물질이 식품 또는 축산물에 섞이거나 식품 또는 축산물이 오염되는 것을 방지하기 위하여 각 과정의 위해요소를 확인·평가하여 중점적으로 관리하는 기준을 말한다.

098 HACCP의 7가지 원칙에 해당하지 않는 것은?

① 위해요소분석
② 중요관리점(CCP)결정
③ 개선조치방법 수립
④ 회수명령의 기준설정

🔍 HACCP 적용 순서(7원칙)
1. 위해요소 분석(HA) → 2. 중요관리점(CCP) 결정 → 3. 한계기준 설정 → 4. 모니터링 체계 확립 → 5. 개선조치 방법 수립 → 6. 검증 절차 및 방법 수립 → 7. 문서화 및 기록 유지

099 다음 보기의 내용이 의미하는 것은?

오염되지 않은 식재료나 음식이 오염된 식재료 및 기구, 종사자와의 접촉으로 인해 미생물이 혼입되어 오염된 것

① 감염
② 교차오염
③ 미생물 증식
④ 식중독

🔍 오염되지 않은 식재료나 음식이 오염된 식재료나 기구, 종사자와의 접촉으로 인해 미생물이 혼입되어 오염되는 것을 교차오염(Cross Contamination)이라 한다.

100 작업장을 일반작업구역과 청결작업구역으로 구분하는 이유로 알맞은 것은?

① 조리업무의 효율성을 확보하기 위하여
② 작업자의 업무 분담을 명확하게 구분하기 위하여
③ 미생물의 2차 오염이나 교차오염을 방지하기 위하여
④ 작업장의 보수 및 수리 비용의 절감을 위하여

🔍 작업장의 구역구분은 작업 과정에서 미생물에 의한 2차 오염이나 교차오염을 방지 하기 위한 것이다.

101 작업장에서의 교차오염을 방지하기 위한 동선 계획으로 틀린 것은?

① 사람과 물건의 동선은 가능한 구분하도록 한다.
② 폐기물은 반드시 청결도가 높은 곳으로 향하는 동선을 마련한다.
③ 관리구역이 다른 곳을 빈번히 왕래하는 동선은 배제한다.
④ 청결도가 다른 것들이 교차하지 않도록 관리한다.

🔍 폐기물은 반드시 청결도가 낮은 곳으로 향하는 동선이어야 한다. 또한 오염물(또는 사람)은 탈의, 에어샤워, 세정, 살균 등의 적절한 조치 후 비오염구역 이동하도록 하여야 한다.

102 작업구역을 일반작업구역과 청결작업구역으로 구분할 때 일반작업구역의 작업내용으로 적절하지 않은 것은?

① 검수구역
② 전처리구역
③ 식재료 저장구역
④ 조리 구역

🔍 작업구역과 작업내용
• 일반작업구역 : 검수구역, 전처리구역, 식재료 저장구역, 세정구역, 식품절단구역(가열 · 소독 전)
• 청결작업구역 : 식품절단구역(가열 · 소독 후), 조리 구역(가열 · 비가열 처리), 정량 및 배선구역, 식기 보관 구역

103 손 세척을 반드시 해야 하는 경우로 보기 힘든 것은?

① 핸드폰을 만진 후
② 설거지를 하고 난 후
③ 쓰레기나 청소도구를 취급한 후
④ 음식을 먹거나 차를 마신 후

🔍 손 세척을 반드시 해야 하는 경우
• 핸드폰을 만진 경우
• 난류, 어류, 육류 등을 만진 경우
• 화장실을 이용한 후
• 코를 풀거나 재채기를 한 경우
• 쓰레기나 청소도구를 취급한 경우
• 음식을 먹거나 차를 마신 후

104 교차오염의 방지요령으로 적절하지 않은 것은?

① 일반작업구역과 청결작업구역으로 구역을 설정하여 전처리, 조리, 기구세척 등을 별도의 구역에서 한다.
② 칼, 도마 등의 기구나 용기는 용도별(조리 전 · 후)로 구분하여 각각 전용으로 준비하여 사용한다.
③ 세척용기는 어 · 육류, 채소류로 구분 사용하고 사용 전후에는 충분히 세척 · 소독한 후 사용한다
④ 식품 취급 등의 작업은 바닥으로부터 60cm 이하에서 실시하도록 한다.

🔍 교차오염 방지요령
• 일반작업구역과 청결작업구역으로 구역을 설정하여 전처리, 조리, 기구세척 등을 별도의 구역에서 한다.
• 칼, 도마 등의 기구나 용기는 용도별(조리 전 · 후)로 구분하여 각각 전용으로 준비하여 사용한다.
• 세척용기(또는 세정대)는 어 · 육류, 채소류로 구분 사용하고 사용 전후에는 충분히 세척 · 소독한 후 사용한다
• 식품 취급 등의 작업은 바닥으로부터 60cm 이상에서 실시하여 바닥의 오염된 물이 튀어 들어가지 않게 한다.
• 식품 취급 작업은 반드시 손을 세척 · 소독한 후에 하며, 고무장갑을 착용하고 작업을 하는 경우는 장갑을 손에 준하여 관리한다.
• 전처리하지 않은 식품과 전처리된 식품은 분리 · 보관한다.
• 전처리에 사용하는 용수는 반드시 먹는 물을 사용한다.

105 단체급식시설의 작업장별 관리에 대한 설명으로 잘못된 것은?

① 개수대는 생선용과 채소용을 구분하는 것이 식중독균의 교차오염을 방지하는데 효과적이다.
② 가열, 조리하는 곳에는 환기장치가 필요하다.
③ 식품보관 창고에 식품을 보관 시 바닥과 벽에 식품이 직접 닿지 않게 하여 오염을 방지한다.
④ 자외선등은 모든 기구와 식품 내부의 완전살균에 매우 효과적이다.

🔍 자외선은 공기에 투과되지만, 물질은 투과하지 못하기 때문에 단백질이 공존하는 경우에는 살균효과가 떨어진다.

LESSON 04 식중독 관리

106 다음 보기 중 생선이나 조개류의 생식과 가장 관계 깊은 식중독은 무엇인가?

① 살모넬라 식중독
② 병원성 대장균 식중독
③ 포도상구균 식중독
④ 장염비브리오 식중독

🔍 장염비브리오 식중독은 균에 오염된 어류 및 패류의 생식이 주된 원인으로 칼, 도마, 행주 등에 의한 2차 오염이 가능하다. 이를 예방하기 위해서는 생식을 삼가고 식품의 가열조리와 저온저장이 요구된다.

107 보기 중 세균성 식중독 중 독소형 식중독의 원인균은?

① 살모넬라균
② 장염비브리오균
③ 포도상구균
④ 병원성대장균

🔍 세균성 독소형 식중독 : 황색포도상구균, 클로스트리디움 퍼프린젠스, 클로스트리디움 보툴리눔

108 다음 중 가장 많이 발생하는 식중독으로 맞는 것은?

① 세균성 식중독
② 알레르기성 식중독
③ 자연성 식중독
④ 화학적 식중독

🔍 식중독은 식품의 섭취로 인하여 인체에 유해한 미생물 또는 유독물질에 의하여 발생하였거나 발생한 것으로 판단되는 감염성 또는 독소형 질환을 말하는 것으로 세균성 식중독이 가장 많이 발생한다.

정답 098 ④ 099 ② 100 ③ 101 ② 102 ④ 103 ②

정답 104 ④ 105 ④ 106 ④ 107 ③ 108 ①

109 다음 중 세균성 식중독에 대한 설명으로 틀린 것은?

① 많은 양의 균이나 많은 양의 독소에 의해 발생된다.
② 일반적으로 잠복기가 짧고, 2차 감염이 없다.
③ 면역성이 없다.
④ 주로 음용수에 의해 경구감염된다.

🔍 음용수에 의해 경구감염되는 것은 소화기계(경구) 감염병이다.

110 다음 중 세균성 식중독과 병원성 소화기계 감염병의 다른 점을 설명한 것으로 맞지 않는 것은?

① 세균성 식중독은 잠복기가 짧고, 소화기계 감염병은 잠복기가 긴 편이다.
② 세균성 식중독은 면역이 없고, 소화기계 감염병은 면역을 가질 수 있다.
③ 세균성 식중독은 2차 오염이 가능하고, 소화기계 감염병은 2차 오염이 없다.
④ 세균성 식중독에서 식품은 원인물질 축적체이고, 소화기계 감염병에서 식품은 병균 운반체이다.

🔍 세균성 식중독 : 식중독균에 오염된 식품을 섭취하여 발병하고, 식품에 많은 양의 균이나 독소가 있으며, 살모넬라·장염비브리오 외에는 2차 감염이 없으며, 잠복기는 짧으며, 면역이 없다.

111 다음 중 살모넬라균에 의한 식중독의 예방 조치로 적절하지 않은 것은?

① 육류, 계란 등을 조리할 경우 식품을 충분히 가열 및 조리하여 섭취한다.
② 계란 등 난류의 취급 및 보관에 철저한 관리를 한다.
③ 원료 및 칼, 도마 등 조리기구에 대해 철저한 위생관리를 한다.
④ 살모넬라균은 담수에서 저항력이 약하므로 재료를 수돗물에 잘 씻어서 조리한다.

🔍 살모넬라균의 경우 생장에 가장 적절한 온도는 사람의 체온과 비슷한 37℃ 내외로 수돗물을 이용한 세척은 직접적인 예방조치와 거리가 멀다.

112 다음 보기 중 식중독을 일으키는 세균으로 잠복기가 가장 긴 것은?

① 살모넬라균
② 포도상구균
③ 캠필로박터균
④ 장염 비브리오균

🔍 잠복기
• 살모넬라균 : 8~48시간(균종에 따라 다양)
• 포도상구균 : 1~5시간(평균 3시간)
• 캠필로박터균 : 평균 2~3일
• 장염비브리오균 : 평균 12시간

113 식품을 끓여서 섭취하였는데도 세균성 식중독이 발생했다면 그 원인균으로 추정할 수 있는 것은?

① 포도상구균
② 보툴리누스균
③ 장염 비브리오균
④ 살모넬라균

🔍 포도상구균이 생성하는 장독소는 엔테로톡신으로 열에 약한 균과 달리 엔테로톡신은 120℃에서 20분간 처리해도 파괴되지 않는다.

114 다음 중 주로 통조림이나 진공 포장된 식품을 통해 중독되며, 뉴로톡신이라는 신경독소가 있는 균은?

① 보툴리누스균
② 장염비브리오균
③ 포도상구균
④ 세레우스균

🔍 보툴리누스균은 A, B, E, F 형이 있고 뉴로톡신이라는 신경독소가 있다.

115 다음 중 식중독의 원인균과 원인식품이 잘못 연결된 것은?

① 장염비브리오균 - 육류
② 캠필로박터균 - 우유(유제품)
③ 퍼프린젠스균 - 육류
④ 살모넬라균 - 식육류

🔍 장염비브리오균은 해수세균으로 2~4%의 식염농도에서 잘 자라며, 어패류가 원인식품이다.

116 포도상구균 식중독의 주원인은?

① 세균에 오염된 포도의 섭취
② 비위생적으로 처리된 채소의 섭취
③ 불충분하게 가열·살균된 통조림 식품
④ 식품 취급자의 화농성 염증

🔍 포도상구균 식중독은 황색 포도상구균이 식품 중에 증식하여 그 대사산물로 생산한 장독소를 경구 섭취하여 일어나는 독소형 식중독으로 식품 취급자의 화농성 염증이 주된 원인이다.

117 햄, 소시지, 통조림 식품에 의해서 발생할 수 있는 보툴리누스 식중독의 가장 특징적인 증상은?

① 신경마비
② 심한 설사
③ 복통
④ 고열

🔍 보툴리누스 식중독의 가장 특징적인 증상은 구역질, 구토나 시력장애, 동공확대, 언어장애, 삼키기 곤란 등의 신경마비이다.

118 식중독 발생 시 보호자의 조치사항 중 잘못된 것은?

① 식중독 발생 사실을 신고한다.
② 즉시 환자를 의사에게 진단하게 한다.
③ 환자의 가검물을 원인 조사 시까지 보관한다.
④ 항생제를 복용시킨다.

🔍 식중독을 일으킨 환자 또는 그 의심이 있는 자를 진단하였거나 그 사체를 검안한 의사 또는 한의사는 지체없이 관할 특별시장·시장·군수·구청장에게 보고하여야 한다.

119 식중독의 원인이 될 수 있는 클로스트리디움 퍼프린젠스균의 주된 형으로 맞는 것은?

① A, B형
② C, D형
③ B, E형
④ A, C형

🔍 클로스트리디움 퍼프린젠스 식중독은 돼지고기, 닭고기, 칠면조고기 등으로 조리한 식품 및 그 가공품인 동물성 단백질 식품이 원인식품으로 사람의 식중독등은 A형과 C형이 유발한다.

120 다음 중 복어 중독과 가장 관련이 깊은 독소는?

① 아마니타톡신　　　　② 삭시톡신
③ 솔라닌　　　　　　　④ 테트로도톡신

- 아마니타톡신 - 독버섯
- 삭시톡신 – 검은조개 또는 섭조개
- 솔라닌 - 감자의 싹

121 살모넬라(salmonella)균으로 인한 식중독에 대한 설명으로 틀린 것은?

① 주요 증상으로 급성위장염을 일으킨다.
② 주로 통조림 등의 산소가 부족한 식품에서 유발된다.
③ 장내세균의 일종이다.
④ 계란, 육류 및 어육가공품이 주요 원인식품이다.

살모넬라균의 원인식품은 식육류나 그 가공품, 어패류, 달걀, 우유 및 유제품으로 그람(Gram) 음성균이다. 감염될 경우 발열, 구토, 설사, 복통 등의 급성위장염 증상을 유발한다.

122 다음 중 식중독의 원인식품과 원인독소가 올바르게 연결된 것은?

① 모시조개 - 베네루핀　　② 청매 – 에르고톡신
③ 독미나리 - 고시폴　　　④ 맥각 – 시큐톡신

- 청매 - 아미그달린
- 독미나리 – 시큐톡신,
- 맥각 – 에르고톡신

123 다음 중 바다에서 잡은 어패류가 주로 일으킬 수 있는 식중독으로 맞는 것은?

① 보툴리누스 식중독
② 세레우스균 식중독
③ 장염비브리오 식중독
④ 포도상구균 식중독

- 보툴리누스 식중독 : 통조림 식품, 진공포장된 식품(소시지, 햄 등)
- 세레우스균 식중독 : 곡류(구토형), 식육제품이나 스프(설사형)
- 포도상구균 식중독 : 우유, 유제품, 어육, 곡류 및 가공품, 김밥, 도시락

124 다음 중 잠복기가 가장 짧은 식중독은?

① 보툴리누스 식중독
② 병원성 대장균 식중독
③ 살모넬라 식중독
④ 황색포도상구균 식중독

잠복기
- 보툴리누스 식중독 : 8~36시간
- 병원성 대장균 식중독 : 12~72시간(균종에 따라 다양)
- 살모넬라 식중독 : 8~48시간(균종에 따라 다양)
- 황색포도상구균 식중독 : 1~5시간(평균 3시간)으로 가장 짧음

125 다음 중 항히스타민제 복용으로 쉽게 치료되는 식중독으로 맞는 것은?

① 알레르기성 식중독
② 비브리오 식중독
③ 살모넬라 식중독
④ 병원성 대장균 식중독

알레르기성 식중독의 원인식품은 꽁치, 고등어, 다랑어, 정어리 등으로 단백질 분해산물인 히스타민을 제거할 수 있는 항히스타민제를 복용하거나 주사를 맞으면 쉽게 치료된다.

126 다음 물질 중 신선도가 저하된 꽁치, 고등어 등의 섭취로 인한 알레르기(Allergy)성 식중독의 원인 성분은?

① 트리메틸아민(trimethylamine)
② 히스타민(histamine)
③ 엔테로톡신(enterotoxin)
④ 시큐톡신(cicutoxin)

히스타민(histamine) : 히스티딘(histidine)의 탈탄산반응으로 생성되는 생체 아민의 일종으로 β-이미다졸에틸아민에 해당된다. 신선도가 저하된 꽁치, 고등어 등의 섭취로 인한 알레르기 작용 등을 일으킨다.

127 다음 중 복어의 독성이 가장 높은 시기로 맞는 것은?

① 겨울 동면 시　　　　② 산란기 직전
③ 해빙한 봄　　　　　④ 산란기 직후

복어의 독은 산란기 직전에 그 독성이 가장 강해진다.

128 일반적으로 복어의 식중독 원인물질(tetrodotoxin)이 가장 많이 들어있는 부위는?

① 껍질　　　　　　　② 근육
③ 아가미　　　　　　④ 난소

복어의 독성물질인 테트로도톡신은 난소에 가장 많이 들어 있으며, 산란기 직전인 5~6월에 특히 강하게 작용한다.

129 황변미 중독은 14~15% 이상의 수분을 함유하는 저장미에서 일어나는 데 그 원인균류로 맞는 것은?

① 바이러스균　　　　② 효모
③ 세균　　　　　　　④ 곰팡이

곰팡이의 생육에 알맞은 기질이 되는 수분 14~15% 이상 함유하면 페니실리움(penicillium)속의 푸른곰팡이에 의해 쌀이 변질되어 황변미가 생긴다.

130 다음 중 자연독 식중독을 예방하는 방법으로 맞는 것은?

① 유독한 부위의 제거　　② 식품의 저온 보존
③ 신선한 재료의 사용　　④ 위생곤충의 구제

자연독 식중독 예방대책은 유독한 동식물의 감별에 주의하고 유독 부위를 제거하는 것이다.

131 곰팡이독(mycotoxin)과 관계 깊은 것은?

① 엔테로톡신(enterotoxin)
② 라이신(lysine)
③ 테트로도톡신(tetrodotoxin)
④ 아플라톡신(aflatoxin)

곰팡이독은 곰팡이의 2차 대사산물로 인체에 장애를 유발하는 독성물질이며 아플라톡신, 황변미독, 붉은 곰팡이독, 맥각독 등이 있다.

132 황변미 중독을 일으키는 오염 미생물은?

① 곰팡이　　　　　　② 효모
③ 세균　　　　　　　④ 기생충

황변미 중독의 원인식품은 수분이 15%인 저장미로, 오염 미생물은 푸른 곰팡이이다.

정답　120 ④　121 ②　122 ①　123 ③　124 ④　125 ①

정답　126 ②　127 ②　128 ④　129 ④　130 ①　131 ④　132 ①

LESSON 05 식품위생 관계법규

133 다음 중 식품위생의 대상을 가장 적절하게 나타낸 것은 무엇인가?

① 식품 및 기구
② 식품첨가물
③ 식품
④ 식품, 식품첨가물, 기구 및 용기·포장

> 식품위생이란 식품, 식품첨가물, 기구 또는 용기·포장을 대상으로 하는 음식에 관한 위생을 말한다.

134 다음 중 식품위생법의 목적과 거리가 먼 것은?

① 식품위생의 위해 방지
② 식품의 안전성 확보
③ 식품의 판매촉진
④ 식품영양의 질적 향상도모

> 식품위생법은 식품으로 인하여 생기는 위생상의 위해(危害)를 방지하고 식품영양의 질적 향상을 도모하며 식품에 관한 올바른 정보를 제공하여 국민보건의 증진에 이바지함을 목적으로 한다.

135 우리나라에서 식품위생 행정을 주로 담당하고 있는 부서는?

① 행정안전부
② 식품의약품안전처
③ 산업통상자원부
④ 교육부

> 식품위생의 행정담당은 식품의약품안전처에서 지휘, 감독하고 있다.

136 다음 중 식품위생법상 식품에 해당되지 않은 것은?

① 채소류   ② 의약품
③ 주류   ④ 과자류

> 식품위생법상 식품은 의약으로서 섭취하는 것을 제외한 모든 음식물을 말한다.

137 다음 중 집단급식소에 속하지 않는 것은?

① 병원의 직원 식당
② 공장의 종업원 급식소
③ 기숙사 내의 식당
④ 대중음식점

> 집단급식소는 영리를 목적으로 하지 아니하면서 1회 50명 이상에게 계속하여 음식물을 공급하는 기숙사, 학교, 병원, 사회복지시설, 산업체, 국가, 지방자치단체 및 공공기관, 그 밖의 후생기관 중 어느 하나에 해당하는 곳의 급식시설을 말한다.

138 다음 중 식품위생법상 "집단급식소"의 설명이 아닌 것은?

① 영리를 목적으로 하지 않는다.
② 영리를 목적으로 한다.
③ 계속적으로 특정 다수인에게 음식을 공급한다.
④ 상시 1회 50인에게 식사를 제공한다.

> 집단급식소는 영리를 목적으로 하지 않는 시설이다.

139 질병에 걸렸거나 또는 병사한 동물에 있어서 판매할 수 있는 것은 어느 부분인가?

① 고기   ② 장기
③ 가죽   ④ 뼈

> 식품위생법령에 따라 질병에 걸렸거나 그 염려가 있는 동물 또는 그 질병으로 인하여 죽은 동물의 고기·뼈·젖·장기 또는 혈액은 이를 식품으로 판매하거나 판매할 목적으로 채취·수입·가공·사용·조리·저장 또는 운반하거나 진열하지 못한다.

140 다음 중 영업허가를 받지 않고 영업신고를 통해 영업이 가능한 업종은 무엇인가?

① 단란주점영업   ② 유흥주점영업
③ 일반음식점영업   ④ 식품조사처리업

> 영업신고를 하여야 하는 업종
> • 즉석판매제조·가공업
> • 식품운반업
> • 식품소분·판매업
> • 식품냉동·냉장업
> • 용기·포장류제조업(자신 제품 포장을 위해 용기·포장류를 제조하는 경우는 제외)
> • 휴게음식점영업, 일반음식점영업, 위탁급식영업, 제과점영업

141 식품접객업 중 주로 주류를 조리·판매하는 영업으로서 유흥종사자를 두지 않고 손님이 노래를 부르는 행위가 허용되는 영업은?

① 유흥주점 영업
② 단란주점 영업
③ 휴게음식점 영업
④ 일반음식점 영업

> • 유흥주점영업 : 주로 주류를 조리·판매하는 영업으로서 유흥종사자를 두거나 유흥시설을 설치할 수 있고 손님이 노래를 부르거나 춤을 추는 행위가 허용되는 영업
> • 휴게음식점영업 : 주로 다류(茶類), 아이스크림류 등을 조리·판매하거나 패스트푸드점, 분식점 형태의 영업 등 음식류를 조리·판매하는 영업으로서 음주행위가 허용되지 아니하는 영업. 다만, 편의점, 슈퍼마켓, 휴게소, 그 밖에 음식류를 판매하는 장소에서 컵라면, 일회용 다류 또는 그 밖의 음식류에 물을 부어 주는 경우는 제외
> • 일반음식점영업 : 음식류를 조리·판매하는 영업으로서 식사와 함께 부수적으로 음주행위가 허용되는 영업

142 식품접객업 중 음식류를 조리·판매하는 영업으로서 식사와 함께 부수적으로 음주행위가 허용되는 영업은?

① 단란주점 영업
② 유흥주점 영업
③ 위탁급식영업
④ 일반음식점 영업

> • 단란주점영업 : 주로 주류를 조리·판매하는 영업으로서 손님이 노래를 부르는 행위가 허용되는 영업
> • 유흥주점영업 : 주로 주류를 조리·판매하는 영업으로서 유흥종사자를 두거나 유흥시설을 설치할 수 있고 손님이 노래를 부르거나 춤을 추는 행위가 허용되는 영업
> • 위탁급식영업 : 집단급식소를 설치·운영하는 자와의 계약에 따라 그 집단급식소에서 음식류를 조리하여 제공하는 영업

143 수출을 목적으로 하는 식품과 식품첨가물의 기준과 규격을 정하는 사람은?

① 수입자
② 외교통상부장관
③ 보건복지부장관
④ 수출업자

> 수출을 목적으로 하는 식품 또는 식품첨가물의 기준과 규격은 수입자가 요구하는 기준과 규격에 의할 수 있다.

정답 133 ④ 134 ③ 135 ② 136 ② 137 ④ 138 ②
정답 139 ③ 140 ③ 141 ② 142 ④ 143 ①

144 집단급식소를 설치 · 운영하려고 하는 자(영업자)가 받아야 하는 식품위생 교육시간으로 알맞은 것은?

① 2시간　　　　　　② 4시간
③ 6시간　　　　　　④ 8시간

🔍 영업을 하려는 자가 받아야 하는 식품위생교육 시간
 • 식품제조 · 가공업, 식품첨가물제조업, 공유주방 운영업을 하려는 자 : 8시간
 • 식품운반업, 식품소분 · 판매업, 식품보존업, 용기 · 포장류제조업을 하려는 자 : 4시간
 • 즉석판매제조 · 가공업, 식품접객업을 하려는 자 : 6시간
 • 집단급식소를 설치 · 운영하려는 자 : 6시간

145 다음과 같은 직무를 수행하는 사람은?

> • 시설기준의 적합 여부 확인, 지도
> • 영업자의 위생교육 및 건강진단의 이행여부 확인, 지도
> • 행정처분의 이행여부 확인
> • 식품 등의 위생적 취급기준의 이행지도

① 영양사　　　　　　② 조리사
③ 식품위생감시원　　　④ 식품위생관리원

🔍 식품위생감시원의 직무
 • 식품등의 위생적인 취급에 관한 기준의 이행 지도
 • 수입 · 판매 또는 사용 등이 금지된 식품등의 취급 여부에 관한 단속
 • 표시 또는 광고기준의 위반 여부에 관한 단속
 • 출입 · 검사 및 검사에 필요한 식품등의 수거
 • 시설기준의 적합 여부의 확인 · 검사
 • 영업자 및 종업원의 건강진단 및 위생교육의 이행 여부의 확인 · 지도
 • 조리사 및 영양사의 법령 준수사항 이행 여부의 확인 · 지도
 • 행정처분의 이행 여부 확인
 • 식품등의 압류 · 폐기 등
 • 영업소의 폐쇄를 위한 간판 제거 등의 조치
 • 그 밖에 영업자의 법령 이행 여부에 관한 확인 · 지도

146 식품위생법상 집단급식소에 대한 설명이 가장 바르게 된 것은?

① 대형 한식점
② 계속적으로 특정 다수인에게 음식물을 공급하는 비영리 음식 시설
③ 계속적으로 불특정 다수인에게 음식물을 공급하는 영리 급식 시설
④ 갈비구이 전문점

🔍 집단급식소란 영리를 목적으로 하지 아니하면서 1회 50명 이상에게 계속하여 음식물을 공급하는 기숙사, 학교, 병원, 사회복지시설, 산업체, 국가, 지방자치단체 및 공공기관, 그 밖의 후생기관 중 어느 하나에 해당하는 곳의 급식시설을 말한다.

147 식품위생법령상 집단급식소는 상시 1회 몇 명 이상에게 식사를 제공하는 급식소를 의미하는가?

① 40인　　　　　　② 50인
③ 80인　　　　　　④ 100인

🔍 집단급식소란 영리를 목적으로 하지 아니하고 계속적으로 특정 다수인에게 음식물을 공급하는 기숙사 · 학교 · 병원 기타 후생기관 등의 급식시설로서 대통령령이 정하는 것을 말하며, 상시 1회 50인 이상에게 식사를 제공하는 급식소여야 한다.

148 다음 중 일반음식점의 허가 관청으로 맞는 것은?

① 보건국장
② 행정안전부장관
③ 시장 · 군수 · 구청장
④ 식품의약품안전처장

🔍 휴게음식점영업, 일반음식점영업, 위탁급식영업, 제과점영업을 하려면 특별자치시장 · 특별자치도지사 또는 시장 · 군수 · 구청장에게 신고하여야 한다.

149 조리사와 관련된 다음 사항 중 잘못된 것은?

① 조리사가 아니면 조리사라는 명칭을 사용하지 못한다.
② 보수교육을 받아야 한다.
③ 약물 중독자도 조리사가 될 수 있다.
④ 조리사가 되고자 할 때는 해당 기술 분야의 자격증을 얻은 후 면허를 받아야 한다.

🔍 마약 또는 약물 중독자는 조리사 또는 영양사의 취득이 제한된다.

150 다음 중 조리사의 결격사유로 맞지 않는 것은?

① 지체 부자유자　　　② 정신질환자
③ 마약 기타 약물중독자　④ 감염병환자

🔍 조리사의 결격사유
 • 정신질환자
 • 감염병환자(B형 간염 제외)
 • 마약이나 그 밖의 약물 중독자
 • 조리사 면허의 취소처분을 받고 그 취소된 날부터 1년이 지나지 아니한 자

151 조리사가 식품위생법에 따른 교육을 받지 아니한 경우 1차 위반 시 행정처분 기준은?

① 업무정지 4월　　　② 업무정지 2월
③ 업무정지 3월　　　④ 시정명령

🔍 조리사의 교육을 받지 아니한 경우
 • 1차위반 : 시정명령
 • 2차위반 : 영업정지 15일
 • 3차위반 : 업무정지 1개월

152 집단급식소를 설치 · 운영하는 자는 조리한 식품의 매회 1인분 분량을 보건복지가족부령이 정하는 바에 따라 몇 시간 이상 보관해야 하는가?

① 12시간　　　　　　② 24시간
③ 72시간　　　　　　④ 144시간

🔍 집단급식소를 설치 · 운영하고자 하는 자는 조리한 식품의 매회 1인분 분량을 섭씨 영하 18℃ 이하로 144시간 이상 보관해야 하며, 보관기간 중 휴무일이 있는 경우에는 해당 기간을 보관시간의 산정에서 제외하여야 한다.

153 위생관리상태 등이 우수한 식품접객업소를 선정하여 모범업소로 지정할 수 없는 사람은?

① 특별자치도지사
② 식품의약품안전처장
③ 특별자치시장
④ 시장 · 군수 · 구청장

🔍 우수업소 · 모범업소의 지정권자
 • 우수업소의 지정 : 식품의약품안전처장 또는 특별자치시장 · 특별자치도지사 · 시장 · 군수 · 구청장
 • 모범업소의 지정 : 특별자치시장 · 특별자치도지사 · 시장 · 군수 · 구청장

154 우수소의 지정기준과 관련하여 지하수 등을 급수시설로 사용하는 경우 취수원은 오염지역으로부터 몇 미터 이상 떨어진 곳에 위치하여야 하는가?

① 3미터　　　　　　② 5미터
③ 10미터　　　　　④ 20미터

🔍 급수시설은 식품의 특성별로 설치하여야 하며, 지하수 등을 사용하는 경우 취수원은 오염지역으로부터 20m 이상 떨어진 곳에 위치하여야 한다.

정답 144 ③　145 ③　146 ②　147 ②　148 ③

정답 149 ③　150 ①　151 ④　152 ④　153 ②　154 ④

155 식품위생법령상 우수업소의 지정기준으로 틀린 것은?

① 원료 및 제품은 항상 위생적으로 보관·관리되어야 한다.
② 작업장의 바닥·내벽 및 천장은 내수처리를 하여야 하며, 항상 청결하게 관리되어야 한다.
③ 원료처리실·제조가공실·포장실 등 작업장은 하나의 공간에 통합되어야 한다.
④ 화장실은 정화조를 갖춘 수세식 화장실로서 내수 처리되어야 한다.

> 원료처리실·제조가공실·포장실 등 작업장은 분리·구획되어야 한다.

156 집단급식소의 모범업소 지정기준으로 틀린 것은?

① 식품안전관리인증기준(HACCP) 적용 업소로 인증받아야 한다.
② 최근 1년간 식중독이 발생하지 아니하여야 한다.
③ 조리사 및 영양사를 두어야 한다.
④ 일반음식점의 모범업소 지정기준을 모두 갖추어야 한다

> 집단급식소의 모범업소 지정기준
> · 식품안전관리인증기준(HACCP) 적용 업소로 인증받아야 한다.
> · 최근 3년간 식중독이 발생하지 아니하여야 한다.
> · 조리사 및 영양사를 두어야 한다.
> · 그 밖에 일반음식점이 갖추어야 하는 기준을 모두 갖추어야 한다

157 식품공전상 표준온도라 함은 몇 도를 말하는가?

① 5℃ ② 10℃
③ 15℃ ④ 20℃

> 식품공전에서 도량형은 미터법을, 표준온도는 20℃(상온은 15~25℃, 실온은 1~35℃, 미온은 30~40℃)를 기준으로 한다.

158 다음 중 먹는 물의 일반 세균수와 총 대장균수의 기준으로 맞는 것은?

① 세균 1mL당 100CFU 이하, 대장균 100mL 중 음성
② 세균 1mL당 100CFU 이하, 대장균 200mL 중 양성
③ 세균 1mL당 150CFU 이하, 대장균 100mL 중 음성
④ 세균 1mL당 150CFU 이하, 대장균 200mL 중 양성

> 먹는 물의 미생물에 관한 기준
> · 일반세균 : 1mL 중 100CFU(Colony Forming Unit)를 넘지 아니할 것
> · 총 대장균군 : 100mL(샘물·먹는 샘물 및 먹는 해양심층수의 경우에는 250mL)에서 검출되지 아니할 것
> · 대장균·분원성 대장균군 : 100mL에서 검출되지 아니할 것(단, 샘물·먹는 샘물 및 먹는 해양심층수의 경우에는 적용하지 아니한다)

159 식품 등의 표시기준상 과자류에 포함되지 않는 것은?

① 캔디류 ② 추잉껌
③ 유바 ④ 빙과류

> 식품의약품안전처장이 고시한 식품공전의 분류상 과자류는 과자, 캔디류, 추잉껌, 빙과류가 있으며 유바는 두부류 또는 묵류에 포함된다.

160 제조물책임법상 제조물의 결함에 해당하지 않는 것은?

① 제조상의 결함 ② 판매상의 결함
③ 설계상의 결함 ④ 표시상의 결함

> 제조물책임법상 제조물의 결함
> · 제조상의 결함 : 제조업자가 제조물에 대하여 제조상·가공상의 주의의무를 이행하였는지에 관계없이 제조물이 원래 의도한 설계와 다르게 제조·가공됨으로써 안전하지 못하게 된 경우
> · 설계상의 결함 : 제조업자가 합리적인 대체설계(代替設計)를 채용하였더라면 피해나 위험을 줄이거나 피할 수 있었음에도 대체설계를 채용하지 아니하여 해당 제조물이 안전하지 못하게 된 경우
> · 표시상의 결함 : 제조업자가 합리적인 설명·지시·경고 또는 그 밖의 표시를 하였더라면 해당 제조물에 의하여 발생할 수 있는 피해나 위험을 줄이거나 피할 수 있었음에도 이를 하지 아니한 경우

LESSON 06 공중보건

161 다음 중 "건강"의 정의를 가장 적절하게 표현한 것은 어느 것인가?

① 질병이 없고 육체적으로 완전한 상태
② 육체적, 정신적으로 완전한 상태
③ 육체적, 정신적, 사회적 안녕이 완전한 상태
④ 육체적 완전과 사회적 안녕이 유지되는 상태

> 세계보건기구(WHO)의 정의에 따르면 건강이란 "단순히 질병이나 허약의 부재상태가 아니고, 육체적, 정신적 및 사회적 안녕이 완전한 상태"를 의미한다.

162 다음 중 윈슬로우(C.E.A Winslow)가 정의한 공중보건의 내용과 거리가 먼 것은 어느 것인가?

① 질병의 예방 ② 질병의 치료
③ 생명의 연장 ④ 건강과 능률의 상승

> 윈슬로우(C.E.A Winslow)의 정의에 의하면 공중보건이란 "조직적인 지역사회의 공동 노력을 통하여 질병을 예방하고 생명을 연장시키며 신체적, 정신적 효율을 증진시키는 기술이요 과학"이다.

163 다음 중 건강의 수준을 나타내는 지표 중 종합건강지표에 해당하지 않는 것은?

① 비례사망지수 ② 평균수명
③ 보통사망률 ④ 감염병사망률

> 평균수명, 보통사망률(조사망률), 비례사망지수는 세계보건기구가 국가간 보건수준을 알 수 있는 자료로 사용하는 것으로 종합건강지표에 해당된다.

164 다음 중 공중보건의 최소 단위는 무엇인가?

① 개인 ② 가족구성원
③ 지역사회 ④ 국가

> 공중보건의 대상은 개인이 아닌 지역사회의 인간집단이며, 더 나아가 국민 전체를 대상으로 한다.

165 다음 중 공중보건사업의 성격과 거리가 가장 먼 것은?

① 환자치료사업 ② 환경위생사업
③ 검역사업 ④ 방역사업

> 공중보건은 환자의 치료가 목적이 아닌 질병의 사전 예방과 건강증진에 있다.

166 한 국가의 공중보건 수준을 나타내는 가장 대표적인 지표인 영아사망률은?

① 1,000명당 출생 1년 미만의 사망수
② 100명당 출생 1년 미만의 사망수
③ 1,000명당 출생 2년 미만의 사망수
④ 100명당 출생 2년 미만의 사망수

> 영아사망률은 출생 1,000명에 대한 생후 1년 미만의 사망 영·유아수를 나타내는 것으로 지역(국가) 보건 수준 평가의 자료가 된다.

167 우리나라에서 공중보건에 관한 행정을 담당하는 주무부서는?

① 국립의료원 ② 보건복지부
③ 고용노동부 ④ 질병관리본부

> 국민보건에 관한 행정을 담당하는 주무부서는 보건복지부이다.

168 다음 중 살균력을 가장 강하게 나타낼 수 있는 자외선의 파장은?

① 2,000Å ② 2,300Å
③ 2,600Å ④ 3,000Å

🔍 살균작용이 나타나는 자외선의 파장 범위는 2,400~2,800Å 부근이며, 특히 2,600Å 부근에서 가장 강한 살균력을 나타내는 것으로 알려져 있다.

169 다음 중 적외선에 대한 설명으로 틀린 것은?

① 온실효과를 유발한다.
② 파장이 가장 길다.
③ 파장 범위는 7,800Å 이상이다.
④ 붉은색의 광선이다.

🔍 적외선은 사람의 눈에는 보이지 않는 불가시광선으로, 지상에 복사열을 주어 온실효과와 백내장, 일사병 등을 유발한다.

170 다음 중 공중위생과 관련한 자외선의 작용이 아닌 것은?

① 살균 작용 ② 피부암 유발
③ 일사병 유발 ④ 비타민 D 형성 촉진

🔍 두통, 일사병(열사병) 등은 적외선의 작용에 해당된다.

171 다음 중 기후의 3요소에 해당하지 않는 것은?

① 기온 ② 기습
③ 기류 ④ 기압

🔍 기후를 구성하는 요소로는 기온, 기습, 기류, 기압, 풍향, 풍속, 강우량, 강설, 복사량, 일조량 등이 있으며, 특히 기온(온도), 기습(습도), 기류(공기의 흐름)를 기후의 3요소라 한다.

172 대기의 오존층을 파괴하는 원인물질로 냉장고 및 에어컨 등의 냉매로 사용되는 대기오염 물질은?

① 질소가스 ② 프레온가스
③ 일산화탄소 ④ 이산화탄소

🔍 냉장고 및 에어컨의 냉매로 쓰이는 프레온가스는 대기 오존층을 파괴하는 주범이다.

173 다음 중 온실효과(Greenhouse Effect)의 원인이 되는 물질은?

① CO_2 ② CO
③ SO_2 ④ NO_2

🔍 이산화탄소(CO_2)는 지구 온난화의 요인이다.

174 대기오염으로 인한 건강장애의 대표적인 질환은?

① 위장 질환 ② 발육 저하
③ 신경 질환 ④ 호흡기 질환

🔍 대기오염물질은 연기, 매연, 먼지, 아황산가스, 일산화탄소 등으로 주로 호흡기 질환을 유발한다.

175 다음 중 실외의 기온측정은 얼마의 높이에서 하는가?

① 지상 1m ② 지상 1.5m
③ 지상 2m ④ 지상 3m

🔍 대기온도는 지상 1.5m에서의 건구온도를 측정하며, 100m 상승 시 약 1℃씩 낮아진다.

176 다음 중 인체가 가장 쾌감을 느끼는 기류는?

① 0.1m/sec ② 0.5m/sec
③ 1.0m/sec ④ 1.5m/sec

🔍 0.1m/sec(초)를 무풍, 0.2~0.5m/sec를 불감기류라 하고, 사람의 건강에 최적인 쾌감기류는 1m/sec 내외이다.

177 다음 중 실내의 자연환기에 가장 큰 역할을 하는 것은?

① 온도의 차이 ② 기압의 차이
③ 풍속의 차이 ④ 대류의 차이

🔍 자연환기의 원동력은 실내외의 온도차, 풍력, 기체의 확산이다. 그 중 기체 확산에 의한 환기량은 가장 적은 요소이며, 가장 큰 역할을 하는 것은 온도의 차이에 의한 것이다.

178 다음 중 습도에 대한 설명으로 틀린 것은?

① 습도가 높으면 피부질환을 유발할 수 있다.
② 습도가 낮으면 호흡기질환에 잘 걸린다.
③ 인체에 쾌적한 습도는 40~70%이다.
④ 습도는 일반적으로 절대습도를 말한다.

🔍 일반적인 의미에서 습도는 상대습도를 의미한다.

179 다음 중 일교차의 정도를 올바르게 나타낸 것은?

① 내륙 〉 해안 〉 산림지대
② 해안 〉 산림지대 〉 내륙
③ 산림지대 〉 내륙 〉 해안
④ 일교차는 모두 동일하다.

🔍 일교차는 내륙이 가장 크며, 다음으로 해안, 산림지대의 순이다. 참고로 연교차는 한대 〉 온대 〉 열대의 순서이다.

180 다음 중 기온역전현상이 나타나는 경우로 알맞은 것은?

① 상부기온과 하부기온이 같을 때
② 상부기온이 하부기온보다 낮을 때
③ 복사열이 발생할 때
④ 상부기온이 하부기온보다 높을 때

🔍 기온역전현상은 상부기온이 하부기온보다 높을 때 발생하며, 런던의 스모그와 LA의 스모그 등이 대표적인 경우이다.

181 다음 중 거의 모든 주민이 불쾌감을 느끼는 불쾌지수는?

① 불쾌지수 65 ② 불쾌지수 70
③ 불쾌지수 75 ④ 불쾌지수 80

🔍 일반적으로 불쾌지수가 80일 때 거의 모든 사람이 불쾌감을 느끼며, 70일 경우는 10%, 75일 경우는 50%의 사람들이 불쾌감을 느낀다.

182 다음 중 감각적으로 가장 쾌적하게 느끼는 온도를 의미하는 용어는?

① 주관적 지적온도 ② 생산적 지적온도
③ 생리적 지적온도 ④ 객관적 지적온도

🔍 • 생산적 지적온도 : 생산 능률을 가장 많이 올릴 수 있는 온도
• 생리적 지적온도 : 최소의 에너지 소모로 최대의 생리적 기능을 발휘할 수 있는 온도

정답 168 ③ 169 ④ 170 ③ 171 ④ 172 ② 173 ① 174 ④ 175 ②

정답 176 ③ 177 ① 178 ④ 179 ① 180 ④ 181 ④ 182 ①

183 다음 중 소음의 강도 단위는?

① dB   ② MPN
③ Lux   ④ ppm

🔍 소음은 소음계로 측정한 음압 레벨을 단위로 사용하며 폰(phon), 데시벨(dB)이 있다.

184 공기의 구성성분 중에서 가장 많은 비율을 차지하는 것은?

① 산소(O_2)   ② 이산화탄소(CO_2)
③ 아르곤(Ar)   ④ 질소(N_2)

🔍 공기 중 질소는 78%, 산소는 21%, 아르곤은 0.93%, 이산화탄소는 0.03% 함유되어 있다.

185 다음 중 공기의 자정 작용에 해당하지 않는 것은?

① 공기자체의 희석작용
② 산소, 오존 등에 의한 산화작용
③ 자외선에 의한 오염물질 분해작용
④ 식물의 탄소동화작용에 의한 CO_2와 O_2의 교환작용

🔍 오염물질의 분해작용은 적외선에 의해 이루어진다.

186 공기 중 산소의 양이 몇 % 이하이면 호흡곤란이 발생하는가?

① 5% 이하   ② 7% 이하
③ 10% 이하   ④ 15% 이하

🔍 공기 중 산소의 양이 10% 이하가 되면 호흡곤란이 발생하고, 7% 이하가 되면 질식사를 초래할 수 있다.

187 실내에 많은 사람들이 밀집되어 있을 경우 공기 중에서 증가하는 성분은 무엇인가?

① 산소(O_2)   ② 이산화탄소(CO_2)
③ 아르곤(Ar)   ④ 질소(N_2)

🔍 이산화탄소(CO_2)는 실내 공기의 오탁도를 판정하는 기준으로, 실내에 많은 사람이 밀집할수록 증가한다.

188 다음 중 고압환경에서 감압 시 잠수병을 유발하는 원인이 되는 공기의 성분은?

① 산소(O_2)   ② 이산화탄소(CO_2)
③ 아르곤(Ar)   ④ 질소(N_2)

🔍 공기 중에서 가장 많은 양을 차지하는 질소는 정상기압 하에서 인체에 피해를 주지 않지만, 고압환경에서 감압 시에는 잠함병(잠수병) 유발하는 원인이 된다.

189 다음 중 공기의 유해성분인 아황산가스(SO_2)에 대한 설명으로 틀린 것은?

① 중유의 연소 시 다량으로 발생하여 도시공해의 주범이다.
② 실내 공기의 오염도를 평가하는 지표로 사용된다.
③ 식물의 고사 등 농작물 피해를 유발한다.
④ 호흡기계 점막의 염증, 호흡곤란 등을 유발시킨다.

🔍 아황산가스는 실외 공기오염, 즉 대기오염의 지표이며, 실내 공기의 오탁도를 판정할 때는 이산화탄소(CO_2)의 양을 측정한다.

190 다음 중 물체의 불완전 연소 시 발생하는 유해성분은 무엇인가?

① 아황산가스(SO_2)
② 아르곤(Ar)
③ 질소(N_2)
④ 일산화탄소(CO)

🔍 일산화탄소는 무색, 무취, 무미, 무자극성 가스로 산소에 비해 헤모글로빈(Hb)과의 친화성이 250~300배 강하기 때문에 생체 조직 내 산소결핍증을 초래한다.

191 다음 중 실내 일산화탄소(CO)의 8시간 기준의 서한도는?

① 0.1%   ② 0.3%
③ 0.01%   ④ 1.0%

🔍 서한도(署限度)나 서한량(署限量)은 허용한계농도이며, 실내에서의 8시간 기준으로 일산화탄소(CO)의 서한도는 0.01%(100ppm), 이산화탄소(CO_2)의 서한도는 0.1%(1,000ppm)이다.

192 다음 중 물(H_2O)에 대한 설명으로 틀린 것은?

① 물은 인체의 주요한 구성성분이다.
② 성인 하루 필요량은 2.0~2.5L이다.
③ 체내 물의 10%를 상실하면 신체기능에 이상이 온다.
④ 체중의 약 30~40%를 차지하고 있다.

🔍 물은 인체의 주요 구성성분으로 체중의 약 2/3(체중의 60~70%)를 차지하고 있다.

193 다음 중 물에 의한 질병으로 볼 수 없는 것은?

① 수인성 감염병
② 군집독
③ 우치와 반상치
④ 청색증

🔍 군집독은 공기의 조성변화(이산화탄소의 양)로 일어나고, 오염된 물은 우치와 반상치, 수인성 감염병, 청색증, 설사 등을 초래한다.

194 다음 중 음료수 중에 불소가 많이 함유되어 나타나는 결과는?

① 반상치에 걸린다.
② 음료수 소독이 된다.
③ 갑상선종 예방에 좋다.
④ 충치예방에 효과가 있다.

🔍 음료수 중에 불소가 많이 함유되면 반상치, 적게 함유되면 우치(충치)에 걸리기 쉽다.

195 다음 중 수인성 감염병의 특징이 아닌 것은?

① 음료수 사용지역과 유행지역이 일치한다.
② 여러 요인 중 계절과 밀접한 관련이 있다.
③ 환자의 발생이 폭발적으로 일어난다.
④ 생활 수준에 따른 발생빈도의 차이가 없다.

🔍 수인성 감염병의 특징
• 환자 발생이 폭발적이다.
• 음료수 사용지역과 유행지역이 일치한다.
• 계절과 관계없이 발생 가능하다.
• 성별·연령·직업·생활 수준에 따른 발생빈도의 차이가 없다.

정답 183 ① 184 ④ 185 ③ 186 ③ 187 ② 188 ④ 189 ②
정답 190 ④ 191 ③ 192 ④ 193 ② 194 ① 195 ②

196 다음은 경구감염병의 특징을 설명한 것이다. 내용이 옳지 않은 것은?

① 지역적인 특성은 없으나 발생률이 높다.
② 폭발적으로 유행하거나 집단적으로 발생한다.
③ 환자 발생상황이 계절적으로 다르다.
④ 가족집적성이 인정된다.

🔍 경구감염병은 수인성이기 때문에 같은 음료수를 사용하는 지역에 집중적으로 유행하므로 지역적인 특성이 있다.

197 다음 중 지하수의 특징으로 보기 힘든 것은?

① 경도가 높다.　　　② 용존 산소량이 높다.
③ 오염물이 적다.　　④ 유속이 느리다.

🔍 지하수는 유기물함량(오염물)이 적고, 지표물보다 용존염류량이 많다.

198 다음 중 상수 처리 과정이 바르게 된 것은?

① 침사 → 침전 → 여과 → 소독
② 침전 → 여과 → 소독 → 침사
③ 여과 → 소독 → 침사 → 침전
④ 소독 → 침사 → 침전 → 여과

🔍 상수의 처리과정은 취수 → 침사 → 침전 → 여과 → 소독 → 급수 순서로 이루어진다.

199 다음 중 물의 정수과정 중 여과를 하는 이유로 가장 거리가 먼 것은?

① 탁도를 감소시킨다.
② 불순물을 침전시킨다.
③ 세균을 감소시킨다.
④ 용존산소량을 증가시킨다.

🔍 여과를 통해 희석작용, 침전작용, 살균작용, 자정작용이 이루어진다.

200 다음 중 상수의 소독에 가장 널리 사용되는 것은?

① 염소(Cl_2)　　　② 오존(O_3)
③ 브롬(Br_2)　　　④ 표백분

🔍 물의 소독에는 염소(Cl_2), 오존(O_3), 자외선, 브롬(Br_2), 요오드(아이오딘, I_2), 표백분 등을 사용하며, 가장 일반적으로 사용되는 것은 염소(Cl_2)이다.

201 다음 중 물을 소독할 때 염소 소독의 장점이 아닌 것은?

① 소독력이 강하다.
② 방법이 간편하다.
③ 가격이 저렴하다.
④ 바이러스를 효과적으로 사멸시킨다.

🔍 염소 소독은 바이러스를 사멸시킬 수 없으며, 바이러스를 사멸시키기 위해서는 오존(O_3)소독법을 사용해야 한다.

202 다음 중 먹는 물 소독 시 염소 소독으로 사멸되지 않는 병원체는?

① 장티푸스균　　　② 콜레라균
③ 유행성 간염균　　④ 세균성 이질균

🔍 염소 소독은 바이러스를 사멸시키지 못하기 때문에 바이러스성 간염에 해당되는 A형 간염, 즉 유행성 간염균을 사멸시킬 수 없다.

203 다음 중 먹는 물 소독에 적당하지 않은 소독제는 무엇인가?

① 차아염소산칼슘　　② 표백분
③ 염소　　　　　　　④ 석탄산

🔍 석탄산은 변소, 하수도, 진개 등 오물소독 등에 사용되며 3% 수용액을 사용한다.

204 다음 중 염소 소독 시 허용되는 일반적인 잔류 염소량은 얼마인가?

① 0.1ppm　　　② 0.2ppm
③ 0.3ppm　　　④ 0.4ppm

🔍 일반적인 경우 잔류 염소량은 0.2ppm이며 수영장, 제빙용수, 감염병 발생 시에는 0.4ppm을 유지해야 한다.

205 하수처리 방법 중 생활하수와 천수(눈 또는 비)를 같이 처리하는 방법은?

① 분류식　　　② 혼합식
③ 합류식　　　④ 복합식

🔍 하수의 처리방법
• 분류식 : 생활하수와 천수를 따로 처리하는 방법
• 합류식 : 생활하수와 천수를 같이 처리하는 방법
• 혼합식 : 생활하수와 천수의 일부를 같이 처리하는 방법

206 활성오니법은 무엇을 하는데 사용하는 방법인가?

① 쓰레기 처리방법　　　② 도시하수 처리방법
③ 상수도오염 제거방법　④ 대기오염 제거방법

🔍 활성오니법은 호기성균에 의해 유기물을 산화시키는 도시하수 처리에 사용되는 호기성 분해처리법이다.

207 다음 중 깨끗한 물은 무엇인가?

① BOD는 높고 DO가 낮은 물
② BOD와 DO가 모두 높은 물
③ BOD는 낮고 DO가 높은 물
④ BOD와 DO가 모두 낮은 물

🔍 BOD와 DO
• 생화학적 산소요구량(BOD) : 호기성 미생물이 일정 기간동안 물 속에 있는 유기물을 분해할 때 사용하는 산소의 양을 말하는 것으로 오염도가 심할수록 BOD 수치도 높아진다.
• 용존산소량(DO) : 물 또는 용액 속에 녹아 있는 분자 상태의 산소량으로 오염도가 심할수록 낮아진다.

208 하수오염 측정 시 BOD의 값을 결정하는 중요한 요소는 무엇인가?

① 물의 경도　　　② 수중 광물질량
③ 하수량　　　　④ 수중 유기물량

🔍 하수 중 유기물질의 양은 BOD 값을 결정하는 핵심요소이다.

209 다음 중 생화학적 산소요구량(BOD)과 용존산소량(DO)의 일반적인 관계를 바르게 나타낸 것은?

① BOD가 높으면 DO도 높다.
② BOD가 높으면 DO는 낮다.
③ BOD와 DO는 상관이 없다.
④ BOD와 DO는 항상 같다.

🔍 BOD가 높으면 미생물들이 유기물을 분해하는 과정에서 물 속의 산소를 소모하므로 DO는 낮아진다.

정답 196 ① 197 ② 198 ① 199 ④ 200 ① 201 ④ 202 ③

정답 203 ④ 204 ② 205 ③ 206 ② 207 ③ 208 ④ 209 ②

210 다음 중 먼지에 의해 일어나는 장애로 가장 거리가 먼 것은?

① 피부 습진 ② 진폐증
③ 점막 질환 ④ 알레르기

> 먼지에 의한 피해는 진폐증, 점막성질환(결막염, 기관지염), 알레르기반응(꽃가루), 금속중독(납, 수은) 등이다.

211 다음 중 음식물 쓰레기의 처리에 가장 효과적인 방법은?

① 비료화법 ② 매립법
③ 소각법   ④ 활성슬러지법

> 쓰레기 처리방법에는 2분법, 비료화법, 매립법, 소각법이 있으며 이 중 음식물 쓰레기의 처리에 가장 효과적인 방법은 비료화법(고속 퇴비화)이다. 참고로 활성슬러지법(활성오니법)은 폐수 또는 하수처리에 사용되는 방법이다.

212 진개(생활 폐기물)의 위생적 매립법 시 복토의 적당한 두께는?

① 20cm   ② 50cm
③ 60cm   ④ 1.2m

> 진개(쓰레기)의 매립 시 진개의 두께는 2m를 초과하지 않고, 복토의 두께는 60cm~1m가 적당하다.

213 다음 중 쓰레기 처리 방법과 그 특징이 잘못 연결된 것은?

① 2분법 - 주로 가정에서 사용된다.
② 매립법 - 땅에 묻는 방법이다.
③ 소각법 - 처리 효과가 가장 낮다.
④ 비료화법 - 화학 분해하여 퇴비로 사용한다.

> 소각법은 세균을 사멸시키는 가장 위생적인 처리 방법이지만, 소각 과정에서 다이옥신과 같은 대기오염 물질이 발생된다는 단점이 있다.

214 다음 중 인공조명의 종류에 해당하지 않는 것은?

① 직접조명   ② 간접조명
③ 반간접조명 ④ 채광

> 채광은 태양을 광원으로 하여 옥내에 직접조명, 옥내반사, 옥외반사 등의 종합적 작용으로 이루어지는 자연조명이다.

215 다음 중 조리장의 인공조명에서 고려되어야 할 점으로 틀린 것은?

① 빛의 색은 취향에 맞출 것
② 취급이 간편하고 염가일 것
③ 유해가스를 발생하지 않을 것
④ 빛의 밝기는 작업에 충분할 것

> 부적당한 인공조명은 근시, 안구진탕증, 작업능률이 저하되므로 빛의 색은 작업에 알맞은 것을 선택한다.

216 다음 중 광선 이용률이 가장 큰 인공조명은 무엇인가?

① 직접조명   ② 간접조명
③ 반간접조명 ④ 채광

> 직접조명은 직접 빛을 받으므로 광선이용률이 커서 경제적이나, 눈이 부시고 강한 음영으로 불쾌감을 줄 수 있다.

217 다음 중 적당하지 않은 조명에 의해 발생할 수 있는 문제점으로 가장 거리가 먼 것은?

① 백내장   ② 안구진탕증
③ 근육피로 ④ 가성근시

> 부적당한 조명에 의해 안정감과 작업능률이 저하될 수는 있지만, 근육에 직접적인 피로가 축적되지는 않는다.

218 다음 중 실내의 자연채광을 위한 조건이 아닌 것은?

① 창의 개각은 4~5°가 좋다.
② 창문의 입사각은 28° 이상이 좋다.
③ 창문 면적은 벽 면적의 30%가 적당하다.
④ 창의 방향은 남향이 좋다.

> 창문 면적은 바닥 면적의 1/5~1/7(15~20%) 또는 벽 면적의 70% 정도가 적당하다.

219 일반적인 조리실의 조도 적정 수치는 얼마인가?

① 50 lux 이상   ② 100 lux 이상
③ 220 lux 이상 ④ 540 lux 이상

> 조도 적정 수치
> • 조리실 : 220 lux 이상   • 검수 구역 : 540 lux 이상
> • 식품 수납장 : 200 lux 이상   • 창고 : 200 lux 이상

220 다음은 자연환기에 대한 설명이다. 틀린 것은?

① 실내외의 온도차가 5℃ 이하일 때 잘 된다.
② 중성대는 방의 천장 가까이에 있는 것이 좋다.
③ 후드 장치를 이용할 때는 사방형이 좋다.
④ 중성대가 높은 위치에 형성될수록 환기량이 크다.

> 자연환기는 실내와 실외의 온도차가 5℃ 이상일 때 잘 이루어진다.

221 다음 중 냉·난방에 대한 설명으로 틀린 것은?

① 머리와 발의 온도차는 2~℃ 이내가 좋다.
② 26℃ 이상에서는 냉방을 하는 것이 좋다.
③ 10℃ 이하에서는 난방을 하는 것이 좋다.
④ 실내와 실외의 온도차는 10~15℃ 이내가 적당하다.

> 냉·난방 시 실내외의 온도차는 5~7℃ 이내가 가장 좋으며 10℃ 이상은 해롭다.

222 다음 중 감염병 발생의 3대 요인에 속하지 않는 것은?

① 병원소   ② 감염(전염)경로
③ 기온   ④ 숙주의 감수성

> 감염병 발생의 3대 요인은 감염원(병원체와 병원소), 감염경로(환경), 숙주의 감수성이다.

223 다음 중 병원소에 속하지 않는 것은?

① 보균자   ② 오염 토양
③ 감염 가축 ④ 오염 음식물

> 병원소는 병원체가 생활·증식하면서 질병이 전파될 수 있는 상태로 저장되는 장소로 인간, 동물, 토양 등이다.

224 다음 중 병원체가 세균인 것은?

① 인플루엔자
② 소아마비
③ 콜레라
④ 간염

🔍 콜레라는 소화기계를 통해 전염되는 세균성 감염병이다.

225 다음 중 전염경로가 토양인 감염병은 무엇인가?

① 파상풍
② 콜레라
③ 천연두
④ 디프테리아

🔍 파상풍은 피부나 점막의 상처를 통해 침입하는 법정 감염병으로 녹슨 못이나 칼, 나무뿌리나 가지, 흙이나 모래 등의 토양 등을 통해 감염된다.

226 다음 보기 중 감수성 지수가 가장 높은 질병은?

① 홍역
② 백일해
③ 디프테리아
④ 소아마비

🔍 감수성 지수란 감염되지 않은 사람에게 병원체가 침입했을 때 발병하는 비율을 의미하며, 천연두와 홍역은 95%, 백일해는 60~80%, 성홍열은 40%, 디프테리아는 10%이며, 소아마비가 0.1%로 가장 낮다. 참고로 감수성 지수가 높으면 면역성이 낮다는 것으로 그만큼 질병에 감염되기 쉽다는 것을 의미한다.

227 다음 감염병 중 생후 제일 먼저 예방 접종을 실시하는 것은?

① 결핵
② 파상풍
③ 홍역
④ 백일해

🔍 결핵예방접종인 BCG는 생후 4주에, 백일해와 파상풍은 생후 2개월, 홍역은 생후 15개월에 예방 접종을 실시하는 것이 원칙이다.

228 다음 중 정기 예방 접종 대상 감염병이 아닌 것은?

① 홍역
② B형 간염
③ 쯔쯔가무시증
④ 백일해

🔍 정기 예방 접종 감염병은 결핵(BCG), B형 간염, 디프테리아·파상풍·백일해(D.P.T), 소아마비·홍역·볼거리·풍진(M.M.R), 일본뇌염, 수두, A형 간염, 폐구균, 뇌수막염(Hib)이다.

229 다음 중 선천성 면역에 해당되지 않는 것은?

① 능동면역
② 종속면역
③ 개인저항성
④ 인종면역

🔍 능동면역은 수동면역과 함께 후천성 면역에 해당된다.

230 다음 중 일본뇌염 주사 등의 백신 주입은 어떤 면역과 관계가 밀접한가?

① 자연면역
② 인공능동면역
③ 자연능동면역
④ 인공수동면역

🔍 후천성 면역 중 인공능동면역은 예방 접종을 통해 획득되는 것이다.

231 다음 중 예방 접종을 통하여 예방할 수 없는 질병은?

① 세균성 식중독
② 소아마비
③ 결핵
④ 장티푸스

🔍 예방 접종을 통하여 예방할 수 있는 질병은 인공능동면역을 얻을 수 있는 질병이고, 예방 접종을 통하여 예방할 수 없는 질병은 면역성이 없는 질병이다.

232 다음 중 호흡기계 감염병의 예방대책에 속하는 것은?

① 예방 접종
② 음료수의 소독
③ 파리, 바퀴벌레의 구제
④ 식사 전 손의 세척

🔍 호흡기계 감염병의 효과적인 예방대책은 예방 접종에 있다.

233 감염병 환자가 회복 후에 형성되는 면역은?

① 자연능동면역
② 자연수동면역
③ 인공능동면역
④ 선천면역

🔍 감염병 환자가 회복 후에 얻는(형성되는) 면역은 자연능동면역이다. 자연수동면역은 태어날 때 또는 수유기에 모체로부터 받는 면역이고, 인공능동면역은 왁진이나 톡소이드의 접종으로 얻는 면역이며, 선천면역은 인종이나 종족, 개인차 등에 따는 저항성을 말한다.

234 다음 중 질병에 한 번 감염된 후 영구 면역이 되는 질병은?

① 말라리아
② 임질
③ 인플루엔자
④ 홍역

🔍 영구 면역성 질병에는 두창, 홍역, 수두, 유행성 이하선염, 백일해, 발진티푸스, 장티푸스, 페스트, 콜레라, 황열 등이 있다.

235 다음 중 감염병 관리상 가장 어려운 대상이 되는 것은?

① 건강 보균자
② 현성 환자
③ 사망자
④ 감수성 보유자

🔍 건강 보균자는 감염 후 질병의 대상이 드러나지 않으므로 관리상 문제가 된다.

236 다음 중 바이러스에 의해 전염되는 병이 아닌 것은?

① 인플루엔자
② 발진티푸스
③ 뇌염
④ 홍역

🔍 발진열, 발진티푸스, 양충병 등은 리케차(Rickettsia)에 의해 전염되는 대표적인 감염병이다.

237 다음 중 잠복기가 가장 짧은 감염병은 무엇인가?

① 백일해
② 장티푸스
③ 콜레라
④ 결핵

🔍 콜레라는 제2급 법정감염병으로 잠복기는 수시간에서 길면 5일(일반적으로 2~3일) 이내로 보기 중 가장 짧다.

238 다음 중 잠복기가 가장 긴 감염병은 무엇인가?

① 백일해
② 장티푸스
③ 콜레라
④ 결핵

🔍 나병과 결핵은 잠복기가 길며, 특히 결핵은 잠복기가 가장 길고 일정하지도 않다.

239 전염경로와 감염병의 연결이 틀린 것은?

① 공기 전염 - 폴리오
② 토양 전염 - 파상풍
③ 직접 접촉 - 성병
④ 개달물 전염 - 결핵

🔍 • 소화기계 바이러스성 감염병 : 폴리오, 전염성 간염
　 • 호흡기계 바이러스성 감염병 : 두창, 인플루엔자, 홍역

240 다음 중 개달물(介達物)에 의한 전염의 종류에 속하는 것은?

① 손수건, 의복
② 파리, 모기
③ 공기, 먼지
④ 음식물, 우유

> 감염병을 전파하는 전파체는 활성전파체(전파동물)과 비활성전파체(무생물전파체)로 대별하며, 무생물전파체 중 토양, 물, 공기, 우유, 음식물을 제외한 환자가 사용하던 물건(손수건, 액세서리, 안경, 장난감 등)을 개달물이라 한다.

241 다음 중 병원체와 감염병이 잘못 연결된 것은?

① 바이러스 – 천연두
② 세균 – 콜레라
③ 스피로헤타 – 재귀열
④ 원충 – 매독

> 매독, 서교증, 와일씨병, 재귀열 등은 스피로헤타에 의해 전염되는 대표적인 감염병이다.

242 다음 중 감염 경로가 다른 하나는?

① 디프테리아 ② 콜레라
③ 파라티푸스 ④ 장티푸스

> 수인성 감염병인 이질, 콜레라, 파라티푸스, 장티푸스는 음식물 전염에 의해서도 감염되며, 디프테리아는 기침이나 재채기에 의해 감염된다.

243 다음 중 감염의 원인이 되는 해충과 감염병이 잘못 연결된 것은?

① 이 : 발진티푸스, 재귀열
② 모기 : 일본뇌염, 말라리아
③ 파리 : 와일씨병, 유행성출혈열
④ 바퀴벌레 : 콜레라, 장티푸스

> 파리에 의해 감염되는 대표적인 감염병으로는 파라티푸스, 이질, 콜레라, 결핵, 장티푸스, 디프테리아 등이며 와일씨병과 유행성출혈열은 쥐에 의해 감염된다.

244 다음 중 호흡기계를 통해 침입하는 감염병만으로 짝지은 것은?

① 파상풍, 매독, 나병
② 콜레라, 파라티푸스, 장티푸스
③ 폴리오, 이질, 유행성간염
④ 디프테리아, 백일해, 성홍열

> 보기 중 ①항은 경피 침입, ②항과 ③항은 소화기계 침입에 의해 감염되는 감염병이다.

245 다음 중 제1급 감염병인 것은?

① 장출혈성대장균감염증
② b형헤모필루스인플루엔자
③ 중동호흡기증후군(MERS)
④ 지카바이러스 감염증

> 보기 중 ①항과 ②항은 제2급 감염병, ④항은 제3급 감염병에 해당된다.

246 감염병의 예방 및 관리에 관한 법률상 "전파가능성을 고려하여 발생 또는 유행 시 24시간 이내에 신고하여야 하고, 격리가 필요한 감염병"은?

① 제1급 감염병 ② 제2급 감염병
③ 제3급 감염병 ④ 제4급 감염병

> 법정감염병
> • 제1급 감염병 : 생물테러감염병 또는 치명률이 높거나 집단 발생의 우려가 커서 발생 또는 유행 즉시 신고하여야 하고, 음압격리와 같은 높은 수준의 격리가 필요한 감염병
> • 2급 감염병 : 전파가능성을 고려하여 발생 또는 유행 시 24시간 이내에 신고하여야 하고, 격리가 필요한 감염병
> • 제3급 감염병 : 그 발생을 계속 감시할 필요가 있어 발생 또는 유행 시 24시간 이내에 신고하여야 하는 감염병
> • 제4급 감염병 : 제1급 감염병부터 제3급 감염병까지의 감염병 외에 유행 여부를 조사하기 위하여 표본감시 활동이 필요한 감염병

247 다음 중 검역 감염병에 해당되지 않는 것은?

① 콜레라 ② 폴리오
③ 페스트 ④ 황열

> 검역 감염병은 콜레라, 페스트, 황열, 중증 급성호흡기 증후군(SARS), 동물인플루엔자 인체감염증, 신종인플루엔자, 중동 호흡기 증후군(MERS) 외에 외국에서 발생하여 국내로 들어올 우려가 있거나 우리나라에서 발생하여 외국으로 번질 우려가 있어 보건복지부장관이 긴급 검역조치가 필요하다고 인정하여 고시하는 감염병을 말한다.

248 검역질병의 검역기간은 그 감염병의 다음 중 무슨 기간과 동일한가?

① 감염병의 유행기간 ② 감염병의 최장 잠복기간
③ 감염병의 이환기간 ④ 감염병의 세대기간

> 검역은 여행지에서 들어오는 사람들을 여행지를 떠난 날로부터 계산하여 그 병원체의 잠복기 동안 그들이 유숙하는 장소를 신고하도록 하여, 증세가 나타나는가를 관찰하거나 지정장소에 유숙시켜 감염이 안된 것이 확인될 때까지 감시하는 것을 의미한다.

249 다음 중 콜레라의 검역 검사기간은 얼마를 초과할 수 없는가?

① 60시간 ② 120시간
③ 180시간 ④ 220시간

> 콜레라의 검역 검사기간은 120시간, 페스트와 황열은 144시간을 초과할 수 없다.

250 다음 중 인수공통감염병이 아닌 것은?

① 결핵 ② 탄저
③ 살모넬라증 ④ 라슈마니아증

> 인수공통감염병에는 결핵(소), 광견병(개), 페스트(쥐), 탄저(양, 소, 말, 돼지), 살모넬라(고양이, 돼지, 쥐), 돈단독, 선모충, 일본뇌염, 유구조충(이상 돼지), 페스트, 발진열, 와일씨병, 양충병, 서교증(이상 쥐), 야토병(산토끼), 파상열(돼지, 양, 개, 사람, 동물), 황열(원숭이) 등이 있다.

251 다음 중 제3급 감염병에 속하는 것은?

① 콜레라 ② 인플루엔자
③ B형간염 ④ 디프테리아

> 콜레라 : 제2급, 인플루엔자 : 제4급, 디프테리아 : 제1급

252 법정 감염병 중 제2급 감염병이 아닌 것은?

① 콜레라 ② 디프테리아
③ 장티푸스 ④ 폴리오

> 디프테리아는 제1급 감염병에 해당된다.

253 법정 감염병 중 제3급 감염병에 속하는 것은?

① 말라리아
② 백일해
③ 인플루엔자
④ 디프테리아

제3급 감염병 : 파상풍, B형간염, 일본뇌염, C형간염, 말라리아, 레지오넬라증, 비브리오패혈증, 발진티푸스, 발진열, 쯔쯔가무시증, 렙토스피라증, 브루셀라증, 공수병, 신증후군출혈열, 후천성면역결핍증(AIDS), 크로이츠펠트-야콥병(CJD) 및 변종크로이츠펠트-야콥병(vCJD), 황열, 뎅기열, 큐열(Q열), 웨스트나일열, 라임병, 진드기매개뇌염, 유비저, 치쿤구니야열, 중증열성혈소판감소증후군(SFTS), 지카바이러스 감염증, 매독

254 법정 감염병 중 제1급 감염병에 해당되는 것은?

① 수두
② 유행성이하선염
③ 신종인플루엔자
④ 브루셀라증

제1급 감염병 : 에볼라바이러스병, 마버그열, 라싸열, 크리미안콩고출혈열, 남아메리카출혈열, 리프트밸리열, 두창, 페스트, 탄저, 보툴리눔독소증, 야토병, 신종감염병증후군, 중증급성호흡기증후군(SARS), 중동호흡기증후군(MERS), 동물인플루엔자 인체감염증, 신종인플루엔자, 디프테리아

255 감염병의 예방 및 관리에 관한 법률상 "생물테러감염병 또는 치명률이 높거나 집단 발생의 우려가 커서 발생 또는 유행 즉시 신고하여야 하고, 음압격리와 같은 높은 수준의 격리가 필요한 감염병"은?

① 제1급 감염병
② 제2급 감염병
③ 제3급 감염병
④ 제4급 감염병

법정감염병
• 제1급 감염병 : 생물테러감염병 또는 치명률이 높거나 집단 발생의 우려가 커서 발생 또는 유행 즉시 신고하여야 하고, 음압격리와 같은 높은 수준의 격리가 필요한 감염병
• 2급 감염병 : 전파가능성을 고려하여 발생 또는 유행 시 24시간 이내에 신고하여야 하고, 격리가 필요한 감염병
• 제3급 감염병 : 그 발생을 계속 감시할 필요가 있어 발생 또는 유행 시 24시간 이내에 신고하여야 하는 감염병
• 제4급 감염병 : 제1급 감염병부터 제3급 감염병까지의 감염병 외에 유행 여부를 조사하기 위하여 표본감시 활동이 필요한 감염병

정답 253 ① 254 ③ 255 ①

안전관리

Lesson 01 개인안전 관리

1 개인 안전사고 예방 및 사후 조치

(1) 재해발생의 원인

① 구성요소의 연쇄반응
  ㉮ 사회적 환경과 유전적 요소
  ㉯ 개인적인 성격의 결함
  ㉰ 불안전한 행위와 불안전한 환경 및 조건
  ㉱ 산업재해의 발생

② 재해의 원인 요소
  ㉮ 인간(man)
    ㉠ 심리적 원인 : 망각, 걱정거리, 무의식 행동, 위험감각, 지름길 반응, 생략행위, 억측판단, 착오 등
    ㉡ 생리적 원인 : 피로, 수면부족, 신체기능, 알코올, 질병, 노화 등
    ㉢ 직장적 원인 : 직장의 인간관계, 리더십, 팀워크, 커뮤니케이션 부족 등
  ㉯ 기계(machine)
    ㉠ 기계ㆍ설비의 설계상의 결함
    ㉡ 위험방호의 불량
    ㉢ 안전의식의 부족
    ㉣ 표준화의 부족
    ㉤ 점검ㆍ정비의 부족
  ㉰ 매체(media)
    ㉠ 작업정보의 부적절
    ㉡ 작업자세ㆍ작업동작의 결함
    ㉢ 작업방법의 부적절
    ㉣ 작업공간의 불량
    ㉤ 작업환경 조건의 불량
  ㉱ 관리(management)
    ㉠ 규정ㆍ매뉴얼의 불비, 불철저
    ㉡ 안전관리 계획의 불량
    ㉢ 교육ㆍ훈련 부족
    ㉣ 부하에 대한 지도ㆍ감독 부족
    ㉤ 적성배치의 불충분
    ㉥ 건강관리의 불량 등

> **재해예방의 4원칙**
> • 손실우연의 원칙
> • 원인계기의 원칙
> • 예방가능의 원칙
> • 대책선정의 원칙

(2) 안전사고 예방을 위한 개인 안전관리 대책

① 위험도 경감의 원칙
  ㉮ 사고발생 예방과 피해심각도의 억제에 있다.
  ㉯ 위험도 경감전략의 핵심요소는 위험요인 제거, 위험발생 경감, 사고피해 경감을 염두에 두고 있다.
  ㉰ 위험도 경감은 사람, 절차 및 장비의 3가지 시스템 구성요소를 고려하여 다양한 위험도 경감 접근법을 검토한다.

② 안전사고 예방 과정
  ㉮ 위험요인 제거 : 위험요인의 근원을 없앤다.
  ㉯ 위험요인 차단 : 위험요인을 차단하기 위한 안전방벽을 설치한다.
  ㉰ 예방 : 위험사건을 초래할 수 있는 인적ㆍ기술적ㆍ조직적 오류를 예방한다.
  ㉱ 교정 : 위험사건을 초래할 수 있는 인적ㆍ기술적ㆍ조직적 오류를 교정한다.
  ㉲ 제한 : 위험사건 발생 이후 재발방지를 위하여 대응 및 개선조치를 취한다.

> **무재해운동의 3원칙**
> • 무(zero)의 원칙 : 재해 위험의 잠재요인을 근원적으로 해결하기 위한 원칙
> • 선취의 원칙 : 위험요인 행동 전에 예지, 발견
> • 참가의 원칙: 전원(근로자, 회사 내 전종업원, 근로자 가족) 참가

(3) 응급처치 시 준수할 사항
① 응급처치 현장에서의 자신의 안전을 확인한다.
② 환자에게 자신의 신분을 밝힌다.
③ 최초로 응급환자를 발견하고 응급처치를 시행하기 전 환자의 생사 유무를 판정하지 않는다.
④ 응급환자를 처치할 때 원칙적으로 의약품을 사용하지 않는다.
⑤ 응급환자에 대한 처치는 어디까지나 응급처치로 그치고 전문 의료요원의 처치에 맡긴다.

2 작업 안전관리

(1) 안전사고 유형

① 인적 요인에 의한 안전사고 유형
  ㉮ 정서적 요인 : 과격한 기질, 신경질, 시력 또는 청력의 결함, 근골박약, 지식 및 기능의 부족, 중독증, 각종 질환 등
  ㉯ 행동적 요인 : 독단적 행동, 불완전한 동작과 자세, 미숙한 작업방법, 안전장치 등의 점검 소홀, 결함이 있는 기계ㆍ기구의 사용 등
  ㉰ 생리적 요인 : 체내에서 에너지 사용이 일정한 한도를 넘어 과도하게 행해졌을 때 일어나는 생리적 현상

② 물적 요인에 의한 안전사고 유형
  ㉮ 각종 기계, 장비 또는 시설물에서 오는 요인
  ㉯ 자재의 불량이나 결함, 안전장치 또는 시설의 미비, 각종 시설물의 노후화에 의한 붕괴, 화재 등
③ 환경적 요인에 안전사고 유형
  ㉮ 불안전한 각종의 환경적 요인
  ㉯ 건축물이나 공작물의 부적절한 설계, 통로의 협소, 채광·조명·환기 시설의 부적당, 불안전한 복장, 고열, 먼지, 소음, 진동, 가스누출, 누전 등

(2) 주방에서의 위해요인
① 주방의 환경적 요인
  ㉮ 조리실의 고온, 다습한 환경조건 하에서 조리 시 발생하는 고열과 복합적으로 작용하여 땀띠 등 피부질환을 유발시킨다.
  ㉯ 조리 종사원들은 발목에서 20cm 정도 오는 장화를 착용하기 때문에 무좀이나 검은 발톱, 아킬레스 건염 등의 질병이 발생할 수 있다.
  ㉰ 조리 종사원들은 자극성 접촉성 피부염이 28.9%로 가장 많았고 땀띠 22.2%, 알레르기성 접촉성 피부염 17.8% 순으로 피부 관련 질환이 발생하고 있다.
② 주방의 물리적 요인
  ㉮ 조리작업장의 바닥은 물을 사용하기 때문에 미끄러울 뿐만 아니라 다습한 환경으로 인해 항상 물기가 있어 낙상사고의 원인이 된다.
  ㉯ 조리 종사원들이 넘어지는 구역들은 바닥이 젖은 상태, 기름이 있는 바닥, 시야가 차단된 경우, 낮은 조도로 인해 어두운 경우, 매트가 주름진 경우 등이며, 조리 종사원들의 미끄럼 사고는 신발과 바닥 사이의 마찰력에 의해 발생한다.
③ 주방의 시설요인
  ㉮ 조리실 바닥의 청소와 소독 시에 호스로 물을 사용하기 때문에 전기누전의 위험이 있다.
  ㉯ 조리작업 환경을 악화시켜서 조리 종사자들에게 피로 유발과 작업효율의 저하를 초래한다.

Lesson 02 장비·도구 안전작업

1 조리장비·도구 안전관리 지침

(1) 조리장비·도구의 관리원칙
① 모든 조리장비와 도구는 사용방법과 기능을 충분히 숙지하고 전문가의 지시에 따라 정확히 사용해야 한다.
② 장비의 사용용도 이외 사용을 금해야 한다.
③ 장비나 도구에 무리가 가지 않도록 유의해야 한다.
④ 장비나 도구에 이상이 있을 경우 즉시 사용을 중지하고 적절한 조치를 취해야 한다.
⑤ 전기를 사용하는 장비나 도구의 경우 전기사용량과 사용법을 확인한 다음 사용해야 하며, 특히 수분의 접촉 여부에 신경을 써야 한다.

⑥ 사용 도중 모터에 물이나 이물질 등이 들어가지 않도록 항상 주의하고 청결하게 유지해야 한다.

(2) 조리장비·도구의 선택 및 사용
① 필요성
  ㉮ 장비가 정해진 작업을 위한 것인가, 질을 개선시킬 수 있는 것인가 혹은 작업비용을 감소시킬 수 있는가 등을 파악하여 평가하여야 한다.
  ㉯ 장비의 필수적 또는 기본적 기능과 활용성, 사용 가능성 등을 고려하여 조리작업에 적절한 장비를 계획하여 배치할 수 있도록 하고 미래에 예상되는 성장 혹은 변화에 따라 필요 장비를 고려하여 사전에 관리할 수 있어야 한다.
② 성능
  ㉮ 주방장비는 요구되는 기능과 특수한 기능을 달성시킬 수 있어야 한다.
  ㉯ 장비의 비교는 주어지는 만족의 정도, 그리고 주어진 성능을 얼마나 오랫동안 유지하느냐에 중점을 두어야 하며, 조작의 용이성, 분해, 조립, 청소의 용이성, 간편성, 사용기간에 부합되는 비용인가를 고려하여 성능을 평가한다.
③ 요구에 따른 만족도
  ㉮ 투자에 따른 장비의 성능이 효율적이지 못하다면 차후 장비 구입 시 여러 가지 어려움이 따른다. 그러므로 필요조건에 대한 상세한 분석이 필수적이다.
  ㉯ 특정 작업에 요구되는 장비의 기능이 미비하거나 지나친 것은 사전계획의 오류에서 발생한다. 이러한 경험은 차후 장비 선택 시 시행착오로 인한 개선의 정보를 제공할 수 있으나 이것도 특정한 요구조건의 견지에서 평가되어야 한다.
④ 안전성과 위생
  ㉮ 조리장비를 계획하거나 선택할 때는 안전성과 위생에 대한 위험성, 그리고 오염으로부터 보호할 수 있는 정도를 고려해야 한다.
  ㉯ 조리사들이 장비를 다루고 사용하는 과정에서 발생할 수 있는 안전사고는 치명적인 요인이 될 수 있기 때문에 공인된 기구가 인정하는, 안전성과 효과성을 확보한 장비를 선택해서 사용한다.

2 조리장비·도구 사용 및 관리

(1) 조리도구의 분류
① **준비도구** : 재료손질과 조리준비에 필요한 용품으로 앞치마, 머릿수건, 양수바구니, 야채바구니, 가위 등이 있다.
② **조리기구** : 준비된 재료를 조리하는 과정에 필요한 용품으로 솥, 냄비, 팬 등이 해당된다.
③ **보조도구** : 준비된 재료를 조리하는 과정에 필요한 용품으로 주걱, 국자, 뒤집개, 집게 등이 있다.
④ **식사도구** : 식탁에 올려서 먹기 위해 사용되는 용품으로 그릇 및 용기, 쟁반류, 상류, 수저 등이 해당된다.
⑤ **정리도구** : 조리 및 식사 후의 뒤처리에 사용되는 수세미, 행주, 식기건조대, 세제 등이 해당된다.

(2) 조리장비·도구의 점검방법

① **음식절단기**(각종 식재료를 필요한 형태로 얇게 썰 수 있는 장비)
   ㉮ 전원 차단 후 기계를 분해하여 중성세제와 미온수로 세척하였는지 확인
   ㉯ 건조시킨 후 원상태로 조립하고 안전장치 작동에서 이상이 없는지 확인

② **튀김기**
   ㉮ 사용한 기름을 식은 후 다른 용기에 기름을 받아내고 오븐크리너로 골고루 세척했는지 확인
   ㉯ 기름때가 심한 경우 온수로 깨끗이 씻어 내고 마른걸레로 물기를 완전히 제거하였는지 확인
   ㉰ 받아둔 기름을 다시 유조에 붓고 전원을 넣어 사용

③ **육절기**(재료를 혼합하여 갈아내는 기계)
   ㉮ 전원을 끄고 칼날과 회전봉을 분해하여 중성제제와 이온수로 세척하였는지 확인
   ㉯ 물기 제거 후 원상태로 조립 후 전원을 넣고 사용

④ **제빙기**
   ㉮ 전원을 차단하고 기계를 정지시킨 후 뜨거운 물로 제빙기의 내부를 구석구석 녹였는지 확인
   ㉯ 중성세제로 깨끗하게 세척하였는지 확인
   ㉰ 마른걸레로 깨끗하게 닦은 후 20분 정도 지난 후 작동

⑤ **식기세척기**
   ㉮ 탱크의 물을 빼고 세척제를 사용하여 브러시로 깨끗하게 세척했는지 확인
   ㉯ 모든 내부 표면, 배수로, 여과기, 필터를 주기적으로 세척하고 있는지 확인

⑥ **그리들**
   ㉮ 그리들 상판온도가 80℃가 되었을 때 오븐크리너를 분사하고 밤솔 브러시로 깨끗하게 닦았는지 확인
   ㉯ 뜨거운 물로 오븐크리너를 완전하게 씻어내고 다시 비눗물을 사용해서 세척하고 뜨거운 물로 깨끗이 헹구어 냈는지 확인
   ㉰ 세척이 끝난 면철판 위에 기름칠을 하였는지 확인

(3) 안전장비류의 취급관리

① **일상점검**
   ㉮ 주방관리자가 매일 조리기구 및 장비를 사용하기 전에 육안을 통해 주방 내에서 취급하는 기계·기구·전기·가스 등의 이상 여부와 보호구의 관리실태 등을 점검하고 그 결과를 기록·유지하도록 하는 것을 말한다.
   ㉯ 일상점검을 실시하는 주방관리자는 사고 및 위험 가능성이 있는 사항을 발견하면 즉시 안전책임자에게 보고하고 필요한 조치를 취하여야 한다.
   ㉰ 안전책임자는 일상점검 결과 기록 및 미비사항을 정기적으로 확인하고 지시사항을 점검일지에 기록하여야 한다. 일상점검표는 주방의 특성에 맞게 항목을 추가하거나 수정한다.

② **정기점검**
   ㉮ 안전관리책임자는 조리작업에 사용되는 기계·기구·전기·가스 등의 설비기능 이상 여부와 보호구의 성능유지 여부 등에 대하여 매년 1회 이상 정기적으로 점검을 실시하고 그 결과를 기록·유지하여야 한다.
   ㉯ 정기점검을 실시하는 자는 주방 내의 모든 인적·물적인 면에서 물리화학적·기능적 결함 등이 있는지 여부를 육안점검과 법정 측정기기 등의 점검장비를 사용하여 점검을 실시하고, 그 측정값을 점검결과에 기입하여야 한다.

③ **긴급점검**
   ㉮ 관리주체가 필요하다고 판단될 때 실시하는 정밀점검 수준의 안전점검을 말한다.
   ㉯ 실시목적에 따른 긴급점검의 구분
      ㉠ 손상점검 : 재해나 사고에 의해 비롯된 구조적 손상 등에 대하여 긴급히 시행하는 점검
      ㉡ 특별점검 : 결함이 의심되는 경우나, 사용제한 중인 시설물의 사용 여부 등을 판단하기 위해 실시하는 점검

Lesson 03 작업환경 안전관리

1 작업장 환경관리

(1) 작업장의 시설관리

① 바닥부분은 배수의 흐름으로 인한 교차오염이 없어야 하고, 파손, 구멍이 나거나 침하된 곳이 없어야 한다.
② 내벽부분은 파손, 구멍, 물이 새지 않고 배관, 환기구 등의 연결부위가 밀폐되어 있어야 한다.
③ 가동장치와 벽 사이의 복도 또는 작업장소는 작업자들이 원활하게 작업하고 오염되지 않도록 적당한 폭을 유지하여야 한다.
④ 문·창문 부분은 창문 틈, 유리의 파손 및 금이 간 곳이 없어야 하며, 문, 창문의 유리 파손에 의한 오염을 방지하기 위한 코팅 처리를 하여야 한다.
⑤ 조명은 형광등 파손에 의한 유리조각의 비산을 막기 위하여 보호커버가 설치되어 있어야 한다.
⑥ 작업실 조도는 정해진 기준 이상으로 유지되도록 하여야 한다.
⑦ 작업장 환기부분은 환기상태가 양호하여야 하며, 구역별 공기 흐름 상태가 적합해야 하고 급·배기시설의 관리상태가 양호해야 한다.
⑧ 작업장 배관부분은 배관의 용도별로 구분이 되며, 배관 및 패킹의 재질이 적절하고, 파손으로 인한 제품오염 발생 가능성이 없어야 한다.

(2) 작업 시 작업장 위생관리 수칙

① 작업장이 15℃ 이하의 온도로 유지되고 있는지 수시로 확인한다.(양념작업장은 작업 시 식육작업장과 구획조치 후 작업을 하여야 한다.)
② 원료육의 적정 여부를 확인한다.(보관온도, 관능검사 실시 여부)
③ 원료육의 위생적인 전처리 실시 여부를 확인한다.(해동, 비가식 부분 제거 등)
④ 식육의 낙하 시 신속한 폐기나 소독을 실시한다.
⑤ 기계의 정상적인 작동 여부와 원료 및 제품포장재의 적절한 관리 여부를 확인하여 제품에 이물이나 오염물질의 혼입을 방지한다.
⑥ 완제품은 신속히 저장창고 등으로 이동하여 작업장에 체류하는 시간을 최소화한다.

⑦ 제품의 운반은 바닥, 벽, 기타 기계 등에 접촉되지 않도록 하고 적정온도로 보관 또는 운반한다.

(5) 작업 종료 후 작업장 위생관리
① 제조시설은 청결히 관리하고 기구류는 작업 후 열탕 또는 약품을 이용하여 필히 소독한다.
② 작업장(가공실, 원료처리실, 포장실), 냉장·냉동고는 작업 종료 후 청소를 실시하여 청결상태를 유지하고 가능한 한 바닥의 물기를 제거한다.
③ 작업 중 발생되는 폐기물은 가능한 한 작업장 외부에 관리하며 신속히 처리한다.

2 작업장 안전관리

(1) 작업장의 안전 및 유지 관리 기본방향 설정
① **작업장 안전 및 유지 관리기준의 정립** : 안전점검 및 객관적인 시설물 상태에 대한 평가기준 마련 등의 시설물 안전 및 유지 관리기준이 필요하다.
② **작업장 안전 및 유지 관리 체계의 개선** : 주방시설의 설계단계에서부터 안전 및 유지 관리를 위한 기준 마련 등 시설물 안전 및 유지 관리 체계의 개선이 필요하다.
③ **작업장 안전 및 유지 관리 실행 기반의 조성** : 시설물 안전 및 유지 관리를 위해서는 시설물 안전 및 유지관리 관련 법령의 내용에 기초하여 시설물 안전 및 유지 관리 실행 기반을 마련하여야 한다.

(2) 안전관리시설 및 안전용품 관리
① **개인 안전보호구 선택**
㉮ 사용목적에 맞는 보호구를 갖추고 작업 시 반드시 착용한다.
㉯ 항상 사용할 수 있도록 하고 청결하게 보존. 유지한다.
㉰ 개인 전용으로 사용하도록 한다.
㉱ 작업자는 보호구의 착용을 생활화하여야 한다.
② **개인 안전보호구 착용**
㉮ 안전화 : 물체의 낙하, 충격 또는 날카로운 물체로 인한 위험으로부터 발. 발등을 보호하거나 감전 또는 정전기의 대전을 방지
㉯ 위생장갑 : 작업자의 손을 보호함과 동시에 조리위생을 개선
㉰ 안전마스크 : 고객과의 대화 시 고객에게 침 등이 튀지 않도록 고객의 위생을 보호함과 동시에 조리위생을 개선
㉱ 위생모자 : 조리 작업 시 음식에 머리카락이 들어가지 않도록 예방하는 보호구로 조리위생을 개선

3 화재예방 및 조치방법

(1) 연소
① **연소의 정의** : 가연물이 공기 중의 산소 또는 산화제와 반응하여 열과 빛을 발생하면서 산화하는 현상
② **연소의 3요소**
㉮ 가연물질 : 기체·액체 및 고체상태
㉯ 산소공급원 : 공기, 산화제, 자기반응성 물질
㉰ 점화원 : 전기불꽃, 충격 및 마찰, 단열압축, 나화 및 고온표면,

정전기 불꽃, 자연발화, 복사열
③ **연소용어**
㉮ 인화점 : 연소범위에서 외부의 직접적인 점화원에 의해 인화될 수 있는 최저온도
㉯ 발화점(착화점) : 외부의 직접적인 점화원 없이 가열된 열의 축적에 의해 발화에 이르는 최저온도
㉰ 연소점 : 연소상태가 계속될 수 있는 온도로 인화점보다 대략 10℃ 높은 온도

(2) 열 전달
① **전도(Conduction)**
㉮ 하나의 물체가 다른 물체와 직접 접촉하여 열이 전달되는 과정으로 온도가 높은 물체의 분자운동이 충돌이라는 과정을 통해 분자운동이 느린 분자를 빠르게 운동시키는 열의 전달이다.
㉯ 전도라는 열 전달방식에 의해 화염이 확산되는 경우는 드물다.
② **대류(Convection)**
㉮ 기체 혹은 액체와 같은 유체의 흐름에 의하여 열이 전달되는 방식이다.
㉯ 난로에 의해 방안의 공기가 더워지는 것이 대류의 대표적인 예로 대류현상의 원인은 밀도차에 의한다.
③ **복사(Radiation)**
㉮ 화재 시 열의 이동에 가장 크게 작용하는 열 이동방식으로 모든 물체의 온도 때문에 열에너지를 파장의 형태로 계속적으로 방사하며, 이렇게 방사하는 에너지를 열복사라 한다.
㉯ 화재에서 화염의 접촉없이 인접 건물로 연소가 확산되는 현상은 복사열에 의한 것이다.

(3) 소화방법
① **제거소화** : 연소반응에 관계된 가연물이나 그 주위의 가연물을 제거
㉮ 가스밸브의 폐쇄
㉯ 가연물 직접 제거 및 파괴
㉰ 촛불을 입으로 불어 가연성 증기를 순간적으로 날려 보내는 방법
㉱ 산불화재 시 화재 진행 방향의 나무 제거
② **질식소화** : 산소공급원을 차단하여 소화하는 방법(공기 중 산소 농도를 15% 이하로 억제)
㉮ 불연성 기체로 연소물을 덮는 방법
㉯ 불연성 포말로 연소물을 덮는 방법
㉰ 불연성 고체로 연소물을 덮는 방법
③ **냉각소화** : 연소하고 있는 가연물로부터 열을 뺏어 연소물을 착화온도 이하로 내리는 방법
㉮ 주수에 의한 냉각작용
㉯ 이산화탄소(CO_2) 소화약제에 의한 냉각작용
④ **억제소화** : 산화반응(연쇄반응)을 약화시켜 소화하는 방법(화학적 작용에 의한 소화방법)
㉮ 할로겐화합물, 청정소화약제에 의한 억제(부촉매) 작용
㉯ 분말소화약제에 의한 억제(부촉매) 작용

(3) 화재의 분류 및 소화방법

분류	내용	소화방법
일반화재 (A급화재)	• 면화류, 고무, 석탄, 목재, 종이, 천 등 보통 가연물의 화재이다. • 화재 발생건수 가장 많으며 연소 후 재를 남긴다.	다량의 물 또는 수용액 (냉각소화)
유류화재 (B급화재)	• 상온에서 액체상태로 존재하는 유류가 가연물이 되는 화재이다. • 연소 후 재를 남기지 않으며, 연소열이 크고 연소성이 좋아 일반화재보다 위험하다.	포 등을 이용 (질식·냉각소화)
전기화재 (C급화재)	• 전기를 취급하고(변압기, 배전반, 전열기, 전기장판 등) 있는 장소에서의 화재이다. • 물을 사용하면 감전 위험이 있으며, 전체 화재 건수 중 많은 비율을 차지한다.	가스소화약제 이용 (질식소화)
금속화재 (D급화재)	• 가연성 금속류가 가연물이 되는 화재로 칼륨(K), 나트륨(Na), 마그네슘(Mg), 알루미늄(Al) 등이 대표적이며, 분말상으로 존재할 때 가연성이 현저히 증가한다. • 물과 반응하여 폭발성이 강한 수소를 발생시키므로 수계소화약제(물, 포, 강화액 등)를 사용해서는 안 된다.	마른모래 및 특수분말 이용 (질식소화)
주방화재 (K급화재)	• 식용유, 식물성·동물성 유지 등의 음식 조리용 기름에서 발생하는 화재이다. • 연소물의 표면을 차단하는 비누화작용 및 식용유 자체의 온도를 발화점 이하로 빠르게 낮춰주는 냉각작용이 동시에 필요하다.	비누화작용 및 냉각작용

적중 예상문제 ○ CHECK POINT QUESTION

CHAPTER 02 | 안전관리

LESSON 01 개인안전 관리

001 다음 중 안전의 제일 이념에 해당하는 것은?

① 품질 향상　　　　② 재산 보호
③ 인간 존중　　　　④ 생산성 향상

🔎 안전관리란 재해로부터 인간의 생명과 재산을 보존하기 위한 계획적이고 체계적인 제반 활동을 의미한다.

002 안전관리의 중요성과 가장 거리가 먼 것은?

① 인간존중이라는 인도적인 신념의 실현
② 경영 경제상의 제품의 품질 향상과 생산성 향상
③ 재해로부터 인적 물적 손실 예방
④ 작업환경 개선을 통한 투자 비용 증대

🔎 안전관리란 재해로부터 인간의 생명과 재산을 보존하기 위한 계획적이고 체계적인 제반활동을 의미한다.

003 재해의 원인 요소 중 작업정보의 부적절, 작업방법의 부적절, 작업공간의 불량 등과 관계가 있는 것은?

① 인간(man)
② 기계(machine)
③ 매체(media)
④ 관리(management)

🔎 매체(media)
• 작업정보의 부적절
• 작업자세·작업동작의 결함
• 작업방법의 부적절
• 작업공간의 불량
• 작업환경 조건의 불량

004 재해 발생의 직접 원인에 해당하지 않는 것은?

① 안전수칙의 오해
② 물(物) 자체의 결함
③ 위험 장소의 접근
④ 불안전한 조작

🔎 직접 원인(1차 원인)
• 물적원인 : 불안전한 상태(설비 및 환경 등의 불량)
• 인적원인 : 불안전한 행동

005 재해의 발생원인 중 직접원인에 해당되는 것은?

① 유전적 요소　　　　② 사회적 환경
③ 불안전한 행동　　　④ 인간의 결함

🔎 재해의 직접원인
• 불안전한 행동 : 위험장소 접근, 안전장치의 기능 제거, 복장·보호구의 잘못 사용, 기계·기구의 잘못 사용, 운전 중인 기계장치의 손질, 불안전한 속도 조작, 위험물 취급 부주의, 불안전한 상태 방치, 불안전한 자세 동작, 감독 및 연락 불충분
• 불안전한 상태 : 물 자체 결함, 안전 방호장치 결함, 보호구의 결함, 물의 배치 및 작업장소 결함, 작업환경의 결함, 생산 공정의 결함, 경계표시·설비의 결함

006 재해의 원인을 직접 원인과 간접 원인으로 나눌 때, 직접 원인에 해당하는 것은?

① 기술적 원인　　　　② 관리적 원인
③ 교육적 원인　　　　④ 물적 원인

🔎 직접 원인
• 불안전한 행동 : 위험장소 접근, 안전장치의 기능 제거, 복장·보호구의 잘못 사용, 기계·기구의 잘못 사용, 운전 중인 기계장치의 손질, 불안전한 속도 조작, 위험물 취급 부주의, 불안전한 상태 방치, 불안전한 자세 동작, 감독 및 연락 불충분
• 불안전한 상태 : 물 자체 결함, 안전 방호장치 결함, 복장·보호구의 결함, 물의 배치 및 작업장소 결함, 작업환경의 결함, 생산 공정의 결함, 경계표시·설비의 결함

007 무재해운동의 기본이념 3가지에 해당하지 않는 것은?

① 무의 원칙　　　　② 자주 활동의 원칙
③ 참가의 원칙　　　④ 선취 해결의 원칙

🔎 무재해운동의 3원칙
• 무(Zero)의 원칙 : 재해 위험의 잠재요인을 근원적으로 해결하기 위한 원칙
• 선취의 원칙 : 위험요인 행동 전에 예지, 발견
• 참가의 원칙 : 전원(근로자, 회사 내 전종업원, 근로자 가족) 참가

008 다음 중 재해예방의 4원칙에 해당하지 않는 것은?

① 예방가능의 원칙　　　② 손실우연의 원칙
③ 원인계기의 원칙　　　④ 선취해결의 원칙

🔎 재해예방의 4원칙 : 손실우연의 원칙, 원인계기의 원칙, 예방가능의 원칙, 대책선정의 원칙

009 매슬로우(Maslow)의 욕구 5단계 이론에 해당되지 않는 것은?

① 생리적 욕구　　　　② 안전의 욕구
③ 사회적 욕구　　　　④ 심리적 욕구

🔎 매슬로우(Maslow)의 욕구 5단계
• 1단계 : 생리적 욕구(기아, 갈증, 호흡, 배설, 성욕 등)
• 2단계 : 안전의 욕구(안전을 구하고자 하는 욕구)
• 3단계 : 사회적 욕구(애정, 소속에 대한 욕구)
• 4단계 : 인정받으려는 욕구(자존심, 명예, 성취, 지위에 대한 욕구)
• 5단계 : 자아실현의 욕구(잠재적인 능력을 실현하고자 하는 욕구)

010 화상을 입었을 때 응급조치 중 가장 옳은 것은?

① 빨리 찬물에 담갔다가 아연화 연고를 바른다.
② 빨리 메틸알코올에 담근다.
③ 빨리 옥도정기를 바른다.
④ 빨리 아연화 연고를 바르고 붕대를 감는다.

🔎 차가운 물에 담그거나 흐르는 찬물로 화상 부위의 열을 내려준 후 아연화 연고를 바른다.

011 먼지가 많이 발생하는 장소에서 착용해야 하는 마스크는?

① 방독마스크　　　　② 산소마스크
③ 송기마스크　　　　④ 방진마스크

🔎 호흡용 보호구
• 방독마스크 : 유기용제, 유독가스, 미스트, 흄 발생작업
• 송기마스크, 산소마스크 : 저장조, 하수구 청소 및 산소결핍 작업장
• 방진마스크 : 분체작업, 연마작업, 광택작업, 배합작업 등 먼지가 많은 작업장

정답 001 ③　002 ④　003 ③　004 ①　005 ③　　　　**정답** 006 ④　07 ②　008 ④　009 ④　010 ①　011 ④

012 주방에서의 위해요인에 대한 설명으로 틀린 것은?

① 고온, 다습한 환경조건으로 인해 피부질환의 유발가능성이 높다.
② 작업장의 물기, 기름이 있는 바닥 상태로 인해 미끄럼 사고가 유발된다.
③ 조리실의 구조적 특성상 전기누전의 가능성은 적은 편이다.
④ 장화를 착용하기 때문에 무좀이나 검은 발톱, 아킬레스 건염 등의 질병이 발생할 수 있다.

> 조리실 바닥의 청소와 소독 시에 호스로 물을 사용하기 때문에 전기누전의 위험이 있다.

LESSON 02 장비·도구 안전작업

013 조리장비 및 도구의 관리방법에 대한 설명으로 틀린 것은?

① 장비의 사용용도 이외 사용을 금해야 한다.
② 장비나 도구에 이상이 있을 경우 하던 작업을 모두 마치고 조치한다.
③ 전기를 사용하는 장비나 도구의 경우 수분의 접촉 여부에 신경을 써야 한다.
④ 조리장비와 도구는 사용방법과 기능을 충분히 숙지하고 사용한다.

> 장비나 도구에 이상이 있을 경우 즉시 사용을 중지하고 적절한 조치를 취해야 한다.

014 조리장비 및 도구의 선택 및 사용과 관련한 기준으로 가장 거리가 먼 것은?

① 필요성　　② 안전성과 위생
③ 업체와의 관계　　④ 성능

> 조리장비·도구의 선택 및 사용기준 : 필요성, 성능, 요구에 따른 만족도, 안전성과 위생

015 조리용 소도구의 용도가 옳은 것은?

① 믹서(Mixer) – 재료를 다질 때 사용
② 휘퍼(Whipper) – 감자 껍질을 벗길 때 사용
③ 필러(Peeler) – 골고루 섞거나 반죽할 때 사용
④ 그라인더(Grinder) – 쇠고기를 갈 때 사용

> 조리기기
> • 믹서(Mixer) : 식품의 혼합·교반 등에 사용
> • 휘퍼(Whipper) : 계란, 생크림 등의 혼합·교반에 사용
> • 필러(Peeler) : 감자·당근의 껍질 벗기기 용도로 사용
> • 슬라이서(Slicer) : 고기·햄 등을 얇게 자르는 용도로 사용
> • 초퍼(Chopper) : 고기나 야채를 잘게 썰 때 사용

016 조리장비 및 도구의 점검 방법으로 틀린 것은?

① 음식절단기는 전원 차단 후 중성세제와 미온수로 세척하였는지 확인한다.
② 튀김기의 기름때가 심한 경우 찬물로 씻어 내고 마른걸레로 물기를 완전히 제거하였는지 확인하도록 한다.
③ 제빙기는 전원을 차단하고 기계를 정지시킨 후 뜨거운 물로 제빙기의 내부를 구석구석 녹였는지 확인한다.
④ 식기세척기는 탱크의 물을 빼고 세척제를 사용하여 브러시로 깨끗하게 세척했는지 확인한다.

> 튀김기의 기름때가 심한 경우 온수로 깨끗이 씻어 내고 마른걸레로 물기를 완전히 제거하였는지 확인하여야 한다.

017 조리장 내에서 사용되는 기기의 주요 재질별 관리방법으로 부적합한 것은?

① 알루미늄제 냄비는 거친 솔을 사용하여 알칼리성 세제로 닦는다.
② 주철로 만든 국솥 등은 수세 후 습기를 건조시킨다.
③ 스테인리스 스틸제의 작업대는 스펀지를 사용하여 중성세제로 닦는다.
④ 철강제의 구이 기계류는 오물을 세제로 씻고 습기를 건조시킨다.

> 알루미늄 냄비는 열이 빨리 오르고 얇기 때문에 사용하기는 좋으나 금방 거무스름해지는 것이 단점이다. 이는 알루미늄의 표면에 생긴 산화 피막에 수중의 철 이온 등이 흡착하여 착색되기 때문이며 식품 중의 산, 알칼리 등의 영향으로 생기는 것이다.

018 주방관리자가 매일 조리기구 및 장비를 사용하기 전에 육안을 통해 주방 내에서 취급하는 기계·기구·전기·가스 등의 이상 여부와 보호구의 관리실태 등을 확인하는 점검은?

① 일상점검　　② 정기점검
③ 긴급점검　　④ 특별점검

> 일상점검은 주방관리자가 매일 조리기구 및 장비를 사용하기 전에 육안을 통해 주방 내에서 취급하는 기계·기구·전기·가스 등의 이상 여부와 보호구의 관리실태 등을 점검하고 그 결과를 기록·유지하도록 하는 것을 말한다.

019 결함이 의심되는 경우나, 사용제한 중인 시설물의 사용 여부 등을 판단하기 위해 실시하는 점검은?

① 일상점검　　② 정기점검
③ 긴급점검　　④ 특별점검

> 긴급점검의 구분
> • 손상점검 : 재해나 사고에 의해 비롯된 구조적 손상 등에 대하여 긴급히 시행하는 점검
> • 특별점검 : 결함이 의심되는 경우나, 사용제한 중인 시설물의 사용 여부 등을 판단하기 위해 실시하는 점검

LESSON 03 작업환경 안전관리

020 작업장의 부적당한 조명과 가장 관계가 적은 것은?

① 가성근시　　② 열경련
③ 만성피로　　④ 재해발생의 원인

> 열 경련은 특히 심한 운동과 연관되어 생길 수 있는데 주로 배나 팔, 다리의 근육에 생기는 근육통이나 근육경련을 말한다.

021 조리작업장의 위치선정 조건으로 가장 거리가 먼 것은?

① 보온을 위해 지하인 곳
② 통풍이 잘되고 밝고 청결한 곳
③ 음식의 운반과 배선이 편리한 곳
④ 재료의 반입과 오물의 반출이 쉬운 곳

> 조리작업장은 통풍, 채광, 배수가 잘되고 악취, 먼지, 유독가스가 들어오지 않는 곳이어야 한다.

022 조리실의 후드는 어떤 모양이 가장 배출효율이 좋은가?

① 1방형　　② 2방형
③ 3방형　　④ 4방형

> 조리장의 경우 환기장치는 후드(food)를 설치하되 사방 개방형이 가장 효율이 높다.

craftsman cook

023 조리장의 관리에 대한 설명 중 부적당한 것은?

① 충분한 내구력이 있는 구조일 것
② 배수 및 청소가 쉬운 구조일 것
③ 창문, 출입구 등은 방서, 방충을 위한 금속망, 설비구일 것
④ 바닥과 바닥으로부터 10cm까지의 내벽은 내수성 자재의 구조일 것

🔍 바닥과 바닥으로부터의 1m까지는 내벽은 타일, 콘크리트 등의 내수성 자재를 사용해야 한다.

024 조리장의 설비 및 관리에 대한 설명 중 틀린 것은?

① 조리장 내에는 배수시설이 잘 되어야 한다.
② 하수구에는 덮개를 설치한다.
③ 폐기물 용기는 목재 재질을 사용한다.
④ 폐기물 용기는 덮개가 있어야 한다.

🔍 조리장 안에는 취급하는 음식을 위생적으로 조리하기 위하여 필요한 조리시설, 세척시설, 폐기물 용기 및 손 씻는 시설을 각각 설치하여야 하고, 폐기물 용기는 오물·악취 등이 누출되지 않도록 뚜껑이 있고 내수성 재질로 된 것을 사용하여야 한다.

025 조리 작업장의 환경관리에 대한 설명으로 틀린 것은?

① 조명은 형광등 파손에 의한 유리조각의 비산을 막기 위하여 보호커버가 설치되어 있어야 한다.
② 작업장 배관 부분은 하나의 배관으로 구성되어 유지되어야 한다.
③ 작업실 조도는 정해진 기준 이상으로 유지되도록 하여야 한다.
④ 내벽부분은 파손, 구멍, 물이 새지 않고 배관, 환기구 등의 연결 부위가 밀폐되어 있어야 한다.

🔍 작업장 배관부분은 배관의 용도별로 구분이 되며, 배관 및 패킹의 재질이 적절하고, 파손으로 인한 제품오염 발생 가능성이 없어야 한다.

026 조리작업 시 작업장 위생관리 수칙으로 틀린 것은?

① 작업장이 15℃ 이하의 온도로 유지되고 있는지 수시로 확인한다.
② 양념작업장은 작업의 편의를 위하여 식육작업장 동일한 구역에 설정되어야 한다.
③ 완제품은 신속히 저장창고 등으로 이동하여 작업장에 체류하는 시간을 최소화한다.
④ 제품의 운반은 바닥, 벽, 기타 기계 등에 접촉되지 않도록 하고 적정온도로 보관 또는 운반한다.

🔍 양념작업장은 작업 시 식육작업장과 구획조치 후 작업을 하여야 한다.

027 보호구의 구비조건으로 틀린 것은?

① 외양과 외관이 아름다울 것
② 착용이 간편할 것
③ 유해·위험요소에 대한 방호성능이 충분할 것
④ 재료의 품질이 양호할 것

🔍 보호구의 구비조건
• 착용이 간편할 것   • 작업에 방해가 되지 않도록 할 것
• 유해·위험요소에 대한 방호성능이 충분할 것   • 재료의 품질이 양호할 것
• 구조와 끝마무리가 양호할 것   • 외양과 외관이 양호할 것

028 조리 작업 시 착용해야 할 개인 안전보호구로 가장 거리가 먼 것은?

① 안전화   ② 위생장갑
③ 위생모자   ④ 방진마스크

🔍 방진마스크는 분체작업, 연마작업, 광택작업, 배합작업 등 분진 발생작업 시 착용하는 보호구이다.

029 다음 중 '연소의 3요소'가 아닌 것은?

① 가연물질
② 산소공급원
③ 화학적인 연쇄반응
④ 점화원

🔍 연소의 3요소 및 4요소
• 연소의 3요소 : 가연물질, 산소공급원, 점화원
• 연소의 4요소 : 가연물질, 산소공급원, 점화원, 화학적 연쇄반응

030 안전적 측면에서 인화점이 낮은 연료는?

① 화재 발생 위험이 있다.
② 연소상태의 불량 원인이 된다.
③ 압력 저하 요인이 발생한다.
④ 화재 발생 부분에서 안전하다.

🔍 인화점이 낮다는 것은 낮은 온도에서 쉽게 불이 붙을 수 있다는 것이다.

031 가연물질이 외부의 직접적인 점화원 없이 가열된 열의 축적에 의하여 발화에 이르는 최저의 온도를 무엇이라 하는가?

① 인화점   ② 발화점
③ 연소점   ④ 산화점

🔍 발화점(착화점, 발화온도)은 가연물질이 외부의 도움 없이 가열된 축적에 의하여 발화되는 최저의 온도, 즉 가연성물질을 공기 또는 산소 중에서 가열함으로써 발화되는 최저온도를 말한다.

032 인화점에 대한 설명으로 옳은 것은?

① 인화점이 높을수록 위험하다
② 인화점이 낮을수록 위험하다
③ 인화점과 위험성은 관계없다
④ 인화점이 0℃ 이상인 경우만 위험하다

🔍 인화점이란 가연성 증기에 점화원을 주었을 때 연소가 시작되는 최저온도를 말하는 것으로 인화점이 낮을수록 위험하다.

033 소화작업에 대한 설명 중 틀린 것은?

① 가연물질의 공급을 차단시킨다.
② 유류화재시 표면에 물을 붓는다.
③ 산소의 공급을 차단한다.
④ 점화원을 발화점 이하의 온도로 낮춘다.

🔍 유류화재시 표면에 물을 부으면 유류가 물 위에 떠서 불이 더욱 확산될 수 있다.

034 다음 중 열전달의 대표적인 3가지 방법에 해당하지 않은 것은?

① 복사   ② 전도
③ 대류   ④ 방사

🔍 열 전달
• 전도(conduction) : 화재 시 하나의 물체가 다른 물체와 직접 접촉하여 전달되는 것
• 대류(convection) : 기체 혹은 액체와 같은 유체의 흐름에 의하여 열이 전달되는 것
• 복사(radiation) : 화재 시 열의 이동에 가장 크게 작용하는 열 이동방식으로 화염의 접촉없이 연소가 확산되는 현상을 복사열에 의한 것이라 함

정답 023 ④ 024 ③ 025 ② 026 ② 27 ① 028 ④

정답 029 ③ 030 ① 031 ② 032 ② 033 ② 034 ④

035 열전달 방식과 관련하여 대류(convection) 현상의 원인은 무엇 때문인가?

① 온도차
② 밀도차
③ 압력차
④ 습도차

> 대류(convection)는 기체 혹은 액체와 같은 유체의 흐름에 의하여 열이 전달되는 방식으로 밀도차에 의한다.

036 다음 중 화재현장에서 인접 건물을 연소시키는 주요 원인이 되는 것은?

① 전도
② 대류
③ 복사
④ 연쇄

> 화재에서 화염의 접촉없이 인접 건물로 연소가 확산되는 현상은 복사열에 의한 것이다.

037 소화작업의 기본 요소가 아닌 것은?

① 가연물질을 제거하면 된다.
② 산소를 차단하면 된다.
③ 점화원을 냉각시키면 된다.
④ 연료를 기화시키면 된다.

> 소화의 원리
> • 연소의 3요소인 가연물, 산소, 점화원 분리
> • 연쇄반응 인자의 전달을 차단(부촉매 사용)

038 작업장에서 휘발유 화재가 일어났을 경우 가장 적합한 소화방법은?

① 물 호스의 사용
② 불의 확대를 막는 덮개의 사용
③ 소다 소화기의 사용
④ 이산화탄소 소화기의 사용

> 유류화재는 B급화재로 포말소화기, 이산화탄소(탄산가스)소화기, 분말소화기, 증발성 액체소화기를 적용한다.

039 이산화탄소 소화기의 일반적 특징이 아닌 것은?

① 연소물의 온도를 인화점 이하로 냉각시킨다.
② 저장에 따른 변질이 없다.
③ 전기절연성이 크다.
④ 소화 시 부식성이 없다.

> 이산화탄소 소화기의 특징
> • 소화속도가 빠르다.
> • 저장에 의한 변질이 없어 장기간 저장이 용이하다.
> • 밀폐공간에서는 질식 및 중독의 위험성 때문에 사용이 제한된다.
> • 전기 절연성이 우수하며 부식성이 없다.

040 전기시설과 관련된 화재로 분류되는 것은?

① A급 화재
② B급 화재
③ C급 화재
④ D급 화재

> 화재의 등급
> • A급 화재 : 일반화재
> • B급 화재 : 유류화재
> • C급 화재 : 전기화재
> • D급 화재 : 금속화재(Al, Mg)
> • K급 화재 : 주방화재

041 B급화재에 대한 설명으로 옳은 것은?

① 목재, 섬유류 등의 화재로서 일반적으로 냉각 소화를 한다.
② 유류 등의 화재로서 일반적으로 질식 효과(공기차단)로 소화한다.
③ 전기기기의 화재로서 일반적으로 전기 절연성을 갖는 소화제로 소화한다.
④ 금속나트륨 등의 화재로서 일반적으로 건조사를 이용한 질식효과로 소화한다.

> 화재의 종류
> • A급화재 : 일반화재
> • B급화재 : 유류화재
> • C급화재 : 전기화재
> • D급화재 : 금속화재
> • K급화재 : 주방화재

042 '화재의 분류'중 맞지 않은 것은?

① A급화재는 재가 남지 않는 일반화재를 말한다.
② B급화재는 석유류화재를 말한다.
③ C급화재는 전기를 취급하는 장소에서 일어나는 전기화재이다.
④ D급화재는 금속류화재를 말한다.

> A급화재(일반화재)는 면화류, 고무, 석탄, 목재, 종이, 천 등 보통 가연물의 화재로, 화재 발생 건수가 가장 많으며 연소 후 재를 남긴다.

043 K급화재의 소화방법으로 가장 적절한 것은?

① 냉각소화
② 질식소화
③ 억제소화
④ 비누화 및 냉각작용

> 주방화재(K급화재)
> • 식용유, 식물성·동물성 유지 등의 음식 조리용 기름에서 발생하는 화재이다.
> • 연소물의 표면을 차단하는 비누화작용 및 식용유 자체의 온도를 발화점 이하로 빠르게 낮춰주는 냉각작용이 동시에 필요하다.

044 화재 시 산소공급원을 차단하여 소화하는 방법은?

① 제거소화
② 질식소화
③ 냉각소화
④ 억제소화

> 질식소화란 산소공급원을 차단하여 소화하는 방법(공기 중 산소 농도를 15% 이하로 억제)으로 불연성 기체·포말·고체로 연소물을 덮는 방법이 주로 사용된다.

045 다음 중 제거소화 방법으로 볼 수 없는 것은?

① 가스밸브의 폐쇄
② 가연물 직접 제거 및 파괴
③ 촛불을 입으로 불어 가연성 증기를 순간적으로 날려 보내는 방법
④ 불연성 기체로 연소물을 덮는 방법

> 제거소화 방법
> • 가스밸브의 폐쇄
> • 가연물 직접 제거 및 파괴
> • 촛불을 입으로 불어 가연성 증기를 순간적으로 날려 보내는 방법
> • 산불화재 시 화재 진행 방향의 나무 제거

재료관리

CHAPTER 03

CRAFT COOK

Lesson 01 식품재료의 성분

1 수분

(1) 수분의 종류
① **유리수(자유수)** : 식품 중에 유리 상태로 존재하는 보통의 물
② **결합수** : 식품 중의 탄수화물이나 단백질 분자의 일부분을 형성하는 물

(2) 결합수와 유리수(자유수)의 차이

구분	결합수	유리수(=자유수)
용매작용	용질에 대하여 용매로 작용하지 않는다.	전해질을 잘 녹인다.
어는 점	0℃ 이하에서도 동결하지 않는다.	0℃ 이하에서 동결한다.
건조	건조되지 않는다.	쉽게 건조된다.
미생물 이용	미생물이 이용하지 못한다.	미생물이 생육, 번식에 이용한다.
기타	유리수에 비해 밀도가 크다.	비점과 융점이 높다.

(3) 수분 활성도
① 수분 활성도란 어떤 임의의 온도에서 그 식품이 나타내는 수증기압(P)에 대한 그 온도에서의 순수한 물의 최대 수증기압(P_0)의 비율을 말한다.

$$\text{수분 활성도(Aw)} = \frac{P(\text{식품의 수증기압})}{P_0(\text{순수한 물의 수증기압})}$$

② 물의 수분 활성도는 1(Aw=1)이며, 일반식품은 항상 1보다 작다. (Aw < 1)
③ 일반 식품의 수분 활성도는 항상 1보다 작다.
④ 미생물은 수분 활성도가 낮으면 생육이 억제된다.
⑤ 곡류나 건조식품 등은 육류, 과일, 채소류보다 수분 활성도가 낮다.

2 탄수화물

(1) 탄수화물의 특성

구분	설명	구분	설명
구성요소	탄소(C), 수소(H), 산소(O)	소화율	98%
1g당의 열량	4kcal	최종분해산물	포도당
전체 열량	65%	소화효소	프티알린, 말타아제, 아밀롭신, 사카라아제, 락타아제

(2) 탄수화물의 분류

구분	종류	설명
단당류	포도당	쌀, 빵, 감자 등의 전분. 제일 작은 형. 혈액 중에 약 0.1%의 농도 포함
	과당	당류 중 가장 단맛이 강하며 벌꿀의 과즙 구성성분
	갈락토오즈	자연계에 단독으로 존재하지 못하며 유당에 함유
	만노오즈	곤약, 돼지감자의 구성성분
이당류	자당	설탕 또는 서당이라고 하며 포도당과 과당이 결합된 것
	젖당(유당)	유즙에 함유되어 있음. 포도당과 갈락토오즈가 결합된 것
	액아당	엿기름이나 발아 중의 곡류 중에 함유(엿당). 포도당과 포도당이 결합된 것
다당류	전분	당질은 주로 곡류에 함유되어 있는 전분(식물성 전분)
	글리코겐	가수분해되면 포도당을 만들며 간이나 근육에 포함(동물성 전분)
	섬유소	체내에서 분해효소가 없어 소화되지 않으나 정장작용을 촉진시켜 변비 예방
	펙틴	세포벽에 존재하는 감귤류의 껍질에 많이 함유
	아가	우뭇가사리와 한천에 함유
	키틴	새우, 게의 껍질에 함유

(3) 탄수화물의 기능적 성질
① 단백질의 절약작용과 지방의 완전 연소에 관여, 혈당량 유지 (0.1%)
② **감미의 정도** : 과당 > 전화당 > 자당(설탕, 서당) > 포도당 > 맥아당 > 갈락토오즈 > 유당(젖당)

3 지질

(1) 지질(지방)의 특성

구분	설명	구분	설명
구성요소	탄소(C), 수소(H), 산소(O)	소화율	95%
1g당의 열량	9kcal	최종분해산물	지방산과 글리세롤
전체 열량	20%	소화효소	리파아제, 스테압신

(2) 지질의 종류
① **단순지질** : 지방산과 글리세롤만 결합된 형. 지질 중에서 가장 많은 양을 차지
② **복합지질**
　㉮ 인지질 : 인과 결합된 지질

④ 당지질 : 당과 결합된 지질
③ 유도지질 : 가수분해하여 얻어지는 물질

(3) 지방산의 종류
① 포화지방산
㉮ 상온에서 고체로 존재
㉯ 이중 결합이 없는 지방산(팔미틴산, 스테아린산)
② 불포화지방산
㉮ 융점이 낮아 상온에서 액체로 존재
㉯ 이중 결합이 있는 지방산(올레인산, 리놀레인산, 리놀레닌산, 아라키돈산)

(4) 지방의 영양상 효과
① 지용성 비타민(비타민 A, D, E, K, F)의 흡수를 좋게 한다.
② 1g당 9kcal로 발생하는 열량이 높다.
③ 영양분의 손실을 막고, 세포막 구성성분의 역할을 한다.

(5) 지질의 기능적 성질
① 유화(에멀전화) : 물과 기름이 잘 섞이게 하는 작용으로 수중유적형과 유중수적형으로 나눔
㉮ 수중유적형(O/W) : 물 중에 기름이 분산되어 있는 형태(우유, 마요네즈, 잣죽, 아이스크림, 프렌치 드레싱, 크림수프 등)
㉯ 유중수적형(W/O) : 기름 중에 물이 분산되어 있는 형태(버터, 마가린 등)
② 가수소화(경화) : 액체 상태의 기름에 수소(H_2)를 첨가하고 니켈(Ni), 백금(Pt)을 촉매로 고체형의 기름으로 만든 것(마가린, 쇼트닝)
③ 연화작용(쇼트닝) : 밀가루 반죽에 유지를 첨가하면 반죽 내에서 전분과 글루텐과의 결합을 방해(파이, 개성약과)
④ 검화(비누화) : 지방이 수산화나트륨(NaOH)에 의하여 가수분해되어 지방산의 Na염(비누)을 생성하는 현상
⑤ 요오드가(불포화도) : 유지 100g 중의 불포화 결합에 첨가되는 요오드의 g수로 요오드가가 높다는 것은 불포화도가 높다는 것을 의미

4 단백질

(1) 단백질의 특성

구분	설명	구분	설명
구성요소	탄소(C), 수소(H), 산소(O), 질소(N)	소화율	92%
1g당의 열량	4kcal	최종분해산물	아미노산
전체 열량	15%	소화효소	펩신, 트립신, 에렙신

(2) 단백질의 분류
① 화학적 분류
㉮ 단순단백질 : 아미노산으로만 만들어진 것(난백, 혈청, 우유 → 알부민, 밀 → 글루테닌)
㉯ 복합단백질 : 단백질 이외의 물질과 단백질이 결합된 복합형(인·당·지단백질)
㉰ 유도단백질 : 단백질이 열, 산, 알칼리 등의 작용으로 변성되거나 분해된 단백질
  ㉠ 1차 유도단백질 : 젤라틴
  ㉡ 2차 유도단백질 : 펩톤
② 영양학적 분류
㉮ 완전단백질 : 동물이 성장과 생명 유지에 필요한 모든 필수아미노산이 골고루 들어있는 단백질(우유의 카제인, 달걀의 알부민, 글로불린)
㉯ 부분적으로 불완전한 단백질 : 생명 유지는 되나 성장되지 않는 아미노산(곡류의 리신)
㉰ 불완전단백질 : 생명 유지와 성장이 되지 않는 아미노산(옥수수의 제인)

(3) 아미노산의 종류
① 필수아미노산 : 체내에서 생성할 수 없으므로, 반드시 음식으로부터 공급
㉮ 성인이 필요한 필수아미노산 : 트립토판, 발린, 트레오닌, 이소루신, 루신, 리신, 페닐알라닌, 메티오닌
㉯ 성장기 어린이, 노인에게 필요한 필수아미노산 : 성인 필수아미노산 8가지 + 알기닌, 히스티딘
② 불필수아미노산 : 인체 자체의 힘으로 만들 수 있는 아미노산

5 무기질

(1) 무기질의 기능
① 산과 염기의 평형을 유지하는데 관여
② 신경의 자극전달에 필수적
③ 생리적 반응을 위한 촉매제로 이용
④ 수분의 평형유지에 관여
⑤ 세포의 삼투압 조절
⑥ 뼈, 치아의 구성성분

(2) 무기질의 종류와 특징
① 칼슘(Ca)
㉮ 기능 : 골격과 치아 구성, 비타민 K와 함께 혈액 응고에 관여
㉯ 급원식품 : 우유 및 유제품, 멸치, 뼈와 함께 섭취하는 생선
㉰ 결핍증 : 골다공증, 골격과 치아의 발육 불량
㉱ 칼슘 흡수를 촉진시키려면 비타민 D와 함께 섭취, 칼슘 흡수를 방해하는 인자는 수산으로 칼슘과 결합하여 결석을 형성
② 인(P)
㉮ 기능 : 인지질과 핵단백질의 구성성분이며, 골격과 치아를 구성
㉯ 급원식품 : 곡류
㉰ 결핍증 : 골격과 치아의 발육 불량
㉱ 칼슘과 인의 섭취비율로 정상 성인은 1 : 1, 성장기 어린이는 2 : 1이 좋음
③ 나트륨(Na)
㉮ 기능 : 수분균형 유지 및 삼투압 조절, 산·염기의 평형 유지, 근육 수축에 관여
㉯ 급원식품 : 소금, 식품첨가물의 Na염

    ⓓ 과잉증 : 우리나라는 젓갈류와 인스턴트 식품의 섭취 증가로 과잉증이 문제이며, 고혈압이나 심장병 유발 원인
  ④ 칼륨(K)
    ㉮ 기능 : 근육 수축, 삼투압 조절과 신경의 자극전달에 작용하며 (NaCl과 같은 작용) 세포내액에 존재
    ㉯ 급원식품 : 채소류(감자, 토마토)
    ㉰ 결핍증 : 근육의 긴장 저하, 식욕부진
  ⑤ 철분(Fe)
    ㉮ 기능 : 헤모글로빈(혈색소)을 구성하는 성분이고, 혈액 생성 시 필수적인 영양소
    ㉯ 급원식품 : 간, 난황, 육류, 녹황색 채소류 등
    ㉰ 결핍증 : 철분 결핍성 빈혈(영양 결핍성 빈혈)
  ⑥ 불소(F)
    ㉮ 기능 : 골격과 치아를 단단하게 함
    ㉯ 급원식품 : 해조류 등
    ㉰ 결핍증 : 우치(충치), 과잉증(반상치)
  ⑦ 요오드(I)
    ㉮ 기능 : 갑상선 호르몬(티록신)을 구성, 유즙 분비 촉진작용
    ㉯ 급원식품 : 해조류, 미역, 다시마 등
    ㉰ 결핍증 : 갑상선종, 발육정지
    ㉱ 과잉증 : 바세도우씨병, 말단비대증, 갑상선기능항진증
  ⑧ 마그네슘(Mg)
    ㉮ 기능 : 효소 반응의 촉매, 신경의 자극 전달작용, 근육 이완
    ㉯ 급원식품 : 견과류, 코코아, 대두, 통밀 등
    ㉰ 결핍증 : 근육 수축과 신경의 불안정, 떨림증
  ⑨ 황(S)
    ㉮ 기능 : 조직의 호흡작용, 생물학적 산화 과정에 관여
    ㉯ 급원식품 : 배아, 콩, 치즈, 살코기, 강낭콩, 땅콩, 조개 등
    ㉰ 결핍증 : 현재까지 알려진 결핍증은 없음

(3) 산성식품과 알칼리성식품
  ① 산성식품
    ㉮ 무기질 중 P, S, Cl 등은 체내에서 분해되어 산성이 되므로 이들을 많이 함유한 것
    ㉯ 곡류, 어류, 육류 등
  ② 알칼리성 식품
    ㉮ 무기질 중 Ca, Na, K, Mg, Fe, Cu, Mn 등은 체내에서 분해되어 알칼리성이 되므로 이들 무기질을 많이 함유한 것
    ㉯ 과일, 야채, 해조류, 우유 등

6 비타민

(1) 비타민의 일반적 기능과 특성
① 체내 합성이 안 되므로 반드시 음식물로부터 섭취해야 한다.
② 인체 내에 필수 물질이지만 적은 양만 필요하다.
③ 에너지나 신체 구성물질로 사용되지 않는다.
④ 대사작용 조절물질, 즉 보조효소의 역할을 한다

(2) 비타민의 분류와 특징

구분	종류	급원식품	결핍증	특징
지용성	비타민 A (레티놀)	간, 난황, 버터, 시금치, 당근 등	야맹증, 안구건조등	• 상피 세포보호, 눈의 작용 개선 • 식물성 식품체는 프로비타민으로 존재
	비타민 D (칼시페롤)	건조식품 (말린 생선류, 버섯류 등)	구루병	• 칼슘과 인의 흡수 촉진 • 자외선에 의해 인체 내에서 합성
	비타민 E (토코페롤)	곡물의 배아, 식물성유, 푸른 잎 채소	노화촉진, 불임증	• 항산화성, 항불임성 비타민 • 활성이 가장 큰 것은 α-토코페롤
	비타민 K (필로퀴논)	녹색채소, 토마토, 콩, 달걀 등	혈액응고 지연	• 혈액응고에 관여(지혈작용) • 장내세균에 의해 인체 내에서 합성
수용성	비타민 B1 (티아민)	돼지고기, 곡류의 배아 등	각기병	• 탄수화물 대사에 필수적인 보조효소 • 마늘의 알리신에 의해 흡수율 증가
	비타민 B2 (리보플라빈)	우유, 간, 고기, 씨눈	구순염, 구각염	• 성장촉진과 피부점막 보호작용
	비타민 B6 (피리독신)	간, 효모, 배아	피부염	• 항피부염 인자 • 단백질 대사작용과 지방 합성에 관여
	비타민 B12 (시아노코발라민)	살코기, 선지 등	악성빈혈	• 성장 촉진과 조혈작용에 관여 • 코발트(Co) 함유
	비타민 C (아스코르브산)	신선한 채소, 과일	괴혈병	• 체내 산화, 환원작용에 관여 • 조리시 가장 많이 손실됨
	나이아신 (니코틴산)	닭고기, 생선, 유제품, 땅콩, 두류 등	펠라그라 (설사, 피부병, 우울증)	• 탄수화물의 대사작용 증진 • 트립토판 60mg로 1mg 합성

(3) 지용성 · 수용성 비타민의 비교

구분	지용성 비타민	수용성 비타민
용해	기름에 잘 용해된다.	물에 잘 용해된다.
흡수율	과잉섭취 시 체내에 저장된다.	과잉섭취 시 체외로 배출된다.
결핍증	결핍증이 서서히 나타난다.	결핍증이 즉시 나타난다.
체내 공급	매일 공급받을 필요가 없다.	매일 충분히 공급받아야 한다.

7 식품의 색

(1) 식물성 색소
  ① 클로로필(chlorophyll)
    ㉮ 식물체의 잎과 줄기의 녹색 색소로서 Mg(마그네슘)을 함유하고 있다.
    ㉯ 산성(식초 등)을 첨가하면 녹갈색, 알칼리(소다 등)를 첨가하면 진한 녹색으로 변한다.
  ② 플라보노이드(flavonoid)
    ㉮ 수용성의 채소 색소로서 옥수수나 밀가루, 양파 등에 함유되어 있다.
    ㉯ 산성을 첨가하면 흰색이 되므로 연근이나 우엉을 하얗게 조리하려면 식초물에 담근다.

㉯ 알칼리를 첨가하면 진한 황색이 되므로 밀가루 반죽에 소다를 넣고 빵을 찌면 빵 색깔이 진한황색이 된다.

③ 안토시안(anthocyan)
㉮ 꽃·딸기 등의 적색, 포도, 가지, 검정콩 등의 자색 색소이다.
㉯ 산성(식초물)에서 선명한 적색, 중성에서 보라색, 알칼리(소다 첨가)에서 청색을 띤다.
㉰ 생강은 담황색이나 산성에서 분홍색으로 색깔 변화가 일어나는 안토시안 색소를 함유하고 있다.

④ 카로티노이드(carotenoid)
㉮ 황색, 오렌지색, 적색의 색소로 당근, 토마토, 고추, 고구마, 감 등에 함유되어 있다.
㉯ 장벽에서 흡수되면 곧 비타민 A로 변하여 간으로 운반되지만, 대체로 30% 정도만 흡수된다.
㉰ 산이나 알칼리에 변화되지 않는다.
㉱ 물에 녹지 않고 기름에 녹는다.

(2) 동물성 색소
① 헤모글로빈(hemoglobin)
㉮ 혈색소이다.
㉯ 철(Fe)을 함유하고 있다.

② 미오글로빈(myoglobin)
㉮ 근육색소이다.
㉯ 신선한 생육은 적자색으로 공기에 닿으면 선명한 적색, 가열하면 갈색 또는 회색으로 변한다.

③ 헤모시아닌(hemocyanin, 혈청소)
㉮ 문어, 오징어 등의 연체류에 포함되어 있다.
㉯ 구리(Cu)를 함유하고 있는 파란색 색소로 익히면 적자색으로 변한다.

④ 아스타산틴(astaxanthin)
㉮ 피조개의 붉은살, 새우, 게, 가재 등에 포함되어 있는 흑색, 청록색의 색소이다.
㉯ 가열 및 부패에 의해 아스타신(astacin)의 붉은색으로 변한다.

8 식품의 갈변

(1) 효소적 갈변
① 개념 : 채소류나 과일류를 파쇄하거나 껍질을 벗길 때 일어나는 현상이다.
② 원인 : 채소류나 과일류의 상처 받은 조직이 공기 중에 노출되면 페놀화합물이 산화효소인 페놀옥시다아제에 의해 갈색 색소인 멜라닌으로 전환되기 때문이다.
③ 효소에 의한 갈변 방지법
㉮ 열처리 : 데쳐서 고온에서 식품을 열처리하여 효소를 불활성화(블랜칭, Blanching)시킨다.
㉯ 산 이용 : pH(수소이온농도) 3 이하로 낮추어 산의 효소 작용을 억제한다.
㉰ 당 또는 염류 첨가 : 껍질을 벗긴 배나 사과를 설탕이나 소금물에 담근다.
㉱ 산소의 제거 : 밀폐용기에 식품을 넣어 공기를 제거하거나 공기 대신 이산화탄소나 질소가스를 주입한다.
④ 효소의 작용 억제 : 온도를 -10℃ 이하로 낮추어 보관한다.
⑤ 용기의 사용 : 구리 또는 철로 된 용기나 기구의 사용을 피한다.

(2) 비효소적 갈변
① 마이야르 반응(아미노카르보닐 반응)
㉮ 단백질과 당의 결합으로 인해 자연적으로 일어나는 반응이며 열에 의해 촉진된다.
㉯ 분유, 간장, 된장, 누룽지, 케이크, 쿠키, 오렌지주스 등의 갈변 반응이 대표적이다.

② 캐러멜화 반응
㉮ 당류를 고온(180~200℃)으로 가열하였을 때 산화 및 분해산물에 의한 갈변을 말한다.
㉯ 캐러멜화는 간장, 소스, 합성청주, 약식 등에 이용된다.

③ 아스코르브산의 반응
㉮ 감귤류의 가공품인 오렌지주스나 농축물 등에서 일어나는 갈변 반응이다.
㉯ 과채류의 가공식품에 이용된다.

9 식품의 맛과 냄새

(1) 식품의 맛
① 맛의 종류
㉮ 기본적인 맛(Henning의 4원미) : 단맛, 쓴맛, 신맛, 짠맛
㉯ 보조적인 맛 : 매운맛, 감칠맛, 떫은맛, 아린맛, 금속미, 원활미(교질맛)

② 온도에 따른 미각의 변화
㉮ 일반적으로 10~40℃에서 잘 느낄 수 있고, 30℃ 전후에서 가장 예민하다.
㉯ 맛을 가장 잘 느낄 수 있는 온도 : 단맛 20~50℃, 짠맛 30~40℃, 신맛 25~50℃, 쓴맛 40~50℃, 매운맛 50~60℃

③ 단맛
㉮ 소량의 소금은 단맛을 증가시키고 쓴맛, 신맛은 단맛을 감소시키며, 30~50%의 설탕절임은 살균능력이 있다.
㉯ 천연감미료
㉠ 당류 : 설탕, 포도당, 맥아당, 과당, 유당, 전화당
㉡ 방향족 화합물 : 감차, 감초, 자소엽의 단맛성분
㉰ 인공감미료 : 가용성 사카린, 둘신(사용금지), 사이클라메이트(사용금지)

④ 짠맛
㉮ 짠맛은 중성염의 맛으로 염화나트륨($NaCl$), 염화칼륨(KCl), 브롬화나트륨($NaBr$), 요오드화나트륨(NaI), 사과산의 나트륨염 등을 들 수 있다.
㉯ 소금은 가장 순수한 짠맛을 내므로 조미료로 많이 쓰인다.
㉰ 일반적으로 국물의 소금농도는 1%, 김치·찌개의 소금농도는 2%가 적당하며, 10% 이상의 소금절임은 살균작용을 한다.
㉱ 짠맛에 신맛이 더해지면 짠맛이 세어지고 단맛이 더해지면 짠맛이 약해진다.

⑤ 신맛
㉮ 신맛은 수소이온(H^+)의 맛으로, 유기산, 무기산(염산·황산·질산), 산성염 등이 있다.
㉯ 신맛은 단백질을 응고시키고 적당량의 산미는 식욕을 증진시킨다.
㉰ 방부효과가 있으며, 2% 이상의 식초절임은 살균능력이 있다.

⑥ 쓴맛
㉮ 소량의 쓴맛은 식욕을 촉진시키고 소화를 돕는다.

ⓑ 쓴맛 물질
  ㉠ 질소를 가지지 않는 배당체 : 귤껍질의 헤스페리딘, 오이꼭지의 큐커비테이신, 양파껍질의 케르세틴
  ㉡ 알칼로이드 : 커피·차의 카페인, 코코아의 데오브로민, 키나나무의 퀴닌(키니네), 양귀비의 몰핀 등
  ㉢ 무기염류 : 간수에 들어있는 염화칼슘, 염화마그네슘
  ㉣ 기타 물질 : 맥주 원료인 호프의 후물론(humulon)

⑦ 기타 맛
  ㉮ 매운맛
    ㉠ 매운맛은 맛이라기보다 미각신경을 강하게 자극함으로써 느끼는 통감이라 할 수 있다. 건위(健胃), 살충, 살균작용을 돕는다.
    ㉡ 향신료 중 고추의 캡사이신(capsaicin), 후추의 피페린(piperin), 생강의 쇼가올(shogaol), 마늘의 황화아릴류, 겨자의 아릴겨자유 등은 매운맛을 띤다.
  ㉯ 떫은맛 : 혀의 점막 단백질을 응고시킴으로써 일어나는 수렴성의 불쾌한 맛성분이다.
  ㉰ 아린맛
    ㉠ 쓴맛과 떫은맛이 혼합된 맛으로, 감자, 죽순, 가지, 우엉, 토란, 도라지 등에서 느낄 수 있다.
    ㉡ 탄닌, 알데히드, 유기산 등과 Ca^{++}, Mg^{++}, K 등의 무기성분에 의한다.

⑧ 맛의 여러 가지 현상

맛의 현상	설명	사례
대비(강화)현상	서로 다른 두 맛이 작용하여 주된 맛의 성분이 강해지는 현상	단팥죽에 소금을 첨가하면 단맛 증가
변조현상	한 가지 맛을 느낀 직후 다른 맛을 느끼지 못하는 현상	오징어를 먹은 후 바로 밀감을 먹으면 쓰게 느껴짐
미맹현상	PTC라는 화합물에 대해 쓴맛을 느끼지 못하는 현상	–
상쇄현상	두 가지 맛 성분이 혼합되어 고유의 맛이 약해지거나 없어지는 현상	커피와 설탕, 지나친 신맛의 과일과 설탕
억제현상	서로 다른 맛 성분이 혼합되어 주된 성분의 맛이 약화되는 현상	김치의 짠맛과 신맛 등

(2) 식품의 냄새
  ① 향과 취, 풍미
    ㉮ 향(香) : 쾌감을 주는 것
    ㉯ 취(臭) : 불쾌감을 주는 것
    ㉰ 풍미(風味) : 미각과 후각 및 촉각 등의 종합된 것
  ② 냄새의 분류(Henning이 분류한 냄새)
    ㉮ 향신료향 : 마늘, 생강 같은 소스류
    ㉯ 화향향(꽃향) : 꽃 냄새 같은 에스테르류
    ㉰ 과일향 : 사과, 밀감 같은 에스테르류
    ㉱ 수지향 : 테르핀유, 송정유의 냄새
    ㉲ 부패취 : 썩은 고기 냄새와 같은 황화물류
    ㉳ 초취(탄냄새) : 캐러멜류, 타르
  ③ 식물성 식품의 냄새
    ㉮ 알코올 및 알데히드류 : 주류, 감자, 복숭아, 오이, 계피 등
    ㉯ 테르펜류 : 녹차, 차잎, 레몬, 오렌지 등
    ㉰ 에스테르류 : 과일향

  ㉱ 황화합물 : 마늘, 양파, 파, 무, 고추, 부추, 냉이 등
  ④ 동물성 식품의 냄새
    ㉮ 아민류 및 암모니아류 : 육류, 어류 등
    ㉯ 카르보닐 화합물 및 지방산류 : 치즈, 버터 등의 유제품
    ㉰ 트리메틸아민(TMA) : 생선의 비린내

10 식품의 물성

(1) 식품의 콜로이드상태
  ① 콜로이드(colloid, 교질)
    ㉮ 전분, 젤라틴(gelatin) 등을 물에 용해하면 설탕이나 소금 용액과 달리 불용성의 침전물이 형성되며, 흐린 부분은 크기가 1~100μm 입자들이 물에 분산되어 있어 현미경으로도 볼 수가 없다.
    ㉯ 일반적으로 이와 같은 입자들을 콜로이드(교질, colloid)라 부르고, 이런 상태를 교질상태(colloidal state)라고 한다.
    ㉰ 일반적으로 콜로이드 입자의 크기는 $10^{-7} \sim 10^{-5}$cm이다.
    ㉱ 콜로이드 용액에서는 용매, 용질, 용액이라는 용어 대신 분산매, 분산질, 분산계라는 개념으로 사용한다.
  ② 분산매와 분산질
    ㉮ 분산매 : 용액에서의 물과 같이 분산시키는 용매
    ㉯ 분산질 : 분산되어 있는 존재 즉, 콜로이드 상태에 있는 것
    ㉰ 분산매(용매) + 분산질(용질) → 분산계(용액)
  ③ 분산질과 분산매를 구성하는 물질의 상태에 따른 콜로이드의 분류

분산매 (연속상)	분산질 (불연속상)	명칭	예
액체	기체	거품(foam)	맥주, 생크림, 머랭
	액체	에멀젼 (emulsion, 유화)	우유, 마요네즈, 샐러드드레싱
	고체	서스펜션 (suspension, 현탁)	주스, 젤라틴 용액, 사골국
고체	기체	고체 거품(solid foam)	제빵류
	액체	고체 에멀젼 (solid emulsion)	젤리, 아이스크림, 버터
	고체	–	초콜릿

  ④ 콜로이드 유동성에 따른 분류
    ㉮ 졸(sol)
      ㉠ 분산매가 액체이고, 분산질이 고체(suspension) 또는 액체(emulsion)인 콜로이드로서 유동성이 있는 액체 상태를 나타내는 것을 말한다.
      ㉡ 우유, 된장국, 수프, 한천 등이 이에 속한다.
    ㉯ 젤(gel)
      ㉠ 졸(sol)이 가열조리 등에 의해 유동성을 잃어 반고체 상태로 굳어지는 상태를 말한다.
      ㉡ 두부, 치즈, 어묵, 된장, 밥, 삶은 달걀, 육제품, 마요네즈, 젤리, 잼 등이 이에 속한다.
  ⑤ 콜로이드 용액의 안정성에 영향을 주는 요소
    ㉮ 콜로이드 입자의 침강속도
    ㉯ 분산매와의 친화성
    ㉰ 분산매의 밀도와 점성

⑥ 콜로이드의 성질
  ㉮ 반투성 : 식품의 조리와 가공상 중요
  ㉯ 브라운 운동(Brownian motion) : 브라운 운동에 의해 콜로이드 입자가 침전하지 않고 물 속에 분산
  ㉰ 응결(coagulation) : 소수성인 졸(sol)에 소량의 전해질을 첨가하면 콜로이드 입자가 침전하는 현상
  ㉱ 흡착(adsorption) : 콜로이드 입자의 표면적이 크기 때문에 다른 물질을 흡착
  ㉲ 유화(emulsification)
    ㉠ 수중유적형(oil in water : O/W) : 물 속에 기름이 분산되어 있는 형태(우유, 아이스크림, 마요네즈)
    ㉡ 유중수적형(water in oil : W/O) : 기름 속에 물이 분산되어 있는 형태(버터, 마가린)
  ㉳ 거품(foam) : 분산매인 액체에 공기와 같은 기체가 분산되어 있는 것으로 식품 섭취 시 입안의 촉감과 관련

(2) 식품의 물성론
  ① 점성(viscosity)과 점조성(consistency)
    ㉮ 점성과 점조성은 유체에 대한 흐름에 대한 저항을 나타내는 성질들이다. 점성이 높은 식품은 유동성이 낮은데 이는 내부 마찰 저항이 크기 때문이다.
    ㉯ 점성 : 균일한 형태와 크기를 갖는 저분자의 단일물질로 구성된 Newton 액체(물, 시럽)
    ㉰ 점조성 : 다른 형태와 크기를 갖는 복합물질로 구성된 비 Newton 액체(토마토 케첩, 마요네즈)
  ② 소성(plasticity)
    ㉮ 외부의 힘에 의해 변형된 물체가 그 힘을 제거하여도 원형으로 되돌아가지 않는 성질을 말한다.
    ㉯ 버터, 마가린, 생크림 등이 소성을 갖는 대표적인 식품들이다.
  ③ 점탄성(viscoelasticity)
    ㉮ 점성과 탄성을 동시에 갖고 있는 것이다.
    ㉯ 아마인유, 츄잉검, 부드러운 떡, 밀가루 반죽 등이 대표적이다.
  ④ 항복값(yield value)
    ㉮ 생크림의 경우 작은 힘을 가한 상태에서는 탄성을 나타내지만 이어서 큰 힘이 가해지면 소성을 나태내어 부서진다.
    ㉯ 탄성에서 소성으로 변화시키는 한계의 힘을 항복값이라 한다.

11. 식품의 유독성분

(1) 흡입경로에 따른 식품 유독성분의 분류

분류	정의	예	
내인성 유독물질	식품 원료가 여러 가지 생육조건에 따라 합성하여 함유하는 물질	· 식물성 자연독 · 동물성 자연독	
외인성 유독물질	식품에 의도적 또는 비의도적으로 잔존하여 식품에 존재하는 물질	의도적 첨가물질	· 잔류농약 · 잔류동물용 의약품
	· 환경으로부터 식품원료에 혼입 · 환경으로부터 혼입된 물질의 대사산물 · 조리·가공 중 식품에서 생성된 독성물질	비의도적 혼입물질	· 유해성 금속물질 · 용기·포장으로부터 용출된 물질 · 식품 내 환경오염물질 · 미생물 생산 유독물질

(2) 내인성 유독물질
  ① 식물성 식품의 유독성분
    ㉮ 트립신 저해제(trypsin inhibitor) : 콩, 완두, 땅콩 등의 두류
    ㉯ 고시폴(gossypol) : 면실류
    ㉰ 솔라닌(solanine) : 감자 싹
    ㉱ 아미그달린(amygdalin) : 청매
    ㉲ 리신(ricin) : 피마자
  ② 동물성 식품의 유독성분
    ㉮ 테트로도톡신(tetrodotoxin) : 복어의 알, 난소, 간
    ㉯ 삭시톡신(saxitoxin) : 섭조개, 가리비, 대합조개
    ㉰ 베네루핀(venerupin) : 모시조개, 바지락

(3) 외인성 유독물질
  ① 세균성
    ㉮ 엔테로톡신(enterotoxin) : 황색포도상구균
    ㉯ 보툴리눔 독소(botulinum toxin) : 클로스트리디움 보툴리누스균
    ㉰ 웰치 독소 : 클로스트리디움 퍼프린젠스균
  ② 곰팡이성
    ㉮ 아플라톡신(aflatoxin) : 땅콩, 곡류
    ㉯ 오크라톡신(ochratoxin) : 옥수수, 밀
    ㉰ 시트리닌(citrinin) : 황변미
    ㉱ 파툴린(patulin) : 사과주스
  ③ 유해금속
    ㉮ 수은중독 : 미나마타병
    ㉯ 카드뮴중독 : 이타이이타이병
  ④ 환경호르몬
    ㉮ 내분비계 교란물질(Endocrine Disrupting Chemicals, EDCs)
    ㉯ 다이옥신, 비스페놀 A, 프탈레이드, 벤조피렌, 스티렌 다이머

Lesson 02 효소

1. 식품과 효소

(1) 효소(enzyme)
  ① 효소의 정의 : 효소란 생물에 의하여 생산되며 아주 적은 양으로 분해 및 합성 등의 화학반응 속도를 촉진시키는 일종의 유기촉매라 할 수 있으며, 그 구성은 단백질이다.
  ② 효소의 식품에 대한 작용
    ㉮ 효소작용을 이용 : 육류, 치즈, 된장의 숙성
    ㉯ 효소작용을 억제 : 식품의 선도유지 및 변색방지
    ㉰ 식품의 질적 향상을 위한 이용 : 과즙, 포도주에 펙티나아제(pectinase)를 첨가하여 혼탁을 방지, 육류에 프로테아제(protease)를 첨가하여 연화
  ③ 효소의 성질
    ㉮ 기질 특이성 : 특정한 기질 또는 하나의 제한된 그룹에만 속하는 물질에만 작용한다.
    ㉯ 작용 특이성 : 한 종류의 화학반응만을 촉매(반응과정에서 스스로는 소모되거나 변하지 않으면서 반응속도를 빠르게 만듦) 역할을 한다.

(2) 효소의 분류

① 산화환원효소
㉮ 세포 내에서 생체성분을 산화적으로 분해하여 많은 에너지를 방출하는데 관여하는 효소로 호흡효소라고도 한다.
㉯ 산화반응, 탈수소반응, 수소첨가반응, 환원반응에 관여한다.

② 전달효소
㉮ 한 기질에서 다른 기질로 기 또는 원자단을 옮기는 반응을 촉매하는 효소이다.
㉯ 메틸기, 아세틸기, 글루코스기, 아미노기, 인산기 등의 원자단을 전이하는 반응을 한다.

③ 가수분해효소
㉮ 물 분자 개입으로 기질의 공유결합을 가수분해하는 반응을 촉매하는 효소이다.
㉯ 단백질, 탄수화물, 지방의 분해는 모두 가수분해에 해당된다.

④ 분해효소
㉮ 기질에 이중결합을 생성하거나 이중결합에 이들 원자단을 부가하는 반응을 촉매하는 효소이다.
㉯ 가수분해가 아닌 방법으로 기질에서 물, 암모니아, 카르복실기, 알데하이드기 등의 원자단을 분리하는데 관여한다.

⑤ 이성화효소
㉮ 기질분자의 분해, 전이, 산화환원을 수반하지 않는 분자의 이성화반응을 촉매하는 효소이다.
㉯ 입체 이성화반응, 시스-트랜스(cis-trans) 전환반응, 분자 내의 산화환원 및 분자 내 전이반응에 관여한다.

⑥ 연결효소
㉮ 합성효소라고도 하며, ATP 또는 그것과 비슷한 TPA의 분해와 결합을 촉매하는 효소이다.
㉯ ATP → AMP + PP 반응과 합성반응에 관여한다.

(3) 효소반응에 영향을 미치는 인자

① 온도
㉮ 온도가 상승하면 효소의 반응속도는 증가하지만, 단백질로 구성된 효소의 특성으로 인해 고온에서는 변성해서 효소의 활성이 약해지고, 어느 온도 이상이 되면 효소로써의 기능을 상실한다.
㉯ 대부분의 효소가 갖는 최적온도는 30~40℃ 정도이며, 식품 중의 효소는 식품원료를 70℃ 또는 그 이상에서 수 분간 가열함으로써 불활성화된다.

② pH
㉮ 효소반응에는 pH 조절이 필요하며, 작용 최적 pH는 4.5~8.0이다.
㉯ 예외적으로 단백질 분해효소인 펩신(pepsin)의 pH 1.8, 아르기닌 분해효소인 아르기나아제(arginase) pH 10 이 최적조건이다.

③ 효소농도 및 기질농도
㉮ 효소반응은 반응 초기 효소의 농도와 그 활성도가 비례한다.
㉯ 일정한 효소량에 대해 기질의 농도를 증가시키면 처음의 반응은 빠르게 진행되며, 그 후 기질의 농도를 증가시켜도 그에 따라 증가하지 않고 일정해진다.

④ 저해제 및 부활제
㉮ 저해제 : 효소작용을 억제하는 물질
　㉠ 효소의 활성 부위를 기질과 저해제가 경쟁적으로 결합하여 저해(경쟁적 저해) : 기질 농도를 높이면 해결된다.
　㉡ 저해제가 기질과는 다른 효소 위치에 결합하여 효소활성을 저해(비경쟁적 저해) : 저해제에 의해 효소의 구조변화가 발생하여, 이 경우 저해제의 농도를 감소시켜야만 한다.
㉯ 부활제 : 효소작용을 촉진하는 물질(Ca, Mg, Mn)

(4) 주요 효소

① 산화환원효소
㉮ 티로시나아제(tyrosinase)
　㉠ 멜라닌의 생성을 조절(티로신 → 멜라닌)
　㉡ 버섯, 감자, 사과의 갈변(효소적 갈변)
㉯ 폴리페놀옥시다아제(polyphenol oxidase), 페놀라아제(phenolase)
　㉠ 폴리페놀계 화합물 → 퀴논
　㉡ 사과 등 식물성 식품의 갈변(효소적 갈변)
㉰ 아스코르빅 액시드 옥시다아제(ascorbic acid oxidase)
　㉠ 비타민 C 산화
　㉡ 양배추, 오이, 당근(효소적 갈변)
㉱ 리폭시게나아제(lipoxygenase, 리폭시다아제)
　㉠ 불포화지방산의 변색, 변향
　㉡ 두류, 곡류

② 가수분해효소
㉮ 탄수화물 분해효소
　㉠ 아밀라아제(amylase, 타액, 췌장액) : 전분 → 덱스트린 + 맥아당
　㉡ 수크라아제(sucrase, 소장, 효모) : 설탕 → 포도당 + 과당
　㉢ 말타아제(maltase, 장액) : 맥아당 → 포도당 + 포도당
　㉣ 락타아제(lactase, 장액) : 젖당 → 포도당 + 갈락토오스
㉯ 단백질 분해효소
　㉠ 펩신(pepsin, 위액) : 단백질 → 펩톤
　㉡ 펩티다아제(peptidase, 소화액) : 펩티드 → 아미노산
　㉢ 트립신(trypsin, 췌액, 장액) : 단백질 → 펩티드, 아미노산
㉰ 지질 분해효소
　㉠ 리파아제(lipase, 췌장액) : 지방 → 글리세린 + 지방산

(5) 소화와 효소

① 입에서의 소화 작용
㉮ 기계적 소화 : 치아(저작운동), 혀(혼합운동)
㉯ 화학적 소화
　㉠ 침 속의 소화 효소인 아밀라아제(Amylase)에 의하여 녹말이 분해
　㉡ 아밀라아제 : 녹말 → 엿당(맥아당) + 덱스트린

② 위에서의 소화 작용
㉮ 기계적 소화 : 연동운동, 혼합운동
㉯ 화학적 소화
　㉠ 음식물이 위로 들어오면 위샘에서 염산(HCℓ)과 단백질 분해효소인 펩시노겐(pepsinogen)이 포함된 위액을 분비
　㉡ 염산(HCℓ) : 위 속의 환경을 pH 2 정도의 강한 산성으로 만들어 살균 작용 및 비활성 상태의 펩시노겐을 펩신으로 활성화
　㉢ 펩신(pepsin) : 단백질을 폴리펩티드(polypeptide, 분자량이 작은 단백질)로 분해

③ 소장에서의 소화 작용
  ㉮ 구조 : 길이가 약 7m, 앞쪽의 약 30cm 부분이 십이지장
  ㉯ 기계적 소화 : 연동운동, 혼합운동
  ㉰ 화학적 소화
    ㉠ 이자(췌장)액 : 췌장은 3대 영양소의 소화효소를 모두 생성하여 십이지장으로 분비
      • 아밀라아제(아밀롭신, amylopsin) : 전분(녹말) → α-말토오스 + 올리고당(포도당, 덱스트린 등)
      • 리파아제(스테압신, steapsin) : 지방 → 지방산 + 글리세롤
      • 트립신(trypsin) : 단백질 → 펩톤 + 아미노산
    ㉡ 쓸개즙(담즙)
      • 간에서 생성되어 쓸개에 저장되며, 십이지장으로 분비되는 것으로 소화효소는 없음
      • 쓸개즙의 주성분은 담즙산염과 담즙색소로 담즙산염이 지방을 유화시켜 이자(췌장)에서 분비되는 리파아제(lipase)의 작용을 촉진
    ㉢ 장액 : 소장의 장샘에서 분비되며, 탄수화물과 단백질을 소화시킴
      • 말타아제(maltase) : 엿당 → 포도당 + 포도당
      • 락타아제(lactase) : 젖당 → 포도당 + 갈락토오스
      • 수크라아제(sucrase) : 서당 → 포도당 + 과당
      • 펩티다아제(에렙신, erepsin) : 펩톤 → 아미노산 + 아미노산

Lesson 03 식품과 영양

1 영양소의 기능 및 영양소 섭취기준

(1) 영양과 영양소

① **영양** : 인간이 체외로부터 식품을 섭취하여 소화, 흡수 과정을 거쳐 생명의 유지와 성장, 그리고 낡거나 손상된 조직을 재생하고 불필요한 물질을 체외로 배설하는 일련의 과정

② **영양소**
  ㉮ 영양을 유지하기 위하여 외부로부터 섭취하여야 되는 물질
  ㉯ 영양소의 종류
    ㉠ 3대 영양소 : 단백질, 탄수화물(당질), 지방(지질)
    ㉡ 5대 영양소 : 단백질, 탄수화물, 지방, 무기질, 비타민
    ㉢ 6대 영양소 : 단백질, 탄수화물, 지방, 무기질, 비타민, 물(수분)

> **식품의 구비조건**
> • 영양성 : 인체가 필요로 하는 에너지원(단백질, 지방, 탄수화물), 체구성원(단백질, 탄수화물, 지방, 무기질), 조절소(무기질, 비타민)로서의 공급원이 되어야 한다.
> • 위생성 : 식품에 잔류농약, 중금속, 독성성분, 발암물질 등의 유해물을 함유하지 않아야 하는 것은 물론이고 위생적으로 안전하여야 한다.
> • 기호성 : 식품의 맛, 색깔, 향기 등의 기호적 성질을 지녀야 한다. 이 기호성은 식욕을 촉진시키고 소화액의 분비를 자극하여 영양소의 소화율을 높인다.
> • 경제성 : 식품의 이용 면에서 어느 정도 가격이 저렴해야 한다.
> • 실용성 : 식품의 조리, 가공 및 저장과 운반이 용이하게 실용성이 있어야 한다.

(2) 기초대사량

① **의미와 요구량**
  ㉮ 의미 : 무의식적 활동(호흡, 심장박동, 혈액운반, 소화 등)에 필요한 열량
  ㉯ 기초 대사량
    ㉠ 성인남자 : 1400kcal~1800kcal
    ㉡ 성인여자 : 1200kcal~1400kcal

② **기초대사에 영향을 주는 인자**
  ㉮ 체표면적이 클수록 소요 열량이 크다.
  ㉯ 남자가 여자보다 소요 열량이 크다.
  ㉰ 근육질인 사람이 지방질인 사람에 비해 소요 열량이 크다.
  ㉱ 발열이 있는 사람은 소요 열량이 크다.
  ㉲ 기온이 낮으면 소요 열량이 커진다

(3) 5가지 기초 식품군

① **제1군(단백질)** : 수조육류, 어패류, 알류, 콩류(육류, 닭, 생선, 달걀, 두부 등)
② **제2군(칼슘)** : 우유 및 유제품, 뼈째 먹는 생선(우유, 치즈, 뱅어포, 아이스크림, 요구르트 등)
③ **제3군(무기질 및 비타민)** : 채소류와 과일류, 해조류, 버섯류(시금치, 쑥갓, 아욱, 당근, 배추, 사과, 딸기, 김, 미역, 다시마, 버섯 등)
④ **제4군(탄수화물)** : 곡류와 감자류(쌀, 보리, 국수, 식빵, 떡, 고구마, 토란, 과자, 설탕 등)
⑤ **제5군(지방)** : 식물성 기름·동물성 지방, 가공유지(면실유, 참기름, 들기름, 쇼트닝, 버터, 마가린, 호두, 깨소금 등)

> **대치(대체)식품**
> • 영양면에서 주된 영양소가 공통으로 함유된 것을 의미하며 식단 작성 시 필요하다.
> • 대치식품량 = $\dfrac{\text{원래 식품함량}}{\text{대치 식품함량}}$ × 원래 식품량

(4) 한국인 영양섭취기준(KDRIs)

① **한국인 영양섭취기준의 정의** : 한국인 영양섭취기준(KDRIs, Dietary Reference Intakes for Koreans)은 한국인의 건강을 최적의 상태로 유지할 수 있는 영양소들의 섭취 수준을 의미한다.

② **영양섭취기준의 구성과 특성**
  ㉮ 평균필요량(EAR) : 대상 집단을 구성하는 건강한 사람들의 절반에 해당하는 사람들의 일일 필요량을 충족시키는 값으로 대상 집단의 필요량 분포치 중앙값으로부터 산출하여 설정된 것이다.
  ㉯ 권장섭취량(RI) : 인구집단의 약 97~98%에 해당하는 사람들의 영양소 필요량을 충족시키는 섭취수준으로, 평균필요량에 표준편차의 2배를 더하여 정해진 것이다.
  ㉰ 충분섭취량(AI) : 영양소 필요량에 대한 정확한 자료가 부족하거나 필요량의 중앙값과 표준편차를 구하기 어려워 권장섭취량을 산출할 수 없는 경우에 제시되며 식이섬유소, 나트륨, 염소 등에 대하여 충분섭취량이 설정되어 있다.
  ㉱ 상한섭취량(UL) : 인체에 유해한 영향이 나타나지 않는 최대 영양소 섭취 수준이므로, 과량을 섭취할 때 유해영향이 나타날 수 있다는 과학적 근거가 있을 때 설정할 수 있다.

$$상한섭취량 = \frac{최대무해용량(또는 최저유해용량)}{불확실계수}$$

③ 섭취기준 대상 영양소 총 40종

구분	영양소(40종)
에너지 및 다량영양소(12종)	에너지, 탄수화물, 총당류, 단백질, 아미노산, 지질, 알파리놀렌산, 리놀레산, EPA+DHA, 콜레스테롤, 식이섬유, 수분
비타민(13종)	비타민 A, 비타민 D, 비타민 E, 비타민 K, 비타민 C, 티아민, 리보플라빈, 니아신, 비타민 B_6, 엽산, 비타민 B_{12}, 판토텐산, 비오틴
무기질(5종)	칼슘, 인, 나트륨, 염소, 칼륨, 마그네슘, 철, 아연, 구리, 불소, 망간, 요오드, 셀레늄, 몰리브덴, 크롬

④ 영양섭취기준 중 에너지 적정비율(보건복지부, 2020)

영양소		1~2세	3~18세	19세 이상	비고
탄수화물		55~65%	55~65%	55~65%	
단백질		7~20%	7~20%	7~20%	
지질	총지방	20~35%	15~30%	15~30%	
	포화지방산	–	8% 미만	7% 미만	
	트랜스지방산	–	1% 미만	1% 미만	
	콜레스테롤	–	–	300mg/일 미만	권고

⑤ 당류

㉮ 총당류 섭취량을 총 에너지섭취량의 10~20%로 제한하고, 특히 식품의 조리 및 가공 시 첨가되는 첨가당은 총 에너지섭취량의 10% 이내로 섭취하도록 한다.

㉯ 첨가당의 주요 급원으로는 설탕, 액상과당, 물엿, 당밀, 꿀, 시럽, 농축과일주스 등이 있다.

(5) 식사구성안과 식품구성자전거

① **식사구성안** : 일반인에게 영양섭취기준에 만족할 만한 식사를 제공할 수 있도록 식품군별 대표 식품과 섭취 횟수를 이용하여 식사의 기본 구성 개념을 설명한 것

② **식품구성자전거와 식품군별 1인 1회 분량** : 식품구성자전거는 6개의 식품군에 권장식사패턴의 섭취횟수와 분량에 맞추어 바퀴 면적을 배분한 형태로, 기존의 식품구성탑보다 다양한 식품 섭취를 통한 균형 잡힌 식사와 수분 섭취의 중요성 그리고 적절한 운동을 통한 비만 예방이라는 기본 개념을 나타낸다.

③ **식품군별 대표식품의 1인 1회 분량**

식품군	1인 1회 분량
곡류	밥 1공기(210g), 국수 1대접(건면 100g), 식빵(대) 2쪽(100g), 감자(중) 1개 (130g)*, 씨리얼 1접시(40g)*
고기 · 생선 · 달걀 · 콩류	육류 1접시(생 60g), 닭고기 1조각(생 60g), 생선 1토막(생 60g), 달걀 1개(60g), 두부 2조각(80g), 콩(20g)
채소류	콩나물 1접시(생 70g), 시금치나물 1접시(생 70g), 배추김치 1접시(40g), 오이소박이 1접시(60g), 버섯 1접시(생 30g), 물미역 1접시(생 30g)
과일류	사과(중) 1/2개(100g), 귤(중) 1개(100g), 참외(중) 1/2개(200g), 포도 15알(100g), 오렌지주스 1/2컵(100g)
우유 · 유제품류	우유 1컵(200g), 호상요구르트 1/2컵(100g), 액상요구르트 3/4컵(150g), 아이스크림 1/2컵(100g), 치즈 1장(20g)*
유지 · 당류	식용유 1작은술(5g), 버터 1작은술(5g), 마요네즈 1작은술(5g), 설탕 1큰술(10g), 커피믹스 1봉(12g)

* 다른 식품들 1회 분량의 1/2 에너지를 함유하고 있으므로 식단 작성 시 0.5회로 간주

CHAPTER 03 | 재료관리

LESSON 01 식품재료의 성분

001 다음 중 쌀 전분의 주된 구성물질과 그 비율이 올바르게 표시된 것은?

① 아밀로오스 80%, 아밀펙틴 20%
② 아밀로펙틴 80%, 아밀로오스 20%
③ 아밀로오스 40%, 아밀펙틴 60%
④ 아밀로펙틴 40%, 아밀로오스 26%

> 쌀은 현미 80%, 왕겨층 20%이며, 쌀 전분은 80%의 아밀로펙틴과 20%의 아밀로오스로 구성되어 있다.

002 곡류 중 비타민 B_1, B_2가 특히 많을 뿐 아니라, 내부까지 분포되어 있어 조리 시 손실이 적은 것은?

① 쌀   ② 밀
③ 메밀   ④ 보리

> 보리는 겉보리(엿기름용)와 쌀보리(보리쌀용)가 있으며, 비타민 B_1, B_2가 많으며 특히 내부까지 분포되어 있어 조리 시 손실이 적다.

003 다음 중 비타민 P(루틴)가 함유되어 있는 곡류는 무엇인가?

① 쌀   ② 밀
③ 메밀   ④ 보리

> 메밀은 밀가루에 비하여 단백질, 지방, 섬유소가 풍부하나 소화율은 낮다. 또한, 비타민 P(루틴)를 함유하고 있다.

004 다음 중 비타민 B_2의 함량이 가장 많은 식품은 무엇인가?

① 버터   ② 소고기
③ 우유   ④ 당근

> 비타민 B_2(리보플라빈)은 성장촉진과 피부점막 보호작용을 하며, 결핍되면 구순염, 구각염 등을 유발한다. 급원식품으로 대표적인 것은 우유이다.

005 다음 중 단백질이 많은 두류에 해당하는 것은?

① 녹두   ② 강낭콩
③ 땅콩   ④ 대두

> • 당질이 많은 두류 : 강낭콩, 완두콩, 팥, 녹두
> • 지방이 많은 두류 : 땅콩(낙화생)

006 다음 중 대두에 가장 많은 단백질은?

① 글로불린
② 알부민
③ 글루텔린
④ 프롤라민

> 두류는 100g당 약 40g 정도의 단백질을 함유하고 있으며, 대두의 주 단백질은 글리시닌, 글로불린으로 두부는 대두 단백질인 글로불린의 성질을 이용한 것이다.

007 뿌리에 해당하는 부분을 식용으로 사용하는 근채류에 속하는 채소류만으로 짝지은 것은?

① 배추, 시금치, 죽순
② 토마토, 당근, 호박
③ 우엉, 당근, 연근
④ 아스파라거스, 가지, 감자

> 식용부위에 따른 채소류 구분
> • 엽채류 : 잎 부분을 식용으로 하고 섬유질이 많아 변비 예방에 효과적(배추, 시금치)
> • 근채류 : 뿌리에 해당하는 부분을 식용으로 하는 채소(우엉, 당근, 연근 등)
> • 과채류 : 열매를 식용으로 하는 채소(토마토, 가지, 호박 등)
> • 경채류 : 줄기를 식용으로 하는 채소(아스파라거스, 죽순 등)

008 마멀레이드에 관한 설명 중 잘못된 것은?

① 잘게 썬 껍질 부분이 내용물에 포함된다.
② 주로 오렌지를 이용한다.
③ 전채류이다.
④ 잼류이다.

> 마멀레이드는 감귤류의 껍질과 과육에 설탕을 넣어 조린 젤리 모양의 잼을 말한다.

009 다음 해조류 중 녹조류에 해당하는 것은?

① 파래   ② 다시마
③ 우뭇가사리 ④ 김

> 해조류
> • 녹조류 : 파래, 청각, 청태
> • 갈조류 : 모재반, 다시마, 미역
> • 홍조류 : 김, 우뭇가사리

010 균류의 일종으로 단백질과 지방이 적고 섬유소가 많이 함유되어 있는 식품은?

① 서류   ② 버섯류
③ 두류   ④ 해조류

> 버섯은 균류의 일종으로 단백질과 지방함량이 적고 섬유소가 많아 소화율이 떨어진다.

011 식이섬유소(dietary fiber)가 아닌 것은?

① 알긴산(alginic acid)
② 라피노스(raffinose)
③ 한천(agar)
④ 펙틴(pectin)

> 라피노스(raffinose)는 3당류로서 가수분해에 의해 포도당을 생성한다.

012 동물성 식품인 육류의 질긴 정도를 결정하는 주된 요소는 무엇인가?

① 결합조직   ② 세포조직
③ 근육조직   ④ 피부조직

> 근육에 분포되어 있는 결합조직의 양에 의해 연하기도 질기기도 하다.

정답 001 ② 002 ④ 003 ③ 004 ③ 005 ④ 006 ① 007 ③ 008 ③ 009 ① 010 ② 011 ② 012 ①

013 육류 조리시의 향미 성분과 관계가 적은 것은?

① 전분
② 유기산
③ 유리아미노산
④ 핵산분해물질

🔍 육류의 향미 성분은 유리아미노산과 핵산분해물질, 이노신산, 당류, 유기염류, 산 등의 혼합물이다.

014 식물성 유지를 건성유, 반건성유, 불건성유로 구분하는 기준이 되는 것은?

① 유지의 점도
② 포화 지방산
③ 요오드가
④ 불포화 지방산

🔍 식물성 유지의 분류
• 건성유(요오드가 130 이상) : 불포화 지방산이 많은 들깨유, 아마인유, 호두, 잣 등
• 반건성유(요오드가 100~130) : 대두유, 면실유, 유채기름, 참기름 등
• 불건성유(요오드가 100 이하) : 포화지방산이 많은 땅콩기름, 동백기름, 올리브유 등

015 가공 유지를 만들 때 촉매제로 사용되는 것은?

① 니켈(Ni)
② 수소(H_2)
③ 탄소(C)
④ 아연(Zn)

🔍 가공 유지란 액상기름에 수소(H_2)를 첨가하고 니켈(Ni)과 백금(Pt)을 촉매제로 하여 고체화한 기름을 말한다.

016 다음 중 강화식품에 대한 설명으로 맞는 것은?

① 가공과정을 간단히 하여 값싸게 만든 것
② 색·향기·맛이 나도록 만든 것
③ 조리 시에 영양소가 파괴되지 않도록 한 것
④ 본래 들어있지 않던 성분을 첨가한 것

🔍 강화식품은 식품을 가공, 제조, 조리하는 과정 중에 손실되거나 함유되어 있지 않은 성분을 첨가하여 영양가치를 높인 식품을 말한다.

017 다음 중 시간 노력을 들이지 않고 간단한 방법으로 조리하여 바로 섭취할 수 있는 식품을 의미하는 용어는?

① 정제식품
② 즉석식품
③ 기호식품
④ 강화식품

🔍 기호식품과 강화식품
• 기호식품 : 영양소는 거의 없고 식품에 맛과 색깔, 냄새 등을 부여하여 식욕을 증진시킨 식품
• 강화식품 : 식품을 가공, 제조, 조리하는 과정 중에 손실되거나 함유되어 있지 않은 성분을 첨가하여 영양가치를 높인 식품

018 인체 활동의 에너지원인 탄수화물, 단백질, 지방의 1g당 생산 kcal를 올바르게 나타낸 것은?

① 탄수화물 : 9kcal, 단백질 : 9kcal, 지방 : 4kcal
② 탄수화물 : 9kcal, 단백질 : 4kcal, 지방 : 4kcal
③ 탄수화물 : 4kcal, 단백질 : 9kcal, 지방 : 4kcal
④ 탄수화물 : 4kcal, 단백질 : 4kcal, 지방 : 9kcal

🔍 1g당 탄수화물과 단백질은 4kcal, 지방은 9kcal, 알코올은 7kcal의 열량을 생산한다.

019 다음 중 당도가 10% 되는 설탕물 200cc 열량으로 맞는 것은?

① 80kcal
② 60kcal
③ 40kcal
④ 20kcal

🔍 200cc의 10%는 설탕 20g이므로 20 × 4 = 80kcal가 된다(탄수화물 1g당 4kcal).

020 다음 중 기름 1찻술(5cc)이 내는 열량으로 맞는 것은?

① 30kcal
② 45kcal
③ 60kcal
④ 90kcal

🔍 기름은 100% 순수한 지방이므로 5 × 9kcal = 45kcal가 발생한다(지방 1g당 9kcal).

021 다음 보기 중 조절 영양소만으로 짝지은 것은?

① 탄수화물, 단백질, 지방
② 단백질, 무기질
③ 탄수화물, 무기질
④ 비타민, 무기질

🔍 조절 영양소는 체내 생리작용을 조절하여 대사를 원활하게 하는 것으로 비타민과 무기질이 있다.

022 다음 중 결합수에 대한 설명으로 맞지 않는 것은?

① 미생물의 번식과 발아에 이용되지 못한다.
② 식품성분인 단백질, 당류와 결합되어 있다.
③ 수증기압이 보통 물보다 낮다.
④ 용질에 대해 용매로서 작용한다.

🔍 결합수의 성질
• 용질에 대해 용매로서 작용하지 않는다.
• 100℃ 이상으로 가열하여도 제거되지 않는다.
• 0℃에서 잘 얼지 않는다.
• 식품 중에서 미생물의 번식과 발아에 이용되지 못한다.

023 다음 중 수분활성도에 대한 설명으로 틀린 것은?

① 일반식품의 수분활성도는 항상 1보다 작다.
② 곡류나 건조식품 등은 육류, 과일, 채소류보다 수분활성도가 낮다.
③ 미생물은 수분활성도가 높으면 생육이 억제된다.
④ 물의 수분활성도는 1이다.

🔍 수분활성도란 어떤 임의의 온도에서 그 식품이 나타내는 수증기압(P)에 대한 그 온도에서의 순수한 물의 최대 수증기압(Po)의 비율을 의미하는 것으로 수분활성도가 낮으면 미생물의 생육이 억제된다.

024 다음 중 수분활성도(Water Activity, Aw)를 올바르게 나타낸 식은 무엇인가?

① $AW = \dfrac{P(\text{식품의 수증기압})}{P_0(\text{순수한 물의 최대수증기압})}$

② $AW = \dfrac{P(\text{순수한 물의 최대수증기압})}{P_0(\text{식품의 수증기압})}$

③ $AW = \dfrac{P(\text{물의 수증기압})}{P_0(\text{순수한 물의 최대수증기압})}$

③ $AW = \dfrac{P(\text{순수한 물의 최대수증기압})}{P_0(\text{물의 수증기압})}$

🔍 수분활성도(Aw) $= \dfrac{P(\text{식품의 수증기압})}{P_0(\text{순수한 물의 최대수증기압})}$

025 다음 중 체내 함유 수분이 몇 % 가량 손실되면 생명이 위험해지는가?

① 1%
② 5%
③ 10%
④ 20%

🔍 체내 함유 수분이 20% 가량 손실되면 생명이 위험해 진다.

정답 013 ① 014 ③ 015 ① 016 ④ 017 ② 018 ④ 019 ①

정답 020 ② 021 ④ 022 ④ 023 ③ 024 ① 025 ④

026 다음 중 현재 영양학에서 널리 사용되고 있는 킬로칼로리(kcal)에 대한 설명으로 맞는 것은?

① 1g의 물을 화씨 1도 올리는 데 필요한 열량
② 1g의 물을 섭씨 1도 올리는 데 필요한 열량
③ 1,000g의 물을 화씨 1도 올리는 데 필요한 열량
④ 1,000g의 물을 섭씨 1도 올리는 데 필요한 열량

> 칼로리(cal)는 식품에서 발생하는 열량을 재는 단위로 1g의 물을 1℃ 높이는데 필요한 열량을 말한다. 따라서 1킬로칼로리(kcal)는 1,000g의 물을 섭씨 1도 올리는데 필요한 열량을 의미한다.

027 우리나라 주식은 주로 어떤 영양소로 되어 있는가?

① 당질   ② 단백질
③ 지방   ④ 무기질

> 우리나라 주식인 곡류의 주성분은 전분(당질)이 70~75%로 에너지원으로 적당하고 건조상태로 공급된다.

028 다음 중 탄수화물과 지질에 대한 설명으로 옳은 것은?

① 탄수화물과 지질 모두 구성요소는 탄소(C), 수소(H), 산소(O)이다.
② 1g당 열량은 탄수화물이 9kcal, 지질이 4kcal이다.
③ 탄수화물의 최종 분해산물은 지방산과 글리세롤이며, 지질은 포도당이다.
④ 지질의 소화율이 탄수화물에 비해 높다.

> 탄수화물과 지질(지방)

구분	탄수화물	지질
구성요소	C, H, O	C, H, O
1g당의 열량	4kcal	9kcal
전체열량	65%	20%
소화율	98%	95%
최종 분해산물	포도당	지방산과 글리세롤

029 다음 중 단백질의 특성에 대한 설명으로 틀린 것은?

① 구성요소는 탄소(C), 수소(H), 산소(O), 질소(N)이다.
② 단백질의 1g당 열량은 4kcal이다.
③ 최종분해산물은 아미노산이다.
④ 소화효소는 리파아제와 스테압신이다.

> 소화효소
> • 지방(지질) : 리파아제, 스테압신
> • 단백질 : 펩신, 트립신, 에렙신
> • 탄수화물 : 프티알린, 말타아제, 아밀롭신, 인버타제(사카라아제), 락타아제

030 다음 중 화학적 분류에 따른 단백질이 아닌 것은?

① 단순단백질   ② 복합단백질
③ 완전단백질   ④ 유도단백질

> 단백질의 분류
> • 화학적 분류 : 단순단백질, 복합단백질, 유도단백질
> • 영양학적 분류 : 완전단백질, 부분적으로 불완전한 단백질, 불완전단백질

031 다음 중 단백질에 대한 설명으로 맞지 않는 것은?

① 히스톤(histone)은 단순 단백질이다.
② 질소를 약 16% 함유하고 있다.
③ 여러 개 아미노산의 펩타이드 결합체이다.
④ 알부민은 묽은 염류용액에 용해된다.

> 알부민(albumin)은 물에 용해되고, 글로불린(globulin)은 묽은 염류 용액에 용해된다

032 다음 중 단백질을 영양학적으로 분류했을 때 완전단백질에 대한 것으로 맞는 것은?

① 모든 아미노산을 골고루 함유하고 있는 것
② 소화흡수가 완전히 이루어질 수 있는 것
③ 성장도 시켜주고 생명유지도 시켜주는 것
④ 어린이들의 완전성장을 촉진시켜 주는 것

> 완전 단백질은 모든 필수아미노산이 비교적 적당한 비율로 골고루 들어있는 단백질로 동물성 단백질로는 카제인(우유), 오보알부민(달걀)이 있고, 식물성 단백질로는 글리시닌(콩)이 있다.

033 다음 중 특히 성장기 아동과 회복기 환자에게 공급되어져야 하는 필수 아미노산으로 맞는 것은?

① 발린   ② 리신
③ 이소루신   ④ 히스티딘

> 성장기 어린이, 노인에게 필요한 아미노산은 히스티딘, 알기닌이다.

034 아미노산에 대한 다음의 설명 중 틀린 것은?

① 필수 아미노산은 체내에서 생성할 수 없으므로, 반드시 음식으로부터 공급해야 한다.
② 성인에게 필요한 필수 아미노산은 8가지이다.
③ 불필수 아미노산은 인체 자체의 힘으로 만들 수 있는 아미노산을 말한다.
④ 성장기 어린이 또는 노인도 성인에게 필요한 8가지 필수 아미노산으로 충분하다.

> 필수 아미노산
> • 성인에게 필요한 필수 아미노산 : 8가지(이소루신, 루신, 리신, 트레오닌, 발린, 트립토판, 페닐알라닌, 메티오닌)
> • 성장기 어린이, 노인에게 필요한 필수 아미노산 : 10가지(성인 필수 아미노산 8가지 + 알기닌, 히스티딘)

035 다음 중 가수분해가 되면 포도당을 만들며 간이나 근육에 포함되어 있는 탄수화물은 무엇인가?

① 식물성 전분   ② 글리코겐
③ 펙틴   ④ 젖당

> 글리코겐은 가수분해되면 포도당을 만들며 간이나 근육에 포함되어 있는 동물성 전분이다.

036 다음 중 젖당에 대한 설명으로 맞지 않는 것은?

① 장 속에 유해균의 번식을 억제한다.
② 가장 대표적인 다당류이다.
③ 단맛은 자당의 약 1/4이다.
④ 뇌·신경조직에 존재한다.

> 젖당(lactose)은 포도당(glucose)과 갈락토오즈(galactose)로 된 이당류로 신생아나 신생동물에 가장 중요한 성분이다.

037 다음 중 이당류가 아닌 것은?

① 갈락토오즈   ② 자당
③ 맥아당   ④ 젖당

> 갈락토오즈는 만노오즈, 포도당, 과당과 함께 단당류이다.

038 탄수화물 감미 정도를 올바르게 나타낸 것은?

① 포도당 〉 자당 〉 맥아당 〉 과당 〉 유당
② 유당 〉 맥아당 〉 과당 〉 자당 〉 포도당
③ 과당 〉 자당 〉 포도당 〉 맥아당 〉 유당
④ 자당 〉 맥아당 〉 포도당 〉 과당 〉 유당

🔍 감미의 순서 : 과당 〉 전화당 〉 자당 〉 포도당 〉 맥아당 〉 갈락토오즈 〉 유당

039 다음 중 탄수화물의 기능이라고 볼 수 없는 것은?

① 에너지의 공급원　　　② 지방의 완전연소에 관여
③ 혈당량 유지　　　　　④ 생리 조절

🔍 생리 조절, 성장 및 체조직의 구성 등은 단백질의 기능에 해당된다.

040 다음 중 당류의 가수분해 생성물로 틀린 것은?

① 맥아당 : 포도당 + 포도당
② 자당 : 포도당 + 과당
③ 젖당 : 포도당 + 갈락토오즈
④ 과당 : 포도당 + 만노오즈

🔍 과당은 포도당, 갈락토오즈, 만노오즈와 함께 더 이상 가수분해되지 않는 가장 단순한 탄수화물인 단당류에 속한다.

041 다음 중 전분이 분해되어 생기는 최종 산물은 무엇인가?

① 포도당　　　　　　　② 전화당
③ 아미노산　　　　　　④ 과당

🔍 전분(starch) → 덱스트린(dextrin) → 맥아당(maltose) → 포도당(glucose)

042 다음 중 새우, 게 등의 껍질에 함유되어 있는 다당류는?

① 펙틴(pectin)　　　　② 키틴(chitin)
③ 젖당(lactose)　　　④ 아가(agar)

🔍 • 펙틴(Pectin) : 다당류로 세포벽에 존재하는 감귤류의 껍질에 많이 함유
　 • 젖당(Lactose) : 이당류로 유당이라고도 하며, 포유류의 젖(유즙)에 함유
　 • 아가(Agar) : 다당류로 우뭇가사리와 한천에 함유

043 다음 중 인체 내에 분해효소를 가지고 있지 않은 당질로 맞는 것은?

① 락토오스(lactose)　　　② 말토오스(maltose)
③ 슈크로오스(sucrose)　　④ 셀룰로오스(cellulose)

🔍 셀룰로오스(cellulose) 즉, 섬유소는 인체 내에 분해효소를 가지고 있지 않은 당질로 소화되지 않으나, 정장작용을 촉진시켜 변비를 예방한다.

044 다음 보기 중 포화지방산에 속하는 것은?

① 올레인산　　　　　　② 리놀레인산
③ 아라키도닉산　　　　④ 스테아린산

🔍 포화지방산과 불포화지방산
　 • 포화지방산 : 상온에서 고체로 존재하며 이중결합이 없는 지방산(팔미틴산, 스테아린산)
　 • 불포화지방산 : 융점이 낮아 상온에서 액체로 존재하며 이중결합이 있는 지방산(올레인산, 리놀레인산, 리놀레닌산, 아라키도닉산)

045 다음은 필수지방산에 대한 설명이다. 틀린 것은?

① 주로 동물성 지방에 함유되어 있다.
② 부족 시에는 피부병이 발생한다.
③ 불포화도가 높다.
④ 체내에서 합성되지 않는다.

🔍 필수지방산은 신체의 성장 유지·생리적 과정에는 꼭 필요하지만 동물 체내에서 합성이 되지 않거나 합성되는 양이 불충분해서 반드시 식사로 공급되어야 하는 지방산으로 피부염 치료에 효과가 있으며 우리 몸의 혈청 콜레스테롤 수준을 낮추는 역할을 한다.

046 지방이 수산화나트륨($NaOH$)에 의하여 가수분해되어 지방산의 Na염(비누)을 생성하는 현상은 지질의 어떠한 기능적 성질 때문인가?

① 에멀전화　　　　　　② 검화
③ 가수소화　　　　　　④ 연화

🔍 검화란 비누화(saponification)와 동일한 의미이다.

047 다음 중 유지의 경화에 대한 설명으로 맞는 것은?

① 지방을 알칼리로 가수분해한 것이다.
② 지방 중에 함유된 포화지방을 냉각하여 제거하는 방법이다.
③ 불포화지방산에 수소를 첨가하여 포화시키는 것이다.
④ 불포화지방을 요오드로 포화시키는 것이다.

🔍 경화(수소화)란 불포화지방산에 니켈을 촉매로 수소를 첨가하여 이중결합을 없애는 것으로 마가린, 쇼트닝 제조에 쓰인다.

048 다음 중 지질의 특성에 해당되지 않는 것은?

① 탄소(C), 수소(H), 산소(O)로 구성로 구성되어 있다.
② 1분자의 글리세롤과 3분자의 지방산의 에스테르 상태로 결합되어 있다.
③ 과잉섭취 시 필요 이상의 섭취량은 체외로 배출된다.
④ 1일 총열량의 20%를 차지한다.

🔍 지질의 과잉섭취 시 배출되지 않고 피하지방으로 저장된다.

049 다음 중 인체 내에서 칼슘의 기능으로 맞지 않는 것은?

① 근육의 이완을 촉진한다.
② 근육 수축을 촉진한다.
③ 혈액응고에 관여한다.
④ 효소의 작용을 촉진한다.

🔍 칼슘(Ca)의 기능 : 골격과 치아조직 형성, 신체기능의 조절작용(근육 수축), 생체 내 촉매 역할, 인슐린 분비 촉진 기능, 세포막의 투과성 조절, 혈액 응고에 관여 등

050 다음 중 헤모글로빈을 구성하는 성분으로 혈액 생성 시 필수적인 무기질은 무엇인가?

① 나트륨(Na)　　　　　② 요오드(I)
③ 철분(Fe)　　　　　　④ 칼륨(K)

🔍 무기질의 기능
　 • 나트륨(Na) : 수분균형 유지 및 삼투압 조절, 산·염기 평형 유지, 근육 수축에 관여
　 • 요오드(I) : 갑상선 호르몬(티록신)을 구성, 유즙 분비 촉진작용
　 • 칼륨(K) : 근육 수축, 삼투압 조절과 신경의 자극전달 작용

정답 038 ③　039 ④　040 ④　041 ①　042 ②　043 ④　044 ④
정답 045 ①　046 ②　047 ③　048 ④　049 ①　050 ③

051 다음 중 철이 헤모글로빈을 만들 때 보조역할을 하는 무기질로 맞는 것은?

① 불소
② 인
③ 구리
④ 코발트

구리(Cu)는 철(Fe) 대사에 관여(구리 결핍시 빈혈)하며 여러 가지 효소의 조효소이다.

052 다음은 인체 내 무기질과 생리작용을 설명한 것이다. 틀린 것은?

① 인(P) : 인지질과 핵단백질의 구성성분이며, 골격과 치아를 구성한다.
② 황(S) : 골격과 치아를 단단하게 하며, 케라틴의 구성성분이다.
③ 마그네슘(Mg) : 효소반응의 촉매, 신경의 자극전달에 관여한다.
④ 칼슘(Ca) : 골격과 치아를 구성하고 비타민 K와 함께 혈액응고에 관여한다.

황(S)은 다양한 아미노산과 머리카락이나 피부를 이루는 케라틴 단백질의 성분으로 조직의 호흡작용, 생물적 산화과정에 관여한다.

053 다음 중 무기염류의 작용으로 맞지 않는 것은?

① 효소작용의 촉진
② 비타민의 절약작용
③ 체액의 pH 조절
④ 세포의 삼투압 조절

무기염류는 신체의 구성성분으로 완충작용, 산·염기 평형, 체액의 삼투압 유지, 근육 수축 신경 자극 전달, 생체 내 촉매 작용을 한다.

054 다음 중 우유가 동물성 식품인데도 알칼리성 식품에 속하는 것은 무슨 원소 때문인가?

① 산소
② 황
③ 탄소
④ 칼슘

산성 식품과 알칼리성 식품
• 산성 식품 : 무기질 중 P, S, Cl 등은 체내에서 분해되어 산성이 되므로 이들을 많이 함유한 식품(곡류, 어류, 육류 등)
• 알칼리성 식품 : 무기질 중 Ca, Na, K, Mg, Fe, Cu, Mn 등은 체내에서 분해되어 알칼리성이 되므로 이들 무기질을 많이 함유한 식품(과일, 야채, 해조류, 우유 등)

055 다음 중 산성 식품과 알칼리성 식품에 대한 설명으로 맞지 않는 것은?

① 지방은 P을 많이 함유하고 있어 산성 식품이다.
② 단백질은 S를 적게 함유하고 있어 알칼리성 식품이다.
③ 곡류나 육류는 P·S·Cl 등을 많이 함유하고 있어 산성 식품이다.
④ 과실류나 야채는 Ca·Fe·Mg·K 등을 많이 함유하고 있어 알칼리성 식품이다.

• 산성 식품 : P, Cl, S, I 등의 원소를 포함한 식품(육류, 곡류 등)
• 알칼리성 식품 : Ca, Mg, Na, K 등 원소를 포함한 식품(과일류, 야채류 등)

056 다음 중 비타민의 일반적 기능과 특성에 대한 설명으로 틀린 것은?

① 체내 합성을 통해 생성되는 영양소이다.
② 인체 내에 필수 물질이지만 적은 양만 필요하다.
③ 에너지나 신체 구성물질로 사용되지 않는다.
④ 대사작용 조절물질, 즉 보조효소의 역할을 한다.

비타민은 체내 합성이 안 되므로 반드시 음식물로부터 섭취해야 한다.

057 다음 중 수용성 비타민에 해당되는 것은 무엇인가?

① 비타민 K
② 비타민 D
③ 비타민 C
④ 비타민 A

• 지용성 비타민 : 비타민 A, D, E, K, F
• 수용성 비타민 : 비타민 B군, 비타민 C

058 다음 중 비타민 A(레티놀)의 결핍증에 해당되는 것은?

① 구루병
② 야맹증
③ 구순염
④ 괴혈병

• 구루병 : 비타민 D 결핍
• 구순염 : 비타민 B_2 결핍
• 괴혈병 : 비타민 C 결핍

059 다음 중 비타민 A의 함유식품으로 맞지 않는 것은?

① 버섯
② 호박
③ 간유
④ 치즈

건조식품인 말린 생선류, 버섯류 등은 비타민 D의 급원식품이다.

060 다음 중 펠라그라는 피부염과 가장 관련이 깊은 비타민은?

① 나이아신
② 비타민 B_{12}
③ 비타민 B_6
④ 비타민 B_1

나이아신 결핍증 : 펠라그라(옥수수를 주식으로 하거나 단백질을 많이 섭취하지 못하는 사람), 피부염, 설사, 우울증, 사망

061 다음 중 비타민과 그 특징 또는 기능이 잘못 연결된 것은?

① 비타민 D : 칼슘과 인의 흡수 촉진
② 비타민 B : 탄수화물 대사작용에 관여
③ 비타민 C : 단백질 대사작용과 지방합성에 관여
④ 비타민 B_{12} : 성장 촉진과 조혈작용에 관여

단백질 대사작용과 지방합성에 관여하는 것은 비타민 B_6이며, 비타민 C는 체내 산화, 환원작용과 관련이 있다.

062 다음 보기에서 식물성 색소를 모두 고른 것은?

A : 클로로필	B : 안토시안	C : 헤모시아닌
D : 카로티노이드	E : 플라보노이드	F : 아스타산틴
G : 미오글로빈	H : 헤모글로빈	

① A, B, C, D
② E, F, G, H
③ A, B, D, E
④ C, D, G, H

• 식물성 색소 : 클로로필, 플라보노이드, 안토시안, 카로티노이드
• 동물성 색소 : 헤모글로빈, 미오글로빈, 헤모시아닌, 아스타산틴

063 다음 중 조리과정에서 비타민 C의 손실이 가장 큰 것으로 맞는 것은?

① 무를 깍두기로 썰어서 1시간가량 공기 중에 방치였다.
② 시금치나물을 100℃에서 10분간 삶았다.
③ 무생채에 당근을 넣어서 약 1시간 후에 무쳤다.
④ 콩나물 볶음을 할 때 100℃에서 약 15분간 볶았다.

당근, 호박, 오이 등이 함유하고 있는 아스코르비나제는 비타민 C의 파괴효소이다.

064 다음 중 카로틴(비타민 A) 흡수에 유리하게 작용하는 것으로 맞는 것은?

① 지방
② 단백질
③ 당질
④ 티아민

🔍 지방은 지용성 비타민(비타민 A, D, E, K, F)의 흡수를 돕는다.

065 조리와 가공 중 천연색소의 변색요인과 거리가 먼 것은?

① 산소
② 효소
③ 질소
④ 금속

🔍 조리와 가공 중 천연색소는 산화에 의해, 혹은 효소 또는 철(Fe)이나 마그네슘(Mg) 등의 금속에 의해서도 변화된다.

066 다음 중 나이아신을 공급할 수 있는 것으로 맞는 것은?

① 트립토판
② 발린
③ 당질
④ 지질

🔍 트립토판(tryptophan) 60mg이 나이아신(niacin) 1mg으로 전환될 수 있다.

067 밀가루 반죽에 소다를 넣고 빵을 찌면 빵 색깔이 진한 황색으로 변한다. 이는 무엇과 관련이 깊은가?

① 클로로필
② 플라보노이드
③ 안토시안
④ 카로티노이드

🔍 플라보노이드는 수용성의 채소색소로 옥수수나 밀가루, 양파 등에 함유되어 있으며, 알칼리를 첨가하면 진한 황색이 된다.

068 신선한 생육은 적자색을 띄지만, 공기 중에 닿으면 선명한 적색이 된다. 이는 어떤 색소 성분과 관련이 있는가?

① 헤모글로빈
② 미오글로빈
③ 헤모시아닌
④ 아스타산틴

🔍 미오글로빈은 헤모글로빈과 비슷한 적색소를 함유하고 있는 단백질로써 조류나 포유류의 근육을 붉게 염색하는 물질로 헤모글로빈에 비해 산소와의 친화성이 크다.

069 새우나 게와 같은 갑각류의 색소는 가열에 의해 아스타산틴(astaxanthin)으로 되고 이 물질은 다시 산화되어 아스타신(astacin)으로 변한다. 이 아스타신의 색은?

① 회백색
② 청록색
③ 적색
④ 황색

🔍 새우 등의 갑각류의 피부에 함유된 카로티노이드 계열 색소의 일종인 아스타산틴(astaxanthin)은 청녹색인데 가열 시 아스타신(astacin)으로 되어 적색 색소로 붉게 된다.

070 당근에 함유된 색소로서 체내에서 비타민 A의 효력을 갖는 것은?

① β−카로틴
② 클로로필
③ 안토시안
④ 플라보노이드

🔍 비타민 A의 전구체인 카로틴은 체내로 흡수된 후 비타민 A(레티놀)로 바뀐다.

071 열무김치가 시어지면 색깔이 변하는데 이는 무엇 때문인가?

① 단백질의 증가
② 탄수화물의 증가
③ 비타민, 무기질의 증가
④ 유기산의 증가

🔍 열무 줄기의 녹색 색소인 클로로필은 산성일 때 녹갈색으로 변한다.

072 안토시아닌 색소의 특징을 가장 올바르게 설명한 것은?

① 당류에 의해 퇴색이 촉진된다
② 연속된 이소푸렌(isoprene) 구조에 의해 색을 낸다
③ 황색과 오렌지색을 많이 낸다.
④ 알칼리에서 플라빌리움(flavylium) 이온을 형성한다

🔍 15개의 탄소로 이루어진 플라보노이드(flavonoid)계 화합물인 안토시아닌 색소는 꽃, 딸기 등의 적색, 포도, 가지, 검정콩 등의 자색 색소로 산성에서는 선명한 적색, 중성에서는 보라색, 알칼리성에서는 청색을 띄며, 설탕, 포도당, 과당 등의 분해물질들에 의해 파괴된다.

073 과일을 조리할 때 일어나는 변화에 대한 설명 중 맞는 것은?

① 조직을 연하게 하기 위하여 설탕을 가하고 삶아서 조직을 연화시킨 후에 물을 가한다.
② 딸기는 서서히 가열을 하여 세포의 호흡에 필요한 산소를 완전히 소모하면 색을 선명하게 보존할 수 있다.
③ 과일조직이 연해지는 것은 불용성의 펙틴(pectin)이 프로토펙틴(protopectin)으로 전환되기 때문이다.
④ 과일을 조리할 때는 열에 약한 카로틴(carotene)의 영향을 많이 받는다.

🔍 딸기에 함유되어 있는 붉은 색소는 안토시아닌계열의 색소로 수용액의 산에서는 선명한 선홍색, 알칼리에서는 보라색 또는 적청색으로 변한다. 따라서, 가열 시 레몬즙을 첨가하면 색을 선명하게 보존할 수 있다.

074 금속을 함유하는 색소끼리 짝을 이룬 것은?

① 안토시아닌, 플라보노이드
② 카로티노이드, 미오글로빈
③ 클로로필, 안토시아닌
④ 미오글로빈, 클로로필

🔍 클로로필은 식물의 잎과 줄기의 녹색 색소로 마그네슘(Mg)을, 미오글로빈은 근육색소로 철(Fe)을 함유하고 있다.

075 난황에 함유되어 있는 색소는?

① 클로로필
② 안토시아닌
③ 카로티노이드
④ 플라보노이드

🔍 난황의 색은 담황색에서 진한 오렌지색까지 있는데, 주된 색소는 카로티노이드(carotenoid) 색소의 일종인 크산토필(xanthophyll)이다.

076 녹색 채소 조리 시 중조(NaHCO3)를 가할 때 나타나는 결과에 대한 설명으로 틀린 것은?

① 진한 녹색으로 변한다.
② 비타민 C가 파괴된다.
③ 페오피틴(Pheophytin)이 생성된다.
④ 조직이 연화된다.

🔍 녹색 채소 조리 시 알칼리성의 중조를 넣으면 녹색인 클로로필이 클로로필린이라는 성분이 되어 선명한 녹색을 유지하지만, 채소의 막을 이루는 섬유소를 쉽게 파괴할 뿐 아니라 비타민 C가 파괴된다.

정답 064 ① 065 ③ 066 ① 067 ② 068 ② 069 ③ 070 ①

정답 071 ④ 072 ① 073 ② 074 ④ 075 ③ 076 ③

077 토마토의 붉은색을 나타내는 색소는?

① 카로티노이드
② 클로로필
③ 안토시아닌
④ 탄닌

> 클로로필(엽록소)은 식물의 잎과 줄기의 녹색색소로 마그네슘(Mg)을 함유하고 있으며, 안토시아닌은 꽃, 딸기 등의 적색과 포도, 가지, 검정콩 등의 자색 색소이다. 참고로 탄닌은 감, 밤, 도토리 등의 식물의 열매 뿐 아니라 잎이나 줄기 등에 널리 퍼져 있는 떫은 맛 성분이다.

078 플라보노이드계 색소로 채소와 과일 등에 널리 분포해 있으며 산화방지제로도 사용되는 것은?

① 루테인(lutein)
② 케르세틴(quercetin)
③ 아스타산틴(astaxanthin)
④ 크립토산틴(cryptoxanthin)

> • 루테인 : 카로티노이드계로 난소의 황체 세포 안에 있는 황색 색소의 호르몬으로 식물의 엽록체 속에 많이 있다.
> • 아스타산틴 : 카로티노이드계로 새우·게 등의 갑각류를 비롯하여 수생동물에 널리 분포한다.
> • 크립토산틴 : 카로티노이드계로 과일 및 채소에 들어있으며, 인체 내에서는 비타민 A로 전환되어 프로비타민 A로 간주된다.

079 안토시아닌 색소가 함유된 채소를 알칼리 용액에서 가열하면 어떻게 변색하는가?

① 붉은색
② 황갈색
③ 무색
④ 청색

> 꽃, 딸기 등의 적색과 포도, 가지, 검정콩 등의 자색 색소인 안토시아닌은 산성에서 선명한 적색, 중성에서 보라색, 알칼리에서 청색이 된다.

080 다음 중 효소가 관여하여 갈변이 되는 것은?

① 식빵
② 간장
③ 사과
④ 캐러멜

> 효소적 갈변이란 채소류나 과일류를 파쇄하거나 껍질을 벗길 때 일어나는 현상으로 채소류나 과일류의 상처 받은 조직이 공기 중에 노출되면 페놀화합물이 산화효소인 페놀옥시다아제에 의해 갈색 색소인 멜라닌으로 전환하기 때문에 나타나는 현상이다.

081 갈변반응과 직접적으로 관련이 없는 식품은?

① 홍차
② 맥주
③ 된장
④ 녹차

> 갈변의 종류
> • 마이야르반응(아미노카르보닐 반응)에 의한 갈변 : 간장, 된장, 커피, 홍차, 식빵 등
> • 캐러멜화 반응에 의한 갈변 : 간장, 소스, 합성청주, 약식 등
> • 아스코르빈산 산화에 의한 갈변 : 과채류의 가공식품

082 녹색채소를 데칠 때 색을 선명하게 하기 위한 조리방법으로 부적합한 것은?

① 휘발성 유기산을 휘발시키기 위해 뚜껑을 열고 끓는 물에 데친다.
② 산을 희석시키기 위해 조리수를 다량 사용하여 데친다.
③ 섬유소가 알맞게 연해지면 가열을 중지하고 냉수에 행군다.
④ 조리수의 양을 최소로 하여 색소의 유출을 막는다.

> 녹색채소를 데칠 때는 많은 양의 끓는 물에 뚜껑을 열고 단시간에 데쳐야 한다. 또한, 엽록소는 마그네슘(Mg) 이온을 가지고 있어 산성에서는 퇴색하고 알칼리성에서는 안정화하여 선명한 녹색을 나타내므로 소금을 넣고 삶으면 선명한 색을 유지할 수 있다.

083 다음 중 효소에 의한 식품 갈변의 방지법으로 보기 어려운 것은?

① 고온에서 식품을 열처리하여 효소를 불활성화한다.
② 식품을 −10℃ 이하로 낮추어서 보관한다.
③ 수소이온농도를 pH 3 이상으로 높여 효소 작용을 억제한다.
④ 구리 또는 철로 된 용기나 기구의 사용을 피한다.

> 효소에 의한 식품 갈변을 방지하기 위해 ①, ②, ④ 외에 수소이온농도(pH)를 3 이하로 낮춰 효소 작용을 억제하고, 당 또는 염류를 첨가하거나, 밀폐용기에 식품을 넣어 공기를 제거하는 방법 등이 있다.

084 과실 중 밀감이 쉽게 갈변되는 않는 가장 주된 이유는?

① 비타민 A의 함량이 많으므로
② Cu, Fe 등의 금속이온이 많으므로
③ 섬유소 함량이 많으므로
④ 비타민 C의 함량이 많으므로

> 과일이나 채소류의 갈변반응은 상처받은 조직이 공기 중에 노출되어 페놀화합물이 산화효소인 페놀옥시다아제에 의해 갈색 색인 멜라닌으로 전환되기 때문이다. 비타민 C는 항산화 기능을 가지므로 이를 많이 함유한 과일류는 쉽게 갈변이 되지 않는다.

085 효소적 갈변반응에 의해 색을 나타내는 식품은?

① 분말오렌지
② 간장
③ 캐러멜
④ 홍차

> 홍차는 비효소적 갈변인 마이야르반응에 의한 갈변과 함께 탄닌(tannin)이 산화효소인 폴리페놀 옥시다제에 갈변하여 색을 나타낸다.

086 마이야르(Maillard) 반응에 영향을 주는 인자가 아닌 것은?

① 수분
② 온도
③ 당의 종류
④ 효소

> 마이야르(아미노카르보닐) 반응은 아미노산과 환원당(포도당, 과당, 맥아당 등)이 작용하여 갈색의 중합체인 멜라노이딘을 만드는 반응으로 외부 에너지의 공급 없이 자연발생적으로 일어나는 비효소적 갈변반응에 해당된다.

087 다음 중 단백질과 당의 결합으로 인한 자연적 반응으로 열에 의해 촉진되는 갈변현상은 무엇인가?

① 마이야르 반응
② 블랜칭 반응
③ 캐러멜화 반응
④ 아스코르브산 반응

> 마이야르 반응은 아미노카르보닐 반응이라도 하며 분유, 간장, 된장, 누룽지, 케이크, 쿠키, 오렌지주스 등에서 나타나는 갈변반응이다.

088 다음 중 과일류의 냉동처리의 전 처리로 블랜칭(blanching) 공정을 가지는 주 목적으로 맞는 것은?

① 산화효소를 불활성화하기 위해서
② 비타민 C의 파괴를 방지하기 위해서
③ 과일 중의 수분을 조절하기 위해서
④ 과일의 껍질이 잘 벗겨지게 하기 위해서

> 블랜칭은 데쳐서 고온에서 식품을 열처리하여 효소를 불활성화시키는 것을 말한다.

089 다음 중 단백질의 변성 요인 중 그 효과가 가장 적은 것은?

① 산소   ② 열
③ 염기   ④ 알코올

🔍 자연상태의 단백질이 그의 특유한 기능적 형태를 잃고 변화하는 것을 변성(denaturation)이라 한다. 변성은 열, 산, 염기, 알코올, 자외선 혹은 은, 수은, 납과 같은 중금속에 의해 발생한다.

090 가정에서 껍질을 벗긴 배나 사과를 설탕이나 소금물에 담궈 보관하는 주된 목적은 무엇인가?

① 맛의 변조현상을 막기 위해서이다.
② 배나 사과에 포함된 영양소의 파괴를 억제하기 위해서이다.
③ 효소에 의한 갈변반응을 방지하기 위해서이다.
④ 섭취 시 소화와 흡수를 돕기 위해서이다.

🔍 당 또는 염류를 첨가하는 것은 효소에 의한 식품의 갈변을 방지하기 위한 방지법의 하나이다.

091 사과를 깎아 방치했을 때 나타나는 갈변현상과 관계없는 것은?

① 산화효소   ② 산소
③ 페놀류   ④ 섬유소

🔍 채소류나 과일류의 상처받은 조직이 공기 중에 노출되면 페놀화합물이 산화효소인 페놀옥시다아제에 의해 갈색 색소인 멜라닌으로 전환되는 데 이를 갈변현상이라 한다.

092 식품의 갈변에 대한 설명 중 잘못된 것은?

① 감자는 물에 담가 갈변을 억제할 수 있다.
② 사과는 설탕물에 담가 갈변을 억제할 수 있다.
③ 냉동채소의 전처리로 블랜칭(Blanching)을 하여 갈변을 억제할 수 있다.
④ 복숭아, 오렌지 등은 갈변 원인물질이 없기 때문에 미리 껍질을 벗겨두어도 변색하지 않는다.

🔍 식품의 갈변은 페놀화합물이 산화효소인 페놀옥시다아제에 의해 갈색 색소인 멜라닌으로 전환되어 나타나는 것으로, 원인이 되는 페놀화합물은 식물계에 널리 분포되어 있다.

093 마이야르(Maillard) 반응에 대한 설명으로 틀린 것은?

① 식품은 갈색화가 되고 독특한 풍미가 형성된다.
② 효소에 의해 일어난다.
③ 당류와 아미노산이 함께 공존할 때 일어난다.
④ 멜라노이딘 색소가 형성된다.

🔍 마이야르(아미노카르보닐) 반응은 아미노산과 환원당(포도당, 과당, 맥아당 등)이 작용하여 갈색의 중합체인 멜라노이딘을 만드는 반응으로 외부 에너지의 공급 없이 자연발생적으로 일어나는 비효소적 갈변반응에 해당된다.

094 신선한 과일의 껍질을 제거했을 때 발생하는 갈변현상을 억제하기 위한 방법으로 부적당한 것은?

① 통풍이 잘 되게 보관한다.
② 소금물에 담근다.
③ 밀봉하여 냉장 보관한다.
④ 레몬즙에 담근다.

🔍 갈변 방지법 : 열처리, 산 이용, 당 또는 염류 첨가, 산소의 제거, 효소의 작용 억제, 구리·철로 된 용기나 기구의 사용 금지

095 다음 중 기본적인 맛인 핸닝(Henning)의 4원미에 속하지 않는 것은?

① 단맛   ② 신맛
③ 짠맛   ④ 매운맛

🔍 기본적인 맛(Henning의 4원미) : 단맛, 쓴맛, 신맛, 짠맛

096 효소적 갈변반응을 방지하기 위한 방법이 아닌 것은?

① 가열하여 효소를 불활성화시킨다.
② 효소의 최적조건을 변화시키기 위해 pH를 낮춘다.
③ 아황산가스 처리를 한다.
④ 산화제를 첨가한다.

🔍 효소적 갈변반응은 페놀계의 화합물이 산화효소와 공기의 영향으로 갈색의 물질로 변하는 것을 말하는 것이며, 이를 방지하기 위한 방법 중 하나는 항산화제를 첨가하는 것이다.

097 다음 중 쓴맛에 대한 설명으로 맞지 않는 것은?

① 약리작용을 갖는 것이 많다.
② 대부분의 유기산도 쓴맛을 갖는다.
③ 쓴맛 성분은 주로 알칼로이드와 배당체들이다.
④ 루이신, 트립토판과 같은 아미노산이다.

🔍 수소이온(H^+)을 내는 무기산, 유기산, 산성 염류는 신맛을 내는 물질이다.

098 식품과 쓴맛 성분이 맞지 않는 것은?

① 양파 껍질 – 히스타민(histamine)
② 감귤류 껍질 – 나린진(naringin)
③ 맥주 – 후물론(humulone)
④ 오이꼭지 – 쿠쿠르비타신(cucurbitacin)

🔍 양파의 얇은 갈색 껍질에 들어있는 성분은 퀘르세틴이다. 참고로 히스타민은 히스티딘(Histidine)의 탈탄산반응으로 생성되는 생체 아민의 일종. 적색육 어류에 많이 함유되어 있으며 알레르기 작용 등을 일으킨다.

099 역치가 가장 낮은 정미물질은?

① 쓴맛   ② 짠맛
③ 신맛   ④ 단맛

🔍 맛의 역치란 맛을 느끼는 물질의 최저농도로 쓴맛 < 신맛 < 단맛 < 짠맛 순이다.

100 다음 당류 중 단맛을 느낄 수 없는 것은?

① 전분   ② 포도당
③ 설탕   ④ 과당

🔍 전분은 녹색식물에 존재하는 다당류로 에너지를 저장하는 역할을 담당하며, 단맛을 느낄 수 없다.

101 단맛을 가지고 있어 감미료로도 사용되며 물에도 쉽게 용해되는 것은?

① 한천   ② 펙틴
③ 과당   ④ 전분

🔍 과당은 가장 중요한 육탄당의 하나로 단맛을 가지고 있어 감미료로도 사용되며 물에도 쉽게 용해되는 성질을 갖고 있으며, 녹는점은 103~105℃이다.

정답 | 089 ① | 090 ③ | 091 ④ | 092 ④ | 093 ② | 094 ①

정답 | 095 ④ | 096 ④ | 097 ② | 098 ① | 099 ① | 100 ① | 101 ③

102 다음 중 식품과 맛 성분의 연결이 맞지 않는 것은?

① 알리신(allicin) – 마늘의 매운맛
② 알릴이소티오시아네이트(allylisothiocyanate) – 겨자의 매운맛
③ 캡사이신(capsaicin) – 고추의 매운맛
④ 캬비신(chavicine) – 산초의 매운맛

🔍 캬비신은 후추의 매운맛 성분이다.

103 다음 중 단맛을 내는 인공감미료로 허용된 식품첨가물은 무엇인가?

① 아스파탐(aspartame)
② 진저론(zingerone)
③ 시니그린(sinigrine)
④ 탄닌(tannin)

🔍 1985년 식품첨가물로 허용된 아스파탐은 단맛을 내는 인공감미료로 사용된다. 진저론과 시니그린은 각각 생강과 겨자의 매운맛을 내게 하는 물질이며, 탄닌은 차류에서 쓴맛을 느끼게 한다.

104 다음 중 쓴 약을 먹고 난 후 물을 마시면 물맛이 달게 느껴지는 것은 맛의 어떤 현상과 가장 관련이 깊은가?

① 억제현상
② 변조현상
③ 상쇄현상
④ 대비현상

🔍 한 가지 맛을 느낀 직후 다른 맛을 느끼지 못하는 현상은 맛의 변조현상과 관련이 있다.

105 다음 중 온도의 강하로 맛의 저하가 가장 심한 것은?

① 신맛
② 단맛
③ 짠맛
④ 쓴맛

🔍 온도가 상승하면 단맛은 증가하고, 짠맛과 신맛은 감소하며, 매운 맛은 영향이 없고, 온도가 강하하면 쓴맛은 가장 심해진다.

106 단팥죽을 만들 때 단맛을 강하게 하기 위하여 설탕과 함께 소량 넣어 주는 것은?

① 소금
② 식초
③ 소다
④ 계피가루

🔍 단팥죽을 만들 때 단맛을 강하게 하기 위하여 소금을 설탕과 함께 소량 넣어 주는데 이는 맛의 강화현상(대비현상)을 이용한 것이다.

107 음식물의 맛과 관련하여 미맹현상과 관련이 있는 물질은?

① PTC
② ATP
③ UTP
④ SAT

🔍 맛의 미맹현상은 PTC라는 화합물에 대하여 그 쓴맛을 느끼지 못하는 현상을 말하며, 1932년 미국의 A.L. 폭스에 의해 발견되었다.

108 다음 중 맛을 느끼는 최적의 온도가 잘못 연결된 것은?

① 단맛 : 20~50℃
② 쓴맛 : 40~50℃
③ 신맛 : 25~50℃
④ 짠맛 : 50~60℃

🔍 짠맛을 느끼는 최적 온도는 30~40℃, 매운맛은 50~60℃이다.

109 일반적으로 단맛이 가장 큰 것은?

① 설탕
② 유당
③ 과당
④ 맥아당

🔍 단맛의 정도 : 과당 > 전화당 > 설탕(자당) > 포도당 > 맥아당 > 갈락토오스 > 유당(젖당)

110 다음 중 두 가지 맛 성분을 혼합함으로써 각각 고유의 맛을 나타내지 못하고 약해지거나 없어지는 현상을 의미하는 것은?

① 억제현상
② 변조현상
③ 상쇄현상
④ 대비현상

🔍 • 억제현상 : 서로 다른 맛 성분이 혼합되었을 때 주된 정미성분의 맛이 약화되는 현상
• 변조현상 : 한 가지 맛을 느낀 직후 다른 맛을 느끼지 못하는 현상
• 대비현상(강화현상) : 서로 다른 두 가지 맛이 작용하여 주된 맛 성분이 강해지는 현상

111 다음 중 떫은 맛을 내는 물질과 가장 관계가 깊은 현상은 무엇인가?

① 당질의 응고
② 단백질의 응고
③ 지방의 응고
④ 배당체의 응고

🔍 떫은 맛은 미숙한 과일에서 느껴지는 불쾌한 맛으로 단백질의 응고작용에 의해 일어난다.

112 감칠맛 성분과 소재식품의 연결이 잘못된 것은?

① 베타인(betaine) – 오징어, 새우
② 크레아티닌(creatinine) – 어류, 육류
③ 카노신(carnosine) – 육류, 어류
④ 타우린(taurine) – 버섯, 죽순

🔍 타우린(taurine)은 아미노산의 일종으로 새우, 오징어, 문어, 조개류 등에 많이 들어있다.

113 다음 중 간장의 지미성분은?

① 포도당(glucose)
② 전분(starch)
③ 글루탐산(glutamic acid)
④ 아스코르빈산(ascorbic acid)

🔍 간장, 된장, 다시마의 맛난 맛 성분은 글루탐산(glutamic acid)이다.

114 유해감미료에 속하는 것은?

① 둘신
② 솔비톨
③ 자일리톨
④ 아스파탐

🔍 유해 감미료 : 페릴라틴(신장장애), 둘신(혈액독), 사이클라메이트, 에틸렌글리콜

115 생선을 조리할 때 생선의 냄새를 없애는 데 도움이 되는 재료로서 가장 거리가 먼 것은?

① 식초
② 우유
③ 설탕
④ 된장

🔍 어취 제거 : 찬물로 씻고, 식초·과즙산 첨가, 술, 간장·된장·고추장, 파·마늘, 생강, 고추냉이·겨자, 무·샐러리·당근, 우유를 사용하고, 신선하지 않은 생선은 뜨거운 물을 끼얹어 열탕 처리한 후 냉수로 씻어 조리를 하며, 파·마늘·생강은 생선이 익은 후에 넣어야 한다.

정답 102 ④ 103 ① 104 ② 105 ④ 106 ① 107 ① 108 ④ 109 ③ 110 ③ 111 ② 112 ④ 113 ③ 114 ① 115 ③

116 식품의 냄새성분과 소재식품의 연결이 잘못된 것은?

① 미르신(myrcene) – 미나리
② 멘톨(menthol) – 박하
③ 푸르푸릴알콜(furfuryl alcohol) – 커피
④ 메틸메르캡탄(methyl mercaptan) – 후추

🔍 후추의 냄새 성분은 캐비신(chavicine)이며, 메틸메르캡탄(methyl mercaptan)은 황화합물이다.

117 다음 냄새 성분 중 어류와 관계가 먼 것은?

① 트리메틸아민(Trimethylamine)
② 암모니아(Ammonia)
③ 피페리딘(Piperidine)
④ 디아세틸(Diacetyl)

🔍 디아세틸(diacetyl)은 세균의 작용에 의해 생성되는 신선한 버터의 향기 성분이다.

118 마늘에 함유된 황화합물로 특유의 냄새를 가지는 성분은?

① 알리신(allicin)
② 디메틸설파이드(dimethyl sulfide)
③ 머스타드 오일(mustard oil)
④ 캡사이신(capsaicin)

🔍 마늘의 매운맛 성분인 알리신(allicin)에 의한 것으로 알리신은 비타민 B_1의 흡수를 도와준다.

119 어패류의 주된 비린 냄새 성분은?

① 아세트알데히드(acetaldehyde)
② 부티르산(butyric acid)
③ 트리메틸아민(trimethylamine)
④ 트리메틸아민옥사이드(trimethylamine oxide)

🔍 생선의 어취(비린내)는 트리메틸아민옥사이드(trimethylamine oxide)가 환원되어 트리메틸아민(TMA)으로 된 것으로 신선한 어패류에는 3mg% 이하로 존재하지만 부패초기에는 4~6mg%로 함유되어 있다.

120 과일의 주된 향기성분이며 분자량이 커지면 향기도 강해지는 냄새성분은?

① 알코올
② 에스테르류
③ 유황화합물
④ 휘발성 질소화합물

🔍 과일은 여러 가지 휘발성 방향물질에 의해 향기가 나는데 특히 에스테르 화합물이 주된 성분이며, 이 외에도 알데히드, 알코올도 향기성분이다.

121 콜로이드 용액의 안정성에 영향을 주는 요소로 가장 거리가 먼 것은?

① 콜로이드 입자의 침강속도
② 분산매와의 친화성
③ 분산매의 밀도와 점성
④ 효소의 농도

🔍 콜로이드 용액의 안정성은 효소의 농도와는 무관하다.

122 유화(emulsion)와 관련이 적은 식품은?

① 버터　　　　　　② 마요네즈
③ 두부　　　　　　④ 우유

🔍 유화란 서로 혼합되지 않는 두 종류의 액체를 혼합·분산시켜 분리되지 않도록 하는 것으로 천연유화제로는 레시틴, 효소분해 레시틴 등이 사용된다.

123 유화액의 상태가 같은 것으로 묶인 것은?

① 우유, 버터, 마요네즈
② 버터, 아이스크림, 마가린
③ 크림수프, 마가린, 마요네즈
④ 우유, 마요네즈, 아이스크림

🔍 유화의 종류
• 수중유적형(O/W) : 물 중에 기름이 분산되어 있는 형태(우유, 마요네즈, 아이스크림, 프렌치드레싱 등)
• 유중수적형(W/O) : 기름 중에 물이 분산되어 있는 형태(버터, 마가린 등)

124 유화(Emulsion)와 관련이 적은 식품은?

① 버터　　　　　　② 생크림
③ 묵　　　　　　　④ 우유

🔍 묵은 반고체 상태의 콜로이드인 겔(gel)에 속한다.

125 식품에서 콜로이드 상태의 연속상과 불연속상이 모두 액체인 것은?

① 머랭
② 사골국
③ 젤라틴 용액
④ 샐러드드레싱

🔍 콜로이드 상태

분산매 (연속상)	분산질 (불연속상)	예
	기체	맥주, 생크림, 머랭
액체	액체	우유, 마요네즈, 샐러드드레싱
	고체	주스, 젤라틴용액, 사골국
	기체	제빵류
고체	액체	젤리, 아이스크림, 버터
	고체	초콜릿

126 유중수적형(W/O) 유화액은?

① 버터　　　　　　② 난황
③ 우유　　　　　　④ 마요네즈

🔍 유화의 종류
• 수중유적형(O/W) : 물 속에 기름이 분산되어 있는 형태(우유, 마요네즈, 아이스크림, 프렌치드레싱 등)
• 유중수적형(W/O) : 기름 속에 물이 분산되어 있는 형태(버터, 마가린 등)

127 버터, 마가린, 생크림 등이 갖는 성질로 외부의 힘에 의해 변형된 물체가 그 힘을 제거하여도 원형으로 되돌아가지 않는 성질은?

① 점성　　　　　　② 소성
③ 점탄성　　　　　④ 점조성

🔍 소성(plasticity)
• 외부의 힘에 의해 변형된 물체가 그 힘을 제거하여도 원형으로 되돌아가지 않는 성질을 말한다.
• 버터, 마가린, 생크림 등이 소성을 갖는 대표적인 식품들이다.

정답 116 ④ 117 ④ 118 ① 119 ④ 120 ② 121 ④

정답 122 ③ 123 ④ 124 ③ 125 ④ 126 ① 127 ②

128 콜로이드 입자가 침전하지 않고 물 속에 분산되어 있는 것은 무엇과 관련이 있는가?

① 브라운 운동
② 응결
③ 반투성
④ 흡착

> 브라운 운동(Brownian motion)은 액체나 기체 속의 미소입자들이 불규칙하게 운동하고 있는 현상으로 콜로이드 입자가 침전하지 않고 물 속에 분산되어 있는 이유이다.

129 식품과 자연독의 관계를 연결한 것 중 잘못된 것은?

① 독버섯 – 무스카린(muscarine)
② 감자 – 솔라닌(solanine)
③ 살구씨 – 파세오루나틴(phaseolunatin)
④ 목화씨 – 고시폴(gossypol)

> 파세오루나틴(phaseolunatin)은 두류에 들어있는 유독성분의 배당체이며, 살구씨와 복숭아씨 등에 있는 것은 아미그달린(Amygdalin)이다.

130 식물과 그 유독성분이 잘못 연결된 것은?

① 감자 – 솔라닌(solanine)
② 청매 – 프시로신(psilocine)
③ 피마자 – 리신(ricin)
④ 독미나리 – 시큐톡신(cicutoxin)

> 청매의 유독 성분은 아미그달린(amygdarine)이다. 참고로 프시로신(psilocine)은 버섯류에 있는 환각 물질이다.

131 다음 중 독버섯의 유독성분은?

① 솔라닌(solanine)
② 무스카린(muscarine)
③ 아미그달린(amygdalin)
④ 테트로도톡신(tetrodotoxin)

> 솔라닌은 감자, 아미그달린은 살구씨와 복숭아, 테트로도톡신은 복어의 독성분이다.

132 다음 중 내인성 위해 식품은?

① 지나치게 구운 생선
② 푸른곰팡이에 오염된 쌀
③ 싹이 튼 감자
④ 농약을 많이 뿌린 채소

> 식중독의 원인 분류
> • 내인성 : 식품 중의 유독 유해 성분이나 물질 섭취
> • 외인성 : 취급 과정 등에서 식중독균 등의 의도적, 비의도적 혼입
> • 유기성 : 조리 가열 과정에서 인체 위해 물질 생성

133 동물성 식품에서 유래하는 식중독 유발 유독성분은?

① 아마니타톡신(amanitatoxin)
② 솔라닌(solanine)
③ 베네루핀(venerupin)
④ 시큐톡신(cicutoxin)

> • 아마니타톡신(amanitatoxin) – 독버섯
> • 솔라닌(solanine) – 감자의 싹, 녹색부분
> • 베네루핀(venerupin) – 모시조개 등의 조개류
> • 시큐톡신(cicutoxin) – 독미나리

134 특히 칼슘(Ca)과 인(P)의 대사 이상을 초래하여 골연화증(骨軟化症)을 유발하는 유해금속은?

① 철
② 카드뮴
③ 수은
④ 주석

> 카드뮴(Cd)는 칼슘과 인의 대사 이상을 초래하여 골연화증을 유발할 뿐만 아니라, 만성중독을 일으키게 되는데 이를 이타이이타이병이라 한다.

135 쓰레기 소각처리 시 가장 위생적으로 문제가 되는 것은?

① 높은 열의 발생
② 사후 폐기물 발생
③ 대기오염과 다이옥신
④ 화재발생

> 쓰레기 처리를 위한 소각장 가동으로 발생하는 대기오염과 환경호르몬인 다이옥신 방출은 심각한 사회문제로 특히 다이옥신은 내분비계의 정상적인 작용을 방해하는 대표적인 내분비계 교란물질이다.

LESSON 02 효소

136 효소에 대한 일반적인 설명으로 틀린 것은?

① 기질 특이성이 있다.
② 최적온도는 30~40℃ 정도이다.
③ 100℃에서도 활성은 그대로 유지된다.
④ 최적 pH는 효소마다 다르다.

> 효소는 일반적으로 40℃ 이상의 고온, 강산이나 강알칼리에서 활성을 잃어버려 불활성의 상태가 된다.

137 소화효소의 주요 구성 성분은?

① 알칼로이드
② 단백질
③ 복합지방
④ 당질

> 효소(enzyme)란 각종 화학반응에서 자신은 변화하지 않으나 반응속도를 빠르게 하는 단백질을 말한다. 즉, 단백질로 만들어진 촉매라고 할 수 있다.

138 효소에 대한 일반적인 설명으로 옳은 것은?

① 효소반응은 반응 초기 효소의 농도와 그 활성도가 비례한다.
② 한 종류의 화학반응만을 촉매하는 기질 특이성을 갖는다.
③ 탄수화물, 단백질, 지방의 분해효소는 산환원효소에 해당된다.
④ 모든 효소의 최적 pH는 동일하다.

> • 한 종류의 화학반응만을 촉매하는 역할은 효소의 작용 특이성에 대한 설명이다.
> • 탄수화물, 단백질, 지방의 분해효소는 모두 가수분해효소에 속한다.
> • 최적 pH는 효소마다 다르며, 대부분의 경우 최적 pH는 4.5~8.0 정도이다.

139 효소와 기질식품의 연결이 잘못된 것은?

① 레닌(rennin) – 우유
② 우레아제(urease) – 육류
③ 아밀라제(amylase) – 전분
④ 파파인(papain) – 지방

> 파파인은 파파야의 과즙에 들어있는 단백질 분해효소이다.

정답 128 ① 129 ③ 130 ② 131 ② 132 ③ 133 ③
정답 134 ② 135 ③ 136 ③ 137 ② 138 ① 139 ④

140 다음 중 비타민 C를 파괴하는 효소로 오이, 호박, 당근 등에 함유되어 있는 것은?

① 아스코르비나제(ascorbinase)
② 아밀라아제(amylase)
③ 리파아제(lipase)
④ 슈크라제(sucrase)

🔍 보기 중 ②, ③, ④는 모두 소화작용에 필요한 효소이다.

141 다음 중 입과 위에서의 소화작용에 관여하는 효소로 전분을 맥아당과 덱스트린으로 분해하는 것은?

① 트립신(Trypsin)
② 아밀라아제(Amylase)
③ 리파아제(Lipase)
④ 락타아제(Lactase)

🔍 • 트립신(trypsin) : 췌장에서 분비, 단백질을 펩톤을 아미노산으로 분해한다.
• 리파아제(lipase) : 위와 장에서 분비, 지방을 지방산과 글리세롤로 분해한다.
• 락타아제(lactase) : 장에서 분비, 젖당을 포도당과 갈락토오스로 분해한다.

142 침에 들어있는 소화효소의 작용은?

① 지방을 지방산과 글리세린으로 분해한다.
② 녹말을 맥아당으로 변화시킨다.
③ 단백질을 아미노산으로 분해한다.
④ 수용성 비타민을 분해한다.

🔍 침에 들어있는 아밀라아제(amylase)는 녹말을 분해하여 맥아당을 생성시킨다.

143 침 속에 들어있으며 녹말을 분해하여 엿당(맥아당)으로 만드는 효소는?

① 리파아제
② 펩신
③ 펩티다아제
④ 프티알린

🔍 프티알린은 침 속에 들어있는 α-아밀라아제로 녹말을 가수분해하여 말토오스 등의 저분자 당으로 만든다. 참고로 리파아제는 지방, 펩신과 펩티다아제는 단백질 분해효소이다.

144 다음 중 췌장에서 분비되는 소화효소가 아닌 것은?

① 스테압신(Steapsin)
② 트립신(Trypsin)
③ 레닌(Rennin)
④ 아밀롭신(Amylopsin)

🔍 레닌(rennin)은 위에서 분비되며, 우유를 굳게 하는 단백질 가수 분해 효소의 하나이다. 특히, 레닌은 젖먹이 어린아이와 송아지의 위에만 존재한다.

145 펩신(Pepsin)에 의해 소화되지 않는 것은?

① 전분
② 알부민
③ 글로불린
④ 미오신

🔍 펩신(pepsin)은 단백질 분해효소이며, 전분은 당질(탄수화물)이다.

146 무화과에서 얻는 육류의 연화효소는?

① 피신
② 브로멜린
③ 파파인
④ 레닌

🔍 육류의 연화효소에는 배즙, 생강의 프로테아제(protease), 파인애플의 브로멜린(bromelin), 무화과의 피신(ficin), 파파야의 파파인(papain) 등이 있다.

147 고기의 질감을 연하게 하는 단백질 분해효소와 가장 거리가 먼 것은?

① 파파인(papain)
② 브로멜린(bromelain)
③ 펩신(pepsin)
④ 글리코겐(glycogen)

🔍 글리코겐(glycogen)은 동물체 내에 저장되어있는 동물성 다당류로 주로 간과 근육에 존재한다.

148 단백질의 소화효소는?

① 펩신(pepsin)
② 아밀라아제(amylase)
③ 리파아제(lipase)
④ 옥시다아제(oxidase)

🔍 체내에 존재하는 주요 소화 효소들
• 리파아제(lipase) : 지방 가수분해 효소
• 아밀라아제(amylase) : 탄수화물 및 당 가수분해 효소
• 락타아제(lactase) : 유당(lactose) 가수분해 효소
• 펩신(pepsin), 프로테아제(Protease) : 단백질 가수분해 효소

149 다음 중 인체에 필요한 3대 영양소를 분해하는 모든 효소가 분비되는 기관은?

① 위(胃)
② 췌장(膵臟)
③ 대장(大腸)
④ 소장(小腸)

🔍 위(胃)의 뒤쪽에 있는 길이 약 15cm의 가늘고 긴 장기인 췌장(이자)에서는 3대 영양소인 탄수화물(아밀롭신), 단백질(에렙신), 지방(스테압신)의 소화효소가 모두 분비된다.

150 다음 중 담즙의 기능이 아닌 것은?

① 산의 중화작용
② 유화작용
③ 당질의 소화
④ 약물 및 독소 등의 배설작용

🔍 담즙(쓸개즙)은 간에서 생성되어 쓸개에 저장되며, 십이지장으로 분비되는 것으로 소화효소는 없다. 쓸개즙의 주성분은 담즙산염과 담즙색소로 담즙산염이 지방을 유화시켜 이자(췌장)에서 분비되는 리파아제(lipase)의 작용을 촉진한다.

151 다음 보기의 A와 B에 들어갈 인체 내 기관을 바르게 짝지은 것은?

> 인체 내에서 소화된 영양소들은 (A)에서 흡수되며, (B)에서는 여분의 물을 흡수한다.

① A-소장, B-대장
② A-대장, B-소장
③ A-위, B-소장
④ A-소장, B-위

🔍 소화된 영양소들은 소장(작은창자), 물은 대장(큰창자)에서 흡수되며, 알코올은 위에서부터 흡수된다.

152 다음 중 간에서 생성되어, 담낭에 저장되었다가 분비되는 '담즙(膽汁)'에 대한 설명으로 맞는 것은?

① 당질을 유화시켜 장에서 분비되는 소화효소인 락타아제의 작용을 촉진한다.
② 지방을 유화시켜 췌장에서 분비되는 소화효소인 리파아제(Lipase)의 작용을 촉진한다.
③ 단백질을 유화시켜 췌장에서 분비되는 소화효소인 에렙신(Erepsin)의 작용을 촉진한다.
④ 위에서 분비되는 비활성 상태의 펩시노겐(Pepsinogen)을 펩신(Pepsin)으로 바꿔준다.

🔍 쓸개즙의 주성분은 담즙산염과 담즙색소로 담즙산염이 지방을 유화시켜 이자(췌장)에서 분비되는 리파아제(lipase)의 작용을 촉진시킨다.

정답 140 ① 141 ② 142 ② 143 ④ 144 ③ 145 ① 146 ①

정답 147 ④ 148 ① 149 ② 150 ③ 151 ① 152 ②

153 다음 중 식도를 통해 들어간 음식물이 분해되는 과정에서 분해 순서로 알맞은 것은?

① 탄수화물 → 단백질 → 지방
② 단백질 → 탄수화물 → 지방
③ 지방 → 탄수화물 → 단백질
④ 단백질 → 지방 → 탄수화물

> 음식물이 들어오면 우선 침속의 아밀라아제(amylase)가 녹말을 분해하고, 위에서는 펩신(pepsin)이 단백질을 폴리펩티드로 분해한다.

154 다음 중 소화효소의 최적 pH가 낮은 것부터 차례로 배열된 것으로 맞는 것은?

① 펩신 → 스테압신 → 아밀롭신 → 리파아제 → 트립신
② 펩신 → 리파아제 → 아밀롭신 → 스테압신 → 트립신
③ 아밀롭신 → 펩신 → 리파아제 → 스테압신 → 트립신
④ 아밀롭신 → 트립신 → 리파아제 → 펩신 → 스테압신

> 최적 pH
> · 펩신(pepsin) : pH 1.5~2.5
> · 리파아제(lipase) : pH 5
> · 아밀롭신(amylopsin) : pH 6.9
> · 스테압신(steapsin) : pH 7~8
> · 트립신(trypsin) : pH 8~9

155 다음 중 영양소의 최종 분해 산물이 아닌 것은?

① 포도당　　　　② 아미노산
③ 글리코겐　　　④ 지방산과 글리세롤

> 다당류인 글리코겐이 가수분해되면 포도당을 만든다. 참고로 포도당은 탄수화물, 아미노산은 단백질, 지방산과 글리세롤은 지방의 최종 분해 산물이다.

LESSON 03 식품과 영양

156 다음 중 식품의 구비조건에 해당되지 않는 것은?

① 영양성　　　　② 특이성
③ 위생성　　　　④ 기호성

> 식품의 구비조건 : 영양성, 위생성, 기호성, 경제성, 실용성

157 식품에 잔류농약, 중금속, 독소성분, 발암물질 등의 유해물을 함유하지 않아야 한다는 것은 식품의 구비조건 중 어떤 조건과 관련이 있는가?

① 실용성　　　　② 경제성
③ 위생성　　　　④ 기호성

> 식품에 잔류농약, 중금속, 독소성분, 발암물질 등의 유해물을 함유하지 않아야 하는 것은 물론이고 위생적으로 안전하여야 한다.

158 다음의 보기 중 3대 영양소에 해당하는 것을 모두 고르시오?

| ㉠ 단백질 | ㉡ 수분 | ㉢ 지방 | ㉣ 비타민 | ㉤ 탄수화물 | ㉥ 무기질 |

① ㉠, ㉡, ㉢
② ㉠, ㉢, ㉤
③ ㉣, ㉤, ㉥
④ ㉢, ㉤, ㉥

> 영양소의 종류
> · 3대 영양소 : 단백질, 탄수화물(당질), 지방(지질)
> · 5대 영양소 : 단백질, 탄수화물, 지방, 무기질, 비타민
> · 6대 영양소 : 단백질, 탄수화물, 지방, 무기질, 비타민, 물(수분)

159 생물체가 생명을 유지하는 데 필요한 최소한의 에너지의 양을 무엇이라 하는가?

① 기초대사량　　　② 작업대사량
③ 신진대사량　　　④ 에너지대사량

> 기초대사량은 무의식적 활동(호흡, 심장박동, 혈액운반, 소화 등)에 필요한 열량을 말한다.

160 다음 보기에서 설명하는 것은 어떤 영양소의 기능에 해당하는가?

| · 대부분 열량을 내는데 쓰인다. · 해독 작용을 한다. |
| · 단백질 절약작용을 한다. · 혈당 성분을 유지한다. |

① 지방　　　　② 탄수화물
③ 단백질　　　④ 무기질

161 다음 중 성인 남자의 기초대사량으로 알맞은 것은?

① 800kcal~1,400kcal
② 1,400kcal~1,800kcal
③ 1,800kcal~2,400kcal
④ 2,400kcal~3,000kcal

> 기초대사량
> · 성인남자 : 1400kcal~1800kcal
> · 성인여자 : 1200kcal~1400kcal

162 사람의 기초대사에 영향을 주는 인자에 대한 설명이다. 틀린 것은?

① 체표면적이 클수록 소요 열량이 크다.
② 발열이 있는 사람은 소요 열량이 크다.
③ 기온이 낮으면 소요 열량이 줄어든다.
④ 근육질인 사람이 지방질인 사람에 비해 소요 열량이 크다.

> 기온이 낮으면 소요 열량이 커진다. 또한, 남자가 여자보다 소요 열량이 크다.

163 한국인 영양섭취기준(KDRIs)의 구성요소가 아닌 것은?

① 평균필요량　　② 권장섭취량
③ 하한섭취량　　④ 충분섭취량

> 한국인 영양섭취기준(KDRIs)의 구성요소는 평균필요량(EAR), 권장섭취량(RI), 충분섭취량(AI), 상한섭취량(UL)이다.

164 다음 중 기초대사량에 대한 설명으로 맞지 않는 것은?

① 체온이 1℃ 상승함에 따라 기초대사율이 13% 올라간다.
② 정신노동자가 근육노동자보다 기초대사율이 높다.
③ 여름에는 기초대사율이 낮아지고 겨울에는 높다.
④ 한국인 성인여자 1인당 기초대사량은 1,200 ~ 1,400kcal이다.

> 체표면적이 큰 사람, 피하지방 많이 가진 사람보다는 근육을 많이 가진 사람, 여자보다는 남자가 기초대사량이 많으며, 생후 1~2년 때 단위 표면적당 기초대사량이 최고이고 그 후 점차 감소하여 성인이 되면 어느 정도 일정해지며 30세 이후 서서히 감소한다.

정답 153 ① 154 ② 155 ③ 156 ② 157 ③ 158 ②　　　159 ① 160 ② 161 ② 162 ③ 163 ③ 164 ②

165 다음 중 단백질의 영양적 의의를 설명한 것으로 맞지 않는 것은?

① 체내의 단백질이 부족하면 당질과 지방에 의해서 보충 이용된다.
② 단백질은 산 또는 알칼리와 결합할 수 있으므로 체액을 중성으로 유지한다.
③ 단백질은 각종 효소와 호르몬의 주요 성분이다.
④ 체내의 단백질은 손톱 · 피부 · 소화기관 표면에서의 세포의 괴사 등으로 소모 파괴된다.

🔍 단백질로 당질과 지방을 대체하여 사용할 수 있으나, 당질과 지방은 단백질로 대체될 수 없다.

166 식단 작성시 무기질과 비타민을 공급하려면 다음 중 어떤 식품으로 구성하는 것이 가장 좋은가?

① 곡류, 감자류
② 채소류, 과일류
③ 유지류, 어패류
④ 육류

🔍 기초 식품군
• 제1군(단백질) : 수조육류, 어패류, 알류, 콩류
• 제2군(칼슘) : 우유 및 유제품, 뼈째 먹는 생선
• 제3군(무기질 및 비타민) : 채소류와 과일류, 해조류, 버섯류
• 제4군(탄수화물) : 곡류와 감자류
• 제5군(지방) : 식물성 기름·동물성 지방, 가공유지

167 육류, 생선류, 알류 및 콩류에 함유된 주된 영양소는?

① 단백질
② 탄수화물
③ 지방
④ 비타민

🔍 수조육류, 어패류, 알류, 콩류(육류, 닭, 생선, 달걀, 두부 등)는 단백질 급원식품이다.

168 다음의 식단 구성 중 편중되어 있는 영양가의 식품군은?

완두콩밥, 된장국, 장조림, 명란알 찜, 두부조림, 생선구이

① 탄수화물군
② 단백질군
③ 비타민/무기질군
④ 지방군

🔍 수조 어육류, 알류, 두류 및 콩제품은 모두 단백질 식품에 해당한다.

169 각 식품에 대한 대치식품의 연결이 적합하지 않은 것은?

① 돼지고기 – 두부, 쇠고기, 닭고기
② 고등어 – 삼치, 꽁치, 동태
③ 닭고기 – 우유 및 유제품
④ 시금치 – 깻잎, 상추, 배추

🔍 닭고기는 단백질 식품에 해당하고, 우유 및 유제품은 칼슘 식품에 해당된다. 참고로 대치식품은 영양면에서 주된 영양소가 공통으로 함유된 것을 의미한다.

170 한국인 영양섭취기준(KDRIs)에 따르면 총당류 섭취량은 총 에너지섭취량의 몇 %로 제한되는가?

① 5~10%
② 10~20%
③ 20~25%
④ 25~30%

🔍 총당류 섭취량을 총 에너지섭취량의 10~20%로 제한하고, 특히 식품의 조리 및 가공 시 첨가되는 첨가당은 총 에너지섭취량의 10% 이내로 섭취하도록 한다.

171 아래의 조건에서 당질 함량을 기준으로 감자 140g을 보리쌀로 대치하면 보리쌀은 약 몇 g이 되는가?

– 감자 100g의 당질 함량 14.4g
– 보리쌀 100g의 당질 함량 68.4g

① 29.5g
② 37.6g
③ 46.3g
④ 54.7g

🔍 계산방법

$$대치식품량 = \frac{원래식품함량}{대치식품함량} \times 원래식품량$$

$$= \frac{14.4g}{68.4g} \times 140g \doteqdot 29.47g$$

172 쇠고기가 값이 비싸 돼지고기로 대체하려고 할 때 쇠고기 300g을 돼지고기 몇 g으로 대체하면 되는가(단, 식품분석표상 단백질 함량은 쇠고기 20g, 돼지고기 15g이다.)?

① 200g
② 360g
③ 400g
④ 460g

🔍 계산방법

$$대치식품량 = \frac{원래식품함량}{대치식품함량} \times 원래식품량$$

$$= \frac{20g}{15g} \times 300g \doteqdot 400g$$

173 영양 권장량에 대한 설명으로 틀린 것은?

① 권장량의 값은 다양한 가정을 전제로 하여 제정된다.
② 권장량은 필요량보다 높다.
③ 권장량은 식생활 자료를 기초로 하여 구해진 값이다.
④ 보충제를 통하여 섭취 시 흡수율이나 대사상의 문제점도 고려한 값이다.

🔍 한국인 영양섭취기준은 한국인의 건강을 최적상태로 유지할 수 있는 영양소들의 섭취 수준을 의미한다. 기존의 영양권장량에서는 각 영양소의 단일값으로 제시했으나, 새로운 영양섭취기준에서는 만성질환이나 영양소 과다섭취 예방 등까지도 고려하여, 평균필요량, 권장섭취량, 충분섭취량, 상한섭취량 등 여러 수준으로의 영양섭취기준을 설정하였다.

174 한국인의 영양섭취기준에 의한 성인의 탄수화물 섭취량은 전체 열량의 몇 % 정도인가?

① 20~35%
② 55~65%
③ 75~90%
④ 90~100%

🔍 에너지 적정비율(2020)

영양소	1~2세	3~18세	19세 이상
탄수화물	55~65%	55~65%	55~65%
단백질	7~20%	7~20%	7~20%
지질(총지방)	20~35%	15~30%	15~30%

175 영양섭취기준 중 권장섭취량을 구하는 식은?

① 평균필요량 + 표준편차 × 2
② 평균필요량 + 표준편차
③ 평균필요량 + 충분섭취량 × 2
④ 평균필요량 + 충분섭취량

🔍 권장섭취량(RI)은 인구집단의 약 97~98%에 해당하는 사람들의 영양소 필요량을 충족시키는 섭취수준으로, 평균필요량(EAR, 건강한 사람들의 일일 영양필요량의 중앙값)에 표준편차의 2배를 더하여 정해진 값이다.

정답 165 ① 166 ② 167 ① 168 ② 169 ③ 170 ②

정답 171 ① 172 ③ 173 ④ 174 ② 175 ①

구매관리

Lesson 01 시장조사 및 구매관리

1 시장조사

(1) 시장조사의 의의
① 구매활동에 필요한 자료를 수집하고 이를 분석 검토하여 보다 좋은 구매방법을 발견하고 그 결과를 구매방침 결정, 비용절감, 이익증대를 도모하기 위한 조사로 장래의 구매시장을 예측하기 위해 실시한다.
② 구매시장의 예측은 가격변동, 수급현황, 신자재의 개발, 공급업자와 업계의 동향을 파악하기 위해서 매우 중요하다.

(2) 구매 시장조사의 목적
① **식품재료비 산출** : 원가계산을 위한 구매 예정가격 결정
② **경제적인 식품 구매** : 구매방법 개선을 통한 비용절감
③ **합리적인 식단 작성** : 가격 대비 영양성을 고려한 식단 작성

(3) 시장조사의 내용
① **품목** : 제조회사 및 대체품을 고려한다.
② **품질** : 물품의 가치를 고려한다.
③ **수량** : 예비구매량, 대량구매에 따른 원가절감, 보존성을 고려한다.
④ **가격** : 물품의 가치와 거래조건 변경 등에 의한 가격인하 여부를 고려한다.
⑤ **시기** : 구매가격, 사용시기와 시장시세를 고려한다.
⑥ **구매거래처** : 최소 두 곳 이상의 업체로부터 견적을 받은 후 검토, 한 군데와 거래하는 경우 정기적인 시장가격조사를 통해 가격을 확인한다.
⑦ **거래조건** : 인수 및 지불 조건 등을 고려한다.

(4) 시장조사의 종류
① **일반 기본 시장조사** : 구매정책을 결정하기 위해서 시행하는 것으로 전반적인 경제계와 관련업계의 동향, 기초자재의 시가, 관련업체의 수급변동상황, 구입처의 대금결제조건 등을 조사한다.
② **품목별 시장조사** : 현재 구매하고 있는 물품의 수급 및 가격변동에 대한 조사로 구매물품의 가격산정을 위한 기초자료와 구매수량 결정을 위한 자료로 활용된다.
③ **구매거래처의 업태조사** : 계속 거래인 경우 안정적인 거래를 유지하기 위해서 주거래 업체의 개괄적 상황, 기업의 특색, 금융상황, 판매상황, 노무상황, 생산상황, 품질관리, 제조원가 등의 업무조사를 실시한다.
④ **유통경로의 조사** : 구매가격에 직접적인 영향을 미치는 유통경로를 조사한다.

(5) 시장조사의 원칙
① **비용 경제성의 원칙** : 시장조사에 사용된 비용이 조사로부터 얻을 수 있는 이익을 초과해서는 안 되므로 소요비용이 최소가 되도록 하여 조사비용과 효용성 간에 조화가 이루어지도록 한다.
② **조사 적시성의 원칙** : 시장조사의 목적은 조사 자체에 있는 것이 아니므로 구매업무를 수행하는 소정의 기간 내에 끝내야 한다.
③ **조사 탄력성의 원칙** : 시장수급상황이나 가격변동과 같은 시장상황 변동에 탄력적으로 대응할 수 있는 조사가 되어야 한다.
④ **조사 계획성의 원칙** : 시장조사는 그 내용이 정확해야 하므로 사전에 계획을 철저히 세워야 한다.
⑤ **조사 정확성의 원칙** : 조사하는 내용이 정확해야 한다.

(6) 시장조사 수행방법
① **문헌조사** : 신문, 방송, 물가동향 정보지, 학계 및 업계에서 발간하는 자료를 수집하여 분석
② **전문가조사** : 전반적인 시장상황을 물품제조업체, 소매업자, 납품업자, 은행, 증권사, 기업, 각종 연구소, 민간 조사기관, 도서관, 전문단체, 공공기관 등의 전문가와 면담을 통하여 정보를 수집하고 물품의 생산, 사용방법 등의 내용을 조사
③ **사례조사** : 현재 사용하고 있는 사업장의 구매담당자의 정보를 교환하여 물품의 사용 실례를 조사(관련 시장분석, 시장점유율 파악, 판매액 분석, 유통경로조사 등을 조사)
④ **기타** : 박람회, 전시회, 강연회, 현지답사, 실사조사 등을 통한 조사

(7) 시장조사의 수행 내용
① 구매 품목 및 리스트를 작성하여 시장조사 품목을 정한다.
② 물품의 품질, 규격, 가격을 고려하여 시장조사를 수행한다.
③ 수량은 보관 및 저장창고 용량을 고려한 필요량으로 정한다.
④ 구입 예정가격, 도소매 물가지수를 참고로 하여 구매가격을 정한다.
⑤ 구입시기는 납품 간격, 사용시기, 시장시세를 고려하여 구매시점을 결정한다.
⑥ 거래처는 우수한 공급업체를 선정(복수거래)하도록 한다.
⑦ 거래조건으로는 납품방법, 대금 지불방법 등을 고려한 제반 조건을 포함한다.

2 식품구매관리

(1) 구매관리의 개요

① **구매관리의 정의**
  ㉮ 구매자가 물품을 구입하기 위해 계약을 체결하고 그 계약조건에 따라 물품을 인수하고 대금을 지불하는 전반적인 과정을 의미한다.
  ㉯ 구입하고자 하는 물품에 대하여 적정거래처로부터 원하는 수량만큼 적정시기에 최소의 가격으로 최적의 품질의 것을 구입할 목적으로 구매활동을 계획·통제하는 관리활동을 나타낸다.

② **구매활동의 기본조건**
  ㉮ 구입할 물품의 적정한 조건과 최적의 품질을 선정
  ㉯ 구매계획에 따른 구매량의 결정
  ㉰ 정보자료 및 시장조사를 통한 공급자의 선정
  ㉱ 유리한 구매조건으로 협상 및 계약 체결
  ㉲ 적정량의 물품을 적정 시기에 공급
  ㉳ 구매활동에 따른 검수·저장·입출고(재고)·원가관리

③ **구매관리의 목표**
  ㉮ 필요한 물품과 용역을 지속적으로 공급해야 한다.
  ㉯ 품질, 가격, 제반 서비스 등 최적의 상태를 유지해야 한다.
  ㉰ 재고와 저장관리 시 손실을 최소화한다
  ㉱ 신용이 있는 공급업체와 원만한 관계를 유지하면서 대체 공급업체를 확보하여야 한다.
  ㉲ 구매 관련의 정보 및 시장조사를 통한 경쟁력을 확보한다.
  ㉳ 표준화·전문화·단순화의 체계를 확보한다.

> **■ 구매관리 포함사항**
> • 구매(purchasing) • 검수(receiving)
> • 저장(storing) • 재고관리(inventory control)

(2) 구매관리의 효과 및 유의점

① **구매관리의 기대 효과**
  ㉮ 식품의 구입원가가 절감된다.
  ㉯ 양질의 물품 생산과 품질관리가 용이하다.
  ㉰ 물품공급의 전문성이 향상되고 체계성을 구축할 수 있다.
  ㉱ 효율적인 경영관리를 할 수 있다.
  ㉲ 투자의 최소화 및 경비를 절감할 수 있다.
  ㉳ 고객만족에 의한 매출증가를 기대할 수 있다.

② **구매관리에 있어서 유의할 점**
  ㉮ 구입상품의 특성에 대하여 철저히 분석하고 검토한다.
  ㉯ 적절한 구매방법을 통한 질 좋은 상품을 구입한다.
  ㉰ 구매경쟁력을 통해 세밀한 시장조사를 실시한다.
  ㉱ 구매에 관련된 서비스 내용을 검토한다.
  ㉲ 저렴한 가격으로 필요량을 적기에 구입하고 공급업체와의 유기적 관계를 유지한다.
  ㉳ 복수공급업체의 경쟁적인 조건을 통한 구매체계를 확립한다.

(3) 식품 구입의 실제

① **식품의 구입 기술**
  ㉮ 대량구입 또는 공동구입 방식으로 염가로 구입한다.
  ㉯ 지방특산물을 이용하고 계절식품을 구입하며, 값이 싼 대치(대체)식품을 구입한다.
  ㉰ 영양이 풍부하고 가식부율이 높은 식품, 폐기율이 낮은 식품을 구입한다.
  ㉱ 쇠고기는 중량, 부위, 색깔에 유의한다.
  ㉲ 과채류와 생선은 필요할 때 수시로 구입한다.
  ㉳ 곡류 건어물은 일정 한도 내 일시 구입을 원칙으로 1개월분을 한꺼번에 구입한다.
  ㉴ 가공식품은 제조일, 유통기한을 확인한다.

② **식품구입 계획시 고려할 사항**
  ㉮ 식품의 가격
  ㉯ 출회표

③ **발주와 검수**
  ㉮ 발주 : 재료는 식단표에 의하여 1주~10일 단위로 발주한다.
  ㉯ 검수 : 납품 시에 품질, 양, 형태 등이 주문한 것과 일치하는지 엄중히 검수하여야 한다

> **■ 총발주량과 필요비용 산출**
> • 총발주량 $= \dfrac{\text{정미중량} \times 100}{100 - \text{폐기율(\%)}} \times \text{인원수}$
> • 필요비용 $= \text{인원수} \times \dfrac{100}{\text{가식부율(\%)}} \times 1\text{kg당의 단가}$

3 식품재고관리

(1) 재고관리의 개요

① 재고는 불확실한 수요와 공급을 만족시키기 위한 물품의 적절한 보관기능을 나타내며, 재고관리란 재고를 최적으로 유지하고 관리하는 총체적인 과정으로 물품의 수요가 발생했을 때 신속하고 경제적으로 적응할 수 있도록 재고를 최적의 상태로 관리하는 절차를 의미한다.

② 재고수준은 공급의 변화, 저장시설, 회전율, 식재료 수송방법 등을 고려하여 결정한다.

③ 재고관리에는 발주량, 발주시기, 적정 재고수준을 결정하고 수행하는 모든 제반과정이 포함되며 재고품질 변화에 따른 손실비용 등을 포함한다.

④ 재고관리에 관련된 부서에는 생산부서, 구매부서 및 원가관리부서 등이 있으며, 원가관리부서는 정확한 재고조사 및 재고자산의 가치 평가기능의 경영부서이다

(2) 재고의 중요성

① 물품 부족으로 인한 생산계획의 차질을 방지한다.
② 적정재고 수준을 유지함으로써 재고관리의 유지비용을 감소시킬 수 있다.
③ 최소의 가격으로 최상 품질품목을 구매한다.
④ 정확한 재고수량을 파악함으로써 적정주문량 결정을 통해 구매비용을 절감한다.
⑤ 도난과 부주의 및 부패에 의한 손실을 최소화할 수 있다.
⑥ 경제적인 재고관리로 원가절감 및 관리의 효율화를 제고한다.

(3) 재고관리의 기능
  ① 실제물량과 예측물량 간의 차이를 제공한다.
  ② 재고 보충시기를 결정한다.
  ③ 재고투자를 최소화한다.
  ④ 재무보고서에 따른 재고량을 파악한다.
  ⑤ 물품에 대한 품질유지 및 안정성을 확보한다.
  ⑥ 물품용도 및 사용빈도를 알 수 있다.

(4) 재고관리의 유형
  ① 영구재고 시스템(perpetual inventory system)
    ㉮ 물품을 구매하여 입고되는 물품의 출고 및 입고서에 물품의 수량을 계속해서 기록함으로써 남아 있는 물품의 목록과 수량을 알고 적정 재고량을 유지하도록 하는 방법이다.
    ㉯ 일반적으로 대규모 조직업체에서 건조물품 및 냉동 저장고에 보유되는 물품의 관리나 고가의 품목에 많이 활용된다.
    ㉰ 입출고·재고기록을 나타내는 품목별 카드를 작성하는데, 여기에는 물품의 고유번호, 품목명, 상호명, 날짜, 중량 및 수량 등을 기재하며 선반에 부착하여 물품의 선별을 용이하게 해준다.
    ㉱ 영구재고 시스템의 장점 및 단점
      ㉠ 장점 : 전산화 시스템을 활용하여 영구재고관리에 대한 정확성과 효율성을 기대할 수 있다.
      ㉡ 단점 : 경비가 많이 들고, 수작업 시 정확성의 문제가 발생할 가능성이 있다.
  ② 실사재고 시스템(physical inventory system)
    ㉮ 재고실사법이라고도 하며, 주기적으로 창고에 보유하고 있는 물품의 수량과 목록을 실사하여 확인하고 기록하는 방법으로 영구재고 시스템의 단점인 부정확성을 점검하기 위해 실시된다.
    ㉯ 실사를 위한 재고관리에는 물품확인과 기록업무를 위해서 일반적으로 두 사람이 필요하며, 특히 실제 재고량과 영구재고 시스템에서의 재고기록대장 간의 상호비교 및 확인작업을 통해서 물품의 도난, 입·출고 현황을 파악할 수 있다.
    ㉰ 실사재고 기록지에는 물품보유량, 품목의 단위, 이름, 형태, 단가 등이 기록되며, 보유하고 있는 각 재고들의 자산적 화폐가치를 결정하기 위해 단위당 단가와 보유량을 이용하여 재고액을 평가하게 된다.
    ㉱ 실사재고 시스템의 장점 및 단점
      ㉠ 장점 : 재고의 총 가치를 정확히 파악할 수 있고, 사용식품비의 산출에 필요한 정보를 제공받을 수 있다.
      ㉡ 단점 : 시간이 많이 소요되며, 신속하지 못하고, 가끔 부정확할 수 있다.

(4) 재고자산의 평가
  ① 실제 구매가법(actual purchase price method)
    ㉮ 마감재고 조사에서 남아있는 물품들을 구입했던 단가로 계산하는 방법
    ㉯ 소규모 급식소에서 많이 이용
  ② 총 평균법(weighted average purchase price method)
    ㉮ 특정기간 동안 구입된 물품의 총액을 전체 구입수량으로 나누어 평균 단가를 계산 후 이 단가를 이용, 남아있는 재고량의 가치를 산출
    ㉯ 물품이 대량으로 입·출고 될 때 사용
  ③ 최종 구매가법(latest purchase price method)
    ㉮ 가장 최근 단가를 이용하여 산출하는 방법으로 간단하고 신속한 산출이 가능
    ㉯ 급식소에서 널리 사용
  ④ 선입선출법(First-In, First-Out, FIFO method)
    ㉮ 가장 먼저 들어온 품목이 나중에 입고된 품목들보다 먼저 사용된다는 원리를 적용
    ㉯ 마감 재고액에는 가장 최근 구입한 식품의 단가 반영
    ㉰ 신간 변동에 따라 물가가 인상되는 상황에서 재고가를 높게 책정하고 싶을 때 사용
  ⑤ 후입선출법(Last-In, First-Out, LIFO method)
    ㉮ 최근에 구입한 식품부터 사용하는 것
    ㉯ 가장 오래된 물품이 재고로 남음

(5) 재고 보유를 위한 결정요인
  ① 저장시설의 규모와 최대 용량
  ② 발주빈도 및 평균사용량
  ③ 재고가치 및 공급자의 최소 주문요구량

> **식재료 저장원칙**
> - 품목별 분류저장(가나다순, 알파벳순, 사용빈도의 순 등)
> - 선입선출에 의한 출고(First-In, First-Out, FIFO)
> - 저장 물품 안전성 확보
> - 저장기준 및 기간 준수

Lesson 02 검수관리

1 식재료의 품질 확인 및 선별

(1) 일반적 유의사항
  ① 식재료를 검수대 위에 올려놓고 검수하며, 맨바닥에 놓지 않도록 한다.
  ② 식재료 운송차량의 청결 상태 및 온도유지 여부를 확인·기록한다.
  ③ 식재료명, 품질, 온도, 이물질 혼입, 포장상태, 유통기한, 수량 및 원산지 표시등을 확인·기록 한다.
  ④ 검수가 끝난 식재료는 곧바로 전처리 과정을 거치도록 하되, 온도관리가 필요한 재료는 전처리하기 전까지 냉장·냉동보관 한다.
  ⑤ 외부포장 등의 오염 우려가 있는 것은 제거한 후 조리실에 반입한다.
  ⑥ 검수 기준에 부적합한 식재료는 자체규정에 따라 반품 등의 조치를 취하도록 하고, 그 조치내용을 검수 일지에 기록·관리한다.
  ⑦ 냉장식품 및 조리식품에 대해 온도를 측정하고, 확인표에 기록한다.
  ⑧ 식재료 검수 결과 신선도, 품질 등에 이상이 있거나 규격 기준에 맞지 않는 식재료는 반품하고, 검수 기준에 맞는 식재료로 재 납품할 것을 지시한다.

c r a f t s m a n   c o o k

(2) 검수 절차 및 유의사항

① **검수 시작** : 청결한 복장, 위생장갑 착용 후 검수 시작

② **식재료 납품차량의 청결 상태 및 온도유지 여부 확인**
- ㉮ 운송차량은 냉장의 경우 10℃ 이하, 냉동의 경우 −18℃ 이하를 유지할 수 있어야 함
- ㉯ 납품 차량의 온도기록지 확인

③ **납품된 식재료의 수량, 규격, 품질, 위생상태가 발주한 내용과 일치하는지 확인**
- ㉮ 식품위생법 및 식품공전에 규정된 식품 표시사항 및 유통기한 확인
- ㉯ 원산지증명서 및 등급판정서 확인
- ㉰ 바닥이 아닌 검수대 위(바닥에서 60cm 이상 높이)에 올려놓고 확인
- ㉱ 검수공간의 조도는 540룩스 이상 유지

④ **제품온도 확인**
- ㉮ 냉장식품 : 0~10℃(신선편의식품은 5℃ 이하)
- ㉯ 냉동식품 : 동결상태 유지(−18℃ 이하), 녹은 흔적이 없을 것
- ㉰ 생선 및 육류 : 5℃ 이하
- ㉱ 전처리 채소 : 0~10℃(일반채소는 상온, 신선도 확인)

⑤ **검수 완료된 식재료는 곧바로 전처리 또는 식재료 보관 지침에 따라 보관**
- ㉮ 외부포장(박스) 제거 후 조리실 반입
- ㉯ 반송품 별도 보관 후 반품 또는 즉시 반품

⑥ **검수일지 작성**
- ㉮ 검수에 관한 내용은 검수일지에 기록으로 남겨 납품업체 및 물품에 대한 정보를 관리
- ㉯ 납품차량의 온도, 표시사항, 원산지, 유통기한 또는 유효기간, 포장상태, 이물질 여부, 반품사항 등 기록

目 검수 시 품질평가 기준
- 안전성 : 위생적으로 안전하며, 무해한 상태여야 한다.
- 청결성 : 오물이 묻어 있지 않고 위생적이어야 한다.
- 완전성 : 형태가 완전하고 깨지거나 눌리거나 흠이 없어야 한다.
- 균일성 : 식품의 크기가 대체적으로 고른 것이어야 한다.
- 보존성 : 식품 고유의 색, 맛, 풍미, 질감 등의 특성이 보존되어야 한다.

---

(3) 식재료 검사방법

① **관능검사**
- ㉮ 육안검사 : 식품의 현상, 색채, 크기, 광택 등을 통하여 재료를 식별
- ㉯ 취각검사 : 취각 및 미각을 통하여 감정(음료, 향료, 된장, 간장, 과자류 등에 많이 적용)
- ㉰ 촉각감정법 : 피부와 촉각을 이용하여 감정(밀가루, 곡류 등의 식품에 많이 이용)
- ㉱ 음향감정법 : 두드리거나 흔들어 보면서 그 소리로 감정(수박, 통조림, 계란 등)

② **이화학적 검사**
- ㉮ 검경적인 방법 : 현미경 등을 이용하여 조직이나 세포의 모양 등을 관찰 후 위생도를 결정
- ㉯ 화학적 방법 : 화학적으로 성분을 분석하여 검사
- ㉰ 물리적 방법 : 식품의 부피, 중량, 점도, 응고점, 융점, 경도와 같은 물리적 성질을 측정하여 신선도를 감정

- ㉱ 생화학적 방법 : 식품의 효소반응, 효소활성 등의 생화학적인 특성을 실험하여 신선도를 감정

(4) 식재료별 특성

① **곡류**
- ㉮ 쌀
  - ㉠ 잘 건조되어 있는가를 살펴본다.
  - ㉡ 색은 광택이 있고 입자가 고른 것인지를 살펴본다.
  - ㉢ 형태는 타원형으로 냄새가 있는가를 살펴본다.
  - ㉣ 쌀 중에 이물이 없고, 깨물었을 때 '딱'소리가 나는지를 살펴본다.
- ㉯ 밀가루
  - ㉠ 가루의 결정이 미세하고 뭉쳐 있지는 않은가를 살펴본다.
  - ㉡ 색은 희고 밀기울이 섞이지 않은 것인가를 살펴본다.
  - ㉢ 잘 건조되어 있고 냄새가 없는 것인가를 살펴본다.

② **채소, 과일류**
- ㉮ 채소와 과일류는 상처가 없는가를 살펴본다.
- ㉯ 채소와 과일류는 형태가 잘 갖추어진 것인가를 살펴본다.
- ㉰ 채소와 과일류는 색이 선명하고 건조되지 않은 것인지 살펴본다.

③ **수산식품**
- ㉮ 생선
  - ㉠ 색이 선명하고 광택이 있는지를 살펴본다.
  - ㉡ 비늘이 고르게 밀착되어 있는지를 살펴본다.
  - ㉢ 고기가 연하고 탄력성이 있는지를 살펴본다.
  - ㉣ 눈은 투명하고 튀어나온 것이 신선하며 아가미의 색은 선홍색인지 살펴본다.
  - ㉤ 신선한 것은 물에 가라앉고, 부패된 것은 물 위로 떠오르는 특성을 알고 생선의 선도를 살펴본다.
- ㉯ 어육 연제품
  - ㉠ 절단면의 결이 고르고 표면에 끈적이는 점액이 없는가를 살펴본다.
  - ㉡ 한가운데를 잘라서 자른 부분을 바깥쪽에서 눌러 중심부와 바깥쪽과의 색깔, 조직, 탄력 등이 다른지 골고루 가열되지 않았거나 살균이 제대로 되지 않았는지 살펴본다.
  - ㉢ 염산수를 만들어 연제품에 살짝 대었을 때 흰 연기가 나는 것은 오래된 것이므로 연기 발생 유무를 살펴본다.

④ **축산식품**
- ㉮ 육류
  - ㉠ 신선한 것은 색이 선명하고 습기가 있으므로 이를 살펴본다.
  - ㉡ 암갈색을 띠고 탄력성이 없는 것은 오래된 것이므로 잘 살펴본다.
  - ㉢ 병이 든 고기는 피를 많이 함유하여 냄새가 나므로 잘 살펴본다.
  - ㉣ 고기를 얇게 잘라 투명하게 비춰봤을 때 얼룩반점이 있는 것은 기생충이 있는 것으로 잘 살펴본다.
- ㉯ 계란
  - ㉠ 껍질이 반질반질한 것은 오래된 것이고 꺼칠꺼칠한 것은 신선한 것이므로 혀를 대보아서 둥근 부분은 따뜻하고 뾰족한 부분은 찬 것인지 확인해 본다.
  - ㉡ 빛에 비춰봤을 때 밝게 보이는 것은 신선하고 어둡게 보이는 것은 오래된 것이므로 잘 살펴본다.
  - ㉢ 6%의 식염수에 넣었을 때 가라앉는 것은 신선한 것이고,

뜨는 것은 오래된 달걀이므로 확인해 본다.
    ㉣ 알을 깨뜨렸을 때 노른자의 높이가 높고, 흰자가 퍼지지 않는 것이 신선한 것이므로 이를 확인한다.
    ㉤ 흔들어서 소리가 나지 않는 것이 신선한 것이므로 잘 확인한다.
  ㉢ 우유
    ㉠ 이물질이나 침전물이 있는 것은 신선하지 못하므로 확인한다.
    ㉡ 색깔이 이상하거나 점성이 있는 것은 신선하지 못하므로 확인한다.
    ㉢ 우유를 가열해 봤을 때 응고하는 것은 신선하지 못하므로 확인한다.
    ㉣ 물 컵에 우유를 떨어뜨려 봤을 때 구름같이 퍼지는 것은 선도가 좋은 것으로 잘 확인한다.
    ㉤ 우유의 비중이 1.028 이하인 것은 물이 섞인 우유이므로 잘 확인한다.
    ㉥ 신선한 우유의 산도는 젖산으로서 0.18% 이하, pH는 6.6(평균 6.4~6.7)이므로 참고하여 확인한다.
⑤ 기타
  ㉮ 유지류
    ㉠ 각각 특유의 색깔과 향미를 지니고 있어야 하며, 변색되었거나 착색되지 않았는지 확인한다.
    ㉡ 액체인 것은 투명하고 점도가 낮은 것이 좋은 것이므로 이를 확인한다.
  ㉯ 간장
    ㉠ 색이 전체적으로 붉은색을 띠고 있으며, 투명하고 광택이 있는 것이 좋은 제품이므로 잘 확인한다.
    ㉡ 적당한 점성이 있는 것은 좋지 않으므로 잘 확인한다.
    ㉢ 이취나 자극적인 매운맛, 신맛, 쓴맛이 있는 것은 좋지 않으므로 잘 확인한다.
  ㉰ 통조림
    ㉠ 외관이 정상이 아니고 녹슬었거나 움푹 들어간 것은 내용물이 변질되었을 가능성이 있는 것을 잘 살펴본다.
    ㉡ 라벨의 내용물, 제조자명, 소재지, 제조년월일, 중량 또는 용량, 첨가물의 유무를 확인하고 개관했을 때 표시대로 식품형태, 색, 맛, 향기 등에 이상이 없는지를 확인한다.

> **품목별 검사기준**
> - 육류 : 중량, 등급, 육질, 다듬기, 지방 및 심줄의 점유율, 신선도
> - 가금류 : 크기, 중량, 등급, 절단방법
> - 알(란)류 : 크기 및 중량, 신선도
> - 과일류 : 형태, 익은 정도, 등급, 향기, 색깔, 당도, 신선도
> - 야채류 : 신선도, 색깔, 크기, 단수

2 조리기구 및 설비 특성과 품질 확인

(1) 전처리 설비의 종류 및 특성
① **전처리 설비** : 조리하고자 하는 원료의 입고·보관·세정·절단 등의 작업이 이루어지는 공간의 장비
② **전처리 설비의 종류**
  ㉮ 냉장·냉동고
  ㉯ 세정대
  ㉰ 작업대 찬장, 작업대, 도마 작업대, 칼·도마 소독기
  ㉱ 낮은 렌지
③ **전처리 설비의 설치 및 재질**
  ㉮ 대형 주방의 경우 냉장·냉동고를 건축 시 빌트인 장비로 설치하는 것이 유리하다.
  ㉯ 모든 주방기기는 스테인레스 스틸의 재질, 열기구의 경우 열이 접하는 부분은 주물 재질이 좋다.

(2) 후처리 설비의 종류 및 특성
① **후처리 설비** : 조리한 음식을 손님에게 제공하기 위해 데코레이션, 혹은 반찬류 등을 제공하기 위한 장비와 식사 완료 후 퇴식, 식기 세척 등에 사용되는 장비
② **후처리 설비의 종류**
  ㉮ 냉장 테이블, 찬냉장고
  ㉯ 작업대 찬장, 중탕기, 상부 선반, 보온고, 보냉고
  ㉰ 식기 세척기외 보조 장비 등의 장비류
③ **후처리 설비의 재질** : 스테인레스 스틸 재질

> **검수방법의 종류 및 특징**
>
> | 구분 | 전수검수법 | 발췌검수법 |
> |---|---|---|
> | 개요 | • 납품된 물품을 전부 검사하는 방법 | • 납품된 물품 중 몇 개만 무작위로 선택하여 검사하는 방법 |
> | 해당 품목 | • 소량, 육류와 같은 비싼 식재료
• 희귀성 물품 | • 수량이 많은 경우(검수 항목이 많은 경우)
• 검수 시간과 비용을 절약해야 할 경우
• 파괴검사인 경우 |
> | 특징
(장·단점) | • 우수한 품질의 물품이 입고
• 시간과 비용이 많이 소요 | • 파괴성 물품 검수에 효과적
• 낮은 품질의 물품이 섞여 있을 가능성 |

3 검수를 위한 설비 및 장비 활용 방법

(1) 검수장소 및 시설
① **검수장소 선정 시 고려사항**
  ㉮ 물품 납품시의 접근 용이성 및 편리성
  ㉯ 입고와 관련된 운반 동선 공간 확보
  ㉰ 사무실 설치 시 유리설치로 외부에서 검수작업 확인
  ㉱ 사무실 외부의 충분한 공간 확보
  ㉲ 동선 거리의 최소화 및 용이성
② **시설 조건**
  ㉮ 물품검사를 실시하기 위한 검수대(바닥에 물품을 놓지 않도록 주의)
  ㉯ 물품검사에 필요한 적절 밝기의 조명시설(540룩스 이상)
  ㉰ 물품과 사람이 이동하기에 충분한 공간 및 동선구축 및 기기류의 배치
  ㉱ 안전성이 확보될 수 있는 장소
  ㉲ 위생이 확보될 수 있는 시설(급·배수 시설, 구충·구서시설, 구배시설, 조명시설)
  ㉳ 청소하기 쉬운 시설

□ 검수원의 자격요건
- 식품의 특수성에 관한 전문적인 지식을 갖출 것
- 식품의 품질을 평가하고 감별할 수 있는 지식과 능력을 갖출 것
- 식품이 유통경로와 검수업무 처리절차를 잘 알고 있을 것
- 검수일지 작성 및 기록보관 업무를 잘 알고 있을 것
- 업무에 있어서의 공정성과 신뢰도가 있을 것

(2) 검수장비

① **저울** : 플랫폼형 저울, 디지털 전자저울, 배식(portion) 저울 등

② **측량 및 측정 도구** : 계량기, 계량컵, 온도계(탐침식, 비접촉식), 계산기

③ **운반 도구** : 돌리 카트(dolly cart), 손수레(hand truck)

④ **기타**
  ㉮ 칼, 망치, 캔 따개(can opener)
  ㉯ 검수 기록일지 작성 및 보관을 위한 책상 및 캐비넷 등

(3) 온도계의 종류

① **전자식 온도계**
  ㉮ 냉장이나 냉동 상태로 운송되는 식품에 사용된다.
  ㉯ 탐침식으로 액정판에 온도가 표시된다.
  ㉰ 반응속도가 빠르고 탐침 끝 1~2mm 부분에서 온도 감지가 이루어진다.

② **적외선 비접촉식 표면 온도계**
  ㉮ 식품 검수 시 유용하다.
  ㉯ 식품에 접촉하지 않으므로 살균처리가 불필요하다.
  ㉰ 식품 및 포장에 손상을 주지 않는다.
  ㉱ 온도를 순간적으로 읽어 시간적 지체가 없지만, 가격이 비싸다.

(4) 검수장비 사용방법

① **온도계 사용 시 유의사항**
  ㉮ 모든 온도계와 케이스는 사용 전·후에 씻고 소독하여 건조하여 청결 유지
  ㉯ 음식물의 온도를 측정할 경우 중간에 제일 두꺼운 부분을 측정
  ㉰ 온도계를 꽂은 다음 바늘이 움직이지 않을 때까지(디지털 온도계인 경우 숫자가 천천히 움직일 때까지) 기다린 다음 15초 후에 온도를 기록
  ㉱ 적외선 비접촉식 표면 온도계는 식재료의 표면 온도를 측정하는 것은 냉장(동)식품 운송 온도의 적정 여부를 파악하는 것으로 온도계를 식재료 가까이에 근접시켜 측정
  ㉲ 온도계의 정확성을 정기적으로 점검 및 교정(연 1~2회 정기점검)

② **전자저울** : 사용 전 영점을 확인 후 중량을 측정하고 박스, 얼음 등은 중량에서 제외

③ **위생장갑**
  ㉮ 식재료 품질을 평가하기 위한 관능검사 시 위생장갑 착용
  ㉯ 식재료별로 위생장갑을 교체하여 교차오염 방지

□ 적절한 온도계의 구비조건
- 식재료 중심부의 온도를 측정 가능한 금속온도계일 것
- 영하 18℃~105℃ 범위의 측정이 가능할 것
- 눈금조절기가 있어 최대한 확실하고 정확하게 측정할 수 있을 것

Lesson 03 원가

1 원가의 의의 및 종류

(1) 원가의 의의

① **원가의 개념**
  ㉮ 특정한 제품의 제조, 판매, 서비스 제공을 위하여 소비된 경제 가치
  ㉯ 기업이 제품을 생산하는데 소비한 경제가치

② **원가 계산의 목적**
  ㉮ 가격 결정의 목적
  ㉯ 원가 관리의 목적
  ㉰ 예산 편성의 목적
  ㉱ 재무제표 작성의 목적

③ **원가 계산의 원칙**
  ㉮ 진실성의 원칙
  ㉯ 발생 기준의 원칙
  ㉰ 계산 경제성의 원칙
  ㉱ 확실성의 원칙
  ㉲ 정상성의 원칙
  ㉳ 비교성의 원칙
  ㉴ 상호 관리의 원칙

(2) 원가의 종류

① **원가의 3요소**
  ㉮ 재료비 : 제품 제조에 소비되는 물품의 원가, 단체급식시설에 있어 재료비는 급식재료비를 의미
  ㉯ 노무비 : 제품 제조에 소비되는 노동의 가치로 임금, 급료, 잡급 등으로 구분
  ㉰ 경비 : 제품 제조에 소비되는 재료비, 노무비 이외의 수도, 광열비, 전력비, 감가상각비, 보험료 등

② **직접원가, 제조원가, 총원가**
  ㉮ 직접원가 = 직접 재료비 + 직접 노무비 + 직접 경비
  ㉯ 제조원가 = 제조 간접비 + 직접원가
  ㉰ 총원가 = 판매 관리비 + 제조원가
  ㉱ 판매가격 = 총원가 + 이익

③ **실제원가, 예상원가, 표준원가**
  ㉮ 실제원가 : 제품이 제조된 후 실제로 소비된 원가(= 확정원가, 현실원가, 보통원가)
  ㉯ 예상원가 : 제품 제조 이전에 제품 제조에 소비될 것으로 예상되는 원가를 예상하여 산출한 사전원가(= 추정원가, 견적원가, 사전원가, 예정원가)

㉰ 표준원가 : 기업이 이상적으로 제조활동을 할 경우 예상되는 원가로 과학적·통계적 방법에 의하여 미리 표준이 되는 원가를 설정하고 이를 실제원가와 비교·분석하기 위한 것

직접재료비 직접노무비 직접 경비	직접 원가	제조 원가	총 원가	이익
			판매관리비	
		제조간접비		
직접 원가	제조 원가	총 원가	판매 가격	

[원가의 구성]

2 원가분석 및 계산

(1) 원가계산의 구조

① **1단계** : 요소별 원가계산
  ㉮ 직접비 : 직접 재료비(주요 재료비), 직접 노무비(임금 등), 직접 경비(외주 가공비 등)
  ㉯ 간접비 : 간접 재료비(보조 재료비), 간접 노무비(잡급, 수당 등), 간접 경비(감가상각비, 보험료, 수선비, 전력비, 가스비, 수도광열비)

② **2단계** : 부문별 원가계산
  ㉮ 전 단계에서 파악된 원가요소를 분류·집계하는 계산 절차
  ㉯ 원가부문이란 좁은 의미에서 원가가 발행한 장소, 넓은 의미로는 발생한 직능에 따라 원가를 집계하고자 할 때 설정되는 계산상의 구분을 의미

③ **3단계** : 제품별 원가계산
  ㉮ 최종적으로 각 제품의 제조원가를 계산하는 절차
  ㉯ 요소별 원가계산에서 이루어진 직접비 : 제품별로 직접 집계
  ㉰ 부분별 원가계산에서 파악된 직접비 : 기준에 따라 제품별로 배분하여 집계

(2) 재료비의 계산

① **재료비**
  ㉮ 제품의 제조과정에서 실제로 소비되는 재료의 가치를 화폐 액수로 표시한 금액
  ㉯ 재료비 = 재료소비량 × 재료소비단가

② **재료소비량의 계산방법**
  ㉮ 계속기록법 : 재료를 동일한 종류별로 분류하고 들어오고 나갈 때마다 수입, 불출 및 재고량을 계속하여 기록함으로써 재료소비량을 파악하는 방법
  ㉯ 재고조사법 : 전기의 재료 이월량과 당기의 재료 구입량의 합계에서 기말 재고량을 차감함으로써 재료의 소비된 양을 파악하는 방법
  ㉰ 역계산법 : 일정 단위를 생산하는데 소요되는 재료의 표준소비량을 정하고, 그것에다 제품의 수량을 곱하여 전체의 재료소비량을 산출하는 방법

③ **재료 소비가격의 계산**
  ㉮ 개별법 : 재료를 구입단가별로 가격표를 붙여서 보관하다가 출고할 때 그 가격표에 붙어있는 구입단가를 재료의 소비가격으로 하는 방법
  ㉯ 선입선출법 : 재료의 구입순서에 따라 먼저 구입한 재료를 먼저 소비한다는 가정 아래에서 재료의 소비가격을 계산하는 방법
  ㉰ 후입선출법 : 선입선출법과 정반대로 나중에 구입한 재료부터 먼저 사용한다는 가정 아래에서 재료의 소비가격을 계산하는 방법
  ㉱ 단순평균법 : 일정 기간 동안의 구입단가를 구입횟수로 나눈 구입단가의 평균을 재료소비단가로 하는 방법
  ㉲ 이동평균법 : 구입 단가가 다른 재료를 구입할 때마다 재고량과의 가중평균가를 산출하여 이를 소비재료의 가격으로 하는 방법

(3) 표준 원가계산 및 감가상각

① **표준 원가계산**
  ㉮ 원가관리 : 원가의 통제를 통하여 가능한 절감하려는 경영기법
  ㉯ 손익분기점 : 수입과 총비용이 일치하는 점(이익도 손실도 없다.)

② **감가상각**
  ㉮ 감가상각의 개념 : 기업의 자산(재산)은 고정 자산(토지, 건물, 기계 등)과 유동 자산(현금, 예금, 원재료 등) 및 기타 자산으로 구분된다. 이중 고정 자산은 시일이 경과함에 내려가고 그 금액을 감가상각액이라 한다.
  ㉯ 감가상각 계산법
    ㉠ 정액법 : 고정자산의 감가총액을 내용연수로 균등하게 할당하는 방법
    ㉡ 정률법 : 기초가격에서 감가상각비 누계를 차감한 미상각액에 대하여 매년 일정률을 곱하여 산출한 금액을 상각하는 방법
  ㉰ 감가상각의 3요소
    ㉠ 기초가격 : 취득 원가(구입가격)
    ㉡ 내용연수 : 취득한 고정자산이 유효하게 사용될 수 있는 추산기간(사용한 연수)
    ㉢ 잔존가격 : 고정자산이 내용연수에 도달했을 때 매각하여 얻을 수 있는 추정가격(기초가격의 10%)

(4) 단체 급식 시설의 원가요소

항목	내용
급식재료비	조리완제품, 반제품, 급식 원재료 또는 조미료 등의 급식에 소요된 모든 재료에 대한 비용
노무비	급식 업무에 종사하는 모든 사람들의 노동력 대가로 지불되는 비용
시설 사용료	급식시설의 사용에 대하여 지불하는 비용
수도·광열비	전기료, 수도료, 연료비 등
전화 사용료	업무 수행상 사용한 전화료
소모품비	급식업무에 소요되는 각종 소모품의 사용에 지불되는 비용
관리비	단체급식시설의 규모가 큰 경우 별도로 계산되는 간접경비
기타 경비	위생비, 피복비, 세척비, 기타 잡비 등

적중 예상문제 ● CHECK POINT QUESTION

CHAPTER 04 ㅣ 구매관리

LESSON 01 시장조사 및 구매관리

001 식품 구매관리에 있어 시장조사의 목적으로 가장 거리가 먼 것은?

① 식품재료비 산출
② 경제적인 식품 구매
③ 합리적인 식단 작성
④ 소비자의 기호 확인

🔍 **구매 시장조사의 목적**
- 식품재료비 산출 : 원가계산을 위한 구매 예정가격 결정
- 경제적인 식품 구매 : 구매방법 개선을 통한 비용절감
- 합리적인 식단 작성 : 가격 대비 영양성을 고려한 식단 작성

002 시장조사의 내용 중 제조회사 및 대체품의 고려와 관계있는 항목은?

① 품질 조사
② 품목 조사
③ 수량 조사
④ 가격 조사

🔍 **시장조사의 내용**
- 품목 : 제조회사 및 대체품을 고려
- 품질 : 물품의 가치를 고려
- 수량 : 예비구매량, 대량구매에 따른 원가절감, 보존성을 고려
- 가격 : 물품의 가치와 거래조건 변경 등에 의한 가격인하 여부를 고려
- 시기 : 구매가격, 사용시기와 시장시세를 고려
- 구매거래처 : 최소 두 곳 이상의 업체로부터 견적을 받은 후 검토, 한 군데와 거래하는 경우 정기적인 시장가격조사를 통해 가격을 확인
- 거래조건 : 인수 및 지불 조건 등을 고려

003 단체급식 시 식품의 구입 요령으로 보기 힘든 것은?

① 대량구입 또는 공동구입 방식으로 염가로 구입한다.
② 지방특산물을 이용하고 계절식품을 구입하며, 값이 싼 대치식품을 구입한다.
③ 곡류나 건어물은 1개월분을 한꺼번에 구입한다.
④ 냉장시설이 있는 경우 쇠고기는 1개월분을 한꺼번에 구입한다.

🔍 냉장시설이 있는 경우 쇠고기는 1주일분을 한꺼번에 구입하며, 생선이나 과채류 등은 필요에 따라 수시로 구입한다.

004 일반적인 구매 시장조사의 종류에 해당하지 않는 것은?

① 일반 기본 시장조사
② 품목별 시장조사
③ 소비자에 대한 선호도 조사
④ 구매거래처의 업태조사

🔍 **시장조사의 종류**
- 일반 기본 시장조사
- 품목별 시장조사
- 구매거래처의 업태조사
- 유통경로의 조사

005 구매 시장조사의 종류 중 구매물품의 가격산정을 위한 기초자료와 구매수량 결정을 위한 자료로 활용할 수 있는 조사는?

① 일반 기본 시장조사
② 품목별 시장조사
③ 구매거래처의 업태조사
④ 유통경로의 조사

🔍 품목별 시장조사는 현재 구매하고 있는 물품의 수급 및 가격변동에 대한 조사로 구매물품의 가격산정을 위한 기초자료와 구매수량 결정을 위한 자료로 활용된다.

006 시장조사의 원칙에 해당되지 않는 것은?

① 비용 경제성의 원칙
② 조사 적시성의 원칙
③ 조사 고정성의 원칙
④ 조사 정확성의 원칙

🔍 **시장조사의 원칙**
- 비용 경제성의 원칙
- 조사 탄력성의 원칙
- 조사 정확성의 원칙
- 조사 적시성의 원칙
- 조사 계획성의 원칙

007 시장조사의 목적은 조사 자체에 있는 것이 아니므로 구매업무를 수행하는 소정의 기간 내에 끝내야 한다는 시장조사의 원칙은?

① 비용 경제성의 원칙
② 조사 적시성의 원칙
③ 조사 고정성의 원칙
④ 조사 정확성의 원칙

🔍 조사 적시성의 원칙 : 시장조사의 목적은 조사 자체에 있는 것이 아니므로 구매업무를 수행하는 소정의 기간 내에 끝내야 한다.

008 구매 시장조사의 수행 내용에 대한 설명으로 틀린 것은?

① 거래처는 우수한 공급업체를 하나만 선정하도록 한다.
② 물품의 품질, 규격, 가격을 고려하여 시장조사를 수행한다.
③ 수량은 보관 및 저장창고 용량을 고려한 필요량으로 정한다.
④ 구매 품목 및 리스트를 작성하여 시장조사 품목을 정한다.

🔍 **구매 시장조사의 수행 내용**
- 구매 품목 및 리스트를 작성하여 시장조사 품목을 정한다.
- 물품의 품질, 규격, 가격을 고려하여 시장조사를 수행한다.
- 수량은 보관 및 저장창고 용량을 고려한 필요량으로 정한다.
- 구입 예정가격, 도소매 물가지수를 참고로 하여 구매가격을 정한다.
- 구입시기는 납품 간격, 사용시기, 시장시세를 고려하여 구매시점을 결정한다.
- 거래처는 우수한 공급업체를 선정(복수거래)하도록 한다.
- 거래조건으로는 납품방법, 대금 지불방법 등을 고려한 제반 조건을 포함한다.

009 다음의 설명이 의미하는 것은?

> 구입하고자 하는 물품에 대하여 적정거래처로부터 원하는 수량만큼 적정시기에 최소의 가격으로 최적의 품질의 것을 구입할 목적으로 구매활동을 계획·통제하는 관리활동을 나타낸다.

① 구매관리
② 위생관리
③ 시장관리
④ 재고관리

🔍 **구매관리의 정의**
- 구매자가 물품을 구입하기 위해 계약을 체결하고 그 계약조건에 따라 물품을 인수하고 대금을 지불하는 전반적인 과정을 의미한다.
- 구입하고자 하는 물품에 대하여 적정거래처로부터 원하는 수량만큼 적정시기에 최소의 가격으로 최적의 품질의 것을 구입할 목적으로 구매활동을 계획·통제하는 관리활동을 나타낸다.

정답 001 ④ 002 ② 003 ④ 004 ③ 005 ②

정답 006 ③ 007 ② 008 ① 009 ①

010 구매관리의 목표로 틀린 것은?

① 필요한 물품과 용역을 지속적으로 공급해야 한다.
② 품질, 가격, 제반 서비스 등 최적의 상태를 유지해야 한다.
③ 재고와 저장관리 시 이익을 최대화한다.
④ 신용이 있는 공급업체와 원만한 관계를 유지하면서 대체 공급업체를 확보하여야 한다.

> 구매관리의 목표
> • 필요한 물품과 용역을 지속적으로 공급해야 한다.
> • 품질, 가격, 제반 서비스 등 최적의 상태를 유지해야 한다.
> • 재고와 저장관리 시 손실을 최소화한다.
> • 신용이 있는 공급업체와 원만한 관계를 유지하면서 대체 공급업체를 확보하여야 한다.
> • 구매 관련의 정보 및 시장조사를 통한 경쟁력을 확보한다.
> • 표준화·전문화·단순화의 체계를 확보한다.

011 다음 중 구매관리에 포함되는 사항에 해당되지 않는 것은?

① 구매 ② 검수
③ 저장 ④ 판매

> 구매관리 포함사항
> • 구매(purchasing)   • 검수(receiving)
> • 저장(storing)   • 재고관리(inventory control)

012 구매관리의 기대효과로 적절하지 않은 것은?

① 식품의 구입원가가 늘어난다.
② 양질의 물품 생산과 품질관리가 용이하다.
③ 물품공급의 전문성이 향상되고 체계성을 구축할 수 있다.
④ 투자의 최소화 및 경비를 절감할 수 있다.

> 구매관리의 기대 효과
> • 식품의 구입원가가 절감된다.
> • 양질의 물품 생산과 품질관리가 용이하다.
> • 물품공급의 전문성이 향상되고 체계성을 구축할 수 있다.
> • 효율적인 경영관리를 할 수 있다.
> • 투자의 최소화 및 경비를 절감할 수 있다.
> • 고객만족에 의한 매출증가를 기대할 수 있다.

013 단체 급식 시 재료는 얼마의 기간 단위로 발주하는가?

① 1~3일   ② 1주~10일
③ 20일~1개월 ④ 1개월~3개월

> 재료는 식단표에 의하여 1주~10일 단위로 발주한다.

014 일반적인 식품의 구매방법으로 가장 옳은 것은?

① 고등어는 2주일분을 한꺼번에 구입한다.
② 느타리버섯은 3일에 한 번씩 구입한다.
③ 쌀은 1개월분을 한꺼번에 구입한다.
④ 쇠고기는 1개월분을 한꺼번에 구입한다.

> 과채류와 생선, 육류 등 신선도가 중요한 식품은 필요할 때 수시로 구입하여야 하며, 곡류 및 건어물 등 부패성이 적은 식품은 일정 한도 내 일시 구입을 원칙으로 1개월분을 한꺼번에 구입한다.

015 단체급식의 식품구입에 대한 설명으로 잘못된 것은?

① 폐기율을 고려한다.
② 값이 싼 대체식품을 구입한다.
③ 곡류나 공산품은 1년 단위로 구입하도록 한다.
④ 제철식품을 구입하도록 한다.

> 부패성이 적은 곡류나 공산품은 1개월 단위로 한꺼번에 구입하며, 쇠고기는 냉장시설이 있을 경우 1주일 단위로, 과채류는 필요에 따라 수시로 구입한다.

016 시금치의 1인당 정미중량이 40g이고 폐기율이 10%인 경우 급식인원이 100명인 급식소에서의 실제 발주량은 약 얼마인가?

① 10.5kg   ② 7.5kg
③ 4.5kg   ④ 2.5kg

> • 총발주량 = $\dfrac{\text{정미중량} \times 100}{100 - \text{폐기율}} \times \text{인원수}$
> • 폐기율 = 10%
> • 총발주량 = $\dfrac{40 \times 100}{100 - 10} \times 100 = 4444\text{kg} ≒ 4.5\text{kg}$

017 불고기용 쇠고기 100kg의 손질 결과가 다음과 같이 산출되었다. 보기의 고기로 500명분의 불고기를 만들려면 쇠고기를 약 몇 kg 주문해야 하겠는가(단, 1인분의 쇠고기양은 120g으로 하였다)?

| • 가식부분 : 70kg | • 지방 : 25kg | • 힘줄 및 핏물 : 5kg |

① 56kg   ② 60kg
③ 70kg   ④ 86kg

> 지방과 힘줄 및 핏물은 먹을 수 없는 부위로 폐기량에 해당한다. 따라서, 폐기량은 100kg중 30kg으로 폐기율은 30%에 해당된다.
> • 총발주량 = $\dfrac{\text{정미중량} \times 100}{100 - \text{폐기율}} \times \text{인원수}$
> • 폐기율 = 30% (100kg 중 가식부분이 70kg이므로)
> • 총발주량 = $\dfrac{120 \times 100}{100 - 30} \times 500 = 85714\text{kg} ≒ 86\text{kg}$

018 식수가 1,000명인 단체급식소에서 1인당 20g의 풋고추조림을 주려고 한다. 발주할 풋고추의 양은(단, 풋고추의 폐기율은 6%이다)?

① 18.868kg   ② 20kg
③ 21.277kg   ④ 25kg

> • 총발주량 = $\dfrac{\text{정미중량} \times 100}{100 - \text{폐기율}} \times \text{인원수}$
> • 풋고추의 폐기율 = 6%
> • 총발주량 = $\dfrac{20 \times 100}{100 - 6} \times 1,000 ≒ 21.277\text{kg}$

019 오징어 12kg을 25,000원에 구입하였다. 모두 손질한 후의 폐기율이 35%였다면 실사용량의 kg당 단가는 약 얼마인가?

① 5,556원   ② 3,205원
③ 2,083원   ④ 714원

> • 폐기량 = 12kg × 0.35 = 4.2kg (∵ 폐기율 35%)
> • 실사용량 = 12kg − 4.2kg = 7.8kg
> • 실사용량의 kg당 단가 = $\dfrac{25,000원}{7.8\text{kg}}$ ≒ 3,205원

020 가식부율이 80%인 식품의 출고계수는?

① 1.25   ② 2.5
③ 4   ④ 5

> 식품의 출고계수란 폐기율에 따른 원재료의 필요량을 구하는 계수를 말한다.
> ∴ 출고계수 = $\dfrac{100}{80}$ = 1.25

021 일반적으로 폐기율이 가장 높은 식품은?

① 쇠살코기 　　　　　　② 계란
③ 생선 　　　　　　　　④ 곡류

🔍 폐기율은 총식품량에서 가식부량을 제외한 폐기량을 백분율로 환산[(폐기량÷총식품량) × 100]한 것이다. 평균 폐기율은 생선(통째)이 38% 정도로 폐기율이 가장 높으며, 계란 등의 난류는 13%, 곡류는 10% 이하이다.

022 잔치국수 100그릇을 만드는 재료내역이 아래 표와 같을 때 한 그릇의 재료비는 얼마인가(단, 폐기율은 0%로 가정하고 총 양념비는 100그릇에 필요한 양념의 총액을 의미한다.)?

품목	100 그릇의 양(g)	100g당 가격(원)
건국수	8,000	200
쇠고기	5,000	1,400
애호박	5,000	80
달걀	7,000	90
총양념비	–	7000(100그릇)

① 1,000원 　　　　　　② 1,125원
③ 1,033원 　　　　　　④ 1,200원

🔍 • 100그릇의 재료비 건국수(80 × 200) 16,000원 + 쇠고기(50 × 1400) 70,000원 + 애호박(50 × 80) 4,000원 + 달걀(70 × 90) 6,300원 + 총양념비 7,000원 = 103,300원

　• 1그릇의 재료비 = $\dfrac{103,300원}{100그릇}$ = 1,033원

023 김장용 배추포기김치 46kg을 담그려는데 배추 구입에 필요한 비용은 얼마인가? (단, 배추 5통(13kg)의 값은 11,960원, 폐기율은 8%)

① 23,920원 　　　　　　② 38,934원
③ 42,320원 　　　　　　④ 46,000원

🔍 • 총발주량 = $\dfrac{정미중량 × 100}{100 - 폐기율}$

　• 풋고추의 폐기율 = 8%

　• 총발주량 = $\dfrac{46 × 100}{100 - 8}$ = 50kg

　• 배추 1kg 당 단가 = $\dfrac{11,960원}{13kg}$ = 920원

　• 920원 × 50kg = 46,000원

024 전체 식수가 6,000명이고 식수변동률은 1.2, 식기 파손율이 1.08인 경우 식기의 필요량은?

① 7,200 　　　　　　② 6,480
③ 7,776 　　　　　　④ 7,680

🔍 필요량 = 식수인원 × 식수변동률 × 파손율
　　　 = 6000 × 1.2 × 1.08 = 7,776

025 재고의 중요성에 대한 설명이다. 틀린 것은?

① 물품 부족으로 인한 생산계획의 차질을 방지한다.
② 최소재고 수준을 유지함으로써 재고관리의 유지비용을 감소시킬 수 있다.
③ 최소의 가격으로 최상 품질품목을 구매한다.
④ 정확한 재고수량을 파악함으로써 적정주문량 결정을 통해 구매비용을 절감한다.

🔍 적정재고 수준을 유지함으로써 재고관리의 유지비용을 감소시킨다.

026 다음 중 재고관리에 대한 설명으로 틀린 것은?

① 재고관리는 식재료의 원가를 계산하는데 반드시 필요하다.
② 단체급식소에서는 재료관리상 적어도 월 1회는 필요하다.
③ 식품수불부의 기록과 현물재고량의 불일치는 원가상승과는 무관하다.
④ 장부를 정리할 때는 언제든 재고량이 쉽게 파악되도록 한다.

🔍 재고관리에서 식품수불부의 기록과 현물재고량의 불일치는 원가상승 요인이 된다.

027 재고관리의 유형 중 영구재고 시스템에 대한 설명으로 옳은 것은?

① 일반적으로 대규모 조직업체에서 건조물품 및 냉동 저장고에 보유되는 물품의 관리나 고가의 품목에 많이 활용된다.
② 주기적으로 창고에 보유하고 있는 물품의 수량과 목록을 실사하여 확인하고 기록하는 방법이다.
③ 재고의 총 가치를 정확히 파악할 수 있고, 사용 식품비의 산출에 필요한 정보를 제공받을 수 있다.
④ 시간이 많이 소요되며, 신속하지 못하고, 가끔 부정확할 수 있다.

🔍 재고관리의 유형
• 영구재고 시스템 : 물품을 구매하여 입고되는 물품의 출고 및 입고서에 물품의 수량을 계속해서 기록함으로써 남아 있는 물품의 목록과 수량을 알고 적정 재고량을 유지하도록 하는 방법으로 일반적으로 대규모 조직업체에서 건조물품 및 냉동 저장고에 보유되는 물품의 관리나 고가의 품목에 많이 활용된다.
• 실사재고 시스템 : 재고실사법이라고도 하며, 주기적으로 창고에 보유하고 있는 물품의 수량과 목록을 실사하여 확인하고 기록하는 방법으로 영구재고 시스템의 단점인 부정확성을 점검하기 위해 실시된다.

028 재고회전율에 대한 설명이 맞는 것은?

① 수요량과 재고회전율의 관계는 반비례한다.
② 재고량과 재고회전율의 관계는 정비례한다.
③ 일정 기간 동안 재고가 몇 번이나 '0'에 도달하였다가 보충되었는가를 측정하는 것이다.
④ 재고회전율이 표준보다 높을 때는 재고가 많다는 뜻이다.

🔍 재고회전율이란 일정 기간 동안 재고가 몇 번이나 '0'에 도달하였다가 보충되었는가를 측정하는 것을 말한다.

029 재고회전율이 표준치보다 낮은 경우에 대한 설명으로 틀린 것은?

① 긴급구매로 비용 발생이 우려된다.
② 종업원들이 심리적으로 부주의하게 식품을 사용하여 낭비가 심해진다.
③ 부정유출이 우려된다.
④ 저장기간이 길어지고 식품손실이 커지는 등 많은 자본이 들어가 이익이 줄어든다.

🔍 재고회전율이 낮다는 것은 매출에 비하여 과다한 재고를 보유하고 있다는 것을 의미한다. 따라서, 이 경우 긴급구매로 인한 비용 발생의 우려는 없다.

030 재고관리 시 주의점이 아닌 것은?

① 재고회전율 계산은 주로 한 달에 1회 산출한다.
② 재고회전율이 표준치보다 낮으면 재고가 과잉임을 나타내는 것이다.
③ 재고회전율이 표준치보다 높으면 생산지연 등이 발생할 수 있다.
④ 재고회전율이 표준치보다 높으면 생산비용이 낮아진다.

🔍 재고회전율은 일정 기간의 제품, 재공품, 원재료, 저장품 등의 출고량과 재고량의 비율을 말하는 것으로, 재고회전율이 높아지면 재고 관련 이자비용과 재고 취급 및 보관비용을 절감되는 효과가 있지만, 생산비용이 낮아지는 것은 아니다.

정답 021 ③　022 ③　023 ④　024 ③　025 ②

정답 026 ③　027 ①　028 ③　029 ①　030 ④

031 재고자산의 평가방법이 아닌 것은?

① 실제 구매가법
② 총 평균법
③ 최종 구매가법
④ 선입후출법

> 재고자산의 평가방법
> • 실제 구매가법(actual purchase price method)
> • 총 평균법(weighted average purchase price method)
> • 최종 구매가법(latest purchase price method)
> • 선입선출법(First-In, First-Out, FIFO method)
> • 후입선출법(Last-In, First-Out, LIFO method)

032 재고자산의 평가방법 중 가장 최근 단가를 이용하여 산출하는 방법으로 간단하고 신속한 산출이 가능한 방법은?

① 실제 구매가법
② 총 평균법
③ 최종 구매가법
④ 선입후출법

> 최종 구매가법은 가장 최근 단가를 이용하여 산출하는 방법으로 간단하고 신속한 산출이 가능하며, 급식소에서 널리 사용되는 방법이다.

033 구매한 식품의 재고관리 시 적용되는 방법 중 최근에 구입한 식품부터 사용하는 것으로 가장 오래된 물품이 재고로 남게 되는 것은?

① 선입선출법(First-In, First-Out)
② 후입선출법(Last-In, First-Out)
③ 총 평균법
④ 최소-최대관리법

> 선입선출법은 재료의 구입순서에 따라 먼저 구입한 재료를 먼저 소비한다는 가정 아래에서 재료의 소비가격을 계산하는 방법이며, 후입선출법은 선입선출법과 정반대로 나중에 구입한 재료부터 먼저 사용한다는 가정 아래에서 재료의 소비가격을 계산하는 방법이다.

034 단체급식에서 식품의 재고관리가 부적당한 경우는?

① 먼저 구입된 것을 먼저 소비하도록 한다.
② 각 식품에 적당한 재고기간을 파악하여 신선한 것을 이용하도록 한다.
③ 비상시에 대처하기 위해 가능한 많은 재고량을 확보하도록 한다.
④ 재고량 조사결과 차이가 발생할 때 건조, 폐기량 증가 등과 같은 오차의 면밀한 원인분석을 한다.

> 단체급식에서 식품의 재고관리는 선입선출, 각 식품에 적당한 재고기간의 파악, 재고량 조사결과 차이 발생 시 오차의 면밀한 원인분석을 통해 이루어진다.

035 급식소에서 재고관리의 의의가 아닌 것은?

① 물품부족으로 인한 급식생산 계획의 차질을 미연에 방지 할 수 있다.
② 도난과 부주의로 인한 식품재료의 손실을 최소화 할 수 있다.
③ 재고도 자산인 만큼 가능한 많이 보유하고 있어 유사시에 대비하도록 한다.
④ 급식생산에 요구되는 식품재료와 일치하는 최소한의 재고량이 유지되도록 한다.

> 단체급식에서 식품의 재고관리에는 각 식품에 적당한 재고기간을 파악하여 적정한 재고량을 유지하는 것이 중요하다.

036 식재료 저장원칙으로 옳지 않은 것은?

① 품목과 관계없이 통합하여 저장한다.
② 선입선출에 의해 출고를 진행한다.
③ 저장 물품의 안전성을 확보하도록 한다.
④ 저장기준 및 기간을 준수한다.

> 식재료 저장원칙
> • 품목별 분류저장 (가나다순, 알파벳순, 사용빈도의 순 등)
> • 선입선출에 의한 출고(First-In, First-Out, FIFO)
> • 저장 물품 안전성 확보
> • 저장기준 및 기간 준수

037 다음은 A 급식소에서 3월 한 달 동안 구매한 참치 통조림 내역과 3월 27일 현재 남은 참치 통조림의 재고현황을 정리한 자료이다. 선입선출법(FIFO)에 따른 재고자산 평가금액은 얼마인가?

날짜	구입량(캔)	단가	현 재고량(캔)
3월 2일	25	1,000원/캔	3
3월 10일	11	1,100원/캔	2
3월 17일	15	1,050원/캔	3
3월 24일	10	1,150원/캔	5

① 14,100원
② 13,942.5원
③ 14,650원
④ 14,950원

> 선입선출법
> • 현재고 : 13캔
> • 재고자산 = (1,050원×3캔) + (1,150원×10캔) = 14,650원

038 다음은 A 급식소에서 3월 한 달 동안 구매한 참치 통조림 내역과 3월 27일 현재 남은 참치 통조림의 재고현황을 정리한 자료이다. 후입선출법(LLIFO)에 따른 재고자산 평가금액은 얼마인가?

날짜	구입량(캔)	단가	현 재고량(캔)
3월 2일	25	1,000원/캔	3
3월 10일	11	1,100원/캔	2
3월 17일	15	1,050원/캔	3
3월 24일	10	1,150원/캔	5

① 14,100원
② 13,942.5원
③ 14,650원
④ 13,000원

> 후입선출법
> • 현재고 : 13캔
> • 재고자산 = 1,000원 × 13캔 = 13,000원

039 다음은 A 급식소에서 3월 한 달 동안 구매한 참치 통조림 내역과 3월 27일 현재 남은 참치 통조림의 재고현황을 정리한 자료이다. 실제 구매가법에 따른 재고자산 평가금액은 얼마인가?

날짜	구입량(캔)	단가	현 재고량(캔)
3월 2일	25	1,000원/캔	3
3월 10일	11	1,100원/캔	2
3월 17일	15	1,050원/캔	3
3월 24일	10	1,150원/캔	5

① 14,100원
② 13,942.5원
③ 14,650원
④ 13,000원

> 실제 구매가법
> • 재고자산 = (1,000원×3캔) + (1,100원×2캔) + (1,050원×3캔) + (1,150원×5캔) = 14,100원

정답 031 ④ 032 ③ 033 ② 034 ③ 035 ③ 036 ① 037 ③ 038 ④ 039 ①

craftsman cook

040 다음은 A 급식소에서 3월 한 달 동안 구매한 참치 통조림 내역과 3월 27일 현재 남은 참치 통조림의 재고현황을 정리한 자료이다. 총 평균법에 따른 재고자산 평가금액은 얼마인가?

날짜	구입량(캔)	단가	현 재고량(캔)
3월 2일	25	1,000원/캔	3
3월 10일	11	1,100원/캔	2
3월 17일	15	1,050원/캔	3
3월 24일	10	1,150원/캔	5

① 14,100원 ② 13,713.7원
③ 14,650원 ④ 13,000원

🔍 **총 평균법**
- 평균단가 = [(1,000원×25캔)+(1,100원×11캔)+(1,050원×15캔)+(1,150원×10캔)] / 61캔
 = 64,350원 / 61캔 = 1,054.9원
- 재고자산 = 평균단가 × 현재고량 = 1,054.9원 × 13캔 = 13,713.7원

041 다음은 A 급식소에서 3월 한 달 동안 구매한 참치 통조림 내역과 3월 27일 현재 남은 참치 통조림의 재고현황을 정리한 자료이다. 최종 구매가법에 따른 재고자산 평가금액은 얼마인가?

날짜	구입량(캔)	단가	현 재고량(캔)
3월 2일	25	1,000원/캔	3
3월 10일	11	1,100원/캔	2
3월 17일	15	1,050원/캔	3
3월 24일	10	1,150원/캔	5

① 14,100원 ② 14,950원
③ 14,650원 ④ 13,000원

🔍 **최종 구매가법**
- 현재고 : 13캔
- 재고자산 = 1,150원 × 13캔 = 14,950원

042 10월 한달 간 과일통조림의 구입현황이 아래와 같고, 재고량이 모두 13캔인 경우 선입선출법에 따른 재고금액은?

날 짜	구입량(캔)	구입단가(원)
10/01	20	1,000
10/10	15	1,050
10/20	25	1,150
10/25	10	1,200

① 14,500원 ② 150,000원
③ 15,450원 ④ 160,000원

🔍 선입선출법은 장부상 먼저 입고된 것부터 순차적으로 출고되는 것으로 간주한다. 따라서, 재고량이 13캔이라면 10월 25일 구매한 10캔과 10월 20일 구매한 25캔 중 3캔이 재고량에 해당된다. 따라서, "재고금액 = (10캔 × 1,200원) + (3캔 × 1,150원) = 12,000원 + 3,450원 = 15,450원"이다.

043 다음은 간장의 재고 대장이다. 간장의 재고가 10병일 때 선입선출법에 의한 간장의 재고자산은 얼마인가?

입고날짜	수량	단가
5일	5병	3,500원
12일	10병	3,500원
20일	7병	3,000원
27일	5병	3,500원

① 32,500원 ② 33,500원
③ 34,500원 ④ 35,000원

🔍 선입선출법은 먼저 입고된 것부터 사용된 것으로 본다. 따라서, 27일 입고된 5병과 20일에 입고된 7병 중 5병이 남은 것으로 계산한다.

LESSON 02

검수관리

044 식재료의 검수와 관련한 유의사항으로 틀린 것은?

① 식재료를 검수대 위에 올려놓고 검수하며, 맨바닥에 놓지 않도록 한다.
② 외부포장 등의 오염 우려가 있는 것은 제거한 후 조리실에 반입한다.
③ 식재료 운송차량의 청결 상태 및 온도유지 여부를 확인·기록한다.
④ 규격 기준에 맞지 않는 식재료는 가격을 조정하여 반입한다.

🔍 식재료 검수 결과 신선도, 품질 등에 이상이 있거나 규격 기준에 맞지 않는 식재료는 반품하고, 검수 기준에 맞는 식재료로 재 납품할 것을 지시한다.

045 식재료 검수 시 전처리 채소의 온도 측정 등의 기준으로 옳은 것은?

① 25℃ 이하
② 20℃ 이하
③ 15℃ 이하
④ 10℃ 이하

🔍 **제품온도 확인**
- 냉장식품 : 0~10℃(신선편의식품은 5℃ 이하)
- 냉동식품 : 동결상태 유지(−18℃ 이하), 녹은 흔적이 없을 것
- 생선 및 육류 : 5℃ 이하
- 전처리 채소 : 0~10℃(일반채소는 상온, 신선도 확인)

046 식재료 납품차량의 온도유지 여부를 확인할 때 냉장 및 냉동 온도 기준으로 옳은 것은?

① 냉장 10℃ 이하, 냉동 −5℃ 이하
② 냉장 10℃ 이하, 냉동 −18℃ 이하
③ 냉장 0℃ 이하, 냉동 −5℃ 이하
④ 냉장 0℃ 이하, 냉동 −18℃ 이하

🔍 운송차량은 냉장의 경우 10℃ 이하, 냉동의 경우 −18℃ 이하를 유지할 수 있어야 한다.

047 식품 검수 시 검수대는 높이는 바닥에서 얼마 이상의 높이여야 하는가?

① 15cm 이상
② 30cm 이상
③ 45cm 이상
④ 60cm 이상

🔍 검수대는 바닥에서 60cm 이상 높이여야 하며, 납품된 식재료는 반드시 바닥이 아닌 검수대 위에 올려놓고 확인하여야 한다.

048 식재료 검수공간의 조도 기준으로 옳은 것은?

① 75룩스 이상
② 200룩스 이상
③ 360룩스 이상
④ 540룩스 이상

🔍 검수공간의 조도는 540룩스 이상 유지하여야 한다.

정답 040 ② 041 ② 042 ③ 043 ①

정답 044 ④ 045 ④ 046 ② 047 ④ 048 ④

049 검수 시 품질평가 기준에 해당되지 않는 것은?

① 경제성　　　② 안전성
③ 완전성　　　④ 보존성

> 검수 시 품질평가 기준
> • 안전성 : 위생적으로 안전하며, 무해한 상태여야 함
> • 청결성 : 오물이 묻어 있지 않고 위생적이어야 함
> • 완전성 : 형태가 완전하고 깨지거나 눌리거나 흠이 없어야 함
> • 균일성 : 식품의 크기가 대체적으로 고른 것이어야 함
> • 보존성 : 식품 고유의 색, 맛, 풍미, 질감 등의 특성이 보존되어야 함

050 식재료의 관능검사 중 음료, 향료 등에 가장 효과적으로 적용될 수 있는 방법은?

① 육안검사　　　② 취각검사
③ 촉각감정법　　④ 음향감정법

> 관능검사
> • 육안검사 : 식품의 현상, 색채, 크기, 광택 등을 통하여 재료를 식별
> • 취각검사 : 취각 및 미각을 통하여 감정(음료, 향료, 된장, 간장, 과자류 등에 많이 적용)
> • 촉각감정법 : 피부와 촉각을 이용하여 감정(밀가루, 곡류 등의 식품에 많이 이용)
> • 음향감정법 : 두드리거나 흔들어 보면서 그 소리로 감정(수박, 통조림, 계란 등)

051 식재료의 이화학적 검사 방법에 속하지 않는 것은?

① 기계적 방법　　② 화학적 방법
③ 물리적 방법　　④ 생화학적 방법

> 이화학적 검사 : 검경적인 방법, 화학적 방법, 물리적 방법, 생화학적 방법

052 식품의 효소반응, 효소활성 등의 생화학적인 특성을 실험하여 신선도를 감정하는 이화학적 검사는?

① 검경적인 방법　② 화학적 방법
③ 물리적 방법　　④ 생화학적 방법

> 이화학적 검사
> • 검경적인 방법 : 현미경 등을 이용하여 조직이나 세포의 모양 등을 관찰 후 위생도를 결정
> • 화학적 방법 : 화학적으로 성분을 분석하여 검사
> • 물리적 방법 : 식품의 부피, 중량, 점도, 응고점, 융점, 경도와 같은 물리적 성질을 측정하여 신선도를 감정
> • 생화학적 방법 : 식품의 효소반응, 효소활성 등의 생화학적인 특성을 실험하여 신선도를 감정

053 식품감별의 목적 등과 관련된 설명으로 옳지 않은 것은?

① 올바른 식품지식을 가짐으로써 불량식품을 적발한다.
② 불분명한 식품을 이화학적 방법 등에 의하여 밝힌다.
③ 식품의 일반분석이나 세균검사 등에 의하여 위생상 유해한 성분을 검출하여 식중독을 미연에 방지한다.
④ 현장에서의 식품감별은 장시간 내에 이루어져야 하므로 이화학적인 검사로는 사무처리가 어렵다.

> 식품감별의 목적
> • 부정, 불량식품을 적발한다.
> • 위생상 위해성분을 검출하여 중독을 미연에 방지한다.
> • 불분명한 식품을 이화학적 방법에 의하여 검증한다.

054 다음 중 식품감별법으로 가장 많이 이용되는 검사로 맞는 것은?

① 관능적 검사　　② 이화학적 검사
③ 생화학적 검사　④ 물리적 검사

> 관능검사는 식품을 인간의 오감에 의하여 평가하는 검사로, 다른 검사에 비해 비용과 시간, 노력이 적게 들면서도 효과적으로 검사할 수 있는 방법이다. 따라서, 현장에서 가장 많이 이용된다.

055 달걀의 신선도 판정방법 중 비중법에 사용되는 소금의 농도로 적합한 것은?

① 30~34%　　　② 20~24%
③ 12~16%　　　④ 6~10%

> 비중법을 이용할 경우 6~10% 농도의 소금물(물 1컵에 식염 1큰술)에 달걀을 넣어 판정한다. 이때 달걀이 가라앉으면 신선한 것이고, 위로 뜨면 오래된 것이다.

056 다음 중 어류의 신선도를 확인하는 방법으로 적당하지 않은 것은?

① 눈에 광택이 있고 투명하면 싱싱하다.
② 비늘이 확실히 밀착해 있고 물기와 광택이 있으면 싱싱하다.
③ 살갗에 광택과 탄력이 있으면 싱싱하다.
④ 배를 눌렀을 때 물렁물렁하면 싱싱하다.

> 배를 눌렀을 때 단단하고, 몸체가 전체적으로 단단하고 탄력이 있으면 싱싱하다.

057 다음 중 달걀의 신선도를 판정하는 방법으로 적절하지 않은 것은?

① 난각이 두껍고 강하며 윤택이 나지 않으면 신선한 달걀이다.
② 6~10%의 소금물에 넣어 가라앉으면 신선한 달걀이다.
③ 난황 계수를 측정할 때 0.25 이하이면 신선한 달걀이다.
④ 난백 계수를 측정할 때 0.14 이상이면 신선한 달걀이다.

> 난황 계수는 "난황의 높이÷지름"의 값으로 0.36 이상이면 신선한 달걀이며, 0.25 이하이면 오래된 달걀이다.

058 다음 식품의 감별에 대한 설명으로 틀린 것은?

① 생선은 눈이 불룩하고 비늘은 광택이 있고, 단단히 부착된 것이 좋다.
② 패류는 겨울철이 산란시기로 맛이 없고, 봄철이 더 좋다.
③ 당근은 둥글고 살찐 것으로 마디가 없고 잘랐을 때 단단한 심이 없는 것이 좋다.
④ 오이는 색이 좋고 굵기가 고르며 만졌을 때 가시가 있으며 무거운 것이 좋다.

> 어패류는 대체로 초봄의 산란기 직전에 가장 맛이 좋다.

059 식품의 감별법으로 옳은 것은?

① 돼지고기는 진한 분홍색으로 지방이 단단하지 않은 것
② 고등어는 아가미가 붉고 눈이 들어가고 냄새가 없는 것
③ 계란은 껍질이 매끄럽고 광택이 있는 것
④ 쌀은 알갱이가 고르고 광택이 있으며 경도가 높은 것

> 식품의 감별법
> • 육류 : 신선한 것은 색이 곱고 습기가 있으며, 돼지고기는 담홍색, 소고기는 선홍색이 좋다.
> • 어류 : 눈은 투명하고 튀어나온 것이 신선하며 아가미의 색은 선홍색인 것이 좋다.
> • 알류 : 껍질이 반질반질한 것은 오래된 것이고 꺼칠꺼칠한 것은 신선한 것이다.

060 식품 감별 시 품질이 좋지 않은 것은?

① 석이버섯은 봉우리가 작고 줄기가 단단한 것
② 무는 가벼우며 어두운 빛깔을 띠는 것
③ 토란은 껍질을 벗겼을 때 흰색으로 단단하고 끈적끈적한 감이 강한 것
④ 파는 굵기가 고르고 뿌리에 가까운 부분의 흰색이 긴 것

> 좋은 무는 품종 고유 특성이 확실하게 나타나며 표면이 희고 고우며 매끄러워야 하고, 단단하고 잎이 신선해야 한다.

정답 049 ① 050 ② 051 ① 052 ④ 053 ④ 054 ①
정답 055 ④ 056 ④ 057 ③ 058 ② 059 ④ 060 ②

061 생선의 신선도가 저하되었을 때의 변화로 틀린 것은?

① 살이 물러지고 뼈와 쉽게 분리된다.
② 표피의 비늘이 떨어지거나 잘 벗겨진다.
③ 아가미의 빛깔이 선홍색으로 단단하여 꽉 닫혀 있다.
④ 휘발성 염기물질이 생성된다.

🔍 신선한 생선 감별법
• 색은 선명하고 광택이 있어야 한다.
• 비늘은 고르게 밀착되어 있어야 한다.
• 고기가 연하고 탄력성이 있어야 한다.
• 눈은 투명하고 튀어나온 것이 신선하며, 아가미의 색은 선홍색인 것이 좋다.
• 신선한 어류는 물에 가라앉고, 부패된 것은 물 위로 뜬다.

062 식품을 구입할 때 식품감별이 잘못된 것은?

① 과일이나 채소는 색깔이 고운 것이 좋다.
② 육류는 고유의 선명한 색을 가지며, 탄력성이 있는 것이 좋다.
③ 어육 연제품은 표면에 점액질의 액즙이 없는 것이 좋다.
④ 토란은 겉이 마르지 않고, 갈랐을 때 점액질이 없는 것이 좋다.

🔍 토란은 원형에 가까운 모양의 것으로 껍질을 벗겼을 때 살이 흰색이고, 자른 단면이 단단하고 끈적끈적한 감이 강한 것이 좋다.

063 식품감별 중 아가미 색깔이 선홍색인 생선은?

① 부패한 생선　　　　　② 초기 부패의 생선
③ 점액이 많은 생선　　　④ 신선한 생선

🔍 눈은 투명하고 튀어나온 것이 신선하며, 아가미의 색은 선홍색인 것이 좋다.

064 식품의 감별법 중 틀린 것은?

① 감자 - 병충해, 발아, 외상, 부패 등이 없는 것
② 송이버섯 - 봉오리가 크고 줄기가 부드러운 것
③ 생과일 - 성숙하고 신선하며 청결한 것
④ 달걀 - 표면이 거칠고 광택이 없는 것

🔍 송이버섯은 봉오리(갓)이 피지 않아 봉오리가 자루보다 약간 굵고 선명한 것일수록 좋은 제품이다. 일반적으로 1등급의 송이는 길이 8cm 이상으로 봉오리는 퍼지지 않고 자루는 굵기가 균일한 것이다.

065 다음 중 전처리 설비로 보기 힘든 것은?

① 세정대　　　　　② 도마
③ 작업대　　　　　④ 식기 세척기

🔍 전처리 설비는 조리하고자 하는 원료의 입고·보관·세정·절단 등의 작업이 이루어지는 공간의 장비를 말한다. 참고로 식기 세척기는 후처리 설비에 해당된다.

066 식품을 고를 때 채소류의 감별법으로 틀린 것은?

① 오이는 굵기가 고르며 만졌을 때 가시가 있고 무거운 느낌이 나는 것이 좋다.
② 당근은 일정한 굵기로 통통하고 마디나 뿔이 없는 것이 좋다.
③ 양배추는 가볍고 잎이 얇으며 신선하고 광택이 있는 것이 좋다.
④ 우엉은 껍질이 매끈하고 수염뿌리가 없는 것으로 굵기가 일정한 것이 좋다.

🔍 양배추는 보기에 비해 무거운 것이 속이 꽉 찬 것이다.

067 아래는 식품 등의 표시기준상 통조림제품의 제조연월일 표시방법이다. ( ) 안에 알맞은 것을 순서대로 나열하면?

> 통조림제품에 있어서 연의 표시는 ( ) 만을, 10월. 11월. 12월의 월 표시는 각각 ( )로, 1일 내지 9일까지의 표시는 바로 앞에 0을 표시할 수 있다.

① 끝 숫자, O.N.D　　　② 끝 숫자, M.N.D
③ 앞 숫자, O.N.D　　　④ 앞 숫자, M.N.D

🔍 식품의약품안전청장이 고시한 "식품등의 표시기준"에 따르면 통조림제품에 있어서 연의 표시는 끝 숫자만을, 10월. 11월. 12월의 월 표시는 각각 O.N.D로, 1일 내지 9일까지의 표시는 바로 앞에 0을 표시할 수 있다.

068 작업장에서 발생하는 작업의 흐름에 따라 시설과 기기를 배치할 때 작업의 흐름이 순서대로 연결된 것은?

> ㉠ 전처리　　　　　　㉡ 장식·배식　　　　　㉢ 식기세척·수납
> ㉣ 조리　　　　　　　㉤ 식재료의 구매·검수

① ㉤ - ㉠ - ㉣ - ㉡ - ㉢　　　② ㉠ - ㉡ - ㉢ - ㉣ - ㉤
③ ㉤ - ㉡ - ㉠ - ㉣ - ㉢　　　④ ㉢ - ㉠ - ㉣ - ㉤ - ㉡

🔍 작업장의 배치와 작업의 흐름
• 작업장의 배치 : 준비대(냉장고) → 개수대 → 조리대 → 가열대 → 배선대
• 작업의 흐름 : 식재료의 구매·검수 → 전처리 → 조리 → 장식·배식 → 식기세척·수납

069 다음 중 신선한 달걀은?

① 달걀을 흔들어서 소리가 나는 것
② 삶았을 때 난황의 표면이 암녹색으로 쉽게 변하는 것
③ 껍질이 매끈하고 윤기가 있는 것
④ 깨보면 많은 양의 난백이 난황을 에워싸고 있는 것

🔍 신선한 달걀의 감별법
• 껍질이 꺼칠꺼칠한 것이 신선한 것이고, 반질반질한 것은 오래된 것이다.
• 빛에 비춰봤을 때 밝게 보이는 것은 신선하고 어둡게 보이는 것은 오래된 것이다.
• 6%의 식염수에 넣었을 때 가라앉는 것은 신선한 것이고 뜨는 것은 오래된 것이다.
• 알을 깨뜨렸을 때 노른자의 높이가 높고, 흰자가 퍼지지 않는 것이 신선한 것이다.
• 흔들어서 소리가 나지 않는 것이 좋다.

070 전처리 설비에 대한 설명으로 틀린 것은?

① 대형 주방의 경우 냉장·냉동고를 건축 시 빌트인 장비로 설치하는 것이 유리하다.
② 식사 완료 후 퇴식, 식기세척 등에 사용되는 장비가 해당된다.
③ 열기구의 경우 열이 접하는 부분은 주물 재질이 좋다.
④ 주방기기는 스테인레스 스틸의 재질인 것이 좋다.

🔍 조리한 음식을 손님에게 제공하기 위해 데코레이션, 혹은 반찬류 등을 제공하기 위한 장비와 식사 완료 후 퇴식, 식기세척 등에 사용되는 장비는 후처리 설비이다.

071 다음 중 전수검수법이 효과적인 품목은?

① 육류와 같은 비싼 식재료
② 수량이 많은 경우(검수 항목이 많은 경우)
③ 검수 시간과 비용을 절약해야 할 경우
④ 파괴검사인 경우

🔍 전수검수법은 납품된 물품을 전부 검사하는 방법으로 소량이거나, 육과와 같은 비싼 식재료, 희귀성 물품 등의 검수에 이용된다.

정답　061 ③　062 ④　063 ④　064 ②　065 ④　066 ③

정답　067 ①　068 ①　069 ④　070 ②　071 ①

072 납품된 물품 중 몇 개만 무작위로 선택하는 검사하는 검수방법은?

① 무작위검수법 ② 발췌검수법
③ 전수검사법 ④ 임의검수법

🔍 발췌검수법은 납품된 물품 중 몇 개만 무작위로 선택하는 검사하는 방법으로 수량이 많은 경우, 검수 시간과 비용을 절약해야 할 경우, 파괴검사인 경우에 주로 이용된다.

073 검수 및 저장 공간으로 맞지 않는 것은?

① 검수공간은 식품을 판별할 수 있도록 충분한 조도가 확보되어야 한다.
② 계측기나 운반차 등을 구비해 두면 편리하다.
③ 저장 공간의 크기는 식품반입횟수, 저장식품의 양 등을 고려하여야 한다.
④ 저장 공간으로는 냉장 저장 공간보다 일반 저장 공간이 더 넓어야 한다.

🔍 대부분의 식품은 냉장보관을 필요로 하기 때문에 냉장 저장 공간이 더 넓어야 한다.

074 물품의 검수와 저장하는 곳에서 꼭 필요한 집기류는?

① 칼과 도마
② 대형그릇
③ 저울과 온도계
④ 계량컵과 계량스푼

🔍 검수장비
• 저울 : 플랫폼형 저울, 디지털 전자저울, 배식(portion) 저울 등
• 측량 및 측정 도구 : 계량기, 계량컵, 온도계(탐침식, 비접촉식), 계산기
• 운반 도구 : 돌리 카트(dolly cart), 손수레(hand truck)
• 기타 : 칼, 망치, 캔 따개(can opener), 검수 기록일지 작성 및 보관을 위한 책상 및 캐비넷 등

075 검수에 사용되는 적외선 비접촉식 온도계에 대한 설명으로 틀린 것은?

① 식품에 접촉하지 않으므로 살균처리가 불필요하다.
② 식품 및 포장에 손상을 주지 않는다.
③ 온도를 순간적으로 읽어 시간적 지체가 없다.
④ 탐침식에 비해 가격이 저렴하다.

🔍 식품 검수 시 사용되는 적외선 비접촉식 온도계는 탐침식에 비해 가격이 비싸다.

076 통조림류의 검수 시의 검사항목으로 보기 힘든 것은?

① 제조일자 ② 유통기간
③ 외관형태 ④ 수확년도

🔍 통조림류의 검사항목 : 제조일자, 유통기간, 외관형태, 내용물 표시

LESSON 03 원가

077 다음 중 원가의 3요소에 해당되지 않는 것은?

① 재료비 ② 감가상각비
③ 노무비 ④ 경비

🔍 원가의 3요소는 노무비, 재료비, 경비이며, 감가상각비는 경비에 포함된다.

078 다음 중 원가계산의 원칙으로 보기 힘든 것은?

① 진실성의 원칙 ② 불확실성의 원칙
③ 상호관리의 원칙 ④ 계산 경제성의 원칙

🔍 원가 계산의 원칙
• 진실성의 원칙   • 발생 기준의 원칙
• 계산 경제성의 원칙   • 확실성의 원칙
• 정상성의 원칙   • 비교성의 원칙
• 상호 관리의 원칙

079 계산 경제성의 원칙을 다른 말로 무엇이라고 하는가?

① 간접성의 원칙 ② 중요성의 원칙
③ 계산성의 원칙 ④ 비교성의 원칙

🔍 계산 경제성의 원칙은 원가계산을 할 때 경제성을 고려해야 한다는 원칙으로 중요성의 원칙이라고도 한다.

080 원가계산의 목적으로 틀린 것은?

① 가격결정의 목적 ② 원가관리의 목적
③ 예산편성의 목적 ④ 기말재고량 측정의 목적

🔍 원가계산의 목적 : 가격결정의 목적, 원가관리의 목적, 예산편성의 목적, 재무제표 작성의 목적

081 다음은 원가계산의 절차들이다. 이들 중 옳은 것은?

① 요소별 원가계산 → 부문별 원가계산 → 제품별 원가계산
② 요소별 원가계산 → 제품별 원가계산 → 부문별 원가계산
③ 부문별 원가계산 → 요소별 원가계산 → 제품별 원가계산
④ 제품별 원가계산 → 부문별 원가계산 → 요소별 원가계산

🔍 원가계산의 절차
• 요소별 원가계산(제1단계 원가계산) : 먼저 제품의 원가를 재료비, 노무비, 경비의 3가지 요소별로 분류하고 비목별로 계산한다.
• 부문별 원가계산(제2단계 원가계산) : 제1단계에서 파악된 원가요소를 원가의 부문별로 분류, 집계하여 계산한다.
• 제품별 원가계산(제3단계 원가계산) : 제2단계의 부문별로 집계된 원가를 각 제품별로 배분하여 최종적으로 각 제품의 제조원가를 계산하는 절차를 말한다.

082 다음 중 직접원가에 해당되지 않는 항목은?

① 식품 재료비 ② 종사자의 임금
③ 수도광열비 ④ 외주가공비

🔍 직접원가, 제조원가, 총원가
• 직접원가 = 직접 재료비 + 직접 노무비 + 직접 경비
• 제조원가 = 제조 간접비 + 직접원가
• 총원가 = 판매 관리비 + 제조원가
• 판매가격 = 총원가 + 이익

083 다음 제품의 원가구성 중에서 제조원가는 얼마인가?

이익	20,000	제조간접비	15,000
판매관리비	17,000	직접재료비	10,000
직접노무비	23,000	직접경비	15,000

① 40,000원 ② 63,000원
③ 80,000원 ④ 100,000원

🔍 제조원가 = 직접원가(직접재료비 + 직접노무비 + 직접경비) + 제조간접비

084 실제원가를 통제하는 기능을 가진 것은?

① 표준원가
② 예정원가
③ 총원가
④ 판매가

🔍 표준원가 계산방법은 실제원가 계산방법보다 빨리 원가를 계산할 수 있고 성과평가의 관점에서 사용하는 것일 뿐이다. 즉 관리와 통제의 목적에 적합한 방법이다.

085 일정 기간 내에 기업의 경영활동으로 발생한 경제가치의 소비액을 의미하는 것은?

① 손익
② 비용
③ 감가상각비
④ 이익

🔍 · 비용 : 일정 기간 내에 기업의 전반적 목적달성을 위하여 소비된 경제가치로써 경제가치의 소비인 점에서 원가개념과 같으나 원가가 생산을 위하여 제공된 경제가치인 반면 비용은 반드시 생산을 위하여 소비됨을 필요로 하지 않은 점이 다르다.
· 감가상각 : 고정자산의 감가를 일정한 내용연수에 일정한 비율로 할당하여 비용으로 계산하는 절차를 말하며 감가된 비용을 말한다.

086 다음 중 제품을 제조한 후 실제로 발생한 소비액을 자료로 하는 원가계산방법으로 맞는 것은?

① 예정원가계산
② 표준원가계산
③ 실제원가계산
④ 사전원가계산

🔍 시점에 따른 원가계산 분류
· 실제원가(확정원가, 현실원가, 보통원가) : 제품이 제조된 후에 실제로 소비된 원가를 산출한 것
· 예정원가(견적원가, 추정원가) : 제품 제조에 소비될 것으로 예상되는 원가를 미리 뽑아 보는 것

087 원가 구성 요소 중 가장 높은 비율을 차지하는 식재료비의 비율은 전체 매출액 중 식재료비가 차지하는 비율로 계산한다. 1일 총 매출액이 1,200,000원, 식재료비가 780,000원인 경우의 식재료비 비율은?

① 55%
② 60%
③ 65%
④ 70%

🔍 식재료비 비율 = $\dfrac{\text{식재료비}}{\text{전체매출액}} \times 100(\%)$

$= \dfrac{780,000}{1,200,000} \times 100 = 65\%$

088 쇠고기 두 근을 30,000원에 구입하여 50명의 식사를 공급하였다. 식단가격을 2,500원으로 정한다면 식품의 원가는 몇 %인가?

① 12%
② 83%
③ 42%
④ 24%

🔍 ∴원가 % = $\dfrac{30,000}{2,500 \times 50} \times 100(\%) = 24\%$

089 다음 중에서 직접비의 합계액은?

① 제조원가
② 총원가
③ 판매가격
④ 직접원가

🔍 직접비는 특정제품에 직접 부담시킬 수 있는 것으로서 직접원가라고도 한다.

090 다음 중 노무비에 포함되지 않는 것은?

① 급료
② 상여금
③ 시간외 수당
④ 조리 설비비

🔍 노무비는 급료, 시간외 수당, 상여금 등으로 인해 소비된 노무가치이며, 노무비에 영향을 미치는 요인은 급식소의 서비스 형태, 식단의 형태와 식품 구매방법, 작업조건, 조리시설이나 주방의 배치, 자동장비 유무, 초과시간 수당급여를 들 수 있다

091 원가 계산과 관련하여 제품을 제조할 때 제품의 전체 또는 여러 종류의 제조를 위하여 사용된 재료의 소비가액을 무엇이라 하는가?

① 간접경비
② 간접재료비
③ 직접재료비
④ 직접경비

🔍 간접재료비(보조재료비)는 제품을 제조할 때 제품의 전체 또는 여러 종류의 제조를 위하여 사용된 재료의 소비가액(단체급식 시설에서 조미료, 양념 등)을 말한다.

092 다음 보기를 참조하여 제조원가를 계산하면 얼마인가?

· 직접재료비 ₩180,000	· 간접재료비 ₩50,000
· 직접노무비 ₩100,000	· 간접노무비 ₩30,000
· 직접경비 ₩10,000	· 간접경비 ₩100,000
· 판매관리비 ₩120,000	

① ₩290,000
② ₩470,000
③ ₩410,000
④ ₩590,000

🔍 제조원가는 직접원가와 제조간접비의 합이므로 판매관리비를 제외한 모든 금액을 합산하면 제조원가가 산출된다. 참고로 위 보기의 모든 금액을 합하면 제조원가와 판매관리비의 합 즉, 총원가가 산출된다!

093 1인당 판매가격이 50,000원인 굴비구이 정식의 식재료 원가의 목표가 35%이다. 굴비를 제외한 보조 식재료비를 총 식재료비의 10%로 한다면 얼마짜리 굴비를 구입해야 하겠는가?

① 17,500원
② 15,750원
③ 22,500원
④ 19,250원

🔍 · 총 식재료비 : 50,000 × 0.35 = 17,500원
· 보조 식재료비 : 17,500 × 0.1 = 1,750원
· 굴비 재료비 : 17,500(총 식재료비) − 1,750(보조 식재료비) = 15,750원

094 다음 중 의미가 다른 하나는 무엇인가?

① 표준원가
② 확정원가
③ 보통원가
④ 실제원가

🔍 표준원가란 기업이 이상적으로 제조활동을 할 경우에 예상되는 원가로서 과학적·통계적 방법에 의하여 미리 표준이 되는 원가를 설정하고 이를 실제원가와 비교, 분석하기 위한 것으로 사용된다.

095 다음 중 효과적인 원가관리를 목적으로 하는 원가계산 방법으로 맞는 것은?

① 추산원가계산
② 표준원가계산
③ 사후원가계산
④ 예정원가계산

🔍 표준원가란 원가관리를 효과적으로 하기 위하여 기업이 이상적으로 제조 활동을 할 경우에 예상되는 원가를 과학적 및 통계적 방법에 의하여 미리 표준이 되는 원가를 설정하고 이를 실제원가와 비교, 분석하여 실제원가를 통제하는 기능이 있다.

정답 084 ① 085 ② 086 ③ 087 ③ 088 ④ 089 ④

정답 090 ④ 091 ② 092 ② 093 ② 094 ① 095 ②

096 발생형태를 기준으로 했을 때의 원가 분류는?

① 재료비, 노무비, 경비
② 개별비, 공통비
③ 직접비, 간접비
④ 고정비, 변동비

> 원가의 3요소는 경비, 재료비, 노무비이며, 이를 발생형태를 기준으로 했을 때 직접비와 간접비로 분류할 수 있다.

097 표준원가 계산의 목적이 아닌 것은?

① 효과적인 원가관리에 공헌할 수 있다.
② 노무비를 합리적으로 절감할 수 있다.
③ 제조기술을 향상시킬 수 있다.
④ 경영기법상 실제원가통제 및 예산편성을 할 수 있다.

> 표준원가란 원가관리를 효과적으로 하기 위하여 기업이 이상적으로 제조 활동을 할 경우에 예상되는 원가를 과학적 및 통계적 방법에 의하여 미리 표준이 되는 원가를 설정하고 이를 실제원가와 비교, 분석하여 실제원가를 통제하는 기능이 있다.

098 다음 중 총원가의 구성 요소로 볼 수 없는 것은?

① 직접원가   ② 제조원가
③ 이익   ④ 판매관리비

> 원가의 구성

			이익	
		판매관리비		
	제조간접비		총 원가	
직접재료비 직접노무비 직접 경비	직접 원가	제조 원가		
직접 원가	제조 원가	총 원가	판매 가격	

099 어떤 음식의 직접원가는 500원, 제조원가는 800원, 총원가는 1,000원이다. 이 음식의 판매관리비는?

① 200원   ② 300원
③ 400원   ④ 500원

> "총원가 = 제조원가 + 판매관리비"이므로 판매관리비는 총원가에서 제조원가를 뺀 금액이다.

100 다음 중 직접경비에 속하는 것은?

① 보험료   ② 외주가공비
③ 감가상각비 ④ 통신비

> 감가상각비, 보험료, 수선비, 여비, 교통비, 전력비, 통신비 등은 모두 간접경비에 해당한다.

101 다음 중 고정비에 해당되는 것은?

① 노무비   ② 연료비
③ 수도비   ④ 광열비

> 고정비란 사용 여부와 관계없이 발생하는 비용으로 불변비이고도 하며, 항상 일정한 비용이 들어가는 인건비, 감가상각비, 금융비용, 제경비 등으로 이루어진다.

102 미역국을 끓이는데 1인당 사용되는 재료와 필요량, 가격은 다음과 같다. 미역국 10인분을 끓이는데 필요한 재료비는?

재료	필요량(g)	가격(원/100g당)
미역	20	150
쇠고기	60	850
총 조미료	–	70

① 7,100원   ② 6,100원
③ 9,700원   ④ 8,700원

> • 미역 200g(200 × 150/100 = 300원), 쇠고기 600g(600 × 850/100 = 5,100원), 조미료 70원 × 10 = 700원
> • 총식재료비 = 300 + 5,100 + 700 = 6,100원

103 다음 중 재료 소비가격의 계산법이 아닌 것은?

① 개별법
② 선입선출법
③ 이동평균법
④ 재고조사법

> 재고조사법, 계속기록법, 역계산법은 재료소비량을 계산하는 방법이다.

104 급식재료의 소비량을 계산하는 방법이 아닌 것은?

① 재고조사법
② 역계산법
③ 선입선출법
④ 계속기록법

> 재료소비량의 계산은 계속기록법, 재고조사법, 역계산법 등이 있다. 참고로 선입선출법은 재료 소비가격의 계산방법이다.

105 다음 자료를 가지고 재고조사법에 의하여 재료의 소비량을 산출하면 얼마인가?

• 전월 이월량 : 200kg   • 당월 매입량 : 800kg
• 기말 재고량 : 300kg

① 880kg
② 700kg
③ 420kg
④ 120kg

> 재료의 소비량 = (전월 이월량 + 당월 매입량) - 기말 재고량
> ∴재료의 소비량 = (200kg + 800kg) - 300kg = 700kg

106 다음 중 재료의 소비액을 계산하는 식(式)으로 알맞은 것은?

① 재료소비량 × 재료구입단가
② 재료구입량 × 재료구입단가
③ 재료소비량 × 재료소비단가
④ 재료구입량 × 재료소비단가

> 재료비 : 제품의 제조과정에서 실제로 소비되는 재료의 가치를 화폐액수로 표시한 금액으로 재료의 실제 소비량에 재료의 소비단가를 곱하여 산출한다.

107 다음 중 구입 단가가 다른 재료를 구입할 때마다 재고량과의 가중평균가를 산출하여 이를 소비재료의 가격으로 계산하는 방법은?

① 단순평균법 ② 선입선출법
③ 후입선출법 ④ 이동평균법

🔍 재료 소비가격의 계산
• 개별법 : 재료를 구입단가별로 가격표를 붙여서 보관하다가 출고할 때 그 가격표에 붙어있는 구입단가를 재료의 소비가격으로 하는 방법
• 선입선출법 : 재료의 구입순서에 따라 먼저 구입한 재료를 먼저 소비한다는 가정 아래에서 재료의 소비가격을 계산하는 방법
• 후입선출법 : 선입선출법과 정반대로 나중에 구입한 재료부터 먼저 사용한다는 가정 아래에서 재료의 소비가격을 계산하는 방법
• 단순평균법 : 일정 기간 동안의 구입단가를 구입횟수로 나눈 구입단가의 평균을 재료소비단가로 하는 방법
• 이동평균법 : 구입 단가가 다른 재료를 구입할 때마다 재고량과의 가중평균가를 산출하여 이를 소비재료의 가격으로 하는 방법

108 다음 중 손익분기점에서의 수입과 총비용의 관계는?

① 수입 = 총비용
② 수입 〉 총비용
③ 수입 〈 총비용
④ 이익 = 총비용

🔍 손익분기점이란 수입과 총비용이 일치하는 지점으로 이익도 손실도 없는 상태를 말한다.

109 다음 중 고정자산에 대한 감가상각을 실제로 할 때 감가상각의 계산요소를 결정해야 하는데 계산요소에 포함되지 않는 것은?

① 잔존가격 ② 내용연수
③ 표준가격 ④ 기초가격

🔍 감가상각의 계산요소 : 기초가격(구입가격), 내용연수, 잔존가격(기초가격의 10%)

110 다음 중 제품의 제조 수량 증감에 따라 그 소비액도 늘어나거나 줄어드는 원가요소는 무엇인가?

① 공통비 ② 개별비
③ 변동비 ④ 고정비

🔍 변동비는 제품의 제조, 판매 수량의 증감에 따라 비례적으로 증가하는 비용으로 주요 재료비, 임금 등을 말하며, 제품의 제조, 판매 수량의 증감에 관계없이 고정적으로 발생하는 비용인 고정비는 감가상각비, 고정급 등이다.

111 다음 중 고정자산의 감가를 일정한 내용연수에 일정한 비율로 할당하여, 비용으로 계산하는 절차를 말하며, 이때 감가된 비용으로 맞는 것은?

① 노무비
② 간접재료비
③ 경비
④ 감가상각비

🔍 기업의 자산(재산)은 고정자산(토지, 건물, 기계 등)과 유동 자산(현금, 예금, 원재료 등)과 유동자산으로 구분된다. 이중 고정자산은 시일이 경과함에 내려가고 그 금액을 감가상각액이라 한다.

112 다음 중 고정자산에 해당되지 않는 것은?

① 건물 ② 토지
③ 재료 ④ 기계

🔍 • 고정자산 : 기계, 공장, 설비 등의 내구성 생산재인 자산
• 유동자산 : 원료, 재료 등의 단용성 생산재인 자산

113 감가상각의 3요소가 아닌 것은?

① 기초가격 ② 내용연수
③ 잔존가격 ④ 처분가격

🔍 감가상각의 3요소
• 기초가격 : 취득 원가 (구입가격)
• 내용연수 : 취득한 고정자산이 유효하게 사용될 수 있는 추산기간(사용한 연수)
• 잔존가격 : 고정자산이 내용연수에 도달했을 때 매각하여 얻을 수 있는 추정가격(기초가격의 10%)

114 고정자산의 감가총액을 내용연수로 균등하게 할당하는 방법은?

① 정액법 ② 정률법
③ 차등법 ④ 균등법

🔍 감가상각 계산법
• 정액법 : 고정자산의 감가총액을 내용연수로 균등하게 할당하는 방법
• 정률법 : 기초가격에서 감가상각비 누계를 차감한 미상각액에 대하여 매년 일정률을 곱하여 산출한 금액을 상각하는 방법

115 다음 중 취득 원가가 10만원이고, 사용한 연수가 5년인 조리기기의 매년 감가상각액을 정액법으로 계산하면 얼마인가?

① 1만원 ② 1만 5천원
③ 1만 8천원 ④ 2만원

🔍 기초가격은 취득원가 또는 구입원가와 동일하며, 잔존가격은 기초가격의 10%이므로 다음의 식에 따라 구한다.

$$매년의\ 감가상각액 = \frac{기초가격 - 잔존가격}{내용연수}$$
$$= \frac{10만원 - 1만원}{5년} = 18,000$$

정답 107 ④ 108 ① 109 ③ 110 ③ 111 ④ 112 ③

정답 113 ④ 114 ① 115 ③

기초 조리실무

CHAPTER 05

Lesson 01 조리 준비

1. 조리의 정의 및 기본 조리조작

(1) 조리의 정의
① 식품에 물리적·화학적 조작을 가하여 합리적인 음식물로 만드는 과정을 말하며, 이 과정을 통하여 식품의 특성을 살려 먹기 좋고 소화하기 쉽도록 하여 식욕이 나도록 하는 과정을 말한다.
② 조리는 넓은 의미로는 식사계획에서부터 식품의 선택, 조리조작 및 식탁차림 등 준비에서부터 마칠 때까지의 전 과정을 말하나, 좁은 의미로는 식품을 조작하여 먹을 수 있는 음식으로 만드는 것이다.

(2) 조리의 목적
① **영양적 효용성 증가** : 식품의 불필요한 부분 제거, 갈거나 다지는 등의 기계적 조작, 가열처리로 인한 조직의 연화 및 단백질 변성은 소화와 흡수를 증진시킨다.
② **안전성 향상** : 식품에 포함되거나 부착된 독성분, 병원성 세균, 해충류, 농약 등을 씻기, 담그기 등으로 제거하거나 가열함으로써 위생적이며 안전한 음식을 만들 수 있다.
③ **기호성 증진** : 식품은 조리과정을 통하여 향미, 질감, 색이 증진되고 더욱 맛있게 먹을 수 있는 온도가 되어 기호적인 가치가 향상된다.
④ **수송성과 저장성 향상** : 식품은 세포 속에 들어 있던 산화효소나 가수분해효소의 영향으로 식품 성분 간의 화학반응이나 조직이 물러지는 등의 변화를 보이지만, 조리과정을 통해 효소가 파괴되어 저장성이 높아지며 조리 시 부피가 줄어 수송성도 향상된다.

(3) 기본 조리조작
① 다듬기
  ㉮ 식품 재료를 조리할 수 있도록 전처리하는 과정으로 먹을 수 없는 부분을 제거하는 조작이다.
  ㉯ 식품 전체의 무게에서 폐기되는 식품 무게의 백분율을 폐기율이라 한다.
    ㉠ 생선류 30~50%, 육류 30% 정도, 채소류 6~10%
    ㉡ 폐기율(%) = $\frac{폐기되는\ 식품의\ 무게(g)}{식품\ 전체의\ 무게(g)} \times 100(\%)$

② 씻기
  ㉮ 식품에 부착되어 있는 불순물과 미생물, 기생충알, 농약 등의 위해성분을 제거하고 나쁜 맛을 내는 성분을 제거한다.
  ㉯ 식품의 수용성 성분 손실을 줄이기 위해서 썰기 전에 씻어 손질하거나 또는 크기를 크게 하여 물이 닿는 단면적을 줄인다.

③ 담그기
  ㉮ 식품을 물이나 조미액에 담그는 조작이다.
  ㉯ 건조식품에 수분을 공급하고 조직을 연화시키며 떫은맛, 쓴맛 등의 수용성 성분이나 불필요한 성분을 용출시키고 식품의 갈변을 방지하며 조미료를 침투시키는 효과가 있다.

④ 썰기
  ㉮ 식품에서 먹을 수 없는 부분이나 불필요한 부분을 제거하고 먹기 좋은 크기, 보기 좋은 형태로 만드는 과정이다.
  ㉯ 썰기를 통해 표면적이 증가되면 열전도율이 높아지고, 조미료의 침투가 쉬워져 가열시간이 단축되고 소화 및 흡수도 증가한다.

⑤ 섞기
  ㉮ 재료의 균일화, 열전도의 균질화, 맛의 균질화 효과가 있다.
  ㉯ 재료를 균일하게 섞는 혼합, 블랜더를 이용한 교반, 반죽 등도 섞기 조작에 해당된다.

⑥ 다지기
  ㉮ 일정한 크기의 아주 작은 조각으로 자르는 조작이다.
  ㉯ 조리의 용도에 따라 크기가 정해진다.

⑦ 압착·여과
  ㉮ 식품에 물리적인 힘을 가해 물기를 짜내고 고형물과 액체를 분리하는 과정이다.
  ㉯ 조직을 파괴시켜 균일한 상태로 만든다.

⑧ 냉각
  ㉮ 가열조리 된 음식의 온도를 식히는 과정이다.
  ㉯ 자연상태의 바람, 냉수, 냉장고 등을 이용한다.

⑨ 냉동
  ㉮ 식품을 0℃ 이하로 냉각시켜 식품 중의 수분을 동결시키는 방법으로 미생물의 번식을 억제하고 효소작용 및 산화를 억제하여 품질 저하를 방지한다.
  ㉯ 냉동 시 -40℃ 이하로 급속동결시키면 식품의 조직 파괴를 방지할 수 있다.

⑩ 해동
  ㉮ 냉동된 식품을 냉동 이전의 상태로 만드는 조작으로 해동 과정에서 단백질의 변성으로 인한 조직의 파괴로 정미성분이 손실될 수 있다.
  ㉯ 해동방법
    ㉠ 완만해동 : 0℃ 가까운 온도에서 서서히 해동하는 것으로 표면과 중심부의 온도 차이가 적어서 원래 상태로 회복되기가 쉽다.
    ㉡ 급속해동 : 반조리 또는 조리된 상태의 냉동식품을 그대로 가열하거나 전자레인지 이용한다.

2. 기본조리법 및 대량조리 기술

(1) 비가열조리
① 비가열조리의 의의
  ㉮ 식품 그대로의 감촉과 맛을 느끼기 위해 열을 사용하지 않는

조리방법이다.

㉯ 채소나 과일을 생식함으로써 비타민과 무기질의 파괴를 줄일 수 있으나 기생충에 오염될 우려가 있다.

② 비가열조리의 특성

㉮ 성분의 손실이 적어 수용성·열분해성 비타민, 무기질 등의 이용률이 높다.

㉯ 식품 본래의 색과 향의 손실이 적어 식품 자체의 풍미를 살릴 수 있다.

㉰ 조리가 간단하고 시간이 절약된다.

㉱ 위생적으로 취급하지 않으면 기생충 등의 감염이 발생할 수 있다.

(2) 가열조리

① 가열조리의 개요

㉮ 가열조리의 분류

㉠ 습열조리 : 끓이기, 찜, 조림, 삶기, 데치기

㉡ 건열조리 : 볶기, 튀기기, 지지기, 굽기

㉢ 기타조리 : 극초단파(전자오븐)

㉯ 가열조리의 특징

㉠ 살균, 살충처리를 하여 위생적으로 안전한 식품으로 만든다.

㉡ 조직의 연화, 단백질의 응고, 색의 안정과 발색, 불미 성분의 제거, 전분의 호화, 지방의 용해 등 식품의 조직과 성분의 변화를 일으킨다.

㉢ 소화흡수를 도와 영양효율을 증가시킨다.

② 끓이기(boiling)

㉮ 특징

㉠ 식품의 조미를 자유자재로 할 수 있는 장점이 있다.

㉡ 고기나 생선을 끓일 때는 국물로 용출되지 않도록 끓는 물에 넣어 표면의 단백질을 응고시킨 후 가열하는 것이 좋다.

㉢ 건조식품은 수분함량이 적으므로 먼저 물에 담가서 수분을 흡수시킨 후에 끓인다.

㉯ 장점

㉠ 어떤 열원이라도 가능하다.

㉡ 다량의 음식을 한 번에 취급할 수 있다.

㉢ 조미에 있어 편리하다.

㉣ 식품의 중심부까지 열이 가해지므로 딱딱한 것을 부드럽게 할 수 있다.

③ 삶기(poaching)와 데치기(blanching)

㉮ 특징 : 조직의 연화로 맛이 증가하고, 단백질의 응고, 색의 안정과 발색, 불미성분의 제거, 전분의 호화, 지방의 제거, 부피의 축소, 효소를 제거하며 소독할 수 있는 조리방법이다.

㉯ 조리방법

㉠ 조리하는 시간은 가능한 한 짧게 하여 부드럽게 익히면서도 약간 씹히는 맛이 있도록 하여 색이나 질감, 맛, 영양적인 요리가 되도록 한다.

㉡ 엽록소는 마그네슘(Mg) 이온을 가지고 있어 산성에서는 퇴색하고 알칼리성에서는 안정화하여 선명한 녹색을 나타내므로 중조 또는 식염을 넣고 삶으면 녹색을 얻을 수 있으나 중조로 처리하면 특히 수용성 비타민의 손실이 크다.

㉢ 토란, 죽순이나 우엉을 삶을 때 쌀뜨물을 이용하면 쌀뜨물에 있는 효소의 작용으로 조직이 연화되고 색이 희며 깨끗하게 삶아진다.

④ 찌기(steaming)와 졸이기(braising)

⑦ 찌기(찜)

㉠ 수증기의 잠재열(1g당 593kcal)을 이용하여 식품을 가열하는 조리법이다.

㉡ 시간은 다소 걸리지만 영양소의 손실이 적고 온도의 분포도 골고루 되므로 식품이 흩어지거나 탈 염려가 없다.

㉯ 졸이기(조림)

㉠ 여러 가지 재료를 함께 조리고자 할 때는 단단한 재료를 먼저 넣어 전체가 동일하게 잘 무르도록 한다.

㉡ 불 조절은 센 불에서 시작하여 끓기 시작하면 불을 줄여 밑이 타지 않도록 한다.

㉢ 생선조림의 경우 양념장을 먼저 끓이다가 생선을 넣어야 살이 부서지지 않고 영양손실도 적다.

⑤ 볶기(saute & pan frying)

㉮ 프라이팬이나 철판을 이용하여 강한 불에 볶는 요리로 구이와 튀김의 중간 조리법에 해당된다.

㉯ 푸른 채소는 단시간의 가열로 색이 아름다워지고, 카로틴을 함유한 식품은 기름에 용해되어 체내 이용률이 증가한다.

㉰ 고온 단시간의 처리로 비타민의 손실이 적으며, 지용성 비타민의 흡수도 좋게 된다.

㉱ 단단한 것은 미리 약간 익히는 것이 좋고, 물기가 많은 재료는 적당히 물기를 제거하여 볶는다.

⑥ 튀기기(frying)

㉮ 특징

㉠ 기름의 온도는 식품에 따라 각기 다르나, 보통 160~180℃의 범위 내에서 튀긴다.

㉡ 고온의 기름 속에서 단시간 처리하므로 영양소(특히 비타민 C)의 손실이 조리법 중 가장 적다.

㉯ 방법

㉠ 튀김용 기름은 무색, 무미, 무취의 면실유, 콩기름, 채종유, 옥수수유 등의 발연점이 높은 식물성 기름이 좋다.

㉡ 튀김옷으로는 글루텐 함량이 적은 박력분이 적당하고, 박력분이 없으면 중력분에 전분을 10~13% 정도 혼합하여 사용한다.

㉢ 튀김옷은 냉수(얼음물)에 달걀을 넣고 잘 푼 후 체에 친 밀가루를 넣고 젓지 않고 젓가락으로 콕콕 찌르는 방법으로 가볍게 섞어 사용한다.

⑦ 굽기(baking)

㉮ 특징

㉠ 식품 중의 전분은 호화되고, 단백질은 응고하여 수분을 침출시키고 동시에 세포는 열을 받아 익으므로 식품이 연화된다.

㉡ 지방의 분해나 당질의 캐러멜화로 맛있는 향기를 낸다.

㉯ 방법

㉠ 직접구이 : 재료에 직접 화기가 닿게 하여 복사열이나 전도열을 이용하여 굽는 방법으로 산적구이, 석쇠구이 등이 있으며 주로 어육류, 패류, 채소류 등을 굽기에 이용한다.

㉡ 간접구이 : 프라이팬이나 철판 등의 매체를 이용하여 간접적인 열로 조리하는 것으로 서양 조리에서의 로스팅(Roasting), 베이킹(Baking) 등이 여기에 속한다.

⑧ 전자오븐(Microwave oven)

㉮ 초단파를 이용하여 짧은 시간 내에 고열로써 조리하는 방법이다.

㉯ 열효율이 크고 가열시간이 짧으므로 영양소의 파괴를 줄일 수 있다.

㉰ 식품 천연의 색과 향을 유지시킬 수 있지만, 식품의 수분감소가 크다.
㉱ 전자레인지에서 사용 불가능한 조리기구
  ㉠ 알루미늄 제품, 캔, 법랑, 쇠꼬챙이, 석쇠, 철기, 도금한 식기, 크리스탈 제품, 금테 등이 새겨진 도자기 등
  ㉡ 금속성분이 있는 것 등

> **삶기 조작의 효과**
> • 단백질의 응고   • 전분의 호화   • 조직의 연화
> • 지방성분의 용출   • 유해성분의 제거   • 살균 및 소독
> • 색소의 고정

(3) 대량조리 기술
① **대량조리** : 대량조리란 일반적으로 50인분 이상의 많음 음식을 동시에 공급할 수 있도록 특정한 시설이나 조리기구를 사용하는 조리과정을 말한다.
② **대량조리의 특징**
  ㉮ 많은 양을 한꺼번에 취급하므로 대량 조리기기를 활용할 필요가 있다.
  ㉯ 정해진 시간 내에 여러 명의 조리 종사자가 협력해 음식을 완료해야 하므로 계획적 생산관리가 필요하다.
  ㉰ 대량조리에 따라 음식의 맛과 질적 저하가 급속히 진행되므로 체계적인 품질관리가 매우 중요하다.
  ㉱ 표준 레시피에 맞는 적절한 조리기기를 수행할 수 있는 조리 종사자들의 기술과 숙련도가 필요하다.
  ㉲ 한정된 시간에 많은 식품을 다루어야 하므로 적절한 조리기기의 사용이 요구된다.
③ **대량조리 시 고려사항**
  ㉮ 조리원의 숙련도 및 작업 방법
   ㉠ 조리작업을 사전에 정확히 파악하여 조리계획을 세우도록 한다.
   ㉡ 조리작업 전에 사용할 조리기구를 정리 정돈하고 조리방법에 맞는 적절한 조리기구를 사용하도록 한다.
   ㉢ 동선의 최소화로 피로를 줄이기 위해 조리기구를 적절히 배치하여 사용하고 작업시에는 두 손을 이용하여 작업순서에 따라 신속히 진행하도록 한다.
  ㉯ 조리해야 할 식품의 양 및 조리방법
   ㉠ 급식인원과 1인분량을 잘 계산하여 전체 조리량을 산정하도록 한다. 식품재료 구입량과 조리 후 급식량과의 관계에 대한 데이터를 축적해 두고 참조하도록 한다.
   ㉡ 어린이들의 영양적 기호적 만족도를 높일 수 있는 조리방법을 선택하여 조리하도록 한다.
  ㉰ 적절한 조리기구의 선정 및 사용
   ㉠ 기기 선정
   ㉡ 기기의 취급 및 관리
   ㉢ 사용방법 설명서
   ㉣ 사용방법에 대한 교육과 훈련
   ㉤ 정기적인 점검 및 안전성 확인
   ㉥ 위생적인 취급에 대한 교육

3 식재료 계량방법

(1) 계량
① **조리에 사용되는 계량기기** : 저울, 계량컵, 계량스푼, 타이머, 온도계 등
② **계량의 단위**
  ㉮ 1컵 = 1 Cup = 1C = 약 13큰술 + 1작은술 = 물 200ml = 물 200g
  ㉯ 1큰술 = 1 Table spoon = 1Ts = 3작은술 = 물 15ml = 물 15g
  ㉰ 1작은술 = 1 tea spoon = 1ts = 물 5ml = 물 5g
  ㉱ 1쿼터(guart) = 2핀트(pints) = 약 4C

(2) 식품의 계량법
① **분말(가루) 식품** : 입자가 작고 다져지는 성질이 있어 덩어리가 없는 상태에서 누르지 말고 수북하게 담아 평평한 것으로 고르게 밀어 표면이 평면이 되도록 깎아서 계량하도록 한다.
② **액체식품** : 기름·간장·물·식초 등의 액체식품은 액체 계량컵이나 계량스푼에 가득 채워서 계량하거나 평평한 곳에 놓고 눈높이에서 보아 눈금과 액체의 표면 아랫부분을 눈과 같은 높이로 맞추어 읽는다.
③ **고체식품** : 고체지방이나 다진 고기 등의 고체식품은 계량컵이나 계량스푼에 비어있는 공간이 없도록 가득 채워서 표면을 평면이 되도록 깎아서 계량한다.
④ **알갱이 상태의 식품** : 쌀·팥·통후추·깨 등의 알갱이 상태의 식품은 계량컵이나 계량스푼에 가득 담아 살짝 흔들어서 공극을 메운 뒤 표면을 평면이 되도록 깎아서 계량한다.
⑤ **농도가 큰 식품** : 고추장, 된장 등의 농도가 큰 식품은 계량컵이나 계량스푼에 꾹꾹 눌러 담아 평평한 것으로 고르게 밀어 표면이 평면이 되도록 깎아서 계량한다.

4 조리장의 시설 및 설비 관리

(1) 조리장의 기본조건
① **조리장의 3원칙**
  ㉮ 위생 : 식품의 오염을 방지할 수 있으며 채광, 환기, 통풍 등이 잘 되고 배수와 청소가 쉬워야 한다.
  ㉯ 능률 : 적당한 공간이 있어 식품의 구입, 검수, 저장, 식당 등과의 연결이 쉽고 기구, 기기 등의 배치가 능률적이어야 한다.
  ㉰ 경제 : 내구성이 있고 구입이 쉬우며 경제적이어야 한다.
② **조리장의 면적 등**
  ㉮ 조리장의 면적 : 식당 넓이의 1/3
  ㉯ 취식자 1인당 취식 면적
   ㉠ 일반 급식소 : 1인당 $1.0m^2$
   ㉡ 학교 급식소 : 아동 1인당 $0.3m^2$
   ㉢ 병원 급식소 : 침대 1개당 $0.8 \sim 1.0m^2$
   ㉣ 기숙사 : 1인당 $0.3m^2$
   ㉤ 호텔 : 침대 수와 연회석 수의 합에 $1.0m^2$를 곱한 것
  ㉰ 1인당 급수량
   ㉠ 일반 급식소 : 6~10L/1식
   ㉡ 학교 : 4~6L/1식
   ㉢ 병원 : 10~20L/1식

② 기숙사 : 7~15L/1식
④ 설비와 기구를 완비하고도 작업에 지장을 받지 않을 크기의 면적은 확보하여야 한다.
⑭ 조리장은 직사각형 구조가 능률적이며 폭을 1.0m로 한다면 길이는 폭의 2~3배로 하는 것이 좋다.

③ 조리장의 위치
㉮ 통풍, 채광, 배수가 잘되고 악취, 먼지, 유독가스가 들어오지 않는 곳이어야 한다.
㉯ 공해가 없고 주변에 피해를 주지 않는 곳이어야 한다.
㉰ 물건 구입, 반출이 편리하고 종업원의 출입이 용이한 곳이어야 한다.
㉱ 음식점에서는 손님의 분위기를 중요하게 고려하여야 한다.
㉲ 비상시 출입문과 통로에 방해되지 않는 장소가 좋다

(2) 조리장의 설비
① 조리장의 건물구조
㉮ 충분히 내구력이 있는 구조로 하되 객실 및 객석과는 구획되어야 한다.
㉯ 작업장의 바닥과 바닥으로부터 1m까지의 내벽은 타일, 콘크리트 등 내수성 자재로 하고 배수 및 청소가 용이한 구조로 하여야 한다.
㉰ 객실 면적이 33m² 미만의 대중음식점, 인삼 찻집, 간이주점은 별도로 구획된 작업장을 갖추지 않을 수도 있다.
㉱ 작업장에는 식품 및 식기류의 세척을 위한 위생적인 세척시설과 종업원 전용의 위생적 수세시설을 갖추어야 한다.

② 작업대의 설비
㉮ 작업대의 높이와 너비 : 높이는 신장의 약 52%(80~85cm), 너비는 55~60cm가 적당하다.
㉯ 작업대의 배치순서 : 준비대 → 개수대 → 조리대 → 가열대 → 배선대
㉰ 작업대의 종류
㉠ ㄷ자형 : 면적이 같은 경우 가장 동선이 짧으며 넓은 조리장에 사용된다.
㉡ ㄴ자형 : 동선이 짧으며 좁은 조리장에 사용된다.
㉢ 병렬형 : 180°회전이 필요하기 때문에 피로가 빨리 온다.
㉣ 일렬형 : 작업 동선이 길어 비능률적이지만 조리장이 굽은 경우 사용된다.

③ 기타 시설
㉮ 급수시설
㉠ 급수는 수돗물 또는 공공시험기관에서 음용수로 적합하다고 인정하는 것이어야 한다.
㉡ 수압은 일반적으로 0.35kg/m² 이상이다.
㉢ 급수관은 보통 아연도금 강판을 사용하며 보온시설이 필요하다.
㉣ 우물일 경우 화장실로부터 20m, 하수관에서 3m 떨어진 곳에 있는 것을 사용한다.
㉯ 배수시설 : 영업장 내에는 배수시설이 잘 되어야 하며, 개수대의 배수관에 트랩장치를 설치한다.
㉰ 환기시설 : 조리장의 경우 환기장치는 후드(hood)를 설치하되 사방 개방형이 가장 효율이 높다.
㉱ 조명시설 : 일반적으로 권장되는 조도 기준은 조리실의 경우 220 lux 이상, 검수 구역은 540 lux 이상, 식품 수납장 및 창고의 경우는 200 lux 이상이다.

㉲ 음식물 및 원재료 보관시설 : 음식물 및 원재료를 위생적으로 보관할 수 있는 보관시설과 냉장시설을 갖추어야 한다.

Lesson 02 식품의 조리원리

1 농산물의 조리 및 가공 · 저장

(1) 쌀
① 쌀의 수분 함량
㉮ 밥 짓기 전 : 11% 내외
㉯ 불린 쌀 : 20~30%
㉰ 밥을 지은 후 : 65% 내외

② 밥짓기
㉮ 쌀을 씻을 때 비타민 B₁(티아민)의 손실을 막기 위해 3~4회 정도 가볍게 씻는다.
㉯ 멥쌀은 30분, 찹쌀은 50분 정도 물에 담가 놓으면 물을 최대한 흡수한다.
㉰ 물의 분량은 쌀의 종류와 수침 시간에 따라 다르며 잘된 밥의 양은 쌀의 2.5배~2.7배 정도가 된다.

③ 호화와 노화, 호정화
㉮ 호화(알파화＝α)
㉠ 호화란 생전분에 물분자와 열이 들어가 팽윤된 상태를 말한다.
㉡ 호화에 영향을 주는 인자는 전분의 종류이며, 가열온도 높을수록, 오래 불릴수록 호화가 잘 이루어진다.
㉯ 노화(베타화＝β화)
㉠ 노화란 전분을 방치하면 점점 생전분에 가까운 상태로 되는 것을 말한다.
㉡ 억제하는 인자 : 건조(수분 15%), 냉동(0℃ 이하), 설탕첨가, 유화제 첨가
㉰ 호정화(텍스트린화)
㉠ 전분을 160~170℃ 건열로 가열
㉡ 수분이 안 들어간다는 점에서 호화와 차이가 있음
㉢ 물리적 변화인 호화와 화학적 변화가 같이 일어남

④ 쌀의 가공 및 저장
㉮ 벼의 구조 : 현미 80% 왕겨층 20%(현미는 왕겨층을 벗겨낸 것)
㉠ 백미 : 현미를 도정하여 배유만 남은 것(주로 전분)
㉡ 백미의 소화율 : 98%, 현미의 소화율 : 90%
㉯ 쌀의 가공품
㉠ 강화미 : 비타민 B₁을 첨가하여 영양가치를 높임
㉡ 팽화미 : 쌀 전분이 호정화된 것을 건조시킨 것
㉰ 저장성과 소화율
㉠ 도정도가 높을수록 영양소는 적어지지만 소화율은 높아짐 (백미 〉현미)
㉡ 저장성은 벼의 상태가 가장 좋음(벼 〉현미 〉백미)

□ 전분
• 찹쌀 : 아밀로펙틴으로만 구성(100%)
• 멥쌀, 그 외 전분 : 아밀로펙틴(Amylopectin) 80%, 아밀로오스(Amylose) 20%
• 아밀로오스 성분으로 인해 멥쌀이 찹쌀보다 소화가 잘 된다.

(2) 보리(정맥)

① 보리의 분류

㉮ 껍질의 상태에 따른 분류
- ㉠ 쌀보리(나맥) : 껍질이 쉽게 제거되며, 겨층이 10~15%를 차지하여 식용으로 하는 배유 부분이 많다.
- ㉡ 겉보리(피맥) : 씨방벽에서 분비되는 점액물질로 인해 껍질이 제거되기 힘들며, 겨층은 15~20% 정도 차지한다.

㉯ 이삭에 달린 씨알의 줄 수에 따른 분류 : 두줄보리(이조대맥), 여섯줄보리(육조대맥)

㉰ 파종시기에 따른 분류 : 가을보리(추파형), 봄보리(춘파형)

② 보리의 가공 및 저장

㉮ 압맥 : 롤러 사이를 통과시켜 호분층 조직을 파괴하여 만든 정맥

㉯ 할맥 : 섬유소를 제거하여 조리를 간편하게 하고 소화율을 높인 정맥

㉰ 맥아 : 겉보리에 수분·온도·산소를 작용시켜 발아시킨 보리의 낟알

㉮ 단맥아 : 맥주 양조에 사용

㉯ 장맥아 : 식혜나 물엿 제조에 사용

(3) 밀가루(소맥)

① 글루텐 함량에 따른 밀가루의 종류

종류	글루텐 함량	용도
강력분	13% 이상	식빵, 마카로니, 스파게티 등
중력분	10~13%	국수, 만두피 등
박력분	10% 이하	케이크, 튀김옷, 카스테라, 약과 등

② 글루텐의 형성

㉮ 밀가루에 물을 조금씩 가하면 점탄성 있는 도우(dough, 반죽)가 된다. 이는 밀의 단백질인 글리아딘(gliadin)과 글루테닌(glutenin)이 물과 결합하여 글루텐(gluten)을 형성하기 때문이다.

㉯ 반죽을 오래할수록 질기고 점성이 강한 글루텐이 형성되는데 반죽 시 글리아딘은 점성과 신장성을, 글루테닌은 탄성을 제공한다.

③ 밀가루 반죽 시 영향을 주는 물질

㉮ 팽창제 : CO_2(탄산가스)를 발생시켜 가볍게 부풀게 한다.
- ㉠ 이스트(효모) : 밀가루의 1~3%, 최적온도 30℃, 반죽온도는 25~30℃일 때 활동이 촉진된다.
- ㉡ 베이킹 파우더(B.P) : 밀가루 1C에 1ts이 적당하다.
- ㉢ 중조(중탄산나트륨) : 밀가루 내에 플라보노이드 색소가 있어 중조(알칼리)를 넣으면 제품이 황색으로 변화하는 단점이 있다. 특히 비타민 B_1, B_2의 손실을 가져온다.

㉯ 지방 : 층을 형성하여 음식을 부드럽고 바삭하게 한다.

㉰ 설탕 : 열을 가했을 때 음식의 표면을 착색시켜 보기 좋게 만들지만 글루텐을 분해하여 반죽을 구우면 부풀지 못하고 꺼진다.

㉱ 소금 : 글루텐의 늘어나는 성질이 강해져 잘 끊어지지 않는다.

㉲ 달걀 : 밀가루 반죽의 형태를 형성하는 것을 돕지만 지나치게 많이 사용하면 음식이 질겨진다. 따라서 튀김 반죽을 심하게 젓거나 오래 두고 사용하면 글루텐이 형성되어 튀김옷이 바삭하지 않고 질겨진다.

④ 밀로 만든 빵의 분류

㉮ 발효빵 : 이스트의 발효로 생긴 CO_2를 이용하여 만든 것

㉯ 무발효빵 : 팽창제(베이킹파우더)에 의해서 생긴 CO_2를 이용하여 만든 빵

(4) 두류

① 두류의 분류와 용도

㉮ 대두, 땅콩(낙화생)
- ㉠ 단백질과 지방함량이 많으며, 식용유지의 원료로 이용된다.
- ㉡ 대두는 단백질 함량이 40% 정도로 두부 제조에 많이 이용되며, 주 단백질은 글리시닌(glycinin)으로 식물성 단백질 중 유일의 완전 단백질이다.

㉯ 팥, 녹두, 강낭콩, 동부
- ㉠ 단백질과 전분 함량이 많다.
- ㉡ 전분을 추출하여 떡이나 과자의 소나 고물로 이용되고, 전분이 비교적 많아 가열하면 쉽게 무른다.

㉰ 풋완두, 껍질콩
- ㉠ 채소의 성질을 갖고 있다.
- ㉡ 비타민 C 함량이 비교적 높아 채소로 취급된다.

② 두류의 조리 및 가열에 의한 변화

㉮ 사포닌의 파괴 : 대두와 팥에는 사포닌(saponin)이라는 성분이 있지만 가열 시 파괴된다.

㉯ 단백질 이용률과 소화율의 증가 : 날콩 속에는 단백질의 소화효소인 트립신(trypsin)의 분비를 억제하는 안티트립신(antitrypsin)과 혈소판의 응집을 일으키는 소인(soin)이 들어 있지만 가열 시 파괴된다.

㉰ 조리수의 pH와 조리 : 콩의 단백질인 글리시닌은 수용성이다. 약염기 상태에서는 더욱 촉진된다. 한편, pH 4~5에서는 거의 불용성 상태가 된다. 따라서 콩을 삶을 때 식용소다(중조)를 첨가하여 삶으면 콩이 쉽게 물러지지만 비타민 B_1(티아민)의 손실이 커진다.

③ 두류의 가공품

㉮ 두부
- ㉠ 원리 : 단백질인 글리시닌이 무기염류에 의해서 응고되는 성질을 이용
- ㉡ 응고제 : 염화마그네슘($MgCl_2$), 염화칼슘($CaCl_2$), 황산마그네슘($MgSO_4$), 황산칼슘($CaSO_4$)
- ㉢ 제조방법 : 콩을 2.5배가 될 때까지 불림 → 소량의 물을 첨가하여 마쇄 → 가열 → 65~70℃가 되면 응고제 첨가

㉯ 유부 : 두부의 수분을 뺀 뒤 기름에 2번 튀긴 것

④ 장류의 가공

㉮ 된장 : 전분질의 원료를 쪄서 종국(황곡균)을 넣고 국자를 만들어 소금에 섞어 놓았다가 콩을 쪄서 국자와 혼합한 후 마쇄하여 통에 담아 숙성

㉯ 간장 : 콩과 볶은 밀을 마쇄하여 혼합시키고 황곡균을 뿌려 국자를 만든 다음 소금물에 담가 발효시켜 짠 것

㉰ 청국장 : 콩을 삶아 60℃까지 식힌 후 납두균을 번식시켜 콩 단백질을 분해하고 마늘, 파, 고춧가루를 가미하여 양념한 것

(5) 과채류

① 조리 시 채소의 변화

㉮ 채소를 데칠 때는 물의 양을 5배 정도로 하여 뚜껑을 열어 끓는

물에 단시간 데쳐 빨리 냉수에 헹군다.

㉯ 수분이 많은 채소는 소금을 뿌리면 삼투압에 의해 물이 빠져나오므로 샐러드나 초무침을 할 때는 식탁에 내기 직전에 소금을 뿌린다.

㉰ 녹황색 채소는 지용성 비타민 A를 많이 함유하고 있으므로 기름을 이용한 조리법을 사용하면 영양흡수가 증가한다.

㉱ 토란, 죽순, 우엉, 연근 등 흰색 채소는 쌀뜨물이나 식초 물에 삶으면 흰색을 유지시키고 단단한 섬유를 연하게 한다.

㉲ 당근에는 비타민 C를 파괴하는 효소인 아스코르비나아제(ascorbinaes)가 있어 다른 채소와 함께 조리 시 다른 채소의 비타민 C 손실이 많아진다.

㉳ 토란의 점질성 물질은 물에 담갔다가 1%의 소금물에 데치거나 쌀뜨물에 데친다.

② 조리에 의한 색 변화

㉮ 엽록소(클로로필, chlorophyll)

㉠ 녹색 야채의 녹색 색소(클로로필)는 산에 약하므로 식초를 사용하면 황갈색인 피오피틴(pheophytin)으로 변한다.

㉡ 알칼리 성분인 중탄산소다 및 황산동으로 처리하면 안정된 녹색을 유지한다.

㉢ 녹색 채소를 데칠 때는 뚜껑을 열고 끓는 물에서 단시간 조리한다. 특히 시금치, 근대, 아욱은 수산이 존재하므로 반드시 뚜껑을 열어서 변색과 비타민 C의 손실을 줄일 수 있다. 수산은 체내의 칼슘 흡수를 저해하며 신장결석을 일으킨다.

㉯ 안토시안(anthocyan) 색소

㉠ 식품의 꽃, 과일, 잎의 색소로 적색, 자색, 청색을 나타내며 물에 잘 녹는다(비트무, 적양배추, 딸기, 가지, 포도, 검정콩).

㉡ 산성에서는 적색(생강초절임), 중성에서는 보라색, 알칼리에서는 청색을 띤다.

㉢ 철(Fe) 등의 금속이온과 결합하면 청색을 띤다(가지절임).

㉣ 가지를 삶을 때 백반을 넣으면 안정된 청자색을 보존할 수 있다.

㉰ 플라보노이드(Flavonoid) 색소

㉠ 콩, 밀, 쌀, 감자, 연근 등의 흰색이나 노란색 색소이다.

㉡ 산에 안정하나 알칼리와 산화에는 불안정하다.

㉢ 산성 용액에서는 백색이 고정, 물에 삶거나 알칼리 용액에서는 황색으로 변한다.

㉱ 카로티노이드(Carotenoid) 색소

㉠ 등황색, 녹색 야채에 들어 있는 황색이나 오렌지색 색소이다(당근, 고구마, 호박, 브로콜리, 고추, 토마토 등).

㉡ 조리과정이나 조리온도에 크게 영향을 받지 않지만 공기 중의 산소나 산화효소에 의해 쉽게 산화되어 변화한다.

㉢ 기름을 사용하여 조리하면 흡수율이 좋아 영양상의 효과도 있다(당근 볶음).

③ 채소, 과일의 갈변 방지

㉮ 사과, 배 등의 갈변은 구리나 철로 된 칼의 사용을 피하고 묽은 소금물(1%)이나 설탕물에 담가두면 방지할 수 있다.

㉯ 푸른잎 채소를 데칠 때 냄비의 뚜껑을 덮으면 휘발하지 못한 유기산에 의해 황갈색으로 변하므로 뚜껑을 열고 끓는 물에 단시간 데치는 것이 좋다.

④ 과일 가공과 저장

㉮ 가공 : 펙틴(Pectin)의 응고성을 이용하여 만듦

㉠ 젤리화의 3요소 : 펙틴(1~1.5%), 유기산(0.5%, pH 3~4),

당분(60~65%)

㉡ 펙틴과 산이 많은 과일 : 사과, 포도, 딸기 등(펙틴과 산이 부족한 배, 감 등은 부적당)

㉯ 가공품

㉠ 잼(Jam) : 과육, 과즙에 설탕 60%를 첨가하여 농축한 것

㉡ 젤리(Jelly) : 투명한 과즙에 설탕 70%를 넣고 가열, 농축, 응고한 것

㉢ 마멀레이드(Marmalade) : 오렌지나 레몬의 과육·과즙에 껍질까지 첨가하여 만든 잼

㉣ 과일의 저장 : 냉장보존, 가스저장법

⑤ 채소의 가공과 저장

㉮ 가공 : 비타민 C, B_1, B_2는 가공 중에 손실이 많으므로 유의한다.

㉯ 저장 : 움저장, 냉장법

㉰ 침채류 : 조리와 저장을 겸한 염장식품, 침채류에 사용되는 소금으로는 호염이 제일 좋다.

2. 축산물의 조리 및 가공·저장

(1) 육류

① 육류의 조직

㉮ 근육조직

㉠ 횡문근 : 골격근, 흔히 고기라고 부르는 부분

㉡ 평활근 : 내장기관을 구성, 불수의적으로 수축

㉢ 심근 : 심장을 구성

㉯ 결합조직

㉠ 콜라겐 : 백색의 교원성 섬유

㉡ 엘라스틴 : 황색의 탄력성 섬유

㉰ 지방조직 : 내장기관의 주위와 피하, 복강 내에 분포

㉱ 골격 : 뼈

② 육류 가열에 의한 고기 변화

㉮ 고기 단백질의 변화 : 가열온도가 높을수록, 가열시간이 길수록 근섬유는 더 많이 수축하고 수분이 더 많이 용출되어 고기의 보수성은 줄어들고 연한 정도도 감소된다.

㉯ 결합 조직의 연화

㉠ 세 가닥의 폴리펩티드가 서로 꼬여 나선구조를 이루고 있는 콜라겐은 가열에 의해 수축되는데, 계속해서 가열하면 이런 나선구조가 붕괴되고 폴리펩티드 사슬간에 이루어졌던 결합들이 끊어져 가용성의 젤라틴으로 변하여 연해진다.(콜라겐 → 젤라틴화)

㉡ 엘라스틴은 물 속에서 오래 끓여도 거의 변화되지 않으며 단백질 소화효소에 의해서도 강한 저항성을 가지고 있으므로 거의 소화되지 않는다.

㉰ 근육 섬유의 변화

㉠ 고열로 장시간 가열하면 근육의 단백질 섬유가 수축하여 고기 전체가 오그라들고, 단백질 표면에 흡착되어 있던 수분이 단백질로부터 분리, 용출되어 나가므로 고기가 질기고 단단, 뻑뻑해진다.

㉡ 결합조직(콜라겐)이 많은 질긴 고기는 비교적 낮은 온도에서 장시간 서서히 조리하면 근육섬유 단백질이 견고하게 변성되지 않으면서 콜라겐이 젤라틴으로 가수분해되어 고기가 연해진다.

㉱ 색의 변화 : 생육 내의 미오글로빈은 공기 중의 산소와 결합하

여 옥시미오글로빈이 되고 이것은 가열에 의해 변성되어 색의 변화를 초래한다.

㉰ 맛의 변화 : 고기를 가열하면 생육 중의 맛을 내는 전구체가 분해되어 구수한 맛을 낸다. 맛을 내는 전구체는 연한 부위보다는 질긴 부위에 많다. 근육 내에 산재해 있는 얼룩지방은 고기의 맛을 좋게 해주며, 지방을 형성하고 있는 지방산의 종류도 고기의 맛에 영향을 준다.

㉱ 영양의 변화 : 열에 민감한 비타민들은 가열 중에 손실이 크고, 단백질 분자 중의 몇 아미노산 잔기들은 당과 아미노-카르보닐 반응을 일으키므로 단백질의 영양가가 손실된다.

③ 조리방법
㉮ 습열 조리 : 찜, 국, 조림 등(장정육, 양지육, 사태육, 업진육, 중치육)
㉯ 건열 조리 : 구이, 산적 등(등심, 갈비, 안심, 홍두깨살, 대접살, 채끝살)

④ 육류의 연화법
㉮ 기계적 방법 : 고기를 결 반대로 썰거나, 칼로 다지거나, 칼집을 넣으면 근육과 결합조직 사이가 끊어져서 연해진다.
㉯ 단백질 분해효소 첨가 : 배즙, 생강의 프로테아제(potease), 파인애플의 브로멜린(bromelin), 무화과의 피신(ficin), 파파야의 파파인(papain)
㉰ 동결 : 고기를 얼리면 세포의 수분이 단백질보다 먼저 얼어서 용적이 팽창하여 세포가 파괴되므로 고기가 연해진다.
㉱ 숙성 : 숙성기간을 거치면 단백질 분해효소의 작용으로 고기가 연해진다.
㉲ 가열조리 방법 : 결체조직이 많은 고기는 장시간 물에 끓이면 콜라겐이 가수분해되어 연해진다.
㉳ 설탕 첨가 : 육류의 단백질 연화

⑤ 고기의 가열 정도와 내부 상태

가열 정도	내부 온도	내부 상태
레어(Rare)	55~65℃	고기의 표면을 불에 살짝 굽는다. 자르면 육즙이 흐르고 내부는 생고기에 가깝다.
미디움(Medium)	65~70℃	고기 표면의 색깔은 회갈색이나 내부는 장미색 정도이고, 자르면 육즙이 약간 있다.
웰던(Well-done)	70~80℃	고기의 표면과 내부 모두 갈색 정도로 구우며 육즙은 거의 없다.

⑥ 육류의 가공품
㉮ 햄(Ham) : 돼지고기의 허벅다리를 이용하여 식염, 설탕, 아질산염, 향신료 등을 섞어서 훈제한 것
㉯ 베이컨(Bacon) : 돼지고기의 기름진 배 부위(삼겹살)의 피를 제거한 후 햄과 같은 방법으로 가공
㉰ 소시지(Sausage) : 햄, 베이컨을 가공하고 남은 고기에 기타 잡고기를 섞어 조미한 후 동물의 창자 또는 인공 케이싱(Casing)에 채운 후 가열이나 훈연 또는 발효시킨 제품

■ 젤라틴(gelatin)
- 동물의 가죽이나 뼈에 다량 존재하는 단백질인 콜라겐(collagen)의 가수분해로 생긴 물질이다.
- 조리에 사용하는 젤라틴 젤리의 농도는 3~4%이며, 13℃ 이상의 온도에서는 응고하기 어려우므로 10℃ 이하나 냉장고 또는 얼음을 이용하는 것이 좋다.
- 젤라틴은 젤리, 족편, 마시멜로(Marshmallow), 아이스크림 및 기타 얼린 후식 등에 쓰인다.

(2) 유제품
① 우유의 성분
㉮ 우유의 주성분 : 칼슘과 단백질
㉯ 우유의 단백질 : 카제인(casein)은 우유의 주 단백질로 산이나 레닌(rennin)에 의해 응고되며, 이를 이용해 치즈를 만든다.
㉰ 우유의 지방 : 미세한 구상의 지방구로 유화액을 형성하여 소화가 용이하다.

② 우유의 조리
㉮ 탈취작용 : 미세한 지방구와 카제인 입자가 많이 함유되어 있어 여러 가지 냄새를 흡착한다. 따라서 조리 전에 생선이나 간 등을 우유에 담가두면 비린내를 제거할 수 있다.
㉯ 젤리 강도의 강화 : 단백질의 겔(gel) 강도를 높인다. 커스터드 푸딩 등이 이에 해당된다.
㉰ 갈변반응 : 우유 등의 유당은 열에 약하여 갈변 반응을 쉽게 일으키며, 빵, 케이크, 과자류 표면의 갈색이 그 예이다.
㉱ 열변성 : 우유를 60~65℃로 가열하면 표면에 엷은 피막이 생기는데, 이것은 우유 중의 단백질과 지질, 무기질이 흡착되어 열변성한 것이다.

③ 유제품의 가공
㉮ 버터
　㉠ 우유의 지방분을 모아 가열·살균한 후 젖산균을 넣어 발효시키고 소금으로 간을 한 것으로 유지방 함량이 80% 이상, 수분함량이 18% 미만인 것
　㉡ 비타민 A와 D, 카로틴 등이 풍부하고 소화흡수가 잘 됨
㉯ 크림
　㉠ 우유를 장시간 방치하여 생긴 황백색의 지방층을 거두어 만든 것
　㉡ 지방함량에 따라 커피크림(지방분 18%)과 휘핑크림(지방분 36% 이상)으로 구분
㉰ 치즈
　㉠ 우유 단백질을 레닌으로 응고시킨 것
　㉡ 우유보다 단백질과 칼슘이 풍부
㉱ 분유
　㉠ 우유의 수분을 제거하여 분말 상태로 한 것
　㉡ 전지분유, 탈지분유, 가당분유, 조제분유 등
㉲ 연유
　㉠ 우유를 농축시켜 만든 것
　㉡ 16%의 설탕을 첨가하여 약 1/3의 부피로 농축시킨 가당연유와 우유를 그대로 1/3 부피로 농축시킨 무당연유로 구분
㉳ 기타
　㉠ 탈지유 : 우유에서 지방을 뺀 것
　㉡ 요구르트 : 탈지유를 1/2로 농축시켜 8%의 설탕에 넣고 가열, 살균한 후 젖산 발효시킨 것으로 종균은 락토바실러스 불가리커스(lactobacillus bulgaricus)

ⓒ 아이스크림 : 우유 및 유제품에 설탕, 향료와 버터, 달걀, 젤라틴, 색소 등 기타원료를 적당하게 넣어 저어가면서 동결시킨 것

(3) 달걀

① 달걀의 특성

㉮ 응고성

　㉠ 응고 온도는 난백 60~65℃, 난황 65~70℃이다.

　㉡ 설탕을 넣으면 응고 온도가 높아지고 소금, 우유 등의 칼슘(Ca), 산성에서는 응고가 촉진된다.

　㉢ 소화는 반숙 〉완숙 〉생란 〉프라이 순으로 잘 된다.

㉯ 녹변현상

　㉠ 계란을 오랫동안 가열한 경우 난백의 황화수소(H_2S)가 난황의 철분(Fe)과 결합하여 황화 제1철(유화철, FeS)을 만들어 암녹색 띠를 형성하게 된다. 이러한 현상을 녹변현상이라 한다.

　㉡ 녹변현상이 잘 일어나는 경우

　　• 가열기간이 길수록

　　• 가열온도가 높을수록

　　• 신선한 계란이 아닐 때

　　• 삶은 후 찬물에 담그지 않았을 때

㉰ 유화성

　㉠ 난황의 지방 유화력은 인지질인 레시틴(lecithin)으로 유화제로 작용한다.

　㉡ 유화성을 이용한 대표적인 음식으로 마요네즈, 프렌치드레싱, 잣미음, 크림스프, 케이크 반죽 등이 있다.

㉱ 기포성

　㉠ 달걀 흰자의 기포성은 빵 제조 시 팽창제로 사용된다.

　㉡ 기포성을 이용한 제품 : 스펀지케이크, 케이크의 장식, 머랭(난백＋설탕＋크림＋색소)

② 달걀의 신선도 판정방법

㉮ 외부 관찰법 : 난각은 두껍고 강한 것이 좋으며, 난각에서 윤택이 나지 않아야 한다.

㉯ 투시법(Candling, 캔들링 램프법) : 암실 또는 반암실의 검란기에 넣어 달걀을 회전하면서 그 투시광으로 난각, 난황, 난백, 기실의 상태를 검사한다.

㉰ 흔들어 보는 법 : 달걀을 흔들어 보아서 소리가 나면 기실이 커진 것이며 오래된 것이다.

㉱ 깨드려 보는 법 : 달걀을 깨뜨려 봐서 난백의 교질성, 난황의 높이, 냄새, 반점의 유무 등을 보고 신선도를 알아낸다. 노른자는 구형이며, 흰자가 퍼지지 않아야 한다.

㉲ 삶은 후의 단면을 보는 법 : 신선한 것은 난황이 중심에 위치하며 오래된 것은 난백의 가장자리가 양쪽이 고르지 못하며 난황이 한쪽에 쏠려 위치하고 있다.

㉳ 비중법 : 물 1C에 식염 1Ts(6%)을 녹인 물에 달걀을 넣어 가라앉으면 신선한 것이고 위로 뜨면 오래된 것이다.

㉴ 난황계수와 난백계수 측정법

　㉠ 난황계수(난황의 높이÷지름) : 0.36 이상이면 신선, 오래된 것은 0.25 이하

　㉡ 난백계수(난백의 높이÷지름) : 0.14 이상이면 신선, 오래된 것은 0.1 이하

　㉢ 오래된 달걀일수록 난황, 난백계수는 작아지고 기실은 커져서 흔들었을 때 소리가 나고 pH는 높아진다.

③ 달걀 가공품

㉮ 건조달걀 : 달걀의 내용물인 흰자와 노른자의 수분을 증발시켜 건조하여 만든 것

㉯ 마요네즈 : 달걀 노른자와 샐러드유, 식초를 원료로 가공

㉰ 피단(송화단) : 소금 및 알칼리 염류를 달걀 속에 침투시켜 만드는 저장을 겸한 조미달걀(침투작용, 응고작용, 발효작용 이용)

④ 달걀의 저장법 : 냉장법, 침지법(소금물), 표면도포법, 가스저장법, 간이저장법, 건조법

3　수산물의 조리 및 가공 · 저장

(1) 어패류

① 어육의 성분

㉮ 수분

　㉠ 어류는 65~75%, 패류는 75~85%, 오징어와 문어는 약 82%, 새우와 게는 75~80% 정도의 수분을 함유하고 있다.

　㉡ 어패류는 육류보다 수분이 많고 결합조직이 적어 육질이 연하기 때문에 부패하기 쉽다.

㉯ 단백질

　㉠ 어육에는 15~20%의 단백질이 함유되어 있다.

　㉡ 육류에 비하여 근원섬유 단백질이 많고 육기질 단백질이 적다.

　㉢ 어육의 단백질

　　• 근형질 단백질(20~30%) : 글로빈(globin)과 미오겐(myogen) 등

　　• 근원섬유 단백질(60~70%) : 액틴(actin), 미오신(myosin) 등

　　• 육기질 단백질(2~5%) : 콜라겐(collagen), 엘라스틴(elastin) 등

㉰ 지질

　㉠ 어패류의 지질은 약 70~80%가 불포화지방산이고, 나머지는 포화지방산으로 구성되어 있다.

　㉡ DHA, EPA : 참치의 기름살, 고등어, 꽁치, 정어리, 연어, 전갱이 등의 등푸른 생선에 많이 함유되어 있다.

② 어류의 특성

㉮ 흰 살 생선 : 도미, 광어, 조기 등은 지방함량이 5% 이하로 산패가 느림

㉯ 붉은 살 생선 : 꽁치, 고등어, 정어리 등 지방함량이 5~10%로 산패가 빠름

㉰ 생선이 가장 맛있을 때 : 산란기 직전

③ 어패류의 조리

㉮ 생선을 가열하면 콜라겐이 젤라틴화 된다. 생선을 조린 국물이 식은 후 굳는 것은 용해된 단백질과 젤라틴 때문이다.

㉯ 생선구이의 경우 생선 중량의 2~3%의 소금을 뿌리면 탈수도 일어나지 않고 간도 적절하다.

㉰ 생선을 소금에 절이면 단백질이 용해되어 겔을 형성하고 한편 탈수되어 살이 단단해진다. 생선 조림시 결합조직이 적으므로 물이나 양념장이 끓을 때 넣어야 모양이 유지된다.

㉱ 생선 튀김시 튀김옷은 박력분을 사용하고 180℃에서 2~3분간 튀기는 것이 좋다.

㉲ 오징어와 같이 결체조직이 치밀한 것은 오징어 안쪽에 칼금을 넣어 모양을 살리고 소화도 용이하도록 한다.

㉳ 미오겐은 1% 이하의 식염수에 용해되고 미오신과 액틴은 2~6%의 식염수에 용해된다. 용해된 단백질은 점도 높은 졸(sol)을 형성했다가 시간이 지나면 탄력있는 겔(gel)이 된다. 어묵은

어류의 단백질인 미오신이 소금에 용해되는 성질을 이용하여 만든다.

㉯ 조개류는 호박산(succinic acid), 다시마는 글루탐산(glutamic acid), 가다랭이는 이노신산(innosinic acid)에 의해 독특하고 시원한 맛을 낸다.

④ 어취(비린내)의 제거
  ㉮ 물로 씻어서 트리메틸아민(TMA, trimethylamine) 양을 감소시킨다.
  ㉯ 식초, 레몬즙 등의 산을 첨가한다.
  ㉰ 생강, 파, 마늘, 겨자, 고추냉이, 술 등의 향신료 사용, 특히 생강은 생선이 익은 후 첨가한다.
  ㉱ 전, 튀김, 구이 등 조리법을 이용한다.
  ㉲ 우유에 미리 담가두었다가 조리하면 우유의 카제인이 TMA를 흡착하므로 비린내가 저하된다.
  ㉳ 생선을 조릴 때 처음 몇 분간은 뚜껑을 열어 비린내를 휘발시킨다.

⑤ 어패류의 신선도 확인 방법
  ㉮ 관능적 방법
    ㉠ 눈에 광택이 있고 투명하면 싱싱하다.
    ㉡ 비늘은 확실히 밀착해 있어 떨어지기 어렵고 물기와 광택이 있다.
    ㉢ 살갗은 광택과 탄력이 있고 특유의 색을 지니고 있다.
    ㉣ 아가미는 엷은 적색이든지 암적색으로 단단하다.
    ㉤ 배를 눌렀을 때 단단하다.
    ㉥ 몸체는 전체적으로 단단하고 탄력이 있다.
    ㉦ 나쁜 냄새가 없다.
  ㉯ 화학적 방법
    ㉠ pH의 측정
    ㉡ 휘발성 염기질소의 측정 : 세균의 작용으로 부패가 진행되면 휘발성 염기 질소화합물을 생성
    ㉢ 핵산 관련물질의 판정 : 어체의 ATP는 사후에 급격하게 감소

⑥ 어패류의 가공
  ㉮ 연제품
    ㉠ 생선묵과 같이 겔(gel)화가 되도록 전분, 조미료 등을 넣어 으깨서 찌거나 굽거나 튀긴 것
    ㉡ 흰살 생선(도미, 광어, 동태, 명태)이용, 소금 농도 3%
    ㉢ 어묵제조의 원리 : 어육의 단백질(미오신) + 소금 → 풀과 같은 상태
  ㉯ 건제품
    ㉠ 어패류와 해조류를 건조시켜 미생물이 번식하지 못하도록 저장성을 높인 것
    ㉡ 수분 함량은 10~14% 정도
  ㉰ 훈제품
    ㉠ 어패류를 염지하여 적당한 염미를 부여한 후 훈연
    ㉡ 보존성을 높임
  ㉱ 젓갈
    ㉠ 어패류의 살, 내장, 알 등에 소금이나 방부제를 넣어 보존
    ㉡ 소금 농도는 20~30% 사용

(2) 해조류
  ① 분류와 특징
    ㉮ 녹조류(파래, 청각, 청태), 갈조류(미역, 톳, 다시마), 홍조류(김, 우뭇가사리)로 구분
    ㉯ 정장작용이나 무기질, 비타민을 공급하고 요오드 함유량이 많아 요오드 결핍증인 갑상선 기능 저하를 치료
  ② 김
    ㉮ 탄수화물인 한천이 가장 많이 들어 있고 비타민 A를 다량 함유하고 있음
    ㉯ 붉은색 색소인 피코시안(Phycocyan)이 피코에리트린(Phycoerythrin)으로 변하는 과정에서 색이 변하며, 햇빛에 의해 더 가속화
    ㉰ 특히, 감미와 지미를 가진 아미노산의 함량이 높아 감칠맛을 냄
  ③ 한천(우뭇가사리)
    ㉮ 한천
      ㉠ 우뭇가사리 등의 홍조류를 삶아서 얻은 액을 냉각시켜 엉기게 한 것이 우무인데 주성분은 탄수화물인 아가로오스(agarose)와 아가로펙틴(agaropectin)이다. 이것을 잘라서 동결 건조한 것이 한천이다.
      ㉡ 한천은 양갱, 과자, 양장피의 원료로 사용된다.
    ㉯ 한천의 특성
      ㉠ 영양가가 없고 체내에서 소화되지 않으나 물을 흡착하여 팽창함으로써 장의 연동운동을 높여 정장작용 및 변비를 예방한다.
      ㉡ 물에 담그면 흡수 팽윤하며, 팽윤한 한천을 가열하면 쉽게 녹는다. 농도가 낮을수록 빨리 녹고 2% 이상이면 녹기 힘들다.
      ㉢ 용해된 한천액을 냉각시키면 점도가 증가하여 유동성을 잃고 겔(gel)화 된다. 한천의 응고온도는 38~40℃이며, 조리에 사용하는 한천 농도는 0.5~3% 정도이다.
      ㉣ 한천에 설탕을 첨가하면 점성과 탄력이 증가하고, 투명감도 증가한다. 또한 설탕 농도가 높을수록 겔의 농도가 증가된다.

4 유지 및 유지 가공품

(1) 유지 채취법
  ① **압착법** : 식물성 원료의 착유에 이용(참기름, 올리브유 등)
  ② **용출법** : 동물성 원료의 착유에 이용(동물성 유지)
  ③ **추출법** : 원료를 휘발성 유기용매에 녹여서 그 용매를 휘발시켜 유지를 채취, 불순물이 많이 섞인 물질에서 기름을 채취할 때 이용(식용유 등)

(2) 유지의 종류
  ① **식물성 유지**
    ㉮ 건성유(요오드가 130 이상) : 불포화도가 높은 지방산을 많이 가지며 공기 중에 방치하면 산소와 결합하여 단단해지는 기름(들깨기름, 아마인유, 호두기름, 잣기름 등)
    ㉯ 반건성유(요오드가 100~130) : 중간 성질을 가진 기름(콩기름, 유채기름, 고추씨기름, 면실유 등)
    ㉰ 불건성유(요오드가 100 이하) : 공기 중에 장시간 방치해도 건조하지 않는 기름(땅콩유, 동백유, 올리브유 등)
  ② **동물성 유지**
    ㉮ 육산 동물성 유지 : 쇠기름, 돼지기름, 양기름, 우유지방 등
    ㉯ 해산 동물성 유지 : 어유, 간유, 고래기름 등
  ③ **가공유지(경화유)**
    ㉮ 종류 : 마가린, 쇼트닝

ⓝ 제조원리

$$불포화지방산 \xrightarrow[\text{촉매 : 내켈(Ni), 백금(Pt)}]{\text{수소첨가}(H_2)} 포화지방산의 형태$$

(3) 유지의 조리

① **유지의 성분**

  ㉮ 상온에서 액체인 것 : 유(油 : 대두유, 면실유, 참기름 등)

  ㉯ 상온에서 고체인 것 : 지(脂 : 쇠기름, 돼지기름, 버터 등)

  ㉰ 유지의 가수분해 : 지방산과 글리세롤로 분해

② **튀김**

  ㉮ 영양 손실이 가장 적은 조리법이다.

  ㉯ 튀김 시 온도는 170℃ 정도가 적당하다.

  ㉰ 발연점이 높을수록 좋다.

  ㉱ 기름의 양은 식품의 6~7배이다.

  ㉲ 식물성 기름이 좋다.

③ **유지의 발연점**

  ㉮ 발연점

    ㉠ 기름을 계속 가열하면 일정한 온도에서 열분해를 일으켜 연기가 나기 시작하는데 이때의 온도를 발연점이라 한다.

    ㉡ 발연점 이상에서 청백색인 연기와 함께 자극성 취기가 발생하는데 이는 기름이 분해되면서 생성되는 물질인 아크롤레인(acrolein) 때문이다.

  ㉯ 발연점이 낮아지는 경우

    ㉠ 유리지방산의 함량이 많을수록

    ㉡ 이물질함량이 많을수록

    ㉢ 사용횟수가 많을수록

    ㉣ 기름의 표면적이 넓을수록

④ **유화성**

  ㉮ 유중수적형(W/O) : 기름에 물이 분산된 형태(버터, 마가린)

  ㉯ 수중유적형(O/W) : 물속에 기름이 분산된 형태(우유, 마요네즈, 아이스크림, 크림스프, 잣죽, 프렌치드레싱 등)

5 냉동식품의 조리

(1) 냉동식품의 원리와 냉동 방법

① **냉동식품의 가공 원리**

  ㉮ 미생물은 10℃ 이하면 생육이 억제되고 0℃ 이하에서는 거의 작용을 하지 못한다.

  ㉯ 이러한 원리를 응용하여 저장한 식품이 냉장 및 냉동식품이다.

② 냉동식품의 저장은 −15℃ 이하는 저온에서 주로 축산물과 수산물의 장기 저장에 이용된다.

③ 냉동에 의한 식품의 품질 저하를 막기 위해 물의 결정을 미세하게 하려면 −40℃ 이하에서 급속동결 또는 −70℃ 이하에서 심온동결한다.

(2) 냉동식품의 해동 방법

① **육류, 어류** : 높은 온도에서 해동하면 조직이 상해서 액즙이 많이 나와 맛과 영양소의 손실이 크므로 냉장고나 흐르는 냉수에서 필름에 싼 채 해동하는 것이 좋다.

② **야채류** : 끓는 물에 냉동채소를 넣고 2~3분간 끓여 해동과 조리를 동시에 한다. 그밖에 찌거나 볶을 때는 동결된 채로 조리한다.

③ **튀김류** : 빵가루를 묻힌 것은 동결상태 그대로 다소 높은 온도의 기름에 튀겨도 된다.

④ **빵 및 과자류** : 자연 해동시키거나 오븐에 해동시킨다.

6 조미료와 향신료

(1) 조미료

① **소금** : 음식의 맛을 내는데 기본적인 조미료로서 간을 맞추는데, 식품을 절이는데, 온도를 낮추는데 이용된다. 국의 소금농도는 1% 정도이다.

② **간장** : 간장의 성분은 단백질 물질인 아미노산과 당이 있고 유기산이 들어 있어 향미를 준다.

③ **식초** : 입맛을 돋구고 생선의 살을 단단하게 하기도 한다.

④ **설탕** : 음식에 단맛을 주며 방부성, 흡습성, 결정성이 있고 근육섬유를 분해하는 성질이 있어 불고기 양념에 넣으면 육질이 연해진다.

⑤ **기름** : 기름은 음식에 고소한 맛과 부드러운 맛을 준다

> **조리시 조미료 첨가순서**
>
> 설탕 → 소금 → 간장·된장 → 식초 → 참기름

(2) 향신료

① **후추** : 매운맛을 내는 자극성 조미료로서 캬비신(chavicine) 성분이 생선이나 육류 등의 누린내와 비린내를 감소시킨다.

② **고추** : 매운맛의 캡사이신(capsaicin)으로 소화와 혈액순환을 촉진시키며, 방부작용도 있다. 비타민 A의 효과를 내는 카로틴의 함량이 많고, 풋고추에는 비타민 C가 풍부하다.

③ **겨자** : 매운맛을 주는 시니그린(sinigrin)이 분해되어 자극성이 강하며 여름철의 냉채요리, 생선요리에 주로 사용된다.

④ **생강** : 매운맛 성분은 진저론(zingerone)으로 생선의 비린내, 고기의 누린내를 제거하기 위하여 사용한다.

⑤ **파** : 매운맛은 황화아릴로서 휘발성 자극의 방향과 매운맛을 갖고 있다.

⑥ **마늘** : 알리신(allicin) 성분이 독특한 냄새와 매운맛을 내며 자극성이 강하고 살균력도 강하다.

⑦ **기타** : 깨소금, 계피, 박하, 카레, 월계수잎 등이 있다.

적중 예상문제 — CHECK POINT QUESTION

CHAPTER 05 | 기초 조리실무

LESSON 01 조리 준비

001 다음은 조리의 정의와 관련한 설명이다. 틀린 것은?

① 식품의 다듬기에서부터 식탁에 올리기까지의 전 과정을 의미한다.
② 식품에 물리적·화학적 조작을 가하여 합리적인 음식물로 만드는 과정이다.
③ 식품을 위생적으로 처리한 후 먹기 좋고 소화되기 쉽게 하는 과정이다.
④ 식품의 기호적인 가치나 심리적 만족과는 무관하다고 할 수 있다.

> 조리는 식품의 기호적인 가치와 영양적 가치 및 안전성 그리고 현대인이 요구하는 심리적 만족까지 충족시킬 수 있어야 한다.

002 다음 중 조리의 목적과 거리가 먼 것은?

① 향미와 외관으로 식욕을 돋군다.
② 영양효율을 높인다.
③ 신속한 조리가 요구된다.
④ 위생상 안전해야 한다.

> 조리의 목적은 기호성, 영양성, 안전성, 저장성이다.

003 조리의 목적이 아닌 것은?

① 소화를 용이하게 하여 영양효율을 높인다.
② 영양소의 함량을 증가시킨다.
③ 유해물을 제거하여 위생상 안전하게 한다.
④ 식품의 외관을 좋게 하고 맛있게 한다.

> 조리의 목적
> - 영양적 효용성 증가 : 식품의 불필요한 부분 제거, 갈거나 다지는 등의 기계적 조작, 가열처리로 인한 조직의 연화 및 단백질 변성은 소화와 흡수를 증진시킨다.
> - 안전성 향상 : 식품에 포함되거나 부착된 독성분, 병원성 세균, 해충류, 농약 등을 씻기, 담그기 등으로 제거하거나 가열함으로써 위생적이며 안전한 음식을 만들 수 있다.
> - 기호성 증진 : 식품은 조리과정을 통하여 향미, 질감, 색이 증진되고 더욱 맛있게 먹을 수 있는 온도가 되어 기호적인 가치가 향상된다.
> - 수송성과 저장성 향상 : 식품은 세포 속에 들어 있던 산화효소나 가수분해효소의 영향으로 식품성분 간의 화학반응이나 조직이 물러지는 등의 변화를 보이지만, 조리과정을 통해 효소가 파괴되어 저장성이 높아지며 조리 시 부피가 줄어 수송성도 향상된다.

004 식품의 폐기율을 구하는 식은?

① $\dfrac{\text{폐기되는 식품의 무게(g)}}{\text{식품 전체의 무게(g)}} \times 100(\%)$

② $\dfrac{\text{식품 전체의 무게(g)}}{\text{폐기되는 식품의 무게(g)}} \times 100(\%)$

③ $\dfrac{\text{식품 전체의 무게(g)}}{\text{식품 전체의 무게} - \text{폐기되는 식품의 무게(g)}} \times 100(\%)$

④ $\dfrac{\text{식품 전체의 무게} - \text{폐기되는 식품의 무게(g)}}{\text{식품 전체의 무게(g)}} \times 100(\%)$

> - 폐기율(%) = $\dfrac{\text{폐기되는 식품의 무게(g)}}{\text{식품 전체의 무게(g)}} \times 100(\%)$
> - 출고계수 = $\dfrac{100}{\text{가식부율}} = \dfrac{100}{100 - \text{폐기율}}$

005 다음 중 조리를 하는 목적으로 적합하지 않은 것은?

① 소화흡수율을 높여 영양효과를 증진
② 식품 자체의 부족한 영양성분을 보충
③ 풍미, 외관을 향상시켜 기호성을 증진
④ 세균 등의 위해요소로부터 안전성 확보

> 조리의 목적 : 기호성, 영양성, 안전성, 수송성과 저장성

006 일반적으로 폐기율이 가장 높은 식품은?

① 쇠살코기   ② 계란
③ 생선   ④ 곡류

> 폐기율은 총식품량에서 가식부량을 제외한 폐기량을 백분율로 환산[(폐기량÷총식품량) × 100]한 것이다. 평균 폐기율은 생선(통째)이 30~50% 정도로 폐기율이 가장 높으며, 육류는 30% 정도, 계란 등의 난류는 13%, 곡류는 10% 이하이다.

007 식품구매 시 폐기율을 고려한 총 발주량을 구하는 식은?

① 총발주량 = (100−폐기율)×100×인원수

② 총발주량 = $\left(\dfrac{\text{정미중량} - \text{폐기율}}{100 - \text{가식율}}\right) \times 100$

③ 총발주량 = (1인당사용량 − 폐기율)×인원수

④ 총발주량 = $\left(\dfrac{\text{정미중량}}{100 - \text{폐기율}}\right) \times 100 \times \text{인원수}$

> - 출고계수 = $\dfrac{100}{\text{가식부율}} = \dfrac{100}{100 - \text{폐기율}}$
> - 총발주량 = $\left(\dfrac{\text{정미중량}}{100 - \text{폐기율}}\right) \times 100 \times \text{인원수}$

008 조리의 기본조작에 대한 설명으로 틀린 것은?

① 다듬기는 식품 재료를 조리할 수 있도록 전처리하는 과정으로 먹을 수 없는 부분을 제거하는 조작이다.
② 식품의 수용성 성분 손실을 줄이기 위해서 씻기 전에 썰어 물이 닿는 단면적을 크게 하는 것이 좋다.
③ 썰기는 식품에서 먹을 수 없는 부분이나 불필요한 부분을 제거하고 먹기 좋은 크기, 보기 좋은 형태로 만드는 과정이다.
④ 냉동 시 −40℃ 이하로 급속동결시키면 식품의 조직 파괴를 방지할 수 있다.

> 식품의 수용성 성분 손실을 줄이기 위해서 썰기 전에 씻어 손질하거나 또는 크기를 크게 하여 물이 닿는 단면적을 줄이는 것이 좋다.

009 식품에 물리적인 힘을 가해 물기를 짜내고 고형물과 액체를 분리하는 과정은?

① 다듬기   ② 다지기
③ 섞기   ④ 압착·여과

> 압착·여과
> - 식품에 물리적인 힘을 가해 물기를 짜내고 고형물과 액체를 분리하는 과정이다.
> - 조직을 파괴시켜 균일한 상태로 만든다.

정답 001 ④ 002 ③ 003 ② 004 ① 005 ② 006 ③ 007 ④ 008 ② 009 ④

010 식품의 해동과 관련된 설명으로 틀린 것은?

① 해동 과정에서 단백질의 변성으로 인한 조직의 파괴로 정미성분이 손실될 수 있다.
② 완만해동은 0℃ 가까운 온도에서 서서히 해동하는 것이다.
③ 급속해동하면 표면과 중심부의 온도 차이가 적어서 원래 상태로 회복되기가 쉽다.
④ 급속해동은 반조리 또는 조리된 상태의 냉동식품을 그대로 가열하거나 전자레인지 이용한다.

🔎 완만해동은 0℃ 가까운 온도에서 서서히 해동하는 것으로 표면과 중심부의 온도 차이가 적어서 원래 상태로 회복되기가 쉽다.

011 기본 조리조작 과정에서 썰기에 대한 설명으로 틀린 것은?

① 식품에서 먹을 수 없는 부분이나 불필요한 부분을 제거하고 먹기 좋은 크기, 보기 좋은 형태로 만드는 과정이다.
② 썰기를 통해 표면적이 증가되면 열전도율이 낮아진다.
③ 조미료의 침투가 쉬워져 가열시간이 단축된다.
④ 소화 및 흡수가 증가한다.

🔎 썰기
• 식품에서 먹을 수 없는 부분이나 불필요한 부분을 제거하고 먹기 좋은 크기, 보기 좋은 형태로 만드는 과정이다.
• 썰기를 통해 표면적이 증가되면 열전도율이 높아지고, 조미료의 침투가 쉬워져 가열시간이 단축되고 소화 및 흡수도 증가한다.

012 냉동 시 식품의 조직 파괴를 방지하는 급속동결의 냉동 온도는?

① 영하 10℃ 이하
② 영하 20℃ 이하
③ 영하 30℃ 이하
④ 영하 40℃ 이하

🔎 냉동
• 식품을 0℃ 이하로 냉각시켜 식품 중의 수분을 동결시키는 방법으로 미생물의 번식을 억제하고 효소작용 및 산화를 억제하여 품질 저하를 방지한다.
• 냉동 시 −40℃ 이하로 급속동결시키면 식품의 조직 파괴를 방지할 수 있다.

013 다음 중 열효율의 크기를 가장 바르게 나열한 것은?

① 전기 〉 가스 〉 연탄 〉 목탄(숯)
② 가스 〉 전기 〉 연탄 〉 목탄(숯)
③ 전기 〉 목탄(숯) 〉 연탄 〉 가스
④ 가스 〉 연탄 〉 전기 〉 목탄(숯)

🔎 열효율이란 열원에서 발생하는 발열량 중에서 실제로 유용하게 이용되는 정도를 백분율(%)로 표시한 수치를 말하는 것으로 전기(65%) 〉 가스·석유(50%) 〉 연탄(40%) 〉 숯(30%) 정도이다.

014 가열조리 중 건열조리에 속하는 조리법은?

① 찜
② 구이
③ 삶기
④ 조림

🔎 습열조리법에는 끓이기와 삶기, 데치기, 찌기, 조리기가 있으며 건열조리법에는 굽기, 볶기, 부치기, 튀기기가 있다.

015 습열조리법으로 조리하지 않는 것은?

① 편육
② 장조림
③ 불고기
④ 꼬리곰탕

🔎 습열조리와 건열조리
• 습열조리 : 열과 수증기를 매체로 하는 조리방법으로 삶기, 데치기, 끓이기, 찜, 조림 등
• 건열조리 : 불이나 기름을 직접적으로 닿게 하여 조리하는 방법으로 굽기(직접구이, 간접구이), 볶기, 튀기기 등

016 가열조리방법 중 볶기의 특징이 아닌 것은?

① 비타민의 손실이 적다.
② 가열 중 조미할 수 없다.
③ 기름 맛이 더해져 부드러운 입맛을 느낄 수 있다.
④ 단시간 조리로 색이 유지된다.

🔎 가열조리방법의 경우 볶는 과정에서 조미를 할 수 있다.

017 가열조리 시 얻을 수 있는 효과가 아닌 것은?

① 병원균 살균
② 소화흡수율 증가
③ 효소의 활성화
④ 풍미의 증가

🔎 효소는 대개 40℃ 정도까지는 온도증가에 따라 활성이 증가한다. 하지만 그 이상에서는 열에 의한 변성이 일어나서 불활성화된다.

018 다음 중 가열조리에 의해 가장 파괴되기 쉬운 비타민은?

① 비타민 C
② 비타민 B_6
③ 비타민 A
④ 비타민 D

🔎 비타민의 열에 대한 안정도
비타민 E 〉 비타민 D 〉 비타민 A 〉 비타민 B 〉 비타민 C

019 높은 열량을 공급하고, 수용성 영양소의 손실이 가장 적은 조리방법은?

① 볶기
② 튀기기
③ 굽기
④ 데치기

🔎 튀기기는 고온의 기름 속에서 단시간 처리하므로 수용성 영양소(특히 비타민 C)의 손실이 조리법 중 가장 적다.

020 다음 중 식품 중의 비타민을 용출, 파괴하고 무기질 및 기타 영양성분이 심하게 용출되는 조리법은?

① 끓이기
② 볶음
③ 구이
④ 튀김

🔎 끓이기는 국물과 같이 서서히 가열하기 때문에 수용성 성분의 용출이 많다.

021 다음의 조리방법 중 센 불로 가열한 후 약 불로 세기를 조절하는 것과 관계가 없는 것은?

① 생선조림
② 된장찌개
③ 밥
④ 새우튀김

🔎 튀기는 온도는 일반적으로 160~180℃의 범위 내에서 튀기며, 고온의 기름 속에서 단시간에 처리하므로 영양소의 손실이 적다.

022 튀김음식을 할 때 두꺼운 용기를 사용하는 큰 이유는?

① 기름의 비중이 작아 물위에 쉽게 뜨므로
② 기름의 비중이 커서 물위에 쉽게 뜨므로
③ 기름의 비열이 작아 온도가 쉽게 변하므로
④ 기름의 비열이 커서 온도가 쉽게 변하므로

🔎 튀김음식을 할 때는 기름의 비열이 0.47 정도로 낮기 때문에 온도변화가 심하다. 따라서, 두꺼운 용기를 사용하여 온도의 변화를 적게 해주어야 한다.

정답 010 ③ 011 ② 012 ④ 013 ① 014 ② 015 ③
정답 016 ② 017 ③ 018 ① 019 ② 020 ① 021 ④ 022 ③

023 소금을 이용하여 배추를 절일 때 다음 중 가장 관련이 깊은 현상은?

① 용출현상
② 삼투현상
③ 확산현상
④ 팽윤현상

- 용출 : 재료 중의 성분이 용매 속에 녹아 나오는 현상
- 확산 : 액의 농도가 부분에 따라 다르면 자연히 용질의 이동이 일어나서 농도가 다 같아지는 현상
- 팽윤 : 수분을 흡수하여 몇 배로 불어나는 현상(곡물, 건물류에 이용)

024 구이에 의한 식품의 변화 중 틀린 것은?

① 살이 단단해 진다.
② 기름이 녹아 나온다.
③ 수용성 성분의 유출이 매우 크다.
④ 식욕을 돋구는 맛있는 냄새가 난다.

수용성 성분의 유출이 큰 조리 방법은 끓이기에 해당된다.

025 다음 중 튀김용 기름의 조건으로 맞는 것은?

① 포화지방산이 많은 것이 좋다.
② 동물성 기름이 좋다.
③ 발연점이 높은 것이 좋다.
④ 융점이 높은 것이 좋다.

튀김용 기름은 발연점이 높고 융점이 낮은 것이 좋으며, 이런 이유로 식물성 기름이 많이 쓰인다.

026 천연 동물성 지방이 튀김 기름으로 적당하지 않은 이유로 알맞은 것은?

① 융점이 높아 식으면 기름이 굳어 질감이 저하된다.
② 요오드값이 커서 산화 안정성이 향상된다.
③ 쇼트닝성이 작아 튀김을 질기게 한다.
④ 발연점이 높아 연기를 많이 형성한다.

동물성 기름은 융점이 높아 입에 넣었을 때 체온에 의해 녹지 않으며 기름기가 남아있게 되므로 튀김에 적당하지 않다.

027 다음 중 튀기기를 할 때의 일반적인 기름의 온도는 얼마인가?

① 100~120℃
② 120~140℃
③ 140~160℃
④ 160~180℃

기름의 온도는 식품에 따라 각기 다르나, 보통 160~180℃의 범위 내에서 튀긴다.

028 수증기의 잠열을 이용하여 식품을 가열하는 조리법은?

① 찌기(찜)
② 졸이기(조림)
③ 볶기
④ 데치기

찌기(찜)
- 수증기의 잠재열(1g당 593kcal)을 이용하여 식품을 가열하는 조리법이다.
- 시간은 다소 걸리지만 영양소의 손실이 적고 온도의 분포도 골고루 되므로 식품이 흩어지거나 탈 염려가 없다.

029 고온 단시간의 처리로 비타민의 손실이 적으며, 지용성 비타민의 흡수도 좋아지는 조리법은?

① 데치기
② 볶기
③ 튀기기
④ 굽기

볶기(saute & pan frying)
- 프라이팬이나 철판을 이용하여 강한 불에 볶는 요리로 구이와 튀김의 중간 조리법에 해당된다.
- 푸른 채소는 단시간의 가열로 색이 아름다워지고, 카로틴을 함유한 식품은 기름에 용해되어 체내 이용률이 증가한다.
- 고온 단시간의 처리로 비타민의 손실이 적으며, 지용성 비타민의 흡수도 좋게 된다.

030 튀김옷으로 사용할 박력분이 없을 때 이를 대신할 수 있는 방법은?

① 강력분에 전분을 10~13% 정도 혼합하여 사용한다.
② 강력분에 전분을 25~30% 정도 혼합하여 사용한다.
③ 중력분에 전분을 10~13% 정도 혼합하여 사용한다.
④ 중력분에 전분을 25~30% 정도 혼합하여 사용한다.

튀기기(frying)
- 튀김용 기름은 무색, 무미, 무취의 면실유, 콩기름, 채종유, 옥수수유 등의 발연점이 높은 식물성 기름이 좋다.
- 튀김옷으로는 글루텐 함량이 적은 박력분이 적당하고, 박력분이 없으면 중력분에 전분을 10~13% 정도 혼합하여 사용한다.

031 조리방법 중 끓이기의 장점과 거리가 가장 먼 것은?

① 어떤 열원이라도 가능하다.
② 다량의 음식을 한 번에 취급할 수 있다.
③ 조미에 있어 편리하다.
④ 영양손실이 가장 적은 조리법이다.

성분의 손실이 적으며, 수용성 또는 열 분해성 비타민의 이용률이 높은 것은 생식품의 조리방법이며, 가열 조리의 경우에는 튀기기가 영양 손실이 적다.

032 조리법 중 삶기 조작의 효과가 아닌 것은?

① 단백질의 응고
② 전분의 노화
③ 지방성분의 용출
④ 색소의 고정

삶기 조작의 효과
- 단백질의 응고
- 전분의 호화
- 조직의 연화
- 지방성분의 용출
- 유해성분의 제거
- 살균 및 소독
- 색소의 고정

033 채소류를 삶을 때 선명한 녹색을 내기 위하여 중조 또는 식염을 넣는다. 이는 무엇과 반응하기 때문인가?

① 철(Fe)
② 마그네슘(Mg)
③ 구리(Cu)
④ 인(P)

채소류의 엽록소는 마그네슘(Mg) 이온을 가지고 있어 산성에서는 퇴색하고 알칼리성에서는 안정화하여 선명한 녹색을 나타내므로 중조 또는 식염을 넣고 삶으면 녹색을 얻을 수 있으나 중조로 처리하면 특히 수용성 비타민의 손실이 크다.

034 다음 중 채소를 삶을 때 영양분의 손실을 막기 위한 방법으로 맞지 않는 것은?

① 껍질이 있는 채소는 껍질을 벗겨 빨리 삶는다.
② 삶고 난 물은 다른 조리에 이용하도록 한다.
③ 될 수 있는 한 물에 노출되는 면적을 줄인다.
④ 끓는 물을 이용하여 조리시간을 단축한다.

껍질이 있는 채소는 껍질을 깨끗이 씻어 그대로 삶은 후 껍질을 벗기는 것이 영양분의 손실을 줄일 수 있다.

035 다음 근채류 중 생식하는 것보다 기름에 볶는 조리법을 적용하는 것이 좋은 식품은?

① 무
② 토란
③ 당근
④ 고구마

🔍 당근은 기름을 사용하여 조리하면 흡수율이 좋아 영양상의 효과도 있다. 이는 당근에 함유된 베타카로틴(β-Carotene)이 지용성 비타민으로 생으로 먹을 경우 흡수율이 8%에 불과하지만, 기름에 조리하면 60~70% 정도 흡수되기 때문이다.

036 다음 중 튀김옷으로 알맞은 밀가루는 무엇인가?

① 박력분
② 강력분
③ 중력분
④ 약력분

🔍 튀김이나 쿠키 등 점성이 없어야 하는 것은 글루텐 함량이 10% 이하인 박력분을 사용한다.

037 다음 중 식빵을 만들 때 이스트에 의하여 발생되는 가스로 맞는 것은?

① 아황산가스
② 수소가스
③ 탄산가스
④ 메탄가스

🔍 이스트(효모), 베이킹 파우더, 중조(중탄산나트륨)은 모두 CO_2(탄산가스)를 발생시켜 재료를 부풀게 하는 팽창제로 사용된다.

038 다음 중 베이킹 파우더(Baking Powder)를 팽창제로 사용하여 만드는 음식은?

① 만두피
② 마카로니
③ 쿠키
④ 수제비

🔍 베이킹 파우더는 빵 등을 만들 때 주재료를 부풀게 하는 이스트(효모)의 대용품으로 지방과 설탕, 달걀 등을 많이 사용한 빵과 케이크, 과자 등에 팽창제로 사용된다.

039 다음 중 전자오븐을 이용한 조리에 대한 설명으로 틀린 것은?

① 짧은 시간에 조리할 수 있다.
② 영양소의 파괴를 줄일 수 있다.
③ 식품 천연의 색과 향을 유지할 수 있다.
④ 식품의 수분 감소가 적다.

🔍 전자오븐은 초단파를 이용하여 짧은 시간 내에 고열로써 조리하는 방법으로 식품의 수분 감소가 크다.

040 전자레인지의 주된 조리원리는?

① 복사
② 전도
③ 대류
④ 초단파

🔍 가열조리
• 습열에 의한 조리 : 삶기, 찌기, 끓이기
• 건열에 의한 조리 : 굽기, 볶기, 튀기기
• 전자레인지에 의한 조리 : 초단파 이용

041 대량조리란 일반적으로 몇 명 정도의 급식인원에게 제공되는 경우인가?

① 20인분 이상
② 30인분 이상
③ 40인분 이상
④ 50인분 이상

🔍 대량조리란 일반적으로 50인분 이상의 많은 음식을 동시에 공급할 수 있도록 특정한 시설이나 조리기구를 사용하는 조리과정을 말한다.

042 대량조리의 특징으로 틀린 것은?

① 많은 양을 한꺼번에 취급하므로 대량 조리기기를 활용할 필요가 있다.
② 대량조리에 따라 음식의 맛은 물론 질적인 요소가 확보될 수 있다.
③ 한정된 시간에 많은 식품을 다루어야 하므로 적절한 조리기기의 사용이 요구된다.
④ 표준 레시피에 맞는 적절한 조리기기를 수행할 수 있는 조리 종사자들의 기술과 숙련도가 필요하다.

🔍 대량조리에 따라 음식의 맛과 질적 저하가 급속히 진행되므로 체계적인 품질관리가 매우 중요하다.

043 대량조리 시의 고려사항과 가장 거리가 먼 것은?

① 조리원의 숙련도 및 작업 방법
② 조리해야 할 식품의 양 및 조리방법
③ 급식인원의 취향 및 기호도
④ 적절한 조리기구의 선정 및 사용

🔍 대량조리 시의 고려사항
• 조리원의 숙련도 및 작업 방법
• 조리해야 할 식품의 양 및 조리방법
• 적절한 조리기구의 선정 및 사용

044 단체급식에서 생길 수 있는 문제점으로 틀린 것은?

① 심리면에서 가정식에 대한 향수를 느낄 수 있다.
② 비용면에서 물가상승으로 인한 부식비 부족으로 재료비가 충분치 못하다.
③ 대량 조리 중 불청결로 위생상의 사고위험이 있다.
④ 불특정인을 대상으로 하므로 영양관리가 안된다.

🔍 단체급식의 목적은 피 급식자의 영양 개선과 건강 증진 도모에 있다.

045 뜨거워진 공기를 팬(Fan)으로 강제 대류시켜 균일하게 열이 순환되므로 조리시간이 짧고 대량조리에 적당하나 식품표면이 건조해지기 쉬운 조리기기는?

① 틸팅튀김팬(Tilting Fry pan)
② 튀김기(Fryer)
③ 증기솥(Steam Kettles)
④ 컨벡션오븐(Convection Oven)

🔍 컨벡션오븐(convection oven)은 열을 순환시키는 팬을 이용하여 열을 골고루 전달시켜 음식을 익히는 대류식 전기오븐으로 단시간에 내용물을 익힐 수 있다.

046 조리기기를 교체하려고 할 때 업체에 유익한지를 판단할 수 있는 결정요소가 아닌 것은?

① 기기사용기간에 절약할 수 있는 인건비 총액
② 기기사용기간 내의 수리비 및 보존 관리비
③ 기기구입과 시설비로 인한 차용금의 이자
④ 기기사용기간에 절약할 수 있는 총 세금액

🔍 조리기기에 부과된 세금은 구입 시 조리기기 대금 지급으로 완결된다.

047 다음 중 밀가루를 계량하는 방법으로 가장 올바른 것은?

① 계량컵으로 꽉 눌러서 담는다.
② 체로 쳐서 담고 계량컵과 수평이 되도록 깎는다.
③ 계량컵에 담고 살짝 흔들어 수평이 되게 한다.
④ 체에 친 계량컵을 평평하게 되도록 흔들어 준다.

🔍 밀가루는 체로 쳐서 누르거나 흔들지 말고 수북하게 담아 위를 평평하게 깎아 측정한다.

정답 035 ③ 036 ① 037 ③ 038 ② 039 ④ 040 ④ 041 ④

정답 042 ② 043 ③ 044 ④ 045 ④ 046 ④ 047 ②

048 식품의 정확한 계량을 위해 모세관현상을 이용하는 것은?

① 물　　　　　② 버터
③ 흑설탕　　　④ 밀가루

> 액체를 계량할 때는 표면장력 때문에 모세관현상(메니스커스, meniscus)이 발생하여 액체의 표면의 낮은 부분을 읽는다.

049 밀가루를 계량하는 방법으로 올바른 것은?

① 체에 친 후 스푼으로 수북히 담은 뒤 주걱(spatula)으로 싹 깎아서 측정한다.
② 계량컵에 넣고 눌러주어 쏟았을 때 컵의 형태가 나타나도록 하여 측정한다.
③ 체에 친 후 계량컵을 평평하게 되도록 흔들어 준 다음 측정한다.
④ 계량컵에 담고 살짝 흔들어 수평이 되게 한 다음 측정한다.

> 밀가루는 체에 친 후 스푼으로 수북히 담아 주걱(spatula)으로 위를 평평하게 깎아서 측정한다.

050 식품의 계량방법으로 잘못된 것은?

① 계량컵은 부피를 측정하는 데 사용된다.
② 액체를 계량할 때는 표면의 가장 높은 부분을 읽는다.
③ 꿀이나 기름 같이 점성이 높은 것은 나누어진 계량컵 세트 중에 하나로 사용하는 것이 좋다.
④ 밀가루는 측정 직전에 체로 쳐서 누르지 말고 계량한다.

> 액체를 계량할 때는 표면장력 때문에 액체 표면의 아랫부분을 눈과 같은 높이로 맞추어 읽는다.

051 식품의 계량방법으로 옳은 것은?

① 흑설탕은 계량컵에 살살 퍼담은 후, 수평으로 깎아서 계량한다.
② 밀가루는 체에 친 후 눌러 담아 수평으로 깎아서 계량한다.
③ 조청, 기름, 꿀과 같이 점성이 높은 식품은 분할된 컵으로 계량한다.
④ 고체지방은 냉장고에서 꺼내어 액체화 한 후, 계량컵에 담아 계량한다.

> 올바른 계량방법
> • 흑설탕은 다른 그릇에 옮겨 담았을 때 모양이 생길 정도로 꼭꼭 눌러서 계량한다.
> • 밀가루는 체에 친 후 스푼으로 수북히 담아 주걱(spatula)으로 위를 평평하게 깎아서 계량한다.
> • 고체지방은 냉장온도 보다 실온일 때 계량컵에 꼭꼭 눌러 담고 수평으로 깎아서 계량한다.

052 식품을 계량하는 방법으로 틀린 것은?

① 밀가루 계량은 부피보다 무게가 더 정확하다.
② 흑설탕은 계량전 체로 친 다음 계량한다.
③ 고체지방은 계량 후 고무주걱으로 잘 긁어 올린다.
④ 꿀같이 점성이 있는 것은 계량컵을 이용한다.

> 결정으로 된 설탕이나 흑설탕은 충분히 단단히 채워서 계량한다.

053 다음 중 조리장에 가장 효율적인 후드 장치 형태는 무엇인가?

① 일방　　　② 이방
③ 삼방　　　④ 사방

> 조리장의 경우 환기장치는 후드(food)를 설치하되 사방 개방형이 가장 효율이 높다.

054 버터나 마가린의 계량방법으로 가장 옳은 것은?

① 냉장고에서 꺼내어 계량컵에 눌러 담은 후 윗면을 직선으로 된 칼로 깎아 계량한다.
② 실온에서 부드럽게 하여 계량컵에 담아 계량한다.
③ 실온에서 부드럽게 하여 계량컵에 눌러 담은 후 윗면을 직선으로 된 칼로 깎아 계량한다.
④ 냉장고에서 꺼내어 계량컵의 눈금까지 담아 계량한다.

> 마가린, 버터와 같은 고체지방을 계량할 때는 실온일 때 계량컵을 꼭꼭 눌러 담고, 직선으로 된 칼이나 spatula로 깎아 계량한다.

055 다음 중 조리장과 관련한 설명으로 틀린 것은?

① 식품의 오염을 방지할 수 있어야 한다.
② 기구, 기기 등의 배치가 능률적이어야 한다.
③ 내구성이 있고 구입이 쉬우며 경제적이어야 한다.
④ 가장 우선적으로 고려할 사항은 능률이다.

> 조리장에 있어 가장 우선적으로 고려해야 할 사항은 위생이며 다음으로 능률, 경제의 순서이다.

056 아래 [보기] 중 단체급식 조리장을 신축할 때 우선적으로 고려할 사항 순으로 배열된 것은?

가. 위생	나. 경제	다. 능률

① 다 → 나 → 가
② 나 → 가 → 다
③ 가 → 다 → 나
④ 나 → 다 → 가

> 급식 시 최우선 사항은 위생이며, 그 다음은 조리작업의 능률성이다.

057 다음 중 계량방법이 잘못된 것은?

① 저울은 수평으로 놓고 눈금은 정면에서 읽으며 바늘은 0에 고정시킨다.
② 가루상태의 식품은 계량용기에 꼭꼭 눌러 담은 다음 윗면이 수평이 되도록 스파튤러로 깎아서 잰다.
③ 액체식품은 투명한 계량 용기를 사용하여 계량컵의 눈금과 눈높이를 맞추어서 계량한다.
④ 된장이나 다진 고기 등의 식품재료는 계량기구에 눌러 담아 빈 공간이 없도록 채워서 깎아잰다.

> 밀가루 등과 같은 가루상태의 식품은 체로 쳐서 누르거나 흔들지 말고 수북하게 담아 위를 평평하게 깎아 측정한다.

058 조리장의 설비에 대한 설명 중 부적합한 것은?

① 조리장의 내벽은 바닥으로부터 5cm까지 수성자재로 한다.
② 충분한 내구력이 있는 구조이어야 한다.
③ 조리장에는 식품 및 식기류의 세척을 위한 위생적인 세척시설을 갖춘다.
④ 조리원 전용의 위생적 수세시설을 갖춘다.

> 조리장 바닥과 바닥으로부터의 1m까지는 내벽은 타일, 콘크리트 등의 내수성 자재를 사용해야 한다.

정답: 048 ① 049 ① 050 ② 051 ③ 052 ② 053 ④ 054 ③ 055 ④ 056 ③ 057 ② 058 ①

059 다음 중 면적이 같을 경우 동선이 가장 짧으며 넓은 조리장에 사용되는 작업대는?

① ㄷ자형 　　　　　　② ㄴ자형
③ 병렬형 　　　　　　④ 일렬형

🔍 작업대의 종류
• ㄷ자형 : 면적이 같은 경우 가장 동선이 짧으며 넓은 조리장에 사용된다.
• ㄴ자형 : 동선이 짧으며 좁은 조리장에 사용된다.
• 병렬형 : 180°회전이 필요하기 때문에 피로가 빨리 온다.
• 일렬형 : 작업 동선이 길어 비능률적이지만 조리장이 좁은 경우 사용된다.

060 주방시설을 계획할 때 고려해야 할 요소 중 주방설비 형태에 영향을 미치는 요소가 아닌 것은?

① 작업동선 　　　　　　② 급식형태
③ 식단의 종류 　　　　　④ 식품구매 형태

🔍 주방설비 형태에 영향을 미치는 요소는 작업동선, 급식형태, 식단의 종류 등이며, 식품구매 형태는 주방설비 형태를 결정하는 것과 관계가 없다.

061 다음 중 가장 알맞은 작업대의 너비는 얼마인가?

① 35~40cm 　　　　　② 45~50cm
③ 55~60cm 　　　　　④ 65~70cm

🔍 조리장 작업대의 높이는 신장의 약 52%(80~85cm), 너비는 55~60cm가 적당하다.

062 다음 중 조리장의 면적은 일반적으로 식당 넓이의 얼마로 하는가?

① 식당 넓이의 1/2 　　　② 식당 넓이의 1/3
③ 식당 넓이의 1/4 　　　④ 식당 넓이의 1/5

🔍 조리장의 면적은 식당 넓이의 1/3로 한다.

063 다음 중 일반적인 급식소에서 취식자 1인당 취식 면적은 얼마가 적당한가?

① $0.5m^2$ 　　　　　　② $0.8m^2$
③ $1.0m^2$ 　　　　　　④ $1.5m^2$

🔍 학교급식소의 경우 아동 1인당 $0.3m^2$, 병원급식소의 경우 침대 1개당 $0.8~1.0m^2$이 적당하며, 일반급식소의 경우에는 1인당 $1.0m^2$이 적당하다.

064 다음 중 학교 급식소의 경우 1인당 급수량은 얼마가 적당한가?

① 4~6L/1식 　　　　　② 6~8L/1식
③ 8~10L/1식 　　　　　④ 10~12L/1식

🔍 학교의 경우 1식을 기준으로 1인당 4~6L가 적당하며, 일반 급식소의 경우에는 6~10L가 적당하다.

065 다음 중 작업 동선을 짧게 하기 위한 작업대의 배치 순서로 알맞은 것은?

① 배선대 → 개수대 → 조리대 → 가열대 → 준비대
② 개수대 → 준비대 → 가열대 → 배선대 → 조리대
③ 준비대 → 개수대 → 조리대 → 가열대 → 배선대
④ 준비대 → 가열대 → 조리대 → 개수대 → 배선대

🔍 조리장 작업대의 높이는 신장의 약 52%(80~85cm), 비는 55~60cm가 적당하며, 배치순서는 준비대 → 개수대 → 조리대 → 가열대 → 배선대의 순서로 하는 것이 작업 동선을 짧게 하는 요령이다.

066 다음 중 취식자 1인당 취식면적을 $1.0m^2$, 식기회수공간을 10%로 할 때, 한 번에 100인을 수용하는 식당의 면적은 얼마가 되어야 하는가?

① $90m^2$ 　　　　　　② $110m^2$
③ $130m^2$ 　　　　　　④ $150m^2$

🔍
• 식당면적 = 취식면적 + 식기회수공간
• 취식면적 = $1.0m^2$ × 100명 = $100m^2$
• 식기회수공간 = $100m^2$ × 0.1 = $10m^2$

067 조리실의 설비에 관한 설명으로 맞는 것은?

① 조리실 바닥의 물매는 청소시 물이 빠지도록 1/10 정도로 해야 한다.
② 조리실의 바닥면적은 창면적의 1/2 ~ 1/5로 한다.
③ 배수관의 트랩의 형태 중 찌꺼기가 많은 오수의 경우 곡선형이 효과적이다.
④ 환기설비인 후드(hood)의 경사각은 30도로, 후드의 형태는 4방개방형이 가장 효율적이다.

🔍 조리실의 설비
• 일반급식소에서 급식수 1식당의 주방면적 : $0.1m^2$
• 일반급식소에서 조리장의 급수설비 용량 환산시 1식당 물의 사용량 : 6.0~10.0L
• 식당 넓이에 대한 조리장의 크기 : 1/3 이상
• 급식실의 창의 면적 : 급식실 바닥 면적의 1/5 이상, 벽면적의 70%
• 주방의 후드 : 4방 개방형으로 증기, 냄새, 습기를 배출

068 총고객수 900명, 좌석수 300석, 1좌석당 바닥면적 $1.5m^2$일 때, 필요한 식당의 면적은?

① $300m^2$ 　　　　　　② $350m^2$
③ $400m^2$ 　　　　　　④ $450m^2$

🔍 1좌석당 바닥면적이 $1.5m^2$이고, 좌석수는 300석이므로 필요한 식당의 면적은 $1.5m^2$ × 300석 = $450m^2$이다. 참고로 조리장의 면적은 식당 면적의 1/3이 적당하므로 이를 구할 경우는 $150m^2$가 적당하다.

069 작업장에서 발생하는 작업의 흐름에 따라 시설과 기기가 배치되는데, 작업의 흐름이 순서대로 연결된 것은?

㉠ 전처리	㉡ 장식, 배식	㉢ 식기세척, 수납
㉣ 조리	㉤ 식재료의 구매 및 검수	

① ㉠ → ㉡ → ㉢ → ㉣ → ㉤
② ㉢ → ㉠ → ㉣ → ㉤ → ㉡
③ ㉤ → ㉠ → ㉣ → ㉡ → ㉢
④ ㉤ → ㉣ → ㉠ → ㉡ → ㉢

🔍 작업의 흐름 순서는 전처리실 → 조리실 → 식기구 세척실로 이어진다.

070 주방 설비 구역 중 특히 다음과 같은 점에 유의하여 설비해야 하는 곳은?

• 물을 많이 사용하므로 급·배수시설이 중요하다.
• 흙이나 오물, 쓰레기 등의 처리가 용이해야 한다
• 냉장 보관시설이 잘 되어야 한다.

① 가열조리 구역 　　　　② 식기세척 구역
③ 육류처리 구역 　　　　④ 채소/과일처리 구역

🔍 채소 및 과일처리 구역은 세척 등의 전처리 과정에서 물을 많이 사용하며, 전처리 후에는 냉장보관이 필요하다.

정답 059 ① 060 ④ 061 ③ 062 ② 063 ③ 064 ① 065 ③

정답 066 ② 067 ④ 068 ④ 069 ③ 070 ④

071 식품의 위생적인 준비를 위한 조리장의 관리 요령으로 적당하지 않은 것은?

① 조리장의 위생해충은 약제사용을 1회만 실시하면 영구적으로 박멸된다.
② 조리장에 음식물과 음식물 찌꺼기를 함부로 방치하지 않는다.
③ 조리장의 출입구에 신발을 소독할 수 있는 시설을 갖춘다.
④ 조리장의 문은 자동개폐식으로 하는 것이 쥐의 침입을 막는 데 효과적이다.

> 조리장의 위생해충은 영구적으로 박멸되기 어렵기 때문에 약제사용을 자주 실시하여야 한다.

072 일반적인 검수 구역의 조도 적정 수치는 얼마인가?

① 50 lux 이상
② 100 lux 이상
③ 220 lux 이상
④ 540 lux 이상

> 조도 적정 수치
> • 조리실 : 220 lux 이상 • 검수 구역 : 540 lux 이상
> • 식품 수납장 : 200 lux 이상 • 창고 : 200 lux 이상

073 식품접객업 조리장의 시설기준으로 적합하지 않은 것은(단, 제과점영업소와 관광호텔업 및 관광공연장업의 조리장의 경우는 제외한다?

① 조리장은 손님이 그 내부를 볼 수 있는 구조로 되어 있어야 한다.
② 조리장 바닥에 배수구가 있는 경우에는 덮개를 설치하여야 한다.
③ 조리장 안에는 조리시설·세척시설·폐기물용기 및 손 씻는 시설을 각각 설치하여야 한다.
④ 폐기물 용기는 수용성 또는 친수성 재질로 된 것이어야 한다.

> 조리장 안에는 취급하는 음식을 위생적으로 조리하기 위하여 필요한 조리시설·세척시설·폐기물 용기 및 손 씻는 시설을 각각 설치하여야 하고, 폐기물 용기는 오물·악취 등이 누출되지 아니하도록 뚜껑이 있고 내수성 재질로 된 것이어야 한다.

LESSON 02 식품의 조리원리

074 다음은 쌀의 조리와 관련된 설명이다. 틀린 것은?

① 밥 짓기 전 쌀의 수분함량은 11% 정도이며, 밥은 지은 후의 수분함량은 65% 정도이다.
② 쌀을 씻을 때는 비타민 B_{12}(시아노코발라민)의 손실을 막기 위해 3~4회 정도 가볍게 씻는다.
③ 멥쌀은 30분, 찹쌀은 50분 정도 물에 담가 놓으면 물을 최대한 흡수한다.
④ 물의 분량은 쌀의 종류와 수침 시간에 따라 다르며 잘된 밥의 양은 쌀의 2.5배~2.7배 정도가 된다.

> 비타민 B_{12}(시아노코발라민)의 급원식품은 살코기, 선지 등이며, 곡류의 배아 등에 함유되어 있는 것은 비타민 B_1(티아민)이다.

075 다음 중 밥 짓기에서 보통의 쌀과 물의 배합률로 맞는 것은?

① 쌀의 중량의 1.5배, 부피의 1.2배
② 쌀의 중량의 1.9배, 부피의 1.8배
③ 쌀의 중량의 1.2배, 부피의 1.5배
④ 쌀의 중량의 1.4배, 부피의 1.1배

> 쌀 종류에 따른 물의 분량
>
> | 쌀의 종류 | 중량에 대한 분량 | 부피에 대한 분량 |
> | --- | --- | --- |
> | 백미(보통) | 쌀 중량의 1.5배 | 쌀 용량의 1.2배 |
> | 불린쌀(침수) | 쌀 중량의 1.2배 | 쌀 용량과 같은 양 |

076 일반적인 전분의 입자는 아밀로오스(Amylose)와 아밀로펙틴(Amylopectin)으로 구성되어 있다. 함량 비율은 얼마인가?

① 아밀로오스 40%, 아밀로펙틴 60%
② 아밀로오스 20%, 아밀로펙틴 80%
③ 아밀로오스 80%, 아밀로펙틴 20%
④ 아밀로오스 60%, 아밀로펙틴 40%

> 전분의 입자는 아밀로오스(amylose)와 아밀로펙틴(amylopectin)의 함량 비율이 20:80이다. 그러나 찰옥수수나 찹쌀, 찰보리 등은 거의 대부분이 아밀로펙틴으로 되어 있다.

077 다음은 쌀과 그 가공에 대한 설명이다. 틀린 것은?

① 벼는 80%의 현미와 20%의 왕겨로 구성되어 있다.
② 현미는 벼에서 왕겨층을 제거한 것이다.
③ 도정도가 높을수록 영양소는 적어지고 소화율은 높아진다.
④ 저장성은 백미의 상태가 가장 좋다.

> 저장성은 벼의 상태가 가장 좋으며, 백미의 저장성이 가장 나쁘다.

078 현미란 무엇을 벗겨낸 것인가?

① 과피와 종피
② 겨층
③ 겨층과 배아
④ 왕겨층

> 벼는 현미 80%와 왕겨 20%로 구성되며, 현미는 벼에서 왕겨층을 제거한 것으로 배아, 배유, 섬유소를 포함하고 있다. 또한, 백미는 현미를 도정하여 배유만 남은 것이다.

079 쌀의 가공품인 강화미는 무엇을 첨가하여 영양가치를 높인 것을 말하는가?

① 비타민 A
② 비타민 B_1
③ 비타민 C
④ 비타민 D

> 강화미는 백미의 결핍된 영양소에 비타민 B_1을 첨가하여 영양가치를 높인 쌀이며, 팽화미는 쌀 전분이 호정화된 것을 건조시켜 만든 쌀의 가공품이다.

080 다음 중 쌀을 저장하는 데 가장 알맞은 형태로 맞는 것은?

① 5분도미
② 7분도미
③ 현미
④ 백미

> 겨층이 그대로 있어 내부를 보호하는 데 좋은 현미가 쌀을 저장하는데 가장 알맞은 형태이다. 벼, 현미, 백미 순으로 저장에 유리하다.

081 쌀의 호화를 돕기 위해 밥을 짓기 전에 침수시키는데 이때 최대 수분 흡수량은?

① 5~10%
② 20~30%
③ 55~65%
④ 75~85%

> 쌀의 호화를 돕기 위한 최대 수분 흡수량은 20~30%이며, 침수 시간은 30분 정도 소요된다. 참고로 찹쌀은 50분 정도 소요된다.

082 곡류 중 비타민 B_1, B_2가 특히 많을 뿐 아니라, 내부까지 분포되어 있어 조리 시 손실이 적은 것은?

① 쌀
② 밀
③ 메밀
④ 보리

> 보리는 겉보리(엿기름용)와 쌀보리(보리쌀용)가 있으며, 비타민 B_1, B_2가 많으며 특히 내부까지 분포되어 있어 조리 시 손실이 적다.

083 다음 중 비타민 P(루틴)가 함유되어 있는 곡류는 무엇인가?

① 쌀
② 밀
③ 메밀
④ 보리

🔍 메밀은 밀가루에 비하여 단백질, 지방, 섬유소가 풍부하나 소화율은 낮다. 또한, 비타민 P(루틴)를 함유하고 있다.

084 다음 중 소화가 안 되는 β-전분을 소화가 잘되는 α-전분으로 만드는 것으로 맞는 것은?

① 유화
② 산화
③ 노화
④ 호화

🔍 전분입자가 규칙적으로 뭉쳐 있어 소화가 어려운 β-전분에 물과 열을 가해져 효소작용이 용이한 α-전분으로 바뀌는 것을 호화 또는 알파화(α-화)라 한다.

085 다음 중 밥맛을 좌우하는 요소로 맞지 않는 것은?

① 쌀의 일반성분은 밥맛과 거의 관계가 없다.
② 쌀은 수확 후 오래되면 밥맛이 나빠진다.
③ 밥물의 산도가 높아질수록 밥맛이 좋아진다.
④ 0.03%의 소금 첨가로 밥맛이 좋아진다.

🔍 밥물이 약알칼리성(pH 7~8 정도)일 때 밥의 외관이나 맛이 좋아진다.

086 다음 중 호화에 영향을 주는 요소로 거리가 먼 것은?

① 전분의 종류
② 가열 온도
③ 수분 함량
④ 효소의 작용

🔍 호화의 정도는 전분의 입자가 클수록, 가열온도가 높을수록, 가열 시 첨가하는 물의 양이 많을수록, 가열하기 전 물에 담그는 시간이 길수록, pH가 높을수록 촉진된다.

087 다음 중 α-전분이 β-전분으로 되돌아가는 현상을 무엇이라 하는가?

① 호정화
② 산화
③ 노화
④ 호화

🔍 호화된 전분을 방치하면 점점 생전분에 가까운 상태로 되돌아가는 것을 노화 또는 베타화(β-화)라 한다.

088 다음 중 전분의 노화를 억제시키는 방법으로 적당하지 않은것은?

① 설탕을 다량으로 첨가한다.
② 환원제를 첨가한다.
③ 유화제를 첨가한다.
④ 수분함량을 60% 정도로 유지한다.

🔍 노화는 수분이 30~60%, 온도가 2~5℃일 때 가장 일어나기 쉬우며, α-화한 전분을 80℃ 이상에서 급속히 건조시키거나 0℃ 이하에서 급속 냉동하여 수분함량을 15% 이하로 하면 노화를 방지할 수 있다.

089 다음 중 분말 전분으로 균등한 용액을 만들기 위해 전분 입자를 먼저 분리시킬 때의 재료로 맞지 않는 것은?

① 뜨거운 물
② 냉수
③ 설탕
④ 소금

🔍 전분에 물을 가하지 않고 비교적 높은 온도인 160~170℃ 이상으로 가열하면 여러 단계의 가용성 전분을 거쳐 덱스트린(호정)으로 분해되는데 이러한 현상을 전분의 호정화라 한다. 호정화는 호화(물리적 변화)에 화학적 변화가 수반되는 것이며, 덱스트린은 전분보다 물에 녹기 쉽고, 소화가 잘되며 장기간 보존할 수 있다.

090 다음 중 팝콘, 미숫가루, 뻥튀기 등과 가장 관련이 깊은 것은?

① 호정화
② 산화
③ 노화
④ 호화

🔍 전분에 물을 가하지 않고 비교적 높은 온도인 160~170℃ 이상으로 가열하면 여러 단계의 가용성 전분을 거쳐 덱스트린(호정)으로 분해되는데 이러한 현상을 전분의 호정화라 한다. 대표적인 예로는 팝콘, 미숫가루, 뻥튀기 등이 있다.

091 다음 중 쌀의 호화를 돕기 위해 밥을 짓기 전에 침수시키는데 이때 필요한 수분의 함량은?

① 5~10%
② 20~30%
③ 55~60%
④ 75~80%

🔍 쌀은 밥을 짓기 전에 30분~1시간 정도 물에 담가 놓으면 20~25% 정도의 물을 흡수하고 그 이상 담가 놓아도 더 흡수하지 않는다.

092 다음 중 두부 제조에 많이 이용되는 대두의 주 단백질은 무엇인가?

① 카제인(Casein)
② 알부민(Albumin)
③ 글리시닌(Glycinin)
④ 사포닌(Saponin)

🔍 대두는 단백질 함량이 40% 정도로 두부 제조에 많이 이용되며, 주 단백질은 글리시닌(glycinin)으로 식물성 단백질 중 유일의 완전 단백질이다.

093 다음 중 단백질이 많은 두류에 해당하는 것은?

① 녹두
② 강낭콩
③ 땅콩
④ 대두

🔍 • 단백질이 많은 두류 : 대두
• 당질이 많은 두류 : 강낭콩, 완두콩, 팥, 녹두
• 지방이 많은 두류 : 땅콩

094 다음 중 채소로 분류되는 두류만으로 짝지은 것은?

① 팥, 녹두
② 풋완두, 껍질콩
③ 강낭콩, 껍질콩
④ 녹두, 풋완두

🔍 풋완두와 껍질콩은 비타민 C의 함량이 높아 채소로 분류된다.

095 다음 중 날콩을 먹으면 소화가 잘 안 되는데 이것은 콩의 어떤 성분 때문인가?

① 글리시닌(Glycinin)
② 안티트립신(Antitrypsin)
③ 사포닌(Saponin)
④ 소인(Soin)

🔍 날콩 속에는 단백질의 소화효소인 트립신(trypsin)의 분비를 억제하는 안티트립신(antitrypsin)과 혈소판의 응집을 일으키는 소인(soin)이 들어 있다.

096 다음 중 중조수를 넣어 콩을 삶을 때 가장 문제가 되는 것은?

① 글리시닌의 손실이 촉진된다.
② 콩이 잘 무르지 않는다.
③ 티아민의 손실이 촉진된다.
④ 조리시간이 길어진다.

🔍 콩을 삶을 때 식용소다(중조)를 첨가하여 삶으면 콩이 빨리 물러지지만 수용성 비타민 B_1(티아민)이 손실되는 단점이 있다.

정답 083 ③ 084 ④ 085 ③ 086 ④ 087 ③ 088 ④ 089 ①

정답 090 ① 091 ② 092 ③ 093 ④ 094 ② 095 ② 096 ③

097 다음 중 단백질과 지방함량이 많아 식용유지의 원료로 이용되는 두류는?

① 낙화생 ② 녹두
③ 강낭콩 ④ 동부

> 두류의 분류
> • 단백질과 지방함량이 많은 두류 : 대두, 낙화생(땅콩)
> • 단백질과 전분함량이 많은 두류 : 팥, 녹두, 강낭콩, 동부

098 다음 중 두부의 제조 시 사용되는 간수의 성분이 아닌 것은?

① 염화마그네슘($MgCl_2$)
② 황산나트륨(Na_2SO_4)
③ 황산마그네슘($MgSO_4$)
④ 염화나트륨($NaCl$)

> 간수는 두부 제조 시 응고제로 사용되며, 염화마그네슘이 15~19%, 황산마그네슘이 6~9%, 염화칼륨이 2~4%, 염화나트륨이 2~6%, 브롬화마그네슘이 0.2~0.4% 등으로 되어 있다.

099 다음 중 글루텐 함량이 10~13%인 밀가루를 무엇이라 하는가?

① 강력분 ② 중력분
③ 박력분 ④ 약력분

> 글루텐 함량에 따른 밀가루의 종류
>
> | 종류 | 글루텐 함량 | 용도 |
> |---|---|---|
> | 강력분 | 13% 이상 | 식빵, 마카로니, 스파게티 등 |
> | 중력분 | 10~13% | 국수, 만두피 등 |
> | 박력분 | 10% 이하 | 케이크, 튀김옷, 카스테라, 약과 등 |

100 밀가루의 수용성 단백질이 아닌 것은?

① 글로불린(globulin)
② 글루테닌(glutenin)
③ 에데스틴(edestin)
④ 류코신(leucosin)

> 밀가루 단백질 중 물에 녹지 않는 단백질은 글루텐을 형성할 수 있는 글리아딘과 글루테닌이다. 이와 달리 글루텐 형성에 관여하지 않는 단백질인 글로불린, 알부민(류코신), 에데스틴은 물에 녹는 수용성 단백질에 해당된다.

101 다음 중 밀가루 반죽 100g 중에 글루텐 양이 8% 정도일 경우 맞는 것은?

① 케이크 · 튀김 ② 빵 · 국수
③ 빵 · 마카로니 ④ 튀김 · 국수

> 박력분은 글루텐 함량이 10% 이하인 것으로 과자 및 튀김옷, 카스테라, 약과 등에 주로 사용된다.

102 다음 중 밀가루에서의 글루텐(Gluten) 형성에 관한 설명으로 틀린 것은?

① 밀 단백질이 물과 결합하여 글루텐을 형성한다.
② 반죽을 오래할수록 질기고 점성이 강한 글루텐이 형성된다.
③ 반죽 시 글루테닌은 탄성을, 글리아딘은 강도를 강하게 한다.
④ 설탕은 글루텐을 분해하는 성질이 있다.

> 밀의 단백질인 글리아딘(gliadin)과 글루테닌(glutenin)이 물과 결합하여 글루텐을 형성하며 반죽 시 글루테닌은 탄성(탄력성), 글리아딘은 점성과 신장성을 제공한다.

103 다음 중 밀가루 반죽 시 팽창제로 사용되지 않는 것은?

① 이스트 ② 베이킹파우더
③ 중탄산나트륨 ④ 설탕

> 밀가루 반죽 시 설탕을 첨가하면 열을 가했을 때 음식의 표면을 착색시켜 보기 좋게 만들지만 글루텐을 분해하여 반죽을 구우면 부풀지 못하고 꺼지게 한다.

104 밀가루 반죽 시 중조(중탄산나트륨)를 넣으면 완성된 제품이 황색으로 변하게 된다. 이는 밀가루 내에 어떤 색소 물질이 있기 때문인가?

① 클로로필 ② 플라보노이드
③ 안토시안 ④ 카로티노이드

> 플라보노이드는 수용성의 채소 색소로서 옥수수나 밀가루, 양파 등에 함유되어 있으며 산성을 첨가하면 흰색, 알칼리를 첨가하면 진한 황색이 된다.

105 다음은 감자와 고구마에 대한 비교 설명이다. 맞지 않는 것은?

① 비타민 C는 고구마가 많다.
② 단맛은 감자가 강하다.
③ 수분은 감자가 많다.
④ 섬유소는 고구마가 많다.

> 고구마는 감자보다 다량의 비타민 C를 함유하고 있고, 단맛이 강하며 수분이 적고 섬유소가 많다.

106 다음 중 전분함량에 따른 감자의 구분에 대한 설명으로 틀린 것은?

① 점질감자와 분질감자로 나뉜다.
② 전분의 함량은 분질감자가 점질감자보다 높다.
③ 점질감자는 조림, 볶음, 샐러드에 적합하다.
④ 분질감자는 익혔을 때 반투명하고 잘 부스러지지 않는다.

> 분질감자는 익혔을 때 잘 부스러지며, 보실보실 가루가 생겨 섭취 시 건조한 느낌을 주는 것으로 굽거나 찌거나 으깨어 먹는 요리에 적당하다.

107 고구마를 오래 저장하면 당이 증가하여 조직이 연하게 된다. 이에 관여하는 효소는 무엇인가?

① β-아밀라아제(Amylase)
② 아스코르비나아제(Ascorbinaes)
③ 프로테아제(Protease)
④ 티로시나아제(Tyrosindse)

> 고구마를 오래 저장하면 β-아밀라아제(amylase)가 전분을 분해하여 맥아당(엿당)을 생성하는 데 이로 인해 조직이 연해지게 된다.

108 뿌리에 해당하는 부분을 식용으로 사용하는 근채류에 속하는 채소류만으로 짝지은 것은?

① 배추, 시금치, 죽순
② 토마토, 당근, 호박
③ 우엉, 당근, 연근
④ 아스파라거스, 가지, 감자

> 식용 부위에 따른 채소의 분류
> • 엽채류 : 잎부분을 식용으로 하고 섬유질이 많아 변비예방에 효과적(배추, 시금치)
> • 근채류 : 뿌리에 해당되는 부분을 식용(우엉, 당근, 연근 등)
> • 과채류 : 열매를 식용으로 하는 채소(토마토, 가지, 호박 등)
> • 경채류 : 줄기를 식용으로 하는 채소(아스파라거스, 죽순 등)

109 마멀레이드에 관한 설명 중 잘못된 것은?

① 잘게 썬 껍질부분이 내용물에 포함된다.
② 주로 오렌지를 이용한다.
③ 전채류이다.
④ 잼류이다.

🔍 마멀레이드는 감귤류의 껍질과 과육에 설탕을 넣어 조린 젤리 모양의 잼을 말한다.

110 가정에서 껍질을 벗긴 배나 사과를 설탕이나 소금물에 담궈 보관하는 주된 목적은 무엇인가?

① 맛의 변조현상을 막기 위해서이다.
② 배나 사과에 포함된 영양소의 파괴를 억제하기 위해서이다.
③ 효소에 의한 갈변반응을 방지하기 위해서이다.
④ 섭취 시 소화와 흡수를 돕기 위해서이다.

🔍 당 또는 염류를 첨가하는 것은 효소에 의한 식품의 갈변을 방지하기 위한 방지법의 하나이다.

111 다음 중 과일가공품의 젤리화 작용과 관련이 없는 것은?

① 유기산　　　　　　　② 펙틴
③ 당분　　　　　　　　④ 수소

🔍 젤리화의 3요소 : 펙틴(1~1.5%), 유기산(0.5%, pH 3~4), 당분(60~65%)

112 다음 중 젤리화 작용을 이용하여 만드는 과일 가공품의 원료로 적당하지 않은 것은?

① 사과　　　　　　　　② 포도
③ 감　　　　　　　　　④ 딸기

🔍 배, 감 등은 젤리화 작용을 위한 펙틴과 산이 부족한 과일로 과일 가공품의 원료로 적당하지 않다.

113 다음 중 육류의 결합 조직 성분으로 섭취 시 소화가 잘 이루어지지 않는 것은?

① 콜라겐　　　　　　　② 엘라스틴
③ 횡문근　　　　　　　④ 평활근

🔍 육류의 결합조직인 엘라스틴은 물 속에서 오래 끓여도 거의 변화되지 않으며 단백질 소화효소에 의해서도 강한 저항성을 가지고 있으므로 거의 소화되지 않는다.

114 다음 중 젤리 완성 점을 결정하는 방법으로 맞지 않는 것은?

① 온도계법　　　　　　② 알코올 테스트
③ 컵테스트　　　　　　④ 당도계법

🔍 젤리 완성 점 결정법
• 온도계법 : 104~105℃ 적당
• 컵테스트 : 농축된 액을 찬물을 담은 컵에 소량 떨어뜨려 밑바닥까지 굳은 채로 떨어지면 된 것이고, 흐트러지면 아직 덜 조린 것이다.
• 당도계법 : 당도 65%가 적당
• 스푼 테스트 : 액이 묽은 시럽 상태는 부적당하고, 주걱에 일부가 붙어 얇게 퍼지고 끝이 젤리 모양으로 굳은 정도로 떨어지면 적당하다.

115 육류의 근육 조직 중 주로 식용으로 이용되는 근육은?

① 심근　　　　　　　　② 골격근
③ 평활근　　　　　　　④ 불수의근

🔍 육류는 근육조직, 결합조직, 지방조직의 3가지로 구성되어 있으며, 뼈 등의 골격과 연결되어 있다. 조리의 대상이 되는 육류는 가로 줄무늬근 중 골격근이 식용의 대상이 된다.

116 다음 중 고기를 썰 때 근육 결의 방향대로 썰어야 하는 것은?

① 찌개용 고기　　　　　② 편육이나 수육
③ 생선회　　　　　　　④ 구절판용 고기

🔍 덩어리 고기를 얇게 썰어 사용할 때는 고기의 결과 직각으로 잘라야 고기가 연하고 조리하기가 쉽다. 그러나 채썰기를 하거나 장조림 등을 할 때는 고기의 결과 나란히 잘라야 부서지거나 오그라들지 않고 쫄깃한 육질을 느낄 수 있다.

117 육류를 가열했을 경우 나타나는 고기의 변화로 볼 수 없는 것은?

① 고기 단백질의 응고
② 결합조직의 연화
③ 맛과 영양가의 변화
④ 중량 및 보수성의 증가

🔍 가열온도가 높을수록, 가열시간이 길수록 근섬유는 더 많이 수축하고 수분이 더 많이 용출되어서 고기의 보수성은 줄어들고 연한 정도도 감소된다.

118 육류를 연화시키기 위해 사용하는 단백질 분해효소 중 파인애플에 함유되어 있는 것은?

① 프로테아제(Protease)
② 브로멜린(Bromelin)
③ 피신(Ficin)
④ 파파인(Papain)

🔍 프로테아제(protease)는 생강, 피신(ficin)은 무화과, 파파인(papain)은 파파야에 함유되어 있는 단백질 분해효소이다.

119 다음 보기 중 융점이 가장 낮은 육류는 무엇인가?

① 닭　　　　　　　　　② 양
③ 소　　　　　　　　　④ 돼지

🔍 융점이란 고체지방이 열에 의해 액체 상태로 될 때의 온도를 말하는데 닭고기와 돼지고기는 융점이 낮기 때문에 식어도 맛을 잃지 않는 요리를 만들 수 있다. 참고로 보기에 열거된 육류의 융점은 닭 30~32℃, 양 44~45℃, 소 40~50℃, 돼지 33~46℃이다.

120 표면과 내부 모두가 갈색이 되며 육즙이 거의 없는 상태로 가열하여 조리할 때 고기의 내부 온도는 얼마인가?

① 40~50℃　　　　　　② 55~65℃
③ 65~70℃　　　　　　④ 70~80℃

🔍 고기의 가열 정도와 내부 온도

가열 정도	내부 온도	내부 상태
레어 (rare)	55~65℃	자르면 육즙이 흐르고 내부는 생고기에 가까움
미디움(medium)	65~70℃	표면은 회갈색, 내부는 장미색
웰던 (well done)	70~80℃	표면과 내부 모두 갈색, 육즙은 거의 없음

121 탕, 조림, 편육, 찜 등의 조리에 주로 사용되는 소의 부위는 무엇인가?

① 안심　　　　　　　　② 우둔살
③ 사태　　　　　　　　④ 등심

🔍 • 안심 : 전골, 구이, 볶음
• 우둔살 : 조림, 포, 구이, 산적, 육회, 육전
• 등심 : 전골, 구이, 볶음

정답 109 ③ 110 ③ 111 ④ 112 ③ 113 ② 114 ② 115 ②

정답 116 ④ 117 ④ 118 ② 119 ① 120 ④ 121 ③

122 다음 중 쇠고기 부위와 적당한 조리방법으로 맞지 않는 것은?

① 구이 – 안심, 갈비
② 장조림 – 홍두깨살
③ 육포 – 등심, 안심
④ 편육 – 양지육, 사태육

🔍 육포는 대접살과 우둔살로 만든다.

123 다음 보기 중 육류의 부패 경로를 순서대로 올바르게 나열한 것은?

① 사후경직 → 자가소화 → 부패
② 사후경직 → 부패 → 자가소화
③ 부패 → 자가소화 → 사후경직
④ 부패 → 사후경직 → 자가소화

🔍 도살 후 산소공급이 중지됨에 따라 젖산이 증가되어 근육수축이 먼저 일어나며, 다음 단계에서 근육 내의 단백질 분해효소에 의해 근육 단백질이 분해되는 자가소화(숙성) 과정을 거친다. 이후 미생물에 의해 변질되기 시작한다.

124 다음 중 육류의 사후경직 후 숙성 과정에서 나타나는 현상이 아닌 것은?

① 효소에 의한 단백질의 분해
② 근육의 경직상태 해제
③ 아미노태질소의 증가
④ 액토미오신의 합성

🔍 사후경직 후 굳어졌던 것이 연화되는 것은 액토미오신의 해리, 효소에 의한 단백질의 가수분해에 의한 것이다.

125 동물의 도살 후 일어나는 사후경직이 빨리 일어나는 순서대로 나열한 것은?

① 닭고기 → 돼지고기 → 쇠고기
② 돼지고기 → 쇠고기 → 닭고기
③ 쇠고기 → 돼지고기 → 닭고기
④ 닭고기 → 쇠고기 → 돼지고기

🔍 사후경직은 도살 후 닭고기 6시간, 쇠고기 24시간, 돼지고기 3일 정도가 되는 때부터 진행된다.

126 다음 중 육제품의 제조공정상 가열이나 염류 처리를 할 때 변색되는 것을 막고 육색을 그대로 유지시키기 위하여 첨가제로 사용하는 발색제로 맞는 것은?

① 글루탐산나트륨
② 황산염
③ 질산염
④ 아스코르빈산

🔍 질산염과 아질산염은 육류 제품의 제조공정에서 변색되는 것을 막고 고기의 색을 그대로 유지하기 위하여 첨가하는 발색제이다.

127 우유 가공품인 커피크림과 휘핑크림, 버터에 대한 설명이다. 틀린 것은?

① 크림은 우유에서 유지방만을 분리해낸 것이다.
② 휘핑크림의 유지방 함량이 가장 낮다.
③ 버터는 우유에서 유지방을 모아 응고시킨 것이다.
④ 커피크림과 휘핑크림에 비해 버터의 유지방 함량이 가장 높다.

🔍 유지방 함량은 커피크림(18%), 휘핑크림(36%)이며, 버터가 가장 높다.

128 우유를 가열할 때 표면에 엷은 피막이 생기는 열변성이 나타나는 온도는?

① 40~45℃   ② 50~55℃
③ 60~65℃   ④ 70~75℃

🔍 우유를 60~65℃로 가열하면 표면에 엷은 피막이 생기는데, 이것은 우유 중의 단백질과 지질, 무기질이 흡착되어 열변성한 것이다.

129 우유의 주 단백질인 카제인(Casein)이 응고되는 성질을 이용해 만드는 식품과 응고에 관여하는 효소를 바르게 연결한 것은?

① 치즈 – 레닌(Rennin)
② 버터 – 레닌(Rennin)
③ 분유 – 피신(Ficin)
④ 연유 – 피신(Ficin)

🔍 치즈는 우유의 주 단백질인 카제인(casein)이 산이나 레닌(rennin)에 의해 응고되는 성질을 이용해 만든 식품으로 우유보다 단백질과 칼슘이 풍부하다.

130 다음 중 단백질의 함량이 가장 많은 유제품으로 맞는 것은?

① 발효유   ② 버터
③ 연유   ④ 치즈

🔍
- 치즈 : 우유 단백질인 카제인을 레닌에 의해 응고시켜 발효시킨 유제품
- 발효유 : 우유에 유산균을 발효시켜 만든 것
- 버터 : 유지방을 모아 발효 유화시킨 것
- 연유 : 우유를 1/2~1/3로 농축시킨 것

131 다음 중 우유를 데우는 방법으로 가장 적절한 것은?

① 이중 냄비를 이용하여 젓지 않는 상태로 데운다.
② 일반 냄비를 이용하여 강한 불을 끓을 때까지 데운다.
③ 일반 냄비를 이용하여 약한 불에서 데운다.
④ 이중 냄비를 이용하여 저으면서 데운다.

🔍 우유를 가열하면 지방과 단백질이 엉겨서 표면에 하얀 피막이 생기고, 눌어 타기 쉬우므로 냄비에 담아서 바로 끓이지 말고 이중냄비에 넣고 저어가면서 데우는 것이 좋다.

132 유제품인 크림을 커피크림과 휘핑크림으로 구분하는 기준은 무엇인가?

① 탄수화물의 함량   ② 유단백질의 함량
③ 지방의 함량   ④ 칼슘의 함량

🔍 크림은 지방함량에 따라 커피크림(지방분 18%)과 휘핑크림(지방분 36% 이상)으로 구분한다.

133 가당연유를 만들 때 첨가되는 설탕의 비율은?

① 10%   ② 16%
③ 25%   ④ 32%

🔍 연유는 우유를 농축시켜 만든 것으로, 16%의 설탕을 첨가하여 약 1/3의 부피로 농축시킨 가당연유와 우유를 그대로 1/3 부피로 농축시킨 무당연유로 구분한다.

134 다음 중 버터의 유지방분은 몇 % 이상이어야 하는가?

① 50% 이상   ② 60% 이상
③ 70% 이상   ④ 80% 이상

🔍 버터는 우유에서 유지방을 모아 굳힌 것으로 유지방 함량이 80% 이상, 수분 함량이 18% 이하인 것이다.

정답 122 ③ 123 ① 124 ④ 125 ④ 126 ③ 127 ②
정답 128 ③ 129 ① 130 ④ 131 ④ 132 ③ 133 ② 134 ④

135 다음 중 난백의 응고 온도는 얼마인가?

① 55~60℃
② 60~65℃
③ 65~70℃
④ 70~75℃

응고 온도는 난백 60~65℃ , 난황 65~70℃이다.

136 다음 중 달걀 난백의 기포성을 이용한 식품과 관계가 먼 것은?

① 스펀지케이크
② 케이크의 장식
③ 머랭
④ 케이크 반죽

난백의 기포성을 응용한 조리는 스펀지케이크, 케이크의 장식, 머랭이 있으며 케이크의 반죽은 난황의 유화성을 이용한 조리이다.

137 다음 중 달걀 난황계수의 크고 작은 것에 따라 알 수 있는 것으로 맞는 것은?

① 달걀의 신선도를 나타낸 것이다.
② 달걀의 소화율을 나타낸 것이다.
③ 달걀의 크기를 나타낸 것이다.
④ 달걀의 영양가를 나타낸 것이다.

투시법, 비중법, 난황계수와 난백계수 측정법은 모두 달걀의 신선도를 판정하는 방법으로 사용된다.

138 마요네즈, 프렌치 드레싱, 잣미음, 크림스프 등은 달걀의 유화성을 이용한 대표적 음식이다. 이들의 조리 시 유화제로 작용하는 난황의 성분은 무엇인가?

① 레시틴(Lecithin)
② 세팔린(Cephalin)
③ 카르디오리핀(Cardiolipin)
④ 포스파티딜글리세롤(Phosphatidylglycerol)

난황의 지방유화력은 인지질인 레시틴(lecithin)으로 유화제로 작용한다.

139 마요네즈를 보관하는 동안 분리되었다. 이를 다시 재생시키려면 다음 중 어느 방법을 이용하는 것이 적절한가?

① 기름을 더 넣어 한 방향으로 빠르게 저어준다.
② 레몬즙을 넣은 후 기름과 식초를 넣어 저어준다.
③ 분리된 마요네즈를 양쪽 방향으로 빠르게 저어준다.
④ 새로운 난황에 분리된 것을 조금씩 넣으며 한 방향으로 저어준다.

신선한 난황이나 신선한 약간의 마요네즈(1Ts)를 분리된 마요네즈에 조금씩 첨가하면서 계속 저어주면 분리된 마요네즈가 재생된다.

140 다음 중 달걀의 녹변 현상에 관여하는 난백과 난황의 성분을 순서대로 나열한 것은?

① 황화수소(H_2S), 철분(Fe)
② 철분(Fe), 황화수소(H_2S)
③ 황화수소(H_2S), 황화 제1철(FeS)
④ 황화 제1철(FeS), 황화수소(H_2S)

녹변 현상은 난백의 황화수소(H_2S)가 난황의 철분(Fe)과 결합하여 황화 제1철(유화철, FeS)을 만들어 암녹색 띠를 형성하는 것을 말한다.

141 다음 중 달걀의 녹변 현상이 잘 일어나는 경우에 해당하지 않는 것은?

① 신선한 계란이 아닐 때
② 가열온도가 높을수록
③ 가열시간이 짧을수록
④ 삶은 후 찬물에 담그지 않았을 때

달걀은 끓는 물에서 7분이면 반숙, 10~15분 정도면 완숙, 15분 이상이 되면 녹변현상이 일어난다.

142 달걀의 신선도 판정방법 중 비중법에 사용되는 소금의 농도로 적합한 것은?

① 30~34%
② 20~24%
③ 12~16%
④ 6~10%

비중법을 이용할 경우 6~10% 농도의 소금물(물 1컵에 식염 1큰술)에 달걀을 넣어 판정한다. 이 때 달걀이 가라앉으면 신선한 것이고, 위로 뜨면 오래된 것이다.

143 다음 중 소화가 가장 빨리 이루어지는 달걀의 조리방법은?

① 완숙
② 반숙
③ 생란
④ 프라이

소화가 잘되는 순서 : 반숙 〉 완숙 〉 생란 〉 프라이

144 다음 중 달걀의 신선도를 판정하는 방법으로 적절하지 않은 것은?

① 난각이 두껍고 강하며 윤택이 나지 않으면 신선한 달걀이다.
② 6~10%의 소금물에 넣어 가라앉으면 신선한 달걀이다.
③ 난황 계수를 측정할 때 0.25 이하이면 신선한 달걀이다.
④ 난백 계수를 측정할 때 0.14 이상이면 신선한 달걀이다.

난황 계수는 "난황의 높이÷지름"의 값으로 0.36 이상이면 신선한 달걀이며, 0.25 이하이면 오래된 달걀이다.

145 다음 중 생선이 가장 맛이 있을 시기는 언제인가?

① 산란기 직전
② 산란기
③ 산란기 직후
④ 산란기와 무관하다.

생선의 맛을 결정하는 육질의 지방함량이 산란기 직전 가장 풍부해진다.

146 다음 중 어패류가 육류보다 부패하기 쉬운 이유로 알맞은 것은?

① 어패류가 육류에 비해 수분이 많고 결합조직이 적기 때문이다.
② 어패류가 육류에 비해 단백질과 지방이 풍부하기 때문이다.
③ 어패류의 지질 중 불포화지방산이 차지하는 비중이 크기 때문이다.
④ 어패류가 육류에 비해 공기 중 산화반응을 유발하는 물질이 많기 때문이다.

어류는 65~75%, 패류는 75~85%, 오징어와 문어는 약 82%, 새우와 게는 75~80% 정도의 수분을 함유하고 있을 뿐 아니라, 결합조직이 육류에 비해 적어 육질이 연하기 때문에 부패하기 쉽다.

147 어류를 가열 조리할 때 일어나는 변화와 거리가 먼 것은?

① 결합조직 단백질인 콜라겐의 수축 및 용해
② 근육섬유단백질의 응고수축
③ 열 응착성이 약해진다.
④ 지방이 용출된다.

어류를 가열 조리할 때 결합조직 단백질인 콜라겐의 수축 및 용해, 근육섬유단백질의 응고수축, 지방이 용출과 열 응착성이 강해진다.

정답 135 ② 136 ④ 137 ① 138 ① 139 ④ 140 ①

정답 141 ③ 142 ④ 143 ② 144 ③ 145 ① 146 ① 147 ③

148 어패류의 조리법 중 구이에 대한 설명 중 잘못된 것은?

① 식품 자체의 성분이 용출되지 않고 표피 가까이 보존된다.
② 수용성 영양소의 손실이 가장 크다.
③ 구이에 적당한 열원으로 방사열이 풍부한 것이 좋다.
④ 익히는 맛과 향이 잘 조화된다.

> 수용성 영양소 손실이 가장 큰 조리법은 끓이기이다.

149 어패류의 조리법에 대한 설명 중 옳은 것은?

① 조개류는 높은 온도에서 조리하여 단백질을 급격히 응고시킨다.
② 바닷가재는 껍질이 두꺼우므로 찬물에 넣어 오래 끓여야 한다.
③ 작은 생새우는 강한 불에서 연한 갈색이 될 때까지 삶은 후 배쪽에 위치한 모래정맥을 제거한다.
④ 생선숙회는 신선한 생선편을 끓는 물에 살짝 데치거나 끓는 물을 생선에 끼얹어 회로 이용한다.

> 어패류의 조리법
> • 조개류는 너무 오래 삶으면 근육이 급격하게 수축되어 질겨진다.
> • 바닷가재는 물이 끓은 후에 넣고 찐다.
> • 새우는 물에 소금과 식초를 조금 넣고 중간 불에서 2~3분 정도 삶아야 분홍빛이 살아난다.

150 어육의 단백질 중 어묵의 제조와 직접적인 연관이 있는 것은?

① 글로빈(Globin)　② 미오신(Myosin)
③ 미오겐(Myogen)　④ 엘라스틴(Elastin)

> 어육을 낮은 농도의 식염수와 함께 갈아 으깨면 액틴과 미오신이 용출되어 섬유상의 액토미오신(actomyosin)을 형성하여 끈기가 있는 으깬 어육이 되며, 이를 가열하면 겔화되어 탄력이 있는 어묵을 만들 수 있다.

151 조개류 조리 시 시원한 맛을 내는 성분은 무엇인가?

① 이노신산(Innosinic Acid)
② 글루탐산(Glutamic Acid)
③ 구연산(Citric Acid)
④ 호박산(Succinic Acid)

> 조개류는 호박산(succinic acid), 다시마는 글루탐산(glutamic acid), 가다랭이는 이노신산(innosinic acid)에 의해 독특하고 시원한 맛을 낸다.

152 다음 중 어취 즉, 비린내를 제거하기 위한 방법으로 적당하지 않은 것은?

① 물로 씻어서 트리메틸아민(TMA, Trimethylamine) 양을 감소시킨다.
② 생강, 파, 마늘, 겨자, 고추냉이, 술 등의 향신료를 사용한다.
③ 설탕물에 미리 담가두었다가 조리한다.
④ 식초, 레몬즙 등의 산을 첨가한다.

> 생선을 우유에 미리 담가두었다가 조리하면 우유의 카제인(casein)이 트리메틸아민(TMA)을 흡착하므로 비린내가 저하된다.

153 다음 중 어류의 신선도를 확인하는 방법으로 적당하지 않은 것은?

① 눈에 광택이 있고 투명하면 싱싱하다.
② 비늘이 확실히 밀착해 있고 물기와 광택이 있으면 싱싱하다.
③ 살갗에 광택과 탄력이 있으면 싱싱하다.
④ 배를 눌렀을 때 물렁물렁하면 싱싱하다.

> 배를 눌렀을 때 단단하고 몸체가 전체적으로 단단하고 탄력이 있으면 싱싱하다.

154 다음 중 생선의 비린내를 제거하기 위해 넣는 것 중 생선이 익은 후 첨가해야 하는 것은?

① 고추　② 생강
③ 파　④ 마늘

> 어육 단백질은 생강의 탈취작용을 저해하므로 반드시 생선이 익어 단백질이 변화된 후에 생강을 넣는 것이 효과적이다.

155 어육 가공품의 원료육인 수리미(surimi)를 이용한 대표적인 가공품과 가장 거리가 먼 것은?

① 살라미(salami)
② 게맛살
③ 새우맛살
④ 가마보코(kamaboko)

> 살라미(salami)는 이탈리아식 소시지의 하나로 날고기에 열을 가하지 않고 소금이나 향료 따위를 쳐서 차게 말려 만든 것으로 샐러드나 샌드위치 등에 사용한다.

156 다음 해조류 중 녹조류에 해당하는 것은?

① 파래　② 다시마
③ 우뭇가사리　④ 김

> 해조류의 분류
> • 녹조류 : 파래, 청각, 청태
> • 갈조류 : 톳, 다시마, 미역
> • 홍조류 : 김, 우뭇가사리

157 다음 중 어패류의 가공에 대한 설명으로 틀린 것은?

① 어묵제조의 어육의 단백질이 소금과 결합하여 풀과 같은 상태로 되는 원리를 이용하는 것이다.
② 훈제품은 어패류를 염지하여 적당한 염미를 부여한 후 훈연하여 보존성을 높인 것이다.
③ 젓갈은 어패류의 살, 내장, 알 등에 설탕이나 방부제를 넣어 보존성을 높인 것이다.
④ 건제품은 미생물이 번식하지 못하도록 수분 함량을 10~14% 정도로 만든 것이다.

> 젓갈은 소금이나 방부제를 넣어 보존하는 것으로 소금 사용 시 농도는 20~30% 정도이다.

158 해조류의 분류 중 갈조류에 해당되지 않는 것은?

① 미역
② 우뭇가사리
③ 톳
④ 다시마

> 해조류는 녹조류(파래, 청각), 갈조류(미역, 톳, 다시마), 홍조류(김, 우뭇가사리)로 나누며 정장작용이나 무기질, 비타민을 공급하고 요오드 함유량이 많아 요오드 결핍증인 갑상선 기능 저하를 치료할 수 있다.

159 다음 중 요오드의 함량이 비교적 높은 해조류로 맞는 것은?

① 홍조류　② 갈조류
③ 녹조류　④ 남조류

> 갈조류는 해조류 중 요오드의 함량이 가장 높다.

160 홍조류인 김의 성분 중 저장 과정에서 색이 변하게 되는 것과 관련이 있는 것은?

① 비타민 A
② 피코시안
③ 아미노산
④ 비타민 B

🔍 붉은 색소인 피코시안(phycocyan)이 피코에리트린(phycoerythrin)이 변하는 과정에서 김의 색이 변하며, 햇빛에 의해 더 가속화된다.

161 식물성 유지를 건성유, 반건성유, 불건성유로 구분하는 기준이 되는 것은?

① 유지의 점도
② 포화 지방산
③ 요오드가
④ 불포화 지방산

🔍 식물성 유지의 분류
• 건성유(요오드가 130 이상) : 불포화 지방산이 많은 들깨유, 아마인유, 호두, 잣 등
• 반건성유(요오드가 100~130) : 대두유, 면실유, 유채기름, 참기름 등
• 불건성유(요오드가 100 이하) : 포화지방산이 많은 땅콩기름, 동백기름, 올리브유 등

162 반복 사용된 튀김 기름의 변화 내용 중 틀린 것은?

① 점도의 증가
② 유리지방산 함량의 증가
③ 거품형성
④ 요오드가 증가

🔍 반복 사용된 튀김 기름은 불포화지방산이 감소함에 따라 요오드가도 감소한다.

163 유지를 가열할 때 일어나는 변화를 설명한 것 중 옳지 않은 것은?

① 점성이 높아진다.
② 거품이 나고 색이 짙어진다.
③ 강한 냄새가 난다.
④ 영양가의 변화는 크게 나타나지 않는다.

🔍 가열 산화된 유지는 영양가의 감소와 함께 심한 경우 독성물질이 형성된다.

164 식품 유지의 화학적 특성에 대한 설명 중 맞는 것은?

① 버터는 대두유보다 높은 비누화가(검화가)를 나타낸다.
② 쇠기름(우지)은 야자유보다 높은 폴렌스케가를 나타낸다.
③ 올리브유는 대두유보다 높은 요오드가를 나타낸다.
④ 정제유는 조제유(crude oil)보다 높은 산가를 나타낸다.

🔍 검화(비누화) : 가성소다(NaOH)는 지방의 가수분해 촉매제로서 뿐만아니라 지방이 가수분해될 때 지방산과 작용하여 비누를 만드는데 이 과정을 검화라고 한다. 버터는 대두유보다 높은 비누화가(검화가)를 나타낸다.

165 가공유지를 만들 때 촉매제로 사용되는 것은?

① 니켈(Ni)
② 수소(H_2)
③ 탄소(C)
④ 아연(Zn)

🔍 가공유지(경화유)는 불포화지방산에 수소(H_2)를 첨가하고, 니켈(Ni)과 백금(Pt)을 촉매제로 하여 액체유를 고체유로 만든 유지를 말한다.

166 다음 중 유지의 산패에 영향을 주는 조건과 가장 거리가 먼 것은?

① 유지의 불포화도
② 산소
③ 온도
④ 수분

🔍 산패는 유지성분이 공기 중에서 산소와 결합하여 산화되는 변질의 한 종류로 유지의 불포화도가 높을수록, 온도가 높을수록, 산소가 많을수록 산패가 촉진된다. 이외에도 자외선하에서도 산패는 촉진된다.

167 다음 유지 중 발연점이 가장 높은 유지는?

① 대두유
② 참기름
③ 돼지기름
④ 올리브유

🔍 콩기름을 대두유라고도 한다. 올레산, 리놀산, 리노신산 등이 주성분이고, 식용 및 공업용으로 사용하며, 발연점이 가장 높은 유지이다.

168 다음 중 마가린, 쇼트닝과 같은 가공유지의 제조와 연관이 가장 적은 것은?

① 칼슘(Ca)
② 수소(H_2)
③ 니켈(Ni)
④ 백금(Pt)

🔍 가공유지(경화유)는 불포화지방산에 수소(H_2)를 첨가하고, 니켈(Ni)과 백금(Pt)을 촉매제로 하여 액체유를 고체유로 만든 유지로 마가린, 쇼트닝이 대표적이다.

169 다음 중 유중수적형(W/O) 식품에 속하는 것은?

① 버터
② 마요네즈
③ 아이스크림
④ 우유

🔍 유지의 유화성
• 유중수적형(W/O) : 기름에 물이 분산된 형태(버터, 마가린)
• 수중유적형(O/W) : 물속에 기름이 분산된 형태(우유, 마요네즈, 아이스크림, 크림스프, 잣죽, 프렌치드레싱 등)

170 다음 해동방법 중 가장 빠르게 해동되는 것은?

① 냉장고 안에서 해동한다.
② 흐르는 물에서 해동한다.
③ 전자레인지에서 해동한다.
④ 실온에서 해동한다.

🔍 해동의 속도 : 전자레인지 해동 〉 흐르는 물 이용 〉 실온 해동 〉 냉장고 안에서 해동

171 다음 중 냉동식품의 해동과 조리방법으로 적당하지 않은 것은?

① 야채류는 끓는 물에 냉동채소를 넣고 2~3분간 끓여 해동과 조리를 동시에 한다.
② 빵가루를 묻힌 튀김류를 튀길 때는 해동없이 높은 온도의 기름에 튀겨도 된다.
③ 빵 또는 과자류는 자연 해동시키거나 오븐에 해동시킨다.
④ 육류 또는 어류는 영양소 파괴를 줄이기 위해 높은 온도에서 신속하게 해동한다.

🔍 냉동상태의 육류나 어류를 높은 온도에서 해동하면 조직이 상해서 액즙이 많이 나와 맛과 영양소의 손실이 크므로 냉장고나 흐르는 냉수에 필름에 싼 채 해동하는 것이 좋다.

정답 160 ② 161 ③ 162 ④ 163 ④ 164 ① 165 ①

정답 166 ④ 167 ① 168 ① 169 ① 170 ③ 171 ④

172 냉동식품을 공기나 액체 중에서 해동할 때 주의사항으로 틀린 것은?

① 해동매체의 온도는 10~15℃가 가장 적당하다.
② 해동매체의 양을 많게 하고 충분히 유통시킨다.
③ 공기 중인 경우에는 습도를 높게 한다.
④ 분할할 수 있는 소단위로 만들어 해동매체에 접하는 면적을 넓게 한다.

🔍 해동온도는 5~10℃의 비교적 낮은 온도에서 천천히 해동시키는 자연해동이 바람직하다.

173 냉동식품의 해동에 관한 내용으로 잘못된 것은?

① 비닐봉지에 넣어 50℃ 이상의 물 속에서 빨리 해동시키는 것이 이상적인 방법이다.
② 생선의 냉동품은 반 정도 해동하여 조리하는 것이 안전하다.
③ 냉동식품을 해동하지 않고 직접 가열하면 효소나 미생물에 의한 염려가 적다.
④ 일단 해동된 식품은 더 쉽게 변질되므로 필요한 양만큼만 해동하여 사용한다.

🔍 육류 또는 어류의 경우 높은 온도에서 해동하면 조직이 상해서 액즙이 많이 나와 맛과 영양소의 손실이 크므로 냉장고나 흐르는 냉수에서 필름에 싼 채 해동하는 것이 좋다.

174 다음 중 과일류의 냉동처리의 전 처리로 블랜칭(blanching) 공정을 가지는 주목적으로 맞는 것은?

① 산화효소를 불활성화하기 위해서
② 비타민 C의 파괴를 방지하기 위해서
③ 과일 중의 수분을 조절하기 위해서
④ 과일의 껍질이 잘 벗겨지게 하기 위해서

🔍 블랜칭은 데쳐서 고온에서 식품을 열처리하여 효소를 불활성화시키는 것을 말한다.

175 일반적으로 소금 1g에 해당하는 염미를 내려면 간장은 몇 g을 사용해야 하는가?

① 4g   ② 6g
③ 8g   ④ 10g

🔍 일반적으로 소금 1g에 해당하는 맛을 내려면 된장은 10g, 간장은 6g을 사용해야 한다.

176 향신료와 주된 성분이 잘못 연결된 것은?

① 후추 – 캬비신(Chavicin)
② 고추 – 알리신(Allicin)
③ 겨자 – 시니그린(Sinigrin)
④ 생강 – 진저론(Zingerone)

🔍 고추의 매운맛 성분은 캡사이신(capsaicin)으로 소화와 혈액순환을 촉진시키며, 방부작용이 있다. 알리신(allicin)은 마늘에 함유된 것으로 매운맛을 내며 자극성이 강하고 살균력도 강하다.

177 다음 중 조리 시 조미료의 첨가순서로 알맞은 것은?

① 설탕 → 소금 → 간장 → 식초
② 소금 → 식초 → 간장 → 설탕
③ 식초 → 간장 → 설탕 → 소금
④ 간장 → 설탕 → 소금 → 식초

🔍 설탕은 재료를 팽창시켜 부드럽게 만들고 나중에 넣은 조미료를 잘 스며들게 하는 효과가 있다. 조미는 설탕 → 소금 → 간장 → 식초 → 참기름의 순서로 사용한다.

178 다음 중 조리에 이용 시 흡수성이 강하여 밀가루 식품의 노화를 방지하고 육류의 연화작용 및 고농도일 때 방부 효과도 있는 조미료는 무엇인가?

① 설탕   ② 소금
③ 식초   ④ 간장

🔍 설탕은 단백질의 연화작용을 하고 밀가루 식품의 노화를 방지하며, 50~60%의 설탕용액은 방부 효과도 있어 당장법 등을 이용한 식품의 보존에 사용되고 있다.

179 채소를 데칠 때 뭉그러짐을 방지하기 위한 가장 적당한 소금의 농도는?

① 1%   ② 10%
③ 20%   ④ 30%

🔍 채소를 데칠 때 뭉그러짐을 방지하고 선명도와 질감을 좋게하기 위해 소금을 1% 사용한다.

PART 02

조리 실무

CHAPTER

01. 한식 조리실무
02. 양식 조리실무

한식 조리실무

Lesson 01 한식의 기초 및 식생활 문화

1 기본 칼 기술 습득

(1) 칼끝의 모양에 따른 칼의 종류

① 아시아형(low tip)
- ㉮ 칼날 길이를 기준으로 18cm 정도이며, 칼등이 곡선 처리되어 있고 칼날이 직선인 안정적인 모양이다. 칼이 부드럽고 똑바로 자르기에 좋다.
- ㉯ 채 썰기 등 동양요리에 적당하며, 우리나라와 일본 같은 아시아에서 많이 사용되는 칼이다.

② 서구형(center tip)
- ㉮ 칼날 길이를 기준으로 20cm 정도이며, 칼등과 칼날이 곡선으로 처리되어 칼끝에서 한 점으로 만난다.
- ㉯ 주로 자르기에 편하며 힘이 들지 않아 일반 부엌칼이나 회칼로도 많이 사용된다.

③ 다용도칼(high tip)
- ㉮ 칼날 길이를 기준으로 16cm 정도이며, 칼등이 곧게 뻗어 있고 칼날은 둥글게 곡선 처리된 칼이다.
- ㉯ 주로 칼을 자유롭게 움직이면서 도마 위에서 롤링하며 뼈를 발라내기도 하는 다양한 작업을 할 때 사용한다.

(2) 칼의 쓰임새

① **칼 앞끝** : 고기의 살과 뼈를 바르고 힘줄을 떼어 낼 때, 생선의 포를 뜨거나 내장을 도려낼 때, 야채의 꼭지를 도려낼 때 사용한다.

② **칼 중앙** : 가장 많이 사용하는 부위로 썰기와 자르기, 다지기 등에 사용한다.

③ **칼 밑** : 과일의 껍질을 벗기거나, 단단한 껍질이나 뼈 등을 자를 때 사용한다.

④ **칼 턱** : 작고 오목한 부분은 감자의 눈을 도려내는데 사용하거나 잘 끊어지지 않는 딱딱한 부위를 자를 때 사용한다.

⑤ **칼 등** : 얇고 긴 야채의 껍질을 벗길 때, 생선의 비늘을 긁을 때, 고기를 부드럽게 다질 때 사용한다.

⑥ **칼 배(칼편)** : 두부를 으깨거나 마늘, 생강을 곱게 다질 때 칼 배로 누른 다음 다져 사용한다.

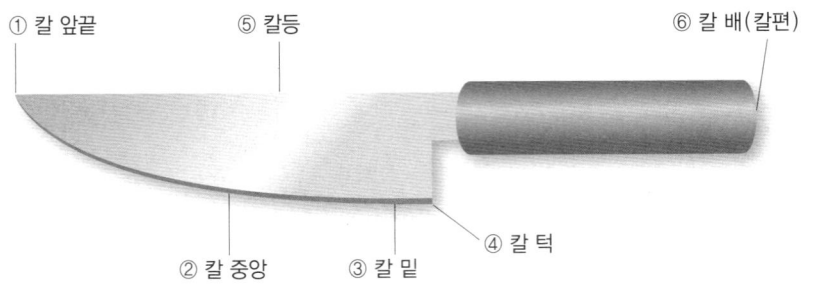

(3) 칼질법의 종류

① 밀어 썰기
- ㉮ 모든 칼질의 기본이 되는 칼질법이다. 피로도와 소리가 작아 가장 많이 사용하는 칼질법이다. 안전사고도 적다.
- ㉯ 무, 양배추 및 오이 등을 채 썰 때 사용한다.

② 작두 썰기(칼끝 대고 눌러 썰기)
- ㉮ 배우기에 쉬운 방법이다. 칼이 잘 들지 않을 때 사용하면 편하다. 칼의 길이가 27cm 이상 되는 칼로 하는 것이 편하다.
- ㉯ 무나 당근과 같이 두꺼운 재료를 썰기에는 부적당하다.

③ 칼끝 대고 밀어 썰기
- ㉮ 밀어 썰기와 작두 썰기를 겸한 방법으로 소리가 작은 장점과 밀어 썰기보다 조금 쉬워 쉽게 배울 수 있는 장점이 있다. 두꺼운 재료를 썰기에는 부적당하다.
- ㉯ 주로 양식조리에 많이 사용하며, 고기처럼 질긴 것을 썰 때 힘이 분산되지 않고 한 곳으로 집중되어 썰기 좋다.

④ 후려 썰기
- ㉮ 속도가 빠르고 손목의 스냅을 이용하기 때문에 힘도 적게 든다. 많은 양을 썰 때 적당하다. 정교함이 떨어지고 소리가 크게 나는 단점이 있다.
- ㉯ 칼날이 넓은 칼을 사용할 때는 안전사고에 유의한다.

(4) 썰기 방법

① **어슷썰기** : 파, 오이, 당근 등 긴 재료들을 적당한 두께로 비스듬하게 단면적이 많도록 써는 방법으로 맛이 우러나기 쉬워 조림에 사용된다.

② **통썰기** : 오이, 연근, 당근, 애호박 등을 통째로 써는 방법으로 재료와 만드는 조리법에 따라 다르게 조절한다. 보통 국, 조림, 절임 등에 이용된다.

③ **반달썰기** : 무, 감자, 고구마, 애호박 등을 통째로 썰기에 너무 큰 재료들은 반으로 가른 후 반달모양으로 썬다.

④ **은행잎 썰기** : 당근, 애호박, 감자, 무 등 긴 재료를 4등분으로 썬다. 주로 조림이나 찌개에 사용된다.

⑤ **나박썰기(골패썰기)** : 무, 당근 등 둥근 재료를 토막을 낸 다음 네모지게 가장자리를 잘라 정사각형 모양으로 만들어 사용되고, 골패는 직사각형으로 얇게 썬다.

⑥ **깍둑썰기(송송썰기)** : 두부, 감자 등을 긴 막대기 모양으로 한 다음 주사위 모양처럼 써는 방법이다. 주로 깍두기, 찌개에 사용된다.

⑦ **얄팍썰기** : 원하는 길이로 재료를 자른 다음 고른 두께로 얇게 썰거나 재료의 모양 그대로를 얄팍하게 써는 방법이다. 주로 볶음이나 조림에 사용된다.

⑧ **채썰기** : 재료를 넓이가 있게 얄팍썰기 한 것을 포개서 가늘게 써는 방법이다. 보통 생채나 생선회에 곁들이는 채소를 썰 때 사용된다.

⑨ **막대썰기** : 재료를 원하는 길이로 자른 다음 조리법에 맞는 알맞은

굵기의 막대모양으로 써는 방법이다. 주로 무숙장아찌나 오이장아찌 등의 재료를 썰 때 사용된다.
⑩ **다져썰기** : 채 썬 것을 가지런히 모아 직각으로 잘게 써는 방법이다. 마늘, 파, 생강 등 양념을 만들 때 주로 사용된다.
⑪ **마구썰기** : 오이나 당근 등과 같이 가늘고 길이가 있는 재료를 한입 크기로 각이 지게 써는 방법으로 단단한 채소의 조림에 사용된다.
⑫ **깎아썰기** : 우엉, 무 등의 재료를 껍질을 벗겨 돌려가며 연필 깎듯이 칼날의 끝부분으로 얇게 써는 방법을 말한다.

2 조리기구의 종류와 용도

(1) 가스레인지
① 조리온도는 음식의 품질을 좌우하는 중요한 요소이다. 따라서 조리법에 따라 음식의 맛을 가장 좋게 하는 불 조절이 필요하다.
② **불 조절**
㉮ **센불** : 가스레인지의 레버를 전부 열어 놓은 상태로 불꽃이 냄비 바닥 전체에 닿는 정도이다. 볶음·구이·찜 등의 요리에서 처음에 재료를 익힐 때, 국물음식의 내용을 익힐 때 또는 국물음식을 팔팔 끓일 때의 불의 세기이다.
㉯ **중불** : 가스레인지의 레버가 꺼짐과 열림의 중간 위치이다. 불꽃의 끝과 냄비 바닥 사이에 약간의 틈이 있는 정도이다. 국물 요리에서 한 번 끓어오른 다음 부글부글 끓는 상태를 유지할 때의 불의 세기이다.
㉰ **약불** : 가스레인지의 레버를 꺼지지 않을 정도까지 최소한으로 줄인 상태로, 중간 불보다 절반 이상으로 약한 불의 세기이다. 오랫동안 지글지글 끓이는 조림요리나 뭉근히 끓이는 국물 요리에 알맞다.

(2) 인덕션(induction)
① 조리기기 상부의 표면은 매끈한 세라믹물질로 만들어져 있다.
② 자기전류가 유도코일에 의하여 발생되어 상부에 놓인 조리기구와 자기마찰에 의한 가열이 되어지는 것이다.
③ 상부에 놓이는 조리기구는 금속성 철을 함유한 것이어야 한다.
④ 가열속도가 빠르고 열의 세기를 쉽게 조절할 수 있다.

(3) 온도계
① **조리온도 측정에 사용**
② **온도계의 구분과 사용**
㉮ **주방용 온도계** : 비접촉식으로 표면 온도를 잴 수 있는 적외선 온도계를 사용
㉯ **기름 등의 액체 온도** : 200~300℃의 봉상 액체온도계를 사용
㉰ **육류** : 탐침하여 육류의 내부 온도를 측정할 수 있는 육류용 온도계를 사용
③ **음식의 적온**

음식 종류	온도	음식 종류	온도
청량음료	0~5℃	밥, 겨자, 종국 발효	40~45℃
맥주, 냉수	6~12℃	식혜 발효	50~60℃
빵 발효	25~30℃	커피, 국, 달걀찜	70~75℃
우유	40~45℃	전골	95~98℃

(4) 기타 조리기구
① **일반조리기구**
㉮ **칼** : 한식 조리작업에는 약 30~35cm 길이의 순강철로 된 일반 조리용 칼을 사용한다.
㉯ **껍질 벗기는 칼** : 여러 가지 채소나 과일의 껍질을 벗길 때 사용한다.
㉰ **도마** : 음식을 만들기 전에 재료가 되는 식품을 썰거나 다지는 데 사용한다.
㉱ **주걱** : 밥 등을 퍼 담는 데 사용한다.
㉲ **국자** : 국이나 찌개 등의 국물을 뜨는 데 사용한다.
㉳ **집게** : 뜨거운 음식이나 식재료를 집을 때 사용한다.
㉴ **거품기** : 재료를 휘저어 섞거나 거품을 낼 때 사용한다.
㉵ **뒤집개** : 프라이팬 등에서 조리된 음식을 뒤집거나 들어 올릴 때 사용한다.
㉶ **강판** : 과일, 무, 생강 등을 갈거나 즙을 낼 때 사용한다.

② **가열조리기구**
㉮ **솥** : 음식을 한꺼번에 많이 삶거나 끓일 때 사용한다.
㉯ **냄비** : 음식을 끓이는 데 사용한다.
㉰ **신선로** : 가운데에 숯불을 피우고 둘레에 여러 가지 재료를 넣어 끓이면서 먹는 데 사용한다.
㉱ **번철** : 전이나 빈대떡 등을 부치는 쇠판을 말한다.
㉲ **석쇠** : 네모지거나 둥글게 짠 쇠테두리에 철사 등을 잘게 그물처럼 엮어 만든 것으로 고기 등을 직접 구울 때 사용한다.
㉳ **뚝배기** : 찌개 등을 끓일 때 사용한다.

③ **식기의 종류**
㉮ **주발(남성용 밥그릇)** : 유기나 사기, 은기로 된 밥그릇으로 주로 남성용이며 사기 주발을 사발이라 한다. 아래는 좁고 위는 차츰 넓어지며 뚜껑이 있다.
㉯ **바리(여성용 밥그릇)** : 놋쇠나 유기로 만들며 뚜껑에 꼭지가 있고 그릇의 모양은 입구보다 몸체가 더 나와있는 형태이다.
㉰ **탕기** : 국을 담는 그릇으로 주발과 똑같은 모양으로 주발 안에 들어가는 작은 크기이다.
㉱ **대접** : 위가 넓고 운두(그릇의 둘레나 둘레의 높이)가 낮은 그릇으로 숭늉이나 면, 국수를 담는 그릇으로 국대접으로 사용한다.
㉲ **조치보** : 찌개를 담는 그릇으로 주발과 같은 모양으로 탕기보다 한 치수 작은 크기이다.
㉳ **보시기** : 김치류를 담는 그릇으로 쟁첩보다 약간 크고 조치보다는 운두가 낮다.
㉴ **쟁첩** : 전, 구이, 나물, 장아찌 등 대부분의 찬을 담는 그릇으로 작고 납작하며 뚜껑이 있다.
㉵ **종지** : 간장, 초장, 초고추장 등의 장류와 꿀을 담는 그릇으로 주발의 모양과 같고 기명 중에 크기가 제일 작다.
㉶ **조반기** : 대접처럼 운두가 낮고 위가 넓은 모양으로 꼭지가 달리고 뚜껑이 있다. 떡국, 면, 약식 등을 담는다.
㉷ **반병두리** : 위는 넓고 아래는 조금 평평한 양푼 모양의 유기나 은기의 대접으로 면, 떡국, 떡, 약식 등을 담는다.
㉸ **옴파리** : 사기로 만든 입이 작고 오목한 바리이다.
㉹ **밥소라** : 떡, 밥, 국수 등을 담는 큰 유기그릇으로 위가 벌어지고 굽이 있고 둘레에 전이 달려 있다.
㉺ **쟁반** : 운두가 낮고 둥근 모양으로 다른 그릇이나 주전자, 술병, 찻잔 등을 담아 놓거나 나를 때 쓰이며 사기, 유기, 목기 등으로 만든다.
㉻ **놋양푼** : 음식을 담거나 데우는 데 쓰는 놋그릇으로 운두가 낮고 입구가 넓어 반병두리와 같은 모양이나 크기가 크다.

3 식생활 문화

(1) 한국음식의 특징 및 배경

① 한국음식의 특징

㉮ 주식과 부식의 구분이 명확하다.

㉯ 농경민족으로 곡물을 활용한 음식이 다양하다.

㉰ 음식의 종류와 조리법이 다양하다.

㉱ 의식동원(醫食同源)의 기본정신이 배어있다.

㉲ 음양오행에 이치를 두고 오방색을 사용한다.

㉳ 일상식과 의례음식의 구분이 있으며, 명절식과 시식의 풍습이 있다.

㉴ 궁중음식과 반가음식, 서민음식을 비롯한 향토음식이 발달했다.

㉵ 식사는 준비된 음식을 한상에 차려놓고 먹는 공간전개형(空間展開形) 식사법이다.

② 한국음식의 배경

㉮ 지리적 특성

㉠ 북쪽으로는 중국과 육로로 연결되고, 남쪽으로는 일본열도, 서쪽으로는 황해를 사이로 중국과 마주보고 있다.

㉡ 지리적 위치로 인해 대륙 문화의 영향을 받았고 이를 일본에 전하는 교량 역할도 하였으며 삼면의 바다를 통한 해양문화의 유입이나 무역교류가 가능하였다. 이에 따라 식생활에도 큰 영향을 미쳐 대륙의 농사짓는 방법, 북방의 식품, 식기 등과 남방의 식품 등이 유입되었다.

㉯ 기후적 특성

㉠ 사계절의 구분이 뚜렷하고 연평균 기온은 대부분의 지역에서 10~14℃ 정도이다. 여름에는 일일 최고기온이 30℃를 넘는 고온 다습한 기온을 보인다. 강수량도 많아 연 강수량의 40~60%가 이 시기에 집중되어 쌀농사에 적합한 기후 조건이 된다.

㉡ 이러한 기후특징은 국토의 넓이에 비해 쌀 뿐만 아니라 각종 잡곡류와 다양한 식품들이 생산될 수 있어 각 지역마다 독특한 향토음식이 발달하게 되었고 계절에 따른 시식과 절식의 발달을 가져오게 되었으며 겨울철에 대비한 김치와 같은 저장음식이 이용되게 되었다.

③ 지형 특성

㉠ 산지가 전체면적의 70%를 차지하여 평야지대가 훨씬 적은 편으로 북부와 동부에는 높은 산맥들이 많아 동북의 지대가 높고 남서쪽은 낮은 지형으로 되어 있다.

㉡ 주요 하천을 따라 넓은 평야가 형성되어 서부와 남부지방은 논농사의 중심지가 되었으며 북부와 동부에서는 밭작물이 주로 생산되었다.

㉢ 근해의 수온이 계절에 따라 변하며 서해와 동해 및 남해에 영향을 주는 해류가 다르기 때문에 난류성 어족과 한류성 어족에 차이가 있어 수역 및 계절에 따라 다양한 수산자원을 이용할 수 있다.

▣ 용어의 뜻

• 의식동원(醫食同源) : 약과 음식은 그 근원이 같다는 의미

• 의례음식 : 돌, 혼례, 회갑, 상례, 제례 등에 먹은 음식

• 절식(節食) : 다달이 먹는 명절 음식

• 시식(時食) : 계절음식

• 궁중음식 : 삼국시대 이후 중앙 집권이 굳혀지며 이어져 내려온 화려한 상차림. 특별히 치우쳐진 바 없이 여러 지역의 식재를 골라 다양하게 섞어 쓴다는 특징이 있다.

• 반가음식(종가음식) : 삼국시대의 호족, 고려시대의 문벌 귀족과 조선의 양반가를 통해 이어진 가문의 전통적 음식. 해당 산지의 음식을 신선하게 쓰는 경우가 많다.

• 사찰 음식 : 삼국시대와 고려시대 불교의 발전과 함께 빚어진 채식 위주의 담백한 식단. 조선대의 숭유억불과 일제 강점기 토속 불교 억압, 6.25의 전란으로 인해 매우 많은 요소가 소실되었다.

• 서민 음식 : 지역별로 가장 많이 분포했던 서민들이 소박하게 먹었던 음식. 조선 후기에 이르러 주막 문화의 발달과 함께 발전하였으며 현재 우리가 즐기는 대부분의 음식이다.

(2) 한국음식의 분류

① 주식류

㉮ 밥

㉠ 흰밥 : 쌀로만 짓는 밥

㉡ 제밥 : 찹쌀로만 짓는 밥

㉯ 죽

㉠ 옹근죽 : 쌀을 통째로 해서 만든 죽

㉡ 원미죽 : 쌀을 굵게 갈아서 쑤는 죽

㉢ 무리죽 : 물에 불린 쌀을 매에 갈아 만든 죽

㉣ 타락죽 : 우유에 쌀을 갈아 만든 무리를 넣고 끓인 죽

㉰ 미음, 응이, 암죽

㉠ 미음 : 쌀 분량의 10~15배의 물을 사용하여 죽보다 묽게 만들어 체에 내린 것

㉡ 응이 : 미음보다는 묽으며 녹두, 갈근, 연근 등의 녹말을 넣어 끓여 만든 것

㉢ 암죽 : 곡식이나 밤의 가루로 묽게 쑨 죽으로 어린아이에게 젖 대신으로 먹이는 것

㉱ 국수

㉠ 온면 : 더운 장국에 말아 만든 국수

㉡ 제물국수 : 장국물이나 육수에 처음부터 넣어 바로 끓인 국수

㉲ 만두와 떡국

② 부식류

㉮ 국, 탕

㉠ 맑은장국 : 콩나물국, 미역국, 무국, 완자탕, 북어국

㉡ 토장국 : 시금치국, 배추 속대국, 아욱국, 냉이국

㉢ 곰국 : 장국밥, 설렁탕, 곰탕

㉣ 냉국 : 미역냉국, 오이냉국

㉯ 찌개(조치)

㉠ 간을 한 식품에 따른 구분 : 고추장찌개, 된장찌개, 새우젓찌개 등

㉡ 재료에 따른 구분 : 생선찌개, 두부찌개 등

㉰ 전골, 찜, 선

㉠ 전골 : 즉석에서 높이가 낮은 냄비에 육류와 야채 등을 썰어 넣고 가열조리한 요리

㉡ 찜 : 주재료에 갖은 양념을 하여 물을 넣고 푹 익혀 재료의 맛이 충분히 우러나고 약간의 국물이 어울리도록 한 요리

㉢ 선 : 호박, 오이, 가지, 두부, 배추, 흰살생선과 같은 식물성 식품에 소고기 등의 부재료를 넣고 찜과 같이 만든 요리

㉳ 구이, 볶음
  ㉠ 구이 : 가장 기본적인 조리법으로 수조육류, 어패류, 가지, 더덕과 같은 채소류에 소금간 또는 양념을 하여 불에 구운 음식
  ㉡ 볶음 : 고기, 채소, 건어, 해조류 등을 손질하여 썰어서 기름에 볶은 요리
㉴ 조림, 초
  ㉠ 조림 : 어패류, 육류 등의 재료에 간을 약간 세게 하여 재료에 간이 충분히 스며들도록 약한 불에서 오래 익히는 요리
  ㉡ 초(炒) : 조림 국물에 녹말을 풀어 넣어 국물이 엉기고 윤기나게 조리하는 것
㉵ 전, 적
  ㉠ 전(전유어) : 고기, 생선, 채소 등을 다지거나 얇게 저며서 소금, 후추로 간을 하고 밀가루와 달걀을 입혀서 양면을 기름에 지진 음식
  ㉡ 적 : 여러 가지 재료를 썰어서 갖은 양념을 한 다음 꼬챙이에 꿰어서 지진 음식
㉶ 수육, 편육, 족편, 순대
  ㉠ 수육 : 고기를 덩어리째로 익힌 것
  ㉡ 편육 : 수육을 눌러 굳힌 다음 얇게 저며 썬 것
  ㉢ 족편 : 소의 족, 가죽, 꼬리 등을 푹 고아서 단백질이 녹으면 고명을 넣어 응고시켜 얇게 썬 것
  ㉣ 순대 : 돼지 창자 속에 선지, 삶은 당면, 숙주 등을 섞어 갖은 양념을 한 것을 꽉차게 집어넣고 실로 양끝을 잡아맨 후에 찐 것
㉷ 나물, 생채, 쌈
  ㉠ 나물 : 보통 숙채를 이르는 말로 채소를 데쳐서 양념해 무친 것 또는 채소를 기름에 볶으면서 양념한 것
  ㉡ 생채 : 채소를 날것으로 또는 소금에 절여 양념에 무친 것
  ㉢ 쌈 : 상추, 미나리, 깻잎, 쑥갓, 배추속대, 생미역, 호박잎 따위로 밥을 반찬과 함께 싸서 먹는 것으로 날로 먹는 것과 데쳐서 먹는 것 등
㉸ 회, 강회, 수란
  ㉠ 회 : 생선이나 조개의 살, 쇠고기의 살, 간 등을 날것으로 먹게 만든 요리
  ㉡ 강회 : 가는 실파나 연한 미나리에 달걀지단, 편육, 홍고추, 버섯 등을 가늘게 썰어 예쁘게 말아 초고추장에 찍어 먹는 음식
  ㉢ 수란 : 국자에 참기름을 고르게 바른 후 달걀을 깨어 담고, 끓는 물 속에 넣어 중탕을 해서 반숙으로 익힌 달걀요리
㉹ 젓갈
  ㉠ 어패류인 생선이나 조개류를 이용하는 염장식품
  ㉡ 숙성 중 자체 효소에 의한 소화 작용과 약간의 발효작용에 의해서 만들어짐
㉺ 김치
  ㉠ 한국음식을 대표할 만큼 널리 알려진 김치는 찬품 중 가장 기본
  ㉡ 무, 배추 등을 소금에 절여 고추, 파, 마늘, 생강 등을 젓갈과 함께 넣어 버무려 익힌 채소의 염장 발효식품

③ 후식류
  ㉮ 떡
    ㉠ 찌는 떡 : 백설기, 흑설기, 시루떡, 증편, 송편 등
    ㉡ 치는 떡 : 멥쌀로 만드는 가래떡이나 절편류, 찹쌀로 쪄서 치는 인절미류
    ㉢ 빚는 떡 : 빚는 떡은 멥쌀가루와 찹쌀가루를 반죽하여 모양있게 빚어 만든 떡
    ㉣ 지지는 떡 : 화전, 빈대떡, 전병
  ㉯ 한과
    ㉠ 약과(유밀과) : 밀가루에 꿀을 넣어 반죽한 것을 기름에 튀긴 한과
    ㉡ 매작과 : 밀가루에 생강즙을 넣고 반죽하여 칼집을 넣은 뒤 기름에 튀겨 설탕시럽을 바른 한과
    ㉢ 정과(전과) : 수분이 적은 뿌리나 줄기 열매를 설탕시럽과 조청에 조려 만든 한과
    ㉣ 강정 : 유과의 일종으로 찹쌀 반죽을 썰어 말렸다가 기름에 튀겨 고물을 묻히면 강정, 네모로 만들면 산적
  ㉰ 음청류
    ㉠ 음청류는 술 이외의 기호성 음료
    ㉡ 차와 화채에 속하는 수정과, 식혜, 배숙, 감주 등

(3) 한국음식의 상차림 및 주요 절식
  ① 한국의 전통적인 상차림
    ㉮ 초조반상(아침상)
      ㉠ 새벽자리에서 일어나 처음 먹는 음식은 부담 없는 가벼운 음식을 말한다.
      ㉡ 응이, 미음 및 죽 등의 유동식을 중심으로 한다.
      ㉢ 맵지 않은 국물김치, 젓국찌개 및 마른찬 등을 갖추어 낸다.
    ㉯ 반상
      ㉠ 한식에 있어서 밥을 주식으로 한 식사 상을 반상이라고 하는데 첩수에 따라 3, 5, 7, 9, 12첩의 식사상으로 나뉜다.
      ㉡ 반상의 첩수는 반찬의 수를 말한다.
    ㉰ 교자상
      ㉠ 손님에게 내는 상으로서 사각형이나 원형의 상에 4사람씩 겸상으로 차린 것을 교자상이라 한다.
      ㉡ 대개 5첩 반상 이상의 반상을 품교자상이라 하여 연회식으로 사용한다.
      ㉢ 경축일에 차리는 것으로는 면상을 주로 하여 5품, 7품, 9품 교자상 등으로 한다.
    ㉱ 면상과 주안상
      ㉠ 면상 : 국수를 주식으로 준비하여 흔히 점심에 많이 사용한다. 겨울에는 온면이나 떡국, 여름에는 냉면을 주로 낸다.
      ㉡ 주안상(주연상) : 술을 접대할 때 차리는 상으로 술안주로는 육포, 어포 등의 마른안주를 사용하며 찜, 신선로, 찌개 등의 진안주를 사용한다.
  ② 우리나라의 주요 절식

시기(음력)	명칭	음식
1월 1일	정월 초하루, 설	떡국, 만두, 식혜, 수정과, 약식
1월 15일	정월 대보름	오곡밥, 묵은나물, 귀밝이술, 부럼
5월 5일	단오, 수리날	수리취떡(차륜병), 제호탕, 증편, 준치만두
6월 15일	유두	밀전병, 떡수단, 보리수단, 유두면
8월 15일	한가위, 중추절	햅쌀송편, 토란탕, 화양적, 닭찜, 청대콩밥
11월 중	동지	팥죽(새알심), 동치미, 수정과

첩수
밥, 국(탕), 조치(찌개, 짐, 전골), 김치, 장류(간장, 초간장, 고추장)를 제외하고 쟁첩에 담는 반찬 수로 반찬의 종류를 정할 때는 재료가 중복되지 않도록 했다.

Lesson 02 한식 밥 조리

1 밥 재료 준비

(1) 밥 재료의 품질 확인

① 쌀의 품질

㉮ 품종 고유의 모양으로 미강층을 완전히 제거한다.

㉯ 쌀 낱알의 윤기가 뛰어나고 충실한 것이 좋다.

㉰ 곰팡이 및 묵은 냄새가 없어야 한다.

㉱ 쌀 등급 기준

항목\등급	최고한도(%)					
	수분	싸라기	분상질립	피해립	열손립	기타이물
특	16.0	3.0	2.0	1.0	0.0	0.1
상	16.0	7.0	6.0	2.0	0.0	0.3
보통	16.0	20.0	10.0	4.0	0.1	0.6

② 보리의 품질

㉮ 미강층을 완전히 제거한다.

㉯ 품종 고유의 모양을 갖추어야 한다.

㉰ 곰팡이 및 묵은 냄새가 없어야 한다.

㉱ 겉보리 및 쌀보리의 수분은 14% 이하여야 한다.

③ 콩의 품질

㉮ 콩은 껍질의 색깔에 따라 황색콩, 녹색콩, 갈색콩, 흑색콩 등으로 구분하며, 굵기에 따라 대립종, 중립종, 소립종으로 구분한다.

㉯ 품종 고유의 모양과 색을 갖추고 있어야 한다.

㉰ 낱알이 충실하고 고른 것이어야 한다.

㉱ 수분의 최고한도는 14% 이하여야 한다.

> **■ 용어의 정의**
> • 싸라기 : 호칭치수 1.7mm 금속망체로 쳐서 체를 통과하지 않은 낱알 중 그 길이가 완전한 낱알 평균 길이의 3/4 미만인 것
> • 분상질립 : 체적의 1/2 이상이 분상질 상태인 낱알
> • 피해립 : 오염된립 · 병해립 · 충해립 · 발아립 · 생리장애립, 적조 및 흑조가 낱알 길이의 1/4 이상 부착된 것
> • 열손립 : 열 등에 의해 변색 또는 손상된 낱알을 말하며 미립표면적의 1/4 이상이 주황색으로 착색된 것
> • 기타이물 : 돌, 플라스틱, 유리, 쇳조각 등 고형물, 이종곡립
> • 이종곡립 : 쌀 이외의 곡립
> • 완전립 : 쌀의 외관특성상 완전한 낱알 또는 완전한 낱알 평균길이의 3/4 이상의 형태를 가지고 있는 것 중 분상질립, 피해립, 열손립을 제외한 것

(2) 밥 재료 세척 및 침지

① 곡류 세척

㉮ 곡류 세척은 맑은 물이 나올 때까지 세척한다.

㉯ 쌀을 씻을 때는 전분, 수용성 단백질, 지방, 섬유소 등 백미의 0.5~1%가 손실되며, 비타민 B_1은 백미의 20~60%가 유실된다.

② 곡류 세척 시 유의사항

㉮ 헹구는 작업을 3~5회 반복하여 유해물질이 잔류되지 않도록 한다.

㉯ 수용성 물질인 수용성 단백질, 수용성 비타민, 향미물질 등의 손실을 최소화하기 위해 큰 채로 씻는다.

㉰ 단시간에 흐르는 물에 씻는다.

③ 침지

㉮ 쌀의 침지는 쌀 전분의 호화에 소요되는 수분을 가열하기 전에 쌀알의 내부까지 충분히 수분을 흡수시키기 위한 작업이다.

㉯ 보통 취반 전에 실온에서 30~60분간 행한다.

㉰ 쌀을 침지할 때의 수분 흡수속도는 품종, 저장시간, 침지온도와 시간, 쌀알의 길이와 폭의 비율 등과 관계가 있다.

㉱ 만일 내부까지 물을 흡수시키지 않고 가열을 개시하면 미립 표층부에 호층이 생기고 이 호층에 의해 내부로의 열전도를 막기 때문에 밥의 표면이 물컹해지고 내부는 딱딱해진다.

(3) 밥 짓기 도구 선택

① 돌솥

㉮ 보온성이 좋고 천연 재질이라 음식 고유의 맛을 그대로 살릴 수 있다.

㉯ 돌솥에 쌀과 잡곡, 견과류, 육류, 인삼 등을 넣고 지은 돌솥밥은 쌀에 부족한 영양소를 골고루 섭취할 수 있는 음식이다.

② 압력솥

㉮ 내부의 증기를 모아 내부압력을 높여 물의 비점을 상승시키는 원리를 이용한 솥의 일종으로서 $0.9 \sim 1.3 kg/cm^2$의 가압 하에서 $110 \sim 115℃$의 고온으로 가열할 수 있는 습식가열조리 기구이다.

㉯ 짧은 시간에 조리가 되기 때문에 영양소 파괴가 적고, 재료의 색상이 그대로 유지된다.

2 밥 조리

(1) 밥맛에 영향을 주는 요소

① 쌀 입자의 단단한 정도 : 쌀은 가열과정에서 쌀알 내의 전분이 팽윤, 호화되고 쌀의 2.5배 정도로 부피 팽창이 일어난다.

② 취반한 밥의 수분함량 : 수분함량 60~65%일 때 가장 맛있다.

③ 물의 pH와 소금의 첨가함량 : pH 7~8일 때 밥맛과 외관이 좋다.

④ 수확 시기와 쌀 입자의 건조상태

⑤ 토질

⑥ 조리기구 및 연료

(2) 밥 조리 시 물의 양

① 불림의 목적

㉮ 불림에 의해 건조식품이 팽윤되므로 용적이 증대된다.(곡류 2.5배, 일반 건조식품 5~7배, 한천 20배 용적 증대)

㉯ 불림한 식품은 팽윤, 수화 등의 물성변화를 촉진하여 조리시간을 단축시킨다.

㉰ 단단한 식품은 연화된다.

㉱ 식물성 식품의 변색을 방지한다.

㉲ 불미성분(식품 중의 쓴맛, 떫은맛 성분, 염장품의 소금기 제거)을 제거한다.

② 쌀의 종류에 따른 물의 분량

물의 양\쌀의 종류	쌀의 중량에 대한 물의 분량	체적(부피)에 대한 물의 분량
백미(보통)	쌀 중량의 1.5배	쌀 용량의 1.2배
햅쌀	쌀 중량의 1.4배	쌀 용량의 1.1배

물의 양 쌀의 종류	쌀의 중량에 대한 물의 분량	체적(부피)에 대한 물의 분량
찹쌀	쌀 중량의 1.1~1.2배	쌀 용량의 0.9~1배
불린쌀(침수)	쌀 중량의 1.2배	쌀 용량과 같은 양

(3) 뜸 들이기
① 고온 중에 일정 시간 그대로 유지하게 하는 것이다.
② 쌀알 중심부의 전분이 호화되어 맛있는 밥이 된다.
③ 뜸 들이는 시간이 너무 길면 수증기가 밥알 표면에서 응축되어 밥맛이 떨어진다.
④ 뜸 들이는 도중에 밥을 가볍게 뒤섞어서 물의 응축을 막도록 한다.

3 밥 담기

(1) 밥 담기
① **돌솥밥**
  ㉮ 고슬고슬하게 지은 밥을 그릇에 담는다.
  ㉯ 밥 위에 볶은 재료들을 색이 겹치지 않도록 돌려 담는다. 이때 밥이 보이지 않게 고명을 올린다.
  ㉰ 맑은장국을 곁들인다.
② **오곡밥**
  ㉮ 고슬고슬하게 지어진 오곡밥을 주걱을 이용하여 위 아래로 잘 섞는다.
  ㉯ 골고루 섞인 오곡밥을 더울 때 그릇에 담아낸다.
③ **콩나물밥**
  ㉮ 밥이 완성되면 콩나물과 소고기를 주걱을 이용하여 살살 고루 섞는다.
  ㉯ 그릇에 고루 섞인 콩나물밥을 예쁘게 담는다.
  ㉰ 만들어진 양념장을 따로 그릇에 담아내어 먹는 사람의 식성에 맞추어 끼얹어 비벼먹도록 한다.
  ㉱ 콩나물밥을 지어 오래 두면 콩나물의 수분이 빠져 가늘고 질겨져서 맛이 없으므로 먹는 시간에 맞추어 밥을 짓는다.

(2) 고명과 양념장
① **고명**
  ㉮ 음식을 보고 아름답게 느껴 먹고 싶은 마음을 갖도록 음식의 맛보다 모양과 색을 좋게 하기 위해 장식하는 것을 말하며 '웃기' 또는 '꾸미'라고도 한다.
  ㉯ 한국 음식의 색깔은 오행설에 바탕을 두어 붉은색·녹색·황색·흰색·검정색의 오색이 기본이다.
    ㉠ 붉은색 : 다홍고추, 실고추, 대추 등
    ㉡ 녹색 : 미나리, 실파, 호박, 오이 등
    ㉢ 황색과 흰색 : 달걀의 황백 지단
    ㉣ 검정색 : 석이버섯
② **양념의 기능**
  ㉮ 음식을 만들 때 재료가 지닌 고유한 맛을 살리면서 음식마다 특유한 맛을 낼 때 사용된다.
  ㉯ 음식에 맛을 주어 맛있게 먹도록 하고 색을 주어 식욕을 돋우며 음식의 약리효과를 높이기도 한다.

Lesson 03 한식 죽 조리

1 죽 재료 준비

(1) 죽 조리의 특징
① 죽은 곡물에 물을 6~7배 가량 붓고 오래 끓여서 알이 부서지고 녹말이 완전 호화상태로까지 무르익게 만든 유동식 상태의 음식이다.
② 밥과 죽의 큰 차이는 물의 함량이라고 볼 수 있고, 이유식 형태의 죽은 일반적으로 먹는 죽보다 점도가 높은 경우를 볼 수 있다.
③ 조리형태적 특징은 가열시간이 길어 오랫동안 끓여서 소화되기 좋은 상태로 조리하고, 많은 물을 붓고 끓여 양을 많게 하므로 소량의 재료로 많은 사람이 먹을 수 있게 한다.
④ 죽의 열량은 100g당 30~50kcal 정도로 밥의 1/3~1/4 정도이다.
⑤ 주재료는 곡물이지만 다른 어떤 재료도 죽의 소재가 될 수 있어 변화의 폭이 넓다.

(2) 죽 재료의 분쇄 목적
① 조직의 파괴로 유용성분의 추출과 분리를 쉽게 한다.
② 일정한 입자의 형태로 만들어 이용가치와 제품의 품질을 향상시킨다.
③ 원료의 표면적을 증가시켜 화학반응 시 효소의 작용을 받기 쉽게 하며, 열 전달물질의 이동을 촉진시켜 건조, 추출, 용해, 증자 등의 처리시간을 단축시킬 수 있다.
④ 분말의 형태로 하여 다른 재료와 혼합 또는 조합시킬 경우 균일한 제품을 얻을 수 있다.

2 죽 조리

(1) 죽 조리방법
① 주재료인 곡물을 미리 물에 담가서 충분히 수분을 흡수시켜야 한다.
② 일반적인 죽의 물 분량은 쌀 용량의 5~6배(기타 곡물의 경우 6~7배) 정도가 적당하다.
③ 죽에 넣을 물을 계량하여 처음부터 전부 넣어서 끓인다. 도중에 물을 보충하면 죽 전체가 잘 어우러지지 않는다.
④ 죽을 쑤는 냄비나 솥은 두꺼운 재질의 것이 좋다. 돌이나 옹기로 된 것이 열을 부드럽게 전하여 오래 끓이기에 적합하다.
⑤ 죽을 쑤는 동안에 너무 자주 젓지 않도록 하며, 반드시 나무주걱으로 젓는다.
⑥ 불의 세기는 중불 이하에서 서서히 오래 끓인다.
⑦ 간은 곡물이 완전히 호화되어 부드럽게 퍼진 후에 하며, 간은 아주 약하게 하고 먹는 사람의 기호에 따라 간장, 소금, 설탕, 꿀 등으로 맞추도록 한다.

(2) 물의 양 조절하기
① 죽을 끓일 때 물은 조금씩 나누어 여러 번 붓는다.
② 죽은 물을 첨가하며 서서히 오래 끓인다.
③ 죽이 한번 끓어오르면 불을 약하게 줄여서 쌀알이 완전히 퍼질 때까지 서서히 끓여 죽의 농도를 조절한다.

④ 서서히 오래 끓이면 곡물이 부서지고 녹말이 완전히 호화상태로 익어 유동식 상태가 된다.

3　죽 담기

(1) 죽 담아 완성하기
① 죽은 부드러운 유동식으로 이른 아침에 간단하게 차려지는 죽상으로 초조반이라 한다.
② 죽상에는 간단한 찬을 차리게 되는데 맵지 않은 국물 있는 나박김치나 동치미를 올린다.
③ 찌개는 젓국이나 소금으로 간을 한 맑은 조치가 차려진다.
④ 그 외 찬으로는 육포나 북어무침, 매듭자반 등의 마른 찬이나 장조림, 장산적 등이 차려진다.

(2) 종류별 죽 담기
① **장국죽**
　㉮ 잘 어우러진 죽에 간장으로 색과 간을 맞춘 장국죽을 뜨거울 때 그릇에 담는다.
　㉯ 장국죽 위에 버섯을 고명으로 장식한다.
　㉰ 죽이 거의 다 되었을 시 달걀을 풀어 넣어 반숙 정도로 익혀서 먹어도 맛이 잘 어울린다.
　㉱ 그릇에 담긴 죽을 중앙에 놓고 오른편에는 조금씩 덜어 먹을 수 있도록 공기를 놓으며 짜고 매운 찬들은 죽상에 어울리지 않는다.
② **전복죽**
　㉮ 잘 퍼진 죽이 완성되면 따뜻할 때 나무주걱을 이용하여 그릇에 담는다.
　㉯ 전복죽 상에는 동치미, 장산적, 매듭자반을 곁들여 낸다.
　㉰ 먹을 때 소금으로 간을 맞춘다.
③ **녹두죽**
　㉮ 쌀알이 잘 퍼져서 완성된 녹두죽을 불에서 내려놓는다.
　㉯ 소금으로 간을 하거나 설탕, 꿀을 넣어서 먹어도 좋다.
　㉰ 녹두죽이 따뜻할 때 그릇에 담고 물김치를 곁들인다.
④ **잣죽**
　㉮ 죽이 알맞은 농도로 완성되면 더울 때 그릇에 퍼서 담아 낸다.
　㉯ 잣에 고깔을 떼어내고 죽 위에 고명을 올려 장식한다.
　㉰ 소금과 설탕, 꿀 등을 따로 작은 그릇에 담아 내어 먹을 때 각자 기호에 따라 넣도록 한다.
　㉱ 잣죽 상에는 동치미, 북어무침, 매듭자반을 함께 차린다.

Lesson 04　한식 국·탕 조리

1　국·탕 재료 준비

(1) 국, 국물, 육수
① **국**
　㉮ 국은 밥과 함께 먹는 국물 요리로, 재료에 물을 붓고 간장이나 된장으로 간을 하여 끓인 것이다.
　㉯ 국은 쇠고기, 닭고기, 생선, 채소류, 해조류 등이 주재료로 쓰인다.
　㉰ 국의 종류
　　㉠ 맑은장국 : 소금이나 국간장으로 간을 한 국
　　㉡ 된장국 : 된장으로 간을 한 된장국(토장국)
　　㉢ 곰국 : 뼈나 살코기, 내장을 푹 고아 만든 국
　　㉣ 냉국 : 국물을 차게 만든 국
② **국물**
　㉮ 국, 찌개 따위의 음식에서 건더기를 제외한 물을 말한다.
　㉯ 국물의 기본
　　㉠ 쌀 씻은 물 : 쌀을 처음 씻은 물은 버리고 2~3번째 씻은 물을 이용한다.
　　㉡ 멸치 또는 조개 국물 : 멸치는 머리와 내장을 뗀 뒤 사용하며, 조개는 해감 후 사용한다.
　　㉢ 다시마 육수 : 국이나 전골 등의 국물로 사용한다.
　　㉣ 소고기 육수 : 조미목적에 적합한 부위를 선택하여 조리한다.
　　㉤ 사골 육수 : 국, 전골, 찌개 요리 등에 중심이 되는 맛을 내는 육수를 말한다.
③ **육수(肉水)** : 육류 또는 가금류, 뼈, 건어물, 채소류, 향신채 등을 넣고 물에 충분히 끓여 내어 국물로 사용하는 재료이다.

(2) 재료의 전처리
① **육류와 가금류** : 고기를 덩어리째 찬물에 담가 핏물을 제거해야 누린내가 나지 않는다. 또, 끓는 물에 향채소를 미리 우려낸 후 고기를 넣으면 누린내가 없어진다.
② **멸치와 조개류** : 멸치는 반으로 벌려 내장을 뺀 다음 비린 맛을 줄이기 위해 팬이나 냄비에 넣어 센 불에서 달달 볶아 준비하고, 조개류는 껍데기를 깨끗하게 씻은 다음 3~4% 소금물에 담가 해감 시켜 사용한다.
③ **해조류** : 마른 해조류(다시마)는 마른행주로 닦은 후 찬물에 30분~1시간 정도 담가 준비한다.
④ **채소류** : 채소류는 다듬어 깨끗하게 씻어 큼직하게 썰어야 끓이는 동안 채소가 부스러지지 않고 국물 색과 맛이 깔끔하다.

2　국·탕 조리

(1) 국 조리하기
① **재료의 종류에 맞게 국물을 만든다.**
　㉮ 다시마 국물
　　㉠ 끓여서 만들기 : 너무 오래 끓이면 끈끈한 점액이 생기므로 중간 불 또는 약한 불에서 끓이다가 물이 끓으면 다시마를 건져낸다.
　　㉡ 끓이지 않고 만들기 : 다시마를 적당한 크기로 잘라 찬물에 약 1~2시간 담가 사용하며, 완성된 육수를 사용하기 전에 다시마를 건져낸다.
　㉯ 된장 육수
　　㉠ 된장만을 넣어 끓여도 어느 정도 간이 되지만, 만약 싱거우면 소금으로 간을 맞춘다.
　　㉡ 된장을 풀 때는 체에 걸러 풀어야 덩어리지지 않는 육수가 된다.
　㉰ 사골 육수
　　㉠ 사골을 12시간 이상 물에 담가 피를 제거한다.
　　㉡ 찬물에 사골을 넣고 강한 불로 가열하다가 끓기 시작하면 중간 불로 가열하여 우려낸다.

ⓒ 단계별로 끓일 때마다 식힌 후 비닐 팩을 이용하여 각각 냉동시켜 놓는다.
ⓓ 냉동 보관했던 모든 국물은 처음 나왔던 국물과 중간 국물, 마지막 국물 등 전부를 합친 다음 끓여 준다. 끓인 것을 식힌 다음 다시 봉지에 담아 얼린 다음 필요한 만큼 꺼내어 사용한다.
㉴ 생선 뼈 곰 육수
 ㉠ 생선 머리와 뼈를 흐르는 물에 깨끗하게 씻는다.
 ㉡ 찬물에 생선머리와 뼈를 넣는다.
 ㉢ 강한 불로 가열하다가 끓으면 중간불로 가열한다.
② **주재료와 부재료의 배합에 맞게 국을 조리한다.**
 ㉮ 재료를 선정하여 적절히 배합 : 깔끔한 국물 맛을 내기 위해서는 여러 종류의 육류를 같이 넣고 끓이지 않도록 한다.
 ㉯ 국물의 양 결정 : 국물의 양은 1인당 1컵 반(300cc) 정도가 적당하며, 건더기는 국물의 1/3 정도가 알맞다.
③ **다양한 재료를 활용하여 국을 조리한다.**
④ **재료의 종류와 크기에 따라 끓이는 시간을 조절한다.**
 ㉮ 끓이는 시간은 건더기의 종류와 크기에 따라 차이가 있다.
 ㉯ 대략 감자 15~20분, 콩나물 5~8분, 당근 15~20분, 무 15분, 미역 5분, 배추 5~8분, 토란 10~15분, 호박 7분, 두부 2분, 파 4~6분 정도이다.

(2) 탕 조리하기
① **곰탕 조리**
 ㉮ 쇠갈비와 양지머리는 찬물에 담가 핏물을 빼고 건진다.
 ㉯ 양, 곱창, 곤자소니(소의 창자 끝에 달린 기름기가 많은 부분)는 소금을 뿌리고 주물러서 깨끗이 씻는다.
 ㉰ 냄비에 물을 부어 끓으면 국거리용 고기를 모두 넣고 센 불에서 끓인다.
 ㉱ 국이 끓어오르면 불을 줄이고 3~4시간 정도 고기가 무를 때까지 서서히 끓인다.
② **삼계탕 조리**
 ㉮ 영계는 내장을 꺼내고 깨끗하게 씻어 물기가 빠지도록 세워 놓는다.
 ㉯ 찹쌀을 씻어서 물에 2시간 정도 불린 다음 체에 건져 물기를 뺀다.
 ㉰ 마늘은 껍질을 벗기고 대추는 씨를 발라 놓는다. 수삼은 씻어 놓는다.
 ㉱ 닭의 배 속에 불린 찹쌀과 마늘, 대추와 수삼을 넣어 갈라진 자리를 실로 묶거나 꼬지로 꿰어 고정시킨다.
 ㉲ 냄비에 닭을 담고 물을 부어 끓인다.

3 국·탕 담기

(1) 국, 탕 그릇
① **탕기** : 국을 담는 그릇으로 주발과 똑같은 모양이다. 주발 안에 들어가며 국이나 탕을 담는다.
② **대접** : 국이나 숭늉을 담는 그릇이다. 대접의 모양과 크기는 일정하지 않으나, 대체로 입구의 지름이 넓고 바닥은 입구보다 좁으며, 둘레가 곡선으로 되어 있다.
③ **뚝배기** : 상에 오를 수 있는 유일한 토기로 오지로 구운 것이며 불에서 끓이다가 상에 올려도 한동안 식지 않아 찌개를 담는 데 유용하며, 설렁탕, 장국밥 등도 담는다.
④ **질그릇** : 잿물을 입히지 않고 진흙만으로 구워 만든 그릇으로 겉면에 윤기가 없는 것이 특징이다.
⑤ **오지그릇** : 붉은 진흙으로 만들어 볕에 말리거나 약간 구운 다음에 오짓물을 입혀 다시 구운 질그릇이다. 대개 광택이 적고 섬세하지 못하여 잘 구워지지 않은 것처럼 보이나 일상생활에서 많이 쓰인다.
⑥ **유기그릇** : 놋쇠로 만든 그릇으로 보온과 보냉, 항균 효과가 있다.

(2) 국과 찌개
① **국과 찌개** : 국은 각자의 그릇에 분배되어 나오지만, 찌개는 같은 그릇에서 음식을 요리한 후 식사할 때 자신이 덜어서 먹는 음식이다.
② **국물과 건더기의 비율**
 ㉮ 국 : 국물이 주로 들어 있는 음식으로서 국물과 건더기의 비율이 6:4 또는 7:3으로 구성된다.
 ㉯ 찌개 : 국물과 건더기의 비율이 4:6 정도이며, 건더기를 주로 먹기 위한 음식이다.

Lesson 05 한식 찌개 조리

1 찌개 재료 준비

(1) 찌개의 특징과 구분
① 찌개는 조치라고도 하며, 국보다 국물은 적고 건더기가 많은 음식으로 섞는 재료와 간을 하는 재료에 따라 구분된다.
② **찌개의 구분**
 ㉮ 맑은 찌개류 : 소금이나 새우젓으로 간을 맞춘 것으로 두부젓국찌개와 명란젓국찌개가 있다.
 ㉯ 탁한 찌개류 : 된장이나 고추장으로 간을 맞춘 것으로 된장찌개, 생선찌개, 순두부찌개, 청국장찌개, 두부고추장찌개, 호박감정, 오이감정, 게감정 등이 있다.

(2) 재료의 전처리
① **육류의 전처리**
 ㉮ 소고기와 소고기의 뼈는 찬물에 담가 핏물을 제거한다.
 ㉯ 닭고기는 내장을 제거하고 끓는 물에 한 번 데친다.
 ㉰ 곱창은 기름기를 제거하고 곱창을 둘러싼 얇은 막을 제거한 후 소금을 넣고 주물러서 깨끗이 씻는다.
② **어패류 및 해조류의 전처리**
 ㉮ 생선 : 깨끗이 씻은 후 꼬리에서 머리 쪽으로 긁어 비늘을 제거한 후 아가미와 내장을 제거한다. 생선을 통째로 사용할 때는 생선의 배를 가르지 않고 아가미 뚜껑을 열고 내장을 제거한다.
 ㉯ 조개 : 살아있는 것을 구입하여 껍질을 깨끗하게 씻은 후 3~4%의 소금물에 담가 해감시킨다.
 ㉰ 낙지 : 머리에 칼집을 내고 내장과 먹물을 제거한다. 굵은 소금과 밀가루를 뿌려 다리와 몸통을 주물러 둔 후 씻을 때 껍질을 제거한다.
 ㉱ 게 : 수세미나 솔로 깨끗하게 닦은 후 배 부분에 덮여 있는 삼각형의 딱지를 떼어내고 몸통과 등딱지를 분리한다. 몸통에

붙어 있는 모래주머니와 아가미를 제거하고 발끝은 가위로 잘라낸다.
- ㉒ 새우 : 모양을 살리기 위해서는 머리와 꼬리는 제거하지 않고 몸통의 껍질만 벗기고 꼬리 쪽의 마지막 껍질을 벗기지 않는다. 가열하면 배를 구부리듯 둥글게 수축하는데 이를 방지하기 위해 꼬챙이를 머리부터 꼬리 쪽으로 끼우거나 배 쪽에 잔 칼집을 넣는다.
- ③ 버섯류의 전처리
  - ㉮ 말린 표고버섯은 씻은 다음 미지근한 물에 1시간 이상 충분히 불린 후 기둥을 제거한다.
  - ㉯ 느타리버섯은 끓는 물에 데친 후 손으로 찢는다.
  - ㉰ 석이버섯은 미지근한 물에 불려 양손으로 비벼 뒷면의 이끼를 제거한 후 깨끗하게 씻는다.

2 ▶ 찌개 조리

(1) 찌개의 종류
- ① **명란젓국찌개** : 명란젓과 두부, 무, 파 등을 한데 넣어 새우젓국으로 간을 맞춘, 담백한 맛의 찌개로 특히 겨울철에 맛이 있는 찌개이다.
- ② **된장찌개** : 두부와 채소, 소고기 등 여러 가지 재료를 함께 넣고 국물을 넉넉하게 부어 끓이는 찌개이다.
- ③ **생선찌개** : 고추장과 고춧가루로 매운맛을 내며, 고추장만을 사용하는 것보다 고춧가루를 섞어서 사용하면 더 시원한 맛이 난다. 사용하는 생선은 흰살생선인 민어, 조기, 대구, 동태 등이 있다.
- ④ **순두부찌개** : 연한 순두부를 이용하여 매운맛을 낸 찌개로 밥의 찬으로 알맞다. 대개는 조갯살이나 굴을 넣어서 만든다.
- ⑤ **청국장찌개** : 불린 콩을 삶아 발효시켜서 만든 청국장을 장국에 풀어 두부와 김치 등을 넣고 끓인 찌개이다.

(2) 찌개의 조리
- ① **두부젓국찌개**
  - ㉮ 냄비에 물을 넣고 끓이면서 소금 간을 한다.
  - ㉯ 물이 끓으면 두부를 넣고 잠깐 끓인 후 굴, 다진 마늘, 새우젓 국물을 넣고 끓이면서 거품을 제거한다.
  - ㉰ 두부가 떠오르면 불을 끄고 실파와 홍고추를 넣은 후 뚜껑을 잠시 덮어 두었다가 참기름을 넣는다.
- ② **명란젓국찌개**
  - ㉮ 소고기를 양념장을 고루 무쳐 냄비에 볶다가 물을 부어 끓인다.
  - ㉯ 물이 끓으면 무를 넣고 무가 익을 때까지 중간 불로 끓인다.
  - ㉰ 무가 익으면 명란과 두부를 넣고 끓이고 새우젓국이나 소금으로 간을 맞춘다.
  - ㉱ 실파를 넣고 잠시 끓인 후 불을 끄고 참기름을 넣는다.
- ③ **된장찌개**
  - ㉮ 냄비에 양념장 1을 넣고 물을 조금씩 넣어가며 덩어리가 생기지 않도록 잘 푼다.
  - ㉯ 냄비에 참기름을 두르고 양념한 소고기를 볶다가 앞서 만든 국물을 넣어 끓인다.
  - ㉰ 한소끔 끓인 후 두부와 마른 포고버섯과 애호박을 넣고 끓인다.
  - ㉱ 홍고추와 풋고추를 넣고 한소끔 끓인다.
- ④ **생선찌개**
  - ㉮ 냄비에 물을 넣고 고추장을 풀어 무를 넣고 끓이면서 거품을 걸어 낸다.

- ㉯ 무가 반쯤 익었을 때 생선을 넣고 한소끔 끓인다.
- ㉰ 애호박, 고춧가루, 후춧가루를 넣고 다시 끓어오르면 두부를 넣고 끓인다.
- ㉱ 두부가 떠오르면 양념장으로 색과 간을 맞춘다.
- ㉲ 풋고추, 홍고추를 넣고 소금으로 간을 맞춘다.
- ㉳ 생선 맛이 우러나면 실파와 쑥갓을 넣고 불을 끈다.
- ⑤ **순두부찌개**
  - ㉮ 냄비에 물을 넣고 순두부가 부서지지 않게 담는다.
  - ㉯ 양념장을 넣고 끓인다.
  - ㉰ 순두부가 익으면 굴, 조갯살, 홍고추, 풋고추를 넣고 끓인다.
- ⑥ **청국장찌개**
  - ㉮ 냄비에 양념한 고기를 살짝 볶은 후 물을 부어서 끓인다.
  - ㉯ 맛이 우러나면 청국장과 다진 마늘과 김치를 넣고 끓인다.
  - ㉰ 끓어오르면 두부와 파를 넣어 끓이고 소금으로 간을 한다.

3 ▶ 찌개 담기

(1) 조리의 종류를 고려한 그릇 선택
- ① **고열의 직화조리에 적합한 그릇 선택**
  - ㉮ 가열조리를 목적으로 280℃ 이상의 온도에서 직접 화염에 접촉하며 사용한다.
  - ㉯ 급격한 가열 및 냉각에 잘 견딘다.
- ② **고내열 질그릇 선택**
  - ㉮ 오랜 전통을 가진 것으로 서민들의 부엌용구로 널리 사용한다.
  - ㉯ 뚝배기, 밥솥, 된장찌개, 설렁탕 등 탕 용기로 질그릇이 많이 사용한다.
  - ㉰ 음식물이 잘 식지 않기 때문에 특히 기름기 있는 음식의 그릇으로 좋다.

(2) 조리의 형태를 고려한 그릇 선택
- ① **오븐조리에 적합한 그릇 선택**
  - ㉮ 가열조리를 목적으로 120℃ 이상의 온도에서 직접 화염에 접촉하지 않고 사용한다.
  - ㉯ 300℃ 이하의 오븐에서 잘 견딘다.
- ② **내열식기 선택**
  - ㉮ 가볍고 열전도율이 높은 알루미늄 용기의 사용이 늘어나고 있다.
  - ㉯ 스테인레스 스틸, 법랑, 강화유리제품 등 각종 소재가 이용되고 있다.

Lesson 06 한식 전 · 적 조리

1 ▶ 전 · 적 재료 준비

(1) 전 · 적의 정의
- ① **전(煎)**
  - ㉮ 우리나라 음식 중 기름의 섭취를 가장 많이 할 수 있는 방법이다.
  - ㉯ 육류, 가금류, 어패류, 채소류 등을 지지기 좋은 크기로 하여 얇게 저미거나 채 썰기 또는 다져서 소금과 후추로 조미한 다음

밀가루와 달걀 물을 입혀서 번철이나 프라이팬에 기름을 두르고 부쳐 낸다.
　　㉰ 지짐은 빈대떡이나 파전처럼 재료들을 밀가루 푼 것에 섞어서 직접 기름에 지져 내는 음식을 말한다.
　② 적(炙)
　　㉮ 고기를 비롯한 재료를 꼬치에 꿰어서 불에 구워 조리하는 것으로 석쇠에 굽는 직화 구이와 번철에 굽는 간접구이로 구분하며 대표적인 음식으로 산적, 누름적이 있다.
　　㉯ 산적은 익히지 않은 재료를 양념하여 꿰어서 옷을 입히지 않고 굽는 것을 의미하며, 누름적은 재료를 양념하여 꼬치에 꿰어 전을 부치듯이 밀가루와 달걀 물을 입혀서 속 재료가 잘 익도록 누르면서 지지는 방법과 재료를 양념하여 익힌 다음 꼬치에 꿰는 방법이 있다.

(2) 재료의 전처리
① 육류, 해산물은 익으면 길이가 줄어들기 때문에 다른 재료의 길이보다 길게 자른다.
② 육류나 어패류는 포를 떠서 잔칼질을 하고 소금, 후춧가루를 뿌려 밑간을 한다.
③ 잔칼질을 하면 근섬유가 절단되어 익힐 때 오그라들지 않고 편편하게 익는다.
④ 전의 속 재료는 두부, 육류, 해산물을 다지거나 으깨서 양념하는데, 물기 짠 두부는 약간의 소금과 참기름으로 밑간을 한다.
⑤ 단단한 재료는 미리 데치거나 익혀 놓는다.
⑥ 조리에 사용하는 파, 마늘, 생강은 곱게 다져서 사용한다.

2　전·적 조리

(1) 전을 반죽할 때의 재료 선택
① **밀가루, 멥쌀가루, 찹쌀가루를 사용해야 하는 경우** : 반죽이 너무 묽어서 전의 모양이 형성되지 않고 뒤집을 때 어려움이 있을 때는 달걀을 넣는 것을 줄이고 밀가루나 쌀가루를 추가로 사용한다.
② **달걀흰자와 전분을 사용해야 하는 경우** : 전을 도톰하게 만들 때 딱딱하지 않고 부드럽게 하고자 할 경우 또는 흰색을 유지하고자 할 때 사용한다.
③ **달걀과 밀가루, 멥쌀가루, 찹쌀가루를 혼합하여 사용해야 하는 경우** : 전의 모양을 형성하기도 하고 점성을 높이고자 할 때 사용한다.
④ **속 재료를 더 넣어야 하는 경우** : 속 재료가 부족하면 전이 넓게 쳐지게 될 경우 밀가루나 달걀을 추가하면 점성은 높여주나 전이 딱딱해지므로, 속 재료를 더 준비하여 사용하는 것이 좋다.

(2) 기름의 종류, 양과 온도 조절
① 전을 부칠 때 사용하는 기름은 콩기름, 옥수수기름 등과 같이 발연점이 높은 기름이 좋고, 참기름, 들기름 등과 같이 발연점이 낮은 기름에서는 재료가 타기 쉽기 때문에 좋지 않다.
② 전을 지질 때는 번철에 기름을 두르고 양면을 지져 익힌다.
③ 불의 세기는 처음에 재료를 팬에 올려놓기 전까지는 센 불로 달구다가 달구어진 팬에 재료를 얹을 때부터는 중간보다 약하게 하여 재료의 속까지 익게 천천히 부치고 자주 뒤집지 않아야 전이 곱게 된다.
④ 번철에 기름도 적당량을 골고루 둘러야 전의 옷이 똑같은 색깔로 곱게 부쳐진다.
⑤ 기름의 양이 적으면 번철에 둘러붙고 모양이 볼품이 없게 된다.
⑥ 곡류전은 기름을 넉넉히 두른다. 곡류를 갈아서 전을 반죽하였을 경우 기름을 넉넉하게 사용하여야 흡유량이 많아 바삭한 전을 만들 수 있기 때문이다.
⑦ 육류, 생선, 채소전은 기름을 적게 사용한다. 기름이 많으면 쉽게 색이 누렇게 되고, 밀가루 또는 달걀옷이 쉽게 벗겨지기 때문이다.

3　전·적 담기

(1) 조리법에 따른 전·적 그릇 선택
① 전, 적 담아내는 그릇은 재질, 색, 모양 그리고 재료의 크기와 양을 고려하여 선택한다.
② 재질은 도자기, 스테인리스, 유리, 목기, 대나무 채반 등을 사용할 수 있다.
③ 색은 요리의 색과 배색이 되는 것을 선택하여 요리의 색감을 효과적으로 표현할 수 있다.
④ 그릇의 모양은 넓고 평평한 접시 형태로 선택한다.

(2) 담아낼 때의 주의사항
① 접시의 내원을 벗어나지 않게 담는다.
② 고객의 편리성에 초점을 두어 담는다.
③ 재료별 특성을 이해하고 일정한 공간을 두어 담는다.
④ 너무 획일적이지 않은 일정한 질서와 간격을 두어 담는다.
⑤ 불필요한 고명은 피하고 간단하면서도 깔끔하게 담는다.
⑥ 소스 사용으로 음식의 색상이나 모양이 망가지지 않게 유의해서 담는다.

Lesson 07　한식 생채·회 조리

4　생채·회 재료 준비

(1) 생채
① 생채는 익히지 않고 날로 무친 나물을 의미하며 계절마다 나오는 싱싱한 채소들을 익히지 않고 초장, 고추장, 겨자장으로 무친 일반적인 반찬이다.
② 재료가 신선할수록 좋고 맛도 결정하므로 신선한 재료는 매우 중요하다.
③ 나쁜 맛이 없고 조직은 연해야 하며 위생적으로 다루어야 한다. 씻을 때는 조직에 상처가 나지 않도록 하고 풍미와 영양소 손실을 적게 해야 한다.
④ 생채는 생식하므로 가열 조리한 것에 비하여 영양소의 손실이 적고 비타민을 풍부하게 섭취할 수 있다. 또한 양념으로 식초와 설탕을 사용하여 새콤한 맛을 나게 한다.

(2) 회 · 숙회

① 회

㉮ 회는 육류, 어패류, 채소류를 썰어서 날로 초간장, 초고추장, 소금, 기름 등에 찍어 먹는 조리법이다.

㉯ 회는 무엇보다 재료가 신선해야 하고 날로 먹기 때문에 재료를 위생적이고 정갈하게 다루어야 한다. 특히 회는 조리도구 위생에 각별히 신경 써야 한다.

② 숙회

㉮ 숙회는 육류, 어패류, 채소류를 끓는 물에 삶거나 데쳐서 익힌 후 썰어서 초고추장이나 겨자즙 등을 찍어 먹는 조리법이다.

㉯ 숙회에는 문어숙회, 오징어숙회, 미나리강회, 파강회, 어채, 두릅회 등이 있다.

5 생채 · 회 조리

(1) 생채 조리

① 무생채

㉮ 무생채의 재료로는 채를 썬 무와 양념 재료로 다진 파, 다진 마늘, 다진 생강, 고운 고춧가루, 식초, 설탕, 소금, 깨소금을 준비한다.

㉯ 채를 썬 무에 고운 고춧가루를 넣고 버무려서 붉은색을 들여 준다.

㉰ 무생채의 양념으로 다진 파, 다진 마늘, 다진 생강, 식초, 설탕, 소금, 깨소금을 섞어 무침 양념장을 섞어 준다.

㉱ 붉은 물을 들인 무에 무침 양념장을 넣고 양념이 잘 배합되도록 골고루 무친다.

② 도라지생채

㉮ 도라지생채의 재료로는 채를 썬 도라지와 양념 재료로 다진 파, 다진 마늘, 고추장, 고춧가루, 설탕, 식초, 소금, 깨소금을 준비하여 준비한다.

㉯ 다진 파, 다진 마늘, 고추장, 고춧가루, 설탕, 식초, 소금, 깨소금을 섞어 무침 양념장을 준비한다.

㉰ 도라지와 양념장을 넣고 양념이 잘 배도록 골고루 무친다.

▣ 생채 조리 시 유의사항
• 생채 조리 시 물이 생기지 않게 한다.
• 생채 조리 시 양념이 잘 배게 하려면 고추장이나 고춧가루로 미리 버무려 놓는다.
• 생채 조리 시 기름은 사용하지 않는다.

(2) 회 조리

① 육회

㉮ 곱게 채를 썬 쇠고기와 무침 양념으로 다진 파, 다진 마늘, 설탕, 소금, 후춧가루, 깨소금, 참기름을 준비한다.

㉯ 다진 파, 다진 마늘, 설탕, 소금, 후춧가루, 깨소금, 참기름을 섞어 양념장을 준비한다.

㉰ 채를 썬 쇠고기와 양념장을 골고루 섞어 준비한다.

㉱ 육회의 양념 쇠고기와 채를 썬 배, 편으로 썬 마늘, 잣가루를 준비한다.

② 미나리강회

㉮ 규격대로 잘라 놓은 쇠고기 편육, 황 · 백지단, 홍고추, 삶은 미나리를 준비한다.

㉯ 쇠고기 편육, 황 · 백지단, 홍고추를 차례대로 얹고 삶은 미나리

끝부분을 편육 뒤쪽에서 시작하여 돌려준다.

㉰ 미나리 마무리는 편육 쪽 뒤에서 하고 이쑤시개나 젓가락 등으로 마무리 한다.

㉱ 미나리강회와 곁들이는 초고추장 재료, 고추장, 식초, 설탕을 섞어 준다.

6 생채 · 회 담기

(1) 생채 담기

① 무생채

㉮ 무생채에 맞는 그릇을 준비한다.

㉯ 양념에 무친 무생채를 선택한 그릇에 담는다.

㉰ 생채를 그릇에 담은 후에 깨소금을 뿌려 완성한다.

② 도라지생채

㉮ 도라지생채에 맞는 그릇을 선택한다.

㉯ 양념에 무친 도라지생채를 선택한 그릇에 담는다.

㉰ 도라지생채를 그릇에 담은 후에 깨소금을 뿌려 완성한다.

(2) 회 · 숙회

① 육회

㉮ 육회에 맞는 그릇을 선택한다.

㉯ 설탕물에 담가서 물기를 제거한 채 썬 배를 그릇 가장자리에 돌려가면서 담는다.

㉰ 양념장에 무친 소고기를 접시 중앙에 담는다.

㉱ 편으로 썬 마늘은 고기에 기대어 세워서 돌려 담는다.

㉲ 다진 잣은 육회 위에 뿌려 준다.

② 미나리강회

㉮ 미나리강회에 맞는 그릇을 선택한다.

㉯ 미나리를 이용해 돌려 담은 재료를 접시에 담는다.

㉰ 미나리강회의 초고추장 재료인 고추장, 식초, 설탕은 섞어서 종지에 담는다.

㉱ 미나리강회와 초고추장을 함께 낸다.

Lesson 08 한식 조림 · 초 조리

1 조림 · 초 재료 준비

(1) 장조림 재료의 종류

종류	부위	특징
소	사태	• 앞 · 뒷다리 사골을 감싸고 있는 부위로 운동량이 많아 색상이 진한 반면 근육 다발이 모여 있어 특유의 쫄깃한 맛을 낸다. • 장시간 물에 넣어 가열하면 연해진다. • 기름기가 없어 담백하면서도 깊은 맛이 난다.
	우둔살	• 지방이 적고 살코기가 많다. • 우둔살은 고기의 결이 약간 굵으나 근육막이 적어 연하며, 홍두깨살은 결이 거칠고 단단하다.
닭	가슴살	• 지방이 매우 적어 맛이 담백하고 근육섬유로만 되어 있다. • 회복기 환자 및 어린이 영양 간식에 적합하며 특히 칼로리 섭취를 줄이고도 영양 균형을 이룰 수 있다.
돼지	뒷다리	• 볼기 부위의 고기로 살집이 두터우며 지방이 적다.

(2) 양념장 만들기

① 조림 간장 양념장
- ㉮ 조림 냄비에 간장, 설탕, 물을 넣고 설탕이 잘 녹도록 골고루 섞어 준다.
- ㉯ 다진 마늘, 다진 대파, 물엿, 참기름, 후춧가루를 넣어 준다.
- ㉰ 모든 재료를 넣어 조림냄비를 약불에 올려 잘 섞이도록 저어주고 끓기 바로 전 불에서 내린다.
- ㉱ 양념장이 식은 후 사용한다.

② 초 양념장
- ㉮ 조림 냄비에 간장, 설탕, 물을 넣고 설탕이 잘 녹도록 골고루 섞는다.
- ㉯ 다진 마늘, 물엿, 참기름, 후춧가루를 넣는다.
- ㉰ 모든 재료를 넣어 조림 냄비를 약불에 올려 잘 섞이도록 저어주고 끓기 바로 전 불에서 내린다.
- ㉱ 후추·간장·양념장에 식품을 넣고 조린 다음 전분 물을 넣고 고루 섞은 후 참기름을 넣는다.

> **■ 초 양념장**
> - 초 양념장 만들기는 간장 양념장 만들기와 동일하며 조리 마지막에 전분 물을 사용하는 것이 다르다.
> - 전분물은 1:1 동량을 만들어 물은 따라내고 사용하는데 불을 끄고 열기가 있을 때 전분 물을 넣어 빨리 젓는다.

2 조림·초 조리

(1) 장조림 조리

① 장조림의 주재료 및 부재료를 준비한다.
- ㉮ 이물질의 혼입에 주의하고 재료의 청결관리를 철저히 한다.
- ㉯ 전처리해 둔 소고기, 꽈리고추, 메추리알과 양념장을 배합 비율에 맞게 준비한다.

② 전처리한 소고기와 메추리알을 양념장에 조린다.
- ㉮ 전처리해 둔 소고기와 메추리알, 양념장을 일정 비율로 혼합한 후 95℃에서 20~30분간 조리한다.
- ㉯ 국물을 조리는 정도에 따라 간이 달라지므로 불의 세기와 시간을 잘 조절한다.

③ 꽈리고추를 첨가한다.
- ㉮ 소고기와 메추리알이 다 조려질 때쯤 꽈리고추를 넣어 살짝 더 조린다.
- ㉯ 꽈리고추는 적합한 조직감을 유지될 수 있도록 살짝 졸인다.

(2) 홍합초 조리

① 홍합초의 주재료 및 부재료를 준비한다.
- ㉮ 이물질의 혼입에 주의하고 재료의 청결관리를 철저히 한다.
- ㉯ 전처리해 둔 홍합과 양념장을 배합비율에 맞게 준비한다.

② 마늘과 생강을 썬다.

③ 전분 물을 만든다.
- ㉮ 전분 물의 비율은 물과 전분가루를 각각 1:1로 잘 섞는다.
- ㉯ 전분이 가라앉으면 물은 따라내고 사용한다.
- ㉰ 시간이 지나면 전분이 가라앉아 단단해지는데 다시 휘저어 사용하면 된다.

④ 홍합초를 조린다.
- ㉮ 냄비에 양념장을 넣고 끓이다가 데친 홍합과 마늘, 생강을 넣고 중불로 줄여 국물을 끼얹어 가면서 윤기 나게 조린다. 뚜껑을 열고 조려야 윤기가 난다.
- ㉯ 거의 완성되어 갈 때 대파를 넣는다. 대파는 거의 조려졌을 때 넣어야 숨이 죽지 않는다.
- ㉰ 전분 물을 냄비에 넣고 재빨리 저어 준다.
- ㉱ 국물이 걸쭉해지면 참기름을 넣어 윤이 나게 조린다.

3 조림·초 담기

(1) 장조림 완성
① 국물이 있게 조리한 장조림을 담을 수 있는 오목한 그릇을 준비한다.
② 소고기를 접시 중앙에 소복하게 담는다.
③ 메추리알과 꽈리고추를 접시 가장자리에 보기 좋게 담는다. 주재료와 부재료의 모양과 그릇의 모양과 조화를 이루게 한다.
④ 장조림 고기 표면이 말라보이지 않게 국물을 끼얹어 주면서 자박하게 담는다.

(2) 홍합초 완성
① 홍합초를 담을 수 있는 오목한 그릇을 준비한다.
② 접시 중앙에 소복하게 홍합을 담고 홍합초 국물을 한 숟갈 끼얹는다.
③ 파를 세우고 접시바닥에 마늘편을 돌려 담는다.
④ 다진 잣가루를 홍합 중앙에 모아서 뿌린다.

Lesson 09 한식 구이 조리

1 구이 재료 준비

(1) 주재료의 전처리
① **너비아니** : 너비아니에 사용할 소고기는 요구하는 크기를 고려하여 자른 후 앞뒤로 두드려 부드럽게 만든다.
② **생선구이** : 생선의 비늘을 제거하고 아가미 쪽으로 내장도 제거한 후 2cm 간격으로 옆면에 칼집을 넣는다.
③ **제육구이 전처리하기** : 돼지고기는 요구하는 크기를 고려하여 자른 후 앞뒤로 잔 칼집을 넣는다.
④ **오징어구이** : 먹물이 터지지 않도록 내장을 제거하고 몸통과 다리의 껍질을 벗겨 깨끗하게 씻은 후 오징어 안쪽에 0.3cm 간격으로 가로와 세로 사선으로 어슷하게 칼집을 넣는다. 오징어 다리는 껍질을 벗긴 후 일정한 크기로 자른다.
⑤ **북어구이** : 북어포는 물에 불려 머리, 꼬리, 지느러미를 제거하고 물기를 짠 다음 뼈를 발라내고 자른다.

(2) 재료에 적합한 양념
① **소금 구이** : 방자구이, 청어구이, 고등어구이, 김구이

② **간장 양념구이** : 가리구이, 너비아니구이, 장포육, 염통구이, 닭구이, 도미구이, 민어구이, 삼치구이, 낙지호롱

③ **고추장 양념구이** : 제육구이, 병어구이, 북어구이, 장어구이, 오징어구이, 뱅어포구이, 더덕구이

▌ **양념장 제조 시 유의사항**
- 고추장 양념장은 미리 만들어 3일 정도 숙성하여야 고춧가루의 거친 맛이 없고 맛이 깊어진다.
- 유장은 간장 : 참기름을 1 : 3의 비율로 만든다.
- 간장 양념은 양념 후 30분 정도 재워 두는 것이 좋으며 오래 두면 육즙이 빠져 육질이 질겨진다.

---

2 │ 구이 조리

(1) 건열에 의한 조리방법

① **직접 구이**

㉮ 석쇠나 망을 이용하여 직접 불 위에 식품을 굽는 방법이다.

㉯ 일반적으로 직접 구이에 있어서는 표면의 온도가 250℃라고 하는데, 물기가 많은 식품은 300℃, 모양이 커서 속까지 열이 잘 통하지 않는 식품은 200℃ 정도가 되도록 화력과 식품의 거리를 조절한다.

㉰ 열원과 식품과의 거리는 8~10cm가 좋으며, 식품에 화력이 고루 전해지도록 하며, 일정한 화력을 지속하도록 한다.

② **간접 구이**

㉮ 열원 위에 철판이나 프라이팬을 놓고 그 위에 식품을 올려놓고 가열하는 방법인데, 중간체인 금속판이 먼저 뜨거워져서 식품으로 열이 균등하게 전해져 굽는 방법이다.

㉯ 지방이 많은 육류나 어류처럼 직접 구이를 하면 지방의 손실이 많은 것, 또는 곡류처럼 직접 구울 수 없는 것에 사용된다.

㉰ 철판이나 프라이팬에 기름을 칠하여 식품이 달라붙지 않게 한다.

㉱ 두께가 두꺼운 식품은 중심부가 균일하게 가열되지 않으므로 굽는 도중에 물을 가하고 뚜껑을 덮으면 가열된 증기에 쪄지면서 구워지게 된다.

(2) 굽기 시 유의사항

① 생선 등 수분량이 많은 것은 화력이 강하면 겉만 타고 속은 제대로 익지 않을 때가 많다. 따라서, 생선을 통으로 구울 때는 제공하는 면 쪽을 먼저 갈색이 되도록 구운 다음 프라이팬 또는 석쇠에서 약한 불로 천천히 구워서 속까지 익힌다.

② 지방이 많은 식재료는 직화로 구우면 녹는 유지가 불 위에 떨어져서 타기 때문에 불꽃에 그을려 색도 나빠지고 연기 속에 아크롤레인(acrolein)과 같은 성분이 포함되어 옆에서 부채질하여 불꽃이나 연기가 식재료에 가지 않도록 주의해야 한다.

③ 생선, 소고기의 단백질 응고온도는 40℃ 전후, 소고기 내부의 단백질은 무기질, 그 외의 성분영향을 받아 온도가 더 높아지며 65℃ 전후가 가장 맛이 좋다.

---

3 │ 구이 담기

(1) 구이 그릇 선택 시 고려사항

① **구이 재료의 특징 파악** : 구이 재료와 구이 형태를 파악하여 그릇을 선택한다.

② **구이 양념장 특징 파악** : 구이에 사용한 양념장을 색을 고려하여 그릇을 선택한다.

③ **분량과 인원수 고려** : 선택한 그릇에서 분량과 인원수를 고려하여 적절한 크기의 그릇을 선택한다.

(2) 구이 담아 제공하기

① **너비아니**

㉮ 뾰족한 쪽의 고깔을 떼어 낸 후 마른행주로 닦는다.

㉯ 도마 위에 종이를 깔고 칼로 곱게 다져 잣가루를 만든다.

㉰ 완성된 너비아니를 선택한 그릇에 담는다.

㉱ 잣가루를 뿌린다.

② **생선구이**

㉮ 생선의 머리가 왼쪽, 배가 아래쪽으로 향하도록 담는다.

㉯ 생선의 형태가 흐트러지지 않도록 담아 제공한다.

Lesson 10 │ 한식 숙채 조리

1 │ 숙채 재료 준비

(1) 숙채의 개요

① 숙채란 물에 데치거나 기름에 볶은 나물을 말한다.

② 콩나물. 시금치. 숙주나물, 기타 나물 등은 대개 끓는 물에 파랗게 데쳐서 무치고, 호박 · 오이 · 도라지 등은 소금에 절였다가 팬에 기름을 두르고 볶아서 익힌다.

③ 시금치 · 쑥갓 등의 나물은 끓는 물에 소금을 약간 넣어 살짝 데치고 찬물에 헹군다.

(2) 재료의 전처리

① **시금치**

㉮ 시금치는 지저분하거나 누렇게 된 잎은 정리하고, 뿌리 부분은 잘라 내거나 지저분한 부분을 제거해서 다듬는다.

㉯ 다듬은 시금치는 깨끗한 물에 살살 씻어서 체에 받쳐 물기를 뺀다.

㉰ 시금치를 데칠 때는 약간의 소금을 넣고 녹색 빛이 선명하게 나타나도록 뚜껑을 열고 살짝 데친다.

② **고사리**

㉮ 건고사리는 이물질을 정리하고 깨끗이 씻은 후 6시간 정도 물에 불린다.

㉯ 불린 고사리는 충분히 연하게 될 때까지 끓는 물에서 푹 삶아 준다.

㉰ 삶은 고사리는 단단한 줄기 부분을 잘라 내고 5cm 정도 먹기 좋은 크기로 잘라서 준비한다.

2. 숙채 조리

(1) 숙채조리 조리법의 특징

① 끓이기와 삶기(습열조리)
  ㉮ 채소를 데칠 때는 나물로서 적합한 질감을 가질 정도로 데쳐야 한다.
  ㉯ 많은 양의 물에 식품을 넣고 가열하여 익히며, 조리시간이 길고, 고루 익혀야 한다.

② 데치기(습열조리)
  ㉮ 끓는 물에 데치는 녹색 채소는 선명한 푸른색을 띠어야 하고 비타민 C의 손실이 적어야 한다.
  ㉯ 데쳐낸 채소의 색을 유지하기 위해 냉수에 헹구면 비타민 C가 용출되므로, 데쳐 낸 채소를 얼음 등으로 온도를 급격히 낮추면 조직의 연화를 방지하고 비타민 C의 용출을 줄일 수 있다.

③ 찌기(습열조리)
  ㉮ 가열된 수증기로 식품을 익히며, 식품모양이 그대로 유지된다.
  ㉯ 끓이기나 삶기보다 수용성 영양소의 손실이 적지만, 녹색 채소 조리법으로 부적당하다.

④ 볶기(건열조리)
  ㉮ 냄비나 프라이팬에 기름을 두르고 식품이 타지 않게 뒤적이며 조리한다.
  ㉯ 재료를 잘게 또는 가늘게 썰어 센 불에서 조리하며, 지용성 비타민의 흡수를 돕고, 수용성 영양소의 손실이 적다.

(2) 숙채 조리

① 시금치나물 조리
  ㉮ 깨끗이 씻은 시금치는 끓는 물에서 약간의 소금을 넣고 뚜껑을 열어 재빨리 삶아 낸다.
  ㉯ 삶은 시금치는 찬물에 헹궈서 물기를 짜서 준비한다.
  ㉰ 삶은 시금치와 무침 양념으로 다진 파, 다진 마늘, 소금, 깨소금, 참기름을 준비한다.
  ㉱ 삶은 시금치와 혼합양념을 넣고 양념이 잘 배합되도록 무친다.

② 고사리나물 조리
  ㉮ 고사리나물의 재료로 고사리, 다진 파, 다진 마늘, 간장, 깨소금, 참기름을 준비한다.
  ㉯ 삶은 고사리와 고사리나물의 무침 양념장을 준비한다.
  ㉰ 고사리와 다진 파, 다진 마늘, 국간장, 소금, 참기름, 깨소금, 섞어 양념을 무친다.
  ㉱ 프라이팬에 식용유를 두르고 양념에 무친 고사리를 볶는다.

3. 숙채 담기

(1) 시금치나물

① 시금치나물에 맞는 그릇을 선택한다.
② 양념에 무친 시금치나물을 선택한 그릇에 담는다.
③ 시금치나물을 그릇에 담은 후에 깨소금을 뿌려 완성한다.

(2) 고사리나물

① 고사리나물에 맞는 그릇을 선택한다.
② 양념에 무쳐서 볶은 고사리나물을 선택한 그릇에 담는다.
③ 고사리나물을 그릇에 담은 후에 깨소금을 뿌려 완성한다.

Lesson 11 한식 볶음 조리

1. 볶음 재료 준비

(1) 볶음 조리도구 및 볶음

① 볶음 조리도구
  ㉮ 볶음을 할 때는 작은 냄비보다는 큰 냄비를 사용한다.
  ㉯ 바닥에 닿는 면이 넓어야 재료가 균일하게 익으며 양념장이 골고루 배어들어 볶음의 맛이 좋아진다.

② 볶음
  ㉮ 볶음은 소량의 지방을 이용해 뜨거운 팬에서 음식을 익히는 방법이다.
  ㉯ 팬을 달군 후 소량의 기름을 넣어 높은 온도에서 단기간에 볶아 익혀야 원하는 질감, 색과 향을 얻을 수 있다.

(2) 양념장 만들기

① 볶음 고추장 양념장
  ㉮ 조림 냄비에 간장, 설탕, 청주를 넣고 설탕이 잘 녹도록 골고루 섞는다.
  ㉯ 위 ㉮에 고추장, 고춧가루를 넣고 섞는다.
  ㉰ 준비한 다진 마늘과 참기름을 첨가하여 잘 섞는다.
  ㉱ 약불로 재료가 골고루 잘 섞이도록 저어 준다.
  ㉲ 양념장이 완성되면 식은 후 사용한다.

② 볶음 간장 양념장
  ㉮ 볶음 냄비에 간장, 설탕, 물을 넣고 설탕이 잘 녹도록 골고루 섞어 준다.
  ㉯ 위 ㉮에 다진 마늘, 물엿, 참기름, 후춧가루를 넣어준다.
  ㉰ 모든 재료를 넣어 조림 냄비를 약불에 올려 잘 섞이도록 저어주고 끓기 바로 전 불에서 내려준다.
  ㉱ 양념장이 식은 후 사용한다.

2. 볶음 조리

(1) 육류의 조리

① 중국 프라이팬에 기름을 넣고 기름의 연기가 비춰질 정도로 뜨거워지면 육류를 넣고 색을 낸다.
② 낮은 온도에서 조리하면 육즙이 유출되어 퍽퍽해지고 질겨진다. 그리고 이때 손잡이를 위로하고 불꽃을 팬 안쪽에서 끌어들여 훈제되어지는 향을 유도하면 특유의 볶음요리가 되는 것이다.

(2) 채소의 조리

① 색깔이 있는 구절판 재료(당근, 오이)는 소금에 절이지 말고 중간 불에 볶으면서 소금을 넣는다.
② 기름을 적게 두르고 볶는다. 기름을 많이 넣으면 색이 누래진다. 오이 또는 당근즙이 볶는 과정에서 침출되는데, 그대로 흡수될 정도로 볶아 준다.

③ 마른 표고버섯 볶을 때는 약간의 물을 넣어 준다. 기본적인 간(조림간장, 식초 약간, 설탕 등)을 한 다음 볶는다. 일반 버섯은 물기가 많이 나오므로 센 불에 재빨리 볶거나 소금에 살짝 절인 후 볶는다.

④ 요리의 부재료로 넣는 야채는 연기가 날 정도로 센불에 야채를 넣고 먼저 볶은 다음 주재료를 넣고 다시 볶은 후 마지막에 양념을 한다.

3 볶음 담기

(1) 그릇에 볶음 담기
① 볶음에 맞는 그릇을 준비한다.
② 볶음을 선택한 그릇에 담는다. 양념장을 골고루 잘 섞어 윤기 나게 담는다.
③ 볶음을 그릇에 담은 후에 통깨를 뿌려 완성한다. 통깨를 흐트려 뿌리면 지저분해 보이므로 꼭대기 부분에 모아서 뿌린다.

(2) 고명 얹기
① 볶음 조리에 맞는 고명을 준비한다.
② 재료별 특성을 이해하고 일정한 공간을 두어 다양한 형태로 고명을 담는다.
③ 불필요한 고명은 피하고 간단하면서도 깔끔하게 담는다.

Lesson 12 김치 조리

1 김치 재료 준비

(1) 김치의 개요
① 김치의 정의
 ㉮ 주원료인 절임 채소에 여러 가지 양념류와 젓갈을 혼합하여 저온에서 젖산 생성을 통해 발효된 제품을 통칭한다.
 ㉯ 김치의 주재료는 배추와 무이지만 거의 모든 종류의 채소로 담글 수 있다.
 ㉰ 김치는 정착 농경생활을 시작한 삼국 형성기 이전부터 시작되었으며, 현재와 같은 모습의 김치가 발전한 것은 임진왜란 이후인 조선 후기이다.
② 배추의 특성
 ㉮ 배추는 서늘한 기후를 좋아하는 식물로 우리나라 전역에 걸쳐 재배된다.
 ㉯ 발육적온이 20℃(배추포기가 결구(結球)되는 온도는 15~16℃)이며, 동해(凍害)를 입는 최저온도는 -8℃이고 생육기간은 60~90일이다.
 ㉰ 배추는 생육온도 특성상 가을 재배에 가장 적합하고 전국적으로 생산량이 가장 많다.
 ㉱ 봄, 여름에 걸쳐 노지에서 나는 배추는 재배기간 중 기온이 높아 결구가 불완전하고 푸른 겉잎이 많아 절임 후에도 폐기율이 높아 생산성이 떨어진다.

(2) 배추김치 재료 준비하기
① 배추 품질 확인
 ㉮ 결구 정도가 단단하고 배추 속잎이 노란색이고 단맛과 고소한 맛이 나며, 잎의 백색부가 넓고 얇으며 겉잎의 색은 진한 녹색이고 엽수가 많은 것이 좋다.
 ㉯ 결구형 배추는 잎이 양배추처럼 둘러싸여 속이 안 보이는 배추로 포합형이라고도 하며 배추김치, 김장용으로 적합하다.
② 배추 다듬기
 ㉮ 배추김치로 이용이 될 수 없는 병충해를 입은 부위와 소비자의 선호도에 따라 배춧잎과 줄기 부위가 억센 청잎 부위 그리고 배추 수확 과정에서 미처 다듬어지지 못한 뿌리 부위를 제거한다.
 ㉯ 식용이 가능하지 않은 불가식부는 분리수거용 봉투에 담아 처리한다.
③ 배추 자르기
 ㉮ 배추를 절임하기 위해서는 다듬어진 배추를 2등분하여 배춧잎 사이로 소금물이 잘 스며들게 하여야 한다.
 ㉯ 칼로 밑둥 부분을 먼저 5~10cm 가량 칼집을 낸 다음 양손으로 벌려서 이등분하거나 그대로 칼로 잘라서 이등분한다.
④ 배추 절이기
 ㉮ 절이기는 소금의 삼투압 작용으로 염분이 식물세포 안으로 침투하고 세포 안의 수분이 외부로 용출되는 과정으로 가장 중요한 목적은 식물성 주재료인 배추의 세포 활동을 정지시키는 것이다.
 ㉯ 마른 소금을 배추 사이에 직접 뿌리는 마른 소금법과 염수에 주재료를 담가 놓는 염수법이 있으며 봄과 여름에는 소금 농도를 7~10%로 8~9시간 정도를, 겨울에는 12~13%로 12~16시간 정도 절이는 것이 좋다.
⑤ 배추 세척 및 물빼기
 ㉮ 물빼기 정도는 배추의 염농도가 2~3%가 되도록 맞추고, 이물질이 발생하지 않도록 3~4회 세척한다.
 ㉯ 염분 제거와 함께 맛 성분도 일부 손실되며, 염도가 낮으면 김치의 조직감이 아삭아삭하고 색은 좋으나 저장성이 나쁘고, 염도 6% 이상에서는 배추가 너무 짤 뿐만 아니라 배추조직에서 수분이 과도하게 빠져 질깃한 질감을 준다.

> **■ 배추의 선택 및 저장**
> • 배추 흰 줄기 부분을 눌렀을 때 단단하고 탄력이 있는 것이 좋은 배추이다.
> • 배추의 중심을 잘라 혀에 대서 단맛이 나는 것이 좋으며 잎 두께가 얇고, 연하고 연녹색인 것이 좋다.
> • 잎을 조금 씹어 보아 고소한 맛이 나는 것이 좋고, 배추 밑동을 잘라 씹어 보아 고소한 맛이 나는 것이 좋은 배추이다.
> • 배추 저장의 최적 조건은 온도 0~3℃, 상대습도 95%이다.

(3) 김치 양념
① 양념은 음식을 만들 때 재료가 지닌 고유한 맛을 살리면서 음식마다 특유한 맛을 낼 때 사용되며, 식욕을 돋구며 음식의 약리 효과를 높이기도 한다.
② 양념은 한자로 약념(藥念)으로 쓰며, "먹어서 몸에 약처럼 이롭기를 바라는 마음으로 여러 가지를 고루 넣어 만든다."라는 뜻이 있다.

2 김치 조리

(1) 김치의 발효 미생물

① 김치의 맛을 내고 숙성시키는 발효 미생물은 유산균이며, 젖산균이라고도 불리는 유산균들은 한 종(spices)의 미생물이 아닌 그람(gram) 양성의 젖산발효를 하는 미생물들을 말한다.

② 유산균은 성장에 산소가 필요하지 않는 혐기성 미생물로서 성장에 필요한 에너지를 젖산발효를 통하여 얻는다.

③ 김치의 숙성은 한 종류의 미생물에 의하여 진행되는 것이 아니라 김치의 주재료와 부재료에 존재하였던 미생물 중 김치의 변화되는 환경에 적응하여 성장하는 것으로 숙성과정이 진행됨에 따라 김치의 미생물 분포가 변화한다.

④ 김치의 초기 염분은 약 3% 정도로 일차적으로 내염성을 가지는 미생물이 살아남게 된다. 발효가 진행됨에 따라 젖산 및 유기산들이 생성되어 pH가 내려가고 저온 숙성과정 중 혐기적 조건이 유지되어 유산균과 같이 내산성을 지닌 혐기성균이 선택적으로 자라게 된다.

⑤ 김치 숙성에 관여하는 혐기성 세균은 200여 종이 넘으며, 이들 중 초기의 김치 발효균주는 이상 젖산발효를 하여 젖산과 함께 이산화탄소, 초산, 에탄올을 생산하는 류코노스톡 메센테로이데스이다.

> **김치의 산패원인**
> - 초기 김치 주재료 및 부재료가 청결하지 못한 경우
> - 김치의 저장온도가 높거나 소금농도가 낮은 경우
> - 김치발효 마지막에 곰팡이나 효모들에 오염된 경우

(2) 김치의 숙성

① **맛 성분 변화**

㉮ 김치의 맛을 내는 성분은 유기산과 이산화탄소로 김치의 숙성을 진행시키며 생성된 유기산은 산도를 증가시키고 pH를 감소시킨다. 일반적으로는 pH 4.0 부근이 가장 맛있는 상태이다.

㉯ 김치의 숙성 중 가장 많이 생성되는 물질은 젖산, 구연산, 주석산 이며, 김치의 맛을 좋게 하는 맛 성분으로는 아미노산이 있다.

㉰ 유리아미노산은 김치의 맛을 좋게 할 뿐만 아니라 김치의 pH가 지나치게 떨어지는 것을 방지해 준다.

② **그 밖의 변화**

㉮ 김치의 영양성분 중 가장 중요한 것은 비타민 C로 김치발효 초기에는 감소하지만 김치가 숙성되는 과정에서 계속적으로 증가한다.

㉯ 김치의 숙성과정에서 비타민 C는 포도당(glucose)과 갈락투론산(galacturonic acid)으로부터 생합성된다.

> **매운맛과 순한맛**
> - 매운맛과 순한맛의 기준은 KS규격에서는 캡사이신 함량 42.3mg%가 기준이다.
> - 김치의 경우 60mg% 이상 매운맛, 30mg% 이하 순한맛, 그 사이를 보통맛으로 구분한다.

3 김치 담기

(1) 배추김치 담아 완성하기

① 배추김치 담을 그릇을 준비한다.
② 양념소를 넣은 배추를 반으로 접어서 겉잎으로 잘 싼 후 그릇에 차곡차곡 담는다.
③ 배추김치를 담은 용기의 제일 위는 배추 겉대 절인 것으로 덮는다.
④ 담은 배추김치를 김치냉장고에 보관하여 숙성시킨다.
⑤ 김장철에 담글시 약 3주일 정도 지나야 맛있게 익는다.
⑥ 김치는 필요한 만큼씩만 꺼내어 바로 썰어야 맛이 있다.
⑦ 김치를 꺼내고 나서는 반드시 꼭꼭 눌러 두어야 김치맛이 변하지 않는다.

(2) 깍두기 담아 완성하기

① 깍두기 담을 그릇을 준비한다.
② 담은 깍두기를 김치냉장고에 보관하여 숙성시킨다.
③ 깍두기는 필요한 만큼씩만 꺼내어 먹고 꺼내고 나서는 눌러두어 깍두기 맛이 변하지 않도록 한다.

(3) 열무김치 담아 완성하기

① 열무김치 담을 그릇을 준비한다.
② 담은 열무김치를 김치냉장고에 보관하여 숙성시킨다.
③ 여름철에 시원하게 먹는 김치로 김칫국에 밀가루나 찹쌀로 풀을 쑤어 넣으면 국물이 더욱 맛이 있다.
④ 열무김치는 배추김치보다 빨리 쉬기 때문에 냉장보관을 잘해야 한다.

(4) 파김치 담아 완성하기

① 파김치 담을 그릇을 준비한다.
② 두서너 가닥씩 손에 잡고 돌돌 말아 묶은 파김치를 멋스럽게 담는다.
③ 담은 파김치를 김치냉장고에 보관하여 숙성시킨다.
④ 멸치젓으로 절여 고춧가루를 넉넉히 넣고 담은 맵고, 진한맛을 내는 파김치는 갓을 섞어서 담기도 한다.

적중 예상문제 · CHECK POINT QUESTION

CHAPTER 01 | 한식 조리실무

---

001 다음 중 반상 차림에서 기본식에 포함되지 않는 것은 무엇인가?

① 찜   ② 밥
③ 국   ④ 회

🔍 반상은 밥을 주식으로 하는 정식 상차림으로 밥, 국(탕), 김치류, 종지(간장, 초간장, 초고추장), 조치류(찜, 찌개, 전골) 등을 제외한 반찬의 수에 따라 반상의 종류가 정해진다.

---

002 다음과 같이 구성된 식단은 몇 첩 반상에 해당되는가?

> 밥, 미역국, 배추김치, 간장, 마늘장아찌, 시금치나물, 소고기장조림

① 3첩 반상   ② 5첩 반상
③ 7첩 반상   ④ 9첩 반상

🔍 반상은 밥, 국(탕), 김치류, 종지(간장, 초간장, 초고추장), 조치류(찜, 찌개, 전골) 등을 제외한 반찬의 수에 따라 그 종류가 정해지므로 이를 제외한 마늘장아찌, 시금치나물, 소고기장조림의 3가지 반찬 수인 3첩 반상이다.

---

003 다음 중 우리나라의 전통적인 상차림에서 "주안상"과 같은 의미로 사용되는 것은?

① 반상   ② 교자상
③ 면상   ④ 주연상

🔍 주안상(주연상)은 술을 접대할 때 차리는 상으로 술안주로는 육포, 어포 등의 마른안주를 사용하며 찜, 신선로, 찌개 등의 진안주를 사용한다.

---

004 수라상의 찬품 가짓수는?

① 5첩   ② 7첩
③ 9첩   ④ 12첩

🔍 밥을 주식으로 하는 상차림인 반상은 반찬의 수에 따라 3첩, 5첩, 7첩, 9첩, 12첩 반상으로 나뉘며, 조선조 임금의 수라상은 12첩, 신하는 9첩이 최고였다.

---

005 정월 대보름날(음력 1월 15일)의 절식이 아닌 것은?

① 오곡밥   ② 떡국
③ 복쌈   ④ 약식

🔍 떡국은 정월 초하루(설날, 음력 1월 1일)의 절식에 해당한다.

---

006 한식의 반상은 첩수에 따라 구분할 수 있다. 첩수를 결정하는 그릇은?

① 보시기   ② 주발
③ 조반기   ④ 쟁첩

🔍 쟁첩은 전, 구이, 나물, 장아찌 등 대부분의 찬을 담는 그릇으로 작고 납작하며 뚜껑이 있다.

---

007 조선시대 유교문화의 상징인 종가(宗家)를 포함한 사대부가에서 먹던 음식을 뜻하는 것은?

① 궁중음식   ② 향토음식
③ 반가음식   ④ 의례음식

🔍 반가음식(종가음식)은 삼국시대의 호족, 고려시대의 문벌 귀족과 조선의 양반가를 통해 이어진 가문의 전통적 음식으로 궁중음식과 유사한 화려함이 특징이다.

---

008 칼 등의 쓰임새로 부적절한 것은?

① 얇고 긴 야채의 껍질을 벗길 때
② 단단한 껍질이나 뼈 등을 자를 때
③ 생선의 비늘을 긁을 때
④ 고기를 부드럽게 다질 때

🔍 칼 등은 얇고 긴 야채의 껍질을 벗길 때, 생선의 비늘을 긁을 때, 고기를 부드럽게 다질 때 사용한다.

---

009 칼질법 중 모든 칼질의 기본이 되는 것은?

① 밀어 썰기   ② 후려 썰기
③ 칼끝 대고 눌러 썰기   ④ 칼끝 대고 밀어 썰기

🔍 밀어 썰기
• 모든 칼질의 기본이 되는 칼질법이다. 피로도와 소리가 작아 가장 많이 사용하는 칼질법이다. 안전사고도 적다.
• 무, 양배추 및 오이 등을 채 썰 때 사용한다.

---

010 칼질법 중 후려 썰기에 대한 설명으로 틀린 것은?

① 손목의 스냅을 이용하기 때문에 힘이 적게 든다.
② 많은 양을 썰 때보다 적은 양을 썰 때 적당하다.
③ 정교함이 떨어지고 소리가 크게 나는 단점이 있다.
④ 칼날이 넓은 칼을 사용할 때는 안전사고에 유의한다.

🔍 후려 썰기는 속도가 빠르고 손목의 스냅을 이용하기 때문에 힘도 적게 들기 때문에 많은 양을 썰 때 적당한 칼질법이다.

---

011 파, 오이, 당근 등 긴 재료들을 적당한 두께로 비스듬하게 단면적이 많도록 써는 방법은?

① 어슷썰기   ② 통썰기
③ 나박썰기   ④ 얄팍썰기

🔍 어슷썰기는 파, 오이, 당근 등 긴 재료들을 적당한 두께로 비스듬하게 단면적이 많도록 써는 방법으로 맛이 우러나기 쉬워 조림에 사용된다.

---

012 음식을 제공할 때 온도를 고려해야 한다. 다음 중 맛있게 느끼는 식품의 온도가 가장 높은 것은?

① 전골   ② 국
③ 커피   ④ 밥

🔍 음식의 적온

음식 종류	온도	음식 종류	온도
청량음료	0~5℃	밥, 겨자, 종국 발효	40~45℃
맥주, 냉수	6~12℃	식혜 발효	50~60℃
빵 발효	25~30℃	커피, 국, 달걀찜	70~75℃
우유	40~45℃	전골	95~98℃

---

013 다음 중 음식과 해당 음식의 적온이 잘못 연결된 것은?

① 청량음료 : 0~5℃   ② 우유 : 40~45℃
③ 식혜 발효 : 25~30℃   ④ 전골 : 95~98℃

🔍 식혜 발효의 적온은 50~60℃이다.

정답 001 ④ 002 ① 003 ④ 004 ④ 005 ② 006 ④ 007 ③

정답 008 ② 009 ① 010 ② 011 ① 012 ① 013 ③

014 다량으로 전. 부침 등을 조리할 때 사용되는 기기로서 열원은 가스이며 불판 밑에 버너가 있는 가열기기는?

① 그리들
② 살라만다
③ 만능조리기
④ 가스레인지 오븐

> 조리 기기
> • 살라만다 : 가스 또는 전기를 열원으로 하는 하향식 구이용 기기
> • 가스레인지 오븐 : 가스를 연료로 하는 오븐

015 전이나 빈대떡 등을 부치는 쇠판의 조리기구는?

① 석쇠
② 번철
③ 신선로
④ 뚝배기

> • 신선로 : 가운데에 숯불을 피우고 둘레에 여러 가지 재료를 넣어 끓이면서 먹는 데 사용한다.
> • 번철 : 전이나 빈대떡 등을 부치는 쇠판을 말한다.
> • 석쇠 : 네모지거나 둥글게 짠 쇠테두리에 철사 등을 잘게 그물처럼 엮어 만든 것으로 고기 등을 직접 구울 때 사용한다.
> • 뚝배기 : 찌개 등을 끓일 때 사용한다.

016 급식조리용 기기 중에서 고온, 고압에 의해 단시간 내에 다량의 음식을 끓이고 데치고 볶아낼 수 있는 조리기기는?

① 전기오븐
② 스팀솥
③ 스팀오븐
④ 전기솥

> 스팀솥은 고온, 고압(물은 가압했을 때 끓는점이 높아짐)에 의해 단시간 내에 음식을 조리할 수 있는 조리기기이다.

017 인덕션(induction) 조리기기에 대한 내용으로 틀린 것은?

① 조리기기 상부의 표면은 매끈한 세라믹물질로 만들어져 있다.
② 자기전류가 유도코일에 의하여 발생되어 상부에 놓인 조리기구와 자기마찰에 의한 가열이 되어지는 것이다.
③ 상부에 놓이는 조리기구는 금속성 철을 함유한 것이어야 한다.
④ 가열속도가 빠른 반면 열의 세기를 조절할 수 없는 단점이 있다.

> 인덕션(induction) 조리기기는 높은 안전성과 고효율의 조리기로 전기요금의 부담이 아주 적으며, 열의 세기도 쉽게 조절할 수 있다.

018 용량을 측정하는 단위에서 1쿼터(quart)는 약 몇 컵이 되는가?

① 약 1컵
② 약 2컵
③ 약 4컵
④ 약 3컵

> 1quart(쿼터) = 2pints(핀트) = 약 4C

019 다음 중 조리용 기기의 명칭과 그 용도가 잘못 연결된 것은?

① 슬라이서(Slicer) – 육류를 저며내는데 사용
② 브로일러(Broiler) – 스테이크 등의 굽기에 사용
③ 믹서(Mixer) – 식품의 혼합, 교반 등에 사용
④ 스쿠퍼(Scooper) – 식품을 섞어 반죽하는 데 사용

> 스쿠퍼(scooper)는 아이스크림이나 야채의 모양을 뜨는 데 사용하며, 식품을 섞어 반죽하거나 분쇄·절단하는 작업에 편리한 기기는 믹싱기(mixing machine)이다.

020 다음은 조리 시 표준적인 계량의 단위를 나타낸 것이다. 틀린 것은?

① 1컵 = 200mL
② 1큰술 = 15mL
③ 1작은술 = 7.5mL
④ 1국자 = 100mL

> • 1컵 = 1C = 200mL
> • 1큰술 = 1Ts = 3작은술 = 15mL
> • 1작은술 = 1ts = 5mL
> • 1국자 = 100mL
> • 1쿼더(quart) = 2핀트(pints) = 약 4C

021 다음 중 가스 또는 전기를 열원으로 하는 하향식 구이용 기기로 생선구이나 스테이크 구이용으로 많이 사용되는 조리기기는?

① 필러(Peeler)
② 그리들(Griddle)
③ 살라만더(Salamander)
④ 브로일러(Broiler)

> • 필러(peeler) : 감자, 무, 당근, 토란 등의 껍질을 벗기는 기계(박피기)
> • 그리들(griddle) : 두꺼운 철판 밑으로 열을 가열하여 뜨겁게 달구어진 철판 위에서 음식을 조리하는 기기로 전, 햄버거 등 부침요리에 적합
> • 브로일러(broiler) : 복사열을 직·간접으로 이용하여 음식을 조리하는 기기로 구이에 적합

022 쌀의 품질과 관련하여 수분의 몇 % 이하여야 하는가?

① 10% 이하
② 13% 이하
③ 16% 이하
④ 20% 이하

> 쌀의 수분 최고한도는 16%이다. 즉, 수분은 16% 이하여야 한다.

023 쌀의 품질 기준과 관련하여 체적의 1/2 이상이 분상질 상태인 낟알은?

① 열손립
② 피해립
③ 이종곡립
④ 분상질립

> • 분상질립 : 체적의 1/2 이상이 분상질 상태인 낟알
> • 피해립 : 오염된립·병해립·충해립·박이립·생리장애립, 적조 및 흑조가 낟알 길이의 1/4 이상 부착된 것
> • 열손립 : 열 등에 의해 변색 또는 손상된 낟알을 말하며 미립표면적의 1/4 이상이 주황색으로 착색된 것
> • 이종곡립 : 쌀 이외의 곡립

024 쌀을 지나치게 문질러서 씻을 때 가장 손실이 큰 비타민은?

① 비타민 A
② 비타민 B_1
③ 비타민 D
④ 비타민 E

> 쌀을 씻을 때 20~40%의 비타민 B_1이 유출되어 밥이 되었을 때의 비타민 B_1 잔존율은 60% 정도이다.

025 다음 중 쌀 가공식품이 아닌 것은?

① 현미
② 강화미
③ 팽화미
④ 알파(α)미

> 현미는 수확한 벼를 건조, 탈곡한 후 왕겨를 벗긴 상태의 쌀이다.

026 아밀로펙틴(Amylopectin)의 함량이 가장 많은 것은?

① 멥쌀
② 보리
③ 찹쌀
④ 좁쌀

> 멥쌀은 약 20%의 아밀로스(Amylose)와 약 80%의 아밀로펙틴(Amylopectin)을 함유하며, 찹쌀은 대부분이 아밀로펙틴이고 아밀로스는 거의 함유되어 있지 않다.

027 강화식품에 대한 설명으로 틀린 것은?

① 식품에 원래 적게 들어 있는 영양소를 보충한다.
② 식품의 가공 중 손실되기 쉬운 영양소를 보충한다.
③ 강화영양소로 비타민 A, 비타민 B, 칼슘(Ca) 등을 이용한다.
④ α-화 쌀은 대표적인 강화식품이다.

🔍 강화미는 비타민 B₁을 첨가하여 영양가치를 높인 것이다. 참고로 α-화란 호화를 의미한다.

028 쌀의 도정도가 증가할 때 나타나는 현상은?

① 빛깔이 좋아진다.   ② 조리시간이 증가한다.
③ 소화율이 낮아진다.   ④ 영양분이 증가한다.

🔍 도정도가 높을수록 영양소는 적어지지만 소화율은 높아진다. 또한, 도정이 이루어지는 동안 곡립 사이의 마찰력에 의해 곡립 면이 매끈하게 되고, 빛깔이 생기며 알맹이가 고르게 된다.

029 검정 콩밥을 섭취하면 쌀밥을 먹었을 때 보다 어떤 영양소를 보충할 수 있는가?

① 단백질   ② 탄수화물
③ 지방   ④ 비타민

🔍 검정 콩에는 리신(lysine)이 풍부하여 쌀에 부족한 리신을 보충함으로써 검정 콩밥을 먹으면 완전한 형태의 단백질을 공급받을 수 있다.

030 콩밥은 쌀밥에 비하여 특히 어떤 영양소의 보완에 좋은가?

① 단백질   ② 당질
③ 지방   ④ 비타민

🔍 콩은 풍부한 단백질 공급원이다.

031 쌀의 호화를 돕기 위해 밥을 짓기 전에 침수시키는데 이때 최대 수분 흡수량은?

① 5~10%   ② 20~30%
③ 55~65%   ④ 75~85%

🔍 쌀의 호화를 돕기 위한 최대 수분 흡수량은 20~30%이며, 침수 시간은 30분 정도 소요된다. 참고로 찹쌀은 50분 정도가 소요된다.

032 찹쌀밥의 노화지연과 가장 관계가 깊은 성분은?

① 아밀라아제   ② 아밀로펙틴
③ 글리코겐   ④ 글루코오스

🔍 노화란 호화된 전분을 상온에서 방치하면 점점 생전분에 가까운 상태로 되는 것을 말하며, 아밀로오스(Amylose) 함량이 적고 아밀로펙틴(Amylopectin)의 함량이 많을수록 느리게 진행된다.

033 보리를 할맥도정하는 이유가 아닌 것은?

① 소화율을 증가시키기 위해
② 조리를 간편하게 하기 위해
③ 수분 흡수를 빠르게 하기 위해
④ 부스러짐을 방지하기 위해

🔍 보리(정맥)의 가공
• 압맥 : 롤러사이를 통과시켜 호분층 조직을 파괴하여 만든 정맥
• 할맥 : 섬유소를 제거하여 조리를 간편하게 하고 소화율을 높인 정맥
• 맥아 : 겉보리에 수분·온도·산소를 작용시켜 발아시킨 보리의 낱알

034 밥짓기에 대한 설명으로 가장 잘못된 것은?

① 쌀을 미리 물에 불리는 것은 가열 시 열전도를 좋게 하여주기 위함이다.
② 밥물은 쌀 중량의 2.5배, 부피의 1.5배 정도 되도록 붓는다.
③ 쌀 전분이 완전히 α-화되려면 98℃ 이상에서 20분 정도 걸린다.
④ 밥맛을 좋게 하기 위하여 0.03% 정도의 소금을 넣을 수 있다.

🔍 물은 쌀 중량의 1.5배, 부피의 1.2배이다.

035 일반적으로 맛있게 지어진 밥은 쌀 무게의 약 몇 배 정도의 물을 흡수하는가?

① 1.2 ~ 1.4배
② 2.2 ~ 2.4배
③ 3.2 ~ 4.4배
④ 4.2 ~ 5.4배

🔍 쌀 종류에 따른 물의 분량

쌀의 종류	쌀의 중량에 대한 물의 분량	체적(부피)에 대한 물의 분량
백미(보통)	쌀 중량의 1.5배	쌀 용량의 1.2배
햅쌀	쌀 중량의 1.4배	쌀 용량의 1.1배
찹쌀	쌀 중량의 1.1~1.2배	쌀 용량의 0.9~1배
불린쌀 (침수)	쌀 중량의 1.2배	쌀 용량과 같은 양

036 밥짓기 과정의 설명으로 옳은 것은?

① 쌀을 씻어서 2~3시간 푹 불리면 맛이 좋다.
② 햅쌀은 묵은 쌀보다 물을 약간 적게 붓는다.
③ 쌀은 80~90℃에서 호화가 시작된다.
④ 묵은 쌀인 경우 쌀 중량의 약 2.5배 정도의 물을 붓는다.

🔍 밥짓기
• 쌀을 씻은 후 오래 불리면 좋지 않다. 일반적으로 여름철은 30분, 겨울철은 2시간 정도가 좋다.
• 쌀은 일반적으로 65~67℃에서 호화가 시작된다.
• 물의 양은 햅쌀인 경우 쌀 중량의 1.4배를, 묵은 쌀인 경우 햅쌀보다 약간 많이 붓는다.

037 쌀의 조리에 관한 설명으로 옳은 것은?

① 쌀을 너무 문질러 씻으면 지용성 비타민의 손실이 크다.
② pH 3~4의 산성물을 사용해야 밥맛이 좋아진다.
③ 수세한 쌀은 3시간 이상 물에 담가 놓아야 흡수량이 적당하다.
④ 묵은 쌀로 밥을 할 때는 햅쌀보다 밥물량을 더 많이 한다.

🔍 쌀의 조리
• 쌀을 너무 문질러 씻으면 수용성 비타민(비타민 B₁)의 손실이 크다.
• 밥맛을 좋게 하기 위하여 0.03% 정도의 소금을 넣을 수 있다.
• 쌀의 호화를 돕기 위한 최대 수분 흡수량은 20~30%이며, 침수 시간은 30분(찹쌀은 50분) 정도 소요된다.

038 조리 시 불림에 대한 설명으로 틀린 것은?

① 불림에 의해 건조식품이 팽윤되므로 용적이 증대된다.
② 불림과정을 통해 밥맛은 좋아지고 조리시간은 길어진다.
③ 식물성 식품의 변색을 방지한다.
④ 식품 중의 쓴맛, 떫은 맛 성분 등의 불미성분을 제거한다.

🔍 불림된 식품은 팽윤, 수화 등의 물성변화를 촉진하여 조리시간을 단축시킨다.

정답 027 ④ 028 ① 029 ① 030 ① 031 ② 032 ② 033 ④

정답 034 ② 035 ① 036 ② 037 ④ 038 ②

039 밥의 뜸 들이기에 대한 설명으로 틀린 것은?
① 고온 중에 일정 시간 그대로 유지하게 하는 것이다.
② 쌀알 중심부의 전분이 호화되어 맛있는 밥이 된다.
③ 뜸 들이는 시간이 길어질수록 밥맛은 좋아진다.
④ 뜸 들이는 도중에 밥을 가볍게 뒤섞어서 물의 응축을 막도록 한다.

🔍 뜸 들이는 시간이 너무 길면 수증기가 밥알 표면에서 응축되어 밥맛이 떨어진다.

040 죽 조리의 특징에 대한 설명으로 옳은 것은?
① 죽의 열량은 100g당 30~50kcal 정도로 밥의 1/3~1/4 정도이다.
② 조리의 특성상 주재료는 곡물로 제한된다.
③ 일반적으로 곡물에 물을 2~3배 가량 붓고 오래 끓인다.
④ 고온에서 빠른 시간 안에 가열하는 조리방법이다.

🔍
- 주재료는 곡물이지만 다른 어떤 재료도 죽의 소재가 될 수 있어 변화의 폭이 넓다.
- 죽은 곡물에 물을 6~7배 가량 붓고 오래 끓여서 알이 부서지고 녹말이 완전 호화상태까지 무르익게 만든 유동식 상태의 음식이다.
- 가열시간이 길어 오랫동안 끓여서 소화되기 좋은 상태로 조리한다.

041 죽 조리 방법에 대한 설명으로 틀린 것은?
① 주재료인 곡물을 미리 물에 담가서 충분히 수분을 흡수시켜야 한다.
② 간은 곡물이 완전히 호화되어 부드럽게 퍼진 후에 한다.
③ 죽을 쑤는 동안에 너무 자주 젓지 않도록 하며, 반드시 금속주걱으로 젓는다.
④ 불의 세기는 중불 이하에서 서서히 오래 끓인다.

🔍 죽을 쑤는 동안에 너무 자주 젓지 않도록 하며, 반드시 나무주걱으로 젓는다.

042 국이나 탕에 사용되는 국물에 대한 설명으로 틀린 것은?
① 멸치 국물은 멸치를 통째로 넣어 끓인다.
② 다시마 육수는 국이나 전골 등의 국물로 사용한다.
③ 사골 육수는 국, 전골, 찌개 요리 등에 중심이 되는 맛을 내는 육수를 말한다.
④ 국물은 국, 찌개 따위의 음식에서 건더기를 제외한 물을 말한다.

🔍 멸치는 머리와 내장을 뗀 뒤 사용하며, 조개는 해감 후 사용한다.

043 이른 아침에 간단하게 차려지는 "죽"으로 제공되는 상을 일컫는 것은?
① 조반 ② 초조반
③ 석반 ④ 면상

🔍 죽은 부드러운 유동식으로 이른 아침에 간단하게 차려지는 죽상으로 초조반이라 한다.

044 육류를 끓여 국물을 만들 때 설명으로 맞는 것은?
① 육류를 오래 끓이면 근육조직인 젤라틴이 콜라겐으로 용출되어 맛있는 국물을 만든다.
② 육류를 찬물에 넣어 끓이면 맛성분의 용출이 잘 되어 맛있는 국물을 만든다.
③ 육류를 끓는 물에 넣고 설탕을 넣어 끓이면 맛성분의 용출이 잘 되어 맛있는 국물을 만든다.
④ 육류를 오래 끓이면 질긴 지방조직인 콜라겐이 젤라틴화 되어 맛있는 국물을 만든다.

🔍 찬물을 넉넉하게 붓고 약한 불에서 서서히 끓이면 고기맛이 우러나 국물맛이 좋아진다.

045 국물을 만드는 방법에 대한 설명으로 틀린 것은?
① 끓여서 만드는 다시마 국물은 센 불에서 단시간에 끓여 낸다.
② 사골 육수는 찬물에 사골을 넣고 강한 불로 가열하다가 끓기 시작하면 중간 불로 가열하여 우려낸다.
③ 생선 뼈 곰 육수는 강한 불로 가열하다가 끓으면 중간불로 가열한다.
④ 된장 육수는 된장을 풀 때 체에 걸러 풀어야 덩어리지지 않도록 한다.

🔍 다시마 국물
- 끓여서 만들기 : 너무 오래 끓이면 끈끈한 점액이 생기므로 중간 불 또는 약한 불에서 끓이다가 물이 끓으면 다시마를 건져낸다.
- 끓이지 않고 만들기 : 다시마를 적당한 크기로 잘라 찬물에 약 1~2시간 담가 사용하며, 완성된 육수를 사용하기 전에 다시마를 건져낸다.

046 육류의 결합조직을 장시간 물에 넣어 가열했을 때의 변화는?
① 콜라겐이 젤라틴으로 된다.
② 액틴이 젤라틴으로 된다.
③ 미오신이 콜라겐으로 된다.
④ 엘라스틴이 콜라겐으로 된다.

🔍 가열에 의한 육류의 변화
- 고기의 보수성이 줄어들고 연한 정도가 감소된다.
- 콜라겐은 젤라틴으로 변하고, 엘라스틴은 거의 변화되지 않는다.
- 공기중의 산소와 결합한 옥시미오글로빈이 가열에 의해 변성되어 색의 변화를 가져온다.
- 단백질의 영양가가 손실된다.

047 국이나 전골 등에 국물 맛을 독특하게 내는 조개류의 성분은?
① 요오드 ② 이노신산
③ 구연산 ④ 호박산

🔍 조개국물의 시원한 맛은 질소화합물인 타우린, 베타인, 아미노산, 핵산류와 호박산과 같은 유기산이 어울린 것이다.

048 미역에 대한 설명 중 틀린 것은?
① 탄수화물의 대부분은 난소화성이다.
② 단백질의 질이 낮다.
③ 칼슘의 함량이 많다.
④ 색소인 푸코잔틴(fucoxanthin)이 다량 함유되어 있다.

🔍 미역은 식이섬유(소화가 되지 않는 고분자 탄수화물)와 칼륨, 칼슘, 요오드 등이 풍부한 해조류로 갈조류에 속한다. 미역, 톳, 다시마 등과 같은 갈조류는 푸코잔틴(fucoxanthin) 색소가 함유되어 있다.

049 찌개에서 국물과 건더기의 비율은 일반적으로 어느 정도인가?
① 6 : 4 ② 7 : 3
③ 4 : 6 ④ 8 : 2

🔍
- 국 : 국물이 주로 들어 있는 음식으로서 국물과 건더기의 비율이 6:4 또는 7:3으로 구성된다.
- 찌개 : 국물과 건더기의 비율이 4:6 정도이며, 건더기를 주로 먹기 위한 음식이다.

050 간장, 다시마 등의 감칠맛을 내는 주된 아미노산은?
① 알라닌(alanine) ② 글루타민산(glutamic acid)
③ 리신(lysine) ④ 트레오닌(threonine)

🔍 감칠 맛
- 이노신산 : 가다랭이 말린 것, 멸치
- 글루타민산 : 다시마, 된장
- 시스테인, 리신 : 육류, 어류
- 호박산 : 패류

051 미역에 대한 설명으로 틀린 것은?

① 칼슘과 요오드가 많이 함유되어 있다.
② 알칼리성 식품이다.
③ 갈조식물이다.
④ 점액질 물질인 알긴산은 중요한 열량급원이다.

🔍 미역, 다시마 등의 갈조류에 많은 알긴산은 수용성 섬유질로 체내에서 소화되지 않고 그대로 배설되어 열량공급원으로는 이용되지 않는다. 다만, 스펀지처럼 흡착력이 강해 유해한 중금속 및 발암물질의 체내 흡수를 방해할 뿐 아니라, 포만감을 주지만 열량을 내지 않고 장운동 도와준다.

052 찌개를 맑은 찌개류와 탁한 찌개류로 구분할 때 맑은 찌개류에 속하는 것은?

① 순두부찌개　　　　　　② 두부젓국찌개
③ 두부고추장찌개　　　　④ 된장찌개

🔍 찌개의 구분
• 맑은 찌개류 : 소금이나 새우젓으로 간을 맞춘 것으로 두부젓국찌개와 명란젓국찌개가 있다.
• 탁한 찌개류 : 된장이나 고추장으로 간을 맞춘 것으로 된장찌개, 생선찌개, 순두부찌개, 청국장찌개, 두부고추장찌개, 호박감정, 오이감정, 게감정 등이 있다.

053 냉동생선을 해동하는 방법으로 위생적이며 영양손실이 가장 적은 경우는?

① 18~22℃의 실온에 방치한다.
② 40℃의 미지근한 물에 담가둔다.
③ 냉장고 속에서 해동한다.
④ 흐르는 물에 담가둔다.

🔍 육류 또는 어류를 해동할 때 높은 온도에서 해동하면 조직이 상해서 액즙(드립, Drip)이 많이 나와 맛과 영양소의 손실이 크므로 냉장고나 흐르는 냉수에서 필름에 싼 채 해동하는 것이 좋다.

054 생선을 씻을 때 주의사항으로 틀린 것은?

① 물에 소금을 10% 정도 타서 씻는다.
② 냉수를 사용한다.
③ 체표면에 점액을 잘 씻도록 한다.
④ 어체에 칼집을 낸 후에는 씻지 않는다.

🔍 생선을 씻을 때는 바닷물 농도의 소금물(바닷물의 소금농도는 약 3.5%)을 사용하여 씻으면 생선 특유의 비린내를 없앨 수 있다.

055 어취 제거방법에 대한 설명으로 틀린 것은?

① 식초나 레몬즙을 이용하여 어취를 약화시킨다.
② 된장, 고추장의 흡착성은 어취 제거효과가 있다.
③ 술을 넣으면 알코올에 의하여 어취가 더 심해진다.
④ 우유에 미리 담가두면 어취가 약화된다.

🔍 어취 즉, 생선의 비린내는 트리메틸아민 옥사이드(TMAO, Trimethylamine Oxide)가 환원되어 트리메틸아민(TMA, Trimethylamine)으로 전환되어 나는 냄새로 생강, 파, 마늘, 겨자, 고추냉이, 술 등의 향신료를 사용해서도 제거할 수 있다.

056 생선조리 방법으로 적합하지 않은 것은?

① 탕을 끓일 경우 국물을 먼저 끓인 후에 생선을 넣는다.
② 생강은 처음부터 넣어야 어취 제거에 효과적이다.
③ 생선조림은 양념장을 끓이다가 생선을 넣는다.
④ 생선 표면을 물로 씻으면 어취가 감소된다.

🔍 생강은 단백질이 익어서 변성이 된 후에 넣는 것이 탈취효과에 효과적이다.

057 된장찌개를 끓일 때 먼저 된장을 넣은 뒤 두부를 넣어야 두부가 부드럽고 질감이 더욱 좋아진다. 그 이유를 설명한 것 중 가장 적합한 것은?

① 된장 중의 Na⁺이 두부 중 미결합 상태의 단백질과 가열에 의해 결합되므로
② 된장 중의 단백질이 두부 중의 Na⁺과 가열에 의해 결합되므로
③ 된장 중의 Na⁺이 두부 중 미결합 상태의 Ca⁺⁺과 단백질이 가열에 의해 결합되는 것을 방지하므로
④ 된장 중의 단백질이 두부 중 미결합 상태의 Ca⁺⁺과 Na⁺이 가열에 의해 결합되는 것을 방지하므로

🔍 된장 중의 Na⁺이 두부 중 미결합 상태의 Ca⁺⁺과 단백질이 가열에 의해 결합되는 것을 방지하므로 된장을 넣은 뒤 두부를 넣어야 두부가 부드럽고 질감이 더욱 좋아진다.

058 두부를 부드러운 상태로 조리하려고 할 때의 조치사항으로 적합하지 않은 것은?

① 찌개를 끓일 때에는 두부를 나중에 넣는다.
② 소금을 가하여 두부를 조리한다.
③ 칼슘이온을 첨가하여 콩단백질과의 결합을 촉진시킨다.
④ 식염수에 담가두었다가 조리한다.

🔍 염화마그네슘(MgCl₂), 염화칼슘(CaCl₂), 황산마그네슘(MgSO₄), 황산칼슘(CaSO₄) 등과 같은 무기염류는 콩단백질인 글리시닌을 응고시키는 응고제로 사용된다.

059 조개 등을 해감시키고자 할 때 적당한 소금물의 소금 농도는?

① 1% 이하
② 3~4%
③ 6~9%
④ 10% 이상

🔍 조개 등은 살아있는 것을 구입하여 껍질을 깨끗하게 씻은 후 3~4%의 소금물에 담가 해감시킨다.

060 고기를 비롯한 재료를 꼬치에 꿰어서 불에 구워 조리하는 것은?

① 지짐　　　　　　② 전(煎)
③ 적(炙)　　　　　④ 구이

🔍 적(炙)은 고기를 비롯한 재료를 꼬치에 꿰어서 불에 구워 조리하는 것으로 석쇠에 굽는 직화 구이와 번철에 굽는 간접구이로 구분하며 대표적인 음식으로 산적, 누름적이 있다.

061 다음의 육류요리 중 영양분의 손실이 가장 적은 것은?

① 탕　　　　　　② 편육
③ 장조림　　　　④ 산적

🔍 탕, 편육, 장조림은 육류의 습열 조리에 해당되는 것으로 가열 중 수용성 비타민인 비타민 C와 B군 성분이 용출된다.

062 전(煎) 또는 적(炙)을 하기 위한 재료의 전처리 방법으로 틀린 것은?

① 육류, 해산물은 다른 재료의 길이보다 짧게 자른다.
② 단단한 재료는 미리 데치거나 익혀 놓는다.
③ 조리에 사용하는 파, 마늘, 생강은 곱게 다져서 사용한다.
④ 육류나 어패류는 포를 떠서 잔칼질을 하고 소금, 후춧가루를 뿌려 밑간을 한다.

🔍 육류, 해산물은 익으면 길이가 줄어들기 때문에 다른 재료의 길이보다 길게 자른다.

정답 051 ④　052 ②　053 ③　054 ①　055 ③　056 ②

정답 057 ③　058 ③　059 ②　060 ③　061 ④　062 ①

063 전을 부칠 때 사용하는 기름에 대한 설명으로 적당하지 않은 것은?

① 전을 부칠 때 사용하는 기름은 발연점이 낮은 것이 좋다.
② 곡류전은 기름을 넉넉히 두른다.
③ 육류, 생선, 채소전은 기름을 적게 사용한다.
④ 전을 지질 때는 번철에 기름을 두르고 양면을 지져 익힌다.

> 전을 부칠 때 사용하는 기름은 콩기름, 옥수수기름 등과 같이 발연점이 높은 기름이 좋고, 참기름, 들기름 등과 같이 발연점이 낮은 기름에서는 재료가 타기 쉽기 때문에 좋지 않다.

064 다음 조리법 중 비타민 C 파괴율이 가장 적은 것은?

① 시금치 국
② 무생채
③ 고사리 무침
④ 오이지

> 비타민 C는 물에 잘 녹고 열에 의해 쉽게 파괴되고, 조리시 비교적 약하기 때문에 생채나 주스 등과 같이 생것 그대로 조리하는 것이 좋다.

065 육류, 어패류, 채소류를 끓는 물에 삶거나 데쳐서 익힌 후 썰어서 초고추장이나 겨자즙 등을 찍어 먹는 조리법은?

① 생채
② 회
③ 숙회
④ 나물

> 숙회는 육류, 어패류, 채소류를 끓는 물에 삶거나 데쳐서 익힌 후 썰어서 초고추장이나 겨자즙 등을 찍어 먹는 조리법으로 문어숙회, 오징어숙회, 미나리강회, 파강회, 어채, 두릅회 등이 있다.

066 생채 조리 시 유의사항으로 거리가 먼 것은?

① 조리 시 물이 생기지 않게 한다.
② 조리 시 양념이 잘 배게 하려면 고추장이나 고춧가루로 미리 버무려 놓는다.
③ 조리 시 기름을 사용한다.
④ 씻을 때는 조직에 상처가 나지 않도록 한다.

> 생채는 조리 시 기름을 사용하지 않는다.

067 장조림에 사용되는 소고기 사태 부위에 대한 설명으로 틀린 것은?

① 앞·뒷다리 사골을 감싸고 있는 부위이다.
② 장시간 물에 넣어 가열하면 연해진다.
③ 기름기가 없어 담백하면서도 깊은 맛이 난다.
④ 운동량이 적어 색상이 연하다.

> 사태 부위는 앞·뒷다리 사골을 감싸고 있는 부위로 운동량이 많아 색상이 진한 반면 근육 다발이 모여 있어 특유의 쫄깃한 맛을 낸다.

068 생선조림에 대해서 잘못 설명한 것은?

① 생선을 빨리 익히기 위해서 냄비뚜껑은 처음부터 닫아야 한다.
② 생강이나 마늘은 비린내를 없애는데 좋다.
③ 가열시간이 너무 길면 어육에서 탈수작용이 일어나 맛이 없다.
④ 가시가 많은 생선을 조릴 때 식초를 약간 넣어 약한 불에서 졸이면 뼈째 먹을 수 있다.

> 생선을 조릴 때 처음 몇 분간은 뚜껑을 열어 비린내를 휘발시킨다.

069 일반적으로 직접 구이 시 식품 표면의 온도는 몇 도 정도인가?

① 150℃
② 200℃
③ 250℃
④ 350℃

> 일반적으로 직접 구이에 있어서는 표면의 온도가 250℃라고 하는데, 물기가 많은 식품은 300℃, 모양이 커서 속까지 열이 잘 통하지 않는 식품은 200℃ 정도가 되도록 화력과 식품의 거리를 조절한다.

070 생선을 프라이팬이나 석쇠에 구울 때 들러붙지 않도록 하는 방법으로 옳지 않은 것은?

① 낮은 온도에서 서서히 굽는다.
② 기구의 금속면을 테프론(teflon)으로 처리한 것을 사용한다.
③ 기구의 표면에 기름을 칠하여 막을 만들어 준다.
④ 기구를 먼저 달구어서 사용한다.

> 석쇠를 달구지 않거나 프라이팬을 충분히 가열한 후 사용하지 않으면 생선을 구울 때 잘 들러붙는다.

071 생선을 껍질이 있는 상태로 구울 때 껍질이 수축되는 주원인 물질과 그 처리방법은?

① 생선살의 색소 단백질, 소금에 절이기
② 생선살의 염용성 단백질, 소금에 절이기
③ 생선 껍질의 지방, 껍질에 칼집 넣기
④ 생선 껍질의 콜라겐, 껍질에 칼집 넣기

> 어류를 가열 조리할 때 결합조직 단백질인 콜라겐이 수축된다.

072 탈수가 일어나지 않으면서 간이 맞도록 생선을 구우려면 일반적으로 생선 중량 대비 소금의 양은 얼마가 가장 적당한가?

① 0.1%
② 2%
③ 16%
④ 20%

> 생선구이의 경우 생선 중량 대비 2~3%의 소금을 뿌리면 탈수도 일어나지 않고 간도 적절해진다.

073 쇠고기 부위 중 결체조직이 많아 구이에 가장 부적당한 것은?

① 등심
② 갈비
③ 사태
④ 채끝

> 사태는 운동량이 많아 육색이 짙고 근막이나 힘줄과 같은 결체조직의 함량이 높기 때문에 국, 찌개, 찜, 불고기 등에 주로 이용한다.

074 육류의 직화구이 및 훈연 중에 발생하는 발암물질은?

① 아크릴아마이드(Acrylamide)
② 니트로사민(N-nitrosamine)
③ 에틸카바메이트(Ethylcarbamate)
④ 벤조피렌(Benzopyrene)

> 벤조피렌(benzopyrene, $C_{20}H_{12}$)은 화석연료 등의 불완전연소 과정에서 생성되는 물질로 인체에 축적될 경우 각종 암을 유발하고 돌연변이를 일으키는 환경호르몬이다. 이와 더불어 가열로 숯불구이 등 식품의 조리·가공 시에도 식품의 성분이 분해되어 생성되기도 한다.

075 습열 조리법이 아닌 것은?

① 끓이기　　　　　　② 데치기
③ 볶기　　　　　　　④ 찌기

🔍 습열조리는 열과 수증기를 매체로 하는 조리방법으로 삶기, 데치기, 끓이기, 찜, 조림 등이 이에 속한다.

076 일반적으로 프로비타민 A를 많이 함유하는 식품은?

① 효모　　　　　　　② 녹엽채소
③ 콩나물　　　　　　④ 감자

🔍 시금치, 당근 등의 녹황색채소는 카로틴(프로비타민 A)를 많이 함유하고 있어 동물의 몸에 들어오면 비타민 A로써의 효력을 갖는다.

077 근채류 중 생식하는 것보다 기름에 볶는 조리법을 적용하는 것이 좋은 식품은?

① 무　　　　　　　　② 고구마
③ 토란　　　　　　　④ 시금치

🔍 시금치, 당근 등은 지용성인 비타민 A를 많이 함유하고 있으므로 기름을 이용한 조리법을 사용하면 영양흡수가 더 잘된다.

078 다음 보기의 조리과정은 공통적으로 어떠한 목적을 달성하기 위하여 수행하는 것인가?

> • 펜에서 오이를 볶은 후 즉시 접시에 펼쳐놓는다
> • 시금치를 데칠 때 뚜껑을 열고 데친다
> • 쑥을 데친 후 즉시 찬물에 담근다

① 비타민 A의 손실을 최소화하기 위함이다.
② 비타민 C의 손실을 최소화하기 위함이다.
③ 클로로필의 변색을 최소화하기 위함이다.
④ 안토시아닌의 변색을 최소화하기 위함이다.

🔍 오이, 시금치, 쑥은 모두 푸른잎 채소에 해당되며, 푸른잎 채소의 색소인 클로로필이다.

079 당근 등의 녹황색 채소를 조리할 경우 기름을 첨가하는 조리방법을 선택하는 주된 이유는?

① 색깔을 좋게 하기 위하여
② 부드러운 맛을 위하여
③ 비타민 C의 파괴를 방지하기 위하여
④ 지용성 비타민의 흡수를 촉진하기 위하여

🔍 시금치, 당근 등의 녹황색채소는 지용성 비타민인 비타민 A의 프로비타민인 카로틴을 많이 함유하고 있어 기름을 첨가하여 흡수를 촉진한다.

080 볶음 조리에 대한 설명으로 틀린 것은?

① 볶음은 소량의 지방을 이용해 뜨거운 팬에서 음식을 익히는 방법이다.
② 볶음을 할 때는 작은 냄비를 사용하는 것이 좋다.
③ 팬을 달군 후 소량의 기름을 넣어 높은 온도에서 단기간에 볶는 것이 좋다.
④ 색깔이 있는 당근, 오이는 소금에 절이지 말고 중간 불에 볶으면서 소금을 넣는다.

🔍 볶음을 할 때는 작은 냄비보다는 큰 냄비를 사용한다. 이는 바닥에 닿는 면이 넓어야 재료가 균일하게 익으며 양념장이 골고루 배어들어 볶음의 맛이 좋아지기 때문이다.

081 조리 시 일어나는 비타민, 무기질의 변화 중 맞는 것은?

① 비타민 A는 지방음식과 함께 섭취할 때 흡수율이 높아진다.
② 비타민 D는 자외선과 접하는 부분이 클수록, 오래 끓일수록 파괴율이 높아진다.
③ 색소의 고정효과로는 Ca^{++}이 많이 사용되며 식물색소를 고정시키는 역할을 한다.
④ 과일을 깎을 때 쇠칼을 사용하는 것이 맛, 영양가, 외관상 좋다.

🔍 비타민 A는 지용성으로 기름을 이용한 조리법을 사용하면 흡수율이 높아진다.

082 우유에 쌀을 갈아 넣고 끓인 죽은?

① 밀기울　　　　　　② 타락죽
③ 이음　　　　　　　④ 흰죽

🔍 타락(駝酪)이란 우유를 가리키는 옛말로, 쌀을 갈아서 물 대신 우유를 반 분량 넣어 끓인 죽을 타락죽이라 한다.

083 김치와 김치 재료에 대한 설명 중 틀린 것은?

① 김치는 대표적인 우리 민족의 발효식품이다.
② 현재와 같은 모습의 김치가 나타난 것은 통일신라시대이다.
③ 주재료는 배추와 무이지만 거의 모든 종류의 채소로 담글 수 있다.
④ 결구형 배추는 배추김치, 김장용으로 적합하다.

🔍 김치는 정착 농경생활을 시작한 삼국 형성기 이전부터 시작. 소금의 발견과 더불어 동절기 영양 섭취의 주요한 방법이었으며, 현재와 같은 모습의 김치가 발전한 것은 임진왜란 이후인 조선 후기이다.

084 굵은 소금이라고도 하며, 오이지를 담글 때나 김장 배추를 절이는 용도로 사용하는 소금은?

① 천일염　　　　　　② 재제염
③ 정제염　　　　　　④ 꽃소금

🔍 천일염, 호염, 굵은 소금은 모두 같은 것으로 염도가 낮아 김치 절임용이나 젓갈 및 된장 등의 장류를 담글 때 쓴다.

085 배추김치 재료 준비와 관련된 내용으로 틀린 것은?

① 배추는 잎의 백색부가 넓고 얇으며 겉잎의 색은 진한 녹색이고 엽수가 많은 것이 좋다.
② 결구형 배추는 잎이 양배추처럼 둘러싸여 속이 안 보이는 배추를 말한다.
③ 겨울에 배추를 절일 때는 봄·여름에 비해 소금 농도는 높게, 절이는 시간은 길게 하도록 한다.
④ 배추 흰 줄기 부분을 눌렀을 때 단단하고 탄력이 있는 것이 좋은 배추이다.

🔍 봄과 여름에는 소금 농도를 7~10%로 8~9시간 정도, 겨울에는 12~13%로 12~16시간 정도 절이는 것이 좋다.

정답 075 ③　076 ②　077 ④　078 ③　079 ④　080 ②

정답 081 ①　082 ②　083 ②　084 ①　085 ③

CHAPTER 02 양식 조리실무

Lesson 01 양식의 기초

1 기본 칼 기술 습득

(1) 칼의 분류

① 칼날에 의한 분류
- ㉮ 직선 날(stratght edge) : 일반적으로 많이 사용되는 칼날이다.
- ㉯ 물결 날(scalloped edge) : 제과에서 주로 사용하는 칼날로 바게트 등 여러 종류의 빵을 쉽게 자를 수 있다.
- ㉰ 칼 옆면에 홈이 파인 날(hollowed edge) : 훈제 연어 또는 고기의 덩어리 등을 자를 때 칼의 옆면에 달라붙지 않도록 썰 수 있는 날이다.

② 칼의 종류에 따른 분류
- ㉮ 주방장의 칼(chef's knife) : 보통 조리사들이 많이 사용하는 칼
- ㉯ 빵 칼(bread knife) : 여러 종류의 빵을 자를 때 사용하는 칼
- ㉰ 껍질 벗기는 칼(paring knife) : 야채나 과일의 껍질을 벗길 때 사용
- ㉱ 고기 써는 칼(carving knife) : 익힌 큰 고기 덩어리를 자를 때 사용
- ㉲ 살 분리용 칼(bone knife) : 육가공 주방에서 육류나 가금류의 뼈와 살을 분리하는 데 사용
- ㉳ 뼈 절단용 칼(cleaver knife) : 단단하지 않은 뼈가 있는 식재료를 자를 때 사용
- ㉴ 생선 손질용 칼(fish knife) : 생선살을 뼈에서 분리하거나 부위별로 자를 때 사용
- ㉵ 다지는 칼(mincing knife) : 파슬리 등 여러 가지 허브를 다질 때 사용
- ㉶ 치즈 자르는 칼(cheese knife) : 여러 종류의 치즈를 자를 때 사용
- ㉷ 훈제 연어 자르는 칼(salmon knife) : 훈제된 생선을 얇게 자를 때 사용

(2) 칼을 잡는 방법

① 칼의 양면을 엄지와 검지 사이로 잡는 방법 : 식재료를 자를 때 가장 많이 사용되는 칼을 잡는 방법이다.
② 칼등에 엄지를 올려 잡는 방법 : 크기가 크거나 단단한 야채 등의 식재료를 자를 때 사용하는 방법으로 힘이 많이 들어간다.
③ 칼등에 검지를 올려 잡는 방법 : 일반적으로 칼의 끝(Point)을 이용하는 작업 시 칼을 잡는 방법이다.

(3) 식재료를 써는 방법

① 밀어서 썰기 : 한 손으로 식재료를 잡고 칼을 잡은 손으로 밀면서 썰고, 안쪽 옆에서 보면 칼 잡은 손이 시계 방향으로 원 형태를 그리며 밀어서 작업한다.
② 당겨서 썰기 : 손으로 식재료를 잡고 칼을 잡은 손으로 당기면서 썰고, 안쪽 옆에서 보면 칼 잡은 손이 시계 반대 방향으로 원 형태를 그리며 당겨서 작업한다.
③ 내려 썰기 : 식재료의 양이 적거나 간단한 작업을 할 때 사용하는 방법이다.
④ 터널식 썰기 : 식재료를 한 손으로 터널 모양으로 잡고 써는 방법으로 보통 식재료를 길게 썰 때 사용한다.

(4) 기본 식재료의 썰기 방법

① 큐브(cube) : 정육면체로 식재료를 써는 방법 중 가장 큰 썰기로 사방 2cm 크기로 썰기
② 다이스(dice) : 큐브보다는 작은 정육면체 크기로 사방 1.2cm 크기로 썰기
③ 스몰 다이스(small dice) : 다이스의 반 정도의 정육면체 크기로 사방 0.6cm 크기로 썰기
④ 브뤼누아즈(brunoise) : 스몰 다이스의 반 정도의 정육면체 크기로 사방 0.3cm 크기로 썰기
⑤ 쥘리엔(julienne) : 재료를 얇게 자른 뒤에 포개어 놓고 얇고 길게 써는 형태를 말하며 0.3cm 정도의 두께로 썰기
⑥ 파인 쥘리엔(fine julienne) : 쥘리엔 두께의 반인 약 0.15cm 두께로 썰기
⑦ 시포나드(chiffonnade) : 채소(당근, 무 등)를 실처럼 얇게 썬 형태
⑧ 바토네(batonnet) : 식재료를 감자튀김(프렌치프라이)의 형태로 써는 것
⑨ 슬라이스(slice) : 식재료를 써는 것으로서 덩어리 형태의 재료를 위에서 작업대와 직각으로 절단하는 형태
⑩ 페이잔(paysanne) : 두께 0.3cm, 가로세로 1.2cm 크기의 사각형 모양으로 써는 방법
⑪ 촙(chop) : 식재료를 잘게 칼로 다지는 것
⑫ 샤또(chateau) : 길이 5~6cm 정도의 끝은 뭉뚝하고 배가 나온 원통 형태의 모양으로 깎는 것
⑬ 올리베트(olivette) : 4cm 정도로 샤또 보다는 길이가 짧고 끝이 뾰족하여야 하며, 사이드 요리의 야채로 주로 쓰이고 올리브 형태로 깎는 것

(5) 숫돌에 칼 연마하기

① 먼저 숫돌을 물에 충분히 담가 놓는다.
② 숫돌 밑에 움직이지 않도록 젖은 행주나 틀을 깐다.
③ 칼날의 전체를 갈아야 하며, 칼날의 끝을 숫돌에 대고 칼등을 살짝 들어 각도를 약 15° 정도를 유지하면서 한 손은 칼끝 부분을 잡고 밀고 당기는 것을 반복하여 칼날의 앞뒷면을 칼의 형태에 따라 고르게 갈아 날을 세워 준다.
④ 칼날의 한쪽 면을 충분히 갈아 준 후 반대편도 같은 방법으로 고르게 갈아 준다.

2 조리기구의 종류와 용도

(1) 자르거나 가는 용도

① 에그 커터(egg cutter) : 삶은 계란을 자르는 도구로 반으로 자르거나 슬라이스로 여러 조각을 내거나 또는 반달 모양의 6등분으로 자르는 데 사용되는 도구

② 제스터(zester) : 오렌지나 레몬의 색깔 있는 부분만 길게 실처럼 벗기는 도구

③ 베지터블 필러(vegetable peeler) : 오이, 당근 등 야채류의 껍질을 벗기는 도구

④ 스쿱(scoop) : 멜론이나 수박 또는 당근 등의 모양을 원형이나 반원형의 형태로 만드는 도구(=볼 커터)

⑤ 롤 커터(roll cutter) : 얇은 반죽을 자르거나 피자 등을 자를 때 사용하는 도구

⑥ 자몽 나이프(grapefruit knife) : 반으로 자른 자몽을 통째로 돌려가며 과육만 발라내는 도구

⑦ 그레이터(grater) : 야채 또는 치즈 등을 원하는 형태로 가는 도구

⑧ 커터(cutter) : 원하는 커터의 모양대로 식재료를 자르거나 안에 식재료를 채워 형태를 유지하기 위한 도구

⑨ 만돌린(mandoline) : 과일이나 야채를 채로 썰 때 사용되거나 감자 등을 와플 형태로 썰 수 있는 도구(=채칼)

⑩ 푸드 밀(food mill) : 완전히 익힌 감자나 고구마 등을 잘게 분쇄하기 위한 도구

(2) 물기 제거나 담고 섞는 등의 용도

① 시노와(chinois) : 스톡이나 소스 또는 수프를 고운 형태로 거를 때 사용되는 도구

② 차이나 캡(china cap) : 걸러진 식재료가 토마토소스 등과 같이 입자가 있기를 원할 때나 삶은 식재료를 거를 때 사용

③ 콜랜더(colander) : 다량의 식재료의 물기를 제거할 때나 거를 때 사용

④ 스키머(skimmer) : 뜨거운 것을 조리할 때 스톡이나 소스 안의 식재료를 건져 낼 때 사용

⑤ 믹싱 볼(mixing bowl) : 다양한 크기가 있으며 식재료를 담거나 섞는 등의 조리 시 사용되는 도구

⑥ 시트 팬(sheet pan) : 식재료를 담아 두거나 옮길 때 사용되는 도구

⑦ 호텔 팬(hotel pan) : 크기와 높이가 다양한 형태가 있고, 음식물을 보관할 때 사용하는 도구

⑧ 래들(ladle) : 육수나 소스 드레싱 등을 뜰 때 사용하는 도구(한식의 국자와 동일)

⑨ 스패튤러(spatula) : 작은 음식을 옮길 때, 부드러운 재료를 섞을 때, 재료를 깨끗이 긁어모을 때 사용

⑩ 키친 포크(kitchen fork) : 음식물을 옮기거나 뜨거운 큰 육류 등을 고객 앞에서 썰 때, 한 손은 카빙 나이프, 한 손에는 키친 포크를 잡고 고정시켜 주는 용도 등으로 사용

⑪ 소스 팬(sauce pan) : 소스를 데우거나 끓일 때 사용하며, 음식물의 양에 따라 크기를 선택하여 사용

⑫ 프라이팬(fry pan) : 간단하게 소량의 음식을 볶거나 튀기는 등 다양한 용도로 사용

⑬ 버터 스크레이퍼(butter scraper) : 버터를 모양내서 긁는(얼음물에 담가 놓으면 형태 유지) 도구

⑭ 미트 텐더라이저(meat tenderizer) : 스테이크 등을 두드려 모양을 잡거나 육질을 연하게 할 때 사용

⑮ 솔드 스푼(soled spoon) : 스푼이 길어서 롱 스푼이라고도 하며, 음식물을 볶을 때 섞거나 뜨는 용도로 사용

⑯ 위스크(whisk) : 크림을 휘핑하거나 계란 등 유동성 액체를 섞을 때 사용

(3) 기계류가 있는 조리기구

① 블렌더(blender) : 소스나 드레싱 등 음식물을 곱게 가는 데 사용

② 초퍼(chopper) : 고기나 야채 등의 식재료를 갈 때 사용

③ 슬라이서(slicer) : 많은 채소나 육류 또는 큰 음식물을 다양한 두께로 썰 때 사용

④ 민서(mincer) : 고기나 야채를 으깰 때 사용하고, 틀의 구멍이 다른 것을 갈아 끼우면 원하는 형태를 얻을 수 있는 기물

⑤ 그리들(griddle) : 윗면이 두꺼운 철판으로 되어 가스나 전기로 작동되고 온도 조절이 쉬우며, 여러 종류의 식재료를 볶거나 오븐에 넣기 전의 초벌구이에 이용

⑥ 그릴(grill) : 가스나 숯의 열원으로 달구어진 무쇠를 이용하여 조리하는 기물

⑦ 샐러맨더(salamander) : 음식물이 위에서 내리쬐는 열로 인하여 조리되고, 음식물을 익히거나 색깔을 내거나 뜨겁게 보관할 때에도 사용

⑧ 딥 프라이어(deep fryer) : 여러 가지 음식물을 튀길 때 사용

⑨ 컨벡션 오븐(convection oven) : 음식물을 속까지 고르게 익힐 때 사용하며, 찌거나 삶거나 굽는 등의 다양한 용도로 사용

⑩ 스팀 케틀(steam kettle) : 대용량의 음식물을 끓이거나 삶는 데 사용

⑪ 토스터(toaster) : 샌드위치를 만드는 데 사용하는 빵을 구워 주는 것으로 일반적으로 가정용은 2개, 업소용은 회전식으로 여러 개의 빵을 구울 때 사용

⑫ 샌드위치 메이커(sandwich maker) : 샌드위치를 만들어진 상태로 빵에 그릴 형태의 색을 내거나 데워주는 도구

3 식생활 문화

(1) 서양음식의 개요 및 특징

① 서양음식의 개요

서양음식이란 미국, 캐나다 등의 북미대륙을 비롯하여 프랑스나 이탈리아, 독일, 영국 등의 유럽에서 건너온 여러 나라의 음식을 일컫는 말이다.

② 서양음식의 일반적인 특징

㉮ 여러 가지 풀, 나뭇잎, 열매 등을 이용한 향신료 사용이 다양하며, 음식에 소스를 곁들인다.

㉯ 식품 취급 방법, 조리 방법, 사용하는 조미료와 식사 형식, 식탁 차리는 방법, 식사예법 등이 우리나라와는 다른 점이 많다.

㉰ 아침, 점심, 저녁 그리고 식사 시간과 식사 시간 사이에 갖는 차 마시는 시간(tea time), 경우에 따라서는 특별히 준비하는 상차림 등 때에 따라 차리는 음식과 방법이 다르다.

㉱ 음식에 따라 사용하는 식기가 다르다.

(2) 서양음식의 분류

① **전채요리(Appetizer)** : 불어로는 오르드뵈르(Horsd′Oeuvre)라 한다. 전채요리는 식욕을 촉진하기 위해 식사하기 전에 가볍게 먹는 요리를 말한다.

㉮ 찬 전채(Cold Appetizer) : 차게 내는 전채로 카나페(Canape)와 같이 빵 위에 한 가지 요리를 하여 손으로 집어 먹을 수 있는 핑거 푸드 형식이다. 신선한 야채, 다양한 치즈와 햄, 소시지, 달걀, 과일 등이 있다.

㉯ 더운 전채(Hot Appetizer) : 데워서 내는 전채로 튀김류와 베이컨, 소시지와 달팽이, 새우 등을 구워낸 육류가 있다.

㉰ 주류 및 음료 : 식사 전에 전채요리와 함께 곁들여 마시는 것으로 포도주와 칵테일 등이 있다.

② **수프 (Soup)**

㉮ 진한 수프

㉠ 포타주(Potage) : 육류, 생선 또는 야채를 기본으로 하여 받아 낸 국물에 야채, 콩류, 곡류 등을 넣어 삶아서 으깬 걸죽한 수프를 말한다.

㉡ 크림수프(Cream Soup) : 밀가루를 버터에 볶은 루(Roux)를 바탕으로 육수나 우유를 부어 만든 수프를 말한다.

㉢ 차우더(Chowder) : 밀가루를 버터에 볶은 루(Roux)를 바탕으로 육수나 우유를 부어 만든 수프에 조개, 생선, 야채, 고기 등을 넣어 건지가 많게 한 수프를 말한다.

㉣ 스튜(Stew) : 고기를 한 입 크기로 큼직하게 썰어서 야채와 소스를 넣고 볶다가 육수를 부어 푹 끓인 수프를 말한다.

㉤ 벨루테(Veloute) : 흰색의 소스, 송아지고기, 닭고기를 흰색의 식물 줄기 등을 기본으로 걸러낸 수프를 말한다.

㉥ 퓌레(Puree) : 야채나 과일을 삶아 곱게 걸러서 만든 수프를 말한다.

㉯ 맑은 수프

㉠ 콘소메(Consomme) : 쇠고기, 닭고기, 생선스톡과 다양한 야채를 넣어 푹 삶아 걸러낸 아주 맑은 수프를 말한다.

㉡ 부이용(Bouillon) : 육류나 어패류의 뼈와 살고기를 삶아 낸 국물로 수프를 끓이는 데 쓴다.

③ **생선요리**

㉮ 수프 다음에 제공되는 요리로 싱싱한 생선이나 훈제 생선, 통조림 생선들을 사용하여 오븐구이, 버터구이, 튀김, 찜, 그라탕 등의 조리 방법을 통하여 만든다.

㉯ 생선요리는 생략하는 경우도 많으나 메인요리로 제공되기도 한다.

④ **앙뜨레(Entree)**

㉮ 정찬의 중간 코스인 메인요리이다.

㉯ 주로 육류요리로 닭고기, 쇠고기, 양고기, 돼지고기 등이 제공되어 간단히 먹는 요리이나 가끔 생략되기도 한다.

⑤ **고기요리**

㉮ 정찬에서 중심이 되는 요리이다.

㉯ 쇠고기, 양고기, 돼지고기를 오븐에 굽거나 기름에 튀겨낸 요리를 말한다.

⑥ **샐러드 (Salad)**

㉮ 채소를 차게 해서 또는 그대로 익혀 먹는 것으로 샐러드 드레싱이나 소스를 곁들이면 맛이 좋아진다.

㉯ 샐러드에 사용되는 소스를 특별히 드레싱(Dressing)이라고 하는데, 소스가 뿌려진 모습이 마치 여성들의 드레스 입은 모습과 같다고 해서 생겨난 말로 전해진다.

⑦ **빵(Bread)**

㉮ 빵은 처음부터 테이블에 놓여 있더라도 처음부터 먹는 것도, 수프와 함께 먹는 것도 아니다.

㉯ 빵은 요리와 함께 시작해서 디저트를 들기 전에 끝내는 것이다.

⑧ **디저트 (Dessert)**

㉮ 디저트는 식사 마지막 단계로 과자나 케이크, 과일 등이 나온다. 식후의 디저트는 달콤하고 부드러운 것이 일반적이다.

㉯ 디너의 따뜻한 디저트로는 푸딩, 크림으로 만든 과자나 과일을 이용한 과자, 파이, 케이크 등이 있고, 차가운 디저트로는 아이스크림과 셔벗이 있다.

⑨ **음료 (beverage)**

㉮ 정찬의 마지막 코스에 나오는 것으로 커피와 홍차, 녹차 등이 있다.

㉯ 여름에는 시원한 음료, 겨울에는 뜨거운 차를 낸다.

(3) 서양음식의 상차림

① **브렉퍼스트(Breakfast)** : 서양요리의 아침식사로 "단식을 깬다"라는 의미이며 식욕을 돋우며 소화가 잘되고 조리법이 간단한 음식을 주로 차린다. 아침 메뉴는 과일, 쥬스, 달걀음식, 베이컨, 햄, 곡류음식(빵, 오트밀 등), 음료(커피) 등이 제공된다.

② **런치(Lunch)** : 점심을 의미하며 아침보다 약간 무겁게 차린 상차림이다. 보통 빵에 소시지를 끼운 핫도그, 샌드위치, 음료 등이 제공된다.

③ **런천(Luncheon)** : 점심에 정찬을 먹을 때의 상차림으로 런치보다 내용이 알찬 상차림으로 수프, 주요리 음식 2종류, 샐러드, 빵, 후식, 음료 등을 낸다.

④ **서퍼(Supper)** : 가벼운 저녁식사 상차림으로 늦은 저녁이나 저녁 정찬을 말하며, 육류요리, 샐러드, 빵, 후식, 음료 등이 제공된다.

⑤ **디너(dinner)** : 손님을 초대하여 정식으로 차린 저녁 상차림으로 풀 코스가 기본이다. 전채요리(appetizer), 수프, 빵, 샐러드, 생선요리, 육류요리, 후식, 음료 등을 낸다.

⑥ **뷔페(Buffet)** : 큰 식탁에 다양하게 구성된 음식을 차려 놓고 손님들이 직접 덜어서 먹게 하는 간이식사 상차림이다.

⑦ **티 파티(Tea Party)** : 음료를 주로 하여 과자류, 샌드위치 등으로 간단히 차린 상차림이다.

> **정찬(Full course)**
> 손님을 초대하거나 행사가 있을 때 정식으로 차린 상차림으로 점심상은 오찬, 저녁상은 만찬이라고 한다.

Lesson 02 스톡 조리

1 스톡 재료 준비

(1) 스톡의 재료

① **부케가르니(bouquet garni)**

㉮ 부케가르니는 일반적으로 통후추, 월계수 잎, 타임, 파슬리 줄기와 마늘을 의미하며, 스톡을 오랫동안 조리하면서 이것들의 향을 추출하기 위하여 통째로 사용한다.

③ 샤세 데피스(sachet d'epices)는 부케가르니와 재료가 비슷하지만, 부케가르니보다 좀 더 작은 조각의 향신료들을 소창에 싸서 사용하는 특징이 있다.

② 미르포아(mirepoix)
㉮ 미르포아는 스톡에 향과 향기를 강화하기 위한 양파, 당근과 샐러리의 혼합물이다.
㉯ 통상적으로 50%의 양파, 25%의 당근 그리고 25%의 샐러리의 비율로 사용하며, 미르포아의 크기는 스톡의 조리시간에 따라 결정된다. 짧은 시간의 스톡은 작게, 오랜 시간이 요구되는 스톡은 크게 자른다.

③ 뼈(bone)
㉮ 뼈는 스톡에서 가장 중요한 재료로 스톡에 향과 색을 부여하며 8~10cm의 작은 조각으로 잘라주어야 스톡을 조리하는 동안 맛, 젤라틴, 영양 가치를 빨리 완전히 추출할 수 있다.
㉯ 각각의 뼈는 다른 향을 가지게 되는데, 쇠고기나 송아지의 뼈는 6~8시간, 닭 뼈는 5~6시간 이내에 스톡이 완성된다.

(2) 스톡의 종류
① 화이트 스톡(white stock)
㉮ 닭, 송아지 소의 뼈와 미르포아 그리고 부케가르니를 넣어 은근히 끓여(simmering) 만든다. 이 스톡은 조리 과정 중에 색깔이 나면 안 된다.
㉯ 종류 : 화이트 비프 스톡, 화이트 피시 스톡, 화이트 치킨 스톡, 화이트 베지터블 스톡

② 브라운 스톡(brown stock)
㉮ 화이트 스톡과 달리 뼈와 미르포아를 높은 열에서 캐러멜화한다는 것과 토마토 페이스트와 같은 토마토 부산물이 첨가된다는 점에서 차이가 있다.
㉯ 종류 : 브라운 비프 스톡, 브라운 빌 스톡, 브라운 게임 스톡, 브라운 치킨 스톡

③ 쿠르 부용(court bouillon)
㉮ 야채, 부케가르니 그리고 식초나 와인 등의 산성 액체를 넣어 은근히 끓여서 만들며, 야채나 해산물을 포칭(poaching)하는 데 사용한다.
㉯ 종류 : 미트 부용, 베지터블 부용

2 스톡 조리

(1) 스톡 조리 시 주의사항
① 스톡을 조리할 때는 반드시 찬물로 재료를 충분히 잠길 정도까지 부은 다음에 시작한다.
② 스톡이 끓기 시작하면 불의 세기를 조절하여 스톡의 온도가 섭씨 약 90℃를 유지하게끔 은근히 끓여준다.
③ 스톡 조리 시 표면 위로 떠오르는 불순물은 처음 끓어 오르기 시작할 때 가장 많다. 이럴 때는 거품과 함께 떠오르는 것을 스키머(skimmer)로 제거해 주면 된다.
④ 스톡은 용도가 매우 다양하고 때에 따라서는 소량이 될 때까지 졸여서 사용해야 하므로 소금 등의 간을 하지 않는다.

(2) 화이트 스톡(white stock) 조리하기
① 화이트 스톡에 필요한 재료를 준비한다.

㉮ 소뼈는 찬물에 담가 핏물을 제거한다.
㉯ 양파, 샐러리, 무, 대파, 버섯을 1.2cm로 잘라 화이트 미르포아(white mirepoix)를 준비한다.
㉰ 통후추, 타임, 마늘, 월계수 잎, 파슬기 줄기를 실로 묶어 부케가르니(bouquet garni)를 준비한다.
② 끓는 물에 뼈를 데쳐낸다.
③ 찬물에 준비된 뼈, 화이트 미르포아, 부케가르니를 넣고 센 불로 끓인다.
④ 6~8시간 정도 지속적으로 은근하게 끓인다(simmering).
⑤ 불순물이 떠오르면 스키머로 제거(skimming)한다.

(3) 브라운 스톡(brown stock) 조리하기
① 브라운 스톡에 필요한 재료를 준비한다.
㉮ 소뼈는 찬물에 담가 핏물을 제거한다.
㉯ 미르포아는 3×3cm로 썰고, 토마토는 껍질과 씨를 제거한 후 슬라이스한다.
㉰ 통후추, 파슬리, 월계수 잎, 정향으로 향신료 주머니(sachet d'epices)를 만든다.
② 팬에 버터를 넣고 소뼈를 갈색이 나도록 구워준다.
③ 팬에 식용류를 넣고, 미르포아와 토마토를 갈색이 나게 조리한다.
④ 스톡 포트(Stock pot)에 조리된 뼈와 미르포아 그리고 향신료 주머니를 넣고 끓인다.
⑤ 스톡이 끓어 오르면 불을 줄여서 시머링(simmering) 한다.
⑥ 불순물이 떠오르면 스키머로 제거(skimming)한다.

(4) 피시 스톡(fish stock) 조리하기
① 생선 스톡(fish stock)에 필요한 재료를 준비한다.
㉮ 생선 뼈는 찬물에 담가 핏물을 제거한다.
㉯ 양파, 당근, 샐러리를 1.2cm로 잘라 미르포아(white mirepoix)를 준비한다.
㉰ 통후추, 타임, 마늘, 월계수 잎, 파슬기 줄기를 실로 묶어 부케가르니(bouquet garni)를 준비한다.
② 스톡 포트에 오일을 넣고 미르포아와 생선 뼈를 넣고 부드러워질 때까지 1~2분가량 약한 불에서 스웨팅(sweating)한다.
③ 물을 넣고, 디글레이징(deglazing)을 한다.
④ 부케가르니(bouquet garni)를 넣고 뚜껑을 연 채 30~40분간 시머링(simmering) 한다.
⑥ 불순물이 떠오르면 스키머로 제거(skimming)한다.

(5) 쿠르 부용(court bouillon) 조리하기
① 쿠르 부용 재료를 준비한다.
㉮ 양파, 당근, 샐러리를 1.2cm로 잘라 미르포아(white mirepoix)를 준비한다.
㉯ 통후추, 타임, 마늘, 월계수 잎, 파슬기 줄기를 실로 묶어 부케가르니(bouquet garni)를 준비한다.
② 미르포아, 부케가르니, 식초, 레몬 등 모든 재료를 넣고 끓인다.
③ 45분 정도 시머링(simmering) 한다.
④ 불순물이 떠오르면 스키머로 제거(skimming)한다.

3 스톡 완성

(1) 스톡 거르기 및 냉각하기
① 스톡을 거르기 위한 소창과 차이나 캡(china cap)을 준비한다.
② 스톡 포트 안의 조리가 끝난 스톡을 국자를 이용하여 천천히 들어낸다.
③ 소창을 씌운 차이나 캡을 통하여 맑게 걸러 낸다.
④ 걸러낸 스톡을 빈 싱크대에서 냉각한다.
　㉮ 싱크대에 찬물을 틀어 물을 순환시킴으로써 가능한 한 빨리 육수를 식힌다.
　㉯ 이때 얼음을 같이 넣어주면 효과적이다.

(2) 스톡의 품질 평가 기준

문제점	원인	해결 방법
맑지 않다.	조리 시 불 조절 실패, 이물질	찬물에서 스톡 조리 시작(시머링), 소창으로 걸러냄
향이 적다.	충분히 조리되지 않음, 뼈와 물과의 불균형	조리시간을 늘림, 뼈를 추가로 넣음
색상이 옅다.	뼈와 미르포아가 충분히 태워지지 않음	뼈와 미르포아를 짙은 갈색이 나도록 태움
무게감이 없다.	뼈와 물과의 불균형	뼈를 추가로 넣음
짜다.	조리하는 동안 소금을 넣음	스톡을 다시 조리(소금 사용 금지)

Lesson 03 전채 조리

1 전채 재료 준비

(1) 전채 요리의 분류

명칭	종류	특징
플레인(plain)	햄 카나페, 새우 카나페, 생굴, 캐비어, 올리브, 토마토, 렐리시, 살라미, 소시지, 안초비, 치즈, 과일, 거위 간, 연어 등	형태와 맛이 유지된 것
드레스트(dressed)	과일 주스, 칵테일, 육류 카나페, 게살카나페, 소시지 말이, 구운 굴, 스터프트 에그 등	조리사의 아이디어와 기술로 가공

(2) 전채에 필요한 조리도구
① **소스 냄비** : 전채 요리에서는 달걀을 삶거나 생선을 데칠 때 사용한다.
② **짤 주머니** : 생크림 등을 넣고 모양을 내어 짤 때 사용되는 조리도구로 스터프트 에그를 만들 때 사용한다.
③ **고운 체** : 음식을 거를 때 사용하는 도구로 고운 것과 거친 것이 있다. 용도에 맞게 사용해야 한다.
④ **달걀 절단기** : 달걀을 삶아 껍질을 벗긴 후 일정한 모양으로 써는 조리도구로 삶은 달걀을 이용해서 카나페를 만들 때 사용한다.
⑤ **프라이팬** : 음식물을 볶거나 튀길 때 사용하는 조리도구로 빠르게 조리할 때 사용한다.
⑥ **꼬치** : 꼬치는 조리 시 모양이 흐트러지지 않도록 사용하며, 새우 내장을 제거할 때 사용한다.

2 전채 조리

(1) 전채 요리의 조리 특징
① 신맛과 짠맛이 적당히 있어야 한다.
② 주요리보다 소량으로 만들어야 한다.
③ 예술성이 뛰어나야 한다.
④ 계절감, 지역별 식재료 사용이 다양해야 한다.
⑤ 주요리에 사용되는 재료와 반복된 조리법을 사용하지 않는다.

(2) 전채 요리의 조리
① **블랜칭(blanching)** : 식품을 끓는 물에 넣고 천천히 또는 단시간 내에 끓여 찬물에 헹구어 내는 조리법으로 일반적으로 10배의 물을 넣고 조리한다.
② **포칭(poaching)** : 식품을 물 스톡, 쿠르 부용에 잠기도록 하여 뚜껑을 덮지 않고 70~80℃에 삶는 방법이다.
③ **삶기(boiling)** : 식품을 찬물이나 끓는 물에 넣고 비등점 가까이에서 끓이는 방법이다.
④ **튀김(deep fat frying)** : 영양 손실이 가장 적은 조리법으로 식용 기름에 담가 튀기는 방법이다.……………
⑤ **볶음(saute)** : 얇은 팬을 이용하여 소량의 버터나 식용 유지를 넣고 채소나 고기류 등을 200℃ 정도의 고온에서 살짝 볶는 방법이다.
⑥ **굽기(baking)** : 오븐 안에서 건조 열로 굽는 방법으로 육류나 채소 조리에 많이 사용된다.
⑦ **석쇠에 굽기(grilling)** : 직접 열을 이용한 조리방법으로, 석쇠에 굽는 방식으로 줄무늬를 내서 오븐에서 익힌다.
⑧ **그라탱(gratin)** : 식품에 치즈, 크림, 혹은 달걀 등을 올려 샐러맨더(salamander)에 올려 요리 윗면이 황금색을 내게 하는 조리법이다.

3 전채요리 완성

(1) 접시의 종류 및 핑거볼
① **원형 접시** : 기본적인 접시로 완전함, 부드럽고 친밀감으로 인해 진부한 느낌을 받을 수 있다. 테두리나 무늬의 색상에 따라 다양함을 연출할 수 있다.
② **삼각형 접시** : 날카롭고 빠른 이미지를 가지고 있으며, 코믹한 분위기의 요리에 사용하기도 한다.
③ **사각형 접시** : 안정되고 세련된 느낌을 주며 모던하고 개성이 강하고 독특한 이미지를 표현할 때 사용하기도 한다.
④ **타원형 접시** : 여성적인 기품과 우아함, 원만한 느낌을 준다.
⑤ **마름모형 접시** : 정돈되고 안정된 느낌을 준다. 이미지가 변해 움직임과 속도감을 준다.
⑥ **핑거볼(Finger bowl)** : 식후에 손가락을 씻는 그릇이다. 핑거 푸드(Finger food)나 과일 등을 손으로 먹을 경우 손을 씻을 수 있도록 물을 담아 식탁 왼쪽에 놓는다.

(2) 접시에 담을 때의 고려사항
① 전채 요리 접시 담기는 고객의 편리성이 우선 고려되어야 한다.
② 전채 요리의 재료별 특성을 이해하고 적당한 공간을 두고 담는다.

③ 접시의 특성에 따라 다르지만 일반적으로 내원을 벗어나지 않게 한다.

④ 전채 요리에 일정한 간격과 질서를 두고 담는다.

⑤ 전채 요리의 소스(sauce)는 너무 많이 뿌리지 않게 적당하게 뿌린다.

⑥ 전채 요리의 가니쉬(garnish)는 요리 재료의 중복을 피해 담는다.

⑦ 전채 요리의 양과 크기가 주요리보다 크거나 많지 않게 주의한다.

⑧ 전채 요리의 색깔과 맛, 풍미, 온도에 유의하여 담는다.

Lesson 04 샌드위치 조리

1 샌드위치 재료 준비

(1) 샌드위치의 구성 및 분류

① **샌드위치의 구성 요소(5가지)** : 빵, 스프레드, 주재료로서의 속재료, 부재료로서의 가니쉬, 양념

② **샌드위치의 분류**

㉮ 온도에 따른 분류 : 핫 샌드위치, 콜드 샌드위치

㉯ 형태에 따른 분류 : 오픈 샌드위치, 클로즈드 샌드위치, 핑거 샌드위치, 롤 샌드위치

(2) 샌드위치 스프레드(sandwich spread)

① **샌드위치에 스프레드를 사용하는 이유**

㉮ 코팅제 : 속재료의 수분이 빵을 눅눅하게 하는 것을 방지한다.

㉯ 접착성 : 빵과 속재료, 가니쉬의 접착성을 높여준다.

㉰ 맛의 향상 : 샌드위치의 맛을 더욱 좋게 하기 위해 사용한다.

㉱ 감촉 : 촉촉한 감촉을 위해서 사용한다.

② **샌드위치 스프레드의 종류**

㉮ 단순 스프레드 : 마요네즈, 잼, 버터, 머스터드, 크림치즈, 리코타 치즈, 발사믹 크림, 땅콩버터 자체로 이용되며 스프레드 재료 본래의 맛과 질감을 가진 샌드위치를 만든다.

㉯ 복합 스프레드 : 두 가지 이상의 재료를 혼합하여 샌드위치에 특별한 맛을 제공한다.

2 샌드위치 조리

(1) 핫 샌드위치 조리

① 빵 종류 선택

② **스프레드 선택** : 단순 스프레드, 복합 스프레드

③ **속재료 선택** : 따뜻한 단순 속재료, 따뜻한 복합 속재료

④ **가니쉬 선택** : 따뜻한 과채류, 신선한 야채

⑤ **완성(양념류)** : 피클류, 튀김류, 소스류

(2) 콜드 샌드위치 조리

① 빵 종류 선택

② **스프레드 선택** : 단순 스프레드, 복합 스프레드

③ **속재료 선택** : 신선한 단순 속재료, 신선한 복합 속재료

④ **가니쉬 선택** : 조리된 차가운 과채류, 신선한 야채

⑤ **완성(양념류)** : 피클류, 튀김류, 소스류

3 샌드위치 완성

(1) 플레이팅(plaiting) 시 고려사항

① 재료 자체가 가지고 있는 고유의 색감과 질감을 잘 표현한다.

② 전체적으로 심플하고 청결하며 깔끔하게 담아야 한다.

③ 요리의 알맞은 양을 균형감 있게 담아야 한다.

④ 고객이 먹기 편하도록 플레이팅이 이루어져야 한다.

⑤ 요리에 맞게 음식과 접시 온도에 신경을 써야 한다.

⑥ 식재료의 조합으로 인한 다양한 맛과 향이 공존하도록 플레이팅을 한다.

(2) 샌드위치 플레이팅

① 플레이팅에 필요한 요소 준비

㉮ 접시 선택

㉠ 접시의 모양 선택 : 원형, 정사각형, 직사각형, 타원형, 삼각형, 오각형

㉡ 접시의 형태 선택 : 테두리가 있는 것과 테두리가 없는 것, 깊이 파인 것과 파이지 않은 것 등

㉢ 접시의 크기 선택 : 일반적으로 메인 육류 요리의 경우 12인치를 사용

㉯ 양념류(condiments) 담기

② 샌드위치 썰기

③ 샌드위치 담기, 세팅하기

Lesson 05 샐러드 조리

1 샐러드 재료 준비

(1) 샐러드의 개요

① **샐러드의 정의** : 차가운 소스를 곁들여 주요리가 제공되기 전에 신선한 채소, 과일 등을 드레싱과 함께 섞어 제공하는 요리

② **샐러드의 기본 구성**

㉮ 바탕(base) : 일반적으로 잎상추, 로메인 상추와 같은 샐러드 채소로 구성된다.

㉯ 본체(body) : 샐러드의 종류는 사용된 재료의 종류에 따라 결정된다.

㉰ 드레싱(dressing) : 일반적으로 모든 종류의 샐러드와 함께 차려낸다.

㉱ 가니쉬(garnish) : 완성된 제품을 아름답게 보이도록 하며, 형태를 개선하고 맛을 증가시키기는 역할도 한다.

(2) 샐러드의 분류

① **순수 샐러드**(simple salad) : 고전적인 순수 샐러드는 한 가지 채소로만 이루어진 샐러드를 지칭했으나, 현대의 순수 샐러드는 한 종류의 식자재보다 여러 가지 채소를 적당히 배합하여 영양, 맛, 색상 등이 서로 조화를 이루도록 만들어진 샐러드를 말한다.

② **혼합 샐러드**(compound salad) : 각종 식재료, 향신료, 소금, 후추 등이 혼합되어 양념, 조미료 등을 첨가하지 않고 그대로 제공할 수 있는 완전한 상태로 만들어진 것을 말한다. 2~3가지 이상 재료를 사용하여 만들며, 생으로 또는 익혀서 만들고 애피타이저나 뷔페에 사용한다.

③ **더운 샐러드**(warm salad) : 중간 불이나 낮은 불에서 드레싱을 데워 샐러드 재료와 버무려 만든다.

④ **그린 샐러드**(green salad) : 흔히 부르는 가든 샐러드(garden salad)가 여기에 속하며, 기본적으로 한 가지 또는 그 이상의 샐러드를 드레싱과 곁들이는 형태로 만든다.

(3) 드레싱(dressing)의 사용 목적

① 차가운 온도의 드레싱으로 샐러드의 맛을 한층 더 증가시켜 준다.
② 맛이 강한 샐러드를 더욱 부드럽게 해준다.
③ 맛이 순한 샐러드에는 향과 풍미를 충분하게 제공한다.
④ 음식을 섭취할 때 입에서 즐기는 질감을 높일 수 있다.
⑤ 신맛의 드레싱으로 소화를 촉진시켜 준다.
⑥ 상큼한 맛으로 식욕을 촉진시킨다.

드레싱(dressing)의 종류
- 차가운 유화 소스류 : 비네그레트(vinaigrettes), 마요네즈(mayonnaise)
- 유제품 기초 소스류 : 샐러드 드레싱, 디핑 소스(dipping sauce)
- 기타 : 살사류(salsa), 쿨리와 퓌레(coulie & puree)

---

2 샐러드 조리

(1) 유화 드레싱 조리

① **비네그레트 만들기**
  ㉮ 믹싱볼에 머스터드, 소금, 후추, 허브 등을 넣고 식초를 조금씩 부어가며 거품기로 빠르게 섞어준다.
  ㉯ 천천히 오일을 부어가며 저어주다 보면 크림 같은 질감이 형성된다. 만약 크림 같은 질감이 아니라 물처럼 농도가 묽어진다면 유화에 실패한 것이므로 폐기하고 다시 만들어야 한다.
  ㉰ 가니쉬를 첨가해주고 마무리한다.

② **마요네즈 만들기**
  ㉮ 믹싱볼에 달걀노른자와 머스터드, 소금, 후추를 넣고 거품기로 빠르게 혼합한다.
  ㉯ 재료가 골고루 섞이면 기름을 조금씩 넣어가며 마요네즈를 만들어준다.
  ㉰ 어느 정도 되직한 질감이 되면 식초를 조금씩 부어가며 농도를 조절해준다.
  ㉱ 농도는 소프트피크(soft peak, 외관상으로는 윤기가 흐르며, 저었을 때 리본이 그려져서 그대로 약 15초간 머무는 정도의 점성) 정도가 되어야 한다.

(2) 식재료별 조리방법

① **육류 조리 방법**
  ㉮ 쇠고기 : 그릴링(gilling)과 브로일링(broiling), 로스팅(roasting), 소팅(sauteing), 브레이징(braising), 스튜잉(stewing)
  ㉯ 돼지고기 : 딥 프라잉(deep frying), 스터 프라잉(stir-frying)

② **해산물 조리 방법** : 끓이기(boiling), 삶기(poaching), 증기찜(steaming), 팬 프라이(pan frying)

③ **채소 조리 방법** : 데치기(blanching)

④ **곡물 조리 방법** : 은근히 끓이기(simmering)

3 샐러드 요리 완성

(1) 플레이팅의 기본 원칙

① 접시의 내원을 벗어나지 않는다.
② 고객의 편리성에 초점을 두어 담는다.
③ 재료별 특성을 이해하고 일정한 공간을 두어 담는다.
④ 너무 획일적이지 않은 일정한 질서와 간격을 두어 담는다.
⑤ 불필요한 가니쉬를 배제하고 주요리와 같은 수로 담는다.
⑥ 소스 사용으로 음식의 색상이나 모양이 버려지지 않게 유의해서 담는다.
⑦ 너무 복잡하고 만들기 힘든 가니쉬는 피하고 간단하면서도 깔끔하게 담는다

(2) 샐러드 담을 때의 주의사항

① 채소의 물기는 반드시 제거하고 담는다.
② 주재료와 부재료의 크기를 생각하고 절대로 부재료가 주재료를 가리지 않게 담는다.
③ 주재료와 부재료의 모양과 색상, 식감은 항상 다르게 준비한다.
④ 드레싱의 양이 샐러드의 양보다 많지 않게 담는다.
⑤ 드레싱의 농도가 너무 묽지 않게 한다.
⑥ 드레싱은 절대로 미리 뿌리지 말고 제공할 때 뿌린다.
⑦ 샐러드를 미리 만들면 반드시 덮개를 씌워서 채소가 마르는 일이 없도록 한다.
⑧ 가니쉬는 절대 중복해서 사용하지 말아야 한다.

Lesson 06 조식 조리

1 달걀 요리 조리

(1) 달걀 요리의 종류

① **습식열을 이용한 달걀 요리**
  ㉮ 포치드 에그(poached egg) : 90℃ 정도의 비등점 아래 뜨거운 물에 식초를 넣고 껍질을 제거한 달걀을 넣어 익히는 방법이다.
  ㉯ 보일드 에그(boiled egg) : 삶은 달걀이라고 하며, 섭씨 100℃ 이상의 끓는 물에 달걀을 넣고 고객이 원하는 정도로 익히는 것을 말한다.

㉠ 코들드 에그(coddled egg) : 100℃ 끓는 물에서 30초 정도
삶기
㉡ 반숙 달걀(soft boiled egg) : 100℃ 끓는 물에서 3~4분간
삶기
㉢ 중반숙 달걀(medium boiled egg) : 100℃ 끓는 물에서 5~7
분간 삶기
㉣ 완숙 달걀(hard boiled egg) : 100℃ 끓는 물에서 10~14분간
삶기
② 건식열을 이용한 달걀 요리
㉮ 달걀 프라이(fried egg) : 프라이팬을 이용하여 조리한 달걀을
말한다. 달걀의 뒤집기와 노른자의 익은 상태에 따라 분류할 수
있다.
㉠ 서니 사이드 업(sunny side up) : 달걀의 한쪽 면만 익힌 것
㉡ 오버 이지(over easy egg) : 달걀의 양쪽 면을 살짝 익힌 것으
로 흰자는 익고 노른자는 익지 않은 것
㉢ 오버 미디엄(over medium egg) : 노른자가 반 정도 익은 것
㉣ 오버 하드(over hard egg) : 달걀을 넣어 양쪽으로 완전히 익
힌 것
㉯ 스크램블 에그(scrambled egg) : 달걀을 깨서 팬에 버터나 식용
유를 두르고 넣어 빠르게 휘저어 만든 요리이다.
㉰ 오믈렛(omelet) : 달걀을 깨서 스크램블 에그로 만들다 프라이
팬을 이용하여 럭비공 모양으로 만든 달걀요리로 속재료에 따
라 치즈 오믈렛, 스패니시 오믈렛 등이 있다.
㉱ 에그 베네딕틴(egg benedictine) : 구운 잉글리시 머핀에 햄,
포치드 에그(poached egg)를 얹고 홀랜다이즈 소스(hollandaise
sauce)를 올린 미국의 대표적 달걀 요리이다.

(2) 조리도구

① **프라이팬** : 팬에 많이 달라붙기 때문에 코팅이 우수한 팬이 좋다.
② **거품기** : 재료를 혼합할 때 많이 사용되며, 달걀을 풀어 스크램블
에그나 오믈렛을 준비할 때 사용한다.
③ **믹싱 볼** : 둥근 볼처럼 생겨 재료를 준비하거나 섞을 때 사용한다.
④ **국자** : 액체로 된 재료를 떠서 담을 때 사용한다.
⑤ **고운체** : 소스나 육수를 거를 때 사용한다.
⑥ **소스 냄비** : 소스를 끓일 때 사용하며, 달걀요리에서는 달걀을 삶을
때 사용한다.
⑦ **나무젓가락** : 대나무로 된 젓가락으로 30cm 이상으로 스크램블
에그나 오믈렛을 만들 때 사용한다.

2 조찬용 빵류 조리

(1) 아침 식사용 빵의 종류

① **토스트 브레드(toast bread)** : 식빵을 0.7~1cm 두께로 얇게 썰어 구운
빵을 말하며, 버터나 각종 잼을 발라 먹는다.
② **데니시 페이스트리(danish pastry)** : 다량의 유지를 중간에 층층이 끼
워 만든 페이스트리 반죽에 잼, 과일, 커스터드 등의 속 재료를 채
워 구운 빵이다.
③ **크루아상(croissant)** : 버터를 켜켜이 넣어 만든 페이스트리 반죽을
초승달 모양으로 만든 프랑스의 대표적인 페이스트리이다.
④ **베이글(bagel)** : 밀가루, 이스트, 물, 소금으로 반죽해서 가운데

구멍이 뚫린 링 모양으로 만들어 발효시킨 후 끓는 물에 익힌 후
오븐에 한 번 구워 낸 빵이다.
⑤ **잉글리시 머핀(english muffin)** : 아침 식사에 먹는 달지 않은 납작한
빵으로 크럼펫(crumpet)과 함께 영국의 대표적인 빵으로 샌드위치
용으로도 많이 사용한다.
⑥ **프렌치 브레드(french bread)** : 밀가루, 이스트, 물, 소금만으로 만
든 프랑스의 주식으로 가늘고 길쭉한 몽둥이 모양으로 바삭바삭한
식감이 특징이다.
⑦ **호밀 빵(rye bread)** : 호밀을 주원료로 하여 만든 독일의 전통 빵으
로 속이 꽉차 있고, 향이 강하며 섬유소가 많은 것이 특징이다.
⑧ **브리오슈(brioche)** : 프랑스의 전통 빵으로 밀가루, 버터, 이스트,
설탕 등으로 달콤하게 만들며, 주로 아침 식사용으로 먹는다.
⑨ **스위트 롤(sweet roll)** : 건포도, 향신료, 시럽 등의 재료를 겉에
입히지 않는 모든 롤빵을 말하는 것으로 영국에서 처음 만들어
졌다.
⑩ **하드 롤(hard roll)** : 껍질은 바삭하고 속은 부드러운 빵을 말한다.
반죽으로 주로 강력분을 사용하며 속을 파내고 채소나 파스타를
넣어 만들기도 한다.
⑪ **소프트 롤(soft roll)** : 모닝 롤이라고도 부르는 둥글게 만든 빵으로
하드 롤보다 설탕, 유지가 많이 들어가고, 달걀을 첨가하여 속이
매우 부드럽다.

(2) 아침 조리용 빵의 종류

① **프렌치토스트(french toast)**
㉮ 아침 식사로 많이 사용되고, 건조해진 빵을 활용하기 위해 만들
어진 조리법으로 프랑스에서는 못쓰게 된 빵이란 뜻의 팽 페르
뒤(pain perdu)라 부른다.
㉯ 달걀과 계피가루, 설탕, 우유에 빵을 담가 버터를 두르고 팬에
구워 잼과 시럽을 곁들여 먹는다.
② **팬케이크(pancake)**
㉮ 뜨거울 때 먹으면 맛있어서 핫케이크라고 한다.
㉯ 밀가루, 달걀, 물 등으로 만들어 프라이팬에 구워 버터와 메이
플 시럽을 뿌려 먹는다.
③ **와플(waffle)**
㉮ 서양과자의 한 종류로 표면이 벌집 모양이며, 바삭한 맛을 가지
고 있어 아침 식사와 브런치, 디저트로 인기가 높다.
㉯ 이스트를 넣어 발효시킨 반죽에 달걀흰자를 거품 내어 반죽해
서 구워 먹는 벨기에식 와플과 베이킹파우더를 넣어 반죽하고
설탕을 많이 넣어 달게 먹는 것이 특징인 미국식 와플이 있다.
㉰ 와플의 반죽 자체는 달지 않아 과일이나 휘핑크림을 얹어서
먹는다.

(3) 조찬용 빵류에 사용되는 조리도구

① **토스터(toaster)** : 전기를 이용하여 식빵이나 빵을 굽는 기구로 가정
용은 일반적으로 2개의 식빵을 구울 수 있지만, 업소용은 로터리
형태로 돌아가면서 굽는다.
② **가스 그릴(gas grill)** : 가스를 이용하며 넓은 번철로 되어 있어 대량
요리가 가능하다. 팬케이크나 채소를 볶을 때 사용한다.
③ **프라이팬(frypan)** : 기름을 두르고 센 불에 볶거나 굽는 도구로 팬케
이크를 굽거나 부재료를 조리할 때 사용한다.

④ **스패튤라(grill spatula)** : 뜨거운 음식을 뒤집거나 옮길 때 사용한다.
⑤ **와플 머신(waffle machine)** : 요철 모양의 와플을 만들 때 사용되는 기구로 전기를 열원으로 사용한다.

3 시리얼류 조리

(1) 시리얼류의 종류

구분	종류	특징
차가운 시리얼	콘프레이크(cornflakes)	옥수수를 구워서 얇게 으깨어 만든 것이다.
	올 브랜(all bran)	밀기울을 으깨어 가공한 것으로 소화를 돕는 데 중요한 역할은 한다.
	라이스 크리스피(rice crispy)	쌀을 바삭바삭하게 튀긴 것으로 간편하게 먹을 수 있다.
	레이진 브렌(raisin bran)	구운 밀기울 조각에 달콤한 건포도를 넣은 것이다.
	쉬레디드 휘트(shredded wheat)	밀을 조각내고 으깨어 사각형 모양으로 만든 비스킷 형태이다.
	버쳐 뮤즐리(bircher muesli)	오트밀(귀리)을 기본으로 해서 견과류 등을 넣은 것이다.
더운 시리얼	오트밀(Oatmeal)	귀리를 볶은 다음 거칠게 부수거나 납작하게 누른 식품으로 육수나 우유를 넣고 죽처럼 조리해서 먹는다.

(2) 시리얼의 부재료
① **생과일** : 바나나, 사과, 딸기 등
② **건조과일** : 블루베리, 건포도, 건살구 등
③ **견과류** : 호두, 밤, 은행, 아몬드, 마카다미아 너트 등

(2) 시리얼류에 사용되는 조리도구
① **믹싱 볼(mixing bowl)** : 손잡이가 없는 둥근 그릇으로 재료를 준비하고 혼합할 때 사용한다.
② **스토브(stove)** : 가스를 열원으로 사용하며, 소스 냄비나 프라이팬을 가열하여 음식물을 조리하는 장비로 조리에 가장 기본이 되는 기구이다.
③ **소스 냄비(sauce pot)** : 소스 냄비는 소스를 끓일 때 사용한다.
④ **나무 스패튤라(wooden spatula)** : 뜨거운 음식을 뒤집거나 옮길 때 사용한다.
⑤ **국자(ladle)** : 액체 재료를 담을 때 사용한다.

Lesson 07 수프 조리

1 수프 재료 준비

(1) 수프의 구성 요소
① **육수(stock)** : 수프의 맛을 좌우하는 가장 기본이 되는 요소라고 할 수 있다. 생선, 소고기, 닭고기, 채소와 같은 식재료의 맛을 낸 국물로 수프가 가지고 있는 본래의 맛을 낼 수 있게 해야 한다.
② **루(roux) 등의 농후제** : 수프의 농도를 조절하는 농후제를 리에종(liaison)이라고도 한다. 일반적인 수프의 농후제로는 루(roux)를 사용하며, 특히 밀가루를 색이 나지 않게 볶은 화이트 루(white roux)을 기본으로 사용한다.
③ **곁들임(garnish)** : 수프의 맛을 증가시켜주는 역할을 한다. 곁들임은 수프에 해당하는 재료를 사용하여 조화가 잘 이루어져야 한다.
④ **허브와 향신료** : 식품의 풍미를 더하게 되며, 식욕을 촉진시키고 방부작용과 산화 방지 등의 식품 보존성을 증가시키며 소화기능을 도와주는 역할을 한다.

(2) 수프의 종류
① **맑은 수프(clear soups)**
  ㉮ 국물에 맛이 스며들어 맛을 느낄 수 있게 하는데, 수프의 색깔이 깔끔하며 투명한 색을 지니고 있다.
  ㉯ 수프에 이물질이나 다른 향이 들어가면 매우 좋지 않은 결과를 초래하므로, 조리 과정에서 세심한 주의가 요구된다.
② **크림과 퓌레 수프(cream and pureed soups)**
  ㉮ 우리나라의 전통요리인 '죽'과 비슷하며, 맛이 부드럽고 감촉이 좋아 사람들에게 가장 대중적으로 알려져 있는 수프의 일종이다.
  ㉯ 크림수프는 주재료 자체로 농도를 내거나 다른 재료를 이용하여 농도를 조절하는 방법을 사용한다.
③ **비스크 수프(bisque soups)**
  ㉮ 바닷가재나 새우 등의 갑각류 껍질을 으깨어 채소와 함께 완전히 우러나올 수 있도록 끓이는 수프이다.
  ㉯ 마무리로 크림을 넣어주는데 재료를 너무 많이 첨가하여 맛이 변화하지 않게 해야 한다.
④ **차가운 수프(cold Soups)**
  ㉮ 원래 의미는 '물에 불린 빵(soaked bread)'으로, 그것이 발전되어 다른 재료들을 포함하여 먹기 좋게 수프의 형식을 빌린 것이다.
  ㉯ 현재는 과일과 신선한 야채를 퓌레(puree)로 만들어 크림이나 다른 곁들임을 곁들이는 방법을 많이 사용하고 있다.

2 수프 조리

(1) 농도에 의한 수프 조리
① **맑은 수프(clear soup)** : 맑은 스톡을 사용하며 농축하지 않는다.
  ㉮ 콩소메(consomme) : 소고기, 닭, 생선
  ㉯ 맑은 채소 수프 : 미네스트롱(minestrone)
② **진한 수프(thick soup)** : 농후제를 사용한 걸쭉한 상태의 수프
  ㉮ 크림(cream)
    ㉠ 베샤멜(bechamel) : 화이트 루에 우유를 넣고 만든 약간 묽은 수프
    ㉡ 벨루테(veloute) : 블론드 루에 닭 육수를 넣고 만든 것을 기본으로 함
  ㉯ 포타주(potage) : 일반적으로 농후제를 사용하지 않고 콩을 사용하여 재료 자체의 녹말 성분을 이용하여 걸쭉하게 만든 수프
  ㉰ 퓌레(puree) : 크림을 사용하지 않고 야채를 잘게 분쇄한 퓌레(puree)를 부용(bouillon)과 결합하여 만든 수프
  ㉱ 차우더(chowder) : 게살, 감자, 우유를 이용한 크림 수프
  ㉲ 비스크(bisque) : 갑각류를 이용한 부드러운 수프로 크림의 맛과 농도를 조절

(2) 온도에 의한 수프 조리

① **가스파초(gazpacho)** : 믹서에 채소를 갈아 체에 걸러 빵가루, 마늘, 올리브유, 식초 또는 레몬주스를 넣어 간을 하여 걸쭉하게 만들어 먹는 차가운 수프

② **비시스와즈(vichyssoise)** : 감자를 삶아 체에 내려 퓌레로 만든 후, 잘게 썬 대파의 흰 부분과 함께 볶아 물이나 육수(stock)를 넣고 끓인 다음 크림, 소금, 후추로 간을 하여 식혀 먹는 차가운 수프

(3) 재료에 의한 수프 조리

① 고기 수프

② 채소 수프

③ 생선 수프

3 ▶ 수프요리 완성

(1) 수프 요리 담기 시 고려사항

① 수프 재료 자체가 가지고 있는 고유의 색상과 질감을 잘 표현한다.

② 전체적으로 보기 좋아야 하고 청결하며 깔끔하게 담아야 한다.

③ 요리에 알맞은 양을 균형감 있게 담아야 한다.

④ 고객이 먹기 편하게 플레이팅이 이루어져야 한다.

⑤ 요리에 맞게 음식과 접시의 온도에 신경 써야 한다.

⑥ 식재료의 조합으로 인한 다양한 맛과 향이 공존하도록 담는다.

(2) 수프의 가니쉬의 종류

① **수프에 첨가되는 형태(garnish)** : 진한 수프에 첨가되는 가니쉬의 형태는 그 자체 내용물이 가니쉬로 보여지는 형태의 것을 의미한다.

② **수프에 어울리는 형태(toopping)** : 크림 수프에 올려지는 장식은 거품을 올린 크림, 크루통, 잘게 썬 차이브 등으로 수프의 형태에 따라 다르게 올려준다.

③ **수프에 따로 제공되는 형태(accompanish)** : 수프의 형태에 따라 첨가하지 않고 손님의 취향에 따라 별도로 제공되는 것으로 빵이나 달걀, 토마토 콩카세 등이 있다.

Lesson 08 육류 조리

1 ▶ 육류 재료 준비

(1) 육류 재료 손질 요령

① 소고기 손질요령

㉮ 안심 손질법

㉠ 안심의 날개 가장자리부터 지방, 힘줄을 제거한다.

㉡ 윗면에 붙은 힘줄을 머리 쪽부터 제거한다.

㉢ 뒤집은 후 밑에 붙어 있는 지방을 제거한다.

㉣ 머리 부분부터 힘줄을 제거한다.

㉤ 깨끗하게 힘줄과 지방을 제거한다.

㉥ 용도와 메뉴에 맞게 자른다.

㉯ 등심 손질법

㉠ 두꺼운 부분의 가장자리의 지방과 힘줄을 제거한다.

㉡ 가로로 1/3 지점까지 칼집을 넣고 지방과 힘줄을 제거한다.

㉢ 얇은 쪽 가장자리 부분의 지방을 제거한다.

㉣ 약간의 지방을 남기고 겉면의 두꺼운 지방을 제거한다.

㉤ 깨끗하게 지방을 제거한다.

㉥ 용도와 메뉴에 맞게 자른다.

② 닭고기 손질요령

㉮ 다리와 날개를 꺾고 닭가슴살 중앙에서 칼집을 넣는다.

㉯ 날개살과 가슴살을 연결하는 힘줄을 제거한다.

㉰ 가슴뼈와 살을 분리한다.

㉱ 날개살과 다릿살의 뼈를 제거한다.

㉲ 다리뼈와 물렁뼈를 제거한다.

㉳ 모든 뼈를 제거한다.

(3) 마리네이드(marinade)

① **마리네이드** : 고기를 양념에 재는 과정으로 마리네이드 시는 특히 소금간에 유의하며, 골고루 묻을 수 있도록 마사지를 하며 발라준다.

② **마리네이드 방법**

㉮ 소고기 : 올리브유, 겨자, 파프리카 가루, 다진 마늘, 향신료(로즈마리, 타임), 소금 후추를 섞어 고기에 발라준다.

㉯ 닭고기 : 올리브유, 파프리카 파우더, 겨자, 다진 마늘, 향신료(로즈마리, 타임), 소금, 후추를 섞어 고기에 발라준다.

2 ▶ 육류 조리

(1) 건열식 조리방법

① **윗불 구이(브로일링, broilling)** : 열원이 위에 있어 불 밑에서 음식을 넣어 익히는 방법으로 예열되지 않은 브로일러에 재료를 올리면 눌어붙어 재료가 손상될 수 있다.

② **석쇠 구이(그릴링, grilling)** : 열원이 아래에 있으며 직접 불로 굽는 방법으로 석쇠 온도 조절을 통하여 줄무늬가 나도록 구울 수 있고, 숯을 사용 시 훈연의 향을 느낄 수 있어 음식에 특유의 맛을 내게 한다.

③ **로스팅(roasting)** : 육류 또는 가금류 등을 통째로 오븐에 넣어 굽는 방법으로 향신료를 바르거나 표면이 마르지 않도록 버터나 기름을 발라주며 150~220℃에서 굽는다.

④ **굽기(베이킹, baking)** : 오븐에서 뜨겁고 마른 열의 대류작용을 이용하여 굽는 방법이다.

⑤ **볶기(소테, sauteing)** : 소테 팬 또는 프라이팬에 소량의 버터나 기름을 넣고 160~240℃에서 짧은 시간에 조리하는 방법이다.

⑥ **튀기기(frying)** : 기름에 음식을 튀겨내는 방법이다. 많은 기름으로 140~190℃의 온도에서 튀기는 딥 팻 프라잉 튀김 방법(deep fat frying)과 적은 양의 기름으로 170~200℃의 온도에서 튀겨내는 팬 프라잉 튀김 방법(pan frying)이 있다.

⑦ **그레티네이팅(gratinating)** : 조리한 재료 위에 버터, 치즈, 크림, 소스, 크러스트, 설탕 등을 올려 샐러맨더, 브로일러나 오븐 등에서 뜨거운 열을 가해 색깔을 내는 방법이다.

⑧ **시어링(searing)** : 팬에 강한 열을 가하여 짧은 시간에 육류나 가금류의 겉만 누렇게 지지는 방법으로, 주로 오븐에 넣기 전에 사용된다.

(2) 습열식 조리방법

① **포칭(poaching)** : 비등점 이하 65~92℃의 온도에서 물, 스톡, 와인 등의 액체 등에 육류, 가금류, 달걀, 생선, 야채 등을 잠깐 넣어 익히는 것이다. 물이나 액체를 적게 넣어 조리하는 섈로 포칭(shallow poaching)과 물이나 액체 등을 많이 넣어 조리하는 서브머지 포칭(submerge poaching) 등이 있다.

② **삶기, 끓이기(boiling)** : 물이나 육수 등의 액체에 재료를 끓이거나 삶는 방법으로 생선과 채소는 국물을 적게 넣고 끓이며 건조한 재료는 액체의 양을 많이 한다.

③ **시머링(simmering)** : 60~90℃ 액체의 약한 불에서 조리하는 것으로, 소스(Sauce)나 스톡(Stock)을 끓일 때 사용한다.

④ **증기찜(steaming)** : 물을 끓여 수증기의 대류작용을 이용하여 조리하는 방법이다. 육류, 가금류, 생선, 갑각류, 야채류 등을 조리할 때 주로 이용된다.

⑤ **데치기(블랜칭, blanching)** : 많은 양의 끓는 물이나 기름에 재료를 짧게 데쳐 찬물에 식히는 조리 방법이다. 끓는 물과 끓는 기름에 데치는 두 가지 방법이 있다.

⑥ **글레이징(glazing)** : 버터나 과일의 즙, 육즙 등과 꿀, 설탕을 졸여서 재료에 입혀 코팅시키는 조리 방법이다.

(3) 복합 조리 방법

① **브레이징(braising)** : 팬에서 색을 낸 고기에 볶은 야채, 소스, 굽는 과정에서 흘러나온 육즙 등을 전용 팬에 넣은 다음 뚜껑을 덮고 천천히 조리하는 방법이다. 주로 질긴 육류, 가금류를 조리할 때 사용하는 방법이다.

② **스튜잉(stewing)** : 육류, 가금류, 미르포아, 감자 등을 약 2~3cm의 크기로 썰어 뜨겁게 달군 팬에 기름을 넣고 색을 낸 후 그래비 소스(gravy sauce)나 브라운 스톡(brown Stock)을 넣어 110~140℃의 온도에 끓여 조리하는 방법이다.

■ **소스의 분류(색으로 구분)**
- 베샤멜 소스(bechamel sauce)
- 벨루테 소스(veloute sauce)
- 브라운 소스(brown sauce)
- 토마토 소스(tomato sauce)
- 홀랜다이즈 소스(hollandaise sauce)

---

3 육류요리 완성

(1) 플레이팅의 원칙

① 재료 자체가 가지고 있는 고유의 색감과 질감을 잘 표현하도록 한다.
② 전체적으로 간결하고 청결하며 깔끔하게 담아야 한다.
③ 요리의 알맞은 양을 균형감 있게 담아야 한다.
④ 고객이 먹기 편하게 플레이팅이 이루어져야 한다.
⑤ 요리에 맞게 음식과 접시 온도에 신경 써야 한다.
⑥ 식재료의 조합으로 인한 다양한 맛과 향이 함께할 수 있도록 플레이팅을 한다.

(2) 육류, 가금류 플레이팅

① **접시 선택** : 모양, 형태, 크기를 고려한다.
② **곁들임 재료 담기**
 ㉮ 탄수화물 요리 담기 : 감자 요리나 파스타, 쌀을 이용한 리소토 등
 ㉯ 채소 요리 담기 : 전체적인 색의 조화를 고려하여 채소를 선택
 ㉰ 육류, 가금류 담기
 ㉱ 소스 뿌리기
④ **가니쉬 올리기** : 시각적인 효과와 미각적인 조화를 고려한다.

Lesson 09 파스타 조리

1 파스타 재료 준비

(1) 파스타의 종류

① **건조 파스타**
 ㉮ 건조 파스타는 경질 소맥인 듀럼 밀(경질 소맥)을 거칠게 제분한 세몰리나를 주로 이용하고, 면의 형태를 만든 후 건조시켜 사용한다. 때에 따라 세몰리나와 밀가루를 섞어서 사용하기도 한다.
 ㉯ 짧은 파스타와 긴 파스타로 나뉜다.

② **생면 파스타**
 ㉮ 일반적으로 세몰리나에 밀가루를 섞어 사용하거나, 밀가루만을 사용해 만들며 신선하고 부드러운 식감을 갖는다.
 ㉯ 다른 재료를 혼합함으로써 다양한 색을 표현할 수 있다.

(2) 파스타에 필요한 소스

① **조개 육수**
 ㉮ 갑각류의 풍미를 살리거나 기본적인 해산물 파스타 요리에 사용하는 육수로 바지락, 모시조개, 홍합 등을 사용한다.
 ㉯ 오래 끓이면 맛이 변하므로 30분 이내로 끓인다.

② **토마토소스**
 ㉮ 토마토는 적당한 당도와 진하게 농축된 감칠맛을 가진 것을 골라야 하며, 믹서기에 갈아서 사용하는 것보다 으깬 후 끓이는 방법이 선호된다.
 ㉯ 사용하는 목적에 따라 여러 가지 다른 재료를 추가할 수 있다.

③ **볼로네즈 소스(라구 소스)**
 ㉮ 이탈리아식 미트소스로 돼지고기와 쇠고기, 채소와 토마토를 넣고 오랜 시간 농축된 진한 맛이 날 때까지 끓여 낸다.
 ㉯ 치즈, 크림, 버터, 올리브유 등을 이용해 부드러운 맛을 낸다.

④ **화이트 크림소스**
 ㉮ 밀가루, 버터, 우유를 주재료로 만든 화이트소스로 버터와 밀가루를 고소하게 색이 나지 않도록 볶아 화이트 루를 만들어 사용한다.
 ㉯ 우유를 데우고 루가 들어있는 팬에 서서히 부어가며 덩어리지지 않게 끓인다.

⑤ **바질 페스토 소스**
 ㉮ 바질을 주재료로 사용한 소스 페스토를 보관하는 동안 산화되거나 색이 변하는 것을 지연시켜 주기 위해 바질을 끓인 소금물에 데쳐 사용한다.
 ㉯ 전통적인 소스는 양젖을 이용한 치즈를 주로 사용한다.

2 파스타 조리

(1) 파스타 삶기

① 파스타는 적당하게 삶아 원하는 식감을 얻는 것이 중요하다.

② 씹히는 정도가 느껴질 정도로 삶는 것이 보통이다.

③ 알덴테(al dente)는 파스타를 삶는 정도를 의미하며, 입안에서 느껴지는 알맞은 상태를 나타낸다.

④ 파스타를 삶는 냄비는 깊이가 있어야 하며 파스타 양의 10배 정도가 알맞다.

⑤ 일반적으로 1L 내외의 물에 파스타의 양은 100g 정도가 알맞은 양이다.

⑥ 파스타를 삶을 때 첨가하는 소금은 파스타의 풍미를 살려주고 밀 단백질에 영향을 주어 파스타 면에 탄력을 준다.

⑦ 파스타 면을 삶는 면수는 파스타 소스의 농도를 잡아주고 올리브유가 분리되지 않고 유화될 수 있도록 한다.

⑧ 파스타를 삶을 때 파스타가 서로 달라붙지 않도록 분산되게 넣어야 하며 잘 저어주어야 한다.

⑨ 파스타를 삶는 시간은 파스타가 소스와 함께 버무려지는 시간까지 계산해야 한다.

⑩ 파스타는 삶은 후 바로 사용해야 한다. 삶아진 파스타 겉면에 수증기가 증발하면서 남아있는 전분 성분이 소스와 어우러져 파스타의 품질을 좋게 한다.

(2) 파스타의 형태와 소스

① **길고 가는 파스타** : 가벼운 토마토 소스나 올리브유를 이용한 소스

② **길고 넓적한 파스타** : 파스타 면의 표면적이 넓어 파스타 면에 잘 달라붙는 소스(파르미지아노 레지아노 치즈, 프로슈토, 버터 등)

③ **짧은 파스타** : 가벼운 소스와 진한 소스 모두 어울림

④ **짧고 작은 파스타** : 수프의 고명으로 많이 사용되며, 샐러드의 재료로도 많이 이용

3 파스타요리 완성

(1) 파스타의 완성

① 파스타를 완성하기 위해서는 소스의 선택이 중요하다.

② 탈리아텔레 같은 넓적한 면은 치즈와 크림 등이 들어간 진한 소스가 어울린다.

③ 파스타에 사용하는 버터와 치즈는 파스타에 부드러운 질감을 주는 역할을 한다.

④ 소스가 많이 묻을 수 있는 짧은 파스타의 경우 진한 질감을 가진 소스를 사용한다.

⑤ 일반적으로 생면 파스타의 경우 부드러운 질감을 유도하기 위해 버터나 치즈를 많이 사용한다.

⑥ 건조 파스타의 경우 고기와 채소를 이용한 소스를 주로 이용한다.

⑦ 소를 채운 파스타의 경우 소에 이미 일정한 수분과 맛이 결정되어 있으므로 수프 또는 가벼운 소스를 이용한다.

(2) 파스타 완성하기

① 완성 단계에서 삶아진 파스타는 특유의 풍미와 질감을 살리기 위해 소스와 어우러져 바로 제공되어야 한다.

② 오일만 사용하여 맛을 내는 파스타는 육수가 파스타 요리의 맛을 결정 짓는다.

③ 조개나 해산물을 이용한 육수는 요리의 향과 맛을 살리기 위함이 주된 목적이므로 센불에 오랫동안 끓이지 않는 것이 중요하다.

④ 토마토 소스의 경우 씨 부분이 믹서에 갈리지 않도록 주의해야 한다. 믹서에 갈리면 신맛이 나기 때문에 손으로 으깨는 것이 좋다.

⑤ 토마토 소스를 넣은 파스타를 완성하는 과정에서는 토마토에 포함되어 있는 수분을 고려하여 충분히 졸여 주거나 수분을 첨가해 주어야 한다.

⑥ 화이트 크림을 이용하여 파스타는 만드는 과정에서 고루 저어야 눌거나 타는 것을 방지할 수 있다.

⑦ 바질 페스토 소스의 경우 변색을 방지하기 위하여 데쳐서 사용하거나 조리과정에서 너무 뜨거운 환경에 오래 방치하면 안 된다.

⑧ 파스타를 완성하는데 있어서 올리브 오일과 면을 삶은 전분이 녹아 있는 물을 이용하여 소스가 분리되는 것을 방지하거나 파스타의 수분을 유지하도록 한다.

⑨ 파스타의 형태가 굵고 단단한 경우 수분이 많이 필요하며 양념이 잘 어우러져야 한다.

Lesson 10 소스 조리

1 소스 재료 준비

(1) 농후제의 종류와 특성

① **루(roux)**

㉮ 화이트 루 : 색이 나기 직전까지만 볶아낸 것으로 베샤멜 소스와 같은 하얀색 소스를 만들 때 사용한다.

㉯ 브론드 루 : 약간의 갈색이 돌 때까지 볶은 것으로 대부분의 크림 수프나 수프를 끓이기 위한 벨루테를 만들 때 사용한다.

㉰ 브라운 루 : 색이 짙은 소스를 만들 때 사용하며 루의 색깔이 갈색을 띤다. 스테이크 소스에 주로 사용하였으나, 최근 들어서는 육수의 질이 높아졌고 가벼운 소스를 선호하는 경향이 있어 전분을 사용하여 소스의 농도를 맞추는 경우가 많다.

② **뵈르 마니에(beurre manie)**

㉮ 뵈르 마니에라고 불리우는 버터와 밀가루를 동량으로 섞어 만든 농후제로 향이 강한 소스의 농도를 맞출 때 사용한다.

㉯ 정확한 양을 준비하여 농도를 맞추기 어려워 사용할 때 녹여 놓은 버터에 동량의 밀가루와 섞어 준비한 다음 일부를 소스의 일부와 먼저 섞어 농도가 나기 시작하면 나머지 소스를 넣고 완전히 녹을 때까지 저어 준다.

③ **전분** : 전분은 더운 물에서는 쉽게 호화되므로 찬물이나 차가운 육수를 따로 준비하여 섞어두었다가 육수가 끓기 시작하면 불을 줄이고 국자를 이용하여 자연스럽게 섞어주어야 한다.

④ **달걀** : 노른자를 이용하여 농도를 낼 수 있다. 앙글레이즈라는 디저트 소스, 홀랜다이즈 소스의 경우가 대표적이다.

⑤ **버터** : 수프를 끓인 다음 버터의 풍미를 더하기 위해 불에서 내린 다음 포마드 상태의 버터를 넣고 잘 저어주면 약간의 농도를 더할 수 있다.

(2) 루(roux) 만들기와 사용하기

① **루(roux) 만들기**
㉮ 팬에 버터를 두르고 열을 가하여 버터를 녹인다.
㉯ 동량의 밀가루를 넣고 고루 볶는다.

② **루(roux) 사용하기**
㉮ 차가운 루 사용 : 차가운 루는 더운 육수에 직접 넣고 저어주면 응어리가 생기지 않게 만들 수 있다. 차가운 육수를 넣고 서서히 거품기로 저어도 되지만, 오랜 시간이 걸리므로 더운 육수에 섞는 방법을 많이 사용한다.
㉯ 더운 루 사용 : 루에 차가운 육수를 넣으면 뜨거운 루가 차가운 육수 사이로 골고루 분리된다. 그다음에 서서히 열을 가하면서 주걱으로 저어주면 응어리가 생기지 않는다.

2 소스 조리

(1) 레드 와인 소스

① 포트에 와인을 넣고 70%가량 증발하도록 졸인다. 이때 와인을 덜 졸이면 와인의 알코올이 남아 소스의 맛을 망칠 수 있으므로 알코올은 충분히 날리고 와인의 향만 남도록 졸여야 한다.
② 준비해 둔 브라운 스톡을 일부만 남기고 과정 ①에 넣어 끓인다.
③ 남겨둔 브라운 스톡에 전분을 풀어 농도를 맞춘다.
④ 소금과 후추로 농도를 맞추어 걸러내고 제공 직전에 버터로 몬테하여 제공한다.

(2) 토마토 소스

① **재료를 준비한다.**
㉮ 토마토는 잘 익은 것으로 골라 꼭지를 따고 반대편에 십자로 칼집을 낸다.
㉯ 포트에 끓는 물을 준비하여 칼집 낸 토마토를 넣고 데쳐 껍질을 제거한다.
㉰ 반으로 갈라 꼭 짜서 체에 밭쳐 씨를 제거하여 주스는 따로 준비한다.
㉱ 토마토 소스를 만들기 위해 양파와 마늘은 곱게 다져서 준비한다.

② **소스를 조리한다.**
㉮ 팬에 버터를 두르고 양파와 마늘을 넣고 볶는다.
㉯ 일정한 양의 토마토 페이스트를 넣고 신맛이 날아가도록 볶는다.
㉰ 끓기 시작하면 월계수 잎을 넣고 주방장 기호에 맞게 향신료를 첨가한다.
㉱ 수분이 어느 정도 제거되면 따로 준비해 둔 토마토 주스를 넣어가며 졸인다.
㉲ 소금과 후추로 간하여 굵은 체로 걸러 사용한다.

(3) 베샤멜 소스 만들기

① **재료를 준비한다.**
㉮ 양파는 껍질을 벗기고 적당한 크기로 썰어 정향을 박아 고정한다. 정향을 건져 내기 쉽도록 양파에 고정한다.
㉯ 우유를 소스 팬에 붓고 위의 양파를 넣고 정향과 양파의 향이 우러나도록 20분가량 끓인다.

② **루를 만든다.**
㉮ 팬에 버터를 두르고 열을 서서히 가하여 버터가 녹으면 밀가루를 넣고 약한 불로 은근하게 볶는다.
㉯ 밀가루를 많이 볶을수록 맛이 좋으므로 가장 약한 불로 갈색이 나기 직전까지 볶아야 한다.

③ **소스를 완성한다.**
㉮ 색이 약간 나면서 고소한 향이 나면 불에서 내리고 준비한 정향과 양파 향을 우려낸 우유를 조금씩 넣어가며 거품기로 풀어 저어 준다.
㉯ 거품기를 이용하여 저어 주어도 되나, 우유를 식혔다가 한꺼번에 사용하면 주걱으로 저어도 응어리가 지지 않는다. 거품기를 이용할 때는 분량의 우유를 한 번에 넣지 않고 조금씩 넣어주면서 거품기로 풀어 주어야 더 잘 풀린다.
㉰ 루가 우유에 적절히 풀어지면 소금과 후추로 간한 다음 걸러내어 마무리한다.

3 소스 완성

(1) 소스 종류에 따른 좋은 품질 선별법

① **브라운 소스** : 질 좋은 재료의 사용이 중요하며 색깔을 내기 위해 재료를 볶는 과정에 탄내가 나지 않게 볶아야 한다. 진한 소스를 뽑기 위해 5일 이상의 시간이 필요하며, 길게는 일주일간 끓인 소스가 고급 소스라고 할 수 있다.
② **벨루테 소스** : 루를 타지 않게 약한 불로 잘 볶아서 밀가루 고유의 고소한 맛을 끌어낼 수 있어야 한다. 생선 벨루테는 신선한 흰 살 생선을 사용해야 완성된 소스에서 비린내가 안 난다.
③ **토마토 소스** : 일반적으로 통조림을 사용하는 경우가 많다. 토마토 소스는 색감이 주는 역할이 매우 중요하므로 완성된 소스의 색이 먹음직스러운 붉은 색을 띠어야 하며, 적당한 스파이스 향이 배합된 것이 좋다.
④ **마요네즈** : 직접 만들어 사용할 수 있으나, 특히 산패되기 쉬우므로 주의를 기울여야 한다.
⑤ **비네그레트** : 기본적으로 사용하는 엑스트라 버진 올리브유의 풍미가 소스에 많은 역할을 한다. 용도에 따라 비네그레트에 파생되는 재료의 향이 강한 비네그레트는 향이 강한 올리브유보다 포도씨유나 일반 샐러드유를 사용한 것이 더 좋을 수 있다.
⑥ **버터 소스** : 좋은 버터를 사용해야 질 좋은 소스를 만들어 낼 수 있다. 60℃ 이상의 온도로 가열할 경우 수분과 유분이 분리되어 사용할 수 없는 기름이 될 수 있으므로 보관 및 관리가 중요하다.
⑦ **홀랜다이즈** : 따뜻하게 보관하는 것이 가장 중요하며, 잘못 보관하면 소스로서의 가치를 잃을 수 있다. 또한, 다른 소스에 곁들여 색을 내는 용도로도 사용하는 경우가 많으므로 농도에 유의한다.

(2) 소스를 용도에 맞게 제공하는 방법

① 소스는 사용하는 재료의 맛을 끌어 올릴 수 있어야 한다.

② 소스의 향이 너무 강하여 원재료의 맛을 저하시키면 안 된다.

③ 연회장에서 사용하는 소스는 많은 양의 접시를 제공해야 하므로 약간 되직한 게 좋다.

④ 색감을 자극하여 모양을 내기 위해 곁들여 주는 소스는 색이 변질 되면 안 된다.

⑤ 튀김 종류의 소스는 바삭함에 방해되지 않도록 제공 직전 뿌려주 어야 한다.

⑥ 현대 양식에서 스테이크에 곁들여 주는 소스는 질 좋은 고기의 맛 을 오히려 방해할 수 있으므로 많은 양을 제공하지 않는다.

⑦ 주재료의 맛에 개성이 부족한 요리의 경우에는 개성이 강한 소스 가 필요하며, 주재료의 맛에 개성이 충분할 때에 그 맛을 상승시킬 수 있는 소스가 필요하다.

MEMO

CHAPTER 02 | 양식 조리실무

001 육가공 주방에서 육류나 가금류의 뼈와 살을 분리하는 데 사용하는 칼은?
① cleaver knife ② bone knife
③ carving knife ④ paring knife

- cleaver knife : 단단하지 않은 뼈가 있는 식재료를 자를 때 사용
- bone knife : 육류나 가금류의 뼈와 살을 분리하는 데 사용
- carving knife : 익힌 큰 고기덩어리를 자를 때 사용
- paring knife : 야채나 과일을 껍질을 벗길 때 사용

002 일반적인 식재료 써는 방법에 해당되지 않는 것은?
① 밀어서 썰기 ② 당겨서 썰기
③ 올려 썰기 ④ 터널식 썰기

식재료를 써는 방법
- 밀어서 썰기
- 당겨서 썰기
- 내려 썰기
- 터널식 썰기

003 보기의 식재료를 써는 방법 중에서 가장 큰 크기로 써는 방법은?
① 큐브(cube) ② 다이스(dice)
③ 스몰 다이스(small dice) ④ 브뤼누아즈(brunoise)

- 큐브(cube) : 사방 2cm 크기
- 다이스(dice) : 사방 1.2cm 크기
- 스몰 다이스(small dice) : 사방 0.6cm 크기
- 브뤼누아즈(brunoise) : 사방 0.3cm 크기

004 당근이나 무 등의 채소를 실처럼 얇게 썬 형태는?
① 바토네(batonnet) ② 샤또(chateau)
③ 쥘리엔(julienne) ④ 시포나드(chiffonnade)

시포나드(chiffonnade)는 채소(당근, 무 등)를 실처럼 얇게 썬 형태를 말하며, 무와 당근 등은 슬라이서에 먼저 얇게 썬 다음 다시 썰어 사용하고, 푸른 잎채소 또는 허브 등은 말아서 최대한 얇게 써는 것을 말한다.

005 길이 5~6cm 정도의 끝은 뭉뚝하고 배가 나온 원통 형태의 모양으로 깎는 것은?
① 올리베트(olivette) ② 샤또(chateau)
③ 촙(chop) ④ 브뤼누아즈(brunoise)

샤또(chateau)는 당근이나 감자 등의 메인 요리 등에 사이드 야채로 많이 쓰이며, 길이 5~6cm 정도의 끝은 뭉뚝하고 배가 나온 원통 형태의 모양으로 깎는 것을 말한다.

006 다음 중 조리기기와 그 용도로 연결이 옳은 것은?
① 그라인더(Grinder) – 고기를 다질 때
② 필러(Peeler) – 난백 거품을 낼 때
③ 슬라이서(Slicer) – 당근의 껍질을 벗길 때
④ 초퍼(Chopper) – 고기를 일정한 두께로 저밀 때

조리기기
- 필러(peeler) : 감자·당근의 껍질 벗기기
- 슬라이서 : 고기·햄 등을 얇게 자르는 기계
- 초퍼(Chopper) : 고기나 야채를 잘게 써는 기구

007 조리기기 및 기구와 그 용도의 연결이 틀린 것은?
① 필러(peeler) – 채소의 껍질을 벗길 때
② 믹서(mixer) – 재료를 혼합할 때
③ 슬라이서(slicer) – 채소를 다질 때
④ 육류파운더(meat pounder) – 육류를 연화시킬 때

슬라이서는 일반적으로 육류를 저며낼 때 사용하는 육류 절단기이다.

008 조리기기와 사용 용도의 연결이 적절하지 않은 것은?
① 살라만더 – 볶음하기
② 전자레인지 – 냉동식품의 해동
③ 블랜더 – 불린 콩 갈기
④ 압력솥 – 갈비찜 하기

살라만더(salamander)는 가스 또는 전기를 열원으로 하는 하향식 구이용 기기로 생선구이나 스테이크 구이용으로 많이 사용된다.

009 조리용 소도구의 용도가 옳은 것은?
① 믹서(Mixer) – 재료를 다질 때 사용
② 휘퍼(Whipper) – 감자 껍질을 벗길 때 사용
③ 필러(Peeler) – 골고루 섞거나 반죽할 때 사용
④ 그라인더(Grinder) – 쇠고기를 갈 때 사용

조리기기
- 믹서(Mixer) : 식품의 혼합·교반 등에 사용
- 휘퍼(Whipper) : 계란, 생크림 등의 혼합·교반에 사용
- 필러(Peeler) : 감자·당근의 껍질 벗기기 용도로 사용
- 슬라이서(Slicer) : 고기·햄 등을 얇게 자르는 용도로 사용
- 초퍼(Chopper) : 고기나 야채를 잘게 썰 때 사용

010 육류, 채소 등 식품을 다지는 기구를 무엇이라고 하는가?
① 쵸퍼(chopper)
② 슬라이서(slicer)
③ 야채 절단기(cutter)
④ 필러(peeler)

조리기기
- 슬라이서(slicer) : 고기·햄 등을 저미거나 얇게 자르는 기기
- 야채 절단기(cutter) : 채소를 여러 가지 형태로 썰어주는 기기
- 필러(peeler) : 감자, 무, 당근, 토란 등의 껍질을 벗기는 기기

011 오렌지나 레몬의 색깔 있는 부분만 길게 실처럼 벗기는 도구는?
① 만돌린(mandoline)
② 그레이터(grater)
③ 제스터(zester)
④ 푸드 밀(food mill)

- 만돌린(mandoline) : 과일이나 야채를 채로 썰 때 사용되거나 감자 등을 와플 형태로 썰 수 있는 도구(=채칼)
- 그레이터(grater) : 야채 또는 치즈 등을 원하는 형태로 가는 도구
- 제스터(zester) : 오렌지나 레몬의 색깔 있는 부분만 길게 실처럼 벗기는 도구
- 푸드 밀(food mill) : 완전히 익힌 감자나 고구마 등을 잘게 분쇄하기 위한 도구

정답 001 ② 002 ③ 003 ① 004 ④ 005 ② 006 ①
정답 007 ③ 008 ① 009 ④ 010 ① 011 ③

169

012 조리기구와 그 용도가 옳은 것은?

① 위스크(whisk) – 크림을 휘핑하거나 계란 등 유동성 액체를 섞을 때 사용
② 스키머(skimmer) – 다량의 식재료의 물기를 제거할 때나 거를 때 사용
③ 콜랜더(colander) – 스테이크 등을 두드려 모양을 잡거나 육질을 연하게 할 때 사용
④ 시노와(chinois) – 작은 음식을 옮길 때, 부드러운 재료를 섞을 때, 재료를 깨끗이 긁어모을 때 사용

🔍 • 스키머(skimmer) : 뜨거운 것을 조리할 때 스톡이나 소스 안의 식재료를 건져 낼 때 사용
• 콜랜더(colander) : 다량의 식재료의 물기를 제거할 때나 거를 때 사용
• 시노와(chinois) : 스톡이나 소스 또는 수프를 고운 형태로 거를 때 사용되는 도구
• 스패튤러(spatula) : 작은 음식을 옮길 때, 부드러운 재료를 섞을 때, 재료를 깨끗이 긁어모을 때 사용

013 에너지 전달에 대한 설명으로 틀린 것은?

① 물체가 열원에 직접적으로 접촉됨으로써 가열되는 것을 전도라고 한다.
② 대류에 의한 열의 전달은 매개체를 통해서 일어난다.
③ 대부분의 음식은 복합적 방법에 의해 에너지가 전달되어 조리된다.
④ 열의 전달 속도는 대류가 가장 빨라 복사, 전도보다 효율적이다.

🔍 열의 전달 속도는 복사가 가장 빠르고 대류, 전도의 순서이다.

014 열원의 사용방법에 따라 직접구이와 간접구이로 분류할 때 직접구이에 속하는 것은?

① 오븐을 사용하는 방법
② 프라이팬에 기름을 두르고 굽는 방법
③ 숯불 위에서 굽는 방법
④ 철판을 이용하여 굽는 방법

🔍 직접구이는 재료를 불에 직접 닿게 하는 방법을 말하며, 간접구이는 재료를 프라이팬 등과 같은 기구를 사용하여 불에는 직접 닿지 않도록 하여 굽는 방식을 말한다.

015 생선을 프라이팬이나 석쇠에 구울 때 들러붙지 않도록 하는 방법으로 옳지 않은 것은?

① 낮은 온도에서 서서히 굽는다.
② 기구의 금속면을 테프론(teflon)으로 처리한 것을 사용한다.
③ 기구의 표면에 기름을 칠하여 막을 만들어 준다.
④ 기구를 먼저 달구어서 사용한다.

🔍 프라이팬이나 석쇠를 충분히 달구고 나서 구어야 달라붙지 않는다.

016 급식조리용 기기 중에서 고온, 고압에 의해 단시간 내에 다량의 음식을 끓이고 데치고 볶아낼 수 있는 조리기기는?

① 전기오븐
② 스팀솥
③ 스팀오븐
④ 전기솥

🔍 스팀솥은 고온, 고압(물은 가압했을 때 끓는점이 높아짐)에 의해 단시간 내에 음식을 조리할 수 있는 조리기기이다.

017 인덕션(induction) 조리기기에 대한 내용으로 틀린 것은?

① 조리기기 상부의 표면은 매끈한 세라믹물질로 만들어져 있다.
② 자기전류가 유도코일에 의하여 발생되어 상부에 놓인 조리기구와 자기마찰에 의한 가열이 되어지는 것이다.
③ 상부에 놓이는 조리기구는 금속성 철을 함유한 것이어야 한다.
④ 가열속도가 빠른 반면 열의 세기를 조절할 수 없는 단점이 있다.

🔍 인덕션(induction) 조리기기는 높은 안전성과 고효율의 조리기로 전기요금의 부담이 아주 적으며, 열의 세기도 쉽게 조절할 수 있다.

018 용량을 측정하는 단위에서 1쿼터(quart)는 약 몇 컵이 되는가?

① 약 1컵
② 약 2컵
③ 약 4컵
④ 약 3컵

🔍 1quart(쿼터) = 2pints(핀트) = 약 4C

019 다음 중 조리용 기기의 명칭과 그 용도가 잘못 연결된 것은?

① 슬라이서(Slicer) – 육류를 저며내는데 사용
② 브로일러(Broiler) – 스테이크 등의 굽기에 사용
③ 믹서(Mixer) – 식품의 혼합, 교반 등에 사용
④ 스쿠퍼(Scooper) – 식품을 섞어 반죽하는 데 사용

🔍 스쿠퍼(scooper)는 아이스크림이나 야채의 모양을 뜨는 데 사용하며, 식품을 섞어 반죽하거나 분쇄ㆍ절단하는 작업에 편리한 기기는 믹싱기(mixing machine)이다.

020 다음은 조리 시 표준적인 계량의 단위를 나타낸 것이다. 틀린 것은?

① 1컵 = 200mL
② 1큰술 = 15mL
③ 1작은술 = 7.5mL
④ 1국자 = 100mL

🔍 • 1컵 = 1C = 200mL
• 1큰술 = 1Ts = 3작은술 = 15mL
• 1작은술 = 1ts = 5mL
• 1국자 = 100mL
• 1쿼더(quart) = 2핀트(pints) = 약 4C

021 다음 중 가스 또는 전기를 열원으로 하는 하향식 구이용 기기로 생선구이나 스테이크 구이용으로 많이 사용되는 조리기기는?

① 필러(Peeler)
② 그리들(Griddle)
③ 살라만더(Salamander)
④ 브로일러(Broiler)

🔍 • 필러(peeler) : 감자, 무, 당근, 토란 등의 껍질을 벗기는 기계(박피기)
• 그리들(griddle) : 두꺼운 철판 밑으로 열을 가열하여 뜨겁게 달구어진 철판 위에서 음식을 조리하는 기기로 전, 햄버거 등 부침요리에 적합
• 브로일러(broiler) : 복사열을 직ㆍ간접으로 이용하여 음식을 조리하는 기기로 구이에 적합

022 양식에 사용되는 스톡(stock)의 재료가 아닌 것은?

① 부케가르니
② 샐러드
③ 미르포아
④ 뼈

🔍 스톡(stock)의 재료
• 부케가르니(bouquet garni) : 통후추, 월계수 잎, 타임, 파슬리 줄기와 마늘
• 미르포아(mirepoix) : 스톡에 향과 향기를 강화하기 위한 양파, 당근과 샐러리의 혼합물
• 뼈(bone) : 스톡에 향과 색을 부여

정답 012 ① 013 ④ 014 ③ 015 ① 016 ②

정답 017 ④ 018 ③ 019 ④ 020 ③ 021 ③ 022 ②

023 스톡의 종류 중 높은 열을 이용한 캐러멜화와 관련이 가장 깊은 것은?

① 화이트 스톡(white stock)
② 피시 스톡(fish stock)
③ 쿠르 부용(court bouillon)
④ 브라운 스톡(brown stock)

> 브라운 스톡은 화이트 스톡과 달리 뼈와 미르포아를 높은 열에서 캐러멜화한다는 것과 토마토 페이스트와 같은 토마토 부산물이 첨가된다는 점에 차이점이 있다.

024 스톡(stock)을 조리하는 방법으로 은근하게 오랫동안 끓이는 조리법은?

① 포우칭(poaching)
② 스티밍(steaming)
③ 블랜칭(blanching)
④ 시머링(simmering)

> • 포우칭(poaching) : 데친다는 의미로 달걀, 생선, 채소 등을 80℃ 정도의 물에서 서서히 익히는 방법
> • 스티밍(steaming) : 음식을 찜통에 넣고 식품을 수증기의 압력으로 쪄내거나 중탕하는 방법
> • 블랜칭(blanching) : 끓는 물과 기름에 식재료를 순간적으로 넣었다가 꺼내어 찬물에 식히는 방법

025 스톡 조리 시 주의사항이 아닌 것은?

① 스톡을 조리할 때는 반드시 찬물로 재료를 충분히 잠길 정도까지 부은 다음에 시작한다.
② 스톡이 끓기 시작하면 불의 세기를 조절하여 스톡의 온도가 섭씨 약 90℃를 유지하게끔 은근히 끓여준다.
③ 스톡 조리 시 표면 위로 떠오르는 불순물 스키머(skimmer)로 제거한다.
④ 스톡이 끓기 시작하면 소금 간을 하도록 한다.

> 스톡은 용도가 매우 다양하고 때에 따라서는 소량이 될 때까지 졸여서 사용해야 하므로 소금 등의 간을 하지 않는다.

026 브라운 스톡(brown stock) 조리에 대한 설명으로 틀린 것은?

① 뼈와 야채가 갈색으로 잘 조리되어야 스톡의 색깔이 갈색이 나온다.
② 뼈는 찬물에 담가 핏물을 제거하고 사용한다.
③ 토마토 페이스트는 볶지 않고 사용한다.
④ 불순물이 떠오르면 스키머(skimmer)로 제거한다.

> 토마토 페이스트는 신맛이 나므로 볶아서 사용한다. 참고로 토마토 페이스트는 따로 볶아서 브라운 스톡 조리 시 부케가르니와 같이 넣어주는 것이지만, 시간이 부족할 경우 미르포아 조리 후 토마토 페이스트도 같이 볶아서 사용하기도 한다.

027 야채나 수프를 거를 때 사용하는 조리도구는?

① 차이나 캡(China Cap)
② 나무주걱(Wooden Pad)
③ 스패출라(Spatula)
④ 스키머(Skimmer)

> • 차이나 캡 : 야채나 수프를 거를 때 사용
> • 나무주걱 : 음식을 저을 때 사용
> • 스패출라 : 크림을 바르거나 음식을 들어 옮길 때 사용
> • 스키머 : 스톡, 수프, 소스의 거품을 제거할 때 사용

028 브라운 스톡(brown stock) 조리 시 색상이 옅은 이유로 가장 알맞은 것은?

① 뼈와 미르포아가 충분히 태워지지 않았다.
② 조리 시 불 조절에 실패하였다.
③ 조리하는 동안 소금을 첨가하였다.
④ 뼈를 너무 큰 것으로 사용하였다.

> 브라운 스톡의 색상이 옅게 된 것은 뼈와 미르포아가 충분히 태워지지 않았기 때문이다.

029 양식 전채요리를 플레인(plain)과 드레스트(dressed)로 구분할 때 드레스트에 속하는 것은?

① 생굴
② 안초비
③ 스터프트 에그
④ 새우 카나페

> 전채요리 중 플레인은 형태와 맛이 유지된 것, 드레스트는 조리사의 아이디어와 기술로 가공된 것으로 스터프트 에그는 드레스트에 속한다.

030 양식 전채요리의 조리 특징으로 틀린 것은?

① 신맛과 짠맛이 적당히 있어야 한다.
② 주요리에 사용되는 재료와 조리법을 사용하도록 한다.
③ 예술성이 뛰어나야 한다.
④ 주요리보다 소량으로 만들어야 한다.

> 전채 요리의 조리 특징
> • 신맛과 짠맛이 적당히 있어야 한다.
> • 주요리보다 소량으로 만들어야 한다.
> • 예술성이 뛰어나야 한다.
> • 계절감, 지역별 식재료 사용이 다양해야 한다.
> • 주요리에 사용되는 재료와 반복된 조리법을 사용하지 않는다.

031 양식 전채요리 중 채소를 예쁘게 다듬어 마요네즈 등과 같은 소스를 곁들여 주는 것은?

① 오르되브르(Hors d'oeuvre)
② 칵테일(Cocktail)
③ 카나페(Canape)
④ 렐리시(Relishes)

> 렐리시는 채소를 예쁘게 다듬어 마요네즈 등과 같은 소스를 곁들여 주는 것을 말하는 것으로 샐러리, 무, 올리브, 피클, 채소 스틱 등을 재료로 사용한다.

032 얇은 팬을 이용하여 소량의 버터나 식용 유지를 넣고 채소나 고기류 등을 200℃ 정도의 고온에서 살짝 볶는 조리방법은?

① 소테(saute)
② 블랜칭(blanching)
③ 딥 팻 프라잉(deep fat frying)
④ 포칭(poaching)

> • 볶음(saute) : 얇은 팬을 이용하여 소량의 버터나 식용 유지를 넣고 채소나 고기류 등을 200℃ 정도의 고온에서 살짝 볶는 방법
> • 블랜칭(blanching) : 식품을 끓는 물에 넣고 천천히 또는 단시간 내에 끓여 찬물에 헹구어 내는 조리법
> • 튀김(deep fat frying) : 영양 손실이 가장 적은 조리법으로 식용 기름에 담가 튀기는 방법
> • 포칭(poaching) : 식품을 물, 스톡, 쿠르 부용에 잠기도록 하여 뚜껑을 덮지 않고 70~80℃에 삶는 방법

033 조리방법 중 건열조리와 거리가 먼 것은?

① 브로일링(broiling)
② 로스팅(roasting)
③ 팬프라잉(pan-frying)
④ 시머링(simmering)

🔍 조리법
• 브로일링(broiling) : 석쇠 위에 고기류를 얹어 굽는 방법
• 로스팅(roasting) : 210~250℃의 불에서 시작하여 150~200℃에서 끝내는 구이
• 팬프라잉(pan-frying) : 소량의 기름의 튀기는 방법
• 시머링(simmering) : 95~98℃의 물에서 은근히 끓여 국물을 낼 때 쓰는 법

034 우리나라 음식 중 갈비찜을 하는 조리법과 비슷하여 오랫동안 은근한 불에 끓이는 서양식 조리법은?

① 브로일링
② 로스팅
③ 팬브로일링
④ 스튜잉

🔍 용어 설명
• 브로일링 : 석쇠구이
• 로스팅 : 육류 또는 가금류 등을 통째로 오븐에서 조리
• 팬브로일링 : 팬을 이용하여 적은 기름의 양으로 튀기는 요리

035 완성된 요리를 접시에 담을 때의 고려사항으로 적절하지 않은 것은?

① 접시에 담을 때는 고객의 편리성이 우선 고려되어야 한다.
② 접시의 특성에 따라 다르지만 일반적으로 내원을 벗어나지 않게 한다.
③ 전채 요리의 양은 주요리보다 많이 담도록 한다.
④ 전채 요리의 소스(sauce)는 너무 많이 뿌리지 않고 적당하게 뿌린다.

🔍 전채 요리의 가니쉬(garnish)는 요리 재료의 중복을 피해 담도록 하며, 양과 크기가 주요리보다 크거나 많지 않게 주의한다.

036 양식의 전채 요리 등에서 사용되는 콩디망(Condiments)은?

① 전채 요리 중의 하나이다.
② 양념을 지칭하는 용어이다.
③ 에피타이저와 동일한 의미이다.
④ 조리방법의 한 종류이다.

🔍 콩디망(condiments)은 양념을 지칭하는 용어로, 전채 요리에 사용되는 콩디망은 소금, 식초, 올리브유와 겨자, 마요네즈와 같은 소스류 등을 사용한다.

037 올리브유를 엑스트라 버진(Extra virgin), 버진(Virgin), 퓨어 버진(Pure virgin)으로 분류할 때 맛과 향 등의 품질이 우수한 것부터 순서대로 나열한 것은?

① 버진 > 엑스트라 버진 > 퓨어 버진
② 엑스트라 버진 > 버진 > 퓨어 버진
③ 버진 > 퓨어 버진 > 엑스트라 버진
④ 퓨어 버진 > 버진 > 엑스트라 버진

🔍 엑스트라 버진 올리브유는 올리브 열매에서 압착 과정을 한번 거쳐 추출한 것으로 최상급이다. 퓨어 버진 올리브유는 산도가 2% 이상이고 가격이 저렴해서 많이 사용된다.

038 샌드위치의 형태에 따른 분류가 아닌 것은?

① 콜드 샌드위치
② 오픈 샌드위치
③ 핑거 샌드위치
④ 롤 샌드위치

🔍 샌드위치의 분류
• 온도에 따른 분류 : 핫 샌드위치, 콜드 샌드위치
• 형태에 따른 분류 : 오픈 샌드위치, 클로즈드 샌드위치, 핑거 샌드위치, 롤 샌드위치

039 샌드위치의 구성요소에 대한 설명으로 틀린 것은?

① 샌드위치의 구성요소는 빵, 스프레드, 속재료, 가니쉬, 양념이다.
② 샌드위치에 사용하는 양념은 조미료나 음식의 소스 혹은 드레싱을 뜻한다.
③ 샌드위치에 사용되는 빵은 거친 질감의 것이 좋다.
④ 속재료(Filling)는 샌드위치의 핵심이 되는 재료이다.

🔍 빵은 질감에 있어 부드러운 빵과 거친 빵으로 구별할 수 있는데 샌드위치 빵에 사용되는 것은 부드러운 빵이 주로 사용된다. 부드러운 빵이 수분이 많은 속재료를 넣었을 때에 오히려 쉽게 눅눅해지지 않고, 거친 빵보다 상하는 속도가 느리기 때문이다.

040 샌드위치에서 스프레드(Spread)의 역할로 가장 거리가 먼 것은?

① 코팅제
② 접착제
③ 맛의 향상
④ 이형제

🔍 샌드위치 스프레드의 역할
• 코팅제 : 속재료의 수분이 빵을 눅눅하게 하는 것을 방지한다.
• 접착성 : 빵과 속재료, 가니쉬의 접착성을 높여준다.
• 맛의 향상 : 샌드위치의 맛을 더욱 좋게 하기 위해 사용한다.
• 감촉 : 촉촉한 감촉을 위해서 사용한다.

041 일반적인 샌드위치의 조리 과정은?

가. 빵 종류 선택	나. 가니쉬 선택	다. 스프레드 선택	라. 속재료 선택

① 가 → 나 → 다 → 라
② 가 → 다 → 라 → 나
③ 다 → 나 → 가 → 라
④ 다 → 라 → 나 → 가

🔍 일반적인 샌드위치 조리 과정 : 빵 종류 선택 → 스프레드 선택 → 속재료 선택 → 가니쉬 선택 → 완성

042 기본적으로 한 가지 또는 그 이상의 샐러드를 드레싱과 곁들이는 형태로 만드는 샐러드는?

① 순수 샐러드(simple salad)
② 혼합 샐러드(compound salad)
③ 더운 샐러드(warm salad)
④ 그린 샐러드(green salad)

🔍 그린 샐러드(green salad)는 기본적으로 한 가지 또는 그 이상의 샐러드를 드레싱과 곁들이는 형태로 만드는 샐러드로 흔히 부르는 가든 샐러드(garden salad)가 여기에 속한다.

043 샐러드의 맛을 좀 더 향상시키고 소화를 돕기 위한 액체 형태의 재료를 말하는 것은?

① 베이스(Base)
② 드레싱(Dressing)
③ 가니쉬(Garnish)
④ 스프레드(Spread)

🔍 드레싱(Dressing)이란 샐러드의 맛을 좀 더 향상시키고 소화를 돕기 위한 액체 형태의 재료를 말한다.

044 샌드위치에서 드레싱(Dressing)에 대한 설명으로 적절하지 않은 것은?

① 드레싱은 단맛을 가지고 있어야 한다.
② 음식을 섭취할 때 입에서 즐기는 질감을 높일 수 있다.
③ 샐러드의 맛을 증가시키고 소화를 도와준다.
④ 맛이 강한 샐러드를 더욱 부드럽게 해준다.

🔍 드레싱은 신맛을 가지고 있어야 하고 반드시 샐러드와 맛과 풍미의 조화가 이루어져야 한다. 특히 드레싱의 신맛은 소화를 촉진시킨다.

정답 033 ④ 034 ④ 035 ③ 036 ② 037 ② 038 ①

정답 039 ③ 040 ④ 041 ② 042 ④ 043 ② 044 ①

045 샌드위치를 만들고 남은 식빵을 냉장고에 보관할 때 식빵이 딱딱해지는 원인 물질과 그 현상은?

① 단백질 – 젤화
② 지방 – 산화
③ 전분 – 노화
④ 전분 – 호화

> 식빵 내 전분의 노화에 의해 빵의 외피가 딱딱해지고, 풍미를 상실하게 되며, 내부의 경도가 증가하여 부서지기 쉬워진다. 참고로 노화는 0℃ 부근에서 가장 빨리 일어나며, 60℃ 이상에서는 잘 일어나지 않는다.

046 분리된 마요네즈를 재생시키는 방법으로 가장 적합한 것은?

① 새로운 난황에 분리된 것을 조금씩 넣으며 한 방향으로 저어준다.
② 기름을 더 넣어 한 방향으로 빠르게 저어준다.
③ 레몬즙을 놓은 후 기름과 식초를 넣어 저어준다.
④ 분리된 마요네즈를 양쪽 방향으로 빠르게 저어준다.

> 파괴가 일어난 마요네즈를 재생시킬 때에는 새로운 난황을 사용한다.

047 샐러드 요리를 담을 때의 주의사항으로 적절하지 않은 것은?

① 채소의 물기는 반드시 제거하고 담는다.
② 드레싱의 양이 샐러드의 양보다 많지 않게 담는다.
③ 주재료와 부재료의 모양과 색상, 식감은 항상 다르게 준비한다.
④ 드레싱은 제공하기 전 미리 뿌려둔다.

> 드레싱의 농도는 너무 묽지 않게 하며, 절대로 미리 뿌리지 말고 제공할 때 뿌린다.

048 90℃ 정도의 비등점 아래 뜨거운 물에 식초를 넣고 껍질을 제거한 달걀을 넣어 익히는 방법은?

① Coddled egg
② Medium boiled egg
③ Hard boiled egg
④ Poached egg

> 포치드 에그(poached egg)는 90℃ 정도의 비등점 아래 뜨거운 물에 식초를 넣고 껍질을 제거한 달걀을 넣어 익히는 방법으로 습식열을 이용한 달걀 조리법이다.

049 건식열을 이용한 달걀 요리가 아닌 것은?

① 달걀 프라이
② 삶은 달걀
③ 스크램블 에그
④ 오믈렛

> 섭씨 100℃ 이상의 끓는 물에 달걀을 넣고 익히는 삶은 달걀은 습식열을 이용한 달걀 요리다.

050 끓는 물에서 반숙 달걀(Soft-boiled egg)을 삶을 때 적당한 시간은?

① 30초
② 3~4분
③ 5~7분
④ 10~14분

> 끓는 물에서 달걀 삶는 시간
> • 코들드 달걀(Coddled egg) : 30초
> • 반숙 달걀(Soft-boiled egg) : 3~4분
> • 중반숙 달걀(Medium-boiled egg) : 5~7분
> • 완숙 달걀(Hard-boiled egg) : 10~14분

051 구운 잉글리시 머핀에 햄, 포치드 에그(poached egg)를 얹고 홀랜다이즈 소스(hollandaise sauce)를 올린 달걀 요리는?

① 스크램블 에그(scrambled egg)
② 오믈렛(omelet)
③ 에그 베네딕틴(egg benedictine)
④ 보일드 에그(boiled egg)

> • 스크램블 에그 : 달걀을 깨서 팬에 버터나 식용유를 두르고 넣어 빠르게 휘저어 만든 요리
> • 오믈렛 : 달걀을 깨서 스크램블 에그로 만들다 프라이팬을 이용하여 럭비공 모양으로 만든 달걀 요리
> • 보일드 에그(boiled egg) : 섭씨 100℃ 이상의 끓는 물에 달걀을 넣고 삶는 요리(삶은 달걀)

052 버터를 켜켜이 넣어 만든 페이스트리 반죽을 초승달 모양으로 만든 프랑스의 대표적인 페이스트리는?

① 트스트 브레드
② 크루아상
③ 프렌치 브레드
④ 브리오슈

> • 토스트 브레드 : 식빵을 0.7~1cm 두께로 얇게 썰어 구운 빵
> • 프렌치 브레드 : 밀가루, 이스트, 물, 소금만으로 만든 프랑스의 주식으로 가늘고 길쭉한 몽둥이 모양
> • 브리오슈 : 프랑스의 전통 빵으로 밀가루, 버터, 이스트, 설탕 등으로 달콤하게 만들며, 주로 아침 식사용

053 와플(waffle)에 대한 설명으로 틀린 것은?

① 바삭한 맛을 가지고 있어 아침 식사와 브런치, 디저트로 인기가 높다.
② 벨기에식 와플과 미국식 와플이 있다.
③ 와플의 반죽 자체가 달기 때문에 주로 토핑없이 먹는다.
④ 서양과자의 한 종류로 표면이 벌집 모양이다.

> 와플의 반죽 자체는 달지 않아 일반적으로 과일이나 휘핑크림을 얹어서 먹는다.

054 시리얼의 종류 중 더운 시리얼류에 해당하는 것은?

① 오트밀(Oatmeal)
② 라이스 크리스피(rice crispy)
③ 콘플레이크(cornflakes)
④ 레이진 브렌(raisin bran)

> 더운 시리얼류인 오트밀은 귀리를 볶은 다음 거칠게 부수거나 납작하게 누른 식품으로 육수나 우유를 넣고 죽처럼 조리해서 먹는다.

055 수프(Soup)의 농도를 조절하는 농후제는?

① 크루통(Crouton)
② 리에종(Liaison)
③ 콩카세(Consasse)
④ 가니쉬(Garnish)

> 수프의 농도를 조절하는 농후제를 리에종(liaison)이라고도 한다. 일반적인 수프의 농후제로는 루(roux)를 사용하며, 특히 밀가루를 색이 나지 않게 볶은 화이트 루(white roux)을 기본으로 사용한다.

056 수프(Soup)의 구성 요소 중 수프의 맛을 좌우하는 가장 기본이 되는 요소는?

① 스톡(Stock)
② 루(Roux)
③ 가니쉬(Garnish)
④ 허브와 향신료

> 육수(stock)는 수프의 맛을 좌우하는 가장 기본이 되는 요소라고 할 수 있다. 생선, 소고기, 닭고기, 채소와 같은 식재료의 맛을 낸 국물로 수프가 가지고 있는 본래의 맛을 낼 수 있게 해야 한다.

057 갑각류 껍질을 으깨어 채소와 함께 완전히 우러나올 수 있도록 끓이는 수프(Soup)는?

① 가스파초(Gazpacho)
② 비스크 수프(Bisque soups)
③ 크림과 퓌레 수프(Cream and pureed soups)
④ 맑은 수프(Clear soups)

🔍 비스크 수프는 바닷가재(Lobster)나 새우(Prawn) 등의 갑각류 껍질을 으깨어 채소와 함께 완전히 우러나올 수 있도록 끓이는 수프이다. 마무리로 크림을 넣어주는데 재료를 너무 많이 첨가하여 맛이 변화하지 않게 해야 한다.

058 농후제를 사용하지 않고 재료 자제의 녹말 성분을 이용하여 걸쭉하게 만든 수프(Soup)는?

① 콩소메(Consomme)
② 차우더(Chowder)
③ 퓌레(Puree)
④ 포타주(Potage)

🔍 포타주(Potage)는 일반적으로 콩을 사용하여 리에종(Liaison)을 사용하지 않고 재료 자체의 녹말 성분을 이용하여 걸쭉하게 만든 수프를 의미한다.

059 토마토 크림 수프를 만들 때 나타나는 응고현상은?

① 산에 의한 우유의 응고
② 레닌에 의한 우유의 응고
③ 염류에 의한 밀가루의 응고
④ 가열에 의한 밀가루의 응고

🔍 토마토의 신맛인 구연산, 사과산, 호박산 등의 유기산이 우유의 단백질 성분인 카제인(casein)을 응고시킨 것이다.

060 질긴 고기를 연하게 하고자 할 때 가장 효과적으로 사용할 수 있는 마리네이드(marinade) 재료는?

① 식용유
② 레몬주스
③ 올리브유
④ 와인

🔍 식초나 레몬주스는 질긴 고기를 연하게 만드는 작용을 하므로 주로 질긴 고기에 많이 사용한다.

061 육류의 조리 시 고기를 조리하기 전에 간을 배이게 하거나, 육류의 누린내를 제거하고 맛을 내게 하는 과정은?

① 마리네이드(marinade)
② 로스팅(roasting)
③ 마블링(marbling)
④ 시머링(simmering)

🔍 마리네이드(Marinade, 밑간)는 고기를 조리하기 전에 간을 배이게 하거나, 육류의 누린내를 제거하고 맛을 내게 한다. 육질이 질긴 고기를 부드럽게 하도록 재워두는 향미를 낸 액체나 고체를 이용하여 절이는 것이라 할 수 있다.

062 일반적으로 스테이크용으로 사용하지 않는 소고기 부위는?

① 등심
② 안심
③ 채끝살
④ 양지

🔍 소고기는 일반적으로 안심, 등심, 채끝살 등을 스테이크용으로 사용하며, 목살이나 양지와 같이 질긴 부위는 미트볼이나 햄버거 패트로 주로 이용된다.

063 육류의 조리법 중 복합 조리 방법에 해당하는 것만 고르면?

가. 포칭(poaching)	나. 시머링(simmering)
다. 글레이징(glazing)	라. 브레이징(braising)
마. 베이킹(baking)	바. 스튜잉(stewing)

① 가, 나, 다, 라, 마, 바
② 가, 나, 다, 라
③ 라, 바
④ 다, 라, 바

🔍 복합 조리 방법
• 브레이징(braising) : 팬에서 색을 낸 고기에 볶은 야채, 소스, 굽는 과정에서 흘러나온 육즙 등을 전용 팬에 넣은 다음 뚜껑을 덮고 천천히 조리하는 방법
• 스튜잉(stewing) : 육류, 가금류, 미르포아, 감자 등을 약 2~3cm의 크기로 썰어 뜨겁게 달군 팬에 기름을 넣고 색을 낸 후 그래비 소스나 브라운 스톡을 넣어 110~140℃의 온도에 끓여 조리하는 방법

064 소스(Sauce)를 색깔로 구분할 때 5가지 모체 소스에 해당되지 않는 것은?

① 베샤멜 소스(bechamel sauce)
② 브라운 소스(brown sauce)
③ 홀랜다이즈 소스소스(hollandaise sauce)
④ 이탈리안 미트소스(Bolognese sauce)

🔍 색깔에 따른 소스의 분류
• 베샤멜 소스(bechamel sauce)　　• 벨루테 소스(veloute sauce)
• 브라운 소스(brown sauce)　　• 토마토소스(tomato sauce)
• 홀랜다이즈 소스(hollandaise sauce)

065 건조 파스타에 이용되는 세몰리나(semolina)는?

① 듀럼 밀을 제분한 가루
② 일반 밀을 제분한 가루
③ 연질 소맥을 제분한 가루
④ 일반 밀과 듀럼밀을 혼합하여 제분한 가루

🔍 건조 파스타는 경질 소맥(듀럼 밀)을 거칠게 제분한 세몰리나를 주로 이용하고, 면의 형태를 만든 후 건조시켜 사용한다. 참고로 일반 밀은 연질 소맥이다.

066 파스타 삶기에 대한 설명으로 틀린 것은?

① 삶을 때 첨가하는 소금은 파스타의 풍미를 살려주고 밀 단백질에 영향을 주어 파스타 면에 탄력을 준다.
② 일반적으로 1L 내외의 물에 파스타의 양은 100g 정도가 알맞은 양이다.
③ 파스타 면을 삶는 면수는 파스타 소스의 농도를 잡아주고 올리브유가 분리되지 않고 유화될 수 있도록 한다.
④ 파스타는 씹히는 정도가 느껴질 정도로 삶는 것이 보통이며, 삶은 후 곧바로 사용하지 않는 것이 좋다.

🔍 파스타는 삶은 후 바로 사용해야 한다. 삶아진 파스타 겉면에 수증기가 증발하면서 남아있는 전분 성분이 소스와 어우러져 파스타의 품질을 좋게 한다.

067 파스타에 사용되는 조개 육수에 대한 설명으로 틀린 것은?

① 갑각류의 풍미를 살리거나 기본적인 해산물 파스타 요리에 사용하는 육수이다.
② 바지락, 모시조개, 홍합 등을 사용한다.
③ 오래 끓일수록 육수의 풍미가 진해지므로 1시간 이상 끓인다.
④ 농축된 육수는 올리브유에 유화시켜 소스 대신 사용하기도 한다.

🔍 조개 육수는 오래 끓이면 맛이 변하기 때문에 30분 이내로 끓인다.

정답 057 ② 058 ④ 059 ① 060 ② 061 ① 062 ④　　정답 063 ③ 064 ④ 065 ① 066 ④ 067 ③

068 파스타에 사용되는 소스에 대한 설명으로 틀린 것은?

① 토마토소스는 믹서기에 갈아서 사용하는 것이 좋다.
② 화이트 크림소스는 밀가루, 버터, 우유를 주재료로 만든 소스이다.
③ 전통적인 바질 페스토 소스는 양젖을 이용한 치즈를 주로 사용한다.
④ 고개 육수는 기본적인 해산물 파스타 요리에 사용한다.

> 토마토소스는 믹서기에 갈아서 사용하는 것보다 으깬 후 끓이는 방법을 사용하는 것이 좋다.

069 소스 조리 시 사용되는 농후제에 대한 설명으로 틀린 것은?

① 브라운 루는 색이 짙은 소스를 만들 때 사용한다.
② 전분은 더운 물에서는 쉽게 호화되므로 주의한다.
③ 달걀은 흰자를 이용하여 농도를 낼 수 있다.
④ 화이트 루는 색이 나기 직전까지만 볶아낸 것이다.

> 달걀은 노른자의 응고력을 이용하여 농도를 낼 수 있으며, 앙글레이즈라는 디저트 소스, 홀랜다이즈 소스의 경우가 대표적이다.

070 스파게티나 국수에 이용되는 문어나 오징어 먹물의 색소는?

① 타우린(Taurine)
② 멜라닌(Melanin)
③ 미오글로빈(Myoglobin)
④ 히스타민(Histamine)

> 스파게티나 국수에 이용되는 문어나 오징어 먹물은 멜라닌 색소이다.

071 토마토의 붉은색을 나타내는 색소는?

① 카로티노이드
② 클로로필
③ 안토시아닌
④ 탄닌

> 클로로필(엽록소)은 식물의 잎과 줄기의 녹색색소로 마그네슘(Mg)을 함유하고 있으며, 안토시아닌은 꽃, 딸기 등의 적색, 포도, 가지, 검정콩 등의 자색 색소이다. 참고로 탄닌은 감, 밤, 도토리 등의 식물의 열매 뿐 아니라 잎이나 줄기 등에 널리 퍼져 있는 떫은 맛 성분이다.

PART

03

조리기능사 기출문제

CHAPTER

- **01회** 최근 기출문제
- **02회** 최근 기출문제
- **03회** 최근 기출문제
- **04회** 최근 기출문제
- **05회** 최근 기출문제
- **06회** 최근 기출문제
- **07회** 최근 기출문제

제 01 회 조리기능사 기출문제

◦ C H E C K   P O I N T   Q U E S T I O N

001

식육 및 어육 등의 가공육제품의 육색을 안전하게 유지하기 위하여 사용되는 식품첨가물은?

① 아황산나트륨
② 질산나트륨
③ 몰식자산프로필
④ 이산화염소

아황산나트륨 – 표백제, 질산나트륨 – 발색제, 몰식자산프로필 – 산화방지제, 이산화염소 – 밀가루개량제

002

식품위생의 목적이 아닌 것은?

① 위생상의 위해방지
② 식품 영양의 질적 향상도모
③ 국민보건의 증진
④ 식품산업의 발전

식품위생의 목적
• 식품으로 인한 위생상의 위해를 방지
• 식품 영양의 질적 향상도모
• 식품에 관한 올바른 정보를 제공함으로써 국민보건의 증진에 기여

003

다음 보기에서 설명하는 곰팡이 독소물질은?

1960년 영국에서 10만 마리의 칠면조가 간장 장해를 일으켜 대량 폐사한 사고가 발생하여 원인을 조사한 결과 땅콩박에서 Aspergillus favus가 번식하여 생성한 독소가 원인 물질로 밝혀졌다.

① 오크라톡신(Ochratoxin)
② 에르고톡신(Ergotoxin)
③ 아플라톡신(Aflatoxin)
④ 루브라톡신(Rubratoxin)

아플라톡신 중독
• 원인곰팡이 : 아스퍼질러스 플라브스
• 원인식품 : 변질된 옥수수와 땅콩, 곶감
• 독소 : 아플라톡신(간장독)

004

식육 및 어육제품의 가공 시 첨가되는 아질산염과 제2급 아민이 반응하여 생기는 발암물질은?

① 벤조피렌(Benzopyrene)
② PCB(Polychlorinated biphenyl)
③ 엔니트로사민(N-nitrosamine)
④ 말론알데히드(Malonaldehyde)

아질산나트륨(아질산염)은 단백질의 분해산물인 아민류와 반응하여 니트로사민이라는 발암 물질을 형성한다. 또한, 니트로사민을 다량으로 섭취할 경우 구토, 빈혈 등의 부작용을 일으킬 수 있으며 혈관 확장 및 혈액의 효소 운반을 방해하기도 한다.

005

알레르기성 식중독에 관계되는 원인물질과 균은?

① 아세토인(Acetoin), 살모넬라균
② 지방(Fat), 장염비브리오균
③ 엔테로톡신(Enterotoxin), 포도상구균
④ 히스타민(Histamine), 모르가니균

알레르기(Allergy)성 식중독의 원인균은 Proteus morganii(프로테우스 모르가니)라는 단백질부패세균으로 히스티딘(histidine) 함유량이 많은 어육에 부착, 증식하여 다량의 히스타민(histamine)과 유해 아민(amine)계 물질을 생성함으로써 유발된다.

006

초기에 두통, 구토, 설사 증상을 보이다가 심하면 실명을 유발하는 것은?

① 아우라민
② 메탄올
③ 무스카린
④ 에르고타민

메탄올(Methanol, Methyl alcohol, CH₃OH)
• 주류 허용량 : 0.5mg/mℓ 이하(포도주 예외), 과실주 1.0mg/mℓ 이하
• 중독량 : 5~10mℓ
• 치사량 : 30~100mℓ
• 증상 : 두통, 구토, 설사, 실명, 심하면 호흡곤란으로 사망

007

감자의 부패에 관여하는 물질은?

① 솔라닌(Solanine)
② 셉신(Sepsine)
③ 아코니틴(Aconitine)
④ 시큐톡신(Cicutoxin)

감자의 싹에 있는 자연독은 솔라닌(solanine)이며, 감자가 썩기 시작하면 생기는 독성물질은 셉신(sepsine)이다.

008

발육 최적온도가 25~37℃인 균은?

① 저온균
② 중온균
③ 고온균
④ 내열균

최적온도
• 저온균 : 15~20℃
• 중온균 : 25~37℃
• 고온균 : 50~60℃

009

우리나라에서 간장에 사용할 수 있는 보존료는?

① 프로피온산(Propionic acid)
② 이초산나트륨(Sodium diacetate)
③ 안식향산(Benzoic acid)
④ 소르빈산(Sorbic acid)

보존료(방부제) 사용 대상 식품
• 프로피온산 : 빵 및 케이크류, 치즈, 잼류
• 이초산나트륨 : 빵류, 식용유지, 식육가공품, 알가공품 및 캔디류, 소스류, 스프류 및 견과류
• 안식향산 : 홍삼음료 및 간장, 발효음료류, 잼류 등
• 소르빈산 : 치즈, 식육가공품, 된장, 고추장, 과실주 등

010

세균의 장독소(Enterotoxin)에 의해 유발되는 식중독은?

① 황색포도상구균 식중독
② 살모넬라 식중독
③ 복어 식중독
④ 장염비브리오 식중독

엔테로톡신은 황색포도상구균이 식품에 오염되어 생성하는 독소로 식중독을 유발한다.

011

식품위생법상 식품, 식품첨가물, 기구 또는 용기. 포장에 기재하는 "표시"의 범위는?

① 문자
② 문자, 숫자
③ 문자, 숫자, 도형
④ 문자, 숫자, 도형, 음향

표시라 함은 식품, 식품첨가물, 기구 또는 용기·포장에 적는 문자, 숫자 또는 도형을 말한다.

012
조리사 면허의 취소처분을 받을 때 면허증 반납은 누구에게 하는가?

① 보건복지부장관
② 특별자치도지사, 시장, 군수, 구청장
③ 식품의약품안전처장
④ 보건소장

> 조리사가 그 면허의 취소처분을 받은 때에는 지체없이 면허증을 시장·군수·구청장에게 반납하여야 한다.

013
영업허가를 받아야 하는 업종은?

① 식품운반업
② 유흥주점영업
③ 식품제조·가공업
④ 식품소분·판매업

> 영업허가, 신고 및 등록업종
> • 영업허가 업종 : 식품조사처리업, 단란주점영업, 유흥주점영업
> • 영업신고 업종 : 휴게음식점영업, 일반음식점영업, 위탁급식영업, 제과점영업, 즉석판매제조·가공업, 식품운반업, 식품소분·판매업, 식품냉동·냉장업, 용기·포장류제조업
> • 영업등록 업종 : 식품제조·가공업, 식품첨가물제조업

014
식품위생법에서 정하고 있는 식품 등의 위생적인 취급에 관한 기준에 대한 설명으로 틀린 것은?

① 식품 등의 제조, 가공, 조리에 직접 사용되는 기계, 기구 및 음식기는 사용 후에 세척, 살균하는 등 항상 청결하게 유지, 관리하여야 한다.
② 어류, 육류, 채소류를 취급하는 칼, 도마는 각각 구분하여 사용하여야 한다.
③ 제조, 가공하여 최소판매 단위로 포장된 식품을 허가 받지 아니하고 포장을 뜯어 분할하여 판매하여서는 아니 되나, 컵라면 등 그 밖의 음식류에 뜨거운 물을 부어주기 위하여 분할하는 경우는 가능하다.
④ 식품 등의 원료 및 제품은 모두 냉동, 냉장시설에 보관, 관리하여야 한다.

> 식품 등의 원료 및 제품 중 부패·변질이 되기 쉬운 것은 냉동·냉장시설에 보관·관리하여야 한다.

015
식품 등을 제조, 가공하는 영업을 하는 자가 제조, 가공하는 식품 등이 식품위생법 규정에 의한 기준, 규격에 적합한지 여부를 검사한 기록서를 보관해야 하는 기간은?

① 6개월   ② 1년   ③ 2년   ④ 3년

> 자가품질검사에 관한 기록서는 2년간 보관하여야 한다.

016
탄수화물의 구성요소가 아닌 것은?

① 탄소   ② 질소   ③ 산소   ④ 수소

> 탄수화물의 구성요소는 탄소(C), 수소(H), 산소(O)이며, 1일 총 열량섭취의 65%를 차지하고 있으며, 최종분해산물은 포도당이다.

017
라이코펜은 무슨 색이며 어떤 식품에 많이 들어 있는가?

① 붉은 색 – 당근, 호박, 살구
② 붉은 색 – 토마토, 수박, 감
③ 노란색 – 옥수수, 고추, 감
④ 노란색 – 새우, 녹차, 노른자

> 라이코펜(lycopene)은 잘 익은 토마토 등에 존재하는 붉은 색의 카로티노이드 색소이다.

018
알칼리성 식품의 성분에 해당하는 것은?

① 유즙의 칼슘(Ca)
② 생선의 황(S)
③ 곡류의 염소(Cℓ)
④ 육류의 인(P)

> • 산성식품 : P(인), S(황), Cℓ(염소), N(질소) 등을 함유하고 있는 식품(곡류, 어류, 알류, 육류 등)
> • 알칼리성식품 : Na(나트륨), Ca(칼슘), K(칼륨), Fe(철분) 등을 함유하고 있는 식품(해조류, 과일, 우유 등)

019
함유된 주요 영양소가 잘못 짝지어진 것은?

① 북어포 – 당질, 지방
② 우유 – 칼슘, 단백질
③ 두유 – 지방, 단백질
④ 밀가루 – 당질, 단백질

> 북어는 수분이 34%, 단백질 56%, 지방 2% 정도의 영양소로 구성되어 있다.

020
이당류인 것은?

① 설탕(Sucrose)
② 전분(Starch)
③ 과당(Fructose)
④ 갈락토오스(Galactose)

> 당의 종류
> • 단당류 : 포도당, 과당, 갈락토오스, 만노오스
> • 이당류 : 자당(설탕, 서당), 젖당(유당), 맥아당
> • 다당류 : 전분, 글리코겐, 섬유소, 펙틴, 이눌린, 갈락탄

021
훈연 시 육류의 보존성과 풍미 향상에 가장 많이 관여하는 것은?

① 유기산   ② 숯성분   ③ 탄소   ④ 페놀류

> 훈연효과를 내는 중요한 성분으로는 페놀, 유기산, 알코올, 카르보닐 화합물, 탄화수소 등이 있으며 이 중 페놀류는 알데히드와의 상호작용에 의해서 고기 표면에 일종의 수지막을 형성하여 미생물의 내부 침입을 방지하고, 훈연제품 특유의 향미를 갖게 한다.

022
동물이 도축된 후 화학변화가 일어나 근육이 긴장되어 굳어지는 현상은?

① 사후경직   ② 자기소화   ③ 산화   ④ 팽화

> 동물의 도살 후 산소 공급이 중단되어 당질의 호기적 분해가 일어나지 않아 근육 중 젖산의 증가로 인해 근육 수축이 일어나 경직되는 사후강직(사후경직)이 먼저 일어나며, 다음 단계로 근육 내의 단백질 분해효소에 의해 근육 단백질이 분해되는 자기소화(자가소화)를 거쳐 미생물에 의해 변질이 일어나는 부패 과정을 거치게 된다.

023
클로로필(Chlorophyll) 색소의 포르피린 고리에 결합되어 있는 이온은?

① Cu^{2+} ② Mg^{2+} ③ Fe^{2+} ④ Na^+

> 클로로필은 4개의 피롤(pyrrole) 핵이 메틴 브릿지(methine bridge, -CH=)로 결합한 형태로 포르피린(porphyrin)고리의 중심에 Mg^{2+}을 가지고 있다.

024
생선 육질이 쇠고기 육질보다 연한 것은 주로 어떤 성분의 차이에 의한 것인가?

① 글리코겐(Glycogen)
② 헤모글로빈(Hemoglobin)
③ 포도당(Glucose)
④ 콜라겐(Collagen)

> 생선의 육질은 육류의 육질에 비하여 콜라겐과 엘라스틴 함유량이 적다.

025

식품의 단백질이 변성되었을 때 나타나는 현상이 아닌 것은?

① 소화효소의 작용을 받기 어려워진다.
② 용해도가 감소한다.
③ 점도가 증가한다.
④ 폴리펩티드(Polypeptide) 사슬이 풀어진다.

> 단백질이 열에 의하여 변성되면 구형을 이루고 있던 폴리펩티드 사슬이 풀어져서 효소가 작용할 수 있는 공간이 증가한다.

026

고구마 100g이 72kcal의 열량을 낼 때, 고구마 350g은 얼마의 열량을 공급하는가?

① 234kcal　　　　　　　　② 252kcal
③ 324kcal　　　　　　　　④ 384kcal

> $72kcal \times 3.5 = 252kcal$

027

치즈 제조에 사용되는 우유 단백질을 응고시키는 효소는?

① 프로테아제(Protease)　　② 레닌(Rennin)
③ 아밀라아제(Amylase)　　④ 말타아제(Maltase)

> 치즈는 우유에 산, 레닌(Rennin)을 가하여 유단백질인 카제인(Casein)을 응고시킨 것이다.

028

쌀의 도정도가 증가할 때 나타나는 현상은?

① 빛깔이 좋아진다.　　　　② 조리시간이 증가한다.
③ 소화율이 낮아진다.　　　④ 영양분이 증가한다.

> 도정도가 높을수록 영양소는 적어지지만 소화율은 높아진다. 또한, 도정이 이루어지는 동안 곡립 사이의 마찰력에 의해 곡립 면이 매끈하게 되고, 빛깔이 생기며 알맹이가 고르게 된다.

029

비타민에 대한 설명 중 틀린 것은?

① 카로틴은 프로비타민 A이다.
② 비타민 E는 토코페롤이라고도 한다.
③ 비타민 B_{12}는 망간(Mn)을 함유한다.
④ 비타민 C가 결핍되면 괴혈병이 발생한다.

> 비타민 B_{12}(시아노코발라민)는 Co(코발트)를 함유하고 있으며 성장 촉진과 조혈작용에 관여하는 것으로 동물성 식품에만 함유되어 있다. 특히 간에 가장 풍부하며 육류, 어패류, 달걀, 우유 등도 좋은 급원식품이다.

030

생선묵의 점탄성을 부여하기 위해 첨가하는 물질은?

① 소금　　　　② 전분　　　　③ 설탕　　　　④ 술

> 연제품은 겔(gel)화가 되도록 전분, 조미료 등을 넣고 으깨서 찌거나 굽거나 튀긴 것을 말한다.

031

육류조리에 대한 설명으로 맞는 것은?

① 목심, 양지, 사태는 건열조리에 적당하다.
② 안심, 등심, 염통, 콩팥은 습열조리에 적당하다.
③ 편육은 고기를 냉수에서 끓이기 시작한다.
④ 탕류는 고기를 찬물에 넣고 끓이며, 끓기 시작하면 약한 불에서 끓인다.

> 목심, 양지, 사태는 습열조리에 적당하고 안심, 등심 등은 건열조리에 적당하다. 또한, 편육은 냉수에서 끓이기 시작하면 표면의 단백질이 응고되기 전에 많은 수용성 성분이 유출되어 색과 맛이 좋지 못하므로 끓는 물에 넣고 삶아야 한다.

032

냄새나 증기를 배출시키기 위한 환기시설은?

① 트랩　　　　② 트랜치　　　　③ 후드　　　　④ 컨베이어

> 조리장의 경우 환기장치는 후드(food)를 설치하되 사방 개방형이 가장 효율이 높다.

033

시금치 나물을 조리할 때 1인당 80g이 필요하다면, 식수인원 1,500명에 적합한 시금치 발주량은?(단, 시금치 폐기율은 5%이다.)

① 100kg　　② 122kg　　③ 127kg　　④ 132kg

> $$총발주량 = \frac{정미중량 \times 100}{100 - 폐기율} \times 인원수 = \frac{80 \times 100}{100 - 5} \times 1500 ≒ 127kg$$

034

신체의 근육이나 혈액을 합성하는 구성영양소는?

① 단백질　　② 무기질　　③ 물　　④ 비타민

> 단백질의 기능
> • 성장 및 체조직의 구성 : 체조직, 혈액단백질, 피부, 효소, 항체, 호르몬 구성
> • 에너지 공급원 : 1g당 4kcal
> • 생리 조절 : 삼투압, 체내의 수분함량, 체내의 pH 조절

035

단당류에서 부제탄소원자가 3개 존재하면 이론적인 입체이성체수는?

① 2개　　② 4개　　③ 6개　　④ 8개

> 부제탄소원자란 서로 다른 4개의 원자 또는 원자단과 결합하고 있는 탄소원자를 말하며, 부제탄소원자가 n개 존재하면 이론적인 입체이성체수는 2^n개가 된다. 따라서, 부제탄소원자가 3개 존재하면 $8(=2^3)$개의 이론적인 입체이성체수가 존재한다.

036

전분의 호화와 점성에 대한 설명 중 옳은 것은?

① 곡류는 서류보다 호화온도가 낮다.
② 전분의 입자가 클수록 빨리 호화된다.
③ 소금은 전분의 호화와 점도를 촉진시킨다.
④ 산 첨가는 가수분해를 일으켜 호화를 촉진시킨다.

> • 전분 입자가 작고 단단한 구조를 가지는 곡류보다 서류의 호화온도가 낮다.
> • 소금의 양이 많은 경우 점도나 팽윤도를 저하시키며, 암모니아염, 티오시안염은 반대로 팽윤도를 상승시킨다.
> • 알칼리성에서 전분의 팽윤과 호화가 촉진된다.

037
점성이 없고 보슬보슬한 메쉬드 포테이토(Mashed Potato)용 감자로 가장 알맞은 것은?

① 충분히 숙성한 분질의 감자
② 전분의 숙성이 불충분한 수확 직후의 햇감자
③ 소금 1컵 : 물 11컵의 소금물에서 표면에 뜨는 감자
④ 10℃ 이하의 찬 곳에 저장한 감자

> 분질감자
> • 굽거나 찌거나 으깨어 먹는 요리에 적당하다.
> • 메쉬드 포테이토(Mashed Potato), 분이 나게 감자를 삶을 때 적합하다.
> • 단, 분질종이라도 햇감자인 경우 점질에 가깝고, 분이 잘 나지 않는다.

038
김치를 담근 배추와 무가 물러졌을 때 그 원인에 해당되지 않는 것은?

① 김치 담글 때 배추와 무를 충분히 씻지 않았다.
② 김치 국물이 적어 국물 위로 김치가 노출되었다.
③ 김치를 꺼낼 때마다 꾹꾹 눌러 놓지 않았다.
④ 김치 숙성의 적기가 경과되었다.

> 김치가 물러지는 연부현상은 배추 등의 조직을 구성하는 펙틴(Pectin)이 주로 김치 숙성의 후반기에 왕성하게 번식하는 락토바실루스에 의해 생성되는 펙틴 분해효소에 의해 분해되어 나타나는 현상으로 보기 중 ㉯항과는 큰 관련이 없다.

039
난백의 기포성에 관한 설명으로 옳은 것은?

① 신선한 달걀의 난백이 기포 형성이 잘된다.
② 수양난백이 농후난백보다 기포 형성이 잘된다.
③ 난백거품을 낼 때 다량의 설탕을 넣으면 기포 형성이 잘된다.
④ 실온에 둔 것보다 냉장고에서 꺼낸 난백의 기포 형성이 쉽다.

> 신선한 달걀일수록 농후난백이 많고 수양난백이 적다. 수양난백이 많은 달걀, 즉 오래된 달걀의 거품은 잘 일어나지만 안정성은 적다. 또한, 냉장고에서 바로 꺼낸 달걀보다 실온에 두었던 달걀이 거품을 내는데 좋다.

040
식품의 감별법 중 틀린 것은?

① 감자 – 병충해, 발아, 외상, 부패 등이 없는 것
② 송이버섯 – 봉오리가 크고 줄기가 부드러운 것
③ 생과일 – 성숙하고 신선하며 청결한 것
④ 달걀 – 표면이 거칠고 광택이 없는 것

> 송이버섯은 봉오리(갓)이 피지 않아 봉오리가 자루보다 약간 굵고 은백이 선명한 것일수록 좋은 제품이다. 일반적으로 1등급의 송이는 길이 8cm 이상으로 봉오리는 퍼지지 않고 자루의 굵기가 균일한 것이다.

041
식물성 유지가 아닌 것은?

① 올리브유
② 면실유
③ 피마자유
④ 버터

> 버터는 우유에서 유지방을 모아 굳힌 것으로 동물성 유지에 해당된다.

042
조리기기 및 기구와 그 용도의 연결이 틀린 것은?

① 필러(peeler) – 채소의 껍질을 벗길 때
② 믹서(mixer) – 재료를 혼합할 때
③ 슬라이서(slicer) – 채소를 다질 때
④ 육류파운더(meat pounder) – 육류를 연화시킬 때

> 슬라이서는 일반적으로 육류를 저며낼 때 사용하는 육류 절단기이다.

043
알칼로이드성 물질로 커피의 자극성을 나타내고 쓴맛에도 영향을 미치는 성분은?

① 주석산(Tartaric acid)
② 카페인(Caffein)
③ 탄닌(Tannin)
④ 개미산(Formic acid)

> 커피의 쓴맛은 카페인에서, 떫은맛은 탄닌에서, 신맛은 지방산에서, 단맛은 당질에서 비롯된다.

044
전분을 주재료로 이용하여 만든 음식이 아닌 것은?

① 도토리묵   ② 크림수프   ③ 두부   ④ 죽

> 두부는 콩 가공품으로 단백질의 급원식품이다.

045
에너지 전달에 대한 설명으로 틀린 것은?

① 물체가 열원에 직접적으로 접촉됨으로써 가열되는 것을 전도라고 한다.
② 대류에 의한 열의 전달은 매개체를 통해서 일어난다.
③ 대부분의 음식은 전도, 대류, 복사 등 복합적 방법에 의해 에너지가 전달되어 조리된다.
④ 열의 전달 속도는 대류가 가장 빨라 복사, 전도보다 효율적이다.

> 열의 전달 속도는 복사가 가장 빠르며 그 다음이 전도, 대류의 순이다.

046
냉동 육류를 해동시키는 방법 중 영양소 파괴가 가장 적은 것은?

① 실온에서 해동한다.
② 40℃의 미지근한 물에 담근다.
③ 냉장고에서 해동한다.
④ 비닐봉지에 싸서 물속에 담근다.

> 냉동육을 해동시키는 방법 중 가장 바람직한 것은 요리하기 하루 전에 냉동육을 냉장실로 옮겨놓고 서서히 해동될 때까지 기다리는 것이다.

047
쌀을 지나치게 문질러서 씻을 때 가장 손실이 큰 비타민은?

① 비타민 A
② 비타민 B_1
③ 비타민 D
④ 비타민 E

> 쌀을 씻을 때 20~40%의 비타민 B_1이 유출되어 밥이 다 되었을 때의 비타민 B_1 잔존율은 60% 정도이다.

048

단체급식의 문제점이 아닌 것은?

① 영양가의 산출 오류나 조리 기술의 부족은 영양 저하를 일으킬 수 있다.
② 식중독 및 유독물질이나 세균의 혼입으로 위생사고가 발생할 수 있다.
③ 짧은 시간 내에 다량의 음식을 준비하므로 다양한 음식의 개발이 어렵다.
④ 국가의 식량정책에 협조하여 식단을 작성하므로 제철식품의 사용이 어렵다.

049

생선조리 방법으로 적합하지 않은 것은?

① 탕을 끓일 경우 국물을 먼저 끓인 후에 생선을 넣는다.
② 생강은 처음부터 넣어야 어취 제거에 효과적이다.
③ 생선조림은 양념장을 끓이다가 생선을 넣는다.
④ 생선 표면을 물로 씻으면 어취가 감소된다.

생강은 단백질이 익어서 변성이 된 후에 넣는 것이 탈취효과에 효과적이다.

050

육류의 사후강직과 숙성에 대한 설명으로 틀린 것은?

① 사후강직은 근섬유가 미오글로빈(Myoglobin)을 형성하여 근육이 수축되는 상태이다.
② 도살 후 글리코겐이 혐기적 상태에서 젖산을 생성하여 pH가 저하된다.
③ 사후강직 시기에는 보수성이 저하되고 육즙이 많이 유출된다.
④ 자가분해효소인 카텝신(Cathepsin)에 의해 연해지고 맛이 좋아진다.

사후강직은 근섬유가 액토미오신(actomyosin)을 형성하여 근육이 수축되는 상태이다.

051

감염병의 병원체를 내포하고 있어 감수성 숙주에게 병원체를 전파시킬 수 있는 근원이 되는 모든 것을 의미하는 용어는?

① 감염경로
② 병원소
③ 감염원
④ 미생물

감염원은 병원체와 병원체가 생활·증식하면서 질병이 전파될 수 있는 상태로 저장되는 장소인 병원소를 모두 포함하는 개념이다.

052

채소류로부터 감염되는 기생충은?

① 동양모양선충, 편충
② 회충, 무구조충
③ 십이지장충, 선모충
④ 요충, 유구조충

매개체에 따른 기생충
• 채소류로부터 감염되는 기생충 : 회충, 구충, 요충, 편충, 동양모양선충 등
• 육류로부터 감염되는 기생충 : 유구조충, 무구조충, 선모충 등
• 어패류로부터 감염되는 기생충 : 폐디스토마, 간디스토마

053

모기에 의해 전파되는 감염병은?

① 콜레라
② 장티푸스
③ 말라리아
④ 결핵

모기가 전파하는 감염병은 일본뇌염, 황열(말레이), 말라리아, 사상충증, 뎅구열이다.

054

광화학적 오염물질에 해당하지 않는 것은?

① 오존
② 케톤
③ 알데히드
④ 탄화수소

대기오염의 1차 오염물질은 어느 곳에서나 발생되어 대기로 배출되는 오염 물질로 소각할 때 발생되는 검댕, 이산화황, 일산화탄소, 산화질소, 탄화수소 등이며, 2차 오염물질은 1차 오염물질이 대기 중에서 물리, 화학적 반응에 의해 생성된 물질로 오존(O_3), 케톤, 알데히드 등이 대표적이다. 여기서 대기오염의 2차 오염물질을 광화학적 오염물질이라고도 한다.

055

소음에 있어서 음의 크기를 측정하는 단위는?

① 데시벨(dB)
② 폰(phon)
③ 실(SIL)
④ 주파수(Hz)

소음의 측정단위인 데시벨(dB)은 음의 강도를, 폰(phon)은 감각적인 음의 크기를 나타내는 양이다.

056

모체로부터 태반이나 수유를 통해 얻어지는 면역은?

① 자연능동면역
② 인공능동면역
③ 자연수동면역
④ 인공수동면역

후천성 면역
• 자연능동면역 : 질병 감염 후 획득
• 인공능동면역 : 예방접종으로 획득
• 자연수동면역 : 모체로부터 태반이나 모유를 통해 얻어지는 면역
• 인공수동면역 : 치료목적의 항체를 주입, 4~6주면 소멸

057

질병을 매개하는 위생해충과 그 질병의 연결이 틀린 것은?

① 모기 – 사상충증, 말라리아
② 파리 – 장티푸스, 발진티푸스
③ 진드기 – 유행성출혈열, 쯔쯔가무시증
④ 벼룩 – 페스트, 발진열

발진티푸스는 리케차에 의해 감염되는 급성 열성 질환으로 사람 몸에 기생하는 이가 옮기는 질병이다.

058

다수인이 밀집한 실내 공기가 물리, 화학적 조성의 변화로 불쾌감, 두통, 권태, 현기증 등을 일으키는 것은?

① 자연독
② 진균독
③ 산소중독
④ 군집독

군집독은 환기가 이루어지지 않는 실내에 다수가 밀집되어 있을 경우 산소(O_2)가 감소하고 이산화탄소(CO_2)가 증가함으로써 나타나는 대기오염현상이다.

059

온열요소가 아닌 것은?

① 기온
② 기습
③ 기류
④ 기압

감각온도의 3요소는 기온, 기습, 기류이며, 온열인자는 기온, 기습, 기류, 복사열이다.

060
공중보건에 대한 설명으로 틀린 것은?

① 목적은 질병예방, 수명연장, 정신적 신체적 효율의 증진이다.
② 공중보건의 최소단위는 지역사회이다.
③ 환경위생 향상, 감염병 관리 등이 포함된다.
④ 주요 사업대상은 개인의 질병치료이다.

> 공중보건의 대상은 개인이 아닌 지역사회의 인간집단, 더 나아가 국민 전체를 대상으로 하며 공중보건의 3대 요소는 질병예방, 수명연장, 건강증진이며 치료는 그 사업과 거리가 멀다.

01회 【정답】 조리기능사 기출문제

001	002	003	004	005	006	007	008	009	010
②	④	③	③	④	②	②	②	③	①
011	012	013	014	015	016	017	018	019	020
③	②	②	④	③	②	②	①	①	①
021	022	023	024	025	026	027	028	029	030
④	①	②	④	①	②	②	①	③	②
031	032	033	034	035	036	037	038	039	040
④	③	③	①	④	②	①	①	②	②
041	042	043	044	045	046	047	048	049	050
④	③	②	③	④	③	②	④	②	①
051	052	053	054	055	056	057	058	059	060
③	①	③	④	②	③	②	④	④	④

제 02 회 조리기능사 기출문제

○ CHECK POINT QUESTION

001

빵을 비롯한 밀가루제품에서 밀가루를 부풀게 하여 적당한 형태를 갖추게 하기 위하여 사용되는 첨가물은?

① 팽창제 ② 유화제 ③ 피막제 ④ 산화방지제

- 유화제 : 서로 혼합이 잘되지 않는 두 종류의 액체를 분리되지 않도록 하고 안정화하기 위해 사용 (계면활성제)
- 피막제 : 과실, 채소 등의 표면에 피막을 형성시킴으로써 호흡작용을 억제하고 수분 증발을 막아 저장 중에 외관을 좋게 하고 신선도를 유지시킬 목적으로 사용
- 산화방지제 : 공기 중의 산소에 의해 일어나는 식품의 변질 등을 방지하기 위해 사용 (항산화제)

002

곰팡이에 의해 생성되는 독소가 아닌 것은?

① 아플라톡신(aflatoxin) ② 시트리닌(citrinin)
③ 엔테로톡신(enterotoxin) ④ 파틀린(patulin)

엔테로톡신은 포도상구균이 식품에 오염되어 생성하는 독소로 식중독을 유발한다.

003

사용목적별 식품첨가물의 연결이 틀린 것은?

① 착색료 : 철클로로필린나트륨 ② 소포제 : 초산비닐수지
③ 표백제 : 메타중아황산칼륨 ④ 감미료 : 삭카린나트륨

초산비닐수지 : 껌 및 인삼껌 기초제, 과실류 또는 과채류 표피의 피막제 이외의 용도에 사용 불가

004

열경화성 합성수지제 용기의 용출시험에서 가장 문제가 되는 유독 물질은?

① methanol(CH_3OH) ② 아질산염($NaNO_2$)
③ formaldehyde($HCHO$) ④ 연산(Pb_3O_4)

멜라민, 페놀수지, 요소수지 등은 발암 물질인 포름알데히드를 함유하고 있다.

005

식품취급자가 손을 씻는 방법으로 적합하지 않은 것은?

① 살균효과를 증대시키기 위해 역성비누액에 일반비누액을 섞어 사용한다.
② 팔에서 손으로 씻어 내려온다.
③ 손을 씻은 후 비눗물을 흐르는 물에 충분히 씻는다.
④ 역성비누원액을 몇 방울 손에 받아 30초 이상 문지르고 흐르는 물에 씻는다.

역성비누(양성비누)는 보통 비누와 함께 사용하거나 유기물이 존재하면 살균효과가 떨어진다.

006

히스타민(histamine) 함량이 많아 가장 알레르기성 식중독을 일으키기 쉬운 어육은?

① 가다랑어 ② 대구 ③ 넙치 ④ 도미

알레르기성 식중독은 어육(꽁치, 고등어, 정어리, 참치, 방어 등 붉은살 계통의 생선)에 다량으로 함유되어 있는 히스티딘에 원인균이 부착하여 증식함으로써 다량의 히스타민과 유해한 아민계 물질을 생성함으로써 발생한다.

007

사시, 동공확대, 언어장해 등 특유의 신경마비증상을 나타내며 비교적 높은 치사율을 보이는 식중독 원인균은?

① 클로스트리디움 보툴리늄균 ② 황색 포도상구균
③ 병원성 대장균 ④ 바실러스 세레우스균

보툴리누스 식중독의 가장 특징적인 증상은 구역질, 구토나 시력장애, 동공확대, 언어장애 등의 신경마비이다.

008

육류의 부패 과정에서 pH가 약간 저하되었다가 다시 상승하는데 관계하는 것은?

① 암모니아 ② 비타민 ③ 글리코겐 ④ 지방

호기성 세균에 의해 단백질이 분해되는 것을 부패라 하며 이때 아민과 아민산이 생산되며, 황화수소, 메르캅탄(mercaptan), 암모니아, 메탄 등과 같은 악취가 나는 가스가 생성된다.

009

동물성 식품에서 유래하는 식중독 유발 유독성분은?

① 아마니타톡신(amanitatoxin) ② 솔라닌(solanine)
③ 베네루핀(venerupin) ④ 시큐톡신(cicutoxin)

- 아마니타톡신(amanitatoxin) – 독버섯
- 베네루핀(venerupin) – 모시조개 등의 조개류
- 솔라닌(solanine) – 감자의 싹, 녹색부분
- 시큐톡신(cicutoxin) – 독미나리

010

황색 포도상구균에 의한 독소형 식중독과 관계되는 독소는?

① 장독소 ② 간독소 ③ 혈독소 ④ 암독소

엔테로톡신(enterotoxin)은 독소형 식중독의 원인균인 포도상구균이 생성하는 장독소이다.

011

식품 등의 표시기준에 의해 표시해야 하는 대상성분이 아닌 것은?(단, 강조표시를 하고자 하는 영양 성분은 제외)

① 나트륨 ② 지방 ③ 열량 ④ 칼슘

영양표시 대상 식품은 열량·탄수화물(당류), 단백질, 지방(포화지방, 트랜스지방), 콜레스테롤, 나트륨, 그밖에 강조표시를 하고자 하는 영양성분에 대하여 명칭, 함량 및 영양소 기준치에 대한 비율(%)을 표시하여야 한다.

012

다음 영업의 종류 중 식품접객업이 아닌 것은?

① 식품위생법령이 정하는 식품을 제조·가공 업소 내에서 직접 최종소비자에게 판매하는 영업
② 음식류를 조리·판매하는 영업으로서 식사와 함께 부수적으로 음주행위가 허용되는 영업
③ 집단급식소를 설치·운영하는 자와의 계약에 의하여 그 집단급식소 내에서 음식류를 조리하여 제공하는 영업
④ 주로 주류를 판매하는 영업으로서 유흥종사자를 두거나 유흥시설을 설치할 수 있고 노래를 부르거나 춤을 추는 행위가 허용되는 영업

식품접객업의 종류에는 휴게음식점영업, 일반음식점영업, 단란주점영업, 유흥주점영업, 위탁급식영업, 제과점영업이 있다. 참고로 식품을 제조·가공 업소 내에서 직접 최종소비자에게 판매하는 영업은 즉석판매제조·가공업에 해당된다.

013
식품 등을 판매하거나 판매할 목적으로 취급할 수 있는 것은?

① 병을 일으키는 미생물에 오염되었거나 그 염려가 있어 인체의 건강을 해칠 우려가 있는 식품
② 포장에 표시된 내용량에 비하여 중량이 부족한 식품
③ 영업의 신고를 하여야 하는 경우에 신고하지 아니한 자가 제조한 식품
④ 썩거나 상하거나 설익어서 인체의 건강을 해칠 우려가 있는 식품

판매 및 판매 목적의 취급 금지 대상
• 썩거나 상하거나 설익어서 인체의 건강을 해칠 우려가 있는 것
• 유독·유해물질이 들어 있거나 묻어 있을 수 있는 것 또는 그럴 염려가 있는 것(단, 식품의약품안전처장이 인체의 건강을 해칠 우려가 없다고 인정하는 것은 제외)
• 병을 일으키는 미생물에 오염되었거나 그러할 염려가 있어 인체의 건강을 해칠 우려가 있는 것
• 불결하거나 다른 물질이 섞이거나 첨가된 것 또는 그 밖의 사유로 인체의 건강을 해칠 우려가 있는 것
• 안전성 평가 대상인 농·축·수산물 등 가운데 안전성 평가를 받지 아니하였거나 안전성 평가에서 식용으로 부적합하다고 인정된 것
• 수입이 금지된 것 또는 수입신고를 하지 아니하고 수입한 것
• 영업자가 아닌 자가 제조·가공·소분한 것

014
식품공전상 표준온도라 함은 몇 ℃인가?

① 5℃   ② 10℃
③ 15℃   ④ 20℃

식품공전상 표준온도는 20℃, 상온은 15~25℃, 실온은 1~35℃, 미온은 30~40℃를 말한다.

015
식품위생법상 조리사가 면허취소 처분을 받은 경우 반납하여야 할 기간은?

① 지체없이   ② 5일
③ 7일   ④ 15일

조리사가 법에 따라 그 면허의 취소처분을 받은 경우에는 지체 없이 면허증을 특별자치도지사·시장·군수·구청장에게 반납하여야 한다.

016
신선한 생육의 환원형 미오글로빈이 공기와 접촉하면 분자상의 산소와 결합하여 옥시미오글로빈으로 되는데 이때의 색은?

① 어두운 적자색   ② 선명한 적색
③ 어두운 회갈색   ④ 선명한 분홍색

암적색의 고기는 차츰 선명한 적색으로 변하는데, 이것은 미오글로빈이 공기 중의 산소와 결합하여 옥시미오글로빈으로 변화하기 때문에 생기는 현상이다. 또한, 선명한 적색의 고기는 시간이 지남에 따라 갈색으로 변한다. 이것은 옥시미오글로빈이 다시 공기 중의 산소와 결합하여 메트미오글로빈으로 변화하기 때문이다.

017
돼지의 지방조직을 가공하여 만든 것은?

① 헤드치즈   ② 라이드
③ 젤라틴   ④ 쇼트닝

돼지고기의 지방조직을 정제하거나 녹여서 얻는 라드(Lard)는 약 98%의 지방을 함유한 흰색의 고체이며 부드럽고 좋은 풍미와 향기가 있다.

018
과실 주스에 설탕을 섞은 농축액 음료수는?

① 탄산음료   ② 스쿼시(squash)
③ 시럽(syrup)   ④ 젤리(jelly)

농축음료 중 과즙에 펄프분을 사용한 농축음료를 스쿼시라고 하고, 과즙에 펄프분을 가하여 그대로 마실 수 있는 상태로 한 음료도 스쿼시의 명칭으로 쓰이는 경우가 있다.

019
필수아미노산만으로 짝지어진 것은?

① 트립토판, 메티오닌   ② 트립토판, 글리신
③ 라이신, 글루타민산   ④ 루신, 알라닌

필수아미노산
• 성인이 필요한 필수아미노산 : 트립토판, 발린, 트레오닌, 이소루신, 루신, 리신, 페닐알라닌, 메티오닌
• 성장기 어린이, 노인에게 필요한 필수아미노산 : 성인 필수 아미노산 8가지 + 알기닌, 히스티딘

020
다음 물질 중 동물성 색소는?

① 클로로필(chlorophyll)   ② 플라보노이드(flavonoid)
③ 헤모글로빈(hemoglobin)   ④ 안토잔틴(anthoxanthin)

식품의 색깔
• 식물성 색소 : 클로로필, 카로티노이드, 플라보노이드, 안토시안
• 동물성 색소 : 미오글로빈, 헤모글로빈, 헤모시아닌, 아스타산틴

021
감자는 껍질을 벗겨 두면 색이 변화되는데 이를 막기 위한 방법은?

① 물에 담근다.   ② 냉장고에 보관한다.
③ 냉동시킨다.   ④ 공기 중에 방치한다.

감자는 물에 담가, 사과는 설탕물에 담가 갈변을 억제할 수 있다. 또한, 냉동채소는 전처리로 블랜칭(Blanching)을 하여 갈변을 억제할 수 있다.

022
대두에 관한 설명으로 틀린 것은?

① 콩 단백질의 주요 성분인 글리시닌(glycinin)은 글로불린(globulin)에 속한다.
② 아미노산의 조성은 메티오닌(methionine), 시스테인(cystein)이 많고, 라이신(lysine), 트립토판(trypthphan)이 적다.
③ 날콩에는 트립신 저해재(trypsin inhibitor)가 함유되어 생식할 경우 단백질 효율을 저하시킨다.
④ 두유에 $MgCl_2$나 $CaCO_3$를 첨가하여 단백질을 응고시킨 것이 두부이다.

대두에는 필수아미노산이 골고루 분포되어 있고, 특히 곡류에 적은 라이신(lysine), 트립토판(tryptophan)이 비교적 많이 포함되어 있으며, 메티오닌(methionine)의 함량은 적다.

023
달걀을 삶은 직후 찬물에 넣어 식히면 노른자 주위의 암녹색의 황화철(FeS)이 적게 생기는데 그 이유는?

① 찬물이 스며들어가 황을 희석시키기 때문
② 황화수소가 난각을 통하여 외부로 발산되기 때문
③ 찬물이 스며들어가 철분을 희석하기 때문
④ 외부의 기압이 낮아 황과 철분이 외부로 빠져 나오기 때문

달걀의 단백질이 가열되어 분해될 때 미량의 황화수소가 생기는 데 이 황화수소가 난황의 철과 반응하여 황화철이 되어 녹색을 띠게 된다. 이를 방지하기 위해서는 삶은 후 찬물에 담가주면 된다.

024

적자색 양배추를 채썰어 물에 장시간 담가 두었더니 탈색되었다. 이 현상의 원인이 되는 색소와 그 성질을 바르게 연결한 것은?

① 안토시아닌(anthocyanin)계 색소 : 수용성
② 플라보노이드(flavonoid)계 색소 : 지용성
③ 헴(heme)계 색소 : 수용성
④ 클로로필(chlorophyll)계 색소 : 지용성

수용성의 안토시아닌(anthocyanin) 색소는 식품의 꽃, 과일, 잎의 색소로 적색, 자색, 청색을 나타내며 산성에서 붉은 색, 중성에서 보라색, 알칼리성 용액에서는 청색을 띤다.

025

( )에 알맞은 용어가 순서대로 나열된 것은?

당면은 감자, 고구마, 녹두 가루에 첨가물을 혼합, 성형하여 ( )한 후 건조, 냉각하여 ( )시킨 것으로 반드시 열을 가해 ( )하여 먹는다.

① α화 – β화 – α화
② α화 – α화 – β화
③ β화 – β화 – α화
④ β화 – α화 – β화

당면은 감자, 고구마, 녹두 등의 가루에 첨가물을 넣어 혼합 성형하여 건조시킨 것으로, 글루텐이 거의 없는 전분질을 반죽하고 녹말을 부은 후 끓는 물에 넣어 익힌 것이다. 녹말의 α화가 냉동 후 β화 되어 있으므로 반드시 가열하여 α화하는 과정이 필요하다.

026

고등어 100g당 단백질량이 20g, 지방량이 14g이라 할 때 고등어 150g의 단백질량과 지방량의 합은?

① 34g
② 51g
③ 54g
④ 68g

• 150g의 단백질량 = 20 × (150/100) = 30g
• 150g의 지방량 = 14 × (150/100) = 21g

027

전분에 대한 설명으로 틀린 것은?

① 아밀로즈와 아밀로펙틴의 비율이 2:8이다.
② 식혜, 엿은 전분의 효소 작용을 이용한 식품이다.
③ 동물성 탄수화물로 열량을 공급한다.
④ 가열하면 팽윤되어 점성을 갖는다.

전분은 식물성 탄수화물로 열량을 공급한다.

028

박력분에 대한 설명 중 옳은 것은?

① 마카로니 제조에 쓰인다.
② 우동 제조에 쓰인다.
③ 단백질 함량이 9% 이하이다.
④ 글루텐의 탄력성과 점성이 강하다.

글루텐 함량에 따른 밀가루의 종류
• 강력분 : 글루텐 13% 이상 (식빵, 마카로니, 스파게티 등)
• 중력분 : 글루텐 10~13% (국수, 만두피 등)
• 박력분 : 글루텐 10% 이하 (케이크, 튀김옷, 카스테라, 약과 등)

029

아래에서 설명하는 영양소는?

– 원소기호는 (I)이다.
– 인체의 미량원소로 주로 갑상선호르몬인 싸이록신과 트리아이오도싸이록신의 구성원소로 갑상선에 들어있다.

① 요오드
② 철
③ 마그네슘
④ 셀레늄

요오드의 원소기호는 I로 갑상선 호르몬의 구성원소이며 해조류, 미역, 다시마 등이 급원식품이다.

030

천연 산화방지제가 아닌 것은?

① 아스코르브산
② 안식향산
③ 토코페롤
④ BHT

안식향산 : 보존료

031

닭튀김을 하였을 때 살코기 색이 분홍색을 나타내는 것은?

① 변질된 닭이므로 먹지 못한다.
② 병에 걸린 닭이므로 먹어서는 안된다.
③ 근육성분의 화학적 반응이므로 먹어도 된다.
④ 닭의 크기가 클수록 분홍색 변화가 심하다.

닭튀김을 하였을 때 살코기 색이 연한 핑크색을 나타내는 것은 근육성분의 화학적 반응으로 어린 닭일수록 핑크색이 잘 나타난다.

032

매월 고정적으로 포함해야 하는 경비는?

① 지급운임
② 감가상각비
③ 복리후생비
④ 수당

감가상각비는 고정자산의 감가를 일정한 내용 년수에 일정한 비율로 할당하여 비용으로 계산한 것으로 매월 고정적으로 포함해야 하는 경비에 해당된다.

033

급식시설 종류별 단체급식의 목적으로 틀린 것은?

① 학교급식 – 심신의 건전한 발달과 올바른 식습관의 형성
② 군대급식 – 체력 및 건강증진으로 사기를 유지하고 규칙적인 식생활로 체력단련 유도
③ 사회복지시설 – 작업능률을 높이고, 효과적인 생산성의 향상
④ 병원급식 – 환자상태에 따라 특별식이를 급식하여 질병 치료나 증상 회복을 촉진

작업능률을 높이고 효과적인 생산성의 향상을 기대하는 것은 기업체급식의 목적에 해당된다.

034

다음 자료에 의해서 총원가를 산출하면 얼마인가?

• 직접재료비	170,000원	• 직접경비	5,000원
• 간접재료비	55,000원	• 간접경비	65,000원
• 직접노무비	80,000원	• 판매경비	5,500원
• 간접노무비	50,000원	• 일반관리비	10,000원

① 425,000원
② 430,500원
③ 435,000원
④ 440,500원

총원가는 판매원가에서 이익을 제외한 부분이므로 제시된 자료의 모두 더하면 총원가가 된다.

			이익	
		판매관리비		
	제조간접비			총 원가
직접재료비 직접노무비 직접경비	직접 원가	제조 원가		
직접 원가	제조 원가	총 원가	판매 가격	

035
표준 조리레시피를 만들 때 포함되어야 할 사항이 아닌 것은?

① 메뉴명 ② 조리시간
③ 1일 단가 ④ 조리방법

- 표준 조리레시피 : 식품명, 분량, 조리과정, 영양 등을 기재
- 식단표 : 요리명, 식품명, 중량, 대치식품, 단가 등을 기재한 식단표를 작성

036
달걀 삶기에 대한 설명 중 틀린 것은?

① 달걀을 완숙하려면 98 ~ 100℃의 온도에서 12분 정도 삶아야 한다.
② 삶은 달걀을 냉수에 즉시 담그면 부피가 수축하여 난각과의 공간이 생기므로 껍질이 잘 벗겨진다.
③ 달걀을 오래 삶으면 난황 주위에 생기는 황화수소는 녹색이며 이로 인해 녹변이 된다.
④ 달걀을 70℃ 이상의 온도에서 난황과 난백이 모두 응고한다.

난백의 황화수소(H_2S)는 무색으로 난황의 철분(Fe)과 결합하여 녹색의 황화철(FeS)을 생성한다.

037
달걀의 이용이 바르게 연결된 것은?

① 농후제 – 크로켓 ② 결합제 – 만두속
③ 팽창제 – 커스터드 ④ 유화제 – 푸딩

달걀의 이용
- 농후제 – 알찜, 소스, 커스터드, 푸딩
- 팽창제 – 스펀지 케이크, 엔젤 케이크
- 결합제 – 만두속, 크로켓, 전
- 유화제 – 마요네즈, 아이스크림

038
식미에 긴장감을 주고 식욕을 증진시키며 살균작용을 돕는 매운맛 성분의 연결이 틀린 것은?

① 마늘 – 알리신(allicin) ② 생강 – 진저롤(gingerol)
③ 산초 – 호박산(succinic acid) ④ 고추 – 캡사이신(capsaicin)

산초의 매운맛 성분은 산쇼올(sanshool)이다.

039
일반적으로 젤라틴이 사용되지 않는 것은?

① 양갱 ② 아이스크림
③ 마시멜로우 ④ 족편

양갱, 양장피는 해조가공품인 한천이 원료이다.

040
오이피클 제조 시 오이의 녹색이 녹갈색으로 변하는 이유는?

① 클로로필리드가 생겨서 ② 클로로필린이 생겨서
③ 페오피틴이 생겨서 ④ 잔토필이 생겨서

녹색 야채의 녹색 색소(클로로필, Chlorophyll)는 산에 약하므로 식초를 사용하면 갈색인 페오피틴(Pheophytin)으로 변한다.

041
다음 식품 중 직접 가열하는 급속해동법이 많이 이용되는 것은?

① 생선 ② 소고기
③ 냉동피자 ④ 닭고기

조리냉동식품은 동결상태 그대로 다소 높은 온도에서 단시간 가열하여 해동한다.

042
마요네즈가 분리되는 경우가 아닌 것은?

① 기름의 양이 많았을 때
② 기름을 첨가하고 천천히 저어주었을 때
③ 기름의 온도가 너무 낮을 때
④ 신선한 마요네즈를 조금 첨가했을 때

신선한 난황이나 신선한 약간의 마요네즈를 분리된 마요네즈에 조금씩 첨가하면서 계속 저어주면 분리된 마요네즈가 재생된다.

043
과일이 성숙함에 따라 일어나는 성분변화가 아닌 것은?

① 과육은 점차로 연해진다.
② 엽록소가 분해되면서 푸른색은 엷어진다.
③ 비타민 C와 카로틴 함량이 증가한다.
④ 탄닌은 증가한다.

떫은 맛을 내는 탄닌은 일반적으로 미숙한 과실에 많이 함유되지만 성숙해감에 따라 감소한다.

044
감자 150g을 고구마로 대치하려면 고구마 약 몇 g이 있어야 하는가?(당질 함량은 100g 당 감자 15g, 고구마 32g)

① 21g ② 44g ③ 66g ④ 70g

대치식품량 = $\dfrac{\text{원래 식품함량}}{\text{대치 식품함량}} \times \text{원래 식품량} = \dfrac{15}{32} \times 150 ≒ 70g$

045
두부를 새우젓국에 끓이면 물에 끓이는 것보다 더 _____. 밑줄 친 부분에 맞는 것은?

① 단단해진다. ② 부드러워진다.
③ 구멍이 많이 생긴다. ④ 색깔이 하얗게 된다.

두부찌개를 끓일 때 두부를 미리 1%의 소금물에 담두거나 이미 간을 한 국물에서 조리하면 두부가 수축하거나 단단하지 않고 부드럽게 조리된다. 이는 나트륨(Na)이 두부 속에 있는 미결합 상태의 칼슘(ca)이 단백질과 결합되는 것을 방해하기 때문이다.

046

일반적으로 맛있게 지어진 밥은 쌀 무게의 약 몇 배 정도의 물을 흡수하는가?

① 1.2 ~ 1.4배
② 2.2 ~ 2.4배
③ 3.2 ~ 4.4배
④ 4.2 ~ 5.4배

쌀 종류에 따른 물의 분량

쌀의 종류	쌀의 중량에 대한 물의 분량	체적(부피)에 대한 물의 분량
백미(보통)	쌀 중량의 1.5배	쌀 용량의 1.2배
햅쌀	쌀 중량의 1.4배	쌀 용량의 1.1배
찹쌀	쌀 중량의 1.1~1.2배	쌀 용량의 0.9~1배
불린쌀(침수)	쌀 중량의 1.2배	쌀 용량과 같은 양

047

일반적으로 생선의 맛이 좋아지는 시기는?

① 산란기 몇 개월 전
② 산란기 때
③ 산란기 직후
④ 산란기 몇 개월 후

생선은 대체로 산란기 1~2개월 전인 경우가 가장 맛이 좋다.

048

식품조리의 목적과 가장 거리가 먼 것은?

① 식품이 지니고 있는 영양소 손실을 최대한 적게 하기 위해
② 각 식품의 성분이 잘 조화되어 풍미를 돋우게 하기 위해
③ 외관상으로 식욕을 자극하기 위해
④ 질병을 예방하고 치료하기 위해

조리의 목적
 • 기호성 : 식품의 외관을 좋게 하여 맛있게 하기 위하여 행한다.
 • 영양성 : 소화를 용이하게 하며 식품의 영양효율을 높이기 위하여 행한다.
 • 안전성 : 위생상 안전한 음식으로 만들기 위하여 행한다.
 • 저장성 : 저장성을 높이기 위하여 행한다.

049

식품구입 시 감별방법으로 틀린 것은?

① 육류가공품인 소시지의 색은 담홍색이며 탄력성이 없는 것
② 밀가루는 잘 건조되고 덩어리가 없으며 냄새가 없는 것
③ 감자는 굵고 상처가 없으며 발아되지 않은 것
④ 생선은 탄력이 있으며 아가미는 선홍색이고 눈알이 맑은 것

소시지는 포장용기와 내용물이 유리되어 있지 않으며 손으로 눌러 탄력성이 있는 것이 좋다.

050

전자레인지의 주된 조리 원리는?

① 복사
② 전도
③ 대류
④ 초단파

가열조리
 • 습열에 의한 조리 : 삶기, 찌기, 끓이기
 • 건열에 의한 조리 : 굽기, 볶기, 튀기기
 • 전자레인지에 의한 조리 : 초단파 이용

051

DPT 예방접종과 관계없는 감염병은?

① 페스트
② 디프테리아
③ 백일해
④ 파상풍

DPT는 디프테리아, 백일해, 파상풍 예방접종으로 국가필수예방접종으로 정해져 있다.

052

하수처리방법 중에서 처리의 부산물로 메탄가스 발생이 많은 것은?

① 활성오니법
② 살수 여상법
③ 혐기성 처리법
④ 산화지법

산소가 없는 장소에서 생존하는 혐기성 세균을 이용하여 정화하는 방법을 혐기성 처리법이라 하며 부패조법과 임호프법이 대표적이다. 혐기성 처리시 분해의 산물로 암모니아, 질소, 탄산가스, 메탄가스, 유화물 등이 방출된다.

053

곤충을 매개로 간접전파되는 감염병과 가장 거리가 먼 것은?

① 재귀열
② 말라리아
③ 인플루엔자
④ 쯔쯔가무시병

인플루엔자는 바이러스에 의하여 감염된다.

054

예방접종이 감염병 관리상 갖는 의미는?

① 병원소의 제거
② 감염원의 제거
③ 환경의 관리
④ 감수성 숙주의 관리

감염병의 대책
 • 감염원대책 : 환자의 조기발견과 격리
 • 감염경로대책 : 감염경로 차단(식품위생, 환경위생관리)
 • 감수성숙주대책 : 예방접종실시

055

인공능동면역에 의하여 면역력이 강하게 형성되는 감염병은?

① 이질
② 말라리아
③ 폴리오
④ 폐렴

제2급 법정감염병인 폴리오(소아마비)는 생균백신의 접종을 통해 면역력이 강하게 형성된다.

056

영아사망률을 나타낸 것으로 옳은 것은?

① 1년간 출생수 1000명당 생후 7일 미만의 사망수
② 1년간 출생수 1000명당 생후 1개월 미만의 사망수
③ 1년간 출생수 1000명당 생후 1년 미만의 사망수
④ 1년간 출생수 1000명당 전체 사망수

영아사망률은 출생 1,000명에 대한 생후 1년 미만의 사망 영·유아수를 나타내는 것으로 한 국가의 공중보건 수준을 나타내는 가장 대표적인 지표이다.

057
미생물에 대한 살균력이 가장 큰 것은?

① 적외선
② 가시광선
③ 자외선
④ 라디오파

> 태양광선의 3부분 중 파장이 가장 짧은 자외선은 260nm(2,600Å) 부근에서 가장 강한 살균력을 나타낸다.

058
군집독의 가장 큰 원인은?

① 실내 공기의 이화학적 조성의 변화 때문이다.
② 실내의 생물학적 변화 때문이다.
③ 실내공기 중 산소의 부족 때문이다.
④ 실내기온이 증가하여 너무 덥기 때문이다.

> 환기가 이루어지지 않는 실내에 다수의 사람이 장시간 밀집되어 있을 경우 나타나는 군집독은 O_2는 감소하고 CO_2는 증가하는 이화학적 조성의 변화 때문에 초래된다.

059
감염병과 주요한 감염경로의 연결이 틀린 것은?

① 직접 접촉감염 - 성병
② 공기 감염 - 폴리오
③ 비말 감염 - 홍역
④ 절지동물 매개 - 황열

> 폴리오(소아마비)의 병원체는 바이러스로 감염원 및 감염경로는 환자, 불현성 감염자의 분변의 바이러스에 의해 오염된 음식물을 통해 경구감염된다.

060
우리나라에서 사회보험에 해당되지 않는 것은?

① 생명보험
② 국민연금
③ 고용보험
④ 건강보험

> 우리나라의 4대 사회보험제도는 업무상의 재해에 대한 산업재해보상보험, 질병과 부상에 대한 건강보험 또는 질병보험, 폐질·사망·노령 등에 대한 연금보험, 실업에 대한 고용보험제도이다.

02회 【정답】 조리기능사 기출문제

001	002	003	004	005	006	007	008	009	010
①	③	②	③	①	①	①	①	③	①
011	012	013	014	015	016	017	018	019	020
④	①	②	④	①	②	②	②	①	③
021	022	023	024	025	026	027	028	029	030
①	②	②	①	①	②	③	③	①	②
031	032	033	034	035	036	037	038	039	040
③	②	④	④	③	③	②	②	①	③
041	042	043	044	045	046	047	048	049	050
③	④	④	④	②	①	①	④	①	④
051	052	053	054	055	056	057	058	059	060
①	③	③	④	③	③	③	①	②	①

제 03 회 조리기능사 기출문제

CHECK POINT QUESTION

001

생육이 가능한 최저수분활성도가 가장 높은 것은?

① 내건성 포자　　② 세균
③ 곰팡이　　　　④ 효모

> 미생물 증식에 필요한 수분활성도(Aw)는 세균 0.94, 효모 0.88, 곰팡이 0.80이다. 또한, 건조된 환경에서 생육하는 미생물 중 Aw 0.98 이상에서는 증식할 수 없고 최저 Aw가 0.90 이하의 것을 호건성, 최적 Aw가 0.98이상이며 최저 Aw가 0.90 이하의 것을 내건성으로 부르기도 한다.

002

발아한 감자와 청색 감자에 많이 함유된 독성분은?

① 리신　　　　　② 엔테로톡신
③ 무스카린　　　④ 솔라닌

> • 리신(ricin) – 피마자씨
> • 엔테로톡신(enterotoxin) – 포도상구균
> • 무스카린(muscarine) – 광대버섯

003

식품첨가물과 사용목적을 표시한 것 중 잘못된 것은?

① 초산비닐수지 – 껌기초제　　② 글리세린 – 용제
③ 탄산암모늄 – 팽창제　　　　④ 규소수지 – 이형제

> 규소수지는 식품 제조공정에서 농축, 발효시킬 때 생기는 거품을 소멸 또는 억제시키는 소포제로 사용된다.

004

다음 중 국내에서 허가된 인공감미료는?

① 둘신(Dulcin)
② 삭카린나트륨(Sodium saccharin)
③ 사이클라민산나트륨(Sodium cyclamate)
④ 에틸렌글리콜(Ethylene glycol)

> 삭카린나트륨(Sodium Saccharin)은 젓갈류, 절임식품, 조리식품, 김치류, 음료류, 어육가공품, 시리얼류 등에 사용될 수 있으며, 사용기준을 준수해야 한다.

005

바이러스(Virus)에 의하여 발병되지 않는 것은?

① 돈단독증　　　　② 유행성 간염
③ 급성회백수염　　④ 감염성 설사증

> 돈단독증은 돈단독균에 오염된 돼지를 통해 전파되는 인수공통감염병이며 돈단독균은 세균이다.

006

식품의 부패과정에서 생성되는 불쾌한 냄새물질과 거리가 먼 것은?

① 암모니아　　　　② 포르말린
③ 황화수소　　　　④ 인돌

> 식품의 부패란 단백질식품이 미생물에 의하여 분해되어 악취가 나고 인체에 유해한 물질이 생성되는 현상을 말한다. 참고로 포르말린은 소독제로 사용된다.

007

과일이나 과채류를 채취 후 선도유지를 위해 표면에 막을 만들어 호흡조절 및 수분증발 방지의 목적에 사용되는 것은?

① 품질개량제　　② 이형제　　③ 피막제　　④ 강화제

> 피막제(Coating Agents)는 과실, 채소 등의 표면에 피막을 형성시킴으로써 호흡작용을 억제하고 수분 증발을 막아 저장 중에 외관을 좋게 하고 신선도를 유지시킬 목적으로 사용되는 물질로 몰포린지방산염(Morpholine Salts of Fatty Acids)이 있다.

008

식품과 독성분의 연결이 틀린 것은?

① 복어 – 테트로도톡신　　② 미나리 – 시큐톡신
③ 섭조개 – 베네루핀　　　④ 청매 – 아미그달린

> 섭조개 속에 들어있으면서 특히 신경계통의 마비증상을 유발하는 독성분은 삭시톡신이다. 참고로 베네루핀은 모시조개, 바지락, 굴 등의 유독 성분이다.

009

호염성의 성질을 가지고 있는 식중독 세균은?

① 황색포도상구균(Staphylococcus aureus)
② 병원성 대장균(E.coli O157:H7)
③ 장염 비브리오(Vibrio parahaemolyticus)
④ 리스테리아 모노사이토제네스(Listeria mono cytogenes)

> Vibrio 속에 포함되는 장염 비브리오균은 생육에 식염을 필요로 하며 식염 농도 범위는 0.5~8%로 2~3%에서 가장 왕성하게 생육한다.

010

미생물의 생육에 필요한 조건과 거리가 먼 것은?

① 수분　　　② 산소　　　③ 온도　　　④ 자외선

> 자외선의 작용
> • 파장이 2,800~3,200Å (옴스트롱)일 때 인체에 유익한 작용을 한다.
> • 비타민 D 형성을 촉진시켜 구루병을 예방한다.
> • 2,600Å 부근의 파장인 경우 살균작용이 가장 강하다.
> • 피부의 홍반, 색소침착 및 피부암을 유발한다.
> • 신진대사 촉진, 적혈구생성 촉진, 혈압강하 작용을 한다.

011

식품위생법상에 명시된 식품위생감시원의 직무가 아닌 것은?

① 과대광고 금지의 위반 여부에 관한 단속
② 조리사 및 영양사의 법령 준수사항 이행 여부 확인·지도
③ 생산 및 품질관리일지의 작성 및 비치
④ 시설기준의 적합 여부의 확인·검사

> 식품위생감시원의 직무
> • 식품등의 위생적인 취급에 관한 기준의 이행 지도
> • 수입·판매 또는 사용 등이 금지된 식품등의 취급 여부에 관한 단속
> • 표시기준 또는 과대광고 금지의 위반 여부에 관한 단속
> • 출입·검사 및 검사에 필요한 식품등의 수거
> • 시설기준의 적합 여부의 확인·검사
> • 영업자 및 종업원의 건강진단 및 위생교육의 이행 여부의 확인·지도
> • 조리사 및 영양사의 법령 준수사항 이행 여부의 확인·지도
> • 행정처분의 이행 여부 확인
> • 식품등의 압류·폐기 등
> • 영업소의 폐쇄를 위한 간판 제거 등의 조치
> • 그 밖에 영업자의 법령 이행 여부에 관한 확인·지도

012
영업을 하려는 자가 받아야 하는 식품위생에 관한 교육시간으로 옳은 것은?

① 식품제조·가공업 : 36시간
② 식품운반업 : 12시간
③ 단란주점영업 : 6시간
④ 용기류제조업 : 8시간

> 영업을 하려는 자가 받아야 하는 식품위생교육 시간
> • 식품제조·가공업, 식품첨가물제조업, 공유주방 운영업을 하려는 자 : 8시간
> • 식품운반업, 식품소분·판매업, 식품보존업, 용기·포장류제조업을 하려는 자 : 4시간
> • 즉석판매제조·가공업, 식품접객업(휴게음식점영업·일반음식점영업·단란주점영업·유흥주점영업·위탁급식영업·제과점영업)을 하려는 자 : 6시간
> • 집단급식소를 설치·운영하려는 자 : 6시간

013
식품위생법상 허위표시·과대광고로 보지 않는 것은?

① 수입신고한 사항과 다른 내용의 표시·광고
② 식품의 성분과 다른 내용의 표시·광고
③ 인체의 건전한 성장 및 발달과 건강한 활동을 유지하는데 도움을 준다는 표현의 표시·광고
④ 외국어 사용 등으로 외국제품으로 혼동할 우려가 있는 표시·광고

> 허위표시, 과대광고, 비방광고 및 과대포장의 범위
> • 수입신고한 사항이나 허가받거나 신고 또는 보고한 사항과 다른 내용의 표시·광고
> • 질병의 예방 또는 치료에 효능이 있다는 내용의 표시·광고
> • 식품등의 명칭·제조방법, 품질·영양표시, 식품이력추적표시, 식품 또는 식품첨가물의 영양가·원재료·성분·용도와 다른 내용의 표시·광고
> • 제조 연월일 또는 유통기한을 표시함에 있어서 사실과 다른 내용의 표시·광고
> • 제조방법에 관하여 연구하거나 발견한 사실로서 식품학·영양학 등의 분야에서 공인된 사항 외의 표시·광고, 다만, 제조방법에 관하여 연구하거나 발견한 사실에 대한 식품학·영양학 등의 문헌을 인용하여 문헌의 내용을 정확히 표시하고, 연구자의 성명, 문헌명, 발표 연월일을 명시하는 표시·광고는 제외
> • 각종 상장·감사장 등을 이용하거나 "인증"·"보증" 또는 "추천"을 받았다는 내용을 사용하거나 이와 유사한 내용을 표현하는 광고, 다만, 다음 각 목에 해당하는 내용을 사용하는 경우는 제외한다.
>   – 정부표창규정에 따라 제품과 직접 관련하여 받은 상장
>   – 중앙행정기관·특별지방행정기관 및 그 부속기관, 지방자치단체 또는 공공기관으로부터 받은 인증·보증
>   – 식품산업진흥법에 따른 전통식품 품질인증, 산업표준화법에 따른 제품인증 등 다른 법령에 따라 받은 인증·보증
> • 외국어의 사용 등으로 외국제품으로 혼동할 우려가 있는 표시·광고 또는 외국과 기술제휴한 것으로 혼동할 우려가 있는 내용의 표시·광고
> • 다른 업소의 제품을 비방하거나 비방하는 것으로 의심되는 표시·광고나 "주문 쇄도" 등 제품의 제조방법·품질·영양가·원재료·성분 또는 효과와 직접적인 관련이 적은 내용 또는 사용하지 않은 성분을 강조함으로써 다른 업소의 제품을 간접적으로 다르게 인식하게 하는 표시·광고
> • 미풍양속을 해치거나 해칠 우려가 있는 저속한 도안·사진 등을 사용하는 표시·광고 또는 미풍양속을 해치거나 해칠 우려가 있는 음향을 사용하는 광고
> • 화학적 합성품의 경우 그 원료의 명칭 등을 사용하여 화학적 합성품이 아닌 것으로 혼동할 우려가 있는 광고
> • 판매사례품 또는 경품 제공·판매 등 사행심을 조장하는 내용의 표시·광고(독점규제 및 공정거래에 관한 법률에 따라 허용되는 경우는 제외)
> • 소비자가 건강기능식품으로 오인·혼동할 수 있는 특정 성분의 기능 및 작용에 관한 표시·광고
> • 체험기를 이용하는 광고

014
식품 등의 표시기준상 영양성분에 대한 설명으로 틀린 것은?

① 한 번에 먹을 수 있도록 포장·판매되는 제품은 총 내용량을 1회 제공량으로 한다.
② 영양성분함량은 식물의 씨앗, 동물의 뼈와 같은 비가식부위도 포함하여 산출한다.
③ 열량의 단위는 킬로칼로리(kcal)로 표시한다.
④ 탄수화물에는 당류를 구분하여 표시하여야 한다.

> 영양성분함량은 비가식부위를 제외한 가식부위로 산출해야 한다.

015
식품위생법상 영업신고를 하여야 하는 업종은?

① 유흥주점영업
② 즉석판매제조·가공업
③ 식품조사처리업
④ 단란주점영업

> 영업허가, 신고 및 등록업종
> • 영업허가 업종 : 식품조사처리업, 단란주점영업, 유흥주점영업
> • 영업신고 업종 : 휴게음식점영업, 일반음식점영업, 위탁급식영업, 제과점영업, 즉석판매제조·가공업, 식품운반업, 식품소분·판매업, 식품냉동·냉장업, 용기·포장류제조업
> • 영업등록 업종 : 식품제조·가공업, 식품첨가물제조업

016
글루텐을 형성하는 단백질을 가장 많이 함유하는 것은?

① 밀
② 쌀
③ 보리
④ 옥수수

> 글루텐(Gluten)은 글리아딘(Gliadin)과 글루테닌(Glutenin)이 합쳐서 형성되는 밀가루 단백질을 말한다.

017
비타민 E에 대한 설명으로 틀린 것은?

① 물에 용해되지 않는다.
② 항산화작용이 있어 비타민 A나 유지 등의 산화를 억제해 준다.
③ 버섯 등에 에르고스테롤(ergosterol)로 존재한다.
④ 알파 토코페롤(α-tocopherol)이 가장 효력이 강하다

> 에르고스테롤은 효모나 맥각을 비롯하여 표고버섯 등 균류에 들어 있는 스테로이드로 자외선의 작용에 의해 비타민 D_2가 되는 프로비타민 D이다.

018
청과물의 저장 시 변화에 대하여 옳게 설명한 것은?

① 청과물은 저장중이거나 유통과정 중에도 탄산가스와 열이 발생한다.
② 신선한 과일의 보존기간을 연장시키는데 저장이 큰 역할을 하지 못한다.
③ 과일이나 채소는 수확하면 더 이상 숙성하지 않는다.
④ 감의 떫은맛은 저장에 의해서 감소되지 않는다.

019
달걀의 가공 적성이 아닌 것은?

① 열응고성
② 기포성
③ 쇼트닝성
④ 유화성

> 쇼트닝성은 쿠키나 파이 등을 무르고 부서지기 쉽게 하는 성질로 밀가루의 글루텐 형성을 방해하는 유지나 설탕의 배합비율에 의해 좌우된다.

020
식품의 갈변 현상 중 성질이 다른 것은?

① 고구마 절단면의 갈색
② 홍차의 적색
③ 간장의 갈색
④ 다진 양송이의 갈색

> 간장의 갈색은 비효소적 갈변에 해당된다.

021

매운맛 성분과 소재 식품의 연결이 올바르게 된 것은?

① 알릴 이소티오시아네이트(Allyl isothiocyanate) – 흑겨자
② 캡사이신(Capsaicin) – 마늘
③ 진저롤(Gingerol) – 고추
④ 차비신(Chavicine) – 생강

> 캡사이신 – 고추, 진저롤 – 생강, 차비신 – 후추

022

클로로필(Chlorophyll)에 관한 설명으로 틀린 것은?

① 포르피린환(Porphyrin ring)에 구리(Cu)가 결합되어 있다.
② 김치의 녹색이 갈변하는 것은 발효 중 생성되는 젖산 때문이다.
③ 산성식품과 같이 끓이면 갈색이 된다.
④ 알칼리 용액에서는 청록색을 유지한다.

> 클로로필은 식물의 잎과 줄기의 녹색 색소로 마그네슘(Mg)을 함유하고 있다.

023

참기름이 다른 유지류보다 산패에 대하여 비교적 안정성이 큰 이유는 어떤 성분 때문인가?

① 레시틴(Lecithin)
② 세사몰(Sesamol)
③ 고시폴(Gossypol)
④ 인지질(Phospholipid)

> 산패란 산화에 의한 부패로 참기름에 들어있는 특수성분인 세사몰은 천연 항산화제이다.

024

우유에 함유된 단백질이 아닌 것은?

① 락토오스(Lactose)
② 카제인(Casein)
③ 락토알부민(Lactoalbumin)
④ 락토글로불린(Lactoglobulin)

> 락토오스는 유당 혹은 젖당이라고도 하며 포도당과 갈락토오스가 결합된 이당류로 포유류의 젖, 특히 초유에 많이 함유되어 있다.

025

유지의 산패도를 나타내는 값으로 짝지어진 것은?

① 비누화가, 요오드가
② 요오드가, 아세틸가
③ 과산화물가, 비누화가
④ 산가, 과산화물가

> 산가는 유리지방산의 양을, 과산화물가는 유지 속에 들어있는 과산화물의 양을 나타내는 것으로 유지의 산패도를 나타내는 값으로 사용된다.

026

결합수의 특성이 아닌 것은?

① 수증기압이 유리수보다 낮다.
② 압력을 가해도 제거하기 어렵다.
③ 0℃에서 매우 잘 언다.
④ 용질에 대해서 용매로서 작용하지 않는다.

결합수와 유리수

결합수	유리수(자유수)
용질에 대하여 용매로 작용하지 않는다.	전해질을 잘 녹인다.
0℃ 이하에서도 동결하지 않는다.	0℃ 이하에서 쉽게 동결한다.
건조되지 않는다.	쉽게 건조된다.
미생물이 번식에 이용하지 못한다.	미생물이 생육, 번식에 이용할 수 있다.
압력을 가해도 제거되지 않는다.	비중과 비열이 크다.
100℃ 이상 가열해도 제거되지 않는다.	표면장력과 점성이 크다.
유리수에 비해 밀도가 크다.	비점과 융점이 높다.

027

훈연에 대한 설명으로 틀린 것은?

① 햄, 베이컨, 소시지가 훈연제품이다.
② 훈연 목적은 육제품의 풍미와 외관향상이다.
③ 훈연재료는 침엽수인 소나무가 좋다.
④ 훈연하면 보존성이 좋아진다.

> 훈연법은 수지가 적은 활엽수(벚나무, 떡갈나무, 참나무)를 불완전 연소시킴으로써 훈연 속에 살균력이 있는 포름알데히드, 메틸알코올, 페놀 등을 식품조직에 침투시켜 저장하는 방법이다.

028

탄수화물이 아닌 것은?

① 젤라틴　　② 펙틴　　③ 섬유소　　④ 글리코겐

> 젤라틴(Gelatin)은 동물의 가죽, 힘줄, 연골 등을 구성하는 천연 단백질인 콜라겐(Collagen)의 가수분해로 얻어지는 유도 단백질의 한 종류이다.

029

소시지 100g 당 단백질 13g, 지방 21g, 당질 5.5g이 함유되어 있을 경우, 소시지 150g의 열량은?

① 158kcal　　② 263kcal　　③ 322kcal　　④ 395kcal

> 단백질과 당질은 1g당 4kcal, 지방은 1g당 9kcal의 열량을 생산한다.

030

우유를 높은 온도로 가열하면 Maillard 반응이 일어난다. 이때 가장 많이 손실되는 성분은?

① Lysine　　② Arginine　　③ Sucrose　　④ Ca

> 비효소적 갈변인 Maillard 반응은 가열에 의해 촉진되는 단백질과 당의 결합 반응으로 우유를 높은 온도에서 가열하면 우유에 포함되어 있는 필수 아미노산인 라이신(Lysine)이 가장 많이 손실된다.

031

사과나 딸기 등이 잼에 이용되는 가장 중요한 이유는?

① 과숙이 잘되어 좋은 질감을 형성하므로
② 펙틴과 유기산이 함유되어 잼 제조에 적합하므로
③ 색이 아름다워 잼의 상품가치를 높이므로
④ 새콤한 맛 성분이 잼 맛에 적합하므로

> 잼은 펙틴의 응고성을 이용하는 것으로 젤리화의 3요소는 펙틴, 유기산, 당분이다. 따라서, 펙틴과 산이 많은 사과, 포도, 딸기 등이 잼에 이용되는 것이다.

032
음식의 온도와 맛의 관계에 대한 설명으로 틀린 것은?

① 국은 식을수록 짜게 느껴진다.
② 커피는 식을수록 쓰게 느껴진다.
③ 차게 먹을수록 신맛이 강하게 느껴진다.
④ 녹은 아이스크림보다 얼어 있는 것의 단맛이 약하게 느껴진다.

맛을 가장 잘 느낄 수 있는 온도			
종류	온도(℃)	종류	온도(℃)
단맛·신맛	20~50℃	짠맛	30~40℃
쓴맛	40~50℃	매운맛	50~60℃

033
재고회전율이 표준치보다 낮은 경우에 대한 설명으로 틀린 것은?

① 긴급구매로 비용발생이 우려된다.
② 종업원들이 심리적으로 부주의하게 식품을 사용하여 낭비가 심해진다.
③ 부정유출이 우려된다.
④ 저장기간이 길어지고 식품손실이 커지는 등 많은 자본이 들어가 이익이 줄어든다.

재고회전율이 낮다는 것은 매출에 비하여 과다한 재고를 보유하고 있다는 것을 의미한다. 따라서, 이 경우 긴급구매로 인한 비용발생의 우려는 없다.

034
채소조리 시 색의 변화로 맞는 것은?

① 시금치는 산을 넣으면 녹황색으로 변한다.
② 당근은 산을 넣으면 퇴색된다.
③ 양파는 알칼리를 넣으면 백색으로 된다.
④ 가지는 산에 의해 청색으로 된다.

• 당근의 카로티노이드 색소는 산이나 알칼리에 변화되지 않으며, 물에 녹지 않고 기름에 녹는다.
• 양파의 플라보노이드 색소는 산성에서 백색이 된다.
• 가지의 안토시안 색소는 산성에서 선명한 적색, 중성에서 보라색, 알칼리에서 청색을 띈다.

035
돼지고기편육을 할 때 고기를 삶는 방법으로 가장 적합한 것은?

① 한 번 삶아서 찬물에 식혔다가 다시 삶는다.
② 물이 끓으면 고기를 넣어서 삶는다.
③ 찬물에 고기를 넣어서 삶는다.
④ 생강은 처음부터 같이 넣어야 탈취효과가 크다.

돼지고기 편육을 할 때는 물이 끓을 때 덩어리째 넣고 강한 불로 삶아야 한다. 또한, 생강은 끓고 난 다음에 넣어야 탈취효과가 크다.

036
소금의 용도가 아닌 것은?

① 채소 절임 시 수분제거
② 효소 작용 억제
③ 아이스크림 제조 시 빙점 강하
④ 생선구이 석쇠 금속의 부착방지

생선구이 석쇠 금속의 부착을 방지하기 위해서는 기름을 발라주어야 한다.

037
생선조리 시 식초를 적당량 넣었을 때 장점이 아닌 것은?

① 생선의 가시를 연하게 해준다.
② 어취를 제거한다.
③ 살을 연하게 하여 맛을 좋게 한다.
④ 살균효과가 있다.

어육 단백질은 식초 등과 같은 산에 의해 응고되어 단단해진다.

038
가식부율이 70%인 식품의 출고계수는?

① 1.25 ② 1.43
③ 1.64 ④ 2.00

출고계수 = 100/가식부율 = 100/70 ≒ 1.43

039
비타민 A가 부족할 때 나타나는 대표적인 증세는?

① 괴혈병 ② 구루병
③ 불임증 ④ 야맹증

괴혈병 – 비타민 C, 구루병 – 비타민 D, 불임증 – 비타민 E

040
배추김치를 만드는데 배추 50kg이 필요하다. 배추 1kg의 값은 1,500원이고, 가식부율은 90%일 때 배추구입 비용은 약 얼마인가?

① 67,500원 ② 75,000원
③ 82,500원 ④ 83,400원

필요비용 = 필요량 × $\frac{100}{가식부율}$ × 1kg당의 단가

∴ 50kg × $\frac{100}{90}$ × 1500 ≒ 83400원

041
토마토 크림 스프를 만들 때 일어나는 우유의 응고현상을 바르게 설명한 것은?

① 산에 의한 응고 ② 당에 의한 응고
③ 효소에 의한 응고 ④ 염에 의한 응고

토마토의 산 성분에 의해 우유의 단백질인 카제인(casein)이 응고되는 것이다.

042
기름을 여러번 재가열할 때 일어나는 변화에 대한 설명으로 맞는 것은?

㉠ 풍미가 좋아진다.
㉡ 색이 진해지고, 거품 형성 현상이 생긴다.
㉢ 산화중합반응으로 점성이 높아진다.
㉣ 가열분해로 황산화물질이 생겨 산패를 억제한다.

① ㉠, ㉡ ② ㉠, ㉢
③ ㉡, ㉢ ④ ㉢, ㉣

기름을 여러번 재가열하면 발연점이 낮아지고, 산화도가 높아질 뿐 아니라 기름 색이 진해지고, 거품이 발생한다.

043

조리식품이나 반조리식품의 해동방법으로 가장 적합한 방법은?

① 상온에서의 자연 해동
② 냉장고를 이용한 저온 해동
③ 흐르는 물에 담그는 청수 해동
④ 전자레인지를 이용한 해동

> 냉동된 육류 및 어류는 자연해동이 바람직하지만, 조리 또는 반조리 식품은 가열해동이 가장 좋다.

044

조리 시 센 불로 가열한 후 약한 불로 세기를 조절하지 않는 것은?

① 생선조림
② 된장찌개
③ 밥
④ 새우튀김

045

단체급식 시설별 고유의 목적과 거리가 먼 것은?

① 학교급식 – 편식 교정
② 병원급식 – 건강회복 및 치료
③ 산업체급식 – 작업능률향상
④ 군대급식 – 복지향상

> 군대급식은 군인의 건강증진과 영양개선을 주된 목적으로 한다.

046

생선튀김의 조리법으로 가장 알맞은 것은?

① 180℃에서 2~3분간 튀긴다.
② 150℃에서 4~5분간 튀긴다.
③ 130℃에서 5~6분간 튀긴다.
④ 200℃에서 7~8분간 튀긴다.

> 튀김은 일반적으로 고온에서 단시간에 튀겨내는 것이 좋다.

047

당근 등의 녹황색 채소를 조리할 경우 기름을 첨가하는 조리방법을 선택하는 주된 이유는?

① 색깔을 좋게 하기 위하여
② 부드러운 맛을 위하여
③ 비타민 C의 파괴를 방지하기 위하여
④ 지용성 비타민의 흡수를 촉진하기 위하여

> 시금치, 당근 등의 녹황색채소는 지용성 비타민인 비타민 A의 프로비타민인 카로틴을 많이 함유하고 있어 기름을 첨가하여 흡수를 촉진한다.

048

고기를 요리할 때 사용되는 연화제는?

① 소금
② 참기름
③ 파파인(Papain)
④ 염화칼슘

> 파파인은 파파야의 과즙에 들어 있는 단백질 분해 효소이다.

049

달걀의 기포성을 이용한 것은?

① 달걀찜
② 푸딩(Pudding)
③ 머랭(Meringue)
④ 마요네즈(Mayonnaise)

> 달걀의 가공은 응고성(수란), 기포성(스펀지 케이크, 케이크의 장식, 머랭 등), 유화성(마요네즈, 프렌치 드레싱, 크림스프, 케이크 반죽 등)을 이용한다.

050

단백질의 구성 단위는?

① 아미노산
② 지방산
③ 과당
④ 포도당

> 단백질의 최종 분해 산물은 아미노산(amino acid)이다.

051

동물과 관련된 감염병의 연결이 틀린 것은?

① 소 – 결핵
② 고양이 – 디프테리아
③ 개 – 광견병
④ 쥐 – 페스트

> 디프테리아는 주로 호흡기를 통해 감염되는 세균성 질환으로 제1급 감염병에 속한다.

052

잠함병의 발생과 가장 밀접한 관계를 갖고 있는 환경 요소는?

① 고압과 질소
② 저압과 산소
③ 고온과 이산화탄소
④ 저온과 이산화탄소

> 잠함병(잠수병)은 고압환경에서 감압 시 나타나는 증상으로 몸 속으로 들어간 질소가스(N_2)가 체내에서 기포화되어 혈관폐색이나 여러 조직의 압박을 초래하는 질환이다.

053

제1급 감염병에 속하는 것은?

① b형헤모필루스인플루엔자
② 중동호흡기증후군(MERS)
③ 후천성면역결핍증(AIDS)
④ 장출혈성대장균감염증

> 보기 중 b형헤모필루스인플루엔자와 장출혈성대장균감염증은 제2급 감염병, 후천성면역결핍증(AIDS)은 제3급 감염병에 속한다.

054

진개(쓰레기)처리법과 가장 거리가 먼 것은?

① 위생적 매립법
② 소각법
③ 비료화법
④ 활성슬러지법

> 활성슬러지법은 폐수처리에 사용되는 생물학적 방법이다.

055

국가의 보건수준이나 생활수준을 나타내는데 가장 많이 이용되는 지표는?

① 병상이용률
② 의료보험 수혜자수
③ 영아사망률
④ 조출생률

> 영아사망률은 출생아 1,000명당 1년간 생후 1년 미만 영아의 사망자수 비율로 한 국가의 건강수준을 나타내는 가장 대표적인 지표로 사용된다.

056
접촉감염지수가 가장 높은 질병은?

① 유행성이하선염
② 홍역
③ 성홍열
④ 디프테리아

> 질병별 감수성 지수 : 두창·홍역(95%) > 백일해(60~80%) > 성홍열(40%) > 디프테리아(10%) > 폴리오(유행성소아마비, 0.1%)

057
중간숙주 없이 감염이 가능한 기생충은?

① 아니사키스　　② 회충
③ 폐흡충　　　　④ 간흡충

> 감염경로
> • 아니사키스 : 바다 갑각류 → 해산어류 → 사람
> • 폐흡충 : 다슬기 → 민물 게·가재 → 사람
> • 간흡충 : 왜우렁이 → 민물고기 → 사람

058
소음으로 인한 피해와 거리가 먼 것은?

① 불쾌감 및 수면장애
② 작업능률 저하
③ 위장기능 저하
④ 맥박과 혈압의 저하

> 소음의 영향 : 수면 방해, 불안증, 작업 방해, 식욕감퇴, 정신적 불안정, 불쾌감, 불필요한 긴장, 두통 등

059
기생충과 인체감염원인 식품의 연결이 틀린 것은?

① 유구조충 – 돼지고기
② 무구조충 – 민물고기
③ 동양모양선충 – 채소류
④ 아나사키스 – 바다생선

> 무구조충은 소가 중간숙주이다.

060
모성사망률에 관한 설명으로 옳은 것은?

① 임신, 분만, 산욕과 관계되는 질병 및 합병증에 의한 사망률
② 임신 4개월 이후의 사태아 분만률
③ 임신 중에 일어난 모든 사망률
④ 임신 28주 이후 사산과 생후 1주 이내 사망률

> 모성사망률은 임신, 분만, 산욕 등으로 산모가 사망하는 비율로 국가의 보건 수준을 대변하는 주요 지표로 사용된다.

03회 【정답】 조리기능사 기출문제

001	002	003	004	005	006	007	008	009	010
②	④	④	②	①	②	③	③	③	④
011	012	013	014	015	016	017	018	019	020
③	③	③	②	②	①	③	①	③	③
021	022	023	024	025	026	027	028	029	030
①	①	②	①	④	③	②	①	④	①
031	032	033	034	035	036	037	038	039	040
②	②	①	①	②	④	②	②	④	④
041	042	043	044	045	046	047	048	049	050
①	③	④	④	④	①	④	③	③	①
051	052	053	054	055	056	057	058	059	060
②	①	②	④	③	②	②	④	②	①

제 04 회 조리기능사 기출문제

○ C H E C K P O I N T Q U E S T I O N

001
도마의 사용방법에 관한 설명 중 잘못된 것은?

① 합성세제를 사용하여 43~45℃의 물로 씻는다.
② 염소소독, 열탕살균, 자외선살균 등을 실시한다.
③ 식재료 종류별로 전용의 도마를 사용한다.
④ 세척, 소독 후에는 건조시킬 필요가 없다.

> 도마를 세척하거나 소독한 후에는 반드시 건조시켜야 한다. 특히 햇빛에 건조시키면 자외선 살균효과도 있다.

002
과채, 식육 가공 등에 사용하여 식품 중 색소와 결합하여 식품 본래의 색을 유지하게 하는 식품첨가물은?

① 식용타르색소
② 천연색소
③ 발색제
④ 표백제

> 발색제란 자체에는 색이 없으나 식품 중의 성분과 반응하여 식품의 색을 안정화하고 선명하게거나 또는 발색시키는 역할을 하는 물질을 말한다.

003
카드뮴이나 수은 등의 중금속 오염 가능성이 가장 큰 식품은?

① 육류
② 어패류
③ 식용유
④ 통조림

> 공장폐수 중 수은(Hg), 납(Pb), 카드뮴(Cd), 크롬(Cr) 등은 수질과 토양을 오염시키므로 먹이사슬에 따라 물고기 등 각종 음식물을 통하여 몸 속으로 이동, 축적되며 아울러 중금속에 의한 신경마비, 언어장애, 사지마비 등 무서운 질병을 일으킨다.

004
곰팡이 독소와 독성을 나타내는 곳을 잘못 연결한 것은?

① 오크라톡신(Ochratoxin) – 간장독
② 아플라톡신(Aflatoxin) – 신경독
③ 시트리닌(Citrinin) – 신장독
④ 스테리그마토시스틴(Sterigmatocystin) – 간장독

> 아플라톡신(Aflatoxin) – 간장독

005
식품에 오염된 미생물이 증식하여 생성한 독소에 의해 유발되는 대표적인 식중독은?

① 황색 포도상구균 식중독
② 살모넬라균 식중독
③ 장염 비브리오 식중독
④ 리스테리아 식중독

> 독소형 식중독 : 포도상구균 식중독, 보툴리누스(Botulinus) 식중독, 클로스트리디움 퍼프린젠스 식중독

006
식품의 부패 시 생성되는 물질과 거리가 먼 것은?

① 암모니아(Ammonia)
② 트리메틸아민(Trimethylamine)
③ 글리코겐(Glycogen)
④ 아민(Amine)류

> 글리코겐(Glycogen)은 동물의 저장 탄수화물로 간, 근육, 콩팥, 조개류에 많이 함유되어 있다.

007
통조림관의 주성분으로 과일이나 채소류 통조림에 의한 식중독을 일으키는 것은?

① 주석
② 아연
③ 구리
④ 카드뮴

> 통조림관(깡통)에 도금된 주석이 산성이 강한 내용물(과일, 채소 등)에 의해 용출되어 중독되는 것이 주석(Sn)에 의한 식중독이다.

008
살모넬라균에 의한 식중독의 특징 중 틀린 것은?

① 장독소(Enterotoxin)에 의해 발생한다.
② 잠복기는 보통 12~24시간이다.
③ 주요증상은 메스꺼움, 구토, 복통, 발열이다.
④ 원인식품은 대부분 동물성 식품이다.

> 장독소(Enterotoxin)에 의해 발생하는 것은 대표적인 독소형 식중독인 황색 포도상구균 식중독이다.

009
복어와 모시조개 섭취 시 식중독을 유발하는 독성물질을 순서대로 나열한 것은?

① 엔테로톡신(Enterotoxin), 사포닌(Saponin)
② 엔테로톡신(Enterotoxin), 아플라톡신(Aflato xin)
③ 테트로도톡신(Tetrodotoxin), 둘린(Dhurrin)
④ 테트로도톡신(Tetrodotoxin), 베네루핀(Vene rupin)

> • 테트로도톡신(Tetrodotoxin) – 복어
> • 베네루핀(Venerupin) – 모시조개

010
식품과 독성분의 연결이 틀린 것은?

① 매실 – 베네루핀(Venerupin)
② 섭조개 – 삭시톡신(Saxitoxin)
③ 독버섯 – 무스카린(Muscarine)
④ 독보리 – 테물린(Temuline)

> 베네루핀(Venerupin)은 모시조개와 관련이 있으며, 아미그달린(Amygdalin)은 청매, 살구씨, 복숭아씨 등과 관련된다.

011
수출을 목적으로 하는 식품 또는 식품첨가물의 기준과 규격은 식품위생법의 규정 외에 어떤 기준과 규칙에 의할 수 있는가?

① 수입자가 요구하는 기준과 규격
② 국립검역소장이 정하여 고시한 기준과 규격
③ FDA의 기준과 규격
④ 산업통상자원부장관의 별도 허가를 득한 기준과 규격

> 수출을 목적으로 하는 식품 또는 식품첨가물의 기준과 규격은 수입자가 요구하는 기준과 규격에 의할 수 있다.

012
식품위생법상 식품 등의 위생적 취급에 관한 기준으로 틀린 것은?

① 식품 등의 보관 운반 진열 시에는 식품 등의 기준 및 규격이 정하고 있는 보존 및 유통기준에 적합하도록 관리하여야 한다.
② 식품 등의 제조·가공·조리에 직접 사용되는 기계·기구 및 음식기는 세척·살균하는 등 항상 청결하게 유지 관리하여야 하며, 어류·육류·채소류를 취급하는 칼·도마는 공통으로 사용한다.
③ 식품 등의 제조·가공·조리 또는 포장에 직접 종사하는 자는 위생모를 착용하는 등 개인위생관리를 철저히 하여야 한다.
④ 제조·가공(수입품 포함)하여 최소판매 단위로 포장된 식품 또는 식품첨가물을 영업허가 또는 신고하지 아니하고 판매의 목적으로 포장을 뜯어 분할하여 판매하여서는 아니된다.

> 식품 등의 제조·가공·조리에 직접 사용되는 기계·기구 및 음식기는 사용 후에 세척·살균하는 등 항상 청결하게 유지·관리해야 하며, 어류·육류·채소류를 취급하는 칼, 도마는 각각 구분하여 사용해야 한다.

013
식품위생법상 판매를 목적으로 하거나 영업상 사용하는 식품 및 영업시설 등 검사에 필요한 최소량의 식품 등을 무상으로 수거할 수 없는 자는?

① 식품의약품안전처장   ② 시·도지사
③ 시장·군수·구청장   ④ 국립의료원장

> 식품의약품안전처장, 시·도지사 또는 시장·군수·구청장은 식품 등의 위해방지·위생관리와 영업질서의 유지를 위하여 필요하면 영업소에 출입하여 판매를 목적으로 하거나 영업에 사용하는 식품 또는 영업시설 등에 대한 검사를 위하여 최소량의 식품 등을 무상 수거하거나 영업에 관계되는 장부 또는 서류를 열람할 수 있다.

014
식품접객업소의 조리판매 등에 대한 기준 및 규격에 의한 조리용 칼·도마 식기류의 미생물 규격은?(단, 사용 중의 것은 제외한다.)

① 살모넬라 음성, 대장균 양성
② 살모넬라 음성, 대장균 음성
③ 황색포도상구균 양성, 대장균 음성
④ 황색포도상구균 음성, 대장균 양성

> 식품공전에 따르면 사용 중인 것을 제외한 칼, 도마 및 식기류의 미생물 규격은 살모넬라와 대장균 모두 음성이어야 한다.

015
다음 중 식품위생법상 식품위생의 대상은?

① 식품, 약품, 기구, 용기, 포장
② 조리법, 조리시설, 기구, 용기, 포장
③ 조리법, 단체급식, 기구, 용기, 포장
④ 식품, 식품첨가물, 기구, 용기, 포장

> 식품위생이라 함은 식품, 식품첨가물, 기구 또는 용기·포장을 대상으로 하는 음식에 관한 위생을 말한다.

016
인산을 함유하는 복합지방질로서 유화제로 사용되는 것은?

① 레시틴   ② 글리세롤
③ 스테롤   ④ 글리콜

> 레시틴(lecithin)은 인지질(燐脂質)의 한가지로 세포막 구성의 중요한 성분으로 난황, 콩기름, 간장 등에 많이 들어 있으며, 강한 유화작용을 갖고 있어 지방질 식품들의 유화제로서 사용되고 있다.

017
달걀 저장 중에 일어나는 변화로 옳은 것은?

① pH 저하   ② 중량 감소
③ 난황계수 증가 ④ 수양난백 감소

> 달걀은 저장하는 동안 표면의 기공을 통해 수분이 증발하기 때문에 중량이 감소한다.

018
전분의 호정화를 이용한 식품은?

① 식혜   ② 치즈   ③ 맥주   ④ 뻥튀기

> 전분에 물을 가하지 않고 160℃ 이상으로 가열하면 여러 단계의 가용성 전분을 거쳐 덱스트린(호정)으로 분해되는데, 이를 전분의 호정화라 한다. 미숫가루, 튀밥(뻥튀기), 루(Roux) 등이 대표적인 예이다.

019
생식기능 유지와 노화방지의 효과가 있고 화학명이 토코페롤(Tocopherol)인 비타민은?

① 비타민 A   ② 비타민 C   ③ 비타민 D   ④ 비타민 E

> 비타민 A : Retinol, 비타민 C : Ascorbic acid, 비타민 E : Tocopherol

020
두류 가공품 중 발효과정을 거치는 것은?

① 두유   ② 피넛 버터   ③ 유부   ④ 된장

> - 두유 : 불린 콩을 마쇄한 후 콩 무게의 2~3배 물을 넣고 가열하여 만든 가공품
> - 피넛 버터(땅콩버터) : 땅콩을 으깨어 이겨서 버터 모양으로 만들어 맛을 낸 식품
> - 유부 : 두부의 수분을 뺀 뒤 기름에 2번 튀긴 것
> - 된장 : 전분질의 원료를 쪄서 종국(황곡균)을 넣고 국자를 만들어 소금에 섞어 놓았다가 콩을 쪄서 국자와 혼합한 후 마쇄하여 통에 담아 발효시킨 것

021
다음 중 레토르트식품의 가공과 관계없는 것은?

① 통조림   ② 파우치
③ 플라스틱 필름 ④ 고압솥

> 레토르트식품은 조리 가공한 여러 가지 식품을 파우치(pouch)에 넣어 밀봉한 후 고압살균솥(retort)에 넣어 고온에서 가열·살균하여 장기간 보존할 수 있도록 만든 가공 저장식품이다.

022
젤라틴의 원료가 되는 식품은?

① 한천   ② 과일
③ 동물의 연골 ④ 쌀

> 젤라틴은 동물의 가죽·힘줄·연골 등을 구성하는 천연 단백질인 콜라겐을 뜨거운 물로 처리하면 얻어지는 유도 단백질의 한 종류이다.

023
어묵의 탄력과 가장 관계 깊은 것은?

① 수용성 단백질 – 미오겐   ② 염용성 단백질 – 미오신
③ 결합 단백질 – 콜라겐   ④ 색소 단백질 – 미오글로빈

> 어묵은 어류의 염용성 단백질인 미오신이 소금에 용해되는 성질을 이용하여 만든 식품이다.

024

영양소와 급원식품의 연결이 옳은 것은?

① 동물성 단백질 – 두부, 쇠고기
② 비타민 A – 당근, 미역
③ 필수지방산 – 대두유, 버터
④ 칼슘 – 우유, 치즈

025

사과를 깎아 방치했을 때 나타나는 갈변현상과 관계없는 것은?

① 산화효소
② 산소
③ 페놀류
④ 섬유소

사과를 깎아 방치했을 때 나타나는 갈변현상은 페놀계의 화합물(냄새나 맛이나 색깔을 내는 요소)이 산화효소와 공기의 영향으로 갈색의 물질로 변하는 것을 말한다.

026

하루 필요 열량이 2,700kcal일 때 이중 14%에 해당하는 열량을 지방에서 얻으려 할 때 필요한 지방의 양은?

① 36g
② 42g
③ 81g
④ 94g

지방 1g당 9kcal의 열량을 생산하므로   2,700kcal × 0.14(14%) ÷ 9 = 42g이다.

027

다음 당류 중 케톤기를 가진 것은?

① 플락토오스(Fructose)
② 만노오스(Mannose)
③ 갈락토오스(Galactose)
④ 글루코오스(Glucose)

단당류 중에서 제1탄소에 알데히드기(–CHO)를 갖는 것을 알도오스(aldose), 제2탄소 또는 그 이하의 탄소에 카르보닐기(케톤기, –CO–)를 갖는 것을 케토오스(ketose)라고 한다. 케톤기를 갖는 대표적인 단당류는 플락토오스(Fructose, 과당)이며, 알데히드기를 갖는 단당류는 글루코오스(Glucose)이다.

028

다음 중 알리신(Allicin)이 가장 많이 함유된 식품은?

① 마늘
② 사과
③ 고추
④ 무

마늘의 매운맛 성분인 알리신(allicin)에 의한 것으로 알리신은 비타민 B₁의 흡수를 도와준다.

029

염지에 의해서 원료육의 미오글로빈으로부터 생성되며 비가열 식육제품인 햄 등의 고정된 육색을 나타내는 것은?

① 니트로소헤모글로빈(Nitrosohemoglobin)
② 옥시미오글로빈(Oxymyoglobin)
③ 니트로소미오글로빈(Nitrosomyoglobin)
④ 메트미오글로빈(Metmyoglobin)

미오글로빈은 적자색의 색소로 산소가 결합하면 선홍색의 옥시미오글로빈으로 된다. 또한, 발색제인 아질산나트륨을 쇠고기 가공 시 첨가하면 고기 속의 미생물의 작용으로 아질산으로 된 후에 환원되어 니트로(nitro)기를 생성하는 데 이렇게 생성된 니트로기가 미오글로빈과 반응하여 선홍색의 니트로소미오글로빈(Nitrosomyoglobin)으로 된다.

030

다음 중 과일, 채소의 호흡작용을 조절하여 저장하는 방법은?

① 건조법
② 냉장법
③ 통조림법
④ 가스저장법

가스저장법(CA 저장)은 미숙한 과일의 후숙작용을 억제하기 위하여 CO₂ 또는 N₂ 가스를 주입시켜 효소를 불활성시켜 호흡속도를 줄이고 미생물의 생육과 번식을 억제시켜 저장하는 방법이다.

031

아래에서 설명하는 조미료는?

• 수란을 뜰 때 끓는 물에 이것을 넣고 달걀을 넣으면 난백의 응고를 돕는다.
• 작은 생선을 사용할 때 이것을 소량 가하면 뼈가 부드러워진다.
• 기름기 많은 재료에 이것을 사용하면 맛이 부드럽고 산뜻해진다.

① 설탕
② 후추
③ 식초
④ 소금

식초를 달걀 삶을 때 넣으면 난백의 응고를 돕고, 생선을 조리할 때 소량 첨가하면 육질의 탄력성을 높여주는 효과가 있다.

032

달걀의 열 응고성에 대한 설명 중 옳은 것은?

① 식초는 응고를 지연시킨다.
② 소금은 응고온도를 낮추어 준다.
③ 설탕은 응고온도를 내려주어 응고물을 연하게 한다.
④ 온도가 높을수록 가열시간이 단축되고 응고물은 연해진다.

식초는 응고를 빠르게 하며, 설탕은 넣으면 응고온도가 높아져 부드럽게 된다. 또한, 달걀의 난백은 80℃ 내외에서, 난황은 85℃ 내외에서 응고되므로 텍스처를 부드럽게 하려면 천천히 가열하는 것이 좋다.

033

육류의 가열 변화에 의한 설명으로 틀린 것은?

① 생식할 때보다 풍미와 소화성이 향상된다.
② 근섬유와 콜라겐은 45℃에서 수축하기 시작한다.
③ 가열한 고기의 색은 메트미오글로빈(Metmyo globin)이다.
④ 고기의 지방은 근수축과 수분손실을 적게 한다.

일반적으로 육류의 콜라겐 수축은 65℃에서 일어나며, 75~85℃를 넘으면 젤라틴화가 급속히 진행된다.

034

고기를 연화시키려고 생강, 키위, 무화과 등을 사용할 때 관련된 설명으로 틀린 것은?

① 단백질의 분해를 촉진시킴으로써 연화시키는 방법이다.
② 두꺼운 로스트용 고기에 적당하다.
③ 즙을 뿌린 후 포크로 찔러주고 일정시간 둔다.
④ 가열 온도가 85℃ 이상이 되면 효과가 없다.

로스트(roast)용 고기에 연화 과정은 적당하지 않다.

035
자색 양배추, 가지 등 적색채소를 조리할 때 색을 보존하기 위한 가장 바람직한 방법은?

① 뚜껑을 열고 다량의 조리수를 사용한다.
② 뚜껑을 열고 소량의 조리수를 사용한다.
③ 뚜껑을 덮고 다량의 조리수를 사용한다.
④ 뚜껑을 덮고 소량의 조리수를 사용한다.

> 적색채소의 안토시안계 색소는 수용성으로 조리 시 색을 보존하기 위해서는 뚜껑을 덮고 소량의 조리수를 사용하는 것이 바람직하다. 이와 달리 시금치 등의 녹색채소를 데칠 때는 많은 양의 끓는 물에 뚜껑을 열고 단시간에 데쳐야 한다.

036
조리용 기기의 사용법이 틀린 것은?

① 필러(Peeler) : 채소 다지기
② 슬라이서(Slicer) : 일정한 두께로 썰기
③ 세미기 : 쌀 세척하기
④ 블랜더(Blenader) : 액체 교반하기

> • 필러(Peeler) : 감자, 당근 등의 껍질을 벗기기
> • 휘퍼(Whipper) : 계란, 생크림 등의 혼합·교반에 사용
> • 초퍼(Chopper) : 고기나 야채를 잘게 썰 때 사용

037
호화와 노화의 대한 설명으로 옳은 것은?

① 쌀과 보리는 물이 없어도 호화가 잘된다.
② 떡의 노화는 냉장고보다 냉동고에서 더 잘 일어난다.
③ 호화된 전분을 80℃ 이상에서 급속히 건조하면 노화가 촉진된다.
④ 설탕의 첨가는 노화를 지연시킨다.

> 전분의 노화(베타화=β화) 억제 방법
> • α화한 전분을 80℃ 이상에서 급속히 건조시키거나 0℃ 이하에서 급속 냉동하여 수분 함량을 15% 이하로 유지
> • 설탕을 다량 첨가
> • 환원제나 유화제를 첨가

038
생선을 씻을 때 주의사항으로 틀린 것은?

① 물에 소금을 10% 정도 타서 씻는다.
② 냉수를 사용한다.
③ 체표면에 점액을 잘 씻도록 한다.
④ 어체에 칼집을 낸 후에는 씻지 않는다.

> 생선을 씻을 때 바닷물 농도의 소금물(바닷물의 소금농도는 약 3.5%)을 사용하면 생선 특유의 비린내를 없앨 수 있다.

039
녹색채소를 데칠 때 소다를 넣을 경우 나타나는 현상이 아닌 것은?

① 채소의 질감이 유지된다.
② 채소의 색을 푸르게 고정시킨다.
③ 비타민 C가 파괴된다.
④ 채소의 섬유질을 연화시킨다.

> 녹색 채소를 데칠 때 소다를 넣으면 녹색은 선명히 유지되나 섬유소를 분해하여 질감이 물러지고, 비타민 C가 파괴된다.

040
전분의 가수분해에 해당되지 않는 것은?

① 식혜, 엿 등이 전분의 가수분해의 결과이다.
② 전분의 당화이다.
③ 효소를 넣어 최적온도를 유지시키면 탈수축합 반응에 의해 당이 된다.
④ 전분을 산과 함께 가열하면 가수분해 되어 당이 된다.

> 탈수축합 반응은 물을 방출하면서 결합하는 반응을 말한다. 이와 달리 가수분해 반응은 물이 첨가되면서 결합이 깨지는 과정을 의미한다.

041
식단작성 시 고려할 사항으로 틀린 것은?

① 피 급식자의 영양소요량을 충족시켜야 한다.
② 좋은 식품의 선택을 위해서 식재료 구매는 예산의 1.5배 정도로 계획한다.
③ 급식인원수와 형태(단일식단, 복수식단)를 고려해야 한다.
④ 기호에 따른 양과 질, 변화, 계절을 고려해야 한다.

> 식단을 작성할 때는 경제성 즉, 신선하고 값이 싼 식품 또는 제철 식품을 이용하고 식재료 구매는 예산 범위 내에서 계획하여야 한다.

042
감자의 효소적 갈변 억제 방법이 아닌 것은?

① 아스코르빈산 첨가
② 아황산 첨가
③ 질소 첨가
④ 물에 침지

043
조리 시 나타나는 현상과 그 원인 색소의 연결이 옳은 것은?

① 산성성분이 많은 물로 지은 밥의 색이 누렇다. - 클로로필계
② 식초를 가한 양배추의 색이 짙은 갈색이다. - 플라보노이드계
③ 커피를 경수로 끓여 그 표면이 갈색이다. - 탄닌계
④ 데친 시금치 나물이 누렇게 되었다. - 안토시안계

044
쌀 전분을 빨리 α-화 하려고 할 때 조치사항은?

① 아밀로펙틴 함량이 많은 전분을 사용한다.
② 수침시간을 짧게 한다.
③ 가열온도를 높인다.
④ 산성의 물을 사용한다.

> 전분의 호화란 소화가 안 되는 생전분(β-전분)을 물로 끓이면 물 분자가 전분의 속에 들어가 팽윤된 상태를 말하며, 이를 통해 규칙적인 분자 구조가 파괴되어 소화가 잘되는 전분의 α-화가 진행된다. 호화 정도는 전분의 종류에 따라 달라지며 가열온도가 높을수록, 오래 불릴수록 호화가 잘 진행된다.

045
단체급식소에서 식수인원 400명의 풋고추조림을 할 때 풋고추의 총 발주량은 약 얼마인가?(단, 풋고추 1인분 30g, 풋고추의 폐기율 6%)

① 12kg
② 13kg
③ 15kg
④ 16kg

> • 총발주량 = $\dfrac{정미중량 \times 100}{100 - 폐기율} \times 인원수$
> • 풋고추의 폐기율 = 6%
> • 총발주량 = $\dfrac{30 \times 100}{100 - 6} \times 400 = 12766g = 약 13(kg)$

046

전분의 효소를 작용시키면 가수분해되어 단맛이 증가하여 조청, 물엿이 만들어지는 과정은?

① 호화   ② 노화
③ 호정화   ④ 당화

> 효소 또는 산의 작용으로 녹말 등 무미한 다당류를 가수분해하여 감미가 있는 당으로 바꾸는 반응을 당화라 하며 포도당 및 맥아당은 녹말의 효소 당화로, 물엿 및 가루엿은 산 당화로 제조된다.

047

유지를 가열할 때 유지 표면에서 엷은 푸른 연기가 나기 시작할 때의 온도는?

① 팽창점   ② 연화점
③ 용해점   ④ 발연점

> 유지는 발연점 이상에서 청백색의 연기와 함께 자극성 취기가 발생한다. 발연점은 여러 번 반복하여 기름을 사용할수록, 유지의 정제나 순도가 낮을수록, 유리지방산의 함량이 높을수록, 기름을 담은 그릇이 넓을수록 낮아진다.

048

원가계산의 목적으로 틀린 것은?

① 가격결정의 목적
② 원가관리의 목적
③ 예산편성의 목적
④ 기말재고량 측정의 목적

> 원가계산의 목적 : 가격결정의 목적, 원가관리의 목적, 예산편성의 목적, 재무제표 작성의 목적

049

냉동 보관에 대한 설명으로 틀린 것은?

① 냉동된 닭을 조리할 때 뼈가 검게 변하기 쉽다.
② 떡의 장시간 노화방지를 위해서는 냉동 보관하는 것이 좋다.
③ 급속 냉동 시 얼음 결정이 크게 형성되어 식품의 조직파괴가 크다.
④ 서서히 동결하면 해동 시 드립(drip) 현상을 초래하여 식품의 질을 저하시킨다.

> 완만 냉동은 서서히 동결됨에 따라 얼음결정이 성장하여 크기가 크며, 분포가 불규칙하여 해동 시 조직의 손상이 크며, 얼음결정의 크기만큼 드립(Drip)의 발생량이 많아진다. 이를 방지하기 위해서는 냉동 시 급속 냉동으로 최대 얼음결정 생성대를 빠르게 통과시키는 것이 좋다.

050

단체급식소에서 식품 구입량을 정하여 발주하는 식으로 옳은 것은?

① 발주량 $= \dfrac{1인분\ 순사용량}{가식률} \times 100 \times 식수$

② 발주량 $= \dfrac{100인분\ 순사용량}{가식률} \times 100$

③ 발주량 $= \dfrac{1인분\ 순사용량}{폐기율} \times 100 \times 식수$

④ 발주량 $= \dfrac{100인분\ 순사용량}{폐기율} \times 100$

> - 총발주량 $= \dfrac{정미중량 \times 100}{100 - 폐기율} \times 인원수$
> - 정미중량 = 1인분 순사용량, 가식률(%) = 100 − 폐기율(%)

051

쥐와 관계가 가장 적은 감염병은?

① 발진티푸스
② 신증후군출혈열(유행성출혈열)
③ 페스트
④ 렙토스피라증

> 발진티푸스는 리케차에 의해 감염되는 급성 열성 질환으로 사람 몸에 기생하는 이가 옮기는 질병이다.

052

하수 오염도 측정 시 생화학적 산소요구량(BOD)을 결정하는 가장 중요한 인자는?

① 물의 경도   ② 수중의 유기물량
③ 하수량   ④ 수중의 광물질량

> 생화학적 산소요구량(BOD)은 호기성 미생물이 일정 기간 동안 물속에 있는 유기물을 분해할 때 사용하는 산소의 양을 말하는 것으로 20℃에서 5일간 측정한다.

053

다수인이 밀집한 장소에서 발생하며 화학적 조성이나 물리적 조성의 큰 변화를 일으켜 불쾌감, 두통, 권태, 현기증, 구토 등의 생리적 이상을 일으키는 현상은?

① 빈혈   ② 일산화탄소 중독
③ 분압 현상   ④ 군집독

> 환기가 이루어지지 않는 실내에 다수의 사람이 장시간 밀집되어 있을 경우 나타나는 군집독은 O_2 감소, CO_2 증가, 고온·고습의 상태에서 유해가스 및 취기, 구취, 체취, 공기의 조성변화 등에 의해 발생한다.

054

음식물로 매개될 수 있는 감염병이 아닌 것은?

① 유행성 감염   ② 폴리오
③ 일본뇌염   ④ 콜레라

> 일본뇌염은 바이러스를 보유한 모기에 의해서 일어나는 질병으로 두통, 발열을 동반하여 심하면 뇌성마비, 경련, 지능 및 언어장애 등의 무서운 후유증을 남기게 된다.

055

직업병과 관련 원인의 연결이 틀린 것은?

① 미나마타병 − 수은   ② 난청 − 소음
③ 진폐증 − 석면   ④ 잠함병 − 자외선

> 잠함병은 고압환경에서 감압 시 나타나는 것으로 질소(N_2)와 관련이 있다.

056

먹는 물에서 다른 미생물이나 분변오염을 추측할 수 있는 지표는?

① 대장균   ② 탁도
③ 경도   ④ 증발잔류량

> 대장균은 그람음성균으로서 아포를 형성하지 않으며 호기성 또는 통성 혐기성인 간균을 총칭한다. 위생 지표균으로 활용하는 이유는 병원성은 없으나, 이 균이 검출되면 같은 장내 세균과에 속하며 병원성이 있는 균의 존재 가능성이 있기 때문이다.

057
세균성이질을 앓고 난 아이가 얻는 면역에 대한 설명으로 옳은 것은?

① 인공면역을 획득한다.
② 수동면역을 획득한다.
③ 영구면역을 획득한다.
④ 면역이 거의 획득되지 않는다.

> 제2급 감염병에 속하는 세균성이질은 면역이 거의 획득되지 않기 때문에 몇 번이라도 감염될 수 있다.

058
작업장의 조명 불량으로 발생될 수 있는 질환이 아닌 것은?

① 결막염　　　　② 안정피로
③ 안구진탕증　　④ 근시

> 결막염은 안구를 외부에서 감싸고 있는 결막에 염증이 생기는 증상으로 감염성과 알레르기성 결막염과 같은 비감염성 요인에 의해 발생하는 것으로 조명과는 관련이 없다.

059
고온작업환경에서 작업할 경우 말초혈관의 순환장애로 혈관신경의 부조절, 심박출량 감소가 생길 수 있는 열중증은?

① 열허탈증　　　② 열경련
③ 열쇠약증　　　④ 울열증

> 고온작업환경에서의 장해
> • 열허탈증 : 말초혈관 순환장애(혈관 장해)
> • 열경련 : 과도한 염분 손실
> • 열쇠약증 : 비타민 B₁ 결핍
> • 열탈진 : 체내 수분 및 염분 손실
> • 열사병(울열증) : 체온조절 장해

060
감염경로와 질병과의 연결이 틀린 것은?

① 음식물감염 - 폴리오
② 비말감염 - 인플루엔자
③ 우유감염 - 결핵
④ 공기감염 - 공수병

> 공수병(광견병)은 개와 사람에게 공통으로 발병되는 바이러스 매개 전염병이다.

04회 【정답】 조리기능사 기출문제

001	002	003	004	005	006	007	008	009	010
④	③	②	②	①	③	①	①	④	①
011	012	013	014	015	016	017	018	019	020
①	②	④	②	④	①	②	④	④	④
021	022	023	024	025	026	027	028	029	030
①	③	②	④	④	②	①	①	③	④
031	032	033	034	035	036	037	038	039	040
③	②	④	②	④	①	④	①	①	③
041	042	043	044	045	046	047	048	049	050
②	③	③	③	②	④	④	④	③	①
051	052	053	054	055	056	057	058	059	060
①	②	④	③	④	①	④	①	①	④

제 05 회 조리기능사 기출문제

○ CHECK POINT QUESTION

001

식물성 자연독 성분이 아닌 것은?

① 무스카린(muscarine)
② 테트로도톡신(tetrodotoxin)
③ 솔라닌(solanine)
④ 고시폴(gossypol)

> 복어의 알, 간, 난소 및 껍질 등에 들어있는 테트로도톡신(tetrodotoxin)은 난소에 가장 많이 들어있으며, 산란기인 5~6월에 특히 강하게 작용한다.

002

독미나리에 함유된 유독성분은?

① 무스카린(muscarine)
② 솔라닌(solanine)
③ 아트로핀(atropine)
④ 시큐톡신(cicutoxin)

> 무스카린 – 독버섯, 솔라닌 – 감자, 아트로핀 – 미치광이풀

003

장염비브리오 식중독균(V. parahaemolyticus)의 특징으로 틀린 것은?

① 해수에 존재하는 세균이다.
② 3~4%의 식염농도에서 잘 발육한다.
③ 특정 조건에서 사람의 혈구를 용혈시킨다.
④ 그람양성균이며 아포를 생성하는 구균이다.

> 장염비브리오 식중독균은 그람음성 간균이다.

004

화학물질에 의한 식중독으로 일반 중독증상과 시신경의 염증으로 실명의 원인이 되는 물질은?

① 납
② 수은
③ 메틸알코올
④ 청산

> 메틸알코올(메탄올)에 중독된 경우 일반적으로 두통, 현기증, 구토, 복통, 설사 및 시신경 이상 증세를 유발한다.

005

세균성 식중독에 속하지 않는 것은?

① 노로바이러스 식중독
② 비브리오 식중독
③ 병원성대장균 식중독
④ 장구균 식중독

> 노로바이러스는 사람에게 장염을 일으키는 바이러스성 식중독으로 바이러스의 크기가 매우 작고 항생제로 치료가 되지 않으며, 대부분의 사람은 1~2일 내에 증세가 호전된다. 감염원은 감염자의 분변이 구토물이며 다양한 경로를 통해 감염되는 것으로 알려져 있다.

006

어패류의 신선도 판정시 초기부패의 기준이 되는 물질은?

① 삭시톡신(saxitoxin)
② 베네루핀(vanerupin)
③ 트리메틸아민(trimethylamine)
④ 아플라톡신(aflatoxin)

> 생선이 오래되면 트리메틸아민(TMA)이 발생하는 데 이것이 생선 비린내(어취)의 원인물질이다.

007

식품의 제조공정 중에 발생하는 거품을 제거하기 위해 사용되는 식품첨가물은?

① 소포제
② 발색제
③ 살균제
④ 표백제

> 소포제(Antifoaming Agents, Defoaming Agents) : 식품 제조공정에서 농축·발효시킬 때 생기는 거품을 소멸 또는 억제시키는 물질로 규소수지(실리콘수지, Silicon Resin)가 사용된다.

008

미생물의 발육을 억제하여 식품의 부패나 변질을 방지할 목적으로 사용되는 것은?

① 안식향산나트륨
② 호박산이나트륨
③ 글루타민산나트륨
④ 유동파라핀

> 식품 중의 미생물 발육을 억제하여 부패를 방지하고 식품의 선도를 유지하기 위하여 사용하는 보존료(방부제)로는 안식향산(Benzoic Acid), 안식향산나트륨(Sodium Benzoate), 안식향산칼륨(Potassium Benzoate), 안식향산칼슘(Calcium Benzoate) 등이 사용된다.

009

중금속에 관한 설명으로 옳은 것은?

① 해독에 사용되는 약을 중금속 길항약이라고 한다.
② 중금속과 결합하기 쉽고 체외로 배설하는 약은 없다.
③ 중독증상으로 대부분 두통, 설사, 고열을 동반한다.
④ 무기중금속은 지질과 결합하여 불용성 화합물을 만들고 산화작용을 나타낸다.

010

경구감염과 비교하여 세균성 식중독이 가지는 일반적인 특성은?

① 소량의 균으로도 발병한다.
② 잠복기가 짧다.
③ 2차 발병률이 매우 높다.
④ 수인성 발생이 크다.

> 세균성 식중독과 경구(소화기계)감염병
>
> | 구분 | 세균성 식중독 | 경구(소화기계)감염병 |
> |---|---|---|
> | 섭취균량 | 다량(대부분 음식물 중에서 증식) | 극소량(주로 체내 증식) |
> | 잠복기 | 아주 짧다. | 일반적으로 길다. |
> | 경과 | 대체로 짧다. | 대체로 길다. |
> | 감염성 | 거의 없다. | 강하다. |

011

식품등의 표시기준상 열량표시에서 몇 kcal 미만을 "0"으로 표시할 수 있는가?

① 2 kcal
② 5 kcal
③ 7 kcal
④ 10 kcal

> 식품의약품안전청이 고시하는 『식품등의 표시기준』에 따르면 열량의 단위는 킬로칼로리(kcal)로 표시하되, 그 값을 그대로 표시하거나 그 값에 가장 가까운 5kcal 단위로 표시하여야 한다. 이 경우 5kcal 미만은 "0"으로 표시할 수 있다.

012
식품위생법상 용어의 정의에 대한 설명 중 틀린 것은?

① "집단급식소"라 함은 영리를 목적으로 하는 급식시설을 말한다.
② "식품"이라 함은 의약으로 섭취하는 것을 제외한 모든 음식물을 말한다.
③ "표시"라 함은 식품, 식품첨가물, 기구 또는 용기 포장에 기재하는 문자·숫자 또는 도형을 말한다.
④ "용기·포장"이라 함은 식품을 넣거나 싸는 것으로서 식품을 주고받을 때 함께 건네는 물품을 말한다.

> 집단급식소란 영리를 목적으로 하지 아니하고 계속적으로 특정 다수인에게 음식물을 공급하는 기숙사·학교·병원 기타 후생기관 등의 급식시설로서 대통령령이 정하는 것을 말한다.

013
식품위생법상 소비자식품위생감시원의 직무가 아닌 것은?

① 식품접객업을 하는 자에 대한 위생관리 상태 점검
② 유통 중인 식품등의 허위표시 또는 과대광고 금지 위반 행위에 관한 관할 행정관청에의 신고 또는 자료제공
③ 식품위생감시원이 행하는 식품등에 대한 수거 및 검사 지원
④ 영업장소에 대한 위생관리상태를 점검하고, 개선사항에 대한 권고 및 불이행시 위촉기관에 보고

> 보기 중 ④항은 시민식품감시인의 직무에 해당된다.

014
식품위생법상 영업의 신고 대상 업종이 아닌 것은?

① 일반음식점영업
② 단란주점영업
③ 휴게음식점영업
④ 식품제조·가공업

> 영업의 종류
> • 허가업종 : 식품조사처리업, 단란주점영업, 유흥주점영업
> • 신고업종 : 즉석판매제조·가공업, 식품운반업, 식품소분·판매업, 식품냉동·냉장업, 용기·포장류제조업 (자신의 제품을 포장하기 위하여 용기·포장류를 제조하는 경우는 제외), 휴게음식점영업, 일반음식점영업, 위탁급식영업, 제과점영업
> • 등록업종 : 식품제조·가공업, 식품첨가물제조업

015
식품위생법상 조리사를 두어야 할 영업이 아닌 것은?

① 지방자치단체가 운영하는 집단급식소
② 복어조리 판매업소
③ 식품첨가물 제조업소
④ 병원이 운영하는 집단급식소

> 집단급식소 운영자와 식품접객업 중 복어를 조리·판매하는 영업을 하는 경우 조리사를 두어야 한다.

016
자유수의 성질에 대한 설명으로 틀린 것은?

① 수용성 물질의 용매로 사용된다.
② 미생물 번식과 성장에 이용되지 못한다.
③ 비중은 4℃에서 최고이다.
④ 건조로 쉽게 제거 가능하다.

> 자유수(유리수)는 식품 중에 유리 상태로 존재하는 보통의 물을 말하는 것으로 미생물 번식과 생장에 이용된다.

017
과일의 주된 향기성분이며 분자량이 커지면 향기도 강해지는 냄새성분은?

① 알코올
② 에스테르류
③ 유황화합물
④ 휘발성 질소화합물

> 과일은 여러 가지 휘발성 방향물질에 의해 향기가 나는데 특히 에스테르 화합물이 주된 성분이며, 이 외에도 알데히드, 알코올도 향기성분이다.

018
일반적으로 꽃 부분을 주요 식용부위로 하는 화채류는?

① 죽순(bamboo shoot)
② 파슬리(parsley)
③ 콜리플라워(cauliflower)
④ 아스파라거스(asparagus)

> 죽순은 뿌리, 파슬리는 잎이나 줄기, 아스파라거스는 줄기를 식용부위로 한다. 꽃 부분을 주요 식용부위로 하는 화채류에는 아티초크, 콜리플라워, 브로콜리 등이 있다

019
현미는 벼의 어느 부위를 벗겨낸 것인가?

① 과피와 종피
② 겨층
③ 겨층과 배아
④ 왕겨층

> 벼는 현미 80%와 왕겨 20%로 구성되며, 현미는 벼에서 왕겨층을 제거한 것으로 배아, 배유, 섬유소를 포함하고 있다. 현미의 주성분은 당질(탄수화물)로 71.8% 정도 차지한다.

020
유화(emulsion)에 의해 형성된 식품이 아닌 것은?

① 우유
② 마요네즈
③ 주스
④ 잣죽

> 유화(Emulsion)
> • 수중유적형(O/W) : 물 중에 기름이 분산되어 있는 형태(우유, 마요네즈, 잣죽, 아이스크림, 프렌치드레싱, 크림수프 등)
> • 유중수적형(W/O) : 기름 중에 물이 분산되어 있는 형태(버터, 마가린 등)

021
달걀의 보존 중 품질변화에 대한 설명으로 틀린 것은?

① 수분의 증발
② 농후난백의 수양화
③ 난황막의 약화
④ 산도(pH)의 감소

> 신선한 난백의 pH는 7.6이며, 시간이 지남에 따라 이산화탄소가 기공을 통해 증발되어 2~3일 내에 pH 9.0 내지는 9.7로 증가한다.

022
유지 중에 존재하는 유리 수산기(-OH)의 함량을 나타내는 것은?

① 아세틸가(Acetyl value)
② 폴렌스케가(Polenske value)
③ 헤너가(Hehner value)
④ 라이켈-마이슬가(Reicher-Meissl value)

> 아세틸가(Acetyl value)는 유지 중에 들어있는 수산기(-OH)를 가진 지방산의 함량을 나타내는 특성치이다. 신선한 유지의 아세틸가는 10 이하이며, 산성유지나 피마자유는 일반적으로 높다.

023
생선의 자가소화 원인은?

① 세균의 작용　　　　　② 단백질 분해효소
③ 염류　　　　　　　　　④ 질소

생선 및 육류의 사후 자가소화 과정은 단백질 분해효소에 의해 단백질이 분해되는 과정이다.

024
식품과 대표적인 맛성분(유기산)을 연결한 것 중 틀린 것은?

① 포도 - 주석산　　　　② 감귤 - 구연산
③ 사과 - 사과산　　　　④ 요구르트 - 호박산

요구르트는 락토바실러스 불가리쿠스(Lactobacillus burgaricus)와 같은 유산균을 탈지유 또는 전유에 발효시켜 증식시킨 것으로 생성된 유산에 의해 신맛을 나타낸다.

025
육류의 연화작용에 관여하지 않은 것은?

① 파파야　　　　　　　② 파인애플
③ 레닌　　　　　　　　④ 무화과

육류의 연화효소에는 배즙, 생강의 프로테아제(Protease), 파인애플의 브로멜린(Bromelin), 무화과의 피신(Ficin), 파파야의 파파인(Papain) 등이 있다.

026
강화식품에 대한 설명으로 틀린 것은?

① 식품에 원래 적게 들어 있는 영양소를 보충한다.
② 식품의 가공 중 손실되기 쉬운 영양소를 보충한다.
③ 강화영양소로 비타민 A, 비타민 B, 칼슘(Ca) 등을 이용한다.
④ α-화 쌀은 대표적인 강화식품이다.

강화미는 비타민 B_1을 첨가하여 영양가치를 높인 것이다. 참고로 α-화란 호화를 의미한다.

027
알칼리성 식품에 해당하는 것은?

① 육류　　② 곡류　　③ 해조류　　④ 어류

산성식품과 알칼리성식품
• 산성식품 : 무기질 중 P, S, Cl 등이 많이 함유되어 있는 식품으로 주로 곡류, 어류, 육류 등
• 알칼리성식품 : 무기질 중 Ca, Na, K, Mg, Fe, Cu, Mn 등이 많이 함유되어 있는 식품으로 주로 과일, 야채, 해조류, 우유 등

028
다당류와 거리가 먼 것은?

① 젤라틴(gelatin)　　　　② 글리코겐(glycogen)
③ 펙틴(pectin)　　　　　④ 글루코만난(glucomannan)

젤라틴은 동물의 가죽·힘줄·연골 등을 구성하는 천연 단백질인 콜라겐을 뜨거운 물로 처리하면 얻어지는 유도 단백질의 한 종류이다.

029
식품이 나타내는 수증기압이 0.75기압이고, 그 온도에서 순수한 물의 수증기압이 1.5기압일 때 식품의 상대습도(RH)는?

① 40　　② 50　　③ 60　　④ 70

상대 습도는 식품의 수증기압과 같은 온도에서 순수한 물의 수증기압의 비를 백분율로 나타낸 것이다. 따라서, 식품의 상대습도는 다음과 같다.

$$RH = \frac{P(\text{식품 속의 수증기압})}{P_0(\text{순수한 물의 수증기압})} \times 100(\%)$$

030
효소에 의한 갈변을 억제하는 방법으로 옳은 것은?

① 환원성물질 첨가　　　② 기질 첨가
③ 산소 접촉　　　　　　④ 금속이온 첨가

식품의 갈변은 산화효소에 의한 것으로 환원성물질을 첨가하면 갈변이 억제된다.

031
두부를 만드는 과정은 콩 단백질의 어떠한 성질을 이용한 것인가?

① 건조에 의한 변성　　　② 동결에 의한 변성
③ 효소에 의한 변성　　　④ 무기염류에 의한 변성

두부는 단백질인 글리시닌이 무기염류에 의해서 응고되는 성질을 이용하여 제조하며, 응고제로는 염화마그네슘($MgCl_2$), 염화칼슘($CaCl_2$), 황산마그네슘($MgSO_4$), 황산칼슘($CaSO_4$) 등이 사용된다.

032
시설위생을 위한 사항으로 적합하지 않은 것은?

① 주방냄비는 세척 후 열처리를 해둔다.
② 주방의 천정, 바닥, 벽면도 주기적으로 청소한다.
③ 나무 도마는 사용 후 깨끗이 하고 일광소독을 하도록 한다.
④ deep fryer의 경우 기름은 매주 뽑아내어 걸러 찌꺼기가 남아있는 일이 없도록 한다.

deep fryer는 각종 튀김요리를 하는데 이용되는 기기로 사용한 기름은 고열에 빨리 산화하므로 자주 갈아주어야 한다.

033
구매한 식품의 재고관리시 적용되는 방법 중 최근에 구입한 식품부터 사용하는 것으로 가장 오래된 물품이 재고로 남게 되는 것은?

① 선입선출법　　　　　② 후입선출법
③ 총 평균법　　　　　　④ 최소-최대관리법

선입선출법은 먼저 구입한 식품부터 사용하는 것이며, 후입선출법은 나중에 구입한 식품부터 사용한다.

034
소금의 종류 중 불순물이 가장 많이 함유되어 있고 가정에서 배추를 절이거나 젓갈을 담글 때 주로 사용하는 것은?

① 호염　　② 제재염　　③ 식탁염　　④ 정제염

호염은 천일염이라고도 하는데 Mg^{++}, Ca^{++}이 채소의 조직을 단단하게 해주므로 침채류에 사용된다.

035
판매가격이 5000원인 메뉴의 식재료비가 2000원인 경우 이 메뉴의 식재료비 비율은?

① 10%　　② 20%　　③ 30%　　④ 40%

$$\text{식재료비 비율} = \frac{\text{식재료비}}{\text{판매가격}} \times 100(\%)$$

036
젤라틴에 대한 설명으로 옳은 것은?

① 과일젤리나 양갱의 제조에 이용한다.
② 해조류로부터 얻은 다당류의 한 성분이다.
③ 산을 아무리 첨가해도 젤 강도가 저하되지 않는 특징이 있다.
④ 3~10℃에서 젤화되며 온도가 낮을수록 빨리 응고한다.

> 해조류인 우뭇가사리로부터 얻은 다당류는 한천으로 과일젤리나 양갱의 제조에 이용한다. 젤라틴은 동물의 가죽, 힘줄, 연골 등을 구성하는 콜라겐으로 부터 얻어지는 것으로 젤라틴에 산을 가하면 젤 강도는 저하된다.

037
김에 대한 설명 중 옳은 것은?

① 붉은 색으로 변한 김은 불에 잘 구우면 녹색으로 변한다.
② 건조김은 조미김보다 지질함량이 높다.
③ 김은 칼슘 및 철, 칼륨이 풍부한 알칼리성 식품이다.
④ 김의 감칠맛은 단맛과 지미를 가진 cystine, mannit 때문이다.

> 김은 칼슘, 칼륨 및 철이 풍부한 알칼리성 식품으로 생김에는 비타민 C도 많이 들어 있다.

038
물품의 검수와 저장하는 곳에서 꼭 필요한 집기류는?

① 칼과 도마
② 대형그릇
③ 저울과 온도계
④ 계량컵과 계량스푼

039
노화가 잘 일어나는 전분은 다음 중 어느 성분의 함량이 높은가?

① 아밀로오스(amylose)
② 아밀로펙틴(amylopectin)
③ 글리코겐(glycogen)
④ 한천(agar)

> 전분의 노화란 소화가 잘되는 α-전분이 소화되지 않는 β-전분으로 돌아가는 것이다. 아밀로오스 함량이 높을수록 노화가 잘 일어나고, 아밀로펙틴의 함량이 높으면 노화가 늦게 일어난다.

040
습열 조리법이 아닌 것은?

① 설렁탕
② 갈비찜
③ 불고기
④ 버섯전골

> 습열조리는 열과 수증기를 매체로 하는 조리방법으로 삶기, 데치기, 끓이기, 찜, 조림 등이 이에 속한다.

041
식혜를 당화시켜 끓일 때 설탕과 함께 소금을 조금 넣어 단맛이 강하게 느껴지는 현상은?

① 미맹현상
② 소실현상
③ 대비현상
④ 변조현상

> 맛의 대비현상 : 서로 다른 두 가지 맛이 작용하여 주된 맛 성분이 강해지는 현상으로, 설탕 용액에 약간의 소금을 첨가하면 단맛이 증가된다.

042
냄새제거를 위한 향신료가 아닌 것은?

① 육두구(nutmeg, 넛맥)
② 월계수잎(bay leaf)
③ 마늘(garlic)
④ 세이지(sage)

> 넛맥은 육두나무 열매의 종피를 제거한 후 건조시킨 것으로 쓴맛과 특이한 향을 가지고 있어 미각을 자극하는 향신료이다.

043
고기를 연화시키기 위해 첨가하는 식품과 단백질 분해효소가 맞게 연결된 것은?

① 배 – 파파인(papain)
② 키위 – 피신(ficin)
③ 무화과 – 액티니딘(actinidin)
④ 파인애플 – 브로멜린(bromelin)

> • 배 – 프로테아제(Protease) • 키위 – 액티니딘(actinidin) • 무화과 – 피신(Ficin)

044
유지류의 조리 이용 특성과 거리가 먼 것은?

① 열 전달매체로서의 튀김
② 밀가루제품의 연화작용
③ 지방의 유화작용
④ 결합제로서의 응고성

> 조리 이용 특성과 관련하여 응고성은 주로 단백질과 관련이 있다.

045
조리방법에 대한 설명으로 옳은 것은?

① 채소를 잘게 썰어 국을 끓이면 빨리 익으므로 수용성 영양소의 손실이 적어진다.
② 전자레인지는 자외선에 의해 음식이 조리된다.
③ 콩나물국의 색을 맑게 만들기 위해 소금으로 간을 한다.
④ 푸른색을 최대한 유지하기 위해 소량의 물에 채소를 넣고 데친다.

> ① 수용성 영양소의 손실이 많아진다. ② 전자기파에 의해 조리된다. ④ 다량의 물에 데친다.

046
단백질 함량이 14% 정도인 밀가루로 만드는 것이 가장 좋은 식품은?

① 버터 케이크
② 튀김
③ 마카로니
④ 과자류

> 글루텐 함량과 밀가루
> • 강력분 : 글루텐 13% 이상 (식빵, 마카로니, 스파게티 등)
> • 중력분 : 글루텐 10~13% (국수, 만두피 등)
> • 박력분 : 글루텐 10% 이하 (케이크, 튀김옷, 카스테라, 약과 등)

047
고등어구이를 하려고 한다. 정미중량 70g을 조리하고자 할 때 1인당 발주량은 약 얼마인가?(단, 고등어 폐기율은 35%)

① 43g
② 91g
③ 108g
④ 110g

> • 총발주량 = $\dfrac{정미중량 \times 100}{100 - 폐기율} \times 인원수$
> • 고등어의 폐기율 = 35%
> • 총발주량 = $\dfrac{70 \times 100}{100 - 35} \times 1 = 107.6 =$ 약 108(g)

048

단체급식시설의 작업장별 관리에 대한 설명으로 잘못된 것은?

① 개수대는 생선용과 채소용을 구분하는 것이 식중독균의 교차오염을 방지하는데 효과적이다.
② 가열, 조리하는 곳에는 환기장치가 필요하다.
③ 식품보관창고에 식품을 보관시 바닥과 벽에 식품이 직접 닿지 않게 하여 오염을 방지한다.
④ 자외선 등은 모든 기구와 식품내부의 완전살균에 매우 효과적이다.

자외선은 핵산에 작용하여 식품 표면의 세균을 죽게하지만 내부에 있는 세균에는 살균효과가 없다. 따라서, 자외선 살균은 기구, 식품의 표면, 투명한 음료수, 청량음료와 분말 식품 정도에 사용된다.

049

생선 조리방법에 대한 설명으로 틀린 것은?

① 생강과 술은 비린내를 없애는 용도로 사용한다.
② 처음 가열할 때 수분간은 뚜껑을 약간 열어 비린내를 휘발시킨다.
③ 모양을 유지하고 맛 성분이 밖으로 유출되지 않도록 양념간장이 끓을 때 생선을 넣기도 한다.
④ 선도가 약간 저하된 생선은 조미를 비교적 약하게 하여 뚜껑을 덮고 짧은 시간 내에 끓인다.

선도가 저하되면 비린내가 강해지므로 산 등을 첨가하여 비린내를 중화시키고 뚜껑을 열어 끓인다.

050

육류를 가열할 때 일어나는 변화 중 틀린 것은?

① 중량증가　　　　　　　② 풍미의 생성
③ 비타민의 손실　　　　　④ 단백질의 응고

육류를 가열하면 단백질 변성에 따른 고기의 수축과 육즙 방출로 인해 중량이 감소한다.

051

일반적인 인수공통감염병에 속하지 않는 것은?

① 탄저　　　　　　　　　② 고병원성조류인플엔자
③ 홍역　　　　　　　　　④ 광견병

홍역은 호흡기를 통해 감염되는 바이러스성 감염병이다.

052

소음의 측정단위인 dB(decibel)은 무엇을 나타내는 단위인가?

① 음압　　　② 음속　　　③ 음파　　　④ 음역

데시벨(decibel)은 소리의 상대적 크기를 나타내는 단위(dB)이며, 일반적으로 음압의 단위로 사용된다. 현행 산업안전보건법에 따르면 1일 8시간 기준 소음허용기준은 90dB 이하이다.

053

자외선의 작용과 거리가 먼 것은?

① 피부암 유발　　　　　　② 안구진탕증 유발
③ 살균 작용　　　　　　　④ 비타민 D 형성

자외선의 작용
• 2,800~3,200Å일 때 인체에 유익한 작용
• 비타민 D 형성 촉진
• 피부의 홍반, 색소침착 및 피부암 유발
• 신진대사 촉진, 적혈구생성 촉진, 혈압강하 작용

054

환자나 보균자의 분뇨에 의해서 감염될 수 있는 경구감염병은?

① 장티푸스　　　　　　　② 결핵
③ 인플루엔자　　　　　　④ 디프테리아

장티푸스는 소화기계(경구) 감염병에 해당되며, 결핵, 인플루엔자, 디프테리아는 호흡기계 감염병에 해당된다.

055

과량 조사시에 열사병의 원인이 될 수 있는 것은?

① 마이크로파　　　　　　② 적외선
③ 자외선　　　　　　　　④ 엑스선

일사병은 고열의 직사광선의 적외선을 장시간 받아서 일어난다.

056

하천수에 용존산소가 적다는 것은?

① 유기물 등이 잔류하여 오염도가 높다.
② 물이 비교적 깨끗하다.
③ 오염과 무관하다.
④ 호기성 미생물과 어패류의 생존에 좋은 환경이다.

유기물 오염이 심할 경우에는 물 속에 녹아있는 산소가 적어진다. 이는 오염도가 높다는 것을 의미한다.

057

채소류 매개 감염 기생충이 아닌 것은?

① 회충　　　　　　　　　② 유구조충
③ 구충　　　　　　　　　④ 편충

유구조충 – 돼지고기

058

실내공기의 오염 지표로 사용하는 기체와 그 서한량이 바르게 짝지어진 것은?

① $CO - 0.1\%$　　　　　② $SO_2 - 0.01\%$
③ $CO_2 - 0.1\%$　　　　④ $NO_2 - 0.01\%$

실내공기의 오염지표로 사용되는 이산화탄소(CO_2)의 서한량은 0.1%(1000ppm)이다.

059

다음 설명 중 맞는 것은?

① 사람은 호흡시 산소를 체외로 배출하고 이산화탄소를 체내로 흡입한다.
② 수중에서 작업하는 사람은 이상기압으로 인해 참호족에 걸린다.
③ 조리장에서 작업시 적절한 환기가 필요하다.
④ 정상공기는 주로 수소와 이산화탄소로 구성되어 있다.

060
간디스토마는 제2중간숙주인 민물고기 내에서 어떤 형태로 존재하다가 인체에 감염을 일으키는가?

① 피낭유충
② 레디아
③ 유모유충
④ 포자유충

> 간디스토마는 제1중간 숙주인 쇠우렁이에 먹혀서 그 몸 속에서 스포로시스트, 레디아 등을 거쳐 세르카리아(cercaria)가 된다. 세르카리아는 헤엄쳐 나와 제2중간 숙주인 잉어과의 물고기(잉어·참붕어·붕어 등)에 침입하여 주머니를 형성한 메타세르카리아(metacercaria)가 된다. 메타세르카리아가 물고기와 함께 인체 내에 들어오면 약 3주만에 성충이 되어 담관에 기생한다.

05회 【정답】 조리기능사 기출문제

001	002	003	004	005	006	007	008	009	010
②	④	④	③	①	③	①	①	①	②
011	012	013	014	015	016	017	018	019	020
②	①	④	②	③	②	②	③	④	③
021	022	023	024	025	026	027	028	029	030
④	①	②	④	③	④	③	①	②	①
031	032	033	034	035	036	037	038	039	040
④	④	②	①	④	④	③	③	①	③
041	042	043	044	045	046	047	048	049	050
③	①	④	④	③	②	③	④	④	①
051	052	053	054	055	056	057	058	059	060
③	①	②	①	②	①	②	③	③	①

제 06 회 조리기능사 기출문제

● CHECK POINT QUESTION

001
식품을 조리 또는 가공할 때 생성되는 유해물질과 그 생성 원인을 잘못 짝지은 것은?

① 엔-니트로소아민(N-Nitrosoamine) – 육가공품의 발색제 사용으로 인한 아질산과 아민과의 반응 생성물
② 다환방향족탄화수소(Polycyclic Aromatic Hydrocarbon) – 유기물질을 고온으로 가열할 때 생성되는 단백질이나 지방의 분해생성물
③ 아크릴아미드(Acrylamide) – 전분식품 가열시 아미노산과 당의 열에 의한 결합반응 생성물
④ 헤테로고리아민(Heterocyclic Amine) – 주류 제조시 에탄올과 카바밀기의 반응에 의한 생성물

> 헤테로고리아민(HCA)은 음식을 고온에서 요리할 때 생기는 발암물질이다.

002
복어 중독을 일으키는 독성분은?

① 테트로도톡신(Tetrodotoxin) ② 솔라닌(Solanine)
③ 베네루핀(Venerupin) ④ 무스카린(Muscarine)

> 테트로도톡신(Tetrodotoxin)은 복어의 난소, 간, 내장, 피부 등에 존재하는 맹독성 물질로 독성이 강하여 가열해도 파괴되지 않을 뿐 아니라 독성이 청산가리의 1,000배에 달해 치사율도 50～80%에 이른다.

003
과일 통조림으로부터 용출되어 구토, 설사, 복통의 중독 증상을 유발할 가능성이 있는 물질은?

① 안티몬 ② 주석 ③ 크롬 ④ 구리

> 통조림 관(깡통)에 도금된 주석이 산성이 강한 내용물(과일, 채소 등)에 의해 용출되어 중독되는 것이 주석(Sn)에 의한 식중독이다.

004
화학성 식중독의 원인이 아닌 것은?

① 설사성 패류 중독
② 환경오염에 기인하는 식품 유독성분 중독
③ 중금속에 의한 중독
④ 유해성 식품첨가물에 의한 중독

> 설사성 패류독소는 유독성 플랑크톤을 섭취한 패류 섭취 후 발생하며, 중독증상은 설사, 메스꺼움, 복통 등 소화기계 이상 등이다.

005
안식향산(Benzoic Acid)의 사용 목적은?

① 식품의 산미를 내기 위하여
② 식품의 부패를 방지하기 위하여
③ 유지의 산화를 방지하기 위하여
④ 식품의 향을 내기 위하여

> 식품 중의 미생물 발육을 억제하여 부패를 방지하고 식품의 선도를 유지하기 위하여 사용하는 보존료(방부제)로는 안식향산(Benzoic Acid), 안식향산나트륨(Sodium Benzoate), 안식향산칼륨(Potassium Benzoate), 안식향산칼슘(Calcium Benzoate) 등이 사용된다.

006
식중독 중 해산어류를 통해 많이 발생하는 식중독은?

① 살모넬라균 식중독
② 클로스트리디움 보툴리늄균 식중독
③ 황색포도상구균 식중독
④ 장염비브리오균 식중독

> 식중독과 발생원인 식품
> • 살모넬라균 – 육류 및 가공품 등
> • 클로스트리디움 보툴리늄균 – 살균이 불충분한 통조림 등
> • 황색포도상구균 – 유가공품 등
> • 장염비브리오균 – 어패류 등

007
색소를 함유하고 있지는 않지만 식품 중의 성분과 결합하여 색을 안정화시키면서 선명하게 하는 식품첨가물은?

① 착색료 ② 보존료
③ 발색제 ④ 산화방지제

> 발색제의 종류
> • 식물발색제 : 황산제일철, 글루콘산철, 소명반
> • 육류발색제 : 아질산나트륨, 질산나트륨, 질산칼륨

008
식품의 부패 또는 변질과 관련이 적은 것은?

① 수분 ② 온도
③ 압력 ④ 효소

> 미생물 증식의 3대 조건은 영양소, 수분, 온도이다.

009
세균으로 인한 식중독 원인물질이 아닌 것은?

① 살모넬라균 ② 장염비브리오균
③ 아플라톡신 ④ 보툴리늄독소

> 식중독 유형
> • 살모넬라, 장염비브리오 – 감염형 세균성 식중독
> • 보툴리늄독소 – 독소형 세균성 식중독
> • 아플라톡신 – 곰팡이 독소

010
중온균(Mesophilic Bacteria) 증식의 최적온도는?

① 10～12℃ ② 25～37℃
③ 55～60℃ ④ 65～75℃

> 최적온도
> • 저온균 : 15～20℃
> • 중온균 : 25～37℃
> • 고온균 : 50～60℃

011
업종별 시설기준으로 틀린 것은?

① 휴게음식점에는 다른 객석에서 내부가 보이도록 하여야 한다.
② 일반음식점의 객실에는 잠금장치를 설치할 수 있다.
③ 일반음식점의 객실 안에는 무대장치, 우주볼 등의 특수조명시설을 설치하여서는 아니 된다.
④ 일반음식점에는 손님이 이용할 수 있는 자동반주장치를 설치하여서는 아니 된다.

> 일반음식점에 객실을 설치하는 경우 객실에는 잠금장치를 설치할 수 없다.

012
HACCP의 7가지 원칙에 해당하지 않는 것은?

① 위해요소분석
② 중요관리점(CCP)결정
③ 개선조치방법 수립
④ 회수명령의 기준설정

> HACCP 관리의 수행 단계
> 1. 위해요소 분석 → 2. 중요관리점 결정 → 3. 한계기준 설정 → 4. 모니터링 체계 확립 → 5. 개선조치 방법 수립 → 6. 검증 절차 및 방법 수립 → 7. 문서화 및 기록 유지

013
판매의 목적으로 식품 등을 제조·가공·소분·수입 또는 판매한 영업자가 해당 식품이 식품 등의 위해와 관련이 있는 규정을 위반하여 유통 중인 당해 식품 등을 회수하고자 할 때 회수계획을 보고해야 하는 대상이 아닌 것은?

① 시·도지사
② 식품의약품안전처장
③ 보건소장
④ 시장·군수·구청장

> 영업자는 회수계획을 식품의약품안전처장, 시·도지사 또는 시장·군수·구청장에게 미리 보고해야 하며, 회수결과를 보고받은 시·도지사 또는 시장·군수·구청장은 이를 지체 없이 식품의약품안전처장에게 보고해야 한다.

014
식품위생법에 명시된 목적이 아닌 것은?

① 위생상의 위해 방지
② 건전한 유통·판매 도모
③ 식품영양의 질적 향상 도모
④ 식품에 관한 올바른 정보 제공

> 식품위생법은 식품으로 인하여 생기는 위생상의 위해(危害)를 방지하고 식품영양의 질적 향상을 도모하며 식품에 관한 올바른 정보를 제공하여 국민보건의 증진에 이바지함을 목적으로 한다.

015
식품위생법상 영업에 종사하지 못하는 질병의 종류가 아닌 것은?

① 비감염성 결핵
② 세균성이질
③ 장티푸스
④ 화농성질환

> 영업에 종사하지 못하는 질병의 종류
> • 콜레라, 장티푸스, 파라티푸스, 세균성이질, 장출혈성대장균감염증, A형간염 감염환자 및 감염성 결핵환자(비감염성 결핵인 경우는 제외)
> • 피부병 또는 그 밖의 화농성질환
> • 후천성면역결핍증(성병에 관한 건강진단을 받아야 하는 영업에 종사하는 자에 한함)

016
우유 가공품이 아닌 것은?

① 치즈
② 버터
③ 마시멜로우
④ 액상발효유

> 마시멜로우(Marshmallow)는 당류의 가공품이다.

017
육류의 사후경직을 설명한 것 중 틀린 것은?

① 근육에서 호기성 해당과정에 의해 산이 증가된다.
② 해당과정으로 생성된 산에 의해 pH가 낮아진다.
③ 경직 속도는 도살 전의 동물의 상태에 따라 다르다.
④ 근육의 글리코겐이 젖산으로 된다.

> 동물이 도살되면 호흡과 혈액순환이 정지되기 때문에 각 조직에 전해지던 산소 공급이 중단된다. 따라서 초기 과정에서는 산소가 없는 혐기상태에서 당이 분해되고 이러한 불완전 연소에 의해 젖산이 생성되는 것이다.

018
효소의 주된 구성성분은?

① 지방
② 탄수화물
③ 단백질
④ 비타민

> 효소(enzyme)는 각종 화학반응에서 자신은 변화하지 않으나 반응속도를 빠르게 하는 단백질을 말하는 것으로 단백질로 만들어진 생체 내 촉매라고 할 수 있다.

019
다음 냄새 성분 중 어류와 관계가 먼 것은?

① 트리메틸아민(Trimethylamine)
② 암모니아(Ammonia)
③ 피페리딘(Piperidine)
④ 디아세틸(Diacetyl)

> 디아세틸(Diacetyl)은 세균의 작용에 의해 생성되는 신선한 버터의 향기 성분이다.

020
식품에 존재하는 물의 형태 중 자유수에 대한 설명으로 틀린 것은?

① 식품에서 미생물의 번식에 이용된다.
② -20℃에서도 얼지 않는다.
③ 100℃에서 증발하여 수증기가 된다.
④ 식품을 건조시킬 때 쉽게 제거된다.

> 유리수와 결합수

유리수(자유수)	결합수
미생물 생육이 가능하다.	미생물 생육이 불가능하다.
건조로 쉽게 분리할 수 있다.	쉽게 건조되지 않는다.
0℃ 이하에서 동결된다.	0℃ 이하에서도 동결되지 않는다.
비점과 융점이 높다.	100℃ 이상에서 끓지 않는다.
비중과 비열이 크다.	유리수보다 밀도가 크다.
수용성 물질을 녹일 수 있다.	물질을 녹일 수 없다.

021

전분의 노화를 억제하는 방법으로 적합하지 않은 것은?

① 수분함량 조절　　　　　② 냉동
③ 설탕의 첨가　　　　　　④ 산의 첨가

> 호화된 전분을 80℃ 이상에서 열풍 건조시키거나 0℃ 이하의 온도에서 냉동 건조시켜 노화를 방지할 수 있으며, 노화는 산성일수록, 온도가 60℃ 이하에서, 수분이 30~60% 사이에서 촉진된다.

022

우유 100ml에 칼슘이 180mg 정도 들어있다면 우유 250ml에는 칼슘이 약 몇 mg 정도 들어있는가?

① 450mg　　② 540mg　　③ 595mg　　④ 650mg

> 계산방법
> 100 : 180 = 250 : χ
> 100χ = 180mg × 250
> ∴ χ = 180mg × 250ml / 100ml = 450mg

023

찹쌀의 아밀로오스와 아밀로펙틴에 대한 설명 중 맞는 것은?

① 아밀로오스 함량이 더 많다.
② 아밀로오스함량과 아밀로펙틴의 함량이 거의 같다.
③ 아밀로펙틴으로 이루어져 있다.
④ 아밀로펙틴은 존재하지 않는다.

> 찹쌀은 대부분이 아밀로펙틴이고 아밀로스는 거의 함유되어 있지 않으며, 멥쌀은 약 20%의 아밀로스(Amylose)와 약 80%의 아밀로펙틴(Amylopectin)을 함유하고 있다.

024

과일향기의 주성분을 이루는 냄새 성분은?

① 알데히드(Aldehyde)류
② 함유황화합물
③ 테르펜(Terpene)류
④ 에스테르(Ester)류

> 과일은 여러 가지 휘발성 방향물질에 의해 향기가 나는데 특히 에스테르 화합물이 주된 성분이며 이외에도 알데히드, 알코올도 향기성분이다.

025

불건성유에 속하는 것은?

① 들기름　　　　　　　　② 땅콩기름
③ 대두유　　　　　　　　④ 옥수수기름

> 요오드가
> • 건성유(요오드가 130 이상) : 들깨, 아마인유, 호도 등
> • 반건성유(요오드가 100~130) : 대두유, 면실유, 유채기름, 해바라기씨기름, 참기름 등
> • 불건성유(요오드가 100 이하) : 낙하생(땅콩)유, 동백기름, 올리브유 등

026

채소의 가공 시 가장 손실되기 쉬운 비타민은?

① 비타민 A　　　　　　　② 비타민 D
③ 비타민 C　　　　　　　④ 비타민 E

> 비타민 C는 수용성으로 열에 의해 쉽게 파괴되고, 조리 시 가장 많이 손실된다.

027

일반적으로 포테이토칩 등 스낵류에 질소충전 포장을 실시할 때 얻어지는 효과로 가장 거리가 먼 것은?

① 유지의 산화 방지　　　　② 스낵의 파손 방지
③ 세균의 발육 억제　　　　④ 제품의 투명성 유지

> 질소충전 포장은 호기적 미생물의 발육을 억제하고, 식품성분의 산화에 의한 열화를 방지, 식품에 함유된 산소 제거뿐만 아니라 제품의 운송 시 물리적 손상도 방지할 수 있다.

028

달걀흰자로 거품을 낼 때 식초를 약간 첨가하는 것은 다음 중 어떤 것과 가장 관계가 깊은가?

① 난백의 등전점　　　　　② 용해도 증가
③ 향 형성　　　　　　　　④ 표백효과

> 달걀흰자의 주성분인 오브알부민의 양이온의 농도와 음이온의 농도가 같아지는 상태 즉, 등전점 pH 4.6~4.7로 소량의 산을 첨가하여 pH를 등전점 부근으로 해주면 기포형성에 도움이 된다.

029

붉은 양배추를 조리할 때 식초나 레몬즙을 조금 넣으면 어떤 변화가 일어나는가?

① 안토시아닌계 색소가 선명하게 유지된다.
② 카로티노이드계 색소가 변색되어 녹색으로 된다.
③ 클로로필계 색소가 선명하게 유지된다.
④ 플라보노이드계 색소가 변색되어 청색으로 된다.

> 수용성의 안토시아닌(anthocyanin) 색소는 식품의 꽃, 과일, 잎의 색소로 적색, 자색, 청색을 나타내며 산성에서 붉은 색, 중성에서 보라색, 알칼리성 용액에서는 청색을 띤다.

030

단맛을 갖는 대표적인 식품과 가장 거리가 먼 것은?

① 사탕무　　　　　　　　② 감초
③ 벌꿀　　　　　　　　　④ 곤약

> 곤약은 토란과 식물인 곤약의 뿌리를 건조시켜 분쇄한 가루에 물을 넣고 삶은 후 석회유를 넣어 젤화시켜 제조한 식품으로 수분이 약 95%, 당질이 약 3%인 저칼로리식품이다.

031

신선한 달걀의 감별법으로 설명이 잘못된 것은?

① 햇빛(전등)에 비출 때 공기집의 크기가 작다.
② 흔들 때 내용물이 잘 흔들린다.
③ 6% 소금물에 넣으면 가라앉는다.
④ 깨뜨려 접시에 놓으면 노른자가 볼록하고 흰자의 점도가 높다.

> 신선한 달걀의 감별법
> • 껍질이 꺼칠꺼칠한 것이 신선한 것이고, 반질반질한 것은 오래된 것이다.
> • 빛에 비춰봤을 때 밝게 보이는 것은 신선하고 어둡게 보이는 것은 오래된 것이다.
> • 6%의 식염수에 넣었을 때 가라앉는 것은 신선한 것이고 뜨는 것은 오래된 것이다.
> • 알을 깨뜨렸을 때 노른자의 높이가 높고, 흰자가 퍼지지 않는 것이 신선한 것이다.
> • 흔들어서 소리가 나지 않는 것이 좋다.

032

열량급원 식품이 아닌 것은?

① 감자　　　　　　　　　② 쌀
③ 풋고추　　　　　　　　④ 아이스크림

033
마늘에 함유된 황화합물로 특유의 냄새를 가지는 성분은?

① 알리신(Allicin)
② 디메틸설파이드(Dimethyl Sulfide)
③ 머스타드 오일(Mustard Oil)
④ 캡사이신(Capsaicin)

034
당근의 구입단가는 kg당 1,300원이다. 10kg 구매 시 표준수율이 86%이라면, 당근 1인분(80g)의 원가는 약 얼마인가?

① 51원
② 121원
③ 151원
④ 181원

> 계산방법
> 필요비용 = 필요량 × $\frac{100}{가식부율}$ × 1kg당의 단가
> 1kg × $\frac{100}{86}$ × 1300 ≒ 1511원
> ∴ 1511 × 0.08 ≒ 121원

035
다음 조리법 중 비타민 C 파괴율이 가장 적은 것은?

① 시금치 국
② 무생채
③ 고사리 무침
④ 오이지

> 비타민 C는 수용성으로 물에 잘 녹고 열에 의해 쉽게 파괴되기 때문에 생채나 쥬스 등과 같이 생것 그대로 조리하는 것이 좋다.

036
조리 시 일어나는 비타민, 무기질의 변화 중 맞는 것은?

① 비타민 A는 지방음식과 함께 섭취할 때 흡수율이 높아진다.
② 비타민 D는 자외선과 접하는 부분이 클수록, 오래 끓일수록 파괴율이 높아진다.
③ 색소의 고정효과로는 Ca^{++}이 많이 사용되며 식물색소를 고정시키는 역할을 한다.
④ 과일을 깎을 때 쇠칼을 사용하는 것이 맛, 영양가, 외관상 좋다.

> 비타민 A는 지용성으로 기름을 이용한 조리법을 사용하면 흡수율이 높아진다.

037
급식 시설에서 주방면적을 산출할 때 고려해야 할 사항으로 가장 거리가 먼 것은?

① 피급식자의 기호
② 조리 기기의 선택
③ 조리 인원
④ 식단

> 주방면적은 식단, 배식 수, 조리기기의 종류, 조리인원 등을 고려하여 설정하여야 한다.

038
다음 급식시설 중 1인 1식 사용 급수량이 가장 많이 필요한 시설은?

① 학교급식
② 보통급식
③ 산업체급식
④ 병원급식

> 필요 급수량은 1인 1식당 병원급식은 10~20ℓ, 학교급식은 4~6ℓ, 기숙사급식은 7~15ℓ, 공장급식은 5~10ℓ이며 일반적인 급식시설의 경우에는 6~10ℓ 정도이다.

039
생선의 비린내를 억제하는 방법으로 부적합한 것은?

① 물로 깨끗이 씻어 수용성 냄새 성분을 제거한다.
② 처음부터 뚜껑을 닫고 끓여 생선을 완전히 응고시킨다.
③ 조리 전에 우유에 담가 둔다.
④ 생선 단백질이 응고된 후 생강을 넣는다.

> 생선은 선도가 저하될수록 어취의 원인인 트리메틸아민(TMA)이 많이 생성되므로 뚜껑을 열고 충분히 가열하여 어취를 제거해야 한다.

040
총원가는 제조원가에 무엇을 더한 것인가?

① 제조간접비
② 판매관리비
③ 이익
④ 판매가격

> 원가의 구성
>
> | 직접재료비
직접노무비
직접경비 | 제조간접비 | 판매관리비 | 이익 |
> |---|---|---|---|
> | | 직접 원가 | 제조 원가 | 총 원가 |
> | 직접 원가 | 제조 원가 | 총 원가 | 판매 가격 |

041
조리 시 첨가하는 물질의 역할에 대한 설명으로 틀린 것은?

① 식염 – 면 반죽의 탄성 증가
② 식초 – 백색채소의 색 고정
③ 중조 – 펙틴 물질의 불용성 강화
④ 구리 – 녹색채소의 색 고정

> 중조의 첨가는 펙틴의 불용성을 약화시킬 뿐 아니라 펙틴질의 중합도를 저분자화시켜 조직을 연화시킨다.

042
쇠고기의 부위 중 탕, 스튜, 찜 조리에 가장 적합한 부위는?

① 목심
② 설도
③ 양지
④ 사태

> 사태는 운동량이 많아 육색이 짙고 근막이나 힘줄과 같은 결체조직의 함량이 높기 때문에 국, 찌개, 찜, 불고기 등에 주로 이용한다.

043
유지의 발연점이 낮아지는 원인에 대한 설명으로 틀린 것은?

① 유리지방산의 함량이 낮은 경우
② 튀김기의 표면적이 넓은 경우
③ 기름에 이물질이 많이 들어 있는 경우
④ 오래 사용하여 기름이 지나치게 산패된 경우

> 유지는 발연점 이상에서 청백색의 연기와 함께 자극성 취기가 발생한다. 발연점은 여러 번 반복하여 기름을 사용할수록, 유지의 정제도나 순도가 낮을수록, 유리지방산의 함량이 높을수록, 기름을 담은 그릇이 넓을수록 낮아진다.

044

김치 저장 중 김치조직의 연부현상이 일어나는 이유에 대한 설명으로 가장 거리가 먼 것은?

① 조직을 구성하고 있는 펙틴질이 분해되기 때문에
② 미생물이 펙틴분해효소를 생성하기 때문에
③ 용기에 꼭 눌러 담지 않아 내부에 공기가 존재하여 호기성 미생물이 성장 번식하기 때문에
④ 김치가 국물에 잠겨 수분을 흡수하기 때문에

김치가 물러지는 연부현상은 배추 등의 조직을 구성하는 펙틴(Pectin)이 주로 김치 숙성의 후반기에 왕성하게 번식하는 호기성 미생물에 의해 생성되는 펙틴 분해효소에 의해 분해되어 나타나는 현상이다.

045

편육을 끓는 물에 삶아 내는 이유는?

① 고기 냄새를 없애기 위해
② 육질을 단단하게 하기 위해
③ 지방 용출을 적게 하기 위해
④ 국물에 맛 성분이 적게 용출되도록 하기 위해

편육은 냉수에서 끓이기 시작하면 표면의 단백질이 응고되기 전에 많은 수용성 성분이 유출되어 색과 맛이 좋지 못하므로 끓는 물에 덩어리째 넣고 삶아야 한다.

046

에너지 공급원으로 감자 160g을 보리쌀로 대체할 때 필요한 보리쌀 양은?(단, 감자 당질함량 : 14.4%, 보리쌀 당질함량 : 68.4%)

① 20.9g
② 27.6g
③ 31.5g
④ 33.7g

계산방법
대치식품량 = $\dfrac{원래\ 식품함량}{대치\ 식품함량}$ × 원래 식품량

= $\dfrac{14.4g}{68.4g}$ × 160g = 33.7g

047

육류 조리 시 열에 의한 변화로 맞는 것은?

① 불고기는 열의 흡수로 부피가 증가한다.
② 스테이크는 가열하면 질겨져서 소화가 잘 되지 않는다.
③ 미트로프(Meatloaf)는 가열하면 단백질이 응고, 수축, 변성된다.
④ 쇠꼬리의 젤라틴이 콜라겐화 된다.

가열에 의한 육류의 변화
• 고기의 보수성이 줄어들고 연한 정도가 감소된다.
• 콜라겐은 젤라틴으로 변하고, 엘라스틴은 거의 변화되지 않는다.
• 공기 중의 산소와 결합한 옥시미오글로빈이 가열에 의해 변성되어 색의 변화를 가져온다.
• 단백질의 영양가가 손실된다.

048

차, 커피, 코코아, 과일 등에서 수렴성 맛을 주는 성분은?

① 탄닌(Tannin)
② 카로틴(Carotene)
③ 엽록소(Chlorophyll)
④ 안토시아닌(Anthocyanin)

탄닌(Tannin)은 혀 점막의 미각 말초신경 단백질을 응고(수렴작용)시켜 떫은맛을 느끼게 하며 일반적으로 미숙한 과실, 차, 커피, 코코아 등에 널리 분포되어 있다.

049

식단을 작성하고자 할 때 식품의 선택요령으로 가장 적합한 것은?

① 영양보다는 경제적인 효율성을 우선으로 고려한다.
② 쇠고기가 비싸서 대체식품으로 닭고기를 선정하였다.
③ 시금치의 대체식품으로 값이 싼 달걀을 구매하였다.
④ 한창 제철일 때 보다 한 발 앞서서 식품을 구입하여 식단을 구성하는 것이 새롭고 경제적이다.

식품의 선택요령
• 영양을 우선적으로 고려한다.
• 시금치의 대체식품으로는 주요 영양소가 같은 식품을 선정해야 한다.
• 제철음식으로 식단을 구성하는 것이 경제적이다.

050

우유의 카제인을 응고시킬 수 있는 것으로 되어 있는 것은?

① 탄닌 – 레닌 – 설탕
② 식초 – 레닌 – 탄닌
③ 레닌 – 설탕 – 소금
④ 소금 – 설탕 – 식초

우유의 단백질 성분인 카제인(Casein)은 산이나 레닌(Rennin)에 의해 응고된다.

051

칼슘(Ca)과 인(P)이 소변 중으로 유출되는 골연화증 현상을 유발하는 유해 중금속은?

① 납
② 카드뮴
③ 수은
④ 주석

카드뮴(Cd)는 칼슘과 인의 대사 이상을 초래하여 골연화증을 유발할 뿐만 아니라, 만성중독을 일으키게 되는데 이를 이타이이타이병이라 한다.

052

실내 공기오염의 지표로 이용되는 기체는?

① 산소(O_2)
② 이산화탄소(CO_2)
③ 일산화탄소(CO)
④ 질소(N_2)

이산화탄소(CO_2)를 실내 공기의 오염지표로 사용하는 이유는 실내 공기조성의 전반적인 상태를 알 수 있기 때문이다.

053

기생충과 중간숙주의 연결이 틀린 것은?

① 십이지장충 – 모기
② 말라리아 – 사람
③ 폐흡충 – 가재, 게
④ 무구조충 – 소

십이지장충은 분변으로부터 외계에 나온 구충란이 부화, 탈피한 후 유충이 경피침입 또는 경구침입하여 소장 상부에 기생한다.

054

감염병 중에서 비말감염과 관계가 먼 것은?

① 백일해
② 디프테리아
③ 발진열
④ 결핵

비말감염이란 기침이나 재채기, 대화 등을 통해 감염되는 경우로 호흡기계 감염의 보편적인 감염방식이다. 보기 중 발진열은 리케차에 의해 발생되는 감염병이다.

055
환경위생의 개선으로 발생이 감소되는 감염병과 가장 거리가 먼 것은?

① 장티푸스 ② 콜레라
③ 이질 ④ 인플루엔자

> 인플루엔자는 바이러스에 의한 호흡기계 감염병이다.

056
우리나라의 법정 감염병이 아닌 것은?

① 말라리아 ② 유행성이하선염
③ 매독 ④ 야맹증

> 야맹증은 어두운 곳에 들어갔을 때 적응을 못하거나, 희미한 불빛 아래 또는 어두운 곳에서 물건을 식별하지 못하는 눈의 상태를 말한다.

057
수질의 오염정도를 파악하기 위한 BOD(생물화학적 산소요구량) 측정 시 일반적인 온도와 측정기간은?

① 10℃에서 10일간 ② 20℃에서 10일간
③ 10℃에서 5일간 ④ 20℃에서 5일간

> 생물학적산소요구량(BOD)은 호기성 미생물이 일정 기간 동안 물속에 있는 유기물을 분해할 때 사용하는 산소의 양을 말하는 것으로 20℃에서 5일간 측정한다.

058
지역사회나 국가사회의 보건수준을 나타낼 수 있는 가장 대표적인 지표는?

① 모성사망률 ② 평균수명
③ 질병이환율 ④ 영아사망률

> 영아사망률은 출생아 1,000명당 1년간 생후 1년 미만 영아의 사망자수 비율로 한 국가의 건강수준을 나타내는 가장 대표적인 지표로 사용된다.

059
자외선에 의한 인체 건강 장해가 아닌 것은?

① 설안염 ② 피부암
③ 폐기종 ④ 결막염

> 폐기종은 흡연이나 직업적으로 분진이나 화학물질, 대기오염 등에 지속적으로 노출되었을 때 나타날 수 있는 만성 폐쇄성 폐질환이다.

060
고열장해로 인한 직업병이 아닌 것은?

① 열경련 ② 일사병
③ 열쇠약 ④ 참호족

> 침호족(침족병)은 신체의 일부분이 동상에 걸린 상태를 말하며 15℃ 이하의 찬물에 지속적으로 노출된 후에 발생하는데 오랜 시간동안 신체의 일부가 차가운 물이나 얼음에 접촉하거나 한겨울 도보여행자, 군인, 산악인들에게 발생하는 경우가 많다.

06회 【정답】 조리기능사 기출문제

001	002	003	004	005	006	007	008	009	010
④	①	②	①	②	④	③	③	③	②
011	012	013	014	015	016	017	018	019	020
②	④	③	②	①	③	①	③	④	②
021	022	023	024	025	026	027	028	029	030
④	①	③	④	②	②	②	①	①	④
031	032	033	034	035	036	037	038	039	040
②	③	①	②	①	①	①	④	②	②
041	042	043	044	045	046	047	048	049	050
③	④	①	④	④	④	③	①	②	②
051	052	053	054	055	056	057	058	059	060
②	②	①	③	④	④	④	④	③	④

제 07 회 조리기능사 기출문제

○ CHECK POINT QUESTION

001

사람이 평생 동안 매일 섭취하여도 아무런 장해가 일어나지 않는 최대량으로 1일 체중 kg당 mg수로 표시 하는 것은?

① 최대무작용량(NOEL)
② 1일 섭취 허용량(ADI)
③ 50% 치사량(LD50)
④ 50% 유효량(ED50)

> 1일 섭취 허용량(Acceptable Daily Intake, ADI)은 인간이 평생 섭취해도 관찰할 수 있는 유해 영향이 나타나지 않는 1인당 1일 최대허용섭취량을 말한다. 단위는 mg/kg, bw/day 등이다.

002

바지락 속에 들어 있는 독성분은?

① 베네루핀(Venerupin)
② 솔라닌(Solanine)
③ 무스카린(Muscarine)
④ 아마니타톡신(Amanita toxin)

> 식품과 유해성분
> • 감자 – 솔라닌
> • 독버섯 – 무스카린, 아마니타톡신

003

다음 중 잠복기가 가장 짧은 식중독은?

① 황색포도상구균 식중독
② 살모넬라균 식중독
③ 장염 비브리오 식중독
④ 장구균 식중독

> 황색포도상구균 식중독은 식품 중에서 균이 증식되면서 생산된 독소에 의해 중독되기 때문에 잠복기가 1~6시간 정도로 가장 짧다.

004

세균 번식이 잘되는 식품과 가장 거리가 먼 것은?

① 온도가 적당한 식품
② 수분을 함유한 식품
③ 영양분이 많은 식품
④ 산이 많은 식품

> 미생물 발육에 필요한 조건은 수분, 온도, 영양소이다.

005

세균성식중독과 병원성소화기계감염병을 비교한 것으로 틀린 것은?

	세균성식중독	병원성소화기계식중독
①	많은 균량으로 발병	균량이 적어도 발병
②	2차 감염이 빈번함	2차 감염이 없음
③	식품위생법으로 관리	감염병예방법으로 관리
④	비교적 짧은 잠복기	비교적 긴 잠복기

> 세균성식중독과 소화기계감염병의 비교
>
> | | 세균성 식중독 | 소화기계 감염병 |
> |---|---|---|
> | 섭취균량 | 다량(대부분 음식물 중에서 증식) | 극소량(주로 체내 증식) |
> | 잠복기 | 아주 짧다. | 일반적으로 길다. |
> | 경과 | 대체로 짧다. | 대체로 길다. |
> | 감염성 | 거의 없다. | 강하다. |

006

관능을 만족시키는 식품첨가물이 아닌 것은?

① 동클로로필린나트륨
② 질산나트륨
③ 아스파탐
④ 소르빈산

> 소르빈산은 치즈, 식육가공품, 된장, 고추장, 과실주 등에 사용되는 보존료(방부제)이다.

007

생선 및 육류의 초기부패 판정 시 지표가 되는 물질에 해당되지 않는 것은?

① 휘발성염기질소(VBN)
② 암모니아(Ammonia)
③ 트리메틸아민(Trimethylamine)
④ 아크롤레인(Acrolein)

> 아크롤레인은 유지의 고온가열에 의해서 발생하며, 튀김할 때 기름에서 나오는 자극적인 냄새 성분의 하나이다.

008

중금속에 대한 설명으로 옳은 것은?

① 비중이 4.0 이하의 금속을 말한다.
② 생체기능유지에 전혀 필요하지 않다.
③ 다량이 축적될 때 건강장해가 일어난다.
④ 생체와의 친화성이 거의 없다.

> 유해 중금속은 식품의 조리, 보존에 사용된 기구나 용기, 포장재에서 용출되어 식품을 오염시킨다. 또한 오염된 물이나 토양에 의해 농작물이나 수산물이 오염되며, 식품이 유해 중금속에 오염되어 만성 중독을 일으킨다.

009

이타이이타이병과 관계있는 중금속 물질은?

① 수은(Hg)
② 카드뮴(Cd)
③ 크롬(Cr)
④ 납(Pb)

> 중금속
> • 수은 : 미나마타병 유발. 주요증상은 신경마비, 사지마비, 언어장애
> • 카드뮴 : 이타이이타이병 유발. 주요증상은 신장기능 장애, 전신통증, 골연화증
> • 크롬 : 자극성 피부염, 비중격천공, 폐암
> • 납 : 빈혈 등 조혈장애

010

오래된 과일이나 산성 채소 통조림에서 유래되는 화학성 식중독의 원인물질은?

① 칼슘
② 주석
③ 철분
④ 아연

> 통조림 관(깡통)에 도금된 주석이 산성이 강한 내용물(과일, 채소 등)에 의해 용출되어 중독되는 것이 주석(Sn)에 의한 식중독이다.

011

조리사 또는 영양사 면허의 취소처분을 받고 그 취소된 날부터 얼마의 기간이 경과되어야 면허를 받을 자격이 있는가?

① 1개월
② 3개월
③ 6개월
④ 1년

> 조리사 또는 영양사 면허의 취소처분을 받고 그 취소된 날부터 1년이 지나지 아니한 자는 조리사 또는 영양사의 면허를 받을 수 없다.

012
식품위생법상 출입 · 검사 · 수거에 대한 설명 중 틀린 것은?

① 관계 공무원은 영업소에 출입하여 영업에 사용하는 식품 또는 영업시설 등에 대하여 검사를 실시한다.
② 관계 공무원은 영업상 사용하는 식품 등을 검사를 위하여 필요한 최소량이라 하더라도 무상으로 수거할 수 없다.
③ 관계 공무원은 필요에 따라 영업에 관계되는 장부 또는 서류를 열람 할 수 있다.
④ 출입·검사·수거 또는 열람하려는 공무원은 그 권한을 표시하는 증표를 지니고 이를 관계인에 내보여야 한다.

> 식품의약품안전처장, 시·도지사 또는 시장·군수·구청장은 식품 등의 위해방지·위생관리와 영업질서의 유지를 위하여 필요하면 영업소에 출입하여 판매를 목적으로 하거나 영업에 사용하는 식품 또는 영업시설 등에 대한 검사를 위하여 최소량의 식품 등을 무상 수거하거나 영업에 관계되는 장부 또는 서류를 열람할 수 있다.

013
일반음식점의 모범업소의 지정기준이 아닌 것은?

① 화장실에 1회용 위생종이 또는 에어타월이 비치되어 있어야 한다.
② 주방에는 입식조리대가 설치되어 있어야 한다.
③ 1회용 물컵을 사용하여야 한다.
④ 종업원은 청결한 위생복을 입고 있어야 한다.

> 1회용 물컵, 1회용 숟가락, 1회용 젓가락 등을 사용하지 않아야 한다.

014
우리나라 식품위생법 등 식품위생 행정업무를 담당하고 있는 기관은?

① 환경부
② 고용노동부
③ 보건복지부
④ 식품의약품안전처

> 식품위생 행정업무는 총리실 산하 식품의약품안전처가 담당하고 있다.

015
소분업 판매를 할 수 있는 식품은?

① 전분
② 식용유지
③ 식초
④ 빵가루

> 어육제품, 식용유지, 특수용도식품, 통·병조림 제품, 레토르트식품, 전분, 장류 및 식초는 소분판매가 금지되는 식품에 해당된다.

016
탄수화물의 조리가공 중 변화되는 현상과 가장 관계 깊은 것은?

① 거품생성
② 호화
③ 유화
④ 산화

> 전분의 호화란 소화가 안 되는 생전분(β−전분)을 물로 끓이면 물 분자가 전분의 속에 들어가 팽윤된 상태를 말하며, 이를 통해 규칙적인 분자 구조가 파괴되어 소화가 잘 되는 전분의 α−화가 진행된다.

017
색소를 보존하기 위한 방법 중 틀린 것은?

① 녹색채소를 데칠 때 식초를 넣는다.
② 매실지를 담글 때 소엽(차조기 잎)을 넣는다.
③ 연근을 조릴 때 식초를 넣는다.
④ 햄 제조 시 질산칼륨을 넣는다.

> 녹색 야채의 녹색 색소(클로로필, Chlorophyll)는 산에 약하므로 식초를 사용하면 갈색인 피오피틴(Pheophytin)으로 변한다.

018
효소적 갈변반응에 의해 색을 나타내는 식품은?

① 분말 오렌지
② 간장
③ 캐러멜
④ 홍차

> 효소적 갈변반응은 일반적으로 식품의 품질을 떨어뜨리지만, 그 효과가 긍정적인 경우도 있으며 가장 대표적인 예가 바로 홍차 제조시 나타나는 탄닌(tannin)의 산화 갈변이다.

019
단맛성분에 소량의 짠맛성분을 혼합할 때 단맛이 증가하는 현상은?

① 맛이 상쇄현상
② 맛의 억제현상
③ 맛의 변조현상
④ 맛의 대비현상

> 맛의 대비현상이란 서로 다른 두 가지 맛이 작용하여 주된 맛 성분이 강해지는 현상을 말한다.

020
브로멜린(Bromelin)이 함유되어 있어 고기를 연화시키는 이용되는 과일은?

① 사과
② 파인애플
③ 귤
④ 복숭아

> 육류의 연화효소에는 배즙, 생강의 프로테아제(Protease), 파인애플의 브로멜린(Bromelin), 무화과의 피신(Ficin), 파파야의 파파인(Papain) 등이 있다.

021
지방의 경화에 대한 설명으로 옳은 것은?

① 물과 지방이 서로 섞여 있는 상태이다.
② 불포화지방산에 수소를 첨가하는 것이다.
③ 기름을 7.2℃까지 냉각시켜서 지방을 여과하는 것이다.
④ 반죽 내에서 지방층을 형성하여 글루텐 형성을 막는 것이다.

> 쇼트닝과 마가린은 지방질이 100%로서 불포화지방산에 수소(H_2)를 첨가하고 니켈(Ni)과 백금(Pt)을 촉매제로 하여 액체유를 고체유로 만든 유지이다.

022
어류의 염장법 중 건염법(마른간법)에 대한 설명 중 틀린 것은?

① 식염의 침투가 빠르다.
② 품질이 균일하지 못하다.
③ 선도가 낮은 어류로 염장을 할 경우 생산량이 증가한다.
④ 지방질의 산화로 변색이 쉽게 일어난다.

023
대두를 구성하는 콩단백질의 주성분은?

① 글리아딘(Gliadin)
② 글루테닌(Glutenin)
③ 글루텐(Gluten)
④ 글리시닌(Glycinin)

> 콩 단백질의 주요 성분은 글리시닌(glycinin)이며, 필수아미노산으로 곡류에 적은 라이신(lysine), 트립토판(tryptophan)이 비교적 많이 포함되어 있으며, 메티오닌(methionine)의 함량은 적다.

024
간장, 다시마 등의 감칠맛을 내는 주된 아미노산은?

① 알라닌(alanine)
② 글루탐산(glutamic acid)
③ 리신(lysine)
④ 트레오닌(threonine)

> 감칠 맛
> • 이노신산 : 가다랭이 말린 것, 멸치
> • 시스테인, 리신 : 육류, 어류
> • 글루타민산 : 다시마, 된장
> • 호박산 : 패류

025

열에 의해 가장 쉽게 파괴되는 비타민은?

① 비타민 C   ② 비타민 A   ③ 비타민 E   ④ 비타민 K

비타민 C는 수용성으로 물에 잘 녹고 열에 의해서도 쉽게 파괴된다.

026

가열에 의해 고유의 냄새성분이 생성되지 않는 것은?

① 장어구이   ② 스테이크   ③ 커피   ④ 포도주

식품 중의 단백질과 당의 결합으로 인해 일어나는 비효소적 갈변 반응인 마이얄 반응(또는 아미노-카르보닐 반응)은 가열에 의해 촉진된다. 이 반응의 과정에서 생성된 각종 휘발성 성분이 그 고유한 향의 원인으로 빵, 커피, 땅콩, 볶은 차 등의 식물성 식품이나 소금구이, 장어구이, 불고기 등의 동물성 식품들이 대표적인 예이다.

027

연제품 제조에서 탄력성을 주기위해 꼭 첨가해야 하는 것은?

① 소금   ② 설탕
③ 펙틴   ④ 글루타민산소다

소금은 어육단백질인 미오신에 대해서 농도가 낮을 때에는 용해하도록, 농도가 높을 때에는 응고시키도록 작용한다.

028

어떤 단백질의 질소함량이 18%라면 이 단백질의 질소계수는 약 얼마인가?

① 5.56   ② 6.30   ③ 6.47   ④ 6.67

질소계수 = 100 / 18 = 5.56

029

맥아당은 어떤 성분으로 구성되어 있는가?

① 포도당 2분자가 결합된 것
② 과당과 포도당 각 1분자가 결합된 것
③ 과당 2분자가 결합된 것
④ 포도당과 전분이 결합된 것

맥아당는 이당류로 포도당과 포도당이 결합된 것이다.

030

1g당 발생하는 열량이 가장 큰 것은?

① 당질   ② 단백질   ③ 지방   ④ 알코올

단백질과 당질은 1g당 4kcal, 알코올은 7kcal, 지방은 9kcal의 열량을 생산한다.

031

냉동생선을 해동하는 방법으로 위생적이며 영양 손실이 가장 적은 경우는?

① 18~22℃의 실온에 둔다.
② 40℃의 미지근한 물에 담가둔다.
③ 냉장고 속에 해동한다.
④ 23~25℃의 흐르는 물에 담가둔다.

냉동육을 해동시키는 방법 중 가장 바람직한 것은 요리하기 하루 전에 냉동육을 냉장실로 옮겨놓고 서서히 해동될 때까지 기다리는 것이다.

032

식품의 감별법 중 틀린 것은?

① 쌀알은 투명하고 앞니로 씹었을 때 강도가 센 것이 좋다.
② 생선은 안구가 돌출되어 있고 비늘이 단단하게 붙어 있는 것이 좋다.
③ 닭고기의 뼈(관절) 부위가 변색된 것은 변질된 것으로 맛이 없다.
④ 돼지고기의 색이 검붉은 것은 늙은 돼지에서 생산된 고기일 수 있다.

033

다음 중 신선한 달걀은?

① 달걀을 흔들어서 소리가 나는 것
② 삶았을 때 난황의 표면이 암녹색으로 쉽게 변하는 것
③ 껍질이 매끈하고 윤기가 있는 것
④ 깨보면 많은 양의 난백이 난황을 에워싸고 있는 것

신선한 달걀의 감별법
• 껍질이 꺼칠꺼칠한 것이 신선한 것이고, 반질반질한 것은 오래된 것이다.
• 빛에 비춰봤을 때 밝게 보이는 것은 신선하고 어둡게 보이는 것은 오래된 것이다.
• 6%의 식염수에 넣었을 때 가라앉는 것은 신선한 것이고 뜨는 것은 오래된 것이다.
• 알을 깨뜨렸을 때 노른자의 높이가 높고, 흰자가 퍼지지 않는 것이 신선한 것이다.
• 흔들어서 소리가 나지 않는 것이 좋다.

034

식혜를 만들 때 엿기름을 당화시키는데 가장 적합한 온도는?

① 10~20℃   ② 30~40℃
③ 50~60℃   ④ 70~80℃

식혜를 만들 때는 당화효소인 β-amylase(β-아밀라아제)의 작용을 활발하게 하기 위한 최적온도인 50~60℃를 유지해야 한다.

035

많이 익은 김치(신김치)는 오래 끓여도 쉽게 연해지지 않는 이유는?

① 김치에 존재하는 소금에 의해 섬유소가 단단해지기 때문이다.
② 김치에 존재하는 소금에 의해 팽압이 유지되기 때문이다.
③ 김치에 존재하는 산에 의해 섬유소가 단단해지기 때문이다.
④ 김치에 존재하는 산에 의해 팽압이 유지되기 때문이다.

036

조리대 배치형태 중 환풍기와 후드의 수를 최소화할 수 있는 것은?

① 일렬형   ② 병렬형
③ ㄷ자형   ④ 아일랜드형

아일랜드형은 조리기기를 한 곳으로 모아 놓았기 때문에 환풍기나 후드의 수를 최소한으로 줄일 수 있다.

037

우유를 데울 때 가장 좋은 방법은?

① 냄비에 담고 끓기 시작할 때까지 강한 불로 데운다.
② 이중냄비에 넣고 젓지 않고 데운다.
③ 냄비에 담고 약한 불에서 젓지 않고 데운다.
④ 이중냄비에 넣고 저으면서 데운다.

우유를 높은 온도에서 가열하면 우유에 포함되어 있는 필수 아미노산인 라이신(Lysine)이 가장 많이 손실되므로 중탕으로 데운다.

038
아래의 조건에서 당질 함량을 기준으로 고구마 180g을 쌀로 대치하려면 필요한 쌀의 양은?

• 고구마 100g의 당질 함량 29.2g	• 쌀 100g의 당질 함량 31.7g

① 165.8g ② 170.6g ③ 177.5g ④ 184.7g

> 계산방법
> 대치식품량 = (원래 식품함량 / 대치 식품함량) × 원래 식품량 = (29.2g / 31.7g) × 180g ≒ 165.8g

039
아래 [보기] 중 단체급식 조리장을 신축할 때 우선적으로 고려할 사항 순으로 배열된 것은?

가. 위생	나. 경제	다. 능률

① 다 → 나 → 가   ② 나 → 가 → 다
③ 가 → 다 → 나   ④ 나 → 다 → 가

> 급식시 최우선 사항은 위생이며, 그 다음은 조리작업의 능률성이다.

040
스파게티와 국수 등에 이용되는 문어나 오징어 먹물의 색소는?

① 타우린(Taurine)   ② 멜라닌(Melanin)
③ 미오글로빈(Myoglobin)   ④ 히스타민(Histamine)

> 스파게티나 국수에 이용되는 문어나 오징어 먹물은 멜라닌 색소이다.

041
수분 70g, 당질 40g, 섬유질 7g, 단백질 5g, 무기질 4g, 지방 3g이 들어있는 식품의 열량은?

① 165kcal ② 178kcal ③ 198kcal ④ 207kcal

> 당질과 단백질은 1g당 4kcal, 지방은 9kcal의 열량을 생산하므로 (40×4)+(5×4)+(3×9) = 207kcal 이다.

042
조리장의 입지조건으로 적당하지 않은 곳은?

① 급·배수가 용이하고 소음, 악취, 분진, 공해 등이 없는 곳
② 사고발생시 대피하기 쉬운 곳
③ 조리장이 지하층에 위치하여 조용한 곳
④ 재료의 반입, 오물의 반출이 편리한 곳

> 조리장은 지상에 위치하는 좋으며, 부득이하게 지하나 반지하에 위치할 경우 공조 및 환기시설, 배수, 채광 등이 원활한 구조로 설치되어야 한다.

043
버터 대용품으로 생산되고 있는 식물성 유지는?

① 쇼트닝   ② 마가린
③ 마요네즈   ④ 땅콩버터

> 버터는 우유의 유지방을 주성분으로 하는 식품이며, 마가린은 버터의 대용품으로 유지방이 아닌 식물성 유지이다.

044
조미의 기본 순서로 가장 옳은 것은?

① 설탕 → 소금 → 간장 → 식초   ② 설탕 → 식초 → 간장 → 소금
③ 소금 → 식초 → 간장 → 설탕   ④ 간장 → 설탕 → 식초 → 소금

> 조미의 기본 순서 : 설탕 → 소금 → 간장 → 식초

045
편육을 할 때 가장 적합한 삶기 방법은?

① 끓는 물에 고기를 덩어리째 넣고 삶는다.
② 끓는 물에 고기를 잘게 썰어 넣고 삶는다.
③ 찬물에서부터 고기를 넣고 삶는다.
④ 찬물에서부터 고기와 생강을 넣고 삶는다.

> 편육은 냉수에서 끓이기 시작하면 표면의 단백질이 응고되기 전에 많은 수용성 성분이 유출되어 색과 맛이 좋지 못하므로 끓는 물에 덩어리째 넣고 삶아야 한다.

046
단체급식의 목적이 아닌 것은?

① 피급식자의 건강의 회복, 유지, 증진을 도모한다.
② 피급식자의 식비를 경감한다.
③ 피급식자에게 물질적 충족을 준다.
④ 영양교육과 음식의 중요성을 교육함으로써 바람직한 급식을 실현한다.

047
소화흡수가 잘 되도록 하는 방법으로 가장 적절한 것은?

① 짜게 먹는다.
② 동물성 식품과 식물성 식품을 따로따로 먹는다.
③ 식품을 잘고 연하게 조리하여 먹는다.
④ 한꺼번에 많은 양을 먹는다.

> 소화흡수가 잘 되도록 하는 조리방법은 씹고 삼키기 쉬운 촉촉한 음식을 먹고 식품을 부드럽고 연해지도록 조리하는 것이다.

048
젤라틴과 한천에 관한 설명으로 틀린 것은?

① 한천은 보통 28~35℃에서 응고되는데 온도가 낮을수록 빨리 굳는다.
② 한천은 식물성 급원이다
③ 젤라틴은 젤리, 양과자 등에서 응고제로 쓰인다.
④ 젤라틴에 생파인애플을 넣으면 단단하게 응고한다.

> 젤라틴에 과즙을 첨가하면 과즙의 유기산에 의해 가수분해를 일으켜 겔이 약화된다.

049
밀가루 반죽 시 넣는 첨가물에 관한 설명으로 옳은 것은?

① 유지는 글루텐 구조형성을 방해하여 반죽을 부드럽게 한다.
② 소금은 글루텐 단백질을 연화시켜 밀가루 반죽의 점탄성을 떨어뜨린다.
③ 설탕은 글루텐 망사구조를 치밀하게 하여 반죽을 질기고 단단하게 한다.
④ 달걀을 넣고 가열하면 단백질의 연화작용으로 반죽이 부드러워 진다.

> 설탕은 밀가루 반죽의 연화작용을 도와주고, 소금은 점탄성을 높인다. 또한, 달걀을 넣고 가열하면 반죽이 질겨진다.

050

원가계산의 목적으로 옳지 않은 것은?

① 원가의 절감 방안을 모색하기 위해서
② 제품의 판매가격을 결정하기 위해서
③ 경영손실을 제품가격에서 만회하기 위해서
④ 예산편성의 기초자료로 활용하기 위해서

> 원가계산의 목적 : 가격결정의 목적, 원가관리의 목적, 예산편성의 목적, 재무제표 작성의 목적

051

다음의 상수처리 과정에서 가장 마지막 단계는?

① 급수   ② 취수   ③ 정수   ④ 도수

> 상수처리 과정 : 취수(집수) → 도수 → 정수 → 송수 → 배수 → 급수

052

규폐증에 대한 설명으로 틀린 것은?

① 먼지 입자의 크기가 0.5~5.0μm일 때 잘 발생한다.
② 대표적인 진폐증이다.
③ 암석가공업, 도자기공업, 유리제조업의 근로자들이 주로 많이 발생한다.
④ 일반적으로 위험요인에 노출된 근무 경력이 1년 이후부터 자각 증상이 발생한다.

> 규폐증은 유리규산의 미립자가 섞여 있는 공기를 장기간 마심으로써 증세가 발생하는 만성질환으로 발병까지 15~20년이 걸리지만, 분진의 농도가 상승함에 따라 발병까지의 기간은 단축된다.

053

공중보건학의 목표에 관한 설명으로 틀린 것은?

① 건강 유지   ② 질병 예방
③ 질병 치료   ④ 지역사회 보건수준 향상

> 윈슬로우(C.E.A Winslow)에 따르면 공중보건이란 조직적인 지역사회의 공동 노력을 통하여 질병을 예방하고 생명을 연장시키며 신체적, 정신적 효율을 증진시키는 기술이요 과학이다.

054

생균(live vaccine)을 사용하는 예방접종으로 면역이 되는 질병은?

① 파상풍   ② 콜레라   ③ 폴리오   ④ 백일해

> 제2급 법정감염병인 폴리오(소아마비)는 생균백신의 접종을 통해 면역력이 강하게 형성된다.

055

돼지고기를 날 것으로 먹거나 불완전하게 가열하여 섭취할 때 감염될 수 있는 기생충은?

① 유구조충   ② 무구조충   ③ 광절열두조충   ④ 간디스토마

> 무구조충 - 소, 광절열두조충 - 어패류, 간디스토마 - 민물고기

056

소음의 측정단위는?

① dB   ② kg   ③ Å   ④ ℃

> 데시벨(decibel)은 소리의 상대적 크기를 나타내는 단위(dB)이며, 일반적으로 음압의 단위로 사용된다. 현행 산업안전보건법에 따르면 1일 8시간 기준 소음허용기준은 90dB 이하이다.

057

인수공통감염병으로 그 병원체가 세균인 것은?

① 일본뇌염   ② 공수병   ③ 광견병   ④ 결핵

> 병원체에 따른 질병
> • 바이러스 : 인플루엔자, 천연두, 뇌염, 홍역, 급성회백수염(소아마비, 폴리오), 전염성간염, 트라콤, 전염성설사병, 풍진, 광견병(공수병), 유행성이하선염
> • 세균 : 결핵, 콜레라, 성홍열, 디프테리아, 백일해, 페스트, 이질, 파라티푸스, 유행성 뇌척수막염, 장티푸스, 파상풍, 폐렴, 나병, 수막구균성 수막염
> • 리케차 : 발진열, 발진티푸스, 양충병

058

음식물이나 식수에 오염되어 경구적으로 침입되는 감염병이 아닌 것은?

① 유행성이하선염   ② 파라티푸스
③ 세균성 이질   ④ 폴리오

> 유행성이하선염은 주로 비말감염에 의해 전파되는 호흡기계 감염병에 해당된다.

059

적외선에 속하는 파장은?

① 200nm   ② 400nm   ③ 600nm   ④ 800nm

> 적외선(열선)
> • 태양광선의 약 52%
> • 지상에 복사열을 주어 온실효과와 백내장, 일사병 등을 유발
> • 3부분 중 파장이 가장 길며, 파장 범위는 780nm(7,800Å) 이상

060

매개 곤충과 질병이 잘못 연결된 것은?

① 이 – 발진티푸스   ② 쥐벼룩 – 페스트
③ 모기 – 사상충증   ④ 벼룩 – 렙토스피라증

> 렙토스피라증 – 들쥐

07회 【정답】   조리기능사 기출문제

001	002	003	004	005	006	007	008	009	010
②	①	①	④	②	④	④	③	②	②
011	012	013	014	015	016	017	018	019	020
④	②	③	④	④	②	①	④	④	②
021	022	023	024	025	026	027	028	029	030
②	③	④	④	②	①	④	①	①	③
031	032	033	034	035	036	037	038	039	040
③	③	③	④	③	④	④	①	③	②
041	042	043	044	045	046	047	048	049	050
④	③	②	①	①	③	③	④	①	③
051	052	053	054	055	056	057	058	059	060
①	④	③	③	①	①	④	①	④	④

조리기능사 필기
총정리문제(한식·양식필기 통합교재)

2025년 01월 05일 인쇄
2025년 01월 20일 발행

저자 국가자격시험연구회
발행처 (주)도서출판 책과상상
등록번호 제2020-000205호
발행인 이강복
주소 경기도 고양시 일산동구 장항로 203-191
대표전화 (02)3272-1703~4
팩스 (02)3272-1705

홈페이지 www.sangsangbooks.co.kr
ISBN 979-11-6967-142-2

값 15,000원
Copyright© 2025
Book & SangSang Publishing Co.

※ 저자와의 협의하에 인지를 생략합니다.